실학의 철학적 특성

나남
nanam

윤사순

고려대학교 철학과 및 동대학원 졸업(철학박사)
고려대학교 철학과 교수, 한국공자학회장, 한국동양철학회장,
한국철학회장, 국제유교연합회(북경소재) 부회장 역임
현 고려대학교 명예교수, 중국사회과학원 명예교수,
중국 곡부(曲阜)사범대학 객원교수

주요 저서
《퇴계철학의 연구》, 《한국유학논구》, 《동양사상과 한국사상》
《한국의 성리학과 실학》, 《한국유학사상론》, 《신실학 사상론》
《조선시대 성리학의 연구》, 《유학의 현대적 가용성 탐구》
《우리사상 100년》(공저), 《퇴계선집》(역서) 등

나남신서 1298

실학의 철학적 특성

2008년 4월 25일 발행
2008년 4월 25일 1쇄

지은이_ 尹絲淳
발행자_ 趙相浩
발행처_ (주) 나남
주소_ 413-756 경기도 파주시 교하읍
출판도시 518-4
전화_ (031) 955-4600 (代)
FAX_ (031) 955-4555
등록_ 제 1-71호(79.5.12)
홈페이지_ http://www.nanam.net
전자우편_ post@nanam.net

ISBN 978-89-300-8298-3
ISBN 978-89-300-8001-9
책값은 뒤표지에 있습니다.

나남신서 · 1298

실학의 철학적 특성

윤사순 지음

나남
nanam

Philosophical Aspects of Practical Learning

by

Youn, Sa-Soon

nanam

■ 책을 엮으며

한국철학을 공부하는 필자에게 '조선성리학(朝鮮性理學)'과 '조선후기실학(朝鮮後期實學)'에 담긴 철학(哲學)들의 분명한 파악은 필자가 스스로 택한 과제이다. 이 과제들에 매달린 지 어느덧 반세기를 헤아리게 되었으나, 두 분야 중 어느 하나도 시원히 풀어 정리해내지 못하였음이 필자의 실상이다. 이렇게 된 원인으로는 필자의 게으름이 으뜸이지만, 어느 하나만에 집중할 수 없던 여건도 하나의 원인이다. 그 정도로 두 가지는 필자에게 다 중요하였지만, 그 연구결과는 지금 '두 마리 토끼'를 단박에 잡으려다 다 놓친 격이 되었다.

쓸데없는 변(辯)이지만, 필자가 조선성리학에 대한 '기초적 연구서(研究書)'조차 내지 못하였던 것은 아니다. 그 분야는 얼개정도의 내용을 그려낸 데서 그치고 있었을 따름이다. 하지만 조선후기의 '탈성리학적(脫性理學的) 실학(實學)'은 기초적 연구서마저 마련하지 못하였다. 이에 대하여는 "입이 있어도 할 말이 없다〔有口無言〕"는 표현이 딱 들어맞는다.

2007년이 다 저물어가는 세모(歲暮)에 버릇처럼 그동안의 글들을 돌아보다가, 눈길이 '조선후기의 실학' 논문들에 닿았다. 이것들은 1972년부터 2007년까지 걸친 동안에 발표한 것들이다. 어찌 보면 서로 아귀가 반드시 맞게 서술되지 않았고, 어찌 보면 그런 대로 한 맥으로 일관되어 있는 듯이 읽히기도 한다. 무딘 필치이지만, 아무래도 '실학의 정체(正體)'를 파악하려는 데서 은연중 맥락이 통하도록 접근하여온 '속셈'이 드러난다.

그 속셈이란 책의 구성을 가능케 한 '체계(體系)'와 서술의 흐름에 실린 '논지(論旨)'를 말한다. 13편의 논문을 '네 편'으로 가르고, 각 논문에 '해제격인 부제(副題)'를 앞세웠더니, 딴에는 단행본의 골격과 근육이 될 성싶었다. 전체논문들이 '한 틀의 이론'을 이룰 가능성이 보였다. 이것이 이 책을 엮게 된 첫째 동기다.

이런 변(辯)은 이 책을 애당초 유기적 구상 아래 써 놓은 것과 진배없음을 가리키지 않는다. 오히려 그 반대의 과정이 있었음을 실토해야겠다. 조선후기 실학을 파악하는 '방법론'의 탐구에서부터 필자는 단조롭지 않음을 경험하였다. 처음에 그 탐구는 정주성리학의 현실타개에 불만을 지닌 학자들의 정주성리학에 대한 학문관(學問觀) — 경학관(經學觀) — 을 살폈다.

그 탐구에서 얻은 것은 정주성리학(程朱性理學)의 말폐(末弊)임을 빙자하여 '정주학의 비실제성'을 비판하는 경향이 그 하나였고, 실제성(實際性) 강화를 목표로 명목상 '본원유학(本源儒學)의 실제성 추구정신 회복(回復)'을 주장하는 경향이 하나였고, 실제적이고 실용적인 학문의 성취를 위해 경학범위를 넘어 '박학정신(博學情神)을 구사'하는 경향으로 집약되었다.

이 가운데 첫째 둘째 경향은 한 가지의 중첩된 것에 지나지 않지만, 그렇더라도 이 세 가지가 후기실학을 성립시키는 방법론적 주요특징이라 파악되었다. 이에 필자는 수십 년 동안 이러한 시각으로 후기실학을 살폈다. 이 책의 3편에 실린 논문들이 주로 이 시각에서 찾아진 내용들이다.

아쉽게도 이런 시각의 탐구방법은 성리학과 실학과의 변별에 충분한 성과를 거두지 못하는 것이었다. 그런 원인에는 실학(實學)이라는 '용어의 사용'에서 오는 혼란이 있었다. 성리학에서 '실학' 용어를 먼저 사용한 것이 계속 빌미가 되어 두 학문의 구별에 혼란이 야기되었다. 또 하나의 원인은 학문의 '연속성(連續性)' 고려에서 일어나는, 실학의 독창적 발흥을 부정하는 데서 오는 혼란이었다. 실학 가운데 성리학과 같은 요소들이 적지 않음에 주목하는 학자들은 실학을 마치 성리학의 연장선상에 위치하는 듯이 생각하여 '두 학문의 변별'을 불가능시하였다. 그런 주장들에 대하여 실학 속의 구체적인 반성리학적 이론들의 제시만으로는 변별작업에 불충분하였던 것이다.

이러한 상황에서 필자는 실학용어의 사용에 따른 의미내용(意味內容)의 차별상을 밝혔다. 성리학자들이 '허학(虛學)'으로 간주하여 극복하려는 대상이 노불(老佛), 특히 불교(佛敎)인 데 비하여, 후기실학자들이 허학으로 간주하는 대상은 정주성리학(程朱性理學)임을 (역사적으로) 증시(證示)하였다. 이는 부분적으로나마 실증적 사례 제시이므로 두 학문의 변별에 도움이 되었다. 하지만 여전히 미진한 것은 실학과 성리학에 담긴 '두 철학의 기본적 상이(相異)'의 구명이었다.

철학의 기본적 변별은 원래 기본개념(基本槪念)과 기본명제(基本命題) 위에서 성립한다. 이 점을 상기한 필자는 두 학문의 경학(經學)을 이루는 기본개념과 기본명제들을 추출하여 서로 대비하였다. 그 결과 서로 사용하는 용어가 비록 같을지라도, 두 학문의 기본개념과 명제들의 의미내용은 전혀 상이함이 드러났다. 이 책 제2편의 논문들이 그 점을 증명하여 주는 주요 실례들이다. 여기에 경학을 탈출한 상태로 형성한 최한기(崔漢綺)의 철학을 더하면, 두 학문은 기본철학

(基本哲學)의 차이로 해서 전혀 이질적인 것으로 변별할 수 있게 되었다.

근년에 집필한 이 논문들에서 독자들은 두 학문이 견지한 '철학의 상이'를 한눈으로 확인할 수 있다. 이제 실학의 '탈성리학적 특성'은 주요 학자들의 근본철학의 차원에서부터 확실히 인지된다.

이 대목에서 어떤 이는 실학의 기본철학을 이루는 주요 학자로 박세당(朴世堂), 홍대용(洪大容), 정약용(丁若鏞), 최한기(崔漢綺) 넷을 꼽은 것을 지적하여 이 정도로는 실학을 성리학과 변별되는 '한 학파(學派)'로 가름하기 곤란하지 않느냐는 반문을 제기할지 모르겠다. 이에 대한 필자의 답은 다른 데서도 언급하였듯이, 영국경험론(英國經驗論), 대륙합리론(大陸合理論, 유리론) 등의 학파를 형성하는 학자의 수가 각기 몇 명인가를 상기하면 절로 밝혀진다는 것이다. 아울러 신중히 판단해야 하겠지만, 이익과 윤휴 등의 탈성리학적 경학을 면밀히 고찰하면, 실학의 경학을 받치는 그 철학은 더 늘어날 가능성이 농후하다.

이 책이 지닌 한계는 역사적으로 전개된 실학의 '구체적 철학설(哲學說)'에 대한 연구물이 풍부하지 못한 데 있다. 이 점을 인정하면서도 책의 출간을 의도하는 이유는 필자가 몇몇 학자들과 지난날 개별 실학자들의 구체적 철학을 살핀 논문 20여 편을 엮어 간행한 『실학의 철학』(한국사상사연구회 편, 예문서원, 1996)이 있기 때문이다. 진작 빛을 본 그 책은 실학자들의 구체적 철학이론에 대한 풍부한 이해를 위하여 이 책의 독자에게 좋은 '보충적 도우미' 역을 할 만하다.

성리학의 철학, 특히 그 본체론적(本體論的) 철학은 리기(理氣) 개념을 기본으로 사용하는 만큼, 필자는 일찍이 실학의 철학에 이용되는 리기관(理氣觀)의 대략적 경향을 살핀 적이 있다. 그때 필자는 실학발흥 초기의 유형원(柳馨遠)에서는 주기(主氣)와 주리(主理) 경향이 혼재하고, 이익(李瀷)에서는 주기의 서적도 보이지만 보다 더 주리(主理)에 기울었던 사실을 보라, 성리학에서 실학으로 이행하는 초기의 이른바 '과도기 현상'으로 간주하면서 별로 중요시하지 않았다. 그 대신 홍대용(洪大容)과 정약용(丁若鏞)과 최한기(崔漢綺)의 리기설을 매우 중요시하였다. 그런 시각에서 실학의 리기설을 이들의 설이 대표한다고 판단하였다. 그 이유는 홍대용은 실학을 본격적으로 발전시킨 북학파(北學派)의 철학(경학)을 대표하는 학자이고, 정약용은 실학을 집대성한 학자이며, 최한기는 실학을 종국적으로 극대화한 학자인 데에 기인한다. 이들의 리기설은 모두 리의 실재성을 부정하여 그 리의 독존과 작위를 철저하게 부정하는 두드러진 '주기(主氣)'의 경향이다. 이에 필자는 주기경향을 실학의 리기설을 대표하는 그 특징으로 파악하였다. 필자는 이들을 집중적으로 고려하는 시각에서 실학의 철학을 '주기(主氣) 성향'으로 이룩되었다고 하였다.

이 판단은 그동안 학계에서 지나친 '획일화'라는 점에서 이의가 제기되었었다. 하지만 정주성리학과 실학의 기본개념 · 기본명제를 고찰한 결과도 상대적 특징으로는 실학이 '주기'이고, 성리학은 '주리'로 파악함이 적중하는 것이었다. 따라서 필자는 전의 판단을 바꿀 필요성을 느끼지 않음을 여기에 피력한다. 필자의 퇴색하여 보이던 그 논문을 이 책에 약간 손질하여 실은 이유가 이러한 데에 있다.

여기서 유형원과 이익 같은 (실학초기의) 학자들이 (주리 주기를 방황하다가) 주기(主氣)로 방향을 정하지 못한 데 대한 필자의 이해를 부언해야겠다. 이들의 주리(主理)경향은 정주성리학에서 도덕적 가치를 비롯한 일체의 '가치(價值)를 기(氣) 아닌 리(理)가 〔소당연(所當然) 의미로〕 담보'하고 만물의 '주재(主宰) 또한 리에 기인'한다고 믿던 정주학의 관념에서 아직 벗어나지 못한 탓일 것이다. 그것은 한마디로 정주학과 완전히 결별하지 못한 '과도기적 가치관'을 나타내는 현상이라고 추측된다.

이상과 같은 필자의 연구들로 볼 때, '성리학'은 오륜과 예로 상징되는 도덕정치의 실제성을 추구하는 학문인 데 비하여, '탈성리학적 실학'은 후생의식에 기초한 부국적 위민정치의 실제성을 추구하는 학문이다. 이 점은 대표적인 성리학자들이 실공(實功) 실효를 강조하면서 실심 실리(實理)에 바탕한 수기(인륜, 예)와 인정(仁政) 위주의 치국을 주된 학문대상으로 하였던 데 비하여, 대표적인 실학자들은 공리(公利)와 실용을 강조하면서 기세계인 기물을 중요시하는 의식을 가지고 사·농·공·상·병(兵)의 학문을 실학시한 데서 확인된다.

조선시대 성리학의 철학은 크게 보아 도덕을 확립하고 발전시키는 데 관심이 집중되어 그 윤리설을 인성의 본구성에 의거하여 계발하고 합리화하는 이론(형이상학) 탐구로 일관하였다고 하여 과언이 아니다. 하지만 실학에 함유된 철학은 성리학의 철학을 극복하는 시각에서, 인간의 감성적 욕구를 당연시하면서 도덕의 수립에서 인성의 본구성을 부정하고 그 인위적 실천성을 강조하는 한편, 기물개발에 대한 인간능력을 부각하거나 탐구함은 물론, 자연에 대하여서도 그 물체적 측면의 인식 및 인간과의 실용적 관계를 보다 더 경험·과학적으로 정립하려던 철학이다.

한마디로 하여, 성리학과 실학의 차이는 하나가 전근대적인 성격을 띤 데 비하여, 하나는 근대지향의 성격을 지닌 것으로 규정·정리된다. 실학에 깃든 시대적 특성은 한국인 나름의 근대를 열던 것이다. 그런 만큼 '실학의 철학'은 근대를 열던 한국인들 의지의 심층에서 창의적으로 발현된 '근본사고의 전환'에 해당한다.

기존의 철학에서 탈출하여 새로운 시대를 지향하는 영특함이 매우 값진 지혜임은 말할 나위 없다. 실학은 바로 그러한 지혜의 보고(寶庫)에 드는 또 하나의 철학이다. 새로운 시대를 지향하는 '개척과 도약'의 철학이 실학에 담겨있다. 이러한 실학의 철학정리는 미래철학(未來哲學)의 창출을 위하여도 반드시 거쳐야 할 과정일 것이다. 새로운 한국철학을 설계하는 젊은이들이야말로 전통철학의 가치를 십분 이용할 줄 알아야 한다. 슬기로운 젊은 철학도들에게 거는 기대 또한 이 책을 엮는 데 작용하였다면 지나친 말일까?

출판을 기꺼이 맡아준 조상호 사장님을 비롯하여, 편집과 교정에 고역을 마다하지 않은 방순영 부장님, 신지영 님에게 충심으로 사의를 표한다. 옛 논문들을 타자 정리하여준 제자들, 김근호 박사와 박사과정의 한재훈 군과 전성건 군의 노고에 위로의 뜻을 보낸다. 모쪼록 이 책을 읽는 독자들이 이것으로 해서 더욱 한국철학에 관심을 쏟게 되고, 더 큰 정진이 있게 되기 바라마지 않는다.

2008년 4월 실상재에서

나남신서 · 1298

실학의 철학적 특성

차 례

제 2 편 실학의 기본철학

제 3 편 실학의 철학적 다양성

제 1 편

실학, 그 의미와 방법론

제 1 장 ‖ 허학(虛學)의 대칭, 그 의미내용
실학의미(實學意味)의 변이

제 2 장 ‖ 탈(脫)성리학 지향과 방법론
실학적 경학관의 특색

제 1 장 실학의미(實學意味)의 변이

허학(虛學)의 대칭, 그 의미내용

1. 문제의 소재

수기(修己)와 안인(安人)을 목적으로 하는 유학(儒學)은 도덕과 정치의식의 투철함으로 인해 사회생활과 불가분의 관계에 있다. 도덕과 정치 등의 측면으로 유용·유익한 생활관을 제공하는 '실제적(實際的) 사상'이라는 의미에서 많은 유학자들은 유학을 '실학(實學)'이라고 불러왔다.

한국에는 고려 말기(14세기)에 도입되어 조선 말(20세기)까지 유행한 정주계(程朱系)의 성리학자(性理學者)들이 그들의 유학을 실학이라 불렀고, 조선 중기(17세기)에서 말기(19세기) 사이에 형성된 탈성리학을 지향한 학자들도 자신의 유학을 그렇게 불렀다. 성리학과 탈성리학에서 다 같이 실학임을 자칭하여 용어만으로는 양자의 분별에 혼란이 야기된다.

성리학은 조선시대에 통치원리〔官學〕로 이용되었던 만큼, 그 역사적 영향은 지대하였다. 그러한 성리학의 학풍과 성리학 이론에 불만을 품고 더 새로운 유학〔改新儒學, 實學〕으로 변성된 탈성리학적 실학이 역사에 기여한 영향도 경시할 수는 없다. 양자가 각각 그 시대에 기여한 실제적·역사적 영향은 적지 않을 것으로 추측된다. 그 영향은 철학사나 사상사 발전의 변별적 이해를 위하여 반드시 정확히 파악하여야 할 대상이다. 그럼에도 실학이라는 용어의 동일한 구사에만 착목한다면 양자의 영향에 대한 이해는 고사하고 학문간의 분별조차 불가능하여진다.

이제까지 학계에서는 실제로 동일한 용어의 사용에 얽매인 나머지, 그 양자의 명확한 분별에 반대한 견해가 많았다.[1] 그 결과 두 학문을 근본적으로 분별하지 않으려는 학자들과, 그렇지 않은 학자들[2] 사이에 견해의 마찰이 있게 되었다. 용어로 인한 혼란은 아직도 완전히 종식되지 않고 있는 것이 오늘의 학계 실상이다.

이 문제의 해결은 성리학자들과 탈성리학자들이 사용한 '실학 용어의 의미내용'을 파악함에 달렸다. 용어의 올바른 의미 파악이 그 내면의 실상을 이해할 수 있는 초기단계(初期段階)의 작업으로 필수불가결하기 때문이다. 한 용어를 두 부류에서 다 같이 사용하였더라도 그 의미를 서로 달리 사용한 사실이 밝혀지면, 두 부류의 사상적 변별의 단서 정도는 확실히 잡힐 예상은 충분히 가능하다.

---

1) 한우근, 「이조(李朝)실학의 개념에 대하여」, 『진단학보』 19(1958).

2) 천관우, 「반계 유형원 연구」, 『역사학보』, 2·3집(1952).

2. 성리학자들의 실학

1) 성리학 수용기의 실학

성리학자들이 그들의 학문을 실학이라고 한 것은, 고려 말 성리학 수용기의 이제현〔櫟翁 李齊賢, 1278~1367〕부터 시작되었다. 고려 말과 조선 초에 걸쳐 생존하면서 조선 초 성리학을 통치원리로 택하는 데 크게 기여한 정도전〔三峯 鄭道傳, ?~1398〕과 권근〔陽村 權近, 1352~1409〕 등이 성리학에 실학의 명칭을 적용·강조하였다. 이들이 실학이라는 용어를 사용한 성리학자 중에 선두 그룹이다.

성리학을 실학으로 표명한 문장을 이제현, 정도전, 권근의 순서로 소개하면 다음과 같다.

> 이제 폐하께서 진실로 학교·상(庠)·서(序) 등의 교육기관을 널리 정비하고 육예(六藝)를 존중하며 오교(五敎)를 밝혀서 선왕의 도를 천명하시면, 누가 유학을 등지고 부처를 따르겠으며 실학(實學)을 버리고 글귀를 익히겠습니까?[3]

> 우리(유학)는 "모든 변화에 대응한다〔酬酢萬變〕"고 말하고, 저들(불교)은 "모든 것에 따른다〔隨順一切〕"라고 말하니, 그 말이 동일한 듯하다. 그러나 이른바 "모든 변화에 대응한다"는 것은, 사물이 이를 때에 마음으로 응하여 각각 그 당연한 법칙에 따라서 제어하고 처리하여, 그것으로 하여금 마땅함을 잃지 않게 하는 것이다. 예컨대 자식이 여기에 있으면 그로 하여금 반드시 효(孝)를 행하고 불효를 행하지 않게 하며, 신하가 여기에 있으면 그로 하여금 반드시 충(忠)을 행하게 하고 난(亂)을 하지 않게 하는 것과 같다. … 부처

3) 李齊賢, 『櫟翁稗說』, 前集 1.

> 가 말한 “일체에 따른다”는 것은, 자식된 사람으로서 효자는 스스로 효도하고 불효자는 스스로 불효하며, 신하된 자 중 충성스러운 자는 스스로 충성하고 불충한 자는 스스로 불충하는 것이다. … 근세의 불교는 더욱 편벽되고 방탕하며 사특하고 도피적인데도, 그 쪽으로 옮겨가고자 하여 “옛 성현의 명덕(明德)과 신민(新民)의 실학(實學)”을 어지럽히니, 그 또한 잘못된 것이다.[4)]

> 내가 일찍이 들으니, 유자(儒者)의 학문은 자기에게서 얻어 반드시 남에서 미칠 수 있어야 한다고 하였다. 이제 임금이 시서예악(詩書禮樂)을 익히고 인의충신(仁義忠信)을 닦으면, 학문이 이미 명철한 데 나아간 것이며 행실이 이미 완성에 이른 것이니 자신에게서 얻은 것이 이미 견실하다고 할 만하다. … 성실함을 알면 가상히 여기고 잘하지 못함을 보면 용서해 주며 쉬운 것을 요구하고 어려운 것을 요구하지 않아서 사해(四海) 밖의 백성들로 하여금 길이 동점(東漸)의 은택을 입게 한다면, 이는 임금이 반드시 대처할 줄 아는 것이다. 이제 돌아감에 진실로 이로써 아뢰면 성스러운 천자의 온갖 리치를 밝게 비추는 견해에 반드시 계합함이 있을 것이니, 동방에 길이 도움됨이 있을 것이다. 이것이 바로 실학(實學)의 공효가 외물에 미치는 큰 단서이다. 이것으로 미루어 간다면 천하와 국가도 안정되게 하고 다스릴 수 있을 것이니, 어찌 우리 동방에만 도움이 되겠는가?[5)]

이들 세 학자가 모두 성리학자인 만큼, 여기에서 유학으로 표현된 학문이 성리학임은 더 말할 나위 없다. 그리고 이 글에서 사용된 ‘실학’이 ‘성리학’의 별칭임도 마찬가지이다. 다만 실학의 용법에 약간의 차이가 발견될 따름이다. 이제현의 언설에서는 훈고(訓詁)・사장(詞

4) 鄭道傳, 『佛氏雜辨』, 「儒釋同異之辨」.

5) 權近, 『陽村集』, 권19, 「序類・送張監生詩序」.

章) 치중의 유학이나 불교〔釋子〕에 대한 성리학의 우월성을 실학의 내용으로 언급하였고, 정도전의 문장에서는 특히 불교에 대한 성리학의 우월함을 강조한 내용이며, 권근의 예문은 위기(爲己, 修己)·위인(爲人, 安人) 양면에 걸친 성리학의 유효(有效)·유용성(有用性)을 특별한 대비 없이 서술한 것이 서로 다른 점이다.

훈고·사장의 유학이나 불교, 특히 불교보다 성리학이 우월한 근거로 이들은 육예〔禮樂射御書數〕와 오륜(五倫, 五敎)·충효(忠孝)·인의충신(仁義忠信)의 학습과 실천으로 인한 결실을 든다. 즉 인의충신 등의 철저한 수기(修己)로 성리학은 훈고·사장의 유학보다 '위기(爲己)'의 실효를 더 거두게 되고, 충효를 비롯한 오륜(五倫)과 육예(六藝)를 익힘으로써 성리학은 불교보다 '제가(齊家)·치국(治國)·평천하(平天下)'의 실효를 더욱 크게 거둘 수 있다는 것이다. 요컨대 수기(修己)·안인(安人)의 양면으로 성리학은 훈고·사장의 유학과 불교보다 실효를 더 거둘 수 있는 실용·실제성을 지녔으므로, 공허(空虛)·무실(無實)한 훈고·사장의 유학이나 불교에 대비되는 성리학은 마땅히 '실학'에 해당한다는 것이 이들의 사고이다.

원래 당말·송대에 이루어진 성리학의 발흥이 훈고·사장의 유학에 대한 반성과 특히 불교 극복의 의지로 이루어졌던 만큼, 이러한 현상은 조금도 이상한 것이 아니다. 당시에는 불교가 고려의 국교였으며 훈고·사장의 유학이 성행하고 있었음을 감안한다면, 불교나 훈고·사장학에 대한 이러한 견해는 성리학의 발흥기에 형성된 중국 학자들의 이론을 숙지하고서 낸 발언이라 하겠다.

2) 성리학 만개기의 실학

성리학이 통치원리로 채택된 지 200여 년이 경과한 시점인 조선 중기(16세기)에 이르면, 불교와 도교를 적극적으로 배척한 상태에서 성리학이 사상계를 완전히 장악하게 된다. 이때는 의리의 실천과 탐구가 매우 활발하게 이루어져 한국 성리학의 독자성이 본격적으로 확립된다. 이 시기에는 성리학의 명칭이 나타내는 문제의식인 성명의리(性命義理) 또는 천리(天理)·인성(人性)의 연구가 「천명도(天命圖)」와 그 「도해(圖解)」 또는 「도설(圖說)」 및 '사단칠정(四端七情)에 대한 리기 해석론' 등을 통해 매우 심오하고 철저하게 진행된다. 그런 양상으로 해서 이 시기를 조선 성리학의 만개기라 하여도 과언이 아니다.

이 시기 성리학을 대표하는 학자로는 이황〔退溪 李滉, 1501~1570〕과 이이〔栗谷 李珥, 1536~1584〕를 들 수 있다. 이들은 성리학을 다 같이 성문지학(聖門之學)·성인지학(聖人之學)의 의미인 '성학(聖學)'이라고 부르기를 좋아했다. 이들의 대표적 저술인 『성학십도(聖學十圖)』와 『성학집요(聖學輯要)』가 그 예증이다. 투철한 정주계 성리학자인 이들은 '성즉리(性卽理)'의 명제를 계승하면서 천리(天理), 심성(心性) 등을 연구하였다.

이황은 실학이라는 용어는 별로 사용하지 않으면서,[6] 특히 '리'를 위주로 하는 성리학의 연구 경향을 보였다. 그는 "아마도 깊이 생각해 보니, 고금인의 학문과 도술(道術)에 차이가 나는 까닭은 다만 '리(理)' 자가 알기 어렵기 때문일 것"[7]이라고 하면서, 리의 특성을 다음과 같이 밝힌다.

> 이것은 지극히 허(虛)하면서 지극히 실(實)하고, 지극한 무(無)이

---

6) 이황 역시 실학이라는 용어를 구사하지만 그러한 사례는 특례라 할 정도로 희귀한 경우이다. 예를 들면 다음과 같이 늘 간접적 설법(說法) 속에서 실학을 말할 정도이다. 『退溪全書』 上, 권42, 「朱子書節要序」: "或曰, 聖經賢傳, 誰非實學, 又今集註諸說, 家傳而人誦者, 皆至敎也. 子獨拳拳於夫子之書札, 抑何所尙之, 偏而不弘耶."

7) 李滉, 『退溪全書』 上, 권16, 「答奇明彦」.

면서 지극한 유(有)이다. 움직이되 움직임이 없고, 고요하되 고요함이 없다. 매우 깨끗하고 매우 밝으며, 털끝만큼도 더하거나 뺄 수도 없다. 능히 음양오행(陰陽五行)·만물만사(萬物萬事)의 근본이 되면서도 그 음양오행과 만물만사에 얽매이지 않는다.[8]

온갖 사물의 근본인 리의 특성을 '지실(至實)', '지유(至有)', '동정(動靜)' 등으로 그는 표현한다. 이런 특성은 그에 있어, 리동(理動)·리발(理發)·리도(理到)를 핵심으로 한 그의 태극설(太極說), 심성설〔특히 사칠설(四七說)〕, 격물설(格物說)의 기초를 이룬다. 그는 주희(朱熹) 이상으로 리의 실재성을 믿으면서, 그 리에 기초하여 성리학의 목표인 수기·안인의 이론을 형성하였다.[9] 그의 경우는 리에 근거한 수기·안인설인 그의 성학이 곧 실학인 셈이다. 다만 그가 경(敬)을 매우 강조한다는 점에서 그의 성학은 안인보다 수기에 더 역점을 둔 것이라 할 만하다.

그러나 이황과 쌍벽을 이룬 이이는 '성즉리'를 계승하고 '성학'을 말하지만, 리기의 불리(不離)·부잡(不雜)(즉 一而二, 二而一)한 관계의 묘〔理氣之妙〕를 고려하여 리와 기 어디에도 편중하지 않는다. 그는 리 못지않게 '기'도 중요시하면서, 특히 '무실(務實)'로 성학에 임하는 입장을 삼는다. 실효(實效)와 실공(實功)을 가져오도록 힘쓰는 무실(務實)은 곧 그의 학문정신이기도 하다. 구체적으로 "격치의 실〔格致之實〕, 성의의 실〔誠意之實〕, 정심의 실〔正心之實〕, 수신의 실〔修身之實〕, 효친의 실〔孝親之實〕, 치가의 실〔治家之實〕, 용현의 실〔用賢之實〕, 거간의 실〔去姦之實〕, 보민의 실〔保民之實〕, 교화의 실〔敎化之實〕"[10]을 꼽는 데서 보듯이, 격치로부터 수기·안인 전체에 이르기

---

8) 상동.

9) 그의 안인설(安人說)로는 「무진육조소(戊辰六條疏)」가 대표적인 것인데, 그것 역시 리학(理學)의 기초 위에서 설계된 덕치론(德治論)이다.

까지 무실을 적용하는 것이 그 증거이다.

이이는 성리학자답게 '거경궁리(居敬窮理)'를 비롯하여 천도(天道), 인도(人道), 리기 등을 언급하지만, 그런 경우에도 그는 무실의 정신을 활용한다.

> 수기의 공효는 거경(居敬)·궁리(窮理)·역행(力行)에서 벗어나지 않는다.11)

> 천도가 곧 실리(實理)이고, 인도가 곧 실심(實心)이다.12)

단순한 리나 심이 아닌 실리(實理)·실심(實心)을 말한 것이 그의 무실정신의 발현이다. 이어서 그는 "실리와 실심이 '성(誠)'에 지나지 않음〔所謂實理實心者, 不過曰, 誠而已矣〕"을 주장하면서, 마침내 성학으로서의 '실학(實學)'을 그 나름대로 표명한다.

> 배우는 자의 진덕수업(進德修業)은 오직 경(敬)을 독실히 함에 있다고 하니, 경을 독실히 하지 않는다면 다만 헛된 말일 뿐이다. 반드시 표리가 한결같고 간단(間斷)이 없어야 한다. 말에는 가르침이 있어야 하고 행동에는 본받을 바가 있어야 하며, 낮에는 행하는 바가 있어야 하고 밤에는 자득(自得)함이 있어야 하며, 순간이라도 (마음을) 간직하고 (성품을) 기르며, 노력을 오래하였더라도 효과를 보려고 하지 말며, 오직 부지런히 힘써서 죽은 뒤에야 그만두어야 한다. 이것이 바로 실학(實學)이다.13)

---

10) 李珥, 『栗谷全書』, 권15, 「東湖問答」.
11) 李珥, 『聖學輯要』, 권2, 「總論·修己章」 제1.
12) 李珥, 『栗谷全書』, 拾遺 권6, 「四子言誠疑」.
13) 앞의 책, 권15, 「雜著·學校模範」.

아아, 백제와 고구려의 말기에는 정주(程朱)의 학설이 아직 유포되지 않고 성리(性理)의 학문이 아직 밝혀지지 않아서, 스승은 강설할 것이 없었고 제자는 배울 것이 없었다. 그러나 도리어 자기 몸을 돌보지 않는 의리를 연마함이 있어서 인륜의 기강이 기울어짐을 바로잡아 주었으니〔扶持〕, 위(偉)·열(烈)이 이와 같았다. 지금 정주를 기술하고 성리를 담론하는 자는 평소에는 안색을 바로 하고 말을 조심하여 고인에게 부끄럽지 않다가도, 이해에 임하고 득실과 경중을 만나면 생사에 이르지 않을지라도 도리어 눈을 부릅뜨고 마음을 졸이며 자기가 지키던 것을 바꾸어 버리니, 하물며 존망의 때에 강상(綱常)의 책임을 맡을 수 있는 자가 몇 사람이나 되겠는가? 이것은 실학(實學)이 아직 떨쳐지지 못하고 사유(四維)가 펼쳐지지 않았기 때문이다.[14]

위의 첫 문장에서는 경(敬)의 마음가짐을 돈독히 함에 기초한 진덕수업(進德修業)으로 언행에 본받을 만한 법도가 있게끔 하는 것을 실학으로 규정하였다. 두 번째 문장과 연결하면 그 실학은 예의염치〔四維〕를 통하여 인륜〔人紀〕인 삼강오륜(三綱五倫)을 확립하는 것이다. 그런데 현의사(顯義詞) 기문(記文)으로 기술된 둘째 문장의 '위(偉)·열(烈)'과 '존망지제(存亡之際)'라는 용어에 주의해야 한다. 이에 주목하면, 두 번째 문장의 문맥 속에는 무실정신의 발현을 통해 거두려던 치국(治國)의 실효로서 '국가의 부강'이라는 의미까지 내포하였다고 보아야 한다.

이렇게 보면, 이이가 실효·실공을 꾀하기 위한 무실을 강조한 의도는 그의 시대파악에 따른 경장의식과도 관련된다. 그는 다 아는 대로 당시 성리학적 통치의 폐단이 누적됨〔積弊〕에 자극 받아, 그 시대를 조선의 '중쇠기(中衰期)'로 판단하면서 '경장(更張)'을 강력히

14) 앞의 책, 권13, 「記·扶餘顯義詞記」.

추진하려 하였다. 따라서 그의 무실강조 이면에는 현실에 점증하던 통치폐단을 시의에 맞게 실질적으로 개혁하려는 정신이 작용하였던 것이다. 그 무실정신과 짝한 그의 실학은 결국 경과 성에 의한 '진덕' 및 예의염치를 통한 '오륜의 확립'이고, 더 나아가 그것을 바탕으로 '국력을 굳건하게' 하는 것을 의미한다. 실학의 명칭 아래에서 성리학적 수기와 안인이 가장 균형을 이룬 실례가 이이의 경우였다고 할 수 있다.

3) 예학적 성리학의 실학

조선후기에 들어서면 성리학자들은 사례(四禮)를 비롯한 예(禮)와 예설(禮說)의 정리 및 그 세목화(細目化)에 열중한다. 정구〔寒岡 鄭逑, 1543~1620〕, 정경세〔愚伏 鄭經世, 1563~1633〕, 송익필〔龜峯 宋翼弼, 1534~1599〕, 김장생〔沙溪 金長生, 1548~1631〕, 박세채〔玄石 朴世采, 1631~1695〕 등이 다 그러한 학자들이다. 18세기 이간〔巍巖 李柬, 1677~1727〕, 한원진〔南塘 韓元震, 1682~1751〕 등은 예절(禮節)·오상(五常)과 연관된 '인성(人性) 물성(物性)의 동이(同異)에 관한 논쟁'에 몰두한다. 예설과 예의 시행문제가 붕쟁인 예송(禮訟)의 쟁점으로까지 된다. 17~18세기를 예학시대라고 지칭하는 것도 이런 현상에 기인한다.

이때의 성리학은 대체로 예의 근거를 캐면서 그 예를 바르고 철저하게 행하도록 교육하고 익히게 하는 데에 이용되었을 뿐이라고 해도 과언이 아니다. 따라서 이 시기 성리학자들의 '실학관'은 '예 실천을 위한 심성의 수양' 이외의 다른 것일 수 없다. 그 한 예가 윤증〔明齋 尹拯, 1629~1714〕의 경우이다.

그는 원래 이이에서 김장생으로 이어지는 학통에 위치하였던 만큼, 이이의 무실정신의 영향을 크게 받았다.

> ‘무실(務實)’ 두 글자를 학문하는 초두에 붙여 두면 아마 기초가 될 것이다.[15]

> 상고해야 할 교학의 기술에 어떤 별다른 방법이 있는가? 입지(立志)와 무실(務實)은 학자가 가장 먼저 힘써야 하는 것이니, 그 나머지는 방책에 있을 따름이다.[16]

무실의 태도를 갖추는 것이야말로 학문을 쌓아 올릴 기초(基址)로서, 초학의 선무라는 것이다. 무실을 중요시한 까닭에, 윤증 역시 경·성의 마음가짐인 실심(實心)을 강조한다.

> 학문을 하는 것은 다른 것이 없다. 다만 경을 지니고〔持敬〕 이치를 궁구하는〔窮理〕 양단일 다름이다. 경을 지닌다는 것은 곧 신심(身心)을 거두어들이는 것일 뿐이고, 이치를 궁구한다는 것은 곧 날마다 사물에 접할 때 매사를 천리에 합하기를 구하는 것일 뿐이다.[17]

> 실심(實心)이 있으면 저절로 실제적인 공효〔實功〕가 있게 된다.[18]

> 오직 마땅히 실심으로써 실제적인 공효〔實功〕를 삼는다.[19]

> 한 마음이 참되지 않으면 모든 일이 다 거짓되며, 한 마음이 진실로 참되면 모든 일이 다 진실하다.[20]

---

15) 尹拯, 『明齋集』, 권11, 「與朴和叔」.
16) 앞의 책, 권14, 「踏羅顯道書」.
17) 앞의 책, 권23, 「答李伯邵世德」.
18) 앞의 책, 권18, 「答李壽翁世龜」.
19) 앞의 책, 권19, 「與閔彦暉以升」.
20) 앞의 책, 권3, 別集「擬與懷川書」.

지경(持敬)의 '실심(實心)'이 인간이 행하는 만사에 실공을 초래하는 기본조건이라는 것이다. 윤증이 실심을 강조하는 정도는 오히려 이이보다 더하다고 할 수 있다. 그렇지만 이이의 경우 무실정신을 기초로 실심을 강조함과 더불어, 실사 측면인 경세에서의 경장(更張)을 역설하였다. 그에 비하여 윤증은 경세의 경장 같은 문제에는 전혀 언급이 없다. 그는 현실사회 문제로서, 경장 대신 예(禮)에 대한 관심을 이이에 비교가 되지 않을 정도로 크게 가졌다. 윤증의 저술인『상례유서(喪禮遺書)』,『제례유서(祭禮遺書)』,『국휼중관혼상제례사의(國恤中冠婚喪祭禮私議)』,『사례사의후지(四禮私議後識)』등이 그러한 증거이다. 이러한 저술로 판단한다면 그는 성리학자인 동시에 예학자(禮學者)였다. 어쩌면 후자로서의 비중이 전자보다 오히려 더 크다고 할 수도 있다. 이것은 그가 사회문제로서는 예가 가장 긴요하고 실제로 유용한 것이라고 생각하였음을 의미한다.

이와 같은 학문 및 사고 아래 윤증은 마침내 '실학'을 토로한다.

> 잡서(雜書)를 두루 보아 널리 통하면 일을 이루지 못하는 경우가 있게 된다. 반드시 실학에 공부를 두어야 밖으로 치닫는 폐단을 면할 수 있다.[21]

> 문자 외에 힘써 몸과 마음을 갈고 닦아야 실학을 잘할 수 있다.[22]

> 정의(精義)와 존성(存省)에 더욱 나아가 원대한 실학으로써 우리 도(道)의 전망을 위무한다.[23]

---

21) 앞의 책, 권19,「與朴士元」.

22) 앞의 책,「與朴士元」.

23) 상동.

그에 따르면 실학이란 잡서를 널리 습득하는 것이 아니라 오로지 "경(敬)·성(誠)과 같은 문자 외의 정의(精義)와 존성(存省)으로써 심신을 수양하는 것"이다. '경·성으로 실심을 갖추는 수기'가 곧 그의 실학이다. 현실 사회 문제로서 윤증이 예를 가장 긴요하고 유용한 것이라 생각하였음을 고려한다면, 그의 '실학'은 '예의 실천을 위한 심성의 수양'을 의미한다고 하겠다.

17~18세기의 성리학자들은 경세(經世, 安人)보다는 예 지향적 수기에 중점을 두었다. 이것은 당시의 일반적 사고방식이었던 듯하다. 복상(服喪) 문제를 둘러싸고 예송식(禮訟式)의 봉쟁이 진행될 때 윤증 등의 서인에 반대하여 남인 계열의 예론을 주도했던 허목〔眉叟 許穆, 1595~1682〕도 일찍이 이와 유사한 생각을 드러낸다. 허목은 그의 스승 정구(鄭逑)의 학문에 대하여 다음과 같이 서술한다.

> 삼가 배우기를 좋아하고 힘써 노력하며 성현의 깊은 뜻을 연구하였다. 정밀하게 생각하여 깊이 침잠하였으며, 실학(實學)과 실천(實踐)에 더욱 힘쓰고, 성실하게 노력하여 경(敬)·의(義)를 드러냈으며, 매일매일 끊임없이 자강(自强)하였다. 이러한 진실된 수양이 쌓이고 그 노력이 오래되자 진실로 인(仁)이 완숙해지고 의(義)가 정밀해졌으며 신화(神化)를 궁구하여 스스로 깨우쳤다. 그 광대(廣大)함과 정미(精微)함을 다하여 퇴계의 정맥을 이으셨음을 또한 알 수가 있다.[24]

정구가 세운 학문은 『오선생예학분류(五先生禮學分類)』, 『예기상례분류(禮記喪禮分類)』, 『가례집람보주(家禮輯覽補注)』, 『오복연혁도(五服沿革圖)』, 『심의제도(深衣制度)』, 『사례문답휘류(四禮問答彙類)』 등의 저술로 대표되는 예학이었다. 이 점을 고려한다면 여기서 말하는

24) 許穆, 『記言』 下, 別集 권13, 「哀詞·寒岡鄭先生挽詞」.

'실학'이란 바로 '예학'을 의미함이 분명하다. 윤증도 실심〔즉 예(禮) 실행의 조건〕을 구비하는 것을 실학이라고 여겼지만, 허목은 윤증에 비해 더 철저히 성리학에 입각한 예 지향적 실학관을 견지하였다. 이에 허목이 '예학 자체를 실학으로 간주'하였던 사고를 당시 성리학자들 사고경향의 일단이라 보아 틀림없을 것이다.[25]

19~20세기가 되어도 이러한 사고경향에는 별다른 변함이 없다. 다만 이 시기에 밀어닥친 서구 및 일제의 침략으로 해서, 성리학자들이 서학(西學, 天主教)을 '사학(邪學)'이라고 배척하며[26] 자신들의 성리학을 '정학(正學)이라'[27] 지칭한 것〔衛正斥邪〕이 달라진 점이다. 서학을 사학이라 칭할 뿐만 아니라, 성리학자들은 서구인들에 대해서도 이적(夷狄) 또는 금수(禽獸)라고 하였는데,[28] 그러한 폄하는 모두 유교의 예절과 윤리·도덕을 기준으로 한 데서 나왔다. 그것은 서학이나 서구인들이 성리학적 예절 또는 삼강오륜을 모른다는 데에 기인한 폄칭이다. 이런 점에서 이 시기의 성리학자들 역시 예 위주의 실학관을 견지함으로써 윤증·허목 등의 실학을 계승하였다고 보아도 무방하다.

한편 양명학은 15세기경부터 지입(知入)되었지만, 이황 등의 적극적 배척[29]으로 인하여 조선에서는 별로 발달되지 않았다. 양명학을 철저히 연구·발전시킨 학자는 거의 없다고 해도 과언이 아니다. 정

---

25) 1차 예송에서 서인의 예설을 대변하면서 허목과 대립하였던 송준길〔同春堂 宋浚吉〕 역시 나양좌(羅良佐)와 예설을 논하던 끝에 (무슨 내용인지 불확실하지만) "左右所作文字, 此實學者之文"(『同春堂集』 권15, 「答羅顯道」) 이라는 말을 하고 있다. 따라서 단언할 수는 없지만, 이것 역시 당시 유학자들 중 특히 (예송을 중요시한) 예학자들이 예학을 실학시한 간접적 자료로 볼 수 있다.

26) 李恒老, 『華西集』, 권3, 「辭同義禁疏」; 『雅言』 권12, 「洋禍」 등.

27) 李恒老, 『雅言』, 권12, 「異端」 등.

28) 李恒老, 『華西集』, 附錄 권2, 「語錄·金平默錄」 2 등.

29) 이황의 「전습록변(傳習錄辨)」 등이 그 대표적인 것임.

제두〔霞谷 鄭齊斗, 1649~1736〕만이 양명학을 철저히 연구하여 발전시킨 유일한 학자인 셈이다. 그런 만큼 양명학에 있어 실학을 문제삼는다고 해도 그의 경우를 살피는 것으로 충분하겠는데, 그의 실학도 실은 "지성(至性)을 다하고, 순행(純行)을 돈독히 함〔窮至性, 篤純行〕"[30]을 의미하는 데 지나지 않는다. 이것 역시 윤증의 실학관과 큰 차이가 없는 것이다.

30) 鄭齊斗, 『霞谷集』, 「請設書院儒疏 · 再疏」.

3. 탈성리학의 실학

1) 경세치용의 실학

17~18세기에 이르면 이황·이이의 사상, 특히 이이의 무실정신(務實精神)을 계승하면서도 그것을 적용·시행하는 과정에서는 성리학자들과 견해를 달리하는 학자들이 대두한다. 이수광〔芝峯 李睟光, 1563~1628〕, 유형원〔磻溪 柳馨遠, 1622~1673〕, 이익〔星湖 李瀷, 1681~1763〕 등이 그런 경향을 보이는 데 앞장선 학자들이다. 이들은 성리학자들이 경시하던 박학(博學)의 방법을 오히려 무실정신을 바탕으로 하여 중요시한다. 이수광의 다음 발언이 박학을 중요시하는 대표적 언구이다.

> 말하노니, 전하는 말에 '널리 배우고 그것을 자세히 설명한다'고 하였으며 또 '널리 배우고 자세히 묻는다'고 하였다. 널리 배운다는 것은 자신을 위해서〔爲己〕 하는 것이지, 남을 위해서〔爲人〕 하는 것은 아니다. 이제 널리 배우는 것을 다른 사람 때문이라고 한다면 아마도 잘못된 말일 것이다.[31]

박학은 다 아는 대로 '심문(審問)'·'심사(深思)'·'명변(明辨)' 등과 함께 본원유학에서부터 중시되어 오던 방법 중의 하나로, 이것 역시 '위인(爲人)'뿐 아니라 (성리학에서 중요시하는) '위기(爲己)'의 결과까지 가져온다는 것이 이수광의 주장이다. 그로서는 본원유학의 정신을 회복하는 뜻에서도 박학의 방법을 외면하지 말고 적극 사용해야 한다는 것이다.

이러한 견해에서 이수광의 『지봉유설(芝峯類說)』, 이익의 『성호사

31) 李睟光, 『芝峯類說』, 권5, 「儒道部·學問」.

설(星湖僿說)』, 안정복〔順庵 安鼎福, 1712~1791〕의 『잡동산이(雜同散異)』 등과 같은 백과사전류의 저서가 속출한다. 이와 같은 현상은 당시 성리학자들이 경학(經學)에 기초한 형이상학 탐구에만 열중하여 학문이 비실제적 성향으로 흐르고, 실천에서는 수기(修己)에만 지나치게 열중하여 현실감각이 둔감하여졌음을 비판·극복하려는 의지에서 나왔다. 본원유학 방법의 회복을 내세운 이들의 방법론적 전환은 마침내 성리학의 풍토와 그 학문 내용의 변개(變改)를 가져오게 되었다.

박학을 중요시한 의도는 성리학 이상으로 광범한 현실 파악의 힘을 길러 민생을 구제하기 위한 것이었다. 이런 점은 특히 유형원의 『반계수록(磻溪隧錄)』으로 확인된다. 이 책은 이이의 경장안(更張案) 이상으로 다양하고 적극적인 개혁책을 담고 있음이 가장 큰 특징인데, 전제(田制)·병제(兵制)·세제(稅制)·노비제(奴婢制) 및 농사법(農事法) 등 실로 백과사전적인 모든 분야의 개혁을 통하여, 도탄에 빠진 민생을 구제하는 데 목적을 두고 있다. 이에 이 책을 가리켜 이미(李瀰)는 "경세(經世)와 제민(濟民)을 밝힌 큰 글〔經濟大文字〕"이라 하고,[32] 이현일(李玄逸)은 "경세에 유용한 학문〔經世有用之學〕"이라 한다.[33] 이익은 유형원을 가리켜 "국초 이래로 경세의 재목을 논할 때는 모두 선생을 으뜸이라고 일컫는다"[34]고 한다. 이러한 사실은 유형원과 같은 학자의 업적으로 해서, '경세치용(經世致用)'의 학문이 가장 실제적이고, 성리학적 경학보다 결코 실질적으로 덜 유용·유익하다고 생각하지 않는 분위기가 이루어지게 되었음을 의미한다.

이익은 다음과 같은 견해를 표명함으로써 이 점을 분명히 하였다.

---

32) 李瀰, 「磻溪隧錄序文」.

33) 李玄逸, 增補『磻溪隧錄』, 「序」.

34) 李瀷, 『星湖文集』, 권50, 「磻溪先生傳」.

> 경(經)을 궁구하는 것은 장차 그것으로써 쓸모 있게 하려는 것〔致用〕이다. 경을 말하면서도 천하의 모든 일에 시행하지 않는다면, 이것은 한낱 글을 잘 읽는 것일 뿐이다.[35]

> 옛날에 경의 대요를 궁구하는 것은 『시경』과 『서경』과 『논어』 등의 몇 가지 책에 지나지 않았다. 전기(傳記)와 사책(史策)에 의거해 보면, 그 다스린 바의 핵심을 알 수 있으므로 깨달음이 더욱 깊어진다. 성현의 말씀은 하나 하나가 모두 치용을 발휘할 수 있으니, 경을 궁구하는 자는 반드시 본뜻을 추구하고 방증(傍證)에 도달하여 수기와 안인의 바탕으로 삼아야 한다.[36]

> 어려서 배우는 것은 어른이 되어 실행하기 위함이다. 늘 말하기를, '나를 알아주지 않는다'고 하지만, 알아주기를 바란다면 반드시 재료와 도구가 갖추어져 있어야 하니 이것이 바로 실학이다. 후세에는 다만 고상하게 예를 갖추니〔執謙〕 전부가 쓸모 있는 것은 아니다. 그러므로 시를 읊조리고 주고받으나 정사(政事)는 이루지 못하니, 성인께서 사람들을 나무라실 것이다.[37]

이것으로 보면 이익도 궁경(窮經)을 중심으로 한 유학의 목표가 수기와 안인을 겸전(兼全)하는 데에 있다고 생각하였다. 그러나 그의 판단으로는 당시〔後世〕 성리학자들은 오로지 예절, 즉 '집겸(執謙)'의 자세만 갖추고 실용성을 발휘하지 못하면서 '송시(誦詩)'나 주고받음으로써 위정(爲政)·치국(治國)에 실패하였다. 이런 까닭에 그는 "학문〔窮經〕은 장차 천하만사를 조치(措置)할 만큼 치국·평천하의 경세에 '치용(致用, 有用)한 것을 지향해야 한다"고 역설한다. 학문이 그

35) 李瀷, 『星湖僿說』, 권20, 「經史門·誦詩」.

36) 앞의 책, 권27, 「經史門·窮經」.

37) 李瀷, 『星湖集』, 권7, 「書·答趙正叔」(癸酉).

렇게 유용성을 발휘해야 함은 이미 성현의 교시가 그러하였다고 하여, 그는 자신의 주장을 확고히 한다.

여기서 이익은 마침내 실학을 "재구(材具)를 갖추는 것"이라 한다. 이때 재구의 의미는 이 언구만으로는 아직 불분명하다. 그러나 그가 "국초 이래로, 경세의 재목을 논할 때는 모두 선생을 으뜸이라고 일컫는다"고 칭송했던 유형원에 대하여, 또 "덕과 의를 품고 '재구를 갖추었으나', 당세에 베풀지 못한 사람"[38]이라고 한 것을 보면 이 의미는 분명해진다. 재구는 다름 아닌 경세, 즉 천하만사를 조치할 수 있는 조건이다. 이로써 그의 실학의미는 '경세치용을 목표로 한 조건의 준비' 이외의 것이 아니다.

그렇다고 이익이 정주성리학에 박세당과 같이 정면으로 도전하여 근본철학 차원에서 그것을 부정한 학자는 아니다. 그는 다만 당시 경세적 실용성을 소홀히 하는 성리학자들의 태도를 비판의 표적으로 삼거나,[39] 주희의 경전 주해들에 전반적으로 약간의 의문을 나타냄으로써 맹종에서 벗어나는 태도를 보일 따름이다.

이 무렵 박세당〔西溪 朴世堂, 1629~1703〕은 본원유학 정신을 이용하여, 당시의 성리학의 학풍을 적극 비판하면서 그것을 극복하고자 한다.

> 전(傳)에, "반드시 가까운 곳으로부터 먼 곳을 간다"고 하였다. … 그러므로 이른바 깊은 곳은 또한 얕은 곳으로부터 들어가야 한다. … 지금 육경(六經)에서 구하려는 것은 모두 얕고 가까운 것을 뛰어넘고 깊고 먼 곳에 치닫는 것이며, 거칠고 소략한 것을 소홀히 여기고 정미하고 갖추어진 것을 본뜨려는 것이니 이상하지 않은가? 그 어지럽고 혼란스러운 속에 빠지고 거꾸러져도 얻을 만한 것이 없으

---

38) 앞의 책, 권50, 「磻溪隧錄序」.

39) 李瀷, 『星湖僿說』 45, 권2, 「人事策 · 論學問 · 爲學」.

> 니, 저들은 단지 심원(深遠)하고 정비(精備)한 것을 얻지 못하는 것만이 아니라 아울러 천근(淺近)하고 조략(粗略)한 것마저 모두 잃을 것이다. 아아, 슬프다. 그 또한 미혹됨이 심한 것이로다![40]

이는 원초유학에서는 "가까운 데서부터 시작하여 먼 곳으로 나아가고, 얕은 곳으로부터 시작하여 깊은 곳으로 들어간다〔自近行遠, 自淺入深〕"는, 이른바 '하학이상달(下學而上達)'의 형식으로 실용적이고 실제적인 학문을 하였는데, 당시 성리학자들은 그 반대의 태도를 취하고 있음을 통박한 것이다. 따라서 처음부터 무용(無用)·무효(無效)하며 고원(高遠)·심오(深奧)하기만 한 것에 매달리는 성리학의 태도를 시급히 지양하여, '일상적·현실적으로 천근(淺近)한 실제성' 위주의 연구를 하는 원초유학 본래의 정신을 회복해야 한다는 것이 그의 주장이다.

일상적·현실적인 실제성 추구를 관점으로 하여, 실제로 박세당은 사서(四書), 『모시(毛詩)』, 『상서(尙書)』 등의 정주(程朱) 주해를 전면적으로 비판하고 수정하였다. 그렇게 하여 나오게 된 것이 당시 성리학자들로부터 그가 '사문난적(斯文亂賊)'의 낙인을 받게 된, 『사변록(思辨錄)』〔일명 『통설(通說)』〕이다. 사문난적의 지탄을 받고 그로 인해 목숨을 잃을 정도로, 경학의 측면에서 성리학에 정면으로 도전하여 적극적으로 '탈성리학'을 이룩하려 한 학자가 바로 그였다.

2) 이용후생의 실학

박학했던 이수광과 이익은 서학〔天主敎〕과 서구세계 및 그들의 천문설(天文說)·역산술(曆算術)·과학 기계 등에 대하여 중국을 통해

---

40) 朴世堂, 『思辨錄』, 「序」.

부분적으로 알고 있었고, 그 장단점도 조금씩 파악하고 있었다. 그렇지만 이들보다도 훨씬 더 그 천문설과 지체설(地體說) 및 과학 기기의 습득에 적극적이었던 학자로서 홍대용〔湛軒 洪大容, 1731~1783〕과 박지원〔燕巖 朴趾源, 1737~1805〕, 박제가〔楚亭 朴齊家, 1750~1805〕 등이 있었고, 그 뒤의 정약용〔茶山 丁若鏞, 1762~1836〕, 최한기〔惠崗 崔漢綺, 1803~1879〕 등에 이르면 이러한 열의는 더욱 강해진다. 이러한 경향으로 말미암아 이들은 마침내 성리학에 안주할 수 없게 된다. 그 결과 앞서 보다 더 뚜렷한 탈성리학의 실학이 이들로부터 나온다.

홍대용은 지체의 구형은 물론 자전·공전까지 숙지하였다. 그는 지구의 구형설에 입각하여 심지어 중국 중심의 화이관(華夷觀)을 탈피하고, '한민족의 주체성' 확립의 기초를 닦았다. 경험 사실을 중시하는 과학적 방법론의 사고에 철저하였던 그는 독특한 기론(氣論)을 정립하고서, 천(天)에 입각한 '인(人)과 물(物)의 균등' 및 '사민평등(四民平等)'의 견해를 주장하기도 하였다.

이러한 사상만으로도 그가 당시의 성리학을 벗어날 것이 예상되지만, 사실 그의 탈성리학적 경향은 그의 대표적 저서인 『의산문답(醫山問答)』에서 확실히 드러난다. 그는 여기에서 다음의 예문에서처럼 정주성리학을 '허자(虛子)의 학'에 귀속시킨다.

> 허자(虛子)는 은거하여 독서하기를 삼십 년 동안 하였으니, 천지의 조화와 성명(性命)의 은미(隱微)함을 궁구하였다. … 허자는 "어려서 성현의 책을 읽고 어른이 되어 시(詩)와 예(禮)의 학업을 익히고 음양의 변화를 살폈다"고 말하였다. … 그 귀결은 바로 육경을 회통하고 정주를 절충하는 것이니, 이것이 허자의 학문이다.[41]

'허자의 학'에 반하는 자신의 학문은 물론 '실옹(實翁)의 학', 곧 실

41) 洪大容, 『湛軒集』, 內集 권4, 「補儒·醫山問答」.

학이다. 그 실학은 아래의 인용문들 속에서 파악된다.

> 천하에 영재가 적지 않으나, 과거와 벼슬로써 그를 구속하며, 물욕으로써 그를 가리우고, 편안함으로써 그에게 해를 끼치니, 이로 인해 다 떨쳐 버리고 옛 학문에 종사할 자가 드문 것이다. 사장(詞章)으로써 화려하게 꾸미게 하며, 기송(記誦)으로써 뽐내게 하고, 훈고로써 얽매이니, 이로 인해 묵묵히 실학에 힘을 쓸 자가 드문 것이다. 공리(功利)로써 그 기술을 잡되게 하며, 노불(老佛)로써 그 마음을 방탕하게 하고, 육왕(陸王)으로써 그 참됨을 어지럽히니, 이로 인해 우뚝하게 바른 학문에 설 수 있는 자가 더욱 드문 것이다.[42]

> 인생의 궁달(窮達)은 스스로 정해진 명이며, 겸선(兼善)과 독선(獨善)은 처할 바에 따라 본분을 다하는 것이다. 우리 유가의 실학은 예부터 이와 같았다. 만일 반드시 같은 무리에게만 문을 열어 주고 자기와 다른 것은 배척하며, 은밀히 남을 이기려는 마음을 키우고 거만하게 유아독존(唯我獨尊)의 의도를 지닌 자가 근세 도학의 표준이 된다면, 진실로 매우 혐오스럽다. 오직 실심(實心)·실사(實事)로 날마다 실지(實地)를 밟아야 한다. 먼저 이러한 진실된 본령이 있고 난 다음에, 주경(主敬)과 치지(致知)와 수기(修己)와 안인(安人)의 방법이 쓰이는 바가 있게 되어 헛된 것으로 돌아가지 않을 것이다.[43]

이 인용문들로만 보면 그는 버려야 할 것으로 과거와 벼슬〔科宦〕·재물(財物)·편안함〔宴安〕에 대한 탐닉, 사장·기송·훈고에의 몰두, 공리(功利)·노불·육왕학에의 심취를 든다. 반대로 고학(古學)·정

42) 앞의 책, 外集 권1, 「與鐵橋書」.

43) 앞의 책, 「答朴郎齋文藻書」.

학(正學)·실학(實學)이 그가 주장하는 학문이다.

원초유학인 고학(古學)은 이수광과 박세당의 경우와 같이 자신의 새로운 유학인 실학을 제창하기 위한 방편으로 내세운 것이므로, 실학과 표현 용어만 다를 뿐 내용상으로는 다르지 않다. 다만 성리학자들이 성리학을 정학(正學)이라고 한 예가 많으므로, 정학의 뜻을 명백히 해야 한다. 그 뜻은 위 두 번째 글에서 그가 '근세 도학(道學)'을 매우 혐오스러운 대상으로 지목한 것과, 성리학을 '허자의 학문'에 포함시킨 사실로 인하여 자명해진다. 여기서 말한 정학은 성리학이 아니라 실학의 별명인 셈이다. 이렇게 이해하면 그의 실학은 고학 또는 정학으로도 표현될 유학으로서, "매사를 처리함에 '실심(實心)'으로 '실사(實事)'를 하는 것, 그리하여 '실지(實地)'를 밟아 가는 것"을 의미한다. 다시 말해 '실심·실사·실지의 태도로써 주경·치지·수기·치인이 허영(虛影)으로 돌아가지 않고 실효를 거둘 수 있게 하는 학문'이 그가 의념한 실학이다.

혹자는 홍대용의 실학관에 '주경·실심'이 있음을 들어 윤증의 수기 위주의 '실심(實心)·실학(實學)'과 무엇이 다른지 반문할지 모르겠다. 주경의 실심으로서 수기를 말한 것은 양자가 서로 다르지 않다. 그러나 "실사를 해 가면서 날마다 실지를 밟아 가야 한다〔做實事, 日踏實地〕"고 한 것, 그리하여 수기뿐 아니라 치인〔安人〕의 방면으로도 "실제에 적용하는 바가 허영으로 돌아가지 않도록 한다〔所措置不歸於虛影〕"는 것이 윤증의 실학에서 볼 수 없는 부분이다. 이 부분의 있고 없음으로 인하여 양자에 큰 차이가 생김을 주의해야겠다.

홍대용의 실사와 실지의 중시는 경험되는 현상·사실 전반을 실증의 태도로 충실히 하려는 것을 의미한다. 실사·실지의 중시가 바로 실증적 성향을 나타내기 때문에, 이는 당시의 양득중〔德村 梁得中, 1665~1742〕과 그 후의 김정희〔秋史 金正喜, 1786~1856〕가 강조한 '실사구시'[44]와 일맥상통하는 것으로 간주해야 한다. 특히 '실사구시'는 개화기와 그 후의 시기에까지 영향을 끼친 실학의 또 하나의 방법론이었다.[45] 그런 사실을 고려하면, 홍대용의 실학관은 실증적 태도의 개발이라는 점에서도 높이 평가되어야 한다.

청을 통한 서구 과학지식의 수용에 동참함으로써 탈성리학적 실학관의 확립에 기여한 학자로서 박지원을 또한 주목해야 한다. 그의 실학관은 '실사'를 홍대용보다 더 분명하고 구체적으로 설명한 점에서 일보 전진한 것이다.

> 옛날에 민(民)이라고 한 것은 네 가지이니, 사(士)·농(農)·공(工)·고(賈)입니다. 사의 업은 물론이거니와 농·공·상〔商賈〕의 일도 그 시초는 성인의 이목(耳目)과 심사(心思)에서 나온 것입니다. 대대로 전습된 것에는 각기 그 학설이 있지 않은 것이 없습니다. … 그러나 사의 학문은 실제로 농과 상고의 이치를 아울러 포함하고 있으니, 삼자의 업은 반드시 모두 사를 기다린 이후에 이루어집니다. 이른바 농을 밝히고 상을 통하게 하고 공에게 혜택을 준다는 것이니, 밝히고 통하게 하고 혜택을 주는 자는 사가 아니고 누구이겠습니까? 신이 짐짓 생각해 보니, 후세에 농과 공과 고가 업을 잘못하는 것은 바로 사에게 실학이 없는 허물 때문입니다.[46]

> 역대의 사전(史傳)에 나타난 것은 … 혹은 옛것을 본받아 윤색하고 혹은 지혜를 개발하여 편리하도록 하는 것이니, 백성을 풍요롭게 하고 나라를 이롭게 하는 공효가 아닌 것이 없습니다. 이것은 모두 농(農)의 오랜 결실이고, 옛 성인의 개물성무(開物成務)의 유업(遺業)입니다. … 이 어찌 모두 밭이랑에서 생장하여 몸소 호미로 밭을

44) 梁得中, 『德村集』, 권2, 「辭召旨疏」/ 권3, 「登對筵話」 및 金正喜, 『阮堂集』, 권1, 「實事求是說」.

45) 文一平, 『湖岩集』, 권2, 「實事求是學派의 學風」.

46) 朴趾源, 『燕巖集』, 권4, 「課農小抄·諸家總論後附說」.

간 다음에 할 수 있는 것이겠습니까? 아니면 반드시 도덕을 입으로 말하고, 나라를 다스리는 데 뜻을 두고서야 실학이 쌓일 수 있겠습니까?[47]

그에 따르면 유학〔士之學〕은 도덕과 경세〔經邦國〕를 이끌어 가야 하는 것인데, 특히 역사에 비추어 볼 때 '백성의 삶을 넉넉하게 하고 나라를 이롭게 하는 실효〔裕民益國之效〕'를 거두도록 해야 하는 것이다. 그러한 실효를 거두려면, '농공상의 일〔農工商賈之事〕'인 '농을 밝히고〔明農〕 상을 통하게 하며〔通商〕 공에게 혜택을 주도록〔惠工〕' 해야 한다. 따라서 그에게는 '농공상고의 일'이 곧 실사이고, 그것에 관한 '농을 밝히고 상을 통하게 하며 공에게 혜택을 주는 일'이 실학의 내용이 된다. 실사가 '농공상고의 일'로 구체화된 만큼, 실학이 이것들에 관한 학문을 의미하게 되었음은 필연적 현상이기도 하다.

사실 박지원은 이와 같은 실학관을 토대로, 같은 학맥의 박제가와 더불어 농사법의 개량, 수리 사업의 개발, 화폐의 유통, 상품 시장의 확장 및 농구와 운송에 관련된 각종 기기의 제작 등을 역설하였다. 그런 점에서 이들은 단순한 경세치용이 아닌 '이용후생'을 강조하였다. '유민익국(裕民益國)'의 안인을 목표로 한 이용후생에 역점을 두었던 까닭에, 이들은 수기인 '정덕'의 비중에 대하여서는 다음과 같이 주장한다.

그러한 까닭에 우 임금이 육부(六府)를 베풀었으니 이용(利用)과 후생(厚生)의 바탕이 아닌 것이 없으며, 이용과 후생은 또 반드시 정덕(正德)을 근본으로 하는 것입니다.[48]

---

47) 앞의 책, 「課農小抄·諸家總論後附說」.

48) 앞의 책, 권17, 「課農小抄」(播穀 胡麻條).

아아, 이와 같은 다음에라야 비로소 이용이라고 할 만하다. 이용한 다음에 후생할 수 있고, 후생한 다음에 그 덕을 바르게 할〔正德〕 수 있다. 그 이용을 하지 못하면서 후생할 수 있는 경우는 드물다. 생활하는 것이 넉넉하지 못하다면, 어떻게 그 덕을 바르게 할 수 있겠는가?49)

이용과 후생에서 하나라도 닦여지지 않는다면, 정덕을 침해한다.50)

정덕을 이용후생의 근본 또는 상위 개념으로 생각하는 것에는 박지원이나 박제가도 이의가 없는 듯하다. 그러나 이들은 양자의 실제 관계에서 후생이 정덕보다 우선하는 것임을 강조한다. 자세히 말하자면 이용→후생→정덕으로 되는 것이 이것들의 실제적 관계라는 것이다. 그 이유는 "생활을 넉넉하게 한 다음에야 정덕을 이룰 수 있다〔生自厚而後能正德〕"는 것이다.

이로 말미암아 이들이 '유민익국(裕民益國)'을 지향하는 이용후생의 방안으로서, 명농·통상·혜공에 관한 학문, 즉 실학을 얼마나 중시하였는지를 잘 알 수 있다. 동시에 내실과 실질에 치중하는 이들의 실학이 명분과 의리를 생명과 같이 여기던 성리학의 실학과 얼마나 차이를 보이는지도 이로써 분명히 드러난다.

3) 조선후기 실학의 대성

이상의 경세치용 학파와 이용후생 학파의 사상을 아울러 집대성한 학자가 정약용이다. 그는 서학〔天主教〕의 영향까지 받은 학자로서 「오학론(五學論)」의 저술을 통하여 당시 유학계의 여러 경향, 즉

49) 앞의 책, 권11, 「熱河日記·渡江錄」.

50) 朴齊家, 『北學議』, 「自序」.

성리학을 비롯하여 훈고학, 문장학, 과거학, 술수학 등을 비판한다. 그 비판의 배후에는 물론 자신의 새로운 유학을 형성하려는 의지가 작용하고 있었다.

특히 당시의 통치원리〔官學〕였던 정주성리학에 대한 극복 의지, 즉 탈성리학의 의지는 매우 강렬하여, 사서를 비롯한 제 경전에 대한 정주의 주해를 박세당의 경우 이상으로 철저하고 광범하게 비판·배척하면서 자신의 새로운 주해인 이른바 '반정주적 경학(反程朱的經學)'을 내놓는다.[51] 이러한 그의 작업은 역시 외견상으로는 원초유학 정신을 이상적 기준으로 하여 그 회복을 표방한 것이지만, 내용상으로는 이상의 사상적 흐름을 종합적으로 고려하면서 당시의 현실에 적합하고 실용적인 새로운 유학을 성립시킨 것이다. 그의 경세서인 『목민심서(牧民心書)』, 『흠흠신서(欽欽新書)』 및 『경세유표(經世遺表)』가 그러한 점을 잘 입증하는 증거이다.

그런 까닭에 그의 실학관은 다음 몇 구절로도 짐작되기에 충분하다.

> 공자의 도는 수기와 치인일 뿐이었으나 지금 학문을 하는 사람들이 아침저녁으로 익히고 연마하는 것은, 다만 리기(理氣)·사칠(四七)의 논변과 하도(河圖)·낙서(洛書)의 수(數)와 태극(太極)·원회(元會)의 설뿐이다. 이러한 것들이 수기에 해당하는지 치인에 해당하는지 알지 못하겠으니, 우선 한쪽에 두어라.[52]

> 지금 세속의 학문에 빠져 있으면서 주자를 이끌어서 자신을 방어하는 자는 모두 주자를 속이는 것이다. 주자가 어찌 일찍이 그러하였

51) 정약용은 「논어고금주(論語古今註)」를 비롯하여 「맹자요의(孟子要義)」, 「중용자잠(中庸自箴)」, 「중용강의(中庸講義)」, 「대학공의(大學公議)」, 「대학강의(大學講義)」, 「주역심전(周易心箋)」, 「역학서언(易學緖言)」, 「춘추고미(春秋考徵)」 등 경집(經集) 232권을 남겼다.

52) 丁若鏞, 『茶山全書』, 1집, 권17, 「爲盤山丁修七贈言」.

> 겠는가? … 이로부터 끝내 손을 이끌고서 함께 요순과 주공과 공자에게 돌아갈 수 없는 것이 지금 성리(性理)의 학문이다.[53]

> 참된 유자의 학문은, 본래 나라를 다스리고 백성을 편안하게 해 주며 오랑캐를 물리치고 재용을 넉넉하게 하며 문(文)과 무(武)에 모두 능하여, 해당되지 않는 것이 없다. 어찌 문장을 연구하고, 구절을 지적하며, 짐승이나 물고기에 대해 뜻이나 풀이하고, 도포를 입고, 절하는 법을 익히는 것일 뿐이겠는가? … 후세의 유자들이 성현의 본뜻을 깨닫지 못하고서, 인의(仁義)와 리기 외에 한마디라도 입 밖에 내면 그것을 잡학이라고 지적한다.[54]

이 인용문에서 확인할 수 있듯이, 정약용은 주희 개인에 대한 비방을 피하면서 당시의 성리학을 비판한다. 그 비판의 형식 역시 원초유학〔堯舜周公孔之門 또는 孔子之道〕을 기준으로 한 것이다. 그리고 실학이라는 용어를 별도로 사용한 예가 없음에도 우리는 주의해야 한다. 굳이 실학에 해당하는 것을 찾는다면, 그의 비판의 대상인 '금속지성리학(今俗之性理學)'에 대비되는 '진유지학(眞儒之學)'이 그것이라고 간주해야 할 것이다.

정약용에 따르면 성리학에서는 (주희의 권위를 앞세워) 리기론, 사칠변, 태극설 등에 몰두하거나 한낱 장구의 주석에 매달리거나 형식에 빠진 예절〔衣逢掖習拜揖〕의 시행에만 관심을 쏟는다고 한다. 이러한 경향이 고원(高遠)·무실(無實)·공허(空虛)한 행태임은 물론이지만, 그럼에도 성리학자들은 이외의 것을 한마디라도 언급〔一言發口〕하면 '잡학(雜學)'으로 폄하하면서 등한시한다. 물론 그도 유학의 목적이 원래 수기와 안인〔治人〕을 균형 있게 겸전하는 데에 있음을 인

---

53) 앞의 책, 1집, 권11, 「五學論」.

54) 앞의 책, 1집, 권12, 「俗儒論」.

정한다. 그러나 그는 그 겸전을 달성하지 못하고 당시 성리학자들과 같은 공허한 경향에 빠지게 된다면, 그것보다는 차라리 잡학시되는 '치국안민(治國安民)', 곧 안인에 관한 측면에 치중할 것을 택한다. 그런 뜻에서 그는 '오랑캐를 물리치고 재용을 넉넉하게 하며 문무에 두루 능하게 하는〔攘夷狄, 裕財用, 能文能武〕' 능력의 양성을 진유(眞儒)의 학문 내용으로 꼽는다. 그러므로 치국안민의 목표를 달성하기 위해 이러한 능력을 양성하는 것이 곧 그의 실학에 해당한다고 할 수 있다.

19세기의 최한기는 이용후생 학파의 사상을 계승하여 더욱 발전시킨 학자이다. 그는 원래 "그 실체가 있어서 그 이름이 있는 것이요, 그 실체가 없으면 그 이름도 없다〔有其實而有其名, 無其實則無其名〕"[55] 고 주장하는 일종의 유명론자(唯名論者)이다. 그런 까닭에 경험할 수 없는 '무형지리(無形之理)'를 궁구하는 성리학에도 그는 '귀신설(鬼神說)'에 대해서와 마찬가지로 불만이다.[56] 그의 학문의 본령이 기학(氣學)이듯이 그에 있어 학문의 대상은 유형(有形)하여 경험할 수 있고, 인간의 생활에 유용하게 쓰일 수 있는 것이어야 한다. 그의 실학관은 이러한 사고의 맥락에서 성립된다.

> 만일 배운 것이 인간 세상의 일과 관련이 없다면, 이것은 허무하고 괴탄한 학문일 뿐이다.[57]

> 모든 사물은 다 참되고 절실한 학문이니, 사무(事務)를 버리고 학문을 구하는 것은 곧 공허한 학문이다. …사·농·공·상·장수·병졸의 부류는 다 학문의 실제의 자취니, 그 행사와 시행을 보면

55) 崔漢綺, 『推測錄』, 권5, 「名實取捨」.
56) 崔漢綺, 『氣學』, 권1.
57) 崔漢綺, 『人政』, 권9, 「交通事務」.

그 학문의 성패와 우열을 점칠 수 있다. 한갓 공허한 고담(古談)과 준론(峻論)을 익히는 데 이르러서는 문자만을 익히고 같은 문호를 통해서만 전수하니, 그로 하여금 일을 맡게 하나 안온하게 구분하여 처리하는 것을 알지 못하며, 그로 하여금 가르치게 하나 안목을 열어 이치를 닦게 하지 못한다. 학문이라고 이름은 붙이지만 사무의 조치와 구분을 알지 못하니, 역시 사람에게 보탬이 되는 것이 드물다.[58]

천하의 학문의 시비를 통괄하고 우열을 논하여 정하려면, 천하의 민생에 실제로 쓰이는 것과 사해(四海)의 정치에 필요한 것으로써 해야 한다. 형체가 있어서 집행할 수 있고, 사물을 처리하여 증험(證驗)할 수 있는 것이 실학이다.[59]

인간의 현실생활〔人世〕에 관련된 일을 그는 '사무(事務)'로 표현하면서, 그 사무가 곧 학문의 대상이라고 한다. 사무와 무관한 학문이라면 그것은 '허무오탄의 학〔虛無慠誕之學〕' 또는 '현공한 학〔懸空底學〕'일 뿐이다. 이렇듯 중요시해야 할 학문 대상인 사무를 구체적으로 지적한다면, 박지원이 지적한 사농공상에 병사(兵事)를 더한 것으로, 이것이 대표적인 사무이다. 그러므로 학문의 우열은 대표적 사무인 사농공상병 등에 관한 연구〔實跡〕가 실제 행사에서 실시·시행〔措施〕되어 얻어진 결과에 따라 판별된다. 이는 그 결과가 생활에 유익하면 우수한 것이고 무익하면 열등한 학문이라는 뜻이다. 따라서 가장 이상적인 학문으로서의 실학이란 "온 천하의 민생(民生)에 대한 실용성(實用性)과 그〔四海〕 정치의 근거〔來源〕가 유형하게 파악되고, 실물 처리로써 (유익함이) 증험될 수 있는 것"이다. 최한기가 공구(工

58) 앞의 책, 권11, 「事務進學問」.

59) 崔漢綺, 『氣學』, 권1.

具)・기기(機器)의 제작과 문호개방에 의한 동서교역 등을 주장하였음을 고려하면, '천하생민(天下生民)', '사해정치(四海政治)' 등의 표현을 동원한 그의 실학관은 안인의 평천하적 극대화라 할 수 있을 것이다.

4. 두 실학의 차이

이와 같이 살피면 성리학과 탈성리학(조선후기 실학)에서 모두 실학임을 자칭하였더라도, 양측이 사용한 '실학'의 의미에는 큰 차이가 있음을 분명하게 알 수 있다.

우선 성리학이 허학(虛學)으로 지목한 대상은 불교와 훈고·사장 유학, 그중에서도 특히 불교였지만, 탈성리학의 비교대상은 성리학적 폐단과 성리학 자체였다. 이와 같이 허학이라 하여 비교·극복의 대상으로 삼은 상대가 서로 다름으로 인하여, 양자가 사용한 실학의 의미 또한 서로 다르게 되었다. 성리학은 훈고·사장 유학과 불교를 비교·극복의 상대로 택하였던 까닭에, 성경(誠敬)에 의한 수기의 측면과 예와 오륜 등에 의한 제가(齊家)·치국(治國)의 측면에서의 우월함의 의미로 실학을 자칭하였다. 그러나 탈성리학은 성리학을 비교·극복의 상대로 생각하였던 까닭에, 성리학에 비해 경세이용에 의한 민인의 후생강구 능력이 우월하다는 의미로 실학을 자칭한 것이다.

그뿐만 아니라 성리학과 탈성리학은 그 학문적 방법론에 있어서도 서로 차이를 보인다. 양자가 자칭한 실학 의미의 차이는 그 방법론의 차이에 기인하는 것이기도 하다. 성리학에서는 학문적 방법으로서 성경(誠敬) 등 수기의 철저화〔爲己之學化〕, 예와 인륜 및 제가·치국의 강조, 성명(性命)·의리 등에 대한 형이상학적 탐구 등이 사용되었다. 이러한 것들은 원래 훈고·사장학 및 불교를 극복하기 위해 당말 송초에 발흥한 유학에서의 방법론이었다. 그런데 이와 같은 성리학의 특징들은 조선시대 후기로 오면서 이와 같은 성리학의 특징들 중 비실제적인 면이 폐단으로 현저하게 나타나게 되었는데, 이는 결코 우연한 사실이 아니다. 그 현상들은 성리학 본래의 특징들의 불가

피한 노정이었던 것이다. 그러나 탈성리학은 원래 성리학의 토양에서 그 현실적 취약성의 보강 의식을 바탕으로 발아한 까닭에, 경세·이용 측면의 범위 확대와 내실의 강화를 위한 방법들을 구사하였다. 박학(博學)과, 원초유학 본연의 실제성 추구 정신의 회복, 실사구시(實事求是) 등 실증의 방법들이 그러한 것이다.

두 실학의 의미(내용)에 차이가 생기게 된 또 한 가지 간과할 수 없는 원인이 있다. 그것은 바로 성리학과 탈성리학의 배경이 된 '역사적 시대 환경'의 차이이다. 성리학의 실학관은 훈고·사장학 및 불교가 각각 당시의 유학과 국교였던 고려로부터, 성리학을 통치이념으로 삼은 조선으로 교체되어 가는 시점에서 전환기의 사상적 반성을 토대로 형성된 것이다. 그러나 탈성리학의 실학관은 16~17세기의 왜란(倭亂)과 호란(胡亂) 및 이 시기를 고비로 서구의 근대 과학기술이 지입되는 상황에서 일어난 사상적 성찰이 작용한 것이다.

이 점은 조선 중기(17세기) 이후 성리학과 탈성리학의 특징이 대조적으로 형성된 것으로도 이해할 수 있다. 양란으로 인하여 조선사회 전체가 극심하게 질곡을 헤매고 있을 때 선택할 수 있는 길은 수구〔保守〕 아니면 개혁〔進步〕이었다. 당시 집권층은 통치원리였던 성리학에 의지하여 전자를 택하였다. 이에 따라 성리학은 예 중심의 질서를 공고히 하여 사회안정을 도모하는 것으로써 나름대로의 실제적 실용성을 발휘한 셈이고, 그런 의미에서 실학임을 자칭할 수 있었다. 그러나 당시 청(淸)과 왜(倭) 등 외국의 사정에 밝고 서구의 근대 과학기술에 대한 지식까지 어느 정도 섭취하고 있던 탈성리학자들은, 양란(兩亂) 등으로 인해 더욱 피폐해진 국가적 상황에 대한 불만을 성리학의 풍토에 대한 비판으로 연결시켜 개혁의 길을 택하였다. 탈성리학자들은 경세치용과 이용후생에 힘써 도탄에 빠진 민생의 구제에 기여함으로써 그 학문의 실제적 실용성을 발휘하려 하였고, 그런 의미에서 그들의 개혁안 등의 사상으로써 실학임을 자칭할 수 있었

던 것이다.[60)]

이 고찰에서는 주로 실학 용어의 해명에만 머문 까닭에 성리학과 탈성리학의 사상 내용의 차이는 아직 다 드러나지 않았다. 그러나 앞에서 조금씩 드러난, 오륜과 예〔禮義·禮節·制度·法 등〕 등을 강조한 성리학과 사민평등(四民平等), 노비제(奴婢制)의 개혁, 동서 문물의 교역 등을 언급한 탈성리학의 차이를 상기하더라도, 성리학의 전근대적(중세) 사상과 비교할 때 탈성리학의 사상에서는 이미 어느 정도 근대적 성향이 싹트고 있었다는 사실을 알 수 있다.

60) 물론 탈성리학의 경향을 지닌 학자들 중에도 이익과 정약용의 경우에서 볼 수 있듯이, 예(禮)에 대한 연구를 많이 하여 그 방면의 업적까지 이룩한 학자들이 있었다. 그러나 성리학의 궤도에 섰던 예학자들이 예 절대시(禮絶對視) 사고를 견지하면서 예보강(禮補强)에 진력하였음에 비하여, 이들은 예 상대시(禮相對視) 사고를 견지하고서 기존의 사례(私禮), 방례(邦禮) 등의 개정에 진력하였다. 따라서 다 예를 중요시하면서 그것들을 연구하였어도 양자의 예에 대한 사고와 태도가 달랐음에 유의해야 한다.

탈(脫)성리학 지향과 방법론

제2장 실학적 경학관의 특색

1. 실학적 경학관의 문제

1) 성리학과 실학의 구분

조선후기에 '경세치용(經世致用)'·'이용후생(利用厚生)'의 기치를 들고, 정주성리학(주자학)의 약점을 보강하고 폐단을 극복하려는 의도에서 흥기한 학문을 우리는 '실학(實學)'이라 부른다. 실학의 이 관용적 용법이 비록 수십 년의 역사(1930년대 이후)를 가지고 있지만, 엄밀히 따진다면 여기에 문제가 없지도 않다. 왜냐면 실학이라는 명칭 자체가 경우에 따라 유학(儒學)을 의미하는가 하면, 성리학 역시 실학임을 무수히 자칭하여 왔기 때문이다. 성리학이야말로 그 어느 학문보다도 실학 명칭을 즐겨 많이 사용하였다.

이렇게 성리학이 실학의 명칭을 자칭하였고, 그 성리학이 여말(麗末)·조선전기(朝鮮前期)를 장식한 점을 고려한다면, 오늘날 관용적으로 사용하는 이 실학이란 학계 일각에서 지칭하는 일명 '후기실학(後期實學)'이라는 명칭이 더 적절하다. 그러한 것을 본고에서는 실학이라 약칭하고자 한다.

학술적으로는 이러한 관용법을 따를 때 성리학과 실학의 구분 문제가 더욱 심각하여지는 것은 사실이다. 이 경우, 문제는 명칭 내지 용어의 용법의 적·부적만을 단순하게 가름하는 단계를 넘어, 두 학문의 근본성격인 철학적 차이에 대한 분별가능 여부를 가름하는 단계에 이르게 된다. 성리학과 실학이라 구분하든지 전기실학과 후기실학이라 구분하든지, 도대체 이 양자는 과연 그 근본철학의 차원에 있어서도 상이하냐가 문제로 제기된다. 명칭상의 구분은 어디까지나 내용상의 구분과 일치해야만 그 구분의의가 인정받을 수 있기 때문이다. 성리학과 실학에 대한 내용의 구분이 될 수 있는 근본성격의 차이는 아직까지 확연하게 밝혀지지 않고 있는 듯하다. 특히 양자의 근본철학의 차이가 더욱 그러하다. 철학적 차원의 경우 학계의 현재 상황은 도대체 실학(후기실학)에도 철학사상이라 할 무엇이 있는지 의문시하는 형편이다.

이러한 사정에서, 만일 실학(후기실학)에 철학사상이 있다면 그것은 역시 성리학이 아니겠느냐, 즉 실학의 근본철학이란 성리학의 연장에 불과할 것이라는 추단(推斷)이 내려진다. 이것이 유학계, 특히 성리학계의 이제까지의 일반적 통념이다. 성리학계의 이제까지의 통념에 의하면 실학은 성리학의 실천사상을 다만 경세치용·이용후생 등의 측면으로 확충한 일종의 성리학적 실천사상에 불과하다는 것이다. 따라서 성리학적 통념은 근본철학 차원에 있어 성리학과 실학의 구분은 무의미하다는 견해에 이르게 된다.

2) 실학적 경학관의 예상

실학에 그 특유의 철학사상이 없다는 견해에 대하여 논자는 매우 회의적이다. 그 이유는 다음과 같다. 첫째, 오늘날 무수히 쏟아져 나오는 사학계·사회과학계의 연구보고에 의하면 실학의 실천적 사회사상은 결코 성리학의 실천적 사회사상을 단순히 확충하는 정도의 성리학적 실천사상의 아류가 아니다. 그것은 비록 성리학적 실천사상을 확충·강화하는 보충의식으로 출발한 점이 없지 않지만, 그 성리학적 실천사상에 대한 확충·강화의 결과가 마침내 성리학이 지닌 중세적 성격을 탈피하고 근대를 지향하는 성격으로 변하는 정도에까지 이른다는 것이다.[1] 인간의 일반적 사고현상으로 보아, 비록 표층적 차원이라고는 하나, 사회사상의 측면이 이토록 현저·심각하게 변하는데, 그 기저의식인 철학에 아무런 변화가 없으리라는 것은 가상하기 어렵다.

둘째로, 일반론의 영역을 벗어나 유학 자체의 학문성격을 고려해야 할 것이다. 유학은 철학적 경세를 지향하는 학문이다. 이른바 '수기(修己)·치인(治人)'이 유학의 이상이지만 그 치인〔新民〕에 앞서 되도록 격물치지(格物致知)를 바탕으로 한 수기〔明明德〕를 선행조건으로 여기는 학문이 유학이다. 유학이 윤리적 색채가 짙은 덕치(德治)를 이상적 정치로 간주하는 것도 이 때문이고, 과거 사대부의 학습(교과내용)이 문(文)·사(史)·철(哲) 겸수의 육예(六藝)를 망라하였던 사실도 이 때문이다. 철학적 경세를 지향하는 유학(실학)의 경세(사회)사상이 조선후기에 저토록 현저·심각하게 변하였다면, 그 기저를 이루는 근본철학사상에 결코 아무런 변화가 없으리라는 예측은 무리이다.

이러한 논거를 바탕으로 논자는 과거 다른 자리(논문)에서 실학 특유의 철학을 일찍이 예상하면서, 실학을 철학부재의 학문으로 간주하는 태도가 또한 "의리지학(義理之學)은 오직 성리학"이라고 생각하던 종래의 관념에 기인하지 않았나 추측해 보기도 하였다.[2] 다시 말

1) 천관우, 「한국실학사상사」, 『한국문화사대계』(고려대 민족문화연구소) 및 이우성, 「실학연구서설」, 『실학연구입문』(1973) 참조.

해 철학을 뜻하는 '의리지학'의 명칭을 성리학이 과거에 독점하였던 까닭에, 유학의 철학이 성리학 외에는 없다는 오해를 불러오지 않았나 하는 추측을 하여보았다. 이런 맥락에서 논자가 과거 제출한 「박세당의 실학사상에 관한 연구」라든가, 이을호(李乙浩) 교수의 「다산경학사상연구」는 과연 실학의 철학사상이 엄존함을 실제로 확인케 하는 증례임에 주목해야 할 것이다.

하지만 이 교수와 논자의 연구는 실학의 철학에 대한 부분적 연구 한계를 벗어나지 못한다. 이것들만으로는 실학 속에 철학사상이 있음을 일반화시키기에 부족하다. 일반론을 성립시키기 위해 보다 포괄적이고 전체적인 연구가 요청된다. 본고는 바로 이러한 요청에 응하기 위한 노력의 일환으로 작성되는 것이다. 다만 과거 유학사에서 그 철학사상의 포괄적 변화는 항상 '경학(經學)의 변화'라는 형식으로 이루어졌음을 고려하여, 논자는 본고를 통하여 우선 실학에 있어 경학관의 변화가 전체적 현상으로서 이루어지는가, 이루어진다면 어떤 관점에서 이루어지는가를 알아보려 한다. 논자의 관심이 주로 성리학과 실학의 '구분가능여부'의 문제에 있으므로 고찰의 방법에 있어서도 주로 성리학적 경학관에 대한 실학자들의 반성적 태도 내지 비판적 견해를 찾아보고자 한다.

2) 윤사순, 「박세당의 실학사상에 관한 연구」, 『亞細亞研究』 46호, 1972. 6.

2. 박학방법의 중시

1) 박학에 의한 전환

성리학적 경학관에 대한 실학자들의 견해 내지 태도를 알아보기 위하여, 우선 논자는 고찰의 대상이 될 대표적인 실학자들을 (학계의 일반적 연구성과를 감안하여) 선택하려 한다.

이수광(李睟光), 유형원(柳馨遠), 박세당(朴世堂), 이익(李瀷), 안정복(安鼎福), 홍대용(洪大容), 박지원(朴趾源), 박제가(朴齊家), 정약용(丁若鏞), 김정희(金正喜), 최한기(崔漢綺)가 바로 그들이다.

이들을 고찰의 대상자로 선택한 까닭은 오늘날 실학자 여부를 가름할 때 학자들 사이에 이견이 전혀 없지는 않지만 대체로 이들에 대해서만은 거의 이의 없이 실학자로 인정되는 데에 있다. 다시 말해, 이들이 대표적 실학자로 꼽히는 현재 학계견해의 최대공약수라 생각되는 데에 그 선별의 이유가 있다.

논자 나름으로 지닌 이들에 대한 예비적 지식으로 미리 말한다면, 이들은 성리학적 경학관에 대하여 견해가 꼭 일치하지만은 않고 약간의 차이가 있다. 그 견해들은 비슷한 것대로 몇 가지 종류의 군으로 분류될 수 있을 듯하다. 연대순에 따라 그것을 차례로 살펴가기로 한다.

첫 고찰의 대상이 되는 것은 이수광과 유형원의 경우인데, 이 경우는 이수광의 다음과 같은 발언이 그 경학관을 대변한다.

> 허국(許國)의 「논학서(論學書)」에는 "학문은 의리(義理)의 변(辨)에 앞서는 것이 없다. 옛 성현을 보면 일찍이 글을 외우지 않음이 없지만 그 글의 외움〔誦〕은 박(博)이 되도록 하지 않았다. 무릇 박에 힘씀은 남을 위하는 것〔爲人〕인데, 남을 위함은 곧 이(利)인 것이다"

> 라 하였다. (그렇지만) 나는 이렇게 말하겠다. 전(傳)에는 "박학(博學)하여 상설(詳說)한다" 했고, 또 "박학하고 심문(審問)한다"고도 했다. 박학이란 자신을 위하게끔 하는 것〔爲己〕이지 남을 위함이 아니다. 지금 박학으로써 남을 위함이라 한다면, 아마도 올바른 주장〔的論〕이 아닐 것이다.3)

성리학자들은 그들의 의리탐구만이 (자신을 위하는) 위기(爲己)일 뿐, 박학 따위는 (남을 위하는) 위인(爲人)으로서 이(利)를 추구하는 것에 지나지 않는다고 생각하지만, 이수광으로서는 오히려 박학이 위기의 수단이다. 그가 말하는 박학이 곧 그의 『지봉유설(芝峯類說)』로 나타난 '백과사전류의 학문'임은 물론이다. 여기서 우리는 성리학적 지식의 세계, 즉 성리학적 경학범위의 옹색함에 눈뜨고 있는 이수광을 발견한다. 이수광의 이러한 각성은 또한 당시(16세기 말~17세기 초)의 사회변화에 대한 성리학적 현실극복능력의 한계를 간파한 데 말미암은 것으로 보이지만, 성리학자들이 경홀히 여기던 박학의 방법을 중요시하면서 그 방법의 입장에서 성리학적 경학관을 극복하려는 태도는 획기적인 경학관의 변화가 아닐 수 없다.

박학의 방법에 의하여 성리학적 경학관을 극복하려는 이수광의 이 태도는 바꿔 말하면 간접적 극복태도에 지나지 않지만, 그의 경우는 유형원의 경우보다 훨씬 적극적이다. 유형원의 경우와 달리, 그는 그의 『지봉유설』에 「경서부(經書部)」를 별도로 설치하여, 유학의 모든 경전에 대한 소견을 단평(短評) 형식으로 표명하였다. 그에 있어 박학적 방법은 결과적으로 제 경전에 대한 비주자주(非朱子註)가 있음을 아는 박식의 결과를 가져와, 그 박식을 과시(소개)하면서 거기에 자신의 소견까지 곁들여 주희주해의 성리학적 세계에서 자유롭게 벗어나고 있는 것이다.

---

3) 李睟光, 『芝峯類說』, 권5, 儒道部, 「學問」.

2) 박학방법의 일반적 구현

이러한 이수광의 백과사전적 박학의 방법이 영향을 끼쳐 그 뒤에 유형원에게서 『반계수록(磻溪隨錄)』이,[4] 이익에게서 『성호사설(星湖僿說)』이, 안정복에게서 이른바 『잡동산이(雜同散異)』가, 이규경에게서 『오주연문장전산고(五洲衍文長箋散稿)』가 나온다.[5] 유형원, 이익, 안정복, 이규경 등이 모두 백과사전적 박학의 방법을 구사한 점에서 일치한다. 뿐만 아니라 박지원의 『열하일기』, 박제가의 『북학의』도 특정한 분야에 구애되지 않고 모든 분야를 다루려 한 점에서 박학의 방법이 적용된 것이라 할 수 있다. 그리고 정약용의 일표이서(一表二書)[6]를 비롯한 사서육경(四書六經)의 주해(註解)·강의(講義) 등과 최한기의 『추측록(推測錄)』과 『인정(人政)』을 비롯한 일련의 저서 역시 박학의 정신이 없고서는 상상조차 할 수 없는 업적임에 틀림없다.

이렇게 보면, 박학의 태도 및 박학의 방법에 의한 성리학적 경학관의 극복정신은 농도나 강약의 차이는 있을지라도 거의 모든 주요 실학자들의 공통적 특색으로 되어 있다. 다만 이수광이나 유형원 이외의 다른 학자들은 백과사전류의 박학이 아닌 다른 분야의 특색으로 인하여 달리 인식되는 데 비해, 이 두 학자만은 백과사전류의 박학이 자신의 학문을 대표하는 경우여서, 이 두 학자들이 실학의 박학정신을 상징하는 듯이 보일 따름이다. 실학의 비조(鼻祖)로 인정받는 이 두 학자의 이러한 사정으로 인하여, 성리학적 경학관을 극복해 가는 실학적 경학관의 특색을 들 때에는 박학의 방법에 의한 경학관의

4) 어느 면에서는 때로 실학자로 간주되기도 하는 김육(金堉) 역시 이 같은 성격의 저서를 내었다. 그의 『유원총보(類苑叢寶)』가 그것이다.

5) 이규경의 경우는 박학을 일러 '명물도수지학(名物度數之學)'이라 한다. 그리고 그는 이 학문의 필요성을 역설하기는 하지만 의리지학(義理之學)보다는 낮은 지위에 있는 것으로 생각한다.

6) 『경세유표(經世遺表)』·『목민심서(牧民心書)』·『흠흠신서(欽欽新書)』.

변화를 그 첫째로 지적하게 된다.

3. 본원유학(洙泗學) 정신의 표방

1) 하학(下學) 정신의 회복

박학의 정신보다 시대적으로는 비록 늦게 나타나지만, 실학에서 오히려 그보다 더 적극적으로 성리학적 경학관에 도전하는 것이 본원유학〔洙泗學〕 정신의 표방이다. 이것은 아래에서 보게 되듯이, 또 박학정신에 못지않을 정도로 많은 실학자들에게서 발견되는 일반적 특징이다.

이 정신을 가장 일찍이 그리고 철저히 역설한 실학자가 바로 반정주적 경전주해로 인하여 '사문난적'의 낙인을 받고 세상을 떠나게 된 박세당이다. 박세당이야말로 원시유학 정신의 회복에 의한 성리학적 경학관의 극복을 제창한 실학자로서 최선봉이다.

사서(四書) 및 『상서(尙書)』·『모시(毛詩)』에 대한 그의 반주자적 주해서인 『사변록(思辨錄)』(일명 『通說』)을 내면서, 그는 정주성리학적 경학관의 약점을 아래와 같이 밝힌다.

> 전(傳)에는 "멀리 가는 것은 반드시 가까운 데서부터 비롯한다"고 하였다. … 그러므로 이른바 깊은 곳〔深者〕도 얕은 곳〔淺者〕에서부터 들어가는 것이다. … 오늘날 육경에서 구하는 것은 거의가 다 천근(淺近)을 뛰어 넘어 심원(深遠)에로 달리고, 그 조략(粗略)한 것을 경홀히 하는 반면에 정비(精備)한 것을 얻지 못할 뿐 아니라, 그 천근 조략한 것까지도 다 잃을 것이다.[7]

7) 朴世堂, 『思辨錄』, 「序」.

이 “자이행원(自邇行遠)”의 학문정신이 바로 공자의 “하학이상달(下學而上達)”의 정신이다.[8] 공자는 일상생활에서 절실히 요구되는 ‘절문(切問)’, ‘근사(近思)’를 위주로 가르쳤다. 생활에 실제성이 없는 천명(天命), 성(性), 귀신(鬼神) 등 형이상학적 문제는 되도록 가르치기를 피했다. 이것이 형이상학에 깊이 탐닉(探溺)하는 성리학정신과 다른 점이다. 이 차이점을 간취하여, 박세당은 그 성리학의 경전주해 내지 경전이해에 대한 비판의 논거로 삼는다. 그리고 이 “자이행원”의 정신을 자신의 경전주해의 기본 입장으로 삼고 있음을 본다.[9]

이와 같이 원시유학의 일상적 실제성의 중시정신인 이른바 하학·천근(비근) 치중의 정신회복에 의한 성리학적 경학관의 지양의식은 박세당 이외에 이익, 안정복, 홍대용, 박지원, 정약용, 김정희에게서도 똑같이 발견된다. 원시유학의 하학·천근정신을 다시금 회복시켜야겠고 그렇게 함으로써 성리학적 경학관을 지양해야겠다는 의식을 갖고 있는 점에서 이들은 모두 일치한다. 이들에게 서로 어떤 차이가 있다면 무엇보다도 그 하학·천근을 어떻게 생각하느냐, 즉 일상적 실제성을 어떻게 보느냐 하는 데 있다. 실학자 자신의 실학관에 따라 다음에서 보듯이, 하학·천근이라는 실제성에 대한 견해차를 보인다.

2) 경세치용적 경학관

이 차이를 보이는 첫 예가 이른바 ‘경세치용’파와 ‘이용후생’파로 대비되는 이익·안정복과 홍대용·박지원의 경우이다. 이익은 그의 박

---

8) 『논어(論語)』, 「헌문(憲問)」. 그리고 『중용(中庸)』 15장에는 “君子之道, 辟如行遠, 必自邇”라 하였다.

9) 박세당의 『사변록』 가운데 특히 『중용·대학』편의 사변록에서 그러한 것이 많이 발견된다.

학을 자랑하는 『사설』에 다음과 같이 적는다.

> 나는 아래와 같이 말한다. 송(宋) 이후로 유학은 날이 갈수록 심은(深隱)해져서, 한 자 두 자의 뜻도 탐구 검토하여, 변설이 상자에 가득 들어찬다. 사람들은 곧 거기에 골몰되어 버리고, 또 어쩔 수 없이 지(知)를 구하기에 급해서 행(行)을 하기에 뒤늦게 되니, 성인의 "행하고 여력이 있거든 학문하라"는 가르침과는 기상이 같지 않다.[10]

이익은 실로 주희(朱熹) 역시 공자의 학문정신을 이어 지(知)보다 행(行)을 우선하는 것으로 말한 것이 있음을 상기시켜, 성리학의 지나친 형이상학적 지식추구의 경향에 대한 반성을 촉구한다. 따라서 이익은 주희 자신에게보다 그 후인들에게 비판의 화살을 집중시킴을 본다.[11] 이러한 각도에서 성리학의 경학관을 극복하려 한 이익은 그 구체화의 작업에까지 손을 뻗쳐 경서에 대한 일련의 『질서(疾書)』를 저술하였다.[12]

그 제자인 안정복은 이익의 이 정신을 이어, 성리학적 학풍에 도전하는 자세를 분명히 한다.

> 성인의 언행은 『논어』 한 책에 갖추어져 있는데, 그 말은 모두 하학비근처(下學卑近處)요 이지이행(易知易行)한 일이지, 심고난행(甚高難行)한 일은 없다. 후세의 학문을 논하는 것은 반드시 '심학(心

10) 李瀷, 『星湖僿說』, 권2, 人事篇, 論學問, 「爲學」.

11) 상동.

12) 그에게는 『대학질서(大學疾書)』, 『소학질서(小學疾書)』, 『중용질서(中庸疾書)』, 『논어질서(論語疾書)』, 『근사록질서(近思錄疾書)』, 『심경부주질서(心經附註疾書)』, 『가례질서(家禮疾書)』, 『역경질서(易經疾書)』, 『서경질서(書經疾書)』, 『시경질서(詩經疾書)』가 있었던 듯하다. 이 중 몇 가지는 현존품을 찾지 못하고 있다.

> 學)'이다 '리학(理學)'이다 하는데, 심리(心理)라는 두 자는 형영(形影)·모착(摸捉)이 없는 것으로, 모두 허공에 매달린〔懸空〕 말〔說話〕이다. … 오늘날(후세) 학자들은 오히려 하학을 비천하게 여겨 좋아하지 않고, 항상 천인(天人) 성명(性命) 리기(理氣) 사칠(四七)의 설에 구구히 매달린다. 그 행을 생각해 보면 칭송받을 것이 거의 없는데도 오히려 상달(上達)에 대한 무지만을 부끄럽게 여기는데, 종신토록 학문을 하지만 덕성(德性)을 못내 갖추지 못하고 재기(才器)도 못내 이루지 못한다. …[13]

이러한 안정복의 견해는 이익의 것보다 반성리학의 강도가 더 적극적임에 틀림없다. 그러나 그 하학의 지향하는 실제성의 내용에 있어서는 서로 다름을 발견할 수 없다.

그런 점에서 이들 두 사람이 생각하는 하학의 실제성은 이익의 다음 글이 대변한다고 할 수 있다.

> 경전을 궁구〔窮經〕하는 것은 앞으로 치용(致用)하려는 때문이다. 경전을 논〔說經〕하면서도 천하만사에 그것을 이용〔措〕하지 않는 것은 한갓 읽을 줄 아는 것일 뿐이다. …
>
> 정(政)이란 치민(治民)이 그 요건인데, 치민은 또 백성의 사정(下情)에 통달하는 것에 지나지 않는다. 그러므로 『시(詩)』에서도 "그 은미한 것을 살펴 편안케 할 수 있다"고 하였다.[14]

본원유학(수사학) 정신에 입각하여 새로운 학풍으로 불러일으켜야 할 하학으로서의 경전연구〔窮經〕 태도는 어디까지나 '경세치용'을 지향하는 것이라야 한다는 주장이다. 이들에게 있어서는 경세치용이 곧 성리학적 경학태도를 지양하게 하는 논거로서의 실제성의 내용이

13) 安鼎福, 『順庵集』, 권19, 題後, 「題下學指南」.

14) 李瀷, 『星湖僿說』, 권6, 上, 經史篇, 經史門, 「詩」.

다. 여기에 본원유학정신을 표방하는 실학적 경학관의 한 학문적 입장이 마련되고 있다.

3) 이용후생적 경학관

이 입장과 비교되는 것이 이른바 북학파(北學派)의 홍대용과 박지원의 입장임은 이미 언급한 대로다. 홍대용은 원시유학의 정신과 관련하여 아래와 같이 피력한다.

> 옛날의 가르침은 어릴 때 이미 육예(六藝)를 가르친다. 그런 까닭에 자란 뒤에 위로는 비록 도(道)를 아는 데까지 이르지 못할지라도 아래로 적용에 실패하지 않는다. 오늘날 장구만을 일삼는 것은 참으로 그 근본은 이해하지 않고서도 그 말예(末藝)에 있어서는 부당하게도 전폐(專廢) 한다.[15]

이것은 일상생활에 있어서의 학문의 육예적 적용을 들어 당시의 성리학적 학풍을 비판한 것이다. 홍대용의 경우 이러한 비판의식이 그의 「의산문답(醫山問答)」에서 구체화되어, 이른바 '허자(虛子)'와 '실옹(實翁)'의 대결을 가져온다. 다시 말하면 그는 '육경에 회통하고 정주를 절충한' 가상인을 허자로 등장시켜, 실옹으로 하여금 허자의 인간관·세계관·우주관을 철저히 파괴하게 한다. 이때 동원되는 실옹의 지식이 일부 북학에 의한 지식이고 자신이 깨우친 경험·과학적 지식이다.[16]

그렇지만 이러한 북학파의 경학관의 입장을 집약적으로 표명한 것은 박지원이다.

---

15) 洪大容, 『湛軒集』, 內集, 권1, 「小學問疑」.

16) 그의 지전설도 여기에서 상세히 나온다.

> 대우(大禹)가 차순〔次第〕을 정한 것이라든가, 무왕(武王)과 기자(箕子)가 문답한 것의 그 사(事)란 곧 정덕(正德) 이용(利用) 후생(厚生)을 갖추는 것이고, 그 용(用)이란 중화(中和) 위육(位育)의 공효를 벗어나지 않을 뿐이다. … 지금 내가 오행(五行)의 용(用)을 먼저 말하였지만 구주(九疇)의 리(理)도 이해되어 분명하여질 것이다. 왜냐하면 이용한 다음에 후생할 수 있고, 후생한 다음에 덕이 바로잡힐 수 있기 때문이다.[17]

박지원에 따르면 본원유학의 학문목적은 '정덕 · 이용 · 후생'이라 할 수 있다. 정덕과 이용 · 후생은 이른바 '수기와 치인'의 다른 표현이므로, 이에 대하여서는 별다른 이의가 있을 수 없다. 하지만 그가 이용을 제일 중요시하고 정덕을 부수적으로 생각하는 점에 대해서는 성리학자들의 이의가 있게 된다. 이것은 바로 성리학적 견해와 반대되기 때문이다. 성리학에서는 무엇보다도 정덕이 선행해야 할 제일의 목적이고 이용 · 후생은 그다음에 이루어질 목적이라 생각한다. 이렇게 성리학과 반대되는 방향으로 의도하는 '이용후생'적 실학이 바로 단순한 경세치용과는 다른 이들 북학파의 '농공상(農工商)의 실학'이다. 이 점은 박지원의 '실학' 규정에서 실제로 확인되는 점이기도 하다.[18] 농공상의 이용후생적 실제성, 이것이 곧 본원유학정신의 회복을 표방하고 성리학적 경학관을 극복하는 북학파의 논거이자 출발점이라 할 수 있다.

4) 다산 정약용의 경우

정약용은 경세치용과 이용후생의 정신을 다 포괄하는 학자인 만

17) 朴趾源, 『燕巖集』, 권1, 序, 「洪範羽翼序」.
18) 朴趾源, 『燕巖集』, 권2, 「課農小抄」.

큼,[19] 당시의 성리학자들에게 우선 은자(隱者)・산림(山林)의 태도를 버리고, 경세인(經世人)으로서 사(仕)의 본분에 충실하도록 주의를 환기한다.[20] 동시에 그는 성리학의 학풍을 다음과 같이 비판한다.

> 성리학을 알고자 하는 까닭은 자기를 알아서 스스로 그 천형(踐形)의 의(義)에 힘쓰려는 데 있다. … 그래서 옛날의 학문하는 사람들은 … 다언(多言)하지 않았다. 비록 다언일지라도 이는 중언부언으로 이언(異言)함이 없었다.
>
> 지금의 성리학자는 리(理)라 기(氣)라 성(性)이라 정(情)이라 체(體)라 용(用)이라, 본연(本然)・기질(氣質), 리발(理發)・기발(氣發), 이발(已發)・미발(未發), 단지(單指)・겸지(兼指), 리동기이(理同氣異)・기동리이(氣同理異), 심선무악(心善無惡)・심선유악(心善有惡), 삼간오아(三幹五椏), 천조만엽(千條萬葉)의 호분누석(毫分縷析)이 교진호진(交嗔互嗔)하고 명심묵연(冥心默硏)과 성기적경(盛氣赤頸)이 스스로 천하의 고묘함을 지극히 한다고 생각한다. 그리하여 동아서촉(東椏西觸)하고 착미탈두(捉尾脫頭)하여, 각 문(門, 學派)마다 하나의 기치를 내세우는가 하면 각 가(家, 學者)마다 하나의 누벽(壘壁)을 쌓는다. 평생을 해도 그 변송을 해결할 수 없으며, 대를 물려 내려가도 그 간감(懇憾)을 풀지 못한다. 자기 문에 드는 사람은 떠받들〔主〕고, 나가는 사람은 천대〔奴〕한다. 한 패가 되는 사람은 치켜세우고〔戴〕, 갈라서는 사람은 비난〔伐〕한다. 그러면서 스스로는 근거함이 지극히 바르다〔正〕 생각하니 어찌 아니 공소한가![21]

---

19) 특히 그의 『경세유표』와 『목민심서』, 『흠흠신서』 등의 저서가 이 점을 입증한다.

20) 丁若鏞, 『與猶堂全書』 1집, 「五學論」.

21) 상동.

이는 당시 성리학의 지나친 형이상학화의 경향 및 그 형이상학적 분파현상에 대한 불만을 토로한 것이다. 성리학에 대한 이러한 불만 극복의 길을 그도 본원유학(수사학) 정신의 회복에서 찾으려 한다. 본원유학 정신의 회복에 의한 성리학의 극복을 생각하는 점은 그도 앞서 본 다른 학자와 다를 바 없다. 한 가지 다른 점이 있다면, 그것은 바로 성리학의 형이상학성을 비난하기 위해 불교를 이용한다는 점이다.

> 특히 불교에서 심성(心性)을 논할 때에는 언제나 적감(寂感)으로 설명하였는데, 정자(程子) 문하의 여러 학자들도 이 양자〔佛·儒〕의 설이 완전히 일치하는 것으로 생각하여 미발·이발을 논할 때에는 오로지 이 구절을 가지고 증명하였다.[22]

정약용은 이렇게 성리학의 난삽 공소한 형이상학성을 불교의 영향에 돌리는 예가 허다하다. 불교의 영향으로부터 본연의 유학을 복원하겠다는 것이 그의 성리학 극복의 논거이자 논지이다.

5) 완당 김정희의 경우

성리학의 형이상학성에 대한 비난의 방법으로 불교의 영향을 지적·이용하는 것은 김정희에서도 마찬가지다.

> 성인의 도는 지극히 평이한 것임은 공자의 말을 기록한 『논어』로 잘〔備〕 알 수 있다. 다만 예(禮)를 항상 말했지 일찍이 리(理)에 대해서는 한 번도 언급하지 않았다. 저 불교〔釋氏〕류의 심성설이 지극히 유심(幽深)·미묘(微妙)하여 마침내 현지(賢知)의 지나치는

---

22) 丁若鏞, 『與猶堂全書』, 1집, 「中庸講論」.

> 지경으로 된다. 성인이 도는 이와 같지 않다. …
>
> 후유(後儒)들이 살피지 못하여 예를 버린 채 이론을 세우다가 마침내 지극히 유심·미묘하게 되는데, 이는 모두 불교〔釋氏之學〕이지 성학(聖學)이 아니다.[23]

성리학의 불교적 형이상학성〔幽深·微妙〕을 버리고 본원유학의 평이성을 되살리려는 점에는 그도 남다르지 않다. 그 유학의 평이성의 내용을 예(禮)라 생각하는 점에 김정희 견해의 특색이 있다. 이 예는 물론 예학자·성리학자들의 번잡·비실용적인 예로 보이지 않는다. 이는 어디까지나 평범한 일상적 예를 뜻할 것이다. 그러나 일반적 통념으로 본다면 예는 성리학자들에 더 가까운 개념이지 경세치용·이용후생을 역설하는 실학자와 가까운 것은 아니다. 그런 점에서 김정희의 이러한 점은 바로 실학의 퇴조 내지 변조, 즉 정약용을 고비로 하여 경세치용·이용후생의 정신이 박약하여짐을 입증하는 사실로 볼 수 있을 듯하다. 사실 다음 장에서 보게 되듯이 김정희가 추구한 성리학 극복의 본령은 그의 '실사구시'에 있었지, 경세치용·이용후생 등에 있지 않았다.

---

23) 金正喜, 『阮堂集』, 권1, 「禮堂說」.

4. 한유 훈고정신의 원용

1) 훈고학의 겸용

박학정신과 본원유학의 실제성 추구정신 다음으로 가진 실학자들의 비성리학적 학문정신에 한대유학〔漢儒〕의 훈고학(訓詁學) 정신이 있었다.

이것이야말로 청대(淸代) 고증학(考證學)의 발흥에 받은 영향인데, 많은 실학자에게서 발견되는 것은 아니다. 논자의 조사자료로는 겨우 북학파의 박제가와 그 밖에 정약용·김정희가 두드러지게 눈에 띄는 정도이다. 적은 수의 학자에게서 발견될 뿐만 아니라, 그나마 별로 중요시되지도 않았다.

박제가와 정약용의 경우 훈고는 성리학과 아울러 겸수(兼修)·겸용(兼用)되어야 한다고 생각되었거나, 성리학을 극복하는 데 본원유학 정신과 아울러 갖추어야 할 조건의 하나로 생각된 정도다. 김정희의 경우에 이르러서야 비교적 비중 높게 중요시될 따름이다.

우선 박제가는 다음과 같이 논하고 있음을 본다.

> 무릇 의리(義理)의 소학(小學)과 명물(名物)의 소학을 한(漢)나라의 유학자들은 이미 아울러 말하였다. … 그러나 오늘에 이르러서는, 주자의 설은 중천의 해와 같지만 명물 훈고의 학문은 미약하다. 바로 마땅히 한유의 구설(舊說)을 표장(表章)하여 대전집주(大全集註)와 더불어 어그러지지 않도록 병행시켜야 함이 어찌 주자의 본의가 아니겠는가? 소학의 급무인저! 무릇 학문은 격치(格致)보다 더 중대한 것이 없지만, 격치의 요령은 문자보다 앞서는 것이 없다.[24]

---

24) 朴齊家, 『貞蕤集』, 권2, 「試士策」.

박제가에게서는 아직 훈고학에 의하여 성리학적 경학관을 극복해야겠다는 의식이 조금도 보이지 않는다. 오히려 성리학보다는 덜 중요한 것으로서, 겸수 병행시켜도 서로 어긋남이 없을 수 있는 것이라는 점에서 주장될 뿐이다. 정약용에 있어서는 이보다 좀더 훈고의 비중이 인정받지만, 그렇다고 원시유학 정신의 경우와 같은 비중이 주어지지는 않는다.

> 한유들은 경전 주해는 고고(考古)를 본보기로 삼기는 하지만, 명변(明辨)함이 부족하다. 그런 까닭에 참위(讖緯) 사설(邪說)까지 다 받아들이지 않을 수 없었다. 이는 배우기〔學〕는 하면서도 따져 생각〔思〕지 않는 폐단인 것이다. 후유〔宋儒〕의 설경(說經)은 궁리(窮理)를 위주로 하는 반면 고거(考據)를 소홀히 한다. 그런 까닭에 제도 명물에 대하여서는 때로 엇나가는 때가 있다. 이는 따져 생각은 하지만 배우지 않는 허물〔殆〕인 것이다.[25)]

정약용에 따르면, 성리학의 경전연구는 학문으로서의 고증(考據)에 소홀한 것이 그 단점이다. 학문으로서 고증에 충실한 것이 한유의 훈고학적 방법이다. 그러므로 성리학의 단점은 훈고의 방법으로 보강될 수 있다는 뜻이 된다. 그러나 훈고만으로 성리학적 경전연구를 완전히 지양할 수 있다는 뜻이 아닌 점에 주의해야 한다. 훈고의 방법은 학으로서의 고증에 충실한 대신 사(思)로서의 명변을 소홀히 한다. 이것이 훈고의 단점이다. 사로서의 명변에 충실한 것은 오히려 성리학이다. 그러므로 이 양자는 어느 하나가 다른 것을 지양할 수 있기보다 상호 보충이 가능한 상자관계(相資關係)에 있다. 상자관계로 파악하는 점에서 정약용은 이 양자에 대하여 절충적 입장을 취한다고 할 수 있다.

---

25) 丁若鏞, 『與猶堂全書』, 권1, 「論語古今註」.

2) 실사구시적 경학관

김정희의 경우는 이러한 절충적 입장에서 벗어나 훈고의 측면에 더 큰 비중을 두고 훈고에 치중하는 태도를 보인다. 훈고를 자기의 입장으로 하여, 그 입장에서 성리학의 세계를 넘어서려 한다. 그의 이 독특한 훈고적 입장이 청의 대진(戴震)이 강조한 '실사구시'의 입장이다.

> 『한서(漢書)』「하간헌왕전(河間獻王傳)」에 실사구시라 하였다. 이 말이 학문에서 가장 긴요한 방법〔道〕이다. 만약 사(事)로써 실(實)하게 하지 않으면서 다만 공소한 기교〔術〕로써 평하게 한다거나, 그 시(是, 옳음)를 구하지는 않으면서 다만 먼저 들은 말〔先人之言〕에 매어 달린다면, 그것은 성현의 도에 배치되지 않음이 없는 것이다. … 무릇 성현의 도는 몸소 행함〔行躬〕에 있지 공론(空論)을 숭상하는 것이 아니다. 실자(實者)는 마땅히 구해야 하고, 허자(虛者)에는 의거하지 않는 것이다. 만일 묘명(杳冥)한 가운데서 찾고 공활(空闊)한 대로 방치한다면, 시비를 가리지 않게 되고 본의를 모두 잃게 될 것이다. 그러므로 학문하는 방법은 반드시 한송(漢宋)의 경계를 나눌 필요도 없고, 정왕(鄭王)[26]·정주(程朱)의 장단을 비교해야 할 필요도 없고, 주륙(朱陸) 및 설왕(薛王)의 문호를[27] 다퉈야 할 필요도 없다. 다만 평심(平心) 정기(靜氣)로 박학 독행하면서 오로지 실사구시라는 한마디 말을 위주로 하여 행함이 옳다.[28]

---

26) 정현(鄭玄)과 왕충(王充), 곧 한유를 그 대표적 학자로 들어 말하는 것임.

27) 정주철학과 육왕철학의 대립을 뜻함. 설씨는 교헌(敎軒) 설선(薛瑄)을 가리킴.

28) 金正喜, 『阮堂集』, 권1, 「實事求是說」.

이 김정희의 실사구시는 본래적이고 사실적인 시(是)를 구한다는 실증적 의미에서는 훈고학적이지만, 넓은 의미의 사(事)에 충실하려는 실제성 추구의 정신으로 보아서는 본원유학에 가깝다. 그의 실사구시는 분명히 훈고학의 영향으로 나왔지만, 훈고학의 고증만을 강조하기 위해서 나온 것은 아니다. 한낱 고증에 그치지 않는 이 점에 그의 실사구시 정신의 독자성이 있다. 이러한 실사구시의 정신에 충실하면, 김정희의 주장에 따를 때, 성리학의 세계(약점)를 초극할 뿐 아니라, 훈고학의 세계도 초극한다. 이런 점에서 판단하면, 실사구시가 김정희에 있어 새롭고 참다운 유학(실학)의 수립을 성취하게 한다고 믿어져서 마련된 그의 실학적 경학관의 입장인 셈이다.

3) 여타의 인식

이상과 같이 살피면 실학자들의 성리학의 경학관을 극복하고자 새롭게 제창했던 학문정신 내지 방법론은 세 가지라 할 수 있다. 첫째, 박학의 정신, 둘째, 본원유학의 실제성 추구정신, 셋째, 훈고학적 실증정신이 그것이다. 그렇다면 이외의 다른 것은 생각되지 않았을까?

이외에는 대체로 다음과 같은 것이 찾아진다. 첫째, 학문이란 시대에 따라 변하는 법, 따라서 불변의 절대적 학문은 없다는 가변성의 인식, 둘째, 정주계의 성리학 이외에 육왕의 것이 있고 또 있을 수 있다는 정주학의 유일성에 대한 회의 등이 있다. 첫째 사례에 해당하는 것이 다음에 예시할 김정희의 경우이고, 둘째 사례에 해당하는 것이 박제가의 경우이다.

김정희는 그의 「학술변(學術辨)」을 통하여 이렇게 주장한다.

학술은 천하에 있어 수백 년을 지내면 반드시 변하는 법이다. 그 장

> 차 변하려 할 때에는 반드시 한두 사람이 있어 그 단초를 열면, 수많은 사람들은 시끄럽게 그 한두 사람을 공박한다. 그러다가 그것이 이미 변하였을 때에는 반드시 한두 사람이 있어 그 성취를 집대성하면, 수많은 사람들은 바람에 쏠리듯 그에 따른다. …
>
> 이른바 천하에 학술의 변이가 드러나지 않는다면 그 폐단은 다 말할 수 없는 것이니, 슬프도다. 마땅히 변해야 할 때에 수많은 사람이 시끄럽게 공박하는 것도 어리석은 사람이고 이미 변한 뒤에 쏠리듯 따르는 것도 어리석은 사람이다. 그 폐단을 바로잡아 의연히 유지하는 사람은 누구일까?[29]

이러한 학문의 가변성에 대한 인식이 성리학의 경우에는 예외로 해당되지 않는다는 보장이 없다. 오히려 앞서 보았듯이 성리학의 형이상학적 공소성을 약점으로 파악하였던 김정희였다. 그러므로 이 학문의 가변성에 대한 인식도 성리학에 대결하게 한 하나의 경학관으로 꼽아야 할 것이다.

박제가는 특히 정주학에 대립되는 육왕학의 측면에 대한 인식을 아래와 같이 고취한다.

> 중국에는 참으로 육왕의 학이 있지만, 주자의 적전은 자재(自在)한다. 우리나라 사람들은 정주만 말하여 나라 안에 이단이 없다. 사대부가 감히 육왕〔江西 餘姚〕의 설을 말하지 못하니, 어찌 그것이 도가 하나에서 나와서 그러하겠는가![30]

정주학 일변도의 당시 학계에서 이 정도로 정주학 유일성에 대한 반성적 자각에 도달하였다면, 이 또한 성리학 극복의 한 학문적 각성

29) 金正喜, 『阮堂集』, 권1, 「學術辨」.

30) 朴齊家, 『北學議』, 外編, 「北學辨」.

임을 인정해야 할 것이다.

그러나 이 두 가지 성리학 극복의 의식에는 뚜렷한 한계가 있음을 간과할 수 없다. 우선 학술의 가변성에 대한 인식은 오직 김정희에게서나 발견되는 특수한 사례이다. 따라서 그것을 실학적 경학관의 특색으로 간주하기에는 너무도 빈약하다. 그리고 육왕학의 인지에 의하여 일어난 정주학 대립의식은 정주학 일변도의 당시 한국 성리학계에 대하여 상당히 의의를 갖는 의식이다. 또 찾아보기에 따라서 박제가뿐만 아니라 다른 실학자들에게서도 찾아질 수 있으리라는 점에서 마땅히 주목해야 할 부면이다. 그러나 그것은 근본적으로 한국에서 육왕학이 지닌 실학적 성격이 규명되고 난 뒤에 캐어볼 성질이다. 근본적으로 한국적 육왕학에 대한 정리가 미비한 현 단계에서는 언급할 성질이 못된다고 보아야 할 듯하다. 이렇게 판단하면 성리학적 경학관에 대립하여 홍기한 실학적 경학관은 전술한 세 가지로 요약할 수 있다. 전술한 세 가지가 실학적 경학관의 대표적 특징이다.

5. 성리학적 경학관 부인의 공통현상 — 실학적 경학관 이해의 문제

이러한 세 가지 특색, 이른바 실학적 경학관의 특색을 우리는 어떻게 이해해야 하는가? 특색들의 발생시기라든가, 학자에 따른 비율이라든가, 이것을 실천하는 강도라든가, 이것들 서로의 차이라든가, 공통적 성격에 대한 이해가 더 있어야 마땅하다.

박학의 중요성이 이수광에서부터 역설되는 데 비하여, 원시유학 실제성 추구정신의 회복이 박세당에서부터 역설되고, 훈고의 중시경향은 훨씬 뒤인 박제가에게서부터 겨우 나타나는 형편이므로, 그 발생에 시기적 차이가 있다. 시기적 발생은 '박학'→'원시유학정신의 회복'→'훈고학의 원용'의 순이다.

그 발생에 이러한 차이가 있으므로, 본론 부분에서 보았듯이 학자에 따라 이 세 가지를 공유하는 경우와 공유하지 않는 경우가 있다. 학자에 따른 세 가지 특색의 소유관계는 대체로 〈표 2-1〉과 같다.

이와 같이 세 가지 특색의 소유관계는 학자에 따라 다르다. 세 가지를 다 공유하는 정약용 이외에는, 그 한 가지가 아니면 두 가지를 가지고 있을 뿐이다.

이러한 현상은 바로 정약용에게서 실학이 집대성됨을 뜻하는 것이며 과거 성리학에 대한 태도 또는 새로운 경향에 의한 성리학 극복의 의식에 있어서는 서로 차이가 있었음을 뜻한다. 사실 이수광·유형원·이익·안정복 등은 그들 대부분의 저술에서 주희설을 따르는 형편이며, 특히 이익과 안정복은 주희와 이황이 침잠했던 바로 그 형이상학의 문제로 해서 그 이전의 성리학자적 면모를 보인다. 따라서 실학자들에게서 세 가지 특징이 나타난다고 하여 어느 실학자의 경우에나 이 세 가지 정신에 일률적으로 투철했다고 할 수는 없다.

〈표 2-1〉 학자에 따른 세 가지 특색의 소유관계

학 자	특 징
이수광	박학의 태도
유형원	상동
박세당	원시·본원유학(실제성 추구)의 표방
이 익	경세치용적 본원유학의 태도 및 박학
안정복	박학 및 경세치용적 본원유학의 태도
홍대용	이용후생적 본원유학의 태도
박지원	상동 및 박학의 태도
박제가	박학 및 훈고의 태도
정약용	박학, 본원유학의 정신 및 훈고의 정신
김정희	행례(行禮)적 본원유학의 표방 및 실사구시적 훈고의 정신
최한기	박학 및 자기류의 운기(運氣)철학 표방

이 세 가지 태도나 특징만 하더라도 그 성격에 서로 차이가 있다. 성리학에 대결한다는 점에서 보면, 훈고의 정신이나 박학의 정신은 원초·본연유학 정신의 회복보다 그 강도가 매우 미약하다. 본원유학 회복정신이 직접적으로 성리학에 대립하는 것이라면, 훈고나 박학의 정신은 간접적 대립의식에 지나지 않는다. 실학자들의 성리학 극복의식에 강도의 차이가 있었던 것은 이러한 점에 기인한 현상이기도 하다.

그러나 세 가지 특징이 지닌 차이와 더불어 공통점이 있음을 간과해서는 안 될 것이다. 이 특징들이야말로 비록 성리학에 대결하는 점에 있어 그 강약 혹은 직·간접 의미의 차이는 있을지라도, 성리학에 대하여 부정적 의미를 지닌 점에서 서로 완전히 일치한다. 성리학에 대한 부정적 의미를 발휘하는 여기에 이 특징들의 공통점이 있다. 따라서 위에 열거한 대표적 실학자들 어느 누구에게서나 이 특징의 한

두 가지 혹은 세 가지가 나타나는 사실은 바로 실학자들 의식 속에 어느 누구에게나 성리학 부정의 의지가 잠재했음에 다름 아니다. 그것은 바로 강약과 방법의 차이는 있었지만, 실학자들이 '성리학 극복의 방향전환의 태도'를 소지함에 일치하였음을 드러내는 사실이다. 바로 이 점에서 실학적 경학관에 의한 성리학적 경학관 부인의 일반론이 성립할 수 있다.

실학적 경학관의 특징을 이와 같이 이해하면, 우리에게는 한 가지 새로운 의문이 제기될 수 있다. 이 특징들 중에 가장 강한 성리학 극복 의미의 대표적 특징이 과연 '본원유학 정신의 회복태도'라면, 이 태도에 충실한 결과는 곧 철학부재의 결과가 아니겠는가? 천근한 하학만 일삼고 일상생활과의 관련이 먼 형이상학을 철저히 배격할 때에는 결국 또 다른 의리지학으로서의 철학은 성립할 수 없지 않는가? 그렇다면 실학의 경학은 존재할 수 없지 않은가? 경학이 존재하지 않는다면 경학관을 살핀다는 것도 무의미하지 않은가? 이러한 의문이 있을 수 있다.

물론 이것은 일리 있는 의문이다. 실제로 철학 내지 경학에는 별로 업적을 남기지 않은 실학자들이 많이 있다. 그러나 일상적 실제성을 중요시하는 천근 중시의 태도라 하여, 즉 공소한 형이상학을 부정한다 하여, 그것이 곧 철학을 부인하는 사고라 할 수는 없다. 공소한 형이상학이 곧 철학(의리지학)은 아니기 때문이다. 공소한 형이상학 부정의 태도에도 철학은 있을 수 있다. 또 본원유학 정신의 회복을 의도한 실학자들이 천근을 중시하고 하학을 역설하였다고 해서, 그들이 결코 '원행(遠行)' '상달(上達)'을 반대하지도 않았다. 그들도 학문으로서의 원행과 상달을 추구했다. 원행과 상달을 추구한 이 점이 그들 나름의 철학 또는 경학을 성립시킨 근거라 할 수 있다. 다만 하학으로서의 천근성을 잃지 않는 범위가 곧 이들 실학자들의 철학(경학)의 한계이자 특징인 셈이다. 이 한계점으로 해서 그들 스스로는 비록 철학을 하더라도 그것이 곧 성리학자들의 형이상학과는 다르다고 생각하였을 것이다. 그들은 형이상학 아닌 실제적 철학을 한다고 생각했을 가능성이 높다.

사실 이러한 시각을 가지고 새로운 경학에 많은 업적을 남긴 학자가 박세당, 이익, 홍대용, 정약용, 최한기 등이다. 최한기에 이르면 스스로 자신의 철학을 '운기지학(運氣之學)'이라 일컫고 있다. 박세당의 『사변록(思辨錄)』, 이익의 『질서(疾書)』류의 저서, 홍대용의 『사서문의(四書問疑)』를 비롯한 『삼경문변(三經問辨)』과 『의산문답(醫山問答)』, 정약용의 사서(四書)·삼경(三經)에 대한 수많은 주해서, 최한기의 『추측록(推測錄)』을 비롯한 이른바 운기철학에 관한 저서들이 실학적 경학과 철학을 담고 있는 대표적 저서들이다.

그렇다면 이들의 철학으로서의 경학은 어떤 것인가? 이제까지의 고찰은 실상 실학적 경학을 초래하기까지의 방법론의 전환에 불과하다. 보다 중요한 것은 이러한 경학관에 의하여 성립한 경학과 철학의 내용이다. 실학적 경학의 내용 및 그 특색에 대한 고찰이야말로 본 논문에 이어서 반드시 작성되어야 할 과제임에 틀림없다. 그러한 고찰을 잠시 다음 기회로 미루고자 한다.

– 『실학논총(實學論叢)』(전남대 호남문화연구소, 1975) 所收

제 2 편

실학의 기본철학

제3장 박세당 유학의 철학적 특성

정주학(程朱學)에 대한 경학적 반론

1. 경전해석과 철학의 관계

박세당〔西溪 朴世堂, 1629~1703〕이 『사변록(思辯錄)』(일명 『通說』)을 지어, 사서(四書)와 『상서(尙書)』, 『시경(詩經)』을 주해(『시경』은 미완)하였고, 그 주해에서 정주설을 비판하여 '사문난적'으로 지탄받다가 목숨을 잃었음은 익히 알려진 사실이다. 그의 그러한 경전해석의 태도로 이루어진 유학을 학계에서 '반(反)주자학', '탈(脫)정주학' 또는 '탈(脫)성리학'이라고 일컬은 지도 이미 오래된 일이다.

이러한 그의 유학을 평가할 때 아직도 분명치 않은 문제가 있다. 특히 그의 유학을 후기실학의 범주에 넣을 수 있는지 없는지가 그것이다. 논자 등 일부 학자들은 그의 유학을 이미 탈정주학으로서 실학이라고 판단하였지만,[1] 일부 학자들은 경전해석〔經學〕에서 주희와 견해를 달리한 것만으로는 실학의 범주에 넣는 데 주저한다.

---

1) 윤사순, 「박세당의 실학사상에 관한 연구」, 『한국유학논구』(현암사, 1980).

그렇게 주저하는 이면에는 그만한 이유가 있다. 그 이유의 하나는, 성리학자들 사이에서 행한 경전해석에서 볼 수 있듯이, '정주설과 다른 해석을 내릴 경우일지라도 성리학의 성격을 벗어나지 않는 해석'이 있다는 사실이 그 한 이유이다. 사실 이런 이유를 이용한 예가 과거 다카하시 도오루가 박세당의 반정주적 경전해석을 '성리학 범위 내의 사소한 사견(私見) 정도'로 간주한 것이다.[2)]

또 하나의 이유는 박세당의 유학에는 실학의 일반적 특징이 별로 없다는 점이다. 즉 실학은 성리학 풍토의 각종 폐단제거를 위한 제도의 파격적 개혁이라든가, 기계 기술 등의 개량에 의한 농·공·상의 향상을 통하여, 국민의 생활 향상〔厚生〕에 적극성을 보인 것이 일반적 특징인데, 박세당의 유학에서는 이런 특징이 별로 없다는 것이다. 그에게서 이런 특징을 찾는다면 겨우 농사서인 『색경(穡經)』의 저술을 남긴 데서 그친 정도로 미약하다는 것이 그 이유이다.

하지만 이러한 것에 대한 논자의 견해는 다르다. 박세당의 『색경』만 하더라도, 비록 그것이 기존 농설의 편저일지라도, 그 영향만은 국민의 후생을 도모한 점에서 과소평가되어서는 아니 될 것이다. 그것이 이른바 경세치용과 이용후생을 꾀하던 의지에서 제기한 개혁설에 비하여 미약하다고 할 수는 있을지라도, '후생을 실용성 있게 도모한 시각'의 새로운 점에서는 그것도 실학의 성격을 지닌다고 할 만하다.

더욱이 여기서 특히 유의해야 할 사실은 실학의 적극적 개혁설이라든가 이용후생설은 실학의 정책분야일 뿐, 철학분야에 속하는 것이 아니라는 점이다. 논자가 지금 문제시하는 것은 실학의 철학분야이다. 지금 박세당의 유학에서 밝히려는 것은 '실학자들이 지닌 철학의 일반적 특징'이 그에게 있는가 여부의 문제이지 정책분야가 아니다.

---

2) 이 점은 다카하시 도오루의 저술을 이형성이 편집·번역한 『조선유학사』(예문서원, 2001), 295~296쪽에서도 확인할 수 있다.

그의 경전해석에 주목하는 것도 거기에 그의 철학이 있기 때문이다.

유학사에서 시대에 따라 대두되는 새로운 철학들이 상당부분 유학의 경전해석인 경학을 통하여 이루어진 사실을 우리는 상기해야 한다. 한당유학과 송명유학 및 청대유학의 형성에서 그것이 확인된다. 유학에 담긴 철학의 형성과 경학은 거의 불가분의 관계에 있다. 정주철학 자체가 『중용』, 『대학』 등 경전에 대한 그들의 해석을 통하여 형성되었음을 상기하면 그 점은 구구한 부연설명이 필요치 않다. 따라서 박세당의 철학이 지닌 성격의 구명도 그의 경전해석에서 찾아지게 마련이다. 그의 『사변록』을 중요시하는 이유가 여기에 있다.

이때 혹자는 다카하시 도오루 같은 학자의 판단에 의지하여, 박세당의 철학에 실학적 성향이 없다고 간주하려 할지 모른다. 그러나 다카하시 같은 일제의 어용·관학자는 '새로운 개혁설로 이루어진 실학파'조차 고의로 인정하지 않으려 하였고,[3] 그 실학에 독특한 철학이 있는 것은 알지도 못하였으므로, 조금도 고려할 견해가 되지 못한다. 지금 문제의 핵은 『사변록』에서 무엇을 '잣대'로 하여 그의 철학이 지닌 탈성리학 성격 여부를 판별하여 내느냐에 있다.

성리학과 비교되는 철학의 이질성 여부는 철학의 사고 틀(체계)인 '우주·자연관', '인간관', '심성관', '인식설', '수양설', '사회관' 등으로 판별할 수 있다. 그런 점에서 논자는 『사변록』에 담긴 박세당 철학의 탈성리학 성격을 이러한 틀을 기준으로 이미 살핀 적이 있다.[4] 그럼에도 지금 다시 박세당 철학을 검토하는 이유는 다른 데 있지 않다. 그것은 바로 철학 사이의 동이성(同異性) 여부는 저 틀 외에 다

3) 그가 한국사상의 부재를 조작하기 위하여 조선유학 자체의 독창성을 부정하였으며, 같은 맥락에서 조선후기를 학문상의 '암흑기'로 간주하였음은 이미 논자 등에 의하여 학계에서 밝혀진 사실이다〔윤사순, 「高橋亨의 韓國儒學觀 검토」, 『韓國學』(중앙대), 12집, 1976〕.

4) 이 장의 주 1) 참조.

른 틀도 있기 때문이다. 그 동이성 여부는 바로 두 철학에서 사용하는 '기본 개념'과 '기본 명제'의 동이 여부로도 가름된다. 이러한 사실은 이황과 정약용의 철학을 비교할 때, 성리학과 실학이 지닌 철학들의 이질성의 해명으로 확인되었다.[5)]

본고는 바로 이러한 기준의 관점을 이용하여 또다시 박세당의 철학을 살피려는 의도에서 출발하는 것이다. 육경(六經) 해석서인 『사변록』에 담긴 주희설에 대한 그의 비판론이 함유한 기본개념과 명제들을 살펴, 그것들로 이루어지는 '박세당 철학의 특성'을 파악하려는 것이 이 고찰의 목적이다. 다만 일정한 철학은 시대환경과 개인의 학문성향과도 밀접한 관계에 있음을 감안하여, 그의 철학에 대한 정확한 판단을 기하는 뜻에서, 그와 시대 상황과의 관련 및 그의 학문 일반이 지닌 기본적 성향을 예비적으로 먼저 간략히 더듬기로 한다.[6)]

5) 윤사순, 「성리학과 실학, 그 근본사고의 동이성에 대한 고찰—이황과 정약용을 중심으로」, 『태동고전연구』, 19집, 한림대 태동고전연구소, 2003.

6) 이러한 점들은 논자의 이전 연구에서 상세히 밝혔으므로, 중복을 피하는 뜻에서, 요지와 새로운 내용만 약술하겠다.

2. 실리적 사고와 혁신적 학문태도

1) 실리 · 실질적인 일상적 사고

박세당의 생몰연대가 인조 7년(1629)～숙종 29년(1703)이므로 그는 인(仁) · 효(孝) · 현(顯) · 숙(肅) 4대에 걸쳐 살았다. 17세기 후반과 18세기 초인 이 시기는 대외적으로 두 차례의 호란(정묘, 1625 / 병자, 1636)을 겪었듯이, 명청 교체라는 중원의 정치 변동상황에 영향을 받으면서 그에 대응해야 하던 시기이다.

대내적으로는 두 차례의 예송(1차, 현종 1년, 1660 / 2차, 숙종 즉위, 1674)을 비롯하여, 경신대출척(1680), 기사환국(1689) 등으로 표현되는 서인과 남인 간의 당쟁이 격심하였던 시기이다. 인조반정이 서인의 거사로 이루어져 박세당 탄생 이전부터 서인의 집권기간이 더 많았지만, 회니분쟁(1683) 갑술옥사(1694)와 같은 사건에서 보듯, 서인 내에서도 노론 소론의 분열과 대립이 첨예하였던 시기이기도 하다.

서인으로서 소론계에 속하였던 박세당은 이러한 시대상황에 대응하는 데서 남인들과 소원하였던 이상으로 노론의 영수 격이던 송시열〔尤庵 宋時烈, 1607～1689〕과 알력관계에 있었다. 송시열의 대표적 집권책의 하나로서 특히 효종기(1649～1659)에 적극 구사되었던 '북벌' 이념에 그가 별로 동조하지 않았음은 물론, 오히려 그들 노론의 대청 강경책〔峻論〕과 달리 친청책〔緩論〕에 기울었기 때문이다.[7] 예를 들면, 청의 사신 영접의 경우에 호란 때의 피화인에게 베풀던 영접의 면제 관례를, '주욕신사지의(主辱臣死之義)'에 의거하여 깨려 한 것이라든가,[8] 명의 연호인 '숭정(崇禎)'을 폐지하고 청의 연호인 '강

---

7) 박세당은 숭명배청론자(崇明排淸論者)들로부터 '오사(五邪) 중의 하나'라고 폄칭되었다(『顯宗實錄』, 권8, 5년, 甲辰, 윤6월조).

8) 『西溪集』, 권22, 附錄, 「年譜」 참조.

희(康熙)'를 사용할 것을 (기자와 도연명의 고사와 강목의 예를 들어) 표명한 것이 그러한 것이다.[9]

이러한 박세당의 견해는 불리한 '존양의 도리'보다 현실로 '굳어진 실세'가 더 중요하다는 실리주의에 입각한 사대관 또는 외교관에 근거한 것이다. 다시 말해 그의 이런 태도는 '명분보다 실리를 더 추구'하는 사고에서 비롯된 현실대응이었다.

당시 당쟁은 다 아는 대로 예송 형식으로 시작되었다. 그렇게 된 원인으로는 "인사(人事)의 의칙(儀則)", 곧 행위규범인 예(禮)를 "천리(天理)의 절문(節文)"으로까지 절대시하던 관념이 선비사회에 작용한 것을 들 수 있다. 그의 시대를 유학사에서 '예학시대'로 규정하는 것도, 그 시기 성리학자들이 고대 이래의 예〔禮節, 禮義, 儀禮〕를 연구·정리하는 데 온갖 열의를 다 쏟으면서 그 예를 정주학의 측면에서 교조주의적으로 실행하려던 '철저한 예치사상(禮治思想)'이 풍미하였기 때문이다.

이러한 예(禮) 절대시 사고가 복상문제를 둘러싸고 송시열 등 서인과 윤휴 등 남인이 예송을 하는 데 여념이 없던 그 상황에서, 박세당은 명분상의 예가 종통(宗統)의 사실을 좌우하지 않음을 지적하면서 그 예송에 냉담하였다. 복제라는 형식이 종통의 사실에 영향을 주지 않음을 들어, 그는 예송의 가치를 별로 인정하지 않았다.[10] 예송에 가담하여 송시열 등을 돕기는커녕, 그것에 냉담한 태도를 취한 학자가 박세당이었다.

이것 역시 송시열 등에게 소외당할 태도였음은 물론이고, 정주학자라면 남인에 속하는 학자까지도 배척할 태도에 해당한다. 정주학의 예사상을 교조주의적으로 실행하지 않으려는 데에서, 박세당의

9) 『西溪集』, 권7, 「辨和叔紀年示兒姪」.

10) 앞의 책, 권7, 「禮訟辨」.

그 시대를 넘어서려는 의지가 엿보인다고 하겠다. 그 의지가 명분이나 형식보다 사실과 실질을 중요시하는 사고라는 점에서, 이것도 실리추구와 맥락을 같이 하는 것이 아닐 수 없다. 이로써 현실대응에서 실질 실리를 추구하는 그의 일상적 사고의 성향이 성리학보다 '실학에 가까운 거리'에 있다는 판단을 하게 된다.

2) 개방적이고 혁신적인 학문태도

박세당 시대의 철학사상은 통치원리로 이용되던 정주계의 성리학을 비롯하여 비교적 다채로웠다. 불교와 노장철학은 물론, 정주학에 반기를 들고 형성된 양명학이 있었고, 그의 출생 직전(17세기 초)부터 전래되기 시작한 천주교가 있었으며, 이수광(李睟光), 유형원(柳馨遠) 같은 학자들이 피폐된 민생을 구하기 위한 의도에서 기존 성리학의 풍토보다 더 실제적이고 실용적인 실학의 학풍을 싹 틔워 놓았었다. 이는 명말·청초 학자들이 경세치용에 경도되었던 경향과 어느 정도 무관하지 않지만, 성리학의 통치원리 자체가 함유한 모순과 한계가 왜란, 호란 등을 겪으면서 더욱 급격히 노정되던 각종 폐단에 대한 조선학자의 주체적 대응 학풍이었다.

박세당은 이런 상황에서 천주교에 대해 전혀 언급하지 않았던 것으로 보아, 천주교에 대하여서는 아직 충분한 지식을 갖지 않았던 듯하다. 하지만 기존의 불교에 대하여서는 익히 숙지한 때문이었던지 분명한 태도를 취하였다. 그는 불교를 한마디로 '이단'으로 간주하여 엄격히 배척하였다. 그에 따르면 불교에 호감을 갖는 것은 마치 악취(惡臭)를 추구함과 같다. 그것은 일일이 헤아려 단점을 논할 만한 것도 못된다. 그 이유는 과거 맹자가 양자(楊子)의 위아설(爲我說)과 묵자(墨子)의 겸애설(兼愛說)에 대하여, '무부(無父)', '무군(無君)'이라는 단점만을 들어 배척한 것으로 충분하였던 것과 (불교의 경우도)

같기 때문이다. 불교 역시 가정과 국가생활을 경시하는 폐단으로 배척하지 않을 수 없다는 의미가 그의 이 언설에 함축되어 있다.[11]

양명학은 일찍이 이황이 앞장서 논척한 이래,[12] 조선에서는 크게 전파되지 못하였다. 이황의 배척으로부터 반세기 이상 지난 뒤 장유〔谿谷 張維, 1587~1638〕와 최명길〔遲川 崔鳴吉, 1586~1647〕에 이르러, 그것에 대하여 단순히 호감을 표명하거나[13] 본격적 연구가 겨우 시작된 정도였다. 그것은 특히 최명길의 가학(家學)으로 전승되었다고 일러 오는 데 근거한다.[14] 그러나 17세기부터는 정주성리학이 일종의 교조주의 형식으로 존숭되던 상황이어서, 반정주학의 성격을 띤 양명학을 드러내고 연구한다는 것은 사회적으로 일정한 탄압을 각오하지 않으면 아니 되는 터였다. 최명길의 손자인 최석정〔明谷 崔錫鼎, 1646~1715〕이 가화(家禍)를 면하기 위하여 조부의 학문이 양명학 아님을 외면으로나마 변명한 것이 그 점을 짐작하기에 충분한 사례이다.[15]

박세당은 40세 때(현종 9년) 동지사 서장관(冬至使 書狀官)으로 연경에 다녀온 일이 있다.[16] 아마도 그는 그 기회가 청(중국)에서는 양명학이 자유롭게 연구되는 양상을 목도할 수 있던 기회였을 것이다. 더욱이 그는 최석정과 서로 같은 소론계통 학자로 친밀한 관계였으므로, 양명학에 직접 접할 수 있었고, 그 결과 양명학 사상에 대하여서도 잘 알고 있었던 것 같다. 양명학에 대한 호의적인 태도까지 보

---

11) 앞의 책, 권7, 「論韓歐排浮屠」.

12) 이황은 일찍이 「전습록논변(傳習錄論辨)」을 지어 양명학 배척에 앞장섰다.

13) 張維, 『谿谷漫筆』 참조.

14) 鄭寅普, 「陽明學演論」, 『薝園國學散藁」 및 李能和, 「朝鮮儒學之陽明學派」, 『青丘學叢』 25호 참조.

15) 앞과 같음. 또 풍문에 따르면 『지천집』에 들어 있던 양명학 연구물은 그 후손(명곡?)에 의하여 소각되었다고 한다.

16) 『西溪集』, 권22, 附錄, 「年譜」, 40세조.

였던 박세당이다. 그러한 점은 그가 지은 최명길의 「신도비명(神道碑銘)」에서 확인된다. 그에 따르면, 이단이니 사학이라고 비난받던 양명학을 연구한 최명길의 학문은 천박한 학문수준으로는 알 수 없다. 그것을 모르기 때문에 비난이 있게 된다. 그것은 지금의 비난으로 훼손되지 않으며, 백세 이후에는 올바르게 인정받을 것이라고 박세당은 전망한다.[17]

최명길의 양명학에 대한 박세당의 이러한 평가는 물론 당시 정주 성리학자로서는 도저히 상상조차 못할 상찬(賞讚)이다. 그가 '정주성리학에 얽매이지 않는 태도'가 여기서부터 뚜렷해진다. 그의 학자로서 지닌 '개방의 태도'가 이러한 데서 찾아지기 시작한다. 그렇다고 그 자신도 양명학에 몰두하였는가 하면 그런 흔적은 특별히 발견되지 않는다. 『대학(大學)』의 고본(古本)에 관심을 둔 것이라든가, 주희와 달리 '삼강령(三綱領)'을 인정치 않는 것[18], 그리고 격물의 해석을 정주와 달리 하려는 것 등은 양명학의 영향으로 보이지만, 그는 양명의 이론을 전체적으로 답습하거나 계승하지 않는다.[19] 그는 양명학의 학문적 성격이나 위상은 인정하면서도, 그것을 스스로 탐닉할 학문으로는 판단하지 않았다고 추정된다. 이러한 사실은 그가 양명학의 '반(反)정주학으로서의 가치를 높이 평가'하면서도, 그것을 근본적으로 자신이 바라는 정도로 정주학을 능가한 학문으로는 간주하지 않았다는 추측을 낳게 한다.

성리학자들이 이단시하던 양명학뿐만 아니라, 그들이 역시 이단으로 간주하던 노장철학에도 박세당은 호의적이었다. 노장철학에 대하

17) 『西溪集』, 권11, 「領議政完城府院君崔公神道碑銘」(『서계전서(西溪全書)』, 태학사, 1979, 상, 236쪽).

18) "지어지선(至於至善)"을 별도의 강령으로 간주하지 않는다.

19) '격(格)'의 자의(字意)를 '정(正)'으로 해석하여 양명설을 좇는 듯이 보이지만, 그는 의미내용에 있어서는 양명과 달리 이해하여, 격물 전체의 해석에서도 양명설을 따르지 않는다(앞 논자의 논문에서 상술하였음).

여는 양명학 이상으로 그 자신이 주해작업을 하였던 정도였다. 따라서 그의 '학문적 개방'은 노자의 『도덕경(道德經)』과 장자의 『남화경(南華經)』을 직접 주해한 데서 더욱 적극화한다. 그 주해들이 노장철학을 비판・배척하기 위한 의도가 아니고, 객관적 이해와 장점을 취하기 위한 의도라는 점으로 해서 그러하다. 그는 「자찬묘표(自撰墓表)」에 아래와 같이 적고 있다.

> 일찍이 『통설(通說)』(『사변록』)을 지어 『시경』, 『서경』 및 『사서』의 의미를 밝혔고, 본인의 견해로써 『노자』, 『장자』 두 책을 주해하였다. 원래 맹자를 매우 좋아〔深悅〕하였지만, 거기에서도 마음을 빼앗기도록〔低首下心〕 되지는 않았기 때문이다.[20]

이와 동시에 그는 윤증에게 주는 글에서 노장철학에 대한 자신의 평가를 토로하였다. 그에 따르면, 노장철학이 비록 성인(즉 공자)의 큰 철학에서는 어긋나지만, 가려 쓸 만한 것이 전무한 정도는 아니라는 것이다.[21] 이는 유학자들이 취할 만한 것이 있으므로 그것에 시선을 쏟는다는 변이다. 다시 말해 『맹자』를 중심으로 한 유학에서 충족되지 않는 점이 있는 터에 마침 노장철학에 취할 만한 점이 있어, 그것을 자신은 이단이라 하여 외면하지 않고 연구하였다는 것이 노장철학 연구에 대한 그의 변이다.

유학을 그의 '학문의 본령'으로 삼되, 노장철학을 보유(補儒)의 수단으로 삼는 것이 그의 학문체계이고 방법임이 이에서 드러난다. 사실 그는 『노자』, 『장자』에서 유학의 근간인 '수기'와 '치인'에 해당하는 것을 두루 지적할 뿐만 아니라, 도(道), 덕(德), 유명(有名), 무

---

20) 앞의 책, 권14, 「西溪樵叟墓表」(『서계전서(西溪全書)』, 태학사, 1979, 상, 296쪽).

21) 앞의 책, 권7, 「答尹子仁書」.

명(無名) 및 제물론(齊物論) 등을 자신이 소유한 성리학의 식견으로 풀이하는 데 열중한다.[22] 이러한 점을 감안하면, 그의 학문에는 개방성만 있다고 할 수 없다. 이것은 노장의 입장에서 판단하면 '노장철학의 유학화(儒學化)'이지만, 유학 측면으로는 '유학의 혁신'에 속하는 성향이기도 하다. 그 유학의 혁신을 (이 경우와 달리) '유학 자체의 이론으로 이룬 박세당의 업적'이 바로 주희설을 주로 비판하는 방법을 구사하여 육경을 해석한 『사변록』이다. 그의 『사변록』은 특히 이런 점에서 주목하게 되는 것이다. 그의 이 저서에서 탈성리학의 성향을 찾는 이유가 또한 여기에 있다.

22) 이런 점에서는 그가 지닌 성리학적 면모가 드러난다.

4. 정주성리설에 대한 주요 비판론

1) "천즉리(天卽理)"의 부정

정주성리학이 원초유학이나 한당의 훈고유학 등과 구별되는 요인 가운데 가장 큰 것은 '천(天)' 개념의 여러 의미에 '리(理)'의 의미를 더한 것이다. 유학에서 천은 원천적으로 자연물로서의 '창공'과 하느님이라는 인격신인 '상제'의 의미로 출발한 개념이었다. 간혹 이것은 '자연일반' 또는 '양심의 근원' 및 '운명'의 의미로 사용된 경우도 없지 않지만, 위 두 의미가 천의 의미를 대표한다.

정주성리학자들 역시 천이 지닌 이상의 의미를 긍정하는 데서는 이전 학자들과 다르지 않다. 그들도 창공과 상제를 중심으로 한 천의 의미를 일단 긍정하고 계승하여 구사한다. 그러면서도 그들은 이전의 유학자들이 적용하지 않은 '리'를 천의 의미로 첨가하였다. 이는 특히 정호〔明道 程顥, 1032~1085〕가 "천즉리"라는 명제를 제창한 이후의 일이다. 그리고 이러한 사고의 변이에는 모든 생성변화를 원리적으로 이해하려는 철학(성리학) 경향의 대두와 아울러, '리'를 '소이연(所以然)' '소당연(所當然)'의 의미를 지닌 실재로 간주하는 사고가 작용하였다. 풀어 말해서, 상제가 지닌 일체의 주재(主宰) 작용을 정주학자들은 궁극적 소이연으로서의 리로 말미암은 것이라고 이해하였다. 그들이 우주의 근원을 상제 아닌 리로서의 태극(太極)이라고 하는 것이 바로 그 사고이다. 이에 따라 천의 '상제 의미는 퇴색'되고, '리'가 그 주재자인 상제 의미를 대신하기에 이르렀다. 이것이 바로 정주성리학의 리법천관(理法天觀) 또는 의리천관(義理天觀)이라는 사고이다. 이는 곧 정주학자들이 천에 대한 종교성을 약화시키고 철학적 사색을 강화시키던 과정에서 이룬 사상의 한 측면이다.

성리학의 풍토에서 출생하여 성리학을 익힌 박세당은 창공에 해당하는 천을 인정함은 물론, 그것을 기(氣) 개념으로 설명한다. 다음 글이 그 한 예증이다.

> 생각건대 기(氣)가 많아지면 하늘〔天〕이 되고, 흙〔土〕이 많아지면 땅〔地〕이 된다. 돌〔石〕이 많아지면 산악이 되고, 물〔水〕이 많아지면 하해가 된다…. [23]

원래 성리학자들은 '기'에 대하여 음양·오행설 등 복잡한 이론을 내는데, 박세당은 그러한 복잡한 이론을 어디에서도 내고 있지 않다. 그런 점을 고려하면 이때의 기도 상식으로 말하는 공기(空氣), 운기(雲氣) 같은 것에서 크게 벗어나지 않을 듯하다. 창공의 자연 천을 공기, 운기 같은 기 외의 다른 무엇으로 설명함이 그에 있어서는 오히려 부적합하다고 생각된다. 따라서 이는 그러한 기로 이루어진 창공으로서의 천관을 그 역시 가지고 있었음을 확인시켜 주는 예문임에 틀림없다.

그는 창공인 자연 천뿐만 아니라, 상제 천관도 다른 한편으로 가지고 있었다. 그도 정주나 다른 유학자들과 마찬가지로 상제 천을 긍정하였다. 그러한 사실이 특히 『서경』, 『시경』에 대한 그의 주해에서 드러난다. 예를 들면, 천자(天子)로 언표되던 제왕에 대한 통치권의 근거로 말하여진 '천명'의 천을 상제로 간주한 것이 그러한 사례이다.

> 지금 걸(桀)이 혼포(昏暴)하여 인민을 도탄에 빠뜨림은 천이 (그를) 임금〔君〕으로 세운 뜻이 아니다. 그런 까닭에 그를 치우고 명(命, 統治權)을 (성탕에게로) 바꾸었다. [24]

---

23) 朴世堂, 『思辨錄』, 「中庸」, 54쪽: "愚以爲, 氣之積爲天, 土之積爲地, 石之積爲山岳, 水之積爲河海…."

이러한 예증은 하나 둘이 아니므로,[25] 박세당이 상제 천관을 견지하였음은 의심의 여지가 없다. 고전에 담겨 고래로 믿어져 오던 상제천을 긍정하는 사고에 있어서는 그와 정주가 다르지 않다고 해야 한다. 따라서 이제 보다 긴요하게 해명을 요하는 문제는 그가 정주처럼 리법천관을 가졌는지, 그 리법천관으로 해서 상제 천관이 그에게서도 정주의 경우처럼 퇴색되었는지 여부를 밝혀내는 데에 있다.

문제의 리법천관에 대하여서는 박세당이 인정하지 않으려는 듯한 언구를 남겼다. 그렇게 판단할 수 있는 언구가 바로 ① 공자가 "50세에 천명을 알았다〔五十而知天命〕"[26] 라고 한 언구에 대한 주희의 주해와, ② 공자가 "하늘에 지은 죄는 기도〔禱〕할 바가 아니다〔獲罪於天, 無所禱也〕"[27] 라고 한 구절에 대한 주희의 주해들에 반응하는 박세당의 글이다.

이 두 경우의 주희 해설을 먼저 보면 다음과 같다.

> ① 천명(天命)은 곧 천도(天道)의 유행(流行)인데, 물(物)에 부여된 것(천명)이 사물의 당연한 까닭〔所以〕이다.
> ② 천은 곧 리이다〔天卽理也〕. 그것은 상대될 것이 없게 존귀하여, 안방신주〔奧〕나 부엌귀신〔竈〕에 비교될 수 없다. 리를 어김이〔逆理〕 천에 죄짓는 것이다. 어찌 귀신들〔奧竈〕에 잘 보임이 기도로써 면할 수 있는 것(정도나마)이 되겠는가?"[28]

---

24) 『思辨錄』, 『尙書』, 「湯誓」(전서, 하, 172쪽): "又今桀昏暴, 民滔塗炭, 非天所以立君之意, 故乃棄絶之而改命. (成湯)."

25) 같은 『상서(尙書)』, 「군석(君奭)」, "天命不易, 天難諶 …"의 해석에서도, 박세당은 상제 천을 전제로 풀이한다(전서, 하, 247쪽).

26) 『論語』, 「爲政」 제 2편.

27) 『論語』, 「八佾」편.

28) 이상 『논어집주(論語集註)』에 해당함.

아래 글은 이 두 구절에 대한 박세당의 반응이다.

① 천명을 알면, 도리〔理〕를 다 할 수 있다〔知天命則能盡乎理〕."[29]
② (주희는) 주(註)에 '천은 곧 리라〔天卽理〕' 하였는데, (이는) 아마도 '천(天)이 천으로 되게끔 하는 것이 리일 뿐이다〔天之所以爲天者理而已〕'라는 언구만큼 뜻이 완비하지 못한 듯하다."[30]

앞의 경우 주희가 '천명을 천도의 유행'이라고 한 것이 '천이 곧 리라'는 사고에 해당한다. 그러므로 이에 대한 박세당의 견해가 나왔더라면, '천을 리'라고 하는 데 대한 그의 사고가 드러났겠는데, 그렇지 않아 이 반응으로는 우리의 궁금증이 해소되지 않는다. 하지만 뒤의 반응(문장)은 그렇지 않다. 뒤 문장은 분명 '천을 리'로 간주하는 데 대한 그의 견해를 드러낸 것이다. 그에 따르면, 천과 리는 각기 다른 것이다. 천은 리가 아니고, 리도 천이 아니다. "리는 천을 천으로 되게 한 것〔所以〕"이다. 이를테면 리는 곧 '천의 의미'가 아니라, 기(氣)가 많아져서 마침내 천을 이루도록 하는 '이치·원리'라는 것이 그의 생각이다. 이로써 "천이 곧 리"라는 사고에 박세당이 부정적임이 밝혀졌다. 그의 천관은 리법천관까지 나아감에는 반대함으로써, 창공의미의 자연 천과 상제 의미의 초월적 인격신의 천을 믿은 데서 그쳤던 것이다. 그의 천관의 이러한 점은 아래와 같은 사례들로 더욱 확실하여진다.

박세당은 『중용』 수장의 '천명(天命)'을 해석하는 자리에서, 주희가 일말의 의인화된 상제 천관을 염두에 두고 '명(命)'을 '령(令)'이라 해석한 것에 대하여, 령의 뜻이 불명확하다는 점을 들어 '수여(授與)'라

29) 『思辨錄』, 『論語』, 「爲政」 제 2편(전서, 하, 69쪽).
30) 앞의 책, 『論語』, 「八佾」(전서, 하, 71쪽): "註, 天卽理也, 恐不如, 天之所以爲天者理而已, 一句爲語完義備."

고 해석한다. 그리고 그 '수여'는 마치 천제가 작위를 '명'하는 것과 같다고 부언한다.[31] 이러한 그의 이론은 암암리에 '천'을 주희보다 더 초월적인 '상제'로 생각한 사례이다.

또 하나의 예를 보겠다. 일찍이 공자는 "선생께서 말씀하지 않으면 저희는 무엇을 좇겠느냐"면서 가르침을 구한 자공(子貢)에게 말하길, "천이 무엇이라 말하던가? 네 계절〔四時〕이 운행되고, 만물〔百物〕이 생장하는데, 천이 무엇이라 말하던가?"라 하였다.[32] 이에 대하여 주희는 성인(공자)의 말없는 태도를 천에 비교하면서, 네 계절의 운행과 만물의 생장을 '리가 발현하고 유행하는 실질〔天理發見流行之實〕' 즉 '리의 주재(主宰)'로 이해하였다.[33] 그러나 박세당은 다음 예문으로 볼 수 있듯이, 이와 같이 이해하지 않는다.

> 천은 참으로 말이 없지만, 네 계절을 운행하여 만물을 생장시킬 수 있으니, 도(道)의 실질(알맹이)은 여기에 있지 저기에 있지 않다.[34]

박세당에 따르면, 네 계절을 실질적으로 운행하고 만물을 생장시키는 존재가 바로 말없는 천(天)이다. 그런 까닭에 리(理)이기도 한 도(道)는 현상의 변화생성 속(여기)에 있을 뿐 하늘(저기)에 있지 않다는 것이다. 이는 그가 '천'을 모든 현상의 주재자인 '상제'로 보고, 리나 도로 보지 않음을 의미한다. 리로서의 도가 (이) 현상에 있지 (저) 천에 있지 않다는 언구의 함의는 바로 "천은 상제이지 리가 아니라"는 것이다.

---

31) 앞의 책, 「中庸」, 32쪽: "註, 謂命爲令, 今謂爲授與, 何也. 命之義, 不明故也. 如授之爵, 亦謂命之爵也."

32) 『論語』, 「陽貨」.

33) 『論語集說』, 권6, 「陽貨」 제 17.

34) 『思辨錄』, 『論語』, 「陽貨」(전서, 하, 98쪽): "天固不言, 然能運行四時, 以生百物, 則道之實在此, 而不在彼也."

이로써 박세당은 리법천관을 부정하고 정주에 의하여 퇴색된 상제천을 복권시킨 결과를 가져왔다. 정주성리학의 핵심 개념인 '천'에 대한 리의 의미 첨가를 부정하여, 그는 정주학에 등을 돌리는 사고와 태도를 명백히 하였다.

2) "성즉리(性卽理)"와 "리일분수(理一分殊)"의 부정

정씨(程氏) 형제 이후에 등장한 리법천관은 '성(性)' 개념에도 리의 의미를 적용하는 등 새로운 파생 개념과 명제를 낳은 끝에, 우주 자연 및 인간에 대한 새로운 이해(존재론)를 가져왔다. 우선 천을 리라고 하면 『중용』 수장에서 말한 '천명'의 '명'은 사실상 무의미하게 된다. 그런 점에서 정주성리학에서는 '천명'을 궁극의 리 및 우주 근원인 '태극'과 동일시한다.

천명에서 명(命)이 실제적으로 무의미하여져, 천명이 천과 마찬가지의 리(理)이고 보면, "천명지위성(天命之謂性)"으로 서술된 '성(性)'은 자연히 '선험적으로 본유된 본성'으로서, 우주의 근원인 태극으로 해서 있게 된 리에 다름 아니게 된다. 이런 사고의 맥락에서 정주는 "성즉리"의 명제를 제시하였다. 풀어 말하면 리로 환원된 천은 인간의 마음에 내재한 성으로 이해된 것이 정주의 사상이다. 그리고 실재하는 태극인 리가 총체적으로는 하나〔總體一太極〕이지만, (모든 물체가 태극으로 해서 이루어진 이상,) 또한 모든 물체에 두루 존재〔分殊·遍在, 즉 各有一太極〕한다는 것이다. 이 사고가 정주학의 이른바 "리일분수"라는 명제이다.

여기서 개체의 원질〔材料〕 같은 기(氣)의 측면을 고려치 않는 경우를 가정한다면, "성즉리"와 "리일분수"의 사고는 또한 '인성과 물성을 동일시'하는 이론으로 귀결된다. 이런 이론의 파생으로 해서, 정주학에서는 성을 다시 '본연의 성'과 '기질의 성'으로 나누고, 인성 물성의

동이 문제가 격렬한 담론의 대상으로 부상한다.[35)]

박세당은 이러한 정주사고의 출발점인 『중용』 수장을 해석하는 자리에서, "성즉리"를 긍정하지 않는다. 그 이유는 우선 천을 리로 환원되지 않는 상제로 간주한 데 있다고 해야겠지만, '천즉리'를 부정하는 그의 사고는 마침내 '성(性)' 개념에 대한 이해도 정주와 달리하기 때문이다. 그는 '성'을 아래와 같이 상정한다.

> 성은 '마음의 밝음〔心明〕'이 (천으로부터) 타고 난(받은) 바의 천리로서, 생(生)과 더불어 갖춘 것〔性者, 心明所受之天理, 與生俱者也〕이다. 천에는 밝은 리가 있어 사물에서 마땅케 하는 원칙〔則〕으로 되는데, 이 리칙(理則)이 인간에게 수여되어 그 마음의 밝음으로 되는 것〔以此理則授與於人爲其心之明〕이다. 인간이 천리를 이미 받아서 그 마음을 밝게 하면, 이것(마음)이 사물의 마땅함 여부를 고찰할 수 있게 된다. … (주자의) 주(註)에서는 '성이 리〔性爲理〕'라고 하였는데, 지금 (나의 주해가) 다른 것은 왜인가? 리가 마음을 밝게 하여서 된 것이 성이기도 하다….[36)]

여기서 박세당은 '성즉리〔性爲理〕'라고 하는 명제를 부정하는 그의 견해를 밝혔다. 하지만 이는 얼핏 보면 그도 성을 곧 리라고 생각한 듯이 이해되는 문장이다. 왜냐하면 여기서 '성은 결국 천리와 같은 것이라는 논리'로 언표되었기 때문이다. 따라서 이와 같이 말하여지는 그의 성(性)은 정주의 성과 비슷하여 구별하기 어렵다. 하지만 이

35) 18세기에 이간(李柬), 한원진(韓元震) 사이에 벌어진 '인물성동이논변(人物性同異論辨)'이 가장 대표적인 사례이다.

36) 『思辨錄』, 『中庸』〈「」〉(전서, 하, 31~32쪽): "性者, 心明所受之天理, 與生俱者也. 天有顯理, 物宜之而爲則, 以此理則, 授與於人, 爲其心之明. 人旣受天理, 明於其心. 是可以考察事物之當否矣. … 註, 謂性爲理, 今不同, 何也? 理明于心爲性."

글의 내용은 결코 그러한 것이 아니다. 박세당에게 성은 리(理)와 불가분의 관련이 있을 뿐 리 자체가 아니다. 그의 사고로는, 리란 마음에 지각(知覺) 같은 밝은 능력을 갖게 하는 것이고, 따라서 성은 그 리로 해서 갖게 된 지각능력을 포함하는 것이다. 그가 특히 리법천을 부정하고 상제 천을 믿은 사실을 고려에 넣으면, 그의 이 성은 시비를 가리고 지각능력을 발휘하는 이성에 해당할 '상제(천)로 해서 타고난 영명성(靈明性)', 즉 맹자가 말한 '지(智)의 본성'을 주로 지칭하는 것으로 보아야 옳다. 그런 까닭에 그의 사고로는 '성은 곧 리'라고 할 수 없다.

박세당이 성을 리와 같은 것으로 볼 수 없는 이유는 논자가 살필 때 '성'에 대한 특성을 '형이하(形而下)'로 생각하는 데에도 있다.

> 주자는 '성은 형이상자이고, 기는 형이하자라'고 하였는데, 내 생각으로는 그렇지 않다.[37)]

원래 주희는 성(性)을 리(理)와 서로 같은 것으로 간주하였던 까닭에 그 특성 또한 리의 특성과 같은 '형이상'이라고 설명하였다. 그러한 설명을 박세당은 지금 받아들이지 않는다. 그는 성의 특성을 결국 '형이하'로 간주한 셈이다. 그런 점에서 그로서는 또한 '성이 곧 리'라는 정주의 명제를 부정하게 된다고 하겠다.

박세당에게 성과 리가 동일시되지 않는 점은 이것들에 대한 그의 아래 발언들로 더욱 확실하여진다.

> … 천(天)에 있어서는 리(理)라 하고, 인간에 있어서는 성(性)이라고 하는 것은 명칭에 혼란을 일으켜서는 아니 되기 때문이다. 리라 하고, 성이라 하고, 도(道)라 하고, 교(敎)라 하여, 그 의취를 논

---

37) 『思辨錄』, 『孟子』, 「告子」上(전서, 하, 136쪽).

> 하고 그 귀추를 구명하면, 마침내 같지 않음이 없지만, 그 명칭에 혼란을 일으켜서는 아니 된다. 명칭에 혼란이 일어나면, 그 소재(所在)라든가 본말의 차서를 잃어, 그 말의 뜻까지 밝히지 못한다.[38)]

이는 정주학자들이 리(理)·성(性)·도(道)·교(敎)를 그 의취와 귀추가 같다는 점에서 서로 같은 개념으로 사용하지만, 박세당의 생각으로는 그렇게 해서는 아니 된다는 견해를 토로한 것이다. 그에 따르면 의취나 귀추가 같더라도, 특히 성과 리는 말하여지는 차원이 서로 다르고, 그런 만큼 같은 개념처럼 사용하면 명칭의 혼란이 초래되고, 명칭의 혼란은 의미의 불확실을 초래한다. 그의 판단으로는 성과 리는 사용되는 차원이 다를 뿐만 아니라 의미 내용까지도 달라 서로 동일시할 수 없다는 것이다.

여기서 박세당이 말하는 '성'이 근본적으로 '상제가 부여한 리'라는 점에서, 그 리도 어느 정도 실재시된 것이라고 이해할 가능성도 있다. 그런 점에서 혹자는 그가 말하는 리도 정주에게서 상정된 리와 같지 않나 하고 생각하게 될 여지마저 있다. 앞서도 언급하였듯이, 정주의 리는 '리일분수'로 표현되듯이, 실재를 전제로 편재(遍在)하는 것이고, 그런 리가 성과 동일시됨으로써, 마침내 인성과 물성의 동일〔人物性相同〕까지 주장하게 된다. 그러나 성과 리의 관련을 정주와 달리 생각한 박세당인 까닭에, 그는 리의 편재를 말하지 않고, 성의 견해에 있어서도 인성 물성의 상동(相同)을 부정한다.

박세당은 마음의 밝은 능력을 갖게 하는 리나 그 '리로 해서 생긴 성'은 인간에게만 있는 것이지, 인간 외의 타물에도 있는 것이 아니

---

38) 앞의 책, 『孟子』, 「告子」上, 32쪽: "在天曰 理, 在人曰 性, 名不可亂故也. 曰理, 曰性, 曰道, 曰敎, 論其致, 究其歸, 卒未嘗不同, 但不可亂其名. 名亂, 則或失所在, 本末之次第, 無以明所言之義也."

라고 한다. 따라서 그는 인성 물성의 상이(相異)를 주장한다.

> (주희의) 주(註)에서는 성을 인간과 타물에 겸하여 말하는데 지금 (내가) 타물은 제외하고 인간에만 말함은 왜인가? 비록 타물에도 성이 있을지라도, 그 성됨에서는 인간과 류(類)가 달라 오상(五常)의 덕이라고 칭할 것이 없는데다가, 물과 겸하여 말함은 『중용』의 뜻이 아니기 때문이다.[39]

박세당은 성을 인간과 다른 동식물 등(타물)에 다 적용하여 말한 주희의 견해에 이의를 표명하면서, 자신은 성을 오직 인간에만 적용함을 분명히 한 것이 이 글 내용이다. 그 역시 타물에도 성이 있음은 인정하지만, 타물은 인간과 류가 다른 까닭에 그것들의 성은 인간의 성과 같지 않다고 그는 생각한다. 인간은 인의예지신(仁義禮智信)인 '오상의 덕'을 성〔五性〕으로 구비한 데 비하여, 타물은 그러한 성을 구비치 못하고 기질에 근원한 본능적 성을 갖고 있기 때문이다. 이런 점에서 그는 인간과 물의 성을 겸언하지 않은 것이 『중용』의 본지라고 간주하면서, 자신은 이런 『중용』의 뜻을 따르려는 데에도, 그 인물성상동(人物性相同)을 부정하는 이유가 있다는 것이다.[40]

그가 성 또는 오상의 덕을 인간과 타물에 일률적으로 적용하지 않는 것은, 특히 '성이 리로 해서 생기는 것'이라고 함을 고려할 때, 리의 편재를 부정하는 사고에 해당한다. 이런 점에서 그의 사고체계에서는 '리일분수'의 명제도 부정하게 됨이 자명하다. 박세당의 견해로

---

39) 앞의 책, 『孟子』, 「告子」上, 32쪽: "註, 言性兼人物, 今去物而獨言人, 何也? 雖物亦有性, 但其爲性也, 與人不類, 無以稱乎五常之德, 兼言物, 非中庸之指故也."

40) 그에 있어 인성과 물성의 상이 주장이 나오는 것은 앞서 보았듯이 성을 형이하로 보는 사고에서도 찾아질 수 있다. 이 점은 뒤에서 또 반추하게 되므로 여기서는 더 언급하지 않겠다.

는 우주는 하나의 '리의 체계'가 아니다. 성리학자들이 '리일분수'의 사고로 물아일체(物我一體) 또는 천인합일(天人合一)을 궁극의 이상으로 여겼음을 상기하면, 박세당은 그러한 것을 인정하지 않는 철학을 형성할 것이 짐작된다. 이 점은 이미 논자의 다른 논문에서 밝혀진 그의 '물아이분(物我二分)'의 자연관으로 확인된다.[41]

3) 주희의 심성설(心性說)에 대한 박세당의 반론

박세당이 성(性)을 형이상(形而上)으로 보지 않으려 한 것은 정주학자들의 견해로는 납득하기 어려운 것이다. 그러므로 이제 그 점이 좀더 분명히 밝혀져야겠다. 다음은 성을 형이상자에 속하지 않고, 형이하자에 속한다는 주장을 편 그의 글 전체이다.

> 주자는 '성(性)은 형이상자이고, 기(氣)는 형이하자라'고 하였는데, 내 생각으로는 그렇지 않다. 『주역』에서 말한 바로는 '형이상자를 도(道)라 하고 형이하자를 기(器)라 한다'는 것인데, 어찌 형(形)이 부여되기 전에 그 부여되는 리(理)가 어두운〔冥冥〕 상태에서 이미 갖추어졌기 때문에 '형이상자를 도라고 한다' 하고, 형을 부여받아 아래에 있으면, 그 형에 따라 그 리를 함유하여 재(才)를 이루므로, '형이하자를 기라 한다'는 것이 아니겠는가? 지금 (내가) 말하는 인간과 물의 성은 곧 기(器)가 리를 함유하여 재로 된 것이다. 그러므로 '천이 명한 것을 성이라 한다'라는 것이다.[42]

---

41) 윤사순, 「박세당의 실학사상에 관한 연구」, 『한국유학논구』, 현암사, 1980.

42) 『思辨錄』, 『孟子』, 「告子」 上(전서, 하, 136쪽) : "朱子謂, 性形而上者也, 氣形而下者也. 竊以爲, 有不然也. 夫易所言, 形而上者謂之道, 形而下者謂之器者, 豈非以未賦形之前, 其賦形之理, 已具於冥冥之上, 故曰, 形而上者謂之道, 旣賦形而在下, 則又各隨其形而含其理以爲之才者, 故曰, 形而下者謂之器乎? 今人物之性, 則乃器之含其理以各爲之才者, 故曰, 天命之謂性."

박세당이 성을 형이상자로 보지 않는 이유는 다른 데에 있지 않다. 그것은 인간이 형기(形氣)를 부여받아 존재하게 된 후, "각 형에 따라 그 리를 함유하여 이룬 '재(才)'가 곧 성"이라고 생각하는 데에 있다. 그가 말하는 '성'이 인간과 타물을 막론하고 기(器)에 내재된 '재'이므로 형이상의 특성이라고 분류될 수 없다는 것이다. 따라서 성을 형이상자의 특성을 지녔다고 하는 주희의 견해를 그는 수긍하지 않게 된다. 이러한 그의 사고는 형기를 타고난 이후의 심(心) 속의 것을 가리키는 점에서, 그의 '성은 리보다 오히려 기(氣)의 특성'을 지닌 셈이다. 그리고 성(性)을 재(才)라고 하는 이론이 본래 맹자의 설임을 상기하면, 그의 주장에는 보다 더 원초유학을 회복하려는 의지가 깃들었다고 하겠다.

성에 대한 그의 이런 이론은 자칫 고자(告子)의 "생지위성(生之謂性)"이나 양자(楊子)의 '선악혼성설(善惡混性說)'을 상기케 한다. 하지만 박세당은 그런 이론을 철저히 배격하고 맹자의 성선설을 따른다.[43] 그 점에서는 그도 주희와 다르지 않다. 성선(性善)을 설명하는 방식이 주희와 그가 다를 뿐이다. 주희는 리(理) 자체가 선하므로 (리인) 성도 선하다는 데 비하여, 그는 '리를 함유한 형기의' '재(才)'를 근거로 성을 선하다고 생각하는 듯하다. 같은 맥락에서 주희가 "성이 선하여 재도 선하다"고 하는 데 비하여, "재의 선함을 보고 성을 선하다"고 하는 박세당이다.[44] 이것은 맹자가 '측은(惻隱)·수오(羞惡)·사양(辭讓)·시비(是非)의 심(心)'을 보고 인의예지의 성선을 주장한 것과 유사하다.

여기서 눈길을 끄는 것은 맹자가 "정(情)으로 말하면 선을 할 수

43) 상동.

44) 이것은 주희의 "성기선칙재역선(性旣善則才亦善)"이라는 언구에 대하여, 그가 "공기미연(恐其未然)"이라 한 것을 근거로 논자가 추정한 것이다(앞의 책, 『孟子』, 「告子」上, 137쪽).

있는 것이다〔若其情 則可以爲善也〕"[45] 라고 한 대목의 '정'에 대한 박세당과 주희의 견해차이다. 박세당은 이 정(情)을 주희가 "성의 동(動)"이라고 해석하였음에 반기를 든다. 이때의 정은 박세당에 따르면 성과 관련된 정이 아니고, '사물의 실정·실질·실태〔物之情〕'라고 하는 것 같은 '실(實)'을 의미하기 때문이다. 그런 점에서 그는 이 문장 전체를 맹자가 "성의 실이 선을 할 수 있음〔性之實 卽可以爲善〕"을 말한 것이라고 풀이한다.[46]

박세당의 이러한 풀이도 고찰의 가치가 있지만, 주희가 이미 '정'에 대하여 '성의 동'이라고 한 이론인, '성정(性情)의 관계'에 대한 그의 사고도 고찰할 만한 것이다. 이 점을 알려면 정주의 성정관계에 대한 이론부터 살펴야 한다. 원래 정주는 심은 물론, 정을 '리기의 합'이라고 하면서, 장재(張載)의 '심통성정(心統性情)' 명제를 계승하였다. 주희는 심의 이러한 구조를 염두에 두고 성을 '심의 리'라고도 하였다. 이러한 정주에 있어, 성과 정은 각기 심의 '정(靜)과 동(動)'의 측면인 '체(體)와 용(用)'에 해당된다. 나아가 정주는 이 체용관계를 "성이 발하여 정으로 된다〔性發爲情〕, 즉 정은 성이 발한 것〔情性所發〕이다"라고 파악한다. 주희가 지금 정을 '성의 동'이라 한 것은 실상 '성의 발'이라는 뜻과 같은 것이다.

하지만 박세당에게서는 심과 정을 리기로 해석한 예부터 찾아 볼 수 없으며, 성정을 심의 체용관계로 인정하여 논하는 것도 찾아지지 않는다. 그가 노자(老子)의 '도와 덕'의 관계를 체용관계로 설명하는 것을 보면,[47] 체용의 사고에 대한 숙지가 그에게 있었음은 분명하

---

45) 『思辨錄』, 『孟子』, 「告子」章句, 上.

46) 앞의 책, 『孟子』, 「告子」章句, 上(전서, 하, 137쪽) : "情之爲言實也. 猶所云物之情. 莊子亦曰, 如求得其情. 此盖言性之實, 卽可以爲善也. 註, '情者性之動也. 人之情, 本但可以爲善, 不可以爲惡.' 又擧四端爲說. 然此所謂情者, 終恐其不如此."

47) 朴世堂, 『道德經註』 참조.

다. 그럼에도 그는 『중용』의 '희로애락(喜怒哀樂)'을 다루는 자리나, 『맹자』의 '사단(四端)'을 언급하는 자리거나, 어디에서도 성정을 체와 용으로는 논하지 않는다.

당시의 성리학계가 16세기 이황, 이이 이래, 심(心)과 정(情)이 리기의 합이라는 점에서, 사단 칠정을 리기로 해석〔理發 氣發〕하는 작업을 최대의 과제로 삼았음은 다 아는 사실이다. 그 사단 칠정의 리기 해석에 대한 언급도 그에게서는 전혀 찾아지지 않는다. 그는 사단 칠정에 대한 리기론적 해석을 도외시하고 있었다. 오히려 그는 『사변록』을 통하여 당시 학계가 일상생활에 실용가치를 지닌 학문을 버리고 지나치게 고원·심오한 것에 매달리고 있다는 비판을 맹렬히 한다. 그가 그 저서(『사변록』)를 짓는 의도 역시 당시 학계의 이러한 풍조 때문임을 그는 그 책의 서문 및 「중용」, 「대학」편의 주해에서 역설하고 있다.[48]

이러한 사실로 보면 그가 정(情)을 '성의 동'이라고 한 주희설을 비판한 이면에는 성정을 체용관계로 파악하는 사고에 대한 부정적 견해도 작용하지 않았나 추측케 된다. 더욱이 이미 살핀 정주학의 기본개념들을 그가 거의 다 부정한 것으로 미루어 보더라도, 정주의 성정의 체용관계 및 심(心)에 적용하는 리기론에 대하여도 그가 부정적이었을 가능성이 농후하다. 정주의 성정론 등은 이미 살핀 이론들과 불가분의 연관관계에 있기 때문이다.

48) 이러한 점들은 논자의 「박세당의 실학사상에 관한 연구」에서 이미 밝힌 것임.

5. 박세당 비판론의 철학적 함의

이로써 박세당의 '경전(6경) 해석'은 '정주의 해석을 따르지 않음'은 물론, '해석을 위한 해석'이 아님이 분명하여졌다. 그것은 '유학의 자체 혁신'을 꾀하는 의도로 착수된 작업이었다. 즉 정주의 기존 철학을 부정하고 자신의 '새로운 철학'을 표명하기 위한 수단으로 진행된 작업이었음에 틀림없다.

박세당이 이룬 새로운 철학의 내용에 대해, 앞서 밝힌 대로 논자는 이미 「박세당의 실학사상에 관한 연구」[49]에서 '격물설', '자연관', '윤리관', '인간관' 등으로 분류하여 구체적으로 소개하였다. 그에 따르면 박세당은 정주철학을 극복키 위하여 공자의 본원유학을 표방하는 방법을 택하고서, 특히 일상적 생활에 실제·실질·실용적인 성격의 철학을 이루었다. 한마디로 그는 '실학의 성격'에 부합하는 철학을 수립하였다.

지금 살핀 '정주철학의 기본개념의 의미와 기본명제들에 대한 부정'은 바로 그의 그 '철학의 기초'를 이루는 부분에 해당한다. 박세당은 정주철학의 기본개념과 기본명제를 부정함으로써, 그의 탈성리학적 실학에 적합한 새로운 반정주적 철학을 정초하였다.

박세당이 정주설을 비판 배척하는 시각으로 육경을 주해한 『사변록』의 저술로 해서, 윤휴〔白湖 尹鑴, 1617~1680〕에 이어 '사문난적'으로 몰려 목숨을 잃은 것은 단순한 노론과 소론의 집권을 둘러싼 알력에만 기인한 것이라고 볼 수 없다. 그에 대한 그러한 지탄과 핍박에는 정치적 알력이 일부 작용한 것이 사실이지만, 그 알력은 한낱 피상적 원인에 지나지 않는다. 거기에는 보다 더 깊은 근본적 원인이

49) 논자의 『한국유학논구』(현암사, 1980)에 수록.

있었는데, 그것은 바로 지배층에 대하여서는 그의 '반정주철학'이 초래할 당시의 체제와 이념을 원천적으로 붕괴시킬 실로 가공할 파괴성향에 있었다. 그 점은 노론에 속하였던 김창협〔農巖 金昌協, 1651~1708〕이 박세당의 사망 후임에도, 『잡식(雜識)』과 한 권의 책이 될 분량의 「여권유도론사변록변(與權有道論思辨錄辨)」, 「여권유도재론사변록변(與權有道再論思辨錄辨)」 등의 저술을 통하여, 학문차원에서 박세당 철학을 이론적으로 배척한 사실로 가늠할 수 있다.

여기서 혹자는 박세당이 말한 기(氣) 또는 기(器)로서의 심(心) 안의 성(性)을 가지고, 그 (성의) 주기적(主氣的) 특성에 입각하여, 마치 한원진(韓元震)이 말한 성과 같지 않은지 의문을 가질 수 있다. 더욱이 박세당이 말한 성이 오상인 점에서 인간과 타물의 '성의 부동〔人性物性의 不同〕'을 주장한 것이 한원진의 경우와 같아, 더 그렇게 생각할 가능성이 있다. 만일 박세당의 설이 한원진의 설과 같다면, 한원진의 성설이 정주설을 충실히 추종하는 이론 중의 하나이므로, 박세당의 성설이 지닌 탈정주성리학 성격에 근본적 의문이 야기되는 까닭에 이는 매우 중요한 의문이다.

한원진에 있어서는 성(性)을 주로 심(心)이라는 기(그는 심즉기설을 좇음) 가운데 있는 것으로 말하지만, 그 '성은 곧 만물에 편재된 리〔性卽理〕'를 가리킨다. 다시 말해 그는 '천이 곧 리〔天卽理〕'고, '리가 총체적으로는 하나지만 만물에 분수되는 것〔理一分殊〕'이라는 명제를 바탕에 깔고 성을 리라고 한다. 그러한 성은 또한 형이상자에 속한다고 하게 된다.

그러나 '천이 곧 리'라는 명제부터 부정하는 박세당이므로, 그의 견해로는 리(理)는 형기에 선행하여 독존하는 것이 아니며 성 또한 형이상자도 아니다. 그에 있어 성(性)은 형기와 사실상 더불어 상제로부터 부여받은 형기의 리이고, 그런 까닭에 재(才)로 표현된 것이다. 그가 "천에서는 리이고 인간에서는 성임〔在天曰理, 在人曰性〕"을 인정하면서도, “성즉리”를 정면으로 부정하는 이유가 이러한 데 있었다. 따라서 그가 말한 성은 한원진이 말한 성과 근본적으로 다르다.[50] 다만 그가 이를 유기론자들처럼 “오직 기 작용의 질서 조리에 지나지 않는다”는 정도로 말하는 것은 보이지 않는데, 이 점은 성론에서 보이는 그의 주기론의 불철저성을 드러내는 것으로 이해된다.

사실 그가 성을 리와 관련시켜 논하면서, 비록 모든 사물에 편재하는 리라고 하지는 않지만, 그 실재성을 전재한 듯이 보이게 말한 것이라든가, 성정의 관계에 대한 주희의 사고를 부정하는 데서도 그 후의 정약용(丁若鏞)처럼 철저하지 못한 것 등은 박세당의 정주설 비판이 지닌 한계이다.

하지만 그가 비록 불철저하게나마 정주철학의 기본개념의 의미와 기본명제를 전반적으로 부정하는 것은 바로 정약용의 철학경향과 매우 비슷하다. 정약용이 더 철저히 그리고 광범하게 정주의 기본명제를 부정하는 데 비하여 박세당의 경우 그렇지 못한 차이가 있을 뿐이다.[51] 이러한 점을 감안하면, 박세당의 탈(脫)정주학 성향은 곧 정약용 등 그 뒤에 오는 실학자들에게 탈정주철학을 형성할 기초를 마련하였다는 의의 정도는 인정받아야 할 것이다.

박세당의 탈정주학은 물론 그의 인물됨과 현실대응 태도와도 서로 연관관계에 있다. 그런 점에서 이상의 고찰을 정리한다면, 논자로서는 다음과 같은 마무리를 할 수 있지 않을까 한다. 기존의 통념적 사고와 기존의 질서에 안주하지 않는 그의 혁신적 사고와 현실대응이 결국 실리적 친청정책(親淸政策)을 가능케 하였던 한편, 새로운 내용과 성격의 경학을 통하여 ‘유학의 자체혁신’인 탈정주학을 이루었다.

---

50) 논자가 박세당의 성을 오늘날 리성에 해당할 ‘주로 지의 성’을 가리키는 듯하다고 한 것도 그가 리를 심의 영명성을 가져오는 것으로 말한 데 근거한다.

51) 윤사순, 「성리학과 실학, 그 근본사고의 동이성(同異性) — 이황과 정약용을 중심으로」, 『태동고전연구』(2003, 6)에서 상론하였음.

그리고 그의 경전 해석에서 이룬 철학은 뒷날 '북학(北學)을 일으킬 터전'을 마련하였을 뿐만 아니라, 나아가 정약용의 철학으로 대표되는 '실학의 철학을 이루는 선구적 기반'이 되었다고 하겠다. 그의 유학이 지닌 철학적 특성은 실학의 철학임에 틀림없다.

북학파의 경학에 담긴 철학

제4장 인간과 타물에 대한 홍대용의 탈정주학적 철학

1. 문제의 출발

홍대용〔湛軒 洪大容, 1731~1783〕의 학문은 이제까지 학계에서 꽤 많이 연구된 셈이다. 그의 철학사상을 연구한 박사학위 논문만도 여러 편을 헤아리게 되었다.[1]. 그 결과 그가 실학자임은 물론, 실학자 가운데서도 특히 청의 문물을 적극적으로 수용한 북학자(北學者)의 하나로 꼽히는 내용이 상세히 밝혀졌다.

홍대용은 청(연경)에 갔던 기회에[2] 그 나라 흠천감(欽天監)으로 등용된 선교사들(Augustinus von Halberstein과 Antonius Gogeisl)과 교류하며,[3] 역법과 근대천체과학에 대한 지식을 구득하였다. 서구의 서

1) 김문용의 『홍대용의 실학사상에 관한 연구』(고려대 박사논문, 1995), 강춘화의 『홍대용의 실학적 인식론에 대한 연구』(고려대 박사논문, 2000), 김도환의 『홍대용 사상의 연구』(한양대 박사논문, 2000). 최윤실의 『담헌 홍대용의 리기 심성관에 관한 연구』(성균관대 박사논문, 2001).

2) 그는 35세 때(1765) 숙부 홍억(洪檍)이 연경에 사행(使行)하는 데 수행하였다.

3) 洪大容, 『湛軒書』(景仁文化社, 1969), 外集, 권7, 『燕記』, 「劉鮑問答」.

적도 접하였다고 추정되는데, 그는 당시 한국인으로는 구체적 지구설과 지동설을 거의 최초로 인식한 학자다.[4] 특히 지구설에 의거하여, 그는 중국이 '지상의 중심'이라는 전래의 통념을 깨고, 지상의 어느 곳이나 중심이 될 수 있음을 주장하였다. 또한 그때까지 전래되던 한족 본위의 '화이관(華夷觀)'을 부정하면서, 마침내 공자가 동방〔九夷〕에서 태어났더라면, "'동방〔域外〕의 춘추(春秋)'를 지었으리라"[5]고 한 학자로 유명하다. 18세기 근대 서구과학을 습득하여 일종의 민족주체성을 고양시키기까지 한 학자가 곧 홍대용이다.

하지만 그는 과학자가 아니었다. 그의 학문본령은 철학이었다. 그의 초학부터가 유학, 특히 정주성리학이었고 성리학자로서 실력을 인정받았기 때문에, 그는 한때(44~45세) 익위사(翊衛司) 시직(侍直)으로 발탁되어 동궁(정조)에게 성리학을 가르친 일이 있다.[6] 이와 같이 홍대용은 철학자였던 만큼, 그에 있어 과학은 철학하는 데 이용되는 자료에 해당한다. 그의 '철학하기'에 도움을 준 자산의 의의를 지닌 것이 근대 천체과학 등이다.

지구설과 지동설 자체가 전통적 '천원지방(天圓地方)'과 '천동지정(天動地靜)'의 신념을 근본적으로 뒤엎은 이른바 '코페르니쿠스적 전회(轉回)'인데다가, 그 지적 전회를 바탕으로 민족적 주체성을 일깨운 것이 곧 그가 근대과학을 이용하여 이룬 철학적 업적이다. 그 업적은 그를 종래의 정주학 같은 데에 계속 머물 수 없게 한 '철학적 패러다임의 변이'를 실제로 입증하는 증거다. 이러한 사실은 그에게 '어떤 새로운 철학'이 더 형성되었을 가능성을 가상케 하는 것이기도

4) 그에 앞서 김석문(金錫文)이 지구설을 언급하였지만, 그가 더 상세한 천체설을 인지하였다.

5) 앞의 책, 內集, 권4, 「毉山問答」, 362~363쪽.

6) 이때 그는 동궁의 요청에 따라 주로 이황이 편집한 『주자서절요(朱子書節要)』와 이이가 저작한 『성학집요(聖學輯要)』를 강의하였다(앞의 책, 內集 권3, 「桂坊日記」).

하다.

홍대용은 '천문학'이라든가 '자연과학'이라는 용어를 물론 사용하지 않았다. 이이(李珥)만 하더라도 간혹 사용한 '자연'이라는 용어조차 이상하게도 그는 사용하지 않았다. '자연'으로 압축될 천지(天地), 성운(星雲), 산천, 초목과 온갖 동물들을 그는 다만 '물(物)'이라고 불렀다. 그 자연은 어느 것이나 다 '인간'과 변별되는 이른바 '타물(他物)'일 따름이다. 그의 경우 인간과 자연은 '인간과 타물'로 표현된다.

이에 인간과 자연에 대한 그의 철학을 파악하고 싶은 논자는 그의 철학의 방대성을 예상하여, 본고에서는 특히 '인간과 타물의 동이설(同異說)'과 그 설에 '연관된 그의 철학'을 살피고자 한다.

2. 시대적 학문 여건

홍대용의 기초학문인 정주성리학은 김원행〔渼湖 金元行, 1702~1772〕에게 사사한 것이다. 정주성리학은 조선조의 성립(1392년)과 거의 때를 같이 하여 왕조의 통치원리로 채택되었던 만큼, 지배층인 양반에 속한 그가 그 학문을 익혔음은 이상한 일이 아니다. 더욱이 18세기 조선조에서 정주성리학이 압도적 세력으로 주류의 위치에 있었으므로, 그의 정주학 수업은 피할 수 없었던 것이라고 할 만하다.

그 시기의 정주성리학계는, 16세기 이황(李滉), 기대승〔高峰 奇大升, 1527~1572〕과 이이(李珥), 성혼〔牛溪 成渾, 1535~1598〕 등이 논변형식으로 탐구한 「사단칠정론(四端七情論)」을 반추하던 학자들이 학계를 대표하였다. 이황과 이이의 이론을 각기 계승하는 학자들이 이때는 서로 대립각을 날카로이 하여 학파를 형성하고 있었다.

다른 한편의 정주학자들은, (17세기 말~18세기 전반기) 이간(李柬)과 한원진(韓元震)으로 대표되는 이른바 강문팔학사(江門八學士)가 탐색한 「인성물성동이론」을 가지고 성찰하던 일군의 학자들이 있었다. 그들은 홍대용 활동기에는 이간 계통의 낙파(洛派)와 한원진 계통의 호파(湖派)를 형성하고서 그 논의의 심도를 더하여 갔다. 정주학이 심성론 분야에서 '한국화한 수준과 특징'을 분명히 이룬 때가 곧 그의 시대이다.

그의 스승인 김원행의 학문 궤도가 주희—이이—송시열의 학문을 계승하던 영향이겠지만, 홍대용도 '독자적 철학'을 이루기 전에는 이 학통을 계승하는 태도를 여러 곳에서 비친다. 그리고 김원행의 가계는 이른바 노론 사대신(四大臣)의 하나에 드는 가계다.[7]

---

7) 그는 신임사화(辛壬士禍, 1721~1722)를 당한 김창집(金昌集)의 종손, 즉 김창협(金昌協)의 손자이다. 그런 조건에다 진사(進士)였던 그의 학식과

논자가 이렇게 학문 외의 정치적인 것을 언급하는 까닭은 조선시대의 성리학과 정치가 완전히 분리되어 고찰될 수 없는 데 있다. 그 시기의 정치여건은 비록 왕(경종, 영조)이 붕쟁의 폐해를 극복하기 위해 탕평(蕩平)을 적극 지향하였지만, 수면하의 붕쟁의식은 결코 불식되지 않았다. 홍대용만 해도 '옳고 그름〔正과 邪〕'을 명백히 가리지 않은 채로 지향하는 탕평에 반대하였다.[8] 이로 보아 그도 당파(노론)의 소속감에서 완전히 자유롭지는 않았던 것 같다.

18세기 한국에는 성리학 외에 15세기 말부터 전래된 양명학이 있었다. 그 결과 한국의 양명학을 대표하는 정제두(鄭齊斗)의 독특한 저술들이 나온 것도 18세기 초엽이다. 그런 터에 특히 서학(西學)이라고 일컬어진 천주교가 전입되어 있었다. 이때의 천주교는 『천주실의(天主實義)』를 통한 초기 학문적 이해의 차원을 넘어, 한국 자체에서 '신자들을 배출'하기 시작하던 상태였다.[9]

이와 같은 사실은 곧 정주학만이 절대적 권위를 독점하는 것을 어렵게 만든 여건이다. 하지만 당시 정주학만을 올바른 학문인 '정학(正學)'으로 믿은 성리학자들이 그렇게 생각하지 않은 유학자들보다 훨씬 많았다. 정주학에 만족하지 않고 회의(懷疑)하기 시작한 일부의 유학자들은 대체로 '민중이 겪는 질곡의 실상'에 눈뜬 사대부들이다. 그들은 그 시대의 민인을 도탄에 빠뜨리는 제도적 모순과 정책적 비리의 풍토를 정주학적 사고를 잘못 운용한 그 말폐로 간주하였다. 그리고 극소의 학자들은 그 비리의 원인을 정주학 자체가 지닌 철학적

덕망이 비범하여 많은 관직이 주어졌다. 그러나 일체의 관직을 거절하고 초야의 학자로 일생을 마쳤다.

8) 앞의 책, 「與蔡生書」, 216쪽.

9) 이때 스스로 천주교를 믿게 된 초기인물들이 권철신(權哲身, 1736~1801), 이벽(李檗, 1754~1786), 이승훈(李承薰, 1756~1801), 정약전(丁若銓, 1758~1816), 정약종(丁若鍾, 1760~1801), 정약용(丁若鏞, 1762~1836) 등임은 다 알려진 점이다.

한계라고 생각하였다.

따라서 그들 가운데 전자는 제도와 정책의 철저한 '개혁'을 꾀하였고, 후자는 '정주학의 철학'까지 변개(變改)하는 길을 택하였다. 이른바 "경세치용", "이용후생"의 기치 아래 보다 더 민인의 고난을 감소시키는 데에 실효성을 지닌 개혁안들의 제기가 전자의 실례이고, 경학측면에서 정주의 주해를 부정하면서 새롭게 제시하기 시작한 주해가 후자의 실례이다. 이것이 이른바 '탈성리학적 실학' 형성의 움직임이라고 집약할 수 있는 그 시대의 학문성향이다.

이 새로운 실학(후기 실학)의 형성에 크게 기여한 실학자들이 모두 홍대용 시기에 활동하지는 않았다. 그러나 그들의 개혁설을 담은 주요 저술과 반(反)정주적 경전주해의 일부가 햇빛을 보기 시작한 것은 이 시대였다.[10)]

이수광(李睟光)의 『지봉유설(芝峯類說)』 같은 것은 그 앞 시대의 일이지만, 유형원(柳馨遠)의 『반계수록(磻溪隨錄)』을 비롯하여[11)] 이익(李瀷)의 『성호사설(星湖僿說)』이 그렇고, 박세당(朴世堂)의 『사변록(思辯錄)』과 이익의 일련의 경전에 대한 『질서(疾書)』가 그러한 서적이다.

10) 반정주적 경전주해를 언급할 경우 윤휴(尹鑴)의 경전주해를 간과해서는 아니 되겠지만, 그가 그런 주해로 해서 사문난적의 낙인을 받고 별세한 것은 이미 전 세기인 1860년이고, 그 후 조선말까지 그 저술은 온전히 전해지면서 빛을 보지 못한 것이다. 경학 외의 분야로 본다면 그는 예학자의 경향이 너무 짙고 개혁적 실학의 경향은 매우 약하다.

11) 유형원은 17세기 인물이지만, 그의 『반계수록』은 1769년에 간인·유포되었다.

3. 정주학 이탈의 북학노선

18세기 실학의 형성에 홍대용 외에 활약한 이른바 '북학자들'이 더 있었다. 그들이야말로 실학을 형성하는 데 지대한 역할을 하였다. 그들 중에서, 홍대용에게 지전설(地轉說) 등을 들었으며 연경에 다녀와 『열하일기(熱河日記)』를 지어 청의 문물의 배울 점을 적시한 박지원(朴趾源)을 먼저 꼽아야 한다. 그리고 홍대용과 함께 규장각 검서관으로 재직하면서 연경에 다녀와 북학을 제창한 이덕무〔雅亭 또는 靑莊館 李德懋, 1741~1793〕와 박제가(朴齊家)를 들 수 있다.

박제가의 『북학의(北學議)』는 이들의 청(淸) 문물 습득의 필요성을 구체적으로 상세히 지적한 내용을 대표한다. 원래 '북학(北學)'은 『맹자』에서 '선진문화'를 지칭한 단어인데, 박제가는 이것을 과감히 '청 문물의 학습'을 의미하는 단어로 사용하였다.

여기서 논자가 '북학'을 "과감히 청문물의 학습을 지칭하는 단어로 사용하였다"고 한 것은 청과 조선의 역사적 배경을 염두에 둔 발언이다. 청국은 1636년 조선에 침입하여(병자호란) 조선의 군신 모두에게 온갖 악행을 감행하였다. 그 사건으로 인하여 인질생활을 8년간이나 한 왕자(봉림대군)가 왕위에 오른 '효종 시대(1649~1659)'에는, 그 청의 침략전쟁에서 입은 치욕을 설원(雪冤)키 위하여 '북벌'을 정책의 이념으로 삼았다.

홍대용보다 반세기 앞선 시기(17세기 중반) 조선사대부의 시각으로 청국은 조선보다 못한 '오랑캐인 여진족'이 세운 나라로서 하나의 토벌의 대상(적국)에 불과하였다. 그런 만큼 이제 청을 온갖 문물의 학습대상으로 삼는다는 것은 조선인의 자존적 민족정신에 크게 어긋나는 일이었다. 이에 청문물의 필요성을 절감한 박제가 등은 '청학(淸學)'이라는 명칭을 피하고 그 대신 '북학(北學)'을 사용하였던 것이다.

북벌(北伐)에서 북학으로 '반전된 풍토'를 만들었던 그 북학자들의 선두에 서있던 학자가 곧 홍대용이다.

그에게도 당시 실학자들에서와 마찬가지로 '실학'을 마땅히 지향해야 할 유학의 의미로 사용한 증례가 있다.

> 천하의 영재가 적지 않습니다. 하지만 과환(科宦)으로 얽어매고 물욕(物慾)으로 가리우고 노는 것〔宴安〕으로 중독되니, 이로부터 벗어나 고학(古學)에 종사할 수 있는 사람이 적습니다. 사장(詞章)으로 힘쓸고 기송(記誦)으로 자랑하고 훈고(訓詁)로 구속하니, 이로부터 벗어나 실학에 착실히 힘쓸 수 있는 사람이 적습니다.[12]

그는 과거를 보아 벼슬을 하려 함과 물욕을 탐함과 편히 노는 것은 말할 나위 없고, 학문을 하되 사장・기송・훈고에 빠져서는 아니 된다고 한다. 고학(古學)으로 돌아가 실속 있고 실제적인 학문, 곧 실학을 해야 한다는 것이다. 여기서 그의 실학은 일단 '고학'을 표방하였음이 드러난다. 이는 정주학에 만족할 수 없어 새로운 비(非)정주학을 지향할 때에는 으레 정주보다 우월한 공맹(孔孟)의 본원유학, 즉 '고학에로의 귀환'을 표방해야 비난을 면할 수 있던 여건에서 나온 현상이다.

북학자들의 일반적 공통경향은 청국을 다녀오면서 보고 듣고 배운 것을 광범하게 서술한 점이다. 그것은 중국에 다녀오던 여정에 따른 중국의 지리 지형과 명소를 비롯하여, 역사적 사실과 농・공・상에 우리 것보다 유용하게 개량된 각종 기구 기계와 주택과 교역에 대한 견해, 역법과 서학(과학과 천주교)의 지식 및 그곳 학자들과 나눈 시와 서찰 등 박문다식을 술회하는 것이다.

홍대용도 이런 점에서 예외가 아니다. 하지만 그의 저술(서적)에

12) 앞의 책, 外集, 권1, 「杭傳尺牘」, 379쪽.

역점을 둔 주안점이 결코 없지 않다. 저술의 분량으로는 『주해수용(籌解需用)』이라는 이름의 수학이 가장 큰 부문이지만, 천문지식을 바탕으로 이룬 『의산문답(醫山問答)』과 「심성문(心性問)」은 철학에 역점을 둔 저술이다. 이것들이야말로 그가 '기존사상'인 신앙과 철학을 불식하거나 수정하려 한 저술을 대표한다. 이렇게 "대표한다"는 표현을 쓴 까닭은 이것들 외에 그에게는 일련의 '문변' 또는 '문의'의 명칭을 붙인 「소학문변(小學問辨)」, 「가례문의(家禮問疑)」, 「사서문변(四書問辨)」(問疑), 「삼경문변(三經問辨)」(問疑) 등이 있는데, 이것들 또한 그가 묵인하거나 수긍할 수 없는 기존의 정주주해의 구체적 편린들(전체가 아님)을 수정한 사례들이기 때문이다.

홍대용은 그 시대의 정주학을 존숭하는 '조선의 풍토'에 대한 기록을 남겼다. 그것은 다음과 같다.

> 우리 동국에서는 주자를 존숭(尊尙)하여, 학문 닦는 문로〔路門〕는 순정(醇正)하지만, 중국처럼 넓게 바꾸어가며〔寬轉〕 두루 살피거나〔達觀〕, 혹은 범람(汎濫)하고 잡박(雜駁)하지는 않습니다. 원래 기풍이 치우치기 때문에 지식이 제한되고, 지식이 제한되니 지킴은 확고하고, 지킴이 확고하다보니, 지킬 필요 없는 것까지 억지로 옹호〔曲護〕하면서 강력히 변해〔强解〕합니다. … 속된 유자〔俗儒〕들은 명예에 목숨을 걸고〔殉名〕, 마음과 말〔心口〕을 서로 어긋나게 합니다. 그들 중에는 주문(朱門)에 귀의하지 않으며, (주문에) 비위맞추는 신하조차 매우 적습니다.[13]

이에 따르면, 그 시대 조선의 정주학은 중국 유학에 비하여 '순정'하다. 하지만 조선학자들은 정주학 외의 다른 유학과 학문에 대해 모르고, 두루 알려고 하지도 않는다. 그들은 종래의 정주학에 치우쳐

13) 앞의 책, 「四書問辨·寄書杭士嚴鐵橋誠又問庸義」, 50쪽.

‘제한된 지식’의 불필요한 것까지 고수하면서, ‘왜곡된 이해’를 고집하며 강변한다. 이 제한된 지식의 고수와, 왜곡된 이해의 강변이라 함은 아마도 16세기에 시작된 「사단칠정론」과 17세기말에 시작된 「인성물성의 동이론변」이 이때까지 계속되던 현상을 보면서, 그가 당시 한국정주학의 단점으로 판단하고 서술한 내용으로 이해된다.

그리고 정주학의 문에 들어오지 않으려는 학자마저 생기는 현상을 부언한 것은 정주학의 매력이 그 시대에 쇠퇴하여 감을 단적으로 나타낸 언구로 보인다. 하지만 정주학의 문에 들어오지 않는 학자를 가리켜 ‘속유’라 한 것은 그도 이때까지는 정주학의 단점을 인지하면서도 거기에서 벗어날 결정은 하지 않았다는 추측을 낳게 한다.

홍대용이 정주학에서 벗어나려 한 시기는 분명치 않지만, 그 의지가 분명하여진 증거는 앞서 소개한 「의산문답」과 「심성문」 및 그의 일련의 유학 주해서들이다. 정주학을 벗어나려고 분명히 결심한 예는 「의산문답」의 다음과 같은 서두의 글이다. 그것은 널리 알려진 대로 ‘허자(虛子)’와 ‘실옹(實翁)’과의 대화로서, ‘기존사상의 소지자’인 허자의 기존사상을 ‘실(實)’의 이름 아래 비판·배척하면서 자신의 새로운 지식과 사상을 펴는 내용이다. 그 허자가 소지한 사상은,

> 천지(天地)의 변화를 궁구하였고, 성명(性命)의 미의를 구명하였으며, 오행(五行)의 근원을 파악하였으며, 삼교(三敎)의 심오한 진리에 통달하였다.14)

고 하는 것이다. 그러므로 허자의 불교, 도교를 제외하면 유교의 천지, 성명, 오행에 대한 사상이 남는데, 이것은 결국 기존의 정주학 사상이다. 이로써 홍대용이 이루려는 학문(실학)의 주요성격 또는 주

---

14) 앞의 책, 內集, 補遺, 권4, 「毉山問答」, 320쪽.

요목표가 탈정주학임이 드러난다.

이와 아울러 그가 특히 유학 경전에 대한 정주의 주해를 수정하면서 낸 변명도 같은 맥락에서 사필 자료다. 그는 『대학』 등에 대한 정주의 주석이 있는데도 자신이 그들의 주석에 이의를 제기하는 이유(변)를 아래와 같이 적는다.

> 『중용』, 『대학』은 본래 『예기』 가운데서 뽑아낸 것인데, 한(漢)나라 유학자들이 부회(傅會)한 것이 많고, 정주의 의론도 끝내 귀일하지 못하였다. 후학의 의심 가짐이 이상할 것 없이 그런 것이다.[15)]

이런 것은 정주의 주해에 이견을 달 때 누구나 으레 내는 변명이다. 유학의 경전이 진시황의 분서갱유 정책으로 본연의 면목을 잃었던 터에 한(漢)나라 훈고학자들과 정주에 의하여 거의 복원되었지만, 정주의 복원도 불완전함이 발견되기 때문에 좀더 복원의 손길을 대지 않을 수 없다는 것이다. 그의 이 글은 바로 그가 행하는 '정주학 수정의 타당화'를 압축한 것에 다름 아니다. 정주학을 이탈하는 그의 학문노선이 이에서부터 시작된다.

15) 앞의 책, 「四書問辨·大學問疑」, 15쪽.

4. 정주학 기본사유의 부정

홍대용의 정주학 이탈을 구체적으로 확인하기 위한 방법으로 논자는 정주학의 본질 같은 그 '특유의 사유(개념과 명제 등)'에 대한 그의 견해를 살피겠다.

(1) 원초유학에서부터 정주학에 이르기까지 유학의 궁극적인 것은 물론 '천(天)'이었고, 그렇게 생각한 이면에는 천에 '만물의 주재자'로서의 '상제'라는 의미 부여가 있었다. 그 의미 외에 '천'은 물론 '허공', '자연일반', 및 '양심의 근거' 등 다의를 지닌 어휘였다. 정주학에서도 이런 의미들을 계승하지만, 정호(程顥) 이후 '천'의 상제 의미는 매우 약화되고, 그 대신 '우주의 근원적 원리' 의미의 '리'가 '천'을 대신하게 되었다. 이는 궁극적인 것에 대한 점증하던 철학적 이해의 추세에서 "천즉리"가 곧 정주학의 특징적 기본명제로 된 것이다.

(홍) 홍대용은 천(天)을 결코 리(理)의 의미로 사용하지 않는다. 상제에 대하여만 『서경』, 『시경』의 주해에서 묵인하고 있을 따름이다. 그는 '천'을 주로 '지'와 대조되는 '허공'이거나, 그 범위를 넘어 은하계들까지 포용한 '우주 공간' 의미로 사용한다.

> 지금 천이란 그 체는 지극히 허하고, 그 성은 지극히 정(靜)하고, 그 크기는 한량없고, 그 꽉 참〔塞〕은 빈틈이 없다.[16]

이런 의미에서 그는 "천자허기(天者虛氣)"[17] "허자천야(虛者天也)"[18]

16) 앞의 책, 「毉山問答」, 343쪽.

17) 상동, 336쪽.

18) 상동, 344쪽.

"천자청허지기(天者淸虛之氣)"[19] 및 "천자만물지조(天者萬物之祖)"[20] 라 한다. 천을 '만물의 할아비'라고 할 때에도 조물자(造物者)의 뜻이 아니고, "지자만물지모, 일자만물지부(地者萬物之母, 日者萬物之父)"에 이어서 쓴 허공에 지나지 않는다. 하지만 인도(人道)에 대비되는 천도(天道)라든가, 상제에 해당할 것을 '천'으로 대신하는 사례가 있음을 보면, 그에게서도 '천'은 우주적 '허공'과 함께 '궁극적인 것'으로 상정되고 있다.

(2) 상제 천(天)이 완전히 불식되지 않아서인지, 정주학의 천을 대신한 리(理)는 '소이연지고(所以然之故)', '소당연지칙(所當然之則)'의 의미 함유를 기초로, 모든 사물의 주재자로 간주된다. 그러한 리는 (『주역』과 『태극도설』에 대한 주희의 해석 이후) 특히 '태극' '천명'과 동일시된다. "태극즉리(太極卽理)"이고 "천명즉리(天命卽理)"로 통용하는 것이 정주학이다.

(홍) 홍대용은 기와 대별되는 '리(理)'를 말하지만, 그 리는 천과 동일하거나 대등한 것이 결코 아니다. 그에게서 리는 만물의 "주재적 특성을 갖지 않은 것〔是理無所主宰〕"[21]으로 규정된다. 리는 오히려 "기의 작용에 따를 뿐이다〔隨氣之所爲而已〕"[22]라고 한다. 때로 그는 '리의(理義)', '인도(人道)', '천도(天道)'를 언급하지만, 리를 '태극'과 동일시하지 않는다. 이런 점에서 리의 "조화지추뉴(造化之樞紐)"를 부정함으로써, (태극 같은) 리는 우주의 근원일 수 없다고 주장한다.[23]

그는 오히려 리와는 별개로 천과 연관지어 기로서의 '태허(太虛)'라

---

19) 상동, 350쪽.
20) 상동, 351쪽.
21) 앞의 책, 內集, 권1, 「心性問」, 1쪽.
22) 상동.
23) 상동.

는 용어를 사용한다. 그렇지만 그 용어도 서경덕〔花潭 徐敬德, 1489~1546〕이 말하는 '기의 본체'로 사용되지 않는다. 홍대용은 모여서〔湊集〕 현상의 여러 물체를 이루는 기 또는 원기를 언급하지만, 개벽을 이루는 '선천(先天)의 태허'는 언급하지 않으며, 태허에 의한 '개벽〔天地開闢〕'을 부정한다.[24] 그의 태허는 '태양'에 대비되거나,[25] 지구와 유성 및 은하까지 포용하는 '극대화된 허공'을 가리킨다.[26] 홍대용이 말하는 '태허'는 우주의 근원인 '태극'과 대비되는 것도 아니다.

(3) 리의 기본의미가 법칙 · 원리를 의미하는 만큼, 이것은 감각을 초월한 이른바 '형이상자'이다. 그렇지만 천과 태극 등으로 통하면서 주재자 역할을 하는 정주의 '리'는 원천적으로 실재시된 리이다. 그런 사유에서 주희와 이황에서 보듯이, 리에 '동(動)'하고 '발(發)'하는 등의 특성이 있다고 하게 된다. 이에 정주학에서는 형이하자로 운동작용을 하면서 현상의 존재측면을 이루는 기와 리의 혼동이 생긴다.

(홍) 홍대용도 리와 기를 각기 '형이상자' '형이하자'로 일단 구분한다.[27] 그러나 '리의 실재'는 수긍하지 않는다.

> 무릇 리를 말하는 사람들은 반드시 "형상이 없지만(무형이지만) 있다"고 한다. 리가 이미 무형이라면 있는 것은 무슨 물건인가? … 원래 소리〔聲〕나면 있다하고, 색〔色〕이 있으면 있다하고, 냄새〔臭〕와 맛〔味〕이 있으면 있다고 한다. 이미 이 네 가지가 없는 것은 곧 형체 방소(方所)가 없는데도 있다고 하는 것은 무슨 물건인가?[28]

---

24) 앞의 책, 內集, 補遺, 권4, 「毉山問答」, 335~336쪽.
25) 상동, 327쪽.
26) 상동, 335쪽.
27) 앞의 책, 內集, 권1, 「四書問辨 · 孟子問疑」, 45쪽 등.
28) 앞의 책, 「心性問」, 1쪽.

실재시되지 않아, 그에게서 리는 동(動)이나 발(發) 등의 동작이 있을 수 없다. 그의 리는 한낱 기의 운동에 내재하는 법칙·원리 이상의 의미를 지니지 않는다. 이 점은 리란 무작위(無作爲) 무주재(無主宰)임을 그가 역설한 것으로 분명하다.

(4) 정주학에서는 리(理)가 태극을 대신하는 가운데, 정이〔伊川 程頤, 1033~1107〕의 "리일분수"라는 명제가 주희의 "총체일태극, 물물각구일태극(總體一太極, 物物各具一太極)"으로 뒷받침되어 더욱 확실시되었다. 이에 정주학의 우주는 '리의 한 유기적 체계'로 해석된다.

(홍) 위와 같은 정주의 이론은 리가 우주의 실재하는 근원임을 앞세우고 나온 견해인 만큼, 리의 그러한 점을 부정하는 홍대용에게서는 "리일분수"가 인정되지 않는다.

> 천지에 꽉 찬〔充塞〕 것은 오직 기일 뿐이고, 리는 그 가운데 있다.[29]

홍대용에게서는 우주가 리의 체계로 해석되지 않는다. 그의 우주는 근본적으로 기로 된 일종의 '기의 집합체'에 해당될 따름이다. 리는 그 '기의 작용 가운데' 또는 '기의 작용에 따라' 있게 되는 것에 지나지 않는다.

(5) 정주학의 '기(氣)'는 음양과 오행〔金·木·水·火·土〕으로 대표된다. 정주의 기는 운동〔昇降·往來·集散〕의 특성이 있을 뿐 아니라 생멸(生滅)의 특성도 있다. 기에는 청탁(淸濁)·경중(輕重)·순잡(純雜)·정조(精粗)의 차이가 있는데 기의 중탁한 것을 '질(質)'이라 하여 경청한 기와 구분한다.

---

29) 상동, 6쪽.

(홍) 홍대용이 말하는 기(氣)도 정주학의 기와 크게 다르지 않다. 기와 질의 구별도 정주와 거의 마찬가지로 한다. 그러나 그는 기의 특성 가운데 '생멸'을 인정하지 않는 듯하다. 그에게서는 기의 생멸이라는 언구가 찾아지지 않는다. 그리고 '음양'과 '오행'에 대하여서는 정주의 견해와 분명히 다르게 생각한다. 그는 음양 오행을 언급하지만, 그것들에 대한 견해는 그 나름으로 규정한 것이다. 음양과 오행에 대하여 그는 다음과 같이 적는다.

> 비록 양(陽)의 종류가 여러 가지 있지만 다 불에 근본했고, 음(陰)의 종류가 여러 가지 있지만 다 땅에 근본했다. 옛사람이 이것에서 깨달아 음양의 설이 있게 되었다. … 그 근본을 미루어 보면 일화(日火, 햇빛)의 얕음〔淺〕과 깊음〔深〕에 속할 뿐, 후세 사람의 말처럼 천지 사이에 따로 음양 두 기가 있어서 때에 따라 나타나고 숨으며 조화(造化)를 주관하는 것이 아니다.[30]

> 우하(虞夏) 때 육부(六府)를 말하였는데 수화금목토곡(水火金木土穀)이 이것이고, 『주역』에는 팔상(八象)을 말하였는데 천지화수뇌풍산택(天地火水雷風山澤)이 이것이고, 홍범(洪範)에서는 오행을 말하였는데 수화목금토가 이것이고, 불교에서는 사대(四大)를 말했는데 지수화풍이 이것이다.
>
> 그러므로 오행의 수(數)는 원래 고정된 의론이 아니다. 그런데 술가(術家)는 이를 조종(祖宗)으로 삼아, 하도(河圖)와 낙서(洛書)로 억지로 맞추고 주역의 상수로써 파고들어 생극(生剋)이니 비복(飛伏)이니 하는 지리한 수법으로 여러 술수를 장황히 늘어놓는다. 하지만 끝내 이런 이치는 없다.
>
> 무릇 화는 태양이고 수와 토는 땅〔地〕이다. 목과 금 같은 것은 해와 땅의 기로 말미암아 생성되므로, 당연히 위 셋과 더불어 병립

---

30) 앞의 책, 內集, 補遺, 권4, 「毉山問答」, 349쪽.

할 수 없다"[31]

그에 따르면 음양은 햇볕〔日火〕의 낮음〔淺〕과 깊음〔深〕에 기인한 어휘다. 그리고 오행은 다섯 수(數)로 된 고정불변하는 것이 아니다. 해와 땅의 기로 인하여 생기는 점을 감안하면, 목·금은 만물을 이루는 원초적 요소로 볼 수 없다. 그런 점에서 오행은 '화·수·토'만으로 충분하다는 것이 그의 견해다. 따라서 그로서는 오행의 상생·상극의 논의를 수긍하지 않는다. 이런 점에서 홍대용은 주희가 「태극도해(太極圖解)」에서 논한 오행의 '상생상극설'을 비판한다.[32]

(6) 정주학에서는 리(理)가 소당연지칙(所當然之則)이라는 선(善)의 원리일 뿐 아니라, (그 실재성 사고에서) 리 자체를 선으로 간주한다. 이에 비해, 기(氣)는 선악 어느 편에 속하지 않지만, 기의 작용으로 해서 악(惡)의 현상이 있게 된다는 점에서 "리귀(理貴)·기천(氣賤)"의 관념을 내고, 리가 모든 현상의 소이연지고(所以然之故)라는 점에서는 "리선기후(理先氣後)" "리생기(理生氣)"를 타당시한다. 그리고 정주학의 리와 기의 관계는 "실제로 분리되지 않으며〔不離〕, 그렇다고 서로 혼잡되지도 않는다〔不雜〕"로 대표된다.

(홍) 홍대용은 '리가 선하다'는 것을 부정한다. 실재시되지 않으며 주재력이 없어 기를 따르는 그 "리는 기가 선하면 역시 선하고, 기가 악하면 역시 악하다"[33]는 것이다. 이런 점들로 미루어, 그는 리선기후·리생기를 부정할 것이 분명하다. 정주학의 '리귀·기천'은 원래 리인 천명이 지존하여 "물(物)에 명령을 내리지만 물에서 명을 받지는 않는다〔理命物而不命於物〕"와도 관련 있는 사유다. 그것은 리의 주

---

31) 상동, 350쪽.

32) 앞의 책, 內集, 권1, 「周易辨疑·啓蒙記疑」, 104~106쪽.

33) 앞의 책, 「心性問」, 1쪽.

재력을 먼저 고려한 사유다. 리의 주재력 자체를 부정하는 홍대용인 만큼 그가 리귀기천을 수긍할 리 없다. 이 같은 맥락에서 리기의 상호관계 가운데서도 그는 '리기의 불리(不離)'만을 인정할 것이 분명하다.

(7) 리(理)가 천(天)과 천명(天命)을 대신하는 사유를 바탕으로 정주학의 '리'는 또 '성'과 동일시된다. 다시 말해 『중용』의 "천명지위성(天命之謂性)"의 해석에서 정주학은 천과 천명을 다 리(理)로 환원하는 사고로 인하여 "성즉리"라 하게 된다.

(홍) 홍대용 역시 '성'을 '리'와 동일시한다. 이것은 사고형식에서 그와 정주가 다르지 않은 점이다. 정주학의 기본개념과 명제를 부정하는 그의 사유경향을 감안하면 이는 매우 주목되는 점이다. 그는 아래와 같이 적고 있다.

> 성은 일신(一身)의 리다.[34)]
>
> 성은 물(物)의 법칙〔則〕이고 뭇 리를 총칭하는 이름〔衆理之總名〕이다.[35)]
>
> 천에 있어는 리(理)라 하고, 물에 있어는 성(性)이라 한다. 천에서는 원형리정(元亨利貞)이라 하고, 물에서는 인의예지(仁義禮智)를 말하는데, 그것들이 실은 하나이다.[36)]

이로 보면 홍대용은 분명히 '성과 리를 동일시'하였다. 그런데 특

---

34) 상동, 2쪽.

35) 앞의 책, 「四書問辨」, 30쪽.

36) 앞의 책, 「心性問」, 2쪽.

히 주의해야 할 점은 물(物)에 적용되는 (리로서의) 성(性)은 그 "물의 법칙〔物之則〕"을 의미한다고 한 것이다. 이는 리를 실재시된 원인〔所以然〕으로 생각지 않는 그의 필연적 사유이다. 이 점은 성을 리와 동일시할지라도, 그 성이 정주학에서처럼 기를 떠나 말하여지는 '본연의 성'까지 가리키지 않음을 의미한다.

그가 말하는 성(性)은 기(氣)와 함께 있고 기의 작용으로 인하여 있게 되는 리들의 총합이다. 따라서 정주학의 인욕(人慾)을 일으키는 '기질지성(氣質之性)'과 같다고 할 수도 없다. 그보다는 기로 이루어진 사물의 '법칙으로 번역될 성질 또는 특성'이 곧 리와 동일시되는 그의 '성'이라 해야 옳다. 이렇게 이해해야 성과 동일시되는 리가 사물의 '원칙' 또는 원리'일 따름이지 그 이상의 어떤 것(태극)이 아니었다는 점과 서로 일치한다.[37] 따라서 그의 성과 리의 동일시는 정주의 그것과 사유형식만 같지 '그 내용은 다름'이 확실하다.

(8) 정주학에서 리(理)인 성(性)은 심(心)의 체(體)로 간주된다. 이런 점에서 성과 심은 불가분의 관계에 있다.

(홍) 먼저 홍대용이 말하는 심의 특징을 살피면 그것은 "허령(虛靈) 통철(洞徹)하고 만리(萬理)를 다 갖춘 것"[38]이고, "일신의 군주"[39]이고, "뭇 리를 묘하게 갖추고서〔妙具衆理〕 만물을 재제(宰制)하는 것"[40]이라 한다. 이러한 특징은 '심의 기능'을 나타낸 것으로 다만 정주학설과 같다기보다 실상 정주학설이다.

하지만 그에게서 정주학의 '리기지합(理氣之合)', '심통성정(心統性情)', '심유체용(心有體用)', '성발위정(性發爲情)' 등은 전혀 찾아지지

37) 그가 리를 천 · 천명 · 태극과 동일시하지 않은 점에서 확인된다.

38) 상동, 6쪽.

39) 앞의 책, 「四書問辨 · 孟子問疑」, 46쪽.

40) 상동.

않는다. 그가 이런 언급을 하지 않는 점으로 보아, 심(心)에 대한 정주학의 규정을 부정하는 듯하다. 왜냐면 그의 '심'이 좀 일정하지 않지만, 심의 성에 해당하는 리를 그는 심의 체로 보지 않기 때문이다.

> 심(心)이란 오장(五臟)의 하나인데, 움직임이 있고 흔적이 있으니, 다만 기(氣)일 뿐이다. 그러나 리(理)가 그 가운데 있어서 무리(無理)는 아니다. 하지만 그 체(體)는 기이니, 리가 있더라도 리를 심으로 인정할 수는 없다.[41)]

이 글은 실상 양명학의 심즉리에 대한 반대사유로 더 적합하지만, 정주학의 시각에서도 이해될 수 있다. 오장의 하나라는 것은 심장을 가리키므로, '의식작용의 심'만을 생각지 않았다는 점이 좀 혼란스럽지만, 그가 '심을 기'로 본 것은 틀림없다. 그의 견해로 '심의 체는 기'이다. 따라서 그로서는 심에 리가 있다고 하면서도 성과 동일한 리를 심의 체로 인정할 수 없다고 한다. 이렇게 보면 심의 '기능'에 대한 사유는 정주학의 것과 같지만, 그 '구조와 구성측면'의 견해는 정주학과 다름이 분명하다.

---

41) 상동, 45쪽.

5. 인간과 타물에 대한 새로운 이론

홍대용이 정주학의 기본사유를 부정 비판하는 사례는 이상으로 그치지 않는다. 하지만 이 밖의 사례는 그의 '인간과 타물(자연)의 이해'에서 아울러 살피겠다.

(1) 기의 본체인 '태허'로 인한 우주의 개벽을 부정하는 홍대용은 정주의 '태극'의 리에 의한 '원초적 생성'도 인정하지 않는다. 그는 우주의 원초적 생성을 분명히 밝히지 않았지만, 다음과 같은 언구를 남겨 그 원초적 생성에 대한 그의 견해를 추측할 수 있게 한다.

> 기의 근본을 논하면, 그것은 담일(澹一)하고 충허(冲虛)하여, 청탁으로 말할 수 없다. 그것이 승강·비양·상격(相激)·상탕(相蕩)하여 찌꺼기〔糟粕〕와 나머지〔煨塵〕가 생김에 고르지 않게 되었다.[42]

> 물이 생하는 시초에는 (기의) 경청(輕清)한 것을 앞세우고 중탁(重濁)한 것을 뒤로하는 그 이치가 매우 확실하다. 수화가 먼저이고 목금이 뒤임은 옳다. 오직 토가 생성되지 않으면 목금은 의탁할 곳이 없으니, 토 이후에 그것들이 생김은 필연이다.[43]

> 만물의 생성은 반드시 먼저 기가 있은 다음에 질(質)이 있게 된다. 이것이 천(天)이 생기고 지(地)가 이루지는 까닭이다.[44]

> 조화 발육에는 천(天)이 생성되고서 지(地)가 이루어짐은 바뀌지

---

42) 앞의 책, 「心性問·答徐成之論心說」, 5쪽.
43) 앞의 책, 「周易辨疑·啓蒙記疑」, 104쪽.
44) 상동.

않는 이치다.[45]

이 인용문들을 종합하면 아래와 같은 이론이 성립한다. 우주에는 원래 담일 청허한 기(氣)가 최초에 있었다는 것, 그 기는 경청·중탁〔質〕이 있게 되었는데, 전자로써 천이 먼저 생긴 다음 후자로 지가 이루어졌다는 것이다. 물체를 이루는 기본요소도 앞서 살핀 대로 경청한 기가 수화를 이룬 다음에 중탁한 기가 토를 이루었고, 그 토로 인하여 목금이 생겼으므로, 기본요소는 '수화토'이지, 오행 전체가 아니다. 더욱이 정주학(「태극도설」)에서는 음양의 기가 오행을 생성시킨다고 하지만, 그는 이미 음양을 오행생성의 기라 생각지 않았다. 따라서 그의 우주생성관은 정주학의 '태극(리) → 음양(기) → 오행 → 만물'이라는 사유를 부정하고, '기 → 삼요소(수화토) → 오행 → 만물'이라는 이론이다.

(2) 우주 가운데서 천체, 특히 태양과 지구에 대한 홍대용의 이론은 어떤가? 이런 물음에 답할 자료가 대체로 다음 기록들이다.

> 태허는 물의 정(精)이고, 태양은 불의 정이며, 지계(地界)는 물불의 찌꺼기〔渣滓〕다. 땅〔地〕은 물과 불이 없으면 생활할 수 없다. (땅이) 돌고〔旋轉〕, 위치를 정하고〔定位〕, 만물이 화성(化成)함도 다 물과 불의 힘이다.[46]

> 무릇 땅은 물과 흙〔水土〕의 질이다. 그 몸체는 정원(正圓)인데, 쉼 없이 돌며 공계(空界)에 떠 있다. 만물은 그 표면에 의지하여 붙어 있다.[47]

---

45) 상동.

46) 앞의 책, 內集, 補遺, 권4, 「毉山問答」, 354쪽.

> 무릇 땅덩이〔地塊〕는 하루에 한 번 도는데, 땅의 둘레가 9만 리이고, 하루는 12시간이다.[48]

> 지계(地界)로부터 가까워 사람에게 크게 보이는 것을 일월(日月)이라 하고, 먼 곳이어서 작게 보이는 것을 오성(五星)이라 하는데, 그것이 실은 다 성계(星界)이다.[49]

이상의 내용이 그때까지 정주학에서 믿던 '천원지방(天圓地方)' '천동지정(天動地靜)'을 버리고, 그가 서구인에게 배워 알게 된 '지구설'과 '지동설'이다. 일식과 월식을 자세히 논함을 보면 그가 공전(公轉)을 안 것 같다. 그런데 오위(五緯)를 설명하는 내용이나, 공전에 대한 분명한 설명이 없는 것을 미루면, 그것에 대한 그의 인식은 불분명하다.

(3) 지동설은 물론이고, 지구설을 안 것만도 세계관의 변화를 가져온 점에서 그 의의는 대단하다. 서두에서 언급하였듯이, 홍대용은 정주학자들이 당연하게 '지상의 중심'으로 생각한 '중국관'을 벗어나게 되었고, 중국문화 본위로 설정된 '화이관'까지 정주학자들과 달리 불식되었음이 특히 그러한 사례이다.

> 중국은 서양과의 경도의 차이가 180도에 달하여, 중국인은 중국을 정계(正界)로 삼고 서양을 도계(倒界)로 한다. (하지만) 서양인은 서양을 정계로 하고 중국을 도계로 한다. 실은 하늘을 이고 땅을 밟고서면 그에 따르는 계(界)가 다 그렇게 된다. 횡(橫)과 도(倒)를 가릴 것 없이 정계이기는 다 마찬가지다.[50]

---

47) 상동, 327쪽.

48) 상동, 330쪽.

49) 상동, 334쪽.

허자가 말하길, "공자가 『춘추』를 지을 때 중국을 안〔內〕으로 사이(四夷)를 밖〔外〕으로 하였습니다. 무릇 화이(華夷)의 분별이 이와 같이 엄하였습니다." 실옹(實翁)이 이르길, "하늘이 낳고 땅이 길러 준 것으로 혈기를 가진 것은 모두 이 사람이다. … 하늘에서 보면 어찌 안〔內〕과 밖〔外〕의 분별이 있겠는가! 이런 까닭에 각기 제 나라 사람을 친하고 제 임금을 받들고 제나라를 지키고 제 풍속을 좋아함에는 화이가 한 가지〔華夷一也〕다."[51]

홍대용은 이렇게 지구설에 입각하여 '무정계(無正界)' '무내외(無內外)' '무화이(無華夷)'를 주장한다. 각자가 자신의 나라를 좋아하는 데는 화이의 차별이 없으므로, 공자가 만일 이 동방(한국)에서 태어났더라면 그도 동방의 『춘추』를 지었으리라는 추측이 성립한다는 것이다.[52]

(4) 서로 다 같다고 한 '인간'에 대하여 홍대용은 어떻게 생각하였나? 이제 특히 지상의 타물과의 관계를 고려한 그의 인간관에 좀더 다가가자.

무릇 땅〔地〕은 '허계(虛界)의 활물(活物)'이다. 흙〔土〕은 그 피부와 살〔膚肉〕이고, 물〔水〕은 그 정혈(精血)이고, 비와 이슬〔雨露〕은 눈물과 땀〔涕汗〕이다. 바람과 불은 그 혼백(魂魄)이고 혈맥〔榮衛〕이다. 그런 까닭에 물과 흙은 안을 곰삭이고, 해와 불은 밖을 덥게 한다. 원기(元氣)가 모여서 갖가지 물(物)을 생한다. 초목은 땅의 터럭이고 사람과 금수는 땅의 벼룩〔蚤〕이고 이〔蝨〕이다.[53]

---

50) 상동, 332쪽.
51) 상동, 362쪽.
52) 상동, 363쪽.
53) 상동, 357쪽.

이 글 가운데서 그가 지구를 '허계의 활물'로 본 점이 주목된다. 이는 위(주 38)에서 지구를 "물과 불로 생활하는 것"이라 한 것과 일치한다. 생물시(生物視)되던 지구가 이 인용문에서는 하나의 '인체와 같은 생명체'로 설정되고 있다. 지구야말로 인간의 확대물인 '대인(大人)'에 해당한다. 인간은 마치 대인과 같은 지구 위에 기생하는 '벼룩이나 이'에 지나지 않는 존재라고 한다. 지구에 비하면 인간은 '미물'에 지나지 않는다는 것이 그의 생각이다.

(5) 인간과 타물을 막론하고 현상의 모든 것은 기(氣)로 이루어진다는 것이 홍대용의 견해였다. 그러나 모든 것에는 기만 있지 않다. 그는 기의 세계에 리, 특히 사물의 원칙 법칙 같은 성도 있다고 하였다. 이에 인간과 타물의 동이(同異)나 특성 등은 주로 '리'와 '기' 및 '성'으로 설명된다.

> 무릇 같은 것〔同〕은 리이고, 다른 것은 기이다.[54]

> 물(物)은 같은 것으로는 다 같고, 다른 것〔不同〕으로는 다 다르다. 이런 까닭은 리가 천하의 같은 것이고, 기가 천하의 다른 것이기 때문이다.[55]

기로 인하여 모든 것의 상이가 생긴다는 뜻을 홍대용은 "기가 천하의 다른 것이다"라고 표현하였다. 반면 리로 인하여 모든 것의 상동이 생긴다는 뜻을 "리가 천하의 같은 것"이라고 표현하였다. 이 사유는 정주학과 다르지 않다.

먼저 인간과 타물의 상이(相異)부터 살핀 다음 상동(相同)을 살피

---

54) 앞의 책, 內集, 권1, 「心性問」, 3쪽.

55) 상동, 4쪽.

자. 그 상이에 대한 홍대용의 사유 가운데, “청(淸)한 기를 타고 화(化)한 것이 인간이고, 탁(濁)한 기를 타고 화한 것이 물(物)이다”[56]라는 것은 ‘일반적 설명’이어서인지, 이 또한 정주의 사유와 다르지 않다. 정주의 사유와 다른 점은 이에 대한 그의 ‘구체적 설명’에서 기대하게 된다.

인간과 타물의 상이에 대한 보다 ‘구체적 설명’은 심과 신체를 그 양자 상이의 원인으로 보는 설명이다. 그의 발언을 직접 빌리면,

> 인간이 타물과 다른 까닭은 심 때문이고, 심이 (인간을) 타물과 다르게 하는 까닭은 몸〔身〕 때문이다.[57]

라는 것이다. 이때의 심과 신체가 왜 인간과 타물을 상이하게 하는 원인인지 그 자신의 해명은 없다. 다만 그의 다음 문장들이 이 해명에 도움을 준다.

> 기 가운데 지극히 청수(淸粹)하고 신묘(神妙)하여 헤아릴 수 없는〔不測〕 기가 심으로 되었다.”[58]

> 그런 까닭에 말하길 “어리석음은 기에 구애받고 물은 질에 구애받지만, 심의 영(靈)함은 한가지다”라 한다. 기는 변할 수 있어도 질은 변할 수 없다. 이것이 인간과 타물의 다른 점이다.[59]

심(心)을 이룬 기(氣)는 그 청(淸)한 정도가 ‘청수하고도 신묘한 정도’이다. 단순히 청하다고 할 기로 이루어져도 인간은 탁기(濁氣)로

56) 앞의 책, 「心性問・答徐成之論心說」, 6쪽.

57) 앞의 책, 內集, 補遺, 권4, 「醫山問答」, 325쪽.

58) 앞의 책, 內集, 권1, 「孟子問疑」, 45쪽.

55) 앞의 책, 「心性問」, 5쪽.

된 타물과 상이하게 되는 만큼, 이런 고도의 청한 기로 이루어진 심은 그 양자의 상이를 더 극명히 하는 원인인 것이다.

그다음, '심으로 하여금 양자 상이의 원인이 되게 하는 것이 신체이다'라고 함은 기의 청탁으로는 모순을 일으켜 달리 이해해야 한다. 이는 둘째 문장으로 보아, 불변하는 심의 질인 신체로 인하여 심의 작용이 온전히 계속되기 때문이라는 뜻으로 이해된다.

(6) 청기(淸氣)로 이루어진 인간 사이의 현우(賢愚)를 그가 인정하는 것으로 보아,[60] 인간과 타물의 상이는 결국 인간과 타물의 '우열의 차이'라 할 수도 있다. 인간이 타물보다 우월하다는 이른바 '인간영장관(靈長觀)'은 사실 본원유학에서부터 정주학에 이르기까지 불변한 사상이다. 이러한 사상이 홍대용에게서도 나옴직하다.

그러나 그가 인간을 타물보다 우월하다고 하는 주장은 찾아지지 않는다. 그는 오히려 인간과 타물을 아래와 같이 비교 평가하는 글을 남긴다.

> 인간의 입장에서 타물을 보면 인간이 귀하고 타물이 천하고, 타물의 입장에서 인간을 보면 타물이 귀하고 인간이 천하지만, 하늘〔天〕에서 보면 인간과 타물이 균등〔人與物均〕하다.[61]

장자의 언구를 연상시키는 이것이 그의 철학을 대표할 정도로 널리 알려진 '인간과 타물의 균등론(均等論)'이다. 균등은 막연한 '동일'이 아니고, 등급의 상동인 동등을 가리킨다. 그렇지만 균등에도 '균일' 같은 '동일'의 의미가 포함되었음을 부정할 수 없다. 이런 점에서 홍대용이 말한 인간과 타물의 동등은 '리에서 같다'고 한 측면의 문

60) 앞의 책, 「心性問・答徐成之論心說」, 5쪽.

61) 앞의 책, 內集, 補遺, 권4, 「毉山問答」, 326쪽.

제와 연결된다.

(7) 이미 살폈듯이, 홍대용은 리(理)와 성(性)을 동일시하여, 적어도 사유형식만으로는 정주학의 명제와 같은 사례를 보였다. 그는 앞서 이 점을 설명하면서 "천에 있어는 리이고 물에 있어는 성이라" 하면서, 천의 리로 원형리정을 들고 물의 성으로 인의예지를 들었다. 이 중 이른바 사덕(四德)인 '인의예지'는 정주학에서 맹자설을 따라 인간에만 있는 성이라는 뜻으로 인간의 '본성〔本然之性〕'이라 부르며, 인간과 타물의 변별기준으로 삼는 것이다.[62] 당시 한원진이 '인성 물성의 상이'를 이 사덕에 입각하여 주장한 것이 그 좋은 사례이다.

하지만 홍대용은 맹자나 정주학자들과 달리 이 본성을 타물에도 다 있다고 한다. 이 점이 오히려 그에게서는 인간과 타물의 상동점이다.

> 인의(仁義)를 말하면 예(禮)와 지(智)는 그 가운데 있고, 인을 말하면 의는 그 가운데 있다. 인은 리(理)이다. 인간에는 인간의 리가 있고 물에는 물의 리가 있는데, 이른바 리란 인일 뿐이다.[63]

> 초목도 지각(知覺)이 전혀 없다고 할 수 없다.[64]

> 비와 이슬이 내린 뒤 싹〔萌芽〕이 발생하는 것은 '측은의 마음〔惻隱之心〕'이고, 서리와 눈이 내려 나뭇잎이 떨어짐은 '수오지심(羞惡之

62) 정주에서는 사덕에 신(信)을 더한 五常을 들어 인간과 금수와 초목과의 차이를 분별한다. 인간은 오상을 전구(全具, 全通)하고 동물〔禽獸〕은 편구(偏具, 偏通)하고 식물〔草木〕은 전무(全無, 全塞)하다고 한다. 오상은 물론 도덕을 행할 수 있는 본성이어서 이런 차별현상이 결국 식물보다는 동물, 동물보다는 인간이 우월하다는 것이 정주학이다. 이것이 만물 가운데 인간이 으뜸이라는 '인간 영장관'의 정주학적 근거론이다.

63) 앞의 책, 內集, 권1, 「心性問」, 2쪽.

64) 상동.

> 心)'이다. 인(仁)이 곧 의(義)이고, 의가 곧 인이다. 리(理)는 하나일 뿐이다.[65]

> 호랑(虎狼)의 인(仁), 봉의(蜂蟻)의 의(義) 등은 그 보이는 곳에서 말한 것이다. 그 성(性)을 말한다면 호랑이가 어찌 인에 그치고 봉의인들 어찌 의에 그치겠나? 호랑의 부자가 인하지만 이 인을 행하게 하는 것은 의이고, 봉의의 군신(君臣)은 의롭지만 이 의를 발하게 하는 것은 인이다.[66]

> 지금 사람들은 자애〔慈〕하지 않지만 범〔虎〕은 반드시 자식을 사랑〔愛〕한다. 사람은 충성치 않는 이가 있지만 벌은 반드시 그 임금을 공경〔敬〕한다. 사람은 음란함〔淫奔〕이 있지만 비둘기〔鳩〕는 반드시 분별〔別〕이 있다. 사람은 무식하게 행〔冥行〕하지만, 기러기는 반드시 계절을 가려〔候時〕 난다.[67]

동물〔禽獸〕은 말할 나위 없고, 식물〔草木〕도 인간처럼 지각능력을 가지고 있다는 것이 그의 생각이다. 이는 앞(주55)에서 인간과 타물에 다 영(靈)함이 있다고 한[68] 것과도 일치한다. 이런 뜻에서 타물들도 인간과 마찬가지로 '측은' '수오'의 마음으로 드러나는 인과 의를 구현함은 물론이고, 그 인의 등의 성에 의한 구체적 '오륜에 해당하는 행위'를 한 가지씩 한다는 것이다. 이 또한 '인성 물성의 상동'을

65) 상동, 2쪽.

66) 상동, 3쪽.

67) 앞의 책, 「心性問·答徐成之論心說」. 5쪽.

68) 인간의 현우부터가 심의 용(用)본에 말미암은 것이고 그 본체로는 다 선하고 명(明)하다고 한다. 이 점은 금수나 초목도 마찬가지임을 그는 지적한다. 예를 들어 보면 그는 "나무들의 연리(連理)라든가 풀들의 야합함이, 비 내리면 기뻐하고 서리 내리면 말라 여위는 이것이 그 마음의 영함이 아니겠는가?"라고 주장한다.

주장한 이간이 태극 천명의 '본연의 성에 입각'하였던 것과 전혀 다른 이론이다.

이 몇 가지만으로도 홍대용의 인간과 타물의 동이 변별은 당시 「인성물성 동이논변(人性物性同異論辨)」과 전혀 다른 내용임이 분명하다.[69]

여기서 주의해야 할 것은 인간과 타물에는 비록 (심의) 지각과 영명(靈明)의 정도 차이는 있지만, '지각과 영명의 소유'만은 인간과 타물을 가리지 않고 동일시, 곧 상동시(相同視)한다는 사실이다. 그런데 이상하게도 홍대용은 인간과 타물이 지닌 '지각의 우열 또는 현우'의 차이를 문제시하지 않는다. 그에 따르면, 법칙으로 번역될 '성'이 '리'로서 타물들에 다 있을 따름이다. 식물 동물 같은 타물에도 다 있는 것이 인의의 성(性)이다. 이런 까닭에 마침내 타물들도 인간 못지않게 '오륜의 도덕행위'를 한다는 것이 홍대용의 주장이다.

이는 바꿔 말하면, 지각 영명 현우의 차이가 인간과 타물 사이에 있더라도, 오륜의 도덕행위를 할 정도까지는 동일하다는 생각이다. 따라서 그의 담론의 역점은 바로 '도덕행위의 실천가능성'을 역설하는 데에 있다. 이 주장을 위해 이제까지 그는 인간과 타물의 상이 이상으로 '상동'을 구체적으로 강조하였다.

(8) 이 점은 그가 "천(天)에서 보면, 인과 물이 균(均)하다"고 하였을 때, 그 균일이라는 표현을 '귀천'이라는 가치 시각에서 한 것이었음을 상기하면 더욱 확실하여진다. 그가 인간과 타물의 '상동'을 주장하는 것은 인의에 의거한 도덕행위의 실행에 초점을 둔 주장이다. 이러한 사실은 그의 다음 언구가 증명한다.

---

69) 윤사순, 「인성물성의 동이논변에 대한 연구」, 『철학』, 18집(한국철학회, 1982).

인을 체현하는 것이 '천을 본받는 근거〔所以法天〕'이다.[70]

그는 인을 정주학자들처럼 '생의(生意)'나 '생물지성(生物之性)'의 뜻으로 보아, 물아일체를 실현하는 근본적 요인으로 간주하지 않는다. 본원유학(『논어』)에서 밝힌 대로 '애(愛)' 또는 '자(慈)' 외에 '효제(孝悌)'의 뜻으로 보아 그 체현을 역설한다.[71] 그런 만큼, 인의 체현으로 '천을 본받는다〔法天〕'는 것은 곧 인간의 도덕적 행위가 그대로 천도(天道)에 부합함을 뜻하는 것에 다름 아니다. 따라서 인(仁)을 비롯한 리(理)로서의 사덕의 구현에 의한 도덕의 실천을 그가 얼마나 중요시하였는지가 이 글로써 확인된다.

70) 『湛軒書』, 內集, 권1, 「三經問辨・書傳問疑」, 71쪽.

71) 효제와 아울러 자(慈)를 그는 매우 중요시하였다(앞의 책, 「四書問辨・論語問疑」, 30쪽 등).

6. 홍대용 이론 중의 문제점과 함의

(1) 이러한 홍대용의 이론은 인간의 경우는 물론이고 타물들의 성도 오직 인(仁)으로 집약되는 사덕만 있어야 가능하다. 이것이 그의 이론의 가장 큰 문제점이다. 다시 말하여, 그의 이론이 성립하려면 인간을 비롯한 타물에도 사덕만을 타고났음, 곧 모든 것의 '성이 선임'이 증명되어야 한다. 그런데 이상은 교수의 지적대로, 홍대용은 인간의 성선설에 대하여 오히려 회의적인 글을 남긴 것으로 알려졌다.[72] 하지만 그는 다음과 같은 글을 남겼다.

> 호랑이가 자식에 대하여서는 자애의 마음이 유연(油然)히 생기고, 벌과 개미가 군주에 대하여서는 경외(敬畏)의 마음이 자연히 생긴다. 이는 그 마음의 본선(本善)이 사람과 같은 것이다.[73]

이는 인간은 물론이고 타물의 성도 선임을 일부나마 증명코자 시도한 이론에 해당한다. 그러나 이것은 그 성선(性善)의 증명이 되기에 불충분함은 물론이다. 이에 혹자는 도덕행위를 인간 이외의 타물에 적용하는 사유 자체가 부당하다고 할 것이다.

원래 이런 동물의 행동 가운데 인간의 오륜에 해당하는 사례를 선별하여, 오륜을 강조하는 일은 유학자들의 통념적 관습이었다. 그 관습을 특히 '성은 곧 리'라는 명제를 이용하여, 객관성을 띤 '보편적 이론'으로 작성하는 데서 이런 문제가 발생한다. 형식적으로나마 그가 '성즉리' 명제를 원용한 근본의도는 곧 '도덕가능성'의 객관적 보편화에 있었음이 여기서 드러난다. 그에 있어 성은 곧 본선이어서 '도

---

72) 이상은, 「담헌서 해제」, 『국역 담헌서』 1(민족문화추진회, 1974).

73) 『湛軒書』, 內集, 권1, 「心性問 · 答徐成之論心說」, 6쪽.

덕을 행할 수 있는 법칙적인 특성'이므로, 그 법칙적인 점에 '리'가 지닌 원리적 보편성을 일치시켰던 것이다.

논자의 추정으로는 그가 '인간과 타물의 (심의) 영함' (및 초목의 지각)을 주장한 것도 인간과 타물의 본선과 같은 맥락으로 생각한 것 같다. 이 점은 그가 "보이지 않고 들리지도 않으면서 '만물의 주체〔主〕가 되는 것은 오기(五氣)의 정령(精靈)이다"[74] 라고 하는 것으로 확인된다.

하지만 도덕행위는 인간의 경우조차 기(氣)와 질(質)의 운동과 제약으로 인하여 자연적으로만 되지 않음을 그도 인지하고 있었던 것 같다. 왜냐하면 그도 누구 못지않게 수성(修省) 또는 수양(修養)을 강조하면서 심지어 수양의 기본방법인 '경(敬)'의 해석마저 정주와 달리하고 있기 때문이다.

> 변화에 처하여서는 수성(修省)함이 사람의 일로서 당연함이다.[75]

> 배움에는 참으로 지와 행을 겸함이 있다. … 생각〔思〕하고서 그 일을 익히지 않으면〔不習〕 이루는 것이 없을 따름이다.[76]

> 생각하건대 '주일무적(主一無適)'은 아마도 경(敬)의 의미를 다 할 수 없을 듯하고 배우기에 의거할 데도 없다. 또 '엄공인외(嚴恭寅畏)'로 먼저 하지 않고 한낱 주일무적만 일삼으면, 거의 탐간착응(耽看錯應)으로 되어버릴 것이다.[77]

이로 미루면 그 역시 엄공 경외의 마음가짐인 '경'을 바탕으로 한

---

74) 앞의 책, 「四書問辨 · 中庸問疑」, 47쪽.
75) 앞의 책, 內集, 補遺, 권4, 「毉山問答」, 344쪽.
76) 앞의 책, 內集, 권1, 「四書問辨 · 論語問疑」, 31쪽.
77) 상동.

수양과 수성 및 생각하고 익히는 노력이 함께 있어야 도덕행위는 이루어진다고 생각하였다. 그러면 정주학을 정면으로 부정하는 홍대용이 당시 기존 '도덕의 존수와 실천'을 강조한 이유는 무엇일까? 기존 도덕의 존수는 곧 정주적 질서관의 부정 아닌 계승이 아닌가?

(2) 오륜으로 대표되는 기존도덕의 고수는 사실 정주학의 도덕관과 다른 것이 아니다. 그러나 그 도덕을 뒷받침하는 이론인 '체인(體仁)'으로 압축된 윤리관은 정주와 같지 않음을 놓쳐서는 아니 된다. 앞서 지적한 대로 그의 '인'은 효제자(孝悌慈)의 본원유학의 의미만 지녔을 뿐, 정주의 물아일체를 지향한 '생의'나 '생물지성'의 의미를 제외한 것이다. 이것이야말로 그의 말대로 '실학'을 하기 위해 '고학(古學)'으로 돌아가 새롭게 중요시하는 이론이다.

정주학의 도덕관에 해당하는 기존도덕의 존수를 강조한 이유를 논자는 아래와 같이 추측한다. 그것은 당시 천체관이 지구 지동으로 놀랍게 변함을 목도하면서 '과학세계'는 이렇게 변하지만, 불변하는 것이 있고 그것이 곧 도덕질서임을 역설하여 안정을 기하려는 그의 의도가 있기 때문이었던 것 같다. 그리고 '정주학을 벗어난 이론'의 구사는 그 도덕질서의 고수를 위해 자신이 소지한 '새로운 세계관'에 맞는 이론체계로 함이 옳겠다는 판단에 기인한다. 그 가운데 의미는 다를지라도 사유체계가 정주학에서 사용하던 '성과 리의 동일시'의 명제를 사용한 것이 혼란을 야기하였을 따름이다.

논자의 이 같은 추측을 뒷받침하는 것으로 궁극자에 대한 그의 견해를 들 수 있다. 이제까지 '천'이 인간과 타물을 초월한 의미상의 주재자 또는 궁극자로 사용되었다고 할 수 있지만, 그 천은 너무 막연한 의미로 사용되었다. 그의 다음 발언은 바로 이런 점에 시사하는 것이 크다.

인도(人道)로 말미암아 화(化)할 수 있는 데에 이르면, 이 역시 천도(天道)이다.[78]

소리와 색이 있어도 더 조(粗)하지 않고, 보이지도 들리지 않아도 더 정(精)하지 않고, 비(費)하여 천지가 실을 수 없고, 은(隱)하여 귀신이 엿보지 못함은 이 도(道)가 소리도 냄새도 없으면서 품휘(品彙)의 근저가 되는 까닭이다.[79]

그는 인도에 대응하는 천도를 상정함은 물론, 단독적 '도'를 말하고 있다. 이때 천도는 도를 절대화한 표현이기도 하지만, 도의 일정한 원리만 의미할 여지가 있다. 이런 점에서 단독적 '도'를 그는 "품휘의 근저"라고 한다. 홍대용이 상정한 '우주의 근원 또는 궁극자'는 곧 '도'임이 여기에서 밝혀진다. 우주의 궁극적 근원을 이렇게 도라고 하면, 인간과 타물, 이른바 만물에 대하여서는 어디까지나 '원리적으로 파악'하게 마련이다. 따라서 만물의 '법칙적 특성'을 홍대용이 '리와 일치'시켜 도덕과 윤리까지 파악한 데에는 그의 궁극자에 대한 이런 사유도 또한 더불어 잠재했기 때문이라는 이해도 성립한다. 이렇게 이해할 때 그의 철학이 정합성을 좀더 함유하게 됨은 말할 나위 없다.

(3) 홍대용이 지구를 인체와 같은 생물체로 보아, 만물을 자양하는 모체로 간주한 사유 역시 오늘날 '생태학적 관점'에서 음미할 가치가 있다. 비록 타물들을 생물로 일반화한 그의 이론에 허점이 있지만, 그런 것은 발전하는 과학의 시대적 한계로 이해해야 할 것이다.

홍대용은 인간과 타물의 균등을 주장한 만큼, '인간 간의 균등'을

78) 앞의 책, 「四書問辨 · 寄書杭士嚴鐵橋誠又問庸義」, 53쪽.

79) 앞의 책, 「四書問辨 · 中庸問疑」, 47~48쪽.

긍정할 것은 자명하다. 그런 터에 지구설을 인지한 그가 정주학자들의 통념인 '중국을 지상의 중심' 관념과 '화이차별' 관념을 부정한 사실은 조금도 이상하지 않다. 하지만 지구설에 입각하여 주장한 그의 '화이동일설'은 과소평가할 사유가 아니다. 그것은 중국인의 입장에서 보면 한국인의 '민족주체성 고취' 사유에 해당하지만, 반대로 당시 한국인의 입장에서 보면 그것은 청족에 대한 하등시 사고의 불식이기도 하다. 북벌의 대상으로까지 여기던 청족에 대한 원한을 풀고 청국인을 한국인과 동등하게 대하여야 한다는 의의를 지닌 이론이 바로 그것이다.

이런 점에서 그 이론은 청국을 통한 서구 근대과학과 청국 자체의 문물까지도 한국인에게 필요한 것이면 받아들여야 한다는 이른바 '북학'의 기초를 닦은 의의도 갖는다. 화이동일설을 '인간 평등'의 시각으로 확대 이해한다면, 그것은 오늘날과 미래에까지 유용한 이론이기도 하다.

더욱이 체인(體仁)의 의미가 '인간애의 체현(體現)'으로 해석됨을 고려하면, 그의 윤리설에는 시대와 장소를 초월한 '보편적 요소'가 더 있음을 간과하여서는 안 된다. 그의 도덕설은 이제 이 시대에 맞게 '개조되고 조정'되어야 하지만, 인간애의 체현만은 그 본래의 의미를 더욱 강화시키면서 실천해야 할 지혜다. 인간의 평등을 앞세우고 행하는 인간애의 구현은 오늘날은 물론이고, 미래에도 끊임없이 행하여져야 할 '인류의 이상'임에 틀림없다. 이러한 철학이 홍대용의 이론에 함유된 보편적 가치라 하겠다.

제5장 탈정주학적 경학 대성의 철학 성리학과 실학, 그 근본사고의 동이성(同異性)

— 이황과 정약용을 중심으로

1. 시작하는 말

1930년대 정인보(鄭寅普)·문일평(文一平)·안재홍(安在鴻) 등이 유형원(柳馨遠)·이익(李瀷)과 특히 정약용(丁若鏞)의 사상을 '실학'이라고 하면서 높이 평가한 뒤로,[1] 조선후기 실학은 크게 각광받기 시작하였다. 그 후기실학의 연구가 활성화되기 시작하던 1950년대의 천관우(千寬宇)와 한우근(韓㳓劤)에 이르러서는 실학의 성격에 대한 이해의 문제가 제기되었다. 실학이 탈성리학의 성격을 띠었는지 성리학의 연장 성격인지를 해명하려는 것이 문제의 초점으로 되었던 것이다. 그들로부터 반세기 이상이 지난 지금도 그 문제는 여전히 석연한 해결을 보지 못한 채 하나의 과제로 남아 있다.

이 문제가 장기간에 걸쳐 미결상태로 있는 까닭은 두 학문 사이에 상이점(相異点) 못지않게 상동점(相同点) 또한 존재하기 때문이다.

---

1) 윤사순·이광래, 『우리사상 100년』(현암사, 2001), 195쪽 등.

상동점에만 주목하면 실학이 성리학의 연장으로 이해되고, 상이점만 택하면 실학과 성리학은 이질적 별개로 이해될 수밖에 없는 데에 두 이해가 병존케 된 원인이 있다. 이런 점에서 문제해결의 열쇠는 두 학문의 '상동 · 상이의 특성'을 구명해 내는 일이다. 그 특성들이 밝혀질 때 두 학문의 동질성과 이질성이 드러나고 문제의 성격도 자연히 풀릴 수 있다.

일정한 철학을 형성하는 요건은 개념과 명제이다. 따라서 철학들의 '동이를 구분하게 되는 기준'은 각 철학에서 사용하는 '개념과 명제의 동이성(同異性)'이다. 사용하는 기본개념이 같으면, 그로부터 파생되는 명제의 성격도 같게 되고, 개념이 다르면 명제의 성격도 다르게 된다. 이에 성리학과 실학이 지닌 철학 차원의 근본사고의 동이 문제는 두 학문에 사용된 개념과 명제의 비교에서 해명될 수 있다.

성리학과 실학은 매우 긴 역사와 많은 학자를 포용한 사상이다. 조선후기의 실학만 해도 3세기 정도의 역사와 십여 명의 학자로 해서 이루어진 학문이고, 성리학은 조선시대에 한정하더라도 5세기 정도의 기간에 수십 명의 학자가 이룬 사상이다. 그러므로 이 두 사상 전체를 통틀어 비교하기는 너무 벅찬 일이다. 이런 점을 감안하여 이 논고에서는 이 사상들을 각각 대표할 학자의 '철학'에 한정하기로 한다. 이황(李滉)과 정약용(丁若鏞)의 철학이 각기 조선의 성리학과 실학을 대표할 만함은 주지의 사실이다. 여기에서는 이들의 철학에 이용된 개념과 명제를 비교하여 고찰하겠다.

2. 실학 용어에 비친 동이점

1) 이황이 사용하는 실학의 의미와 성격

실학이라는 용어는 후기 실학자들보다 먼저 성리학자들이 성리학을 가리켜 부른 명칭이다. 이황에 있어서도 실학은 성리학 외의 다른 것일 수 없다. 하지만 그는 성리학에 대하여 실학이라는 용어를 별로 적용하지 않았다. 그는 '성학(聖學)'이라는 용어로 성리학을 나타냈다. 그의 대표적 편저인 『성학십도(聖學十圖)』가 그 좋은 증거이다.

성학의 일반적 의미는 '성스러운 학문'이다. 성스럽다고 하는 이유는 그것이 '성인(聖人)으로 되는 학문'을 가리키는 데 있다. 이황이 『성학십도』를 선조(宣祖)에게 올린 점을 상기하면, 그의 성학은 곧 '성왕(聖王)으로 되는 학문'으로도 풀이된다. 한데 성왕의 함의가 '성인다운 왕'으로서 성인을 전제한 만큼, 그 성학의 의미가 근본적으로 '성인으로 되는 학문'임에는 변동이 없다.[2] 따라서 성인으로 되는 길을 가르치는 내용의 책을 이황이 왕에게 지어 바친 의도가 짐작될 수 있다.

그것은 바로 '수기(修己)에 의한 덕성(德性)의 함양'을 왕의 으뜸가는 선무(先務)로 상정하였음을 의미한다. 그런 맥락에서 그의 '성학' 용법은 왕의 수기에 의한 '덕치(德治)·예치(禮治)' 중심의 왕도정치 시행을 그가 적극 추구하는 데 목적을 둔 것으로 이해된다.

이 점은 (같은 무렵, 68세 때) 이황이 선조에게 올린 「무진육조소(戊辰六條疏)」의 내용과도 일치한다. 그 소문에서도 이상적 정치란 어디까지나 왕의 철저한 수기에 의하여 도덕적 품격 형성의 모범을 보이는 그 '감화에서 비롯됨'을 그가 역설하고 있다.[3] 성학의 이름

2) 윤사순, 「퇴계의 『성학십도』에 대한 연구」, 『퇴계학보』, 106집(퇴계학연구원, 2000), 65쪽에 상술.

밑에서 그린 이 같은 '도덕정치'의 시행은 사실 불교 영향하의 정치보다 더 실제적임은 물론, 방탕한 연산군을 축출한 후 사화기(士禍期; 16세기)의 문란한 정치를 정상화할 수 있다고 본 그 시대 사림파(士林派)가 지닌 '반정(反正)' 정신의 연장에서 강조되었다.[4)]

이황이 비록 '실학'이라는 용어를 드물게 사용하였지만, 그 용어를 전혀 사용하지 않은 것은 아니다. 그가 드물게나마 사용한 실학의 용어를 찾아보면, 그 실학 용례의 성격도 성학 용례의 성격과 서로 같다. 그의 다음 글이 그러한 것이다.

> 혹자는 말하기를, '성경(聖經)·현전(賢傳)을 어느 누가 실학 아니라 하겠으며, 또 집주(集註)의 제설(諸說)로서 집안에 전하여 사람들이 외우는 것들도 다 (실학과 같은) 지극한 가르침〔至教〕이다'라고 하였다.[5)]

그의 이 글은 성리학자로서 실학을 처음 말한 정이(程頤)의 발언을 연상케 한다. 정이는 『중용(中庸)』을 집주하면서 그 『중용』의 집중(執中) 또는 시중(時中)의 형식으로 된 '도덕설(道德說)'을 가리켜 '실학'이라고 하였다.[6)] 즉 계신(戒愼)·공구(恐懼)·신독(愼獨) 등의 수양에 의하여 특히 선행(善行)인 중절〔中節; 달도(達道)인 화(和)의 상태〕을 가르친 것이 『중용』인데, 그 가르침의 내용〔道德說〕이 결국 실

---

3) 李滉, 『退溪全書』(성대 대동문화연구원, 1958) 上, 권6, 「戊辰六條疏」, 190쪽.

4) 이황은 사림파의 영수격인 조광조〔靜庵 趙光祖〕를 매우 흠모한 나머지 스스로 조광조의 행장(行狀)을 지었다. 조광조에 대한 그의 흠모는 곧 그의 관료 노선을 사림파의 궤도에 놓은 것을 의미한다.

5) 李滉, 『退溪全書』, 「朱子書節要 序」 上, 권42.

6) "子程子曰, 不偏之謂中, 不易之謂庸. 中者天下之正道, 庸者天下之定理. … 其書始言一理, 中散爲萬事, 末復合爲一理. 放之則彌六合, 卷之則退藏於密. 其味無窮, 皆實學也."(『中庸章句大全』, 初頭)

제적이고 실질적인 학문, 곧 실학이라는 것이 정이의 주장이었다.

이황은 정이의 이 사고를 계승하여 위와 같은 언구를 남겼다. 따라서 위 인용문에 담긴 사고는 결국 '도덕의 유용성(有用性)'을 기준으로 제시하는 실학관이다. 그의 이 실학관은 도덕관념 박약으로 집약되는 노장과 특히 불교의 비실재적 사상을 대비의 대상으로 삼고 내린 견해로도 볼 수 있다. 이황에 있어 그의 실학관의 성격은 이와 같이 그의 성학관의 성격과 별로 다르지 않음이 확인된다.

2) 정약용이 사용하는 실학의 의미와 성격

정약용은 성리학을 흔히 '정학(正學)'이라고 부르는 시기에 살았다. 특히 정조와 위정척사파 학자들이 정학이라는 용어를 잘 사용하였다.[7] 그들은 북학, 양명학, 훈고·고증학 등이 혼류하는 상황에서 서학(천주교 등)을 '사특'한 것으로 규정하고 배척하면서, 그에 대립되는 성리학을 옹호·존속해야 할 '바른 학문'이라는 뜻으로 '정학'이라 하였다.

이러한 분위기에서 정약용은 자신이 추구하는 유학을 '정학'이라기보다 '진유의 학〔眞儒之學〕'이라 이름하였다.[8] 성리학을 정학으로 간주하지 않는 그의 태도가 이러한 데서부터 드러난다. 한때 천주교에 발을 디딘 그였음을 상기하면 그의 이러한 태도는 결코 이상한 현상이 아니다. 오히려 유의할 만한 것은 그가 '진유의 학'을 추구할 경우에는 항상 '본원유학(本原儒學)의 회복'을 표방한 사실이다. 당시 정학임을 자처하는 성리학보다 더 권위 있는 본원유학에의 복귀를 표방한 데에 그의 성리학 극복의 의지가 또한 잠재한다.[9]

---

7) 윤사순·이광래, 『우리사상 100년』(현암사, 2001), 17쪽.

8) 丁若鏞, 『與猶堂全書』(景仁文化社), 1집, 권12, 「俗儒論」.

9) 뒤에서 언급하겠지만, 여기에는 물론 성리학을 멀리하는 자신에 대한 성리학

그 점은 아래와 같은 그의 진유의 학에 대한 문장에서 먼저 확인된다.

> 공자의 도는 수기(修己)와 치인(治人)일 뿐이었으나, 지금 학문하는 사람들이 아침저녁으로 익히고 연마하는 것은 다만 이기(理氣)·사칠(四七)의 논변과 하도(河圖)·낙서(洛書)의 수와 태극(太極)·원회(元會)의 설뿐이다. 이러한 것들이 수기에 해당하는지 치인에 해당하는지 모르겠으니, 우선 한쪽에 두어라.[10]

> 진유의 학문은 본래 치국·안민·양이적(攘夷狄)·유재용(裕財用)코자 하며, 문(文)과 무(武)에 모두 능하여, 해당되지 않는 것이 없다. 어찌 문장을 연구하고, 구절을 지적하며, 벌레나 물고기에 대해 풀이하고, 도포 입고, 절하는 법을 익히는 것일 뿐이겠는가? … 후세의 유자들이 성현의 본뜻을 깨닫지 못하고, 인의와 리기 외에 한마디라도 입 밖에 내면 그것을 잡학(雜學)이라고 한다.[11]

이에 따르면 진유의 학문은 수기와 치인을 요체로 하며, 그 내용은 치국·안민·양이적·유재용에 힘쓰는 것이다. 수기보다 실상 치인에 힘쓰는 이것이 본래 성현이 추구한 본원유학의 본 면목이라는 뜻이다. 그럼에도 그 시기의 성리학자들은 이 점을 모르고 진유의 학문을 오히려 잡학이라고 오해하고 있다는 것이 그의 주장이다. 그의 학문은 이렇게 수기보다 치인에 무게중심이 놓이는 만큼 '후생이후정덕(厚生以後正德)'[12] 이라는 사고의 성격과 맞먹는다.

계의 압력 또는 위협에 대한 방어의 의도도 작용하였다고 보아야 할 것이다.

10) 丁若鏞, 『與猶堂全書』, 1집, 권17, 「爲盤山丁修七贈言」.

11) 앞의 책, 권12, 「俗儒論」.

12) 朴趾源, 『燕巖集』, 권11, 「熱河日記·渡江錄」. 비슷한 글이 朴齊家, 『北學議』, 「自序」에도 나온다.

그 시기의 성리학자들이 이기론 · 사칠론 · 태극 · 하도 · 낙서 등에 대하여 몰두하던 태도를 가리켜, 정약용이 “공자가 본래 지향한 수기나 치인 어디에도 해당되지 않는다”고 한 비판은 매우 주목할 만하다. 이 발언은 성리학에 등을 돌린 그의 의지를 극명히 드러내기 때문이다. 그렇다고 공자의 태도를 앞세운 그 진유의 학문도 이 인용문 안의 내용만으로는 수기와 치인의 균형을 갖춘 것이 아닌 점도 간과할 수 없다. 그의 진유의 학문은 실상 ‘치인 위주’의 내용으로 되었다. 공자의 본원유학을 빙자로 제시하는 ‘진유의 학’이 실질적 내용이나 성격으로 보아 실상 ‘그의 유학’, ‘그의 실학’(그는 실학이라는 용어를 좀처럼 사용하지 않았지만) 임이 여기서 드러나기 시작한다.

이런 맥락에서 ‘진유의 학’ 시각으로 이룬 그의 업적을 이제 구체적으로 상기해야겠다. 치인 위주의 시각에서 이룬 그의 업적이라면 무엇보다도 『경세유표(經世遺表)』, 『흠흠신서(欽欽新書)』, 『목민심서(牧民心書)』를 들게 된다. 그의 이 저술들을 대하면서 이것들에 담긴 함의를 찾기란 별로 어렵지 않다. 그것은 곧 도덕적 덕치(德治) 이상으로 왕권강화에 의한 ‘법치적(法治的) 예치(禮治)’[13] 와, 공복의 책무(의리) 를 실천할 ‘목민정신(牧民精神)’의 강화를 기하려는 의도의 표출로 집약된다. 그의 정치 · 사회사상의 특징이 바로 여기에 있다.

비록 인정(仁政)인 덕치를 도외시하지 않지만, 그 이상으로 중요시한 ‘법치적 예치와 공복의 목민정신’에 그의 정치 사회사상의 핵심과 특징이 있다. 이것이 이황 등의 성리학이 지닌 실학의 성격과 다른 ‘그의 실학의 성격’임은 물론이다. 이는 실학이라는 ‘용어’로 해서 성리학과 후기 실학을 동일시하여서는 안 된다는 점을 시사한다.

---

13) 이미 논자가 누누이 설명하였지만, 유교의 예는 원래 삼예서(三禮書; 『周禮』, 『儀禮』, 『禮記』) 에서 보듯이 단순히 도덕 같은 것만 의미하지 않고 법과 제도 등을 의미한다. 여기서 말하는 ‘법치적 예치’란 도덕 이외에 법 제도의 성격이 전보다 강하여짐을 가리킨다.

3. 우주관을 형성하는 기본개념과 명제

1) 이황의 경우

이황은 그 시대의 다른 정주학자들과 마찬가지로 '천원지방(天圓地方)', '천동지정(天動地靜)'을 믿는 천체관(天體觀)을 가지고 있었다. 그 천체관은 스스로 혼천의(渾天儀)를 만든 사실로 보아, 혼천관에 속하는 것이었다고 추측된다.[14] 그는 경험되는 모든 현상적 '물(物)'은 '리(理)와 기(氣)로 이루어진다', 곧 "리기지합(理氣之合)"으로 이뤄진다고 한다. 따라서 물체의 총합인 우주·자연 역시 마찬가지다.

그가 상정하는 '리(理)'는 우주〔天地·萬物〕를 형성하는 원리임은 물론, 우주를 생성 (또는 주재)하는 이유·원인〔所以然, 主宰者〕이고 당연성〔所當然〕까지 의미한다. 그에 따르면 필연〔存在〕과 당연〔當爲〕는 리의 의미에 있어 일치된다. 그의 경우 리는 실재하는 일종의 본질과 같다. 실재성을 전제로 그 활동성〔理動, 理到, 理發〕까지 상정된 것이 그의 리이다.[15]

'기'는 음양〔兩儀〕과 오행〔金木水火土〕으로 구체화되어, 실질적 존재의 측면을 담당한다. 특히 음양은 우주 자연의 원질처럼, 그리고 오행인 금목수화토는 우주 자연의 구성요소처럼 간주된다. 그는 기의 작위〔有爲, 有欲〕성과 더불어 생멸(生滅)의 특성까지 인정하는 정주학자이다.[16]

기의 생멸성을 상정하는 까닭에, 그는 우주의 태초를 인정하게 된다. 물론 우주의 근원은 정주학의 사고대로 궁극의 리〔所以然, 主宰

14) 그 혼천의는 지금도 형체나마 도산서원의 유물관에 남아 있다.

15) 윤사순, 「우주발생관」, 『퇴계철학의 연구』(고려대 출판부, 1980), 42~45쪽.

16) 상동, 45~46쪽.

者〕인 태극(太極)이다. 우주는 원천적으로 태극으로 인하여 이루어졌다는 데에 그도 동의한다. 그 점을 그는 "이동즉기수이생(理動則氣隨而生)"이라는 그의 독특한 이론으로 받아들인다. 그러므로 그에 있어 우주발생은 "태극이 동(動)함에 첫 양기가 따라서 생겼다"는 이론으로 정식화된다.[17]

이 이론은 많은 문제를 야기하지만, 특히 주목되는 것은 정주학자들의 사고가 여기에 선재된 점이다. 그에 앞서 정호(程顥)는 궁극의 존재로 믿어 온 '천을 리로 환원', 즉 "천즉리(天卽理)"라고 하고, 리인 태극을 천의 위치에 놓았다. 이황은 정호의 이 리법천관(理法天觀)을 계승하고,[18] 주돈이(周敦頤)의 「태극도설(太極圖說)」의 사고를 차용하여,[19] 그의 우주발생관을 이루었던 것이다. 우주의 근원이 궁극의 리〔太極〕이므로, 리의 견지에서 볼 때에 그도 우주 전체가 "리일분수(理一分殊)"로 이해된다는 사고(즉 명제)에 동의한다. 그에 있어서도 우주는 리의 측면으로 볼 경우, '태극이라는 한 리의 체계〔一理之均賦〕'로 이해된다.[20]

이황은 우주·자연인 '천지〔乾坤〕'를 『주역』 이래의 사고대로 '인간의 부모'로 생각한다. 자연은 인간이 효를 행할 대상이고, 서로 감응하면서 조화롭게 합일할 대상이다. 우주와 인간의 합일, 이른바 천인합일이 그에 있어서도 최고의 이상적 경지이다. 이 합일은 다만 물리적 조화만을 의미하지 않는다. 이는 나아가 자연법칙에 인간이 순응하는 것까지 의미한다. 자연의 법칙〔元亨利貞誠〕인 '천도(天道)'는 이황 같은 성리학자들에게는 도덕규범인 '인도(人道)'의 본이기 때문이다. 자연과의 물리적 조화와 아울러 인도를 천도에 일치시킬 때 이

---

17) 상동, 52쪽.

18) 李滉, 『天命圖說』, 1장.

19) 이황의 『성학십도』 제 1도가 「태극도」와 그 설(說)의 소개이다.

20) 윤사순, 「가치관」, 『퇴계철학의 연구』(고려대 출판부, 1980), 193쪽.

황 등의 천인합일이 온전히 이루어진다.[21] 이렇게 이황 같은 정주학자의 우주·자연관은 '실재하는 리'와 현상의 '원질 또는 요소 의미의 기' 개념과 아울러, "천즉리", "리일분수", "천인합일"의 명제로 된다고 하여도 과언이 아니다.

2) 정약용의 경우

정약용은 '지구설(地球說)' '지전설(地轉說)'을 비롯하여 '태양 중심의 근대 역법', '서구 각국의 지리' 지식까지 소유하였던 만큼, 그의 우주 자연관이 이황의 견해와 다를 수밖에 없다. 다만 그도 우주 자연을 기로 이루어졌다고 생각하여, 기를 자연으로 존재하는 원질(또는 원형) 같은 것으로는 인정하였다. 그의 독특한 점은 특히 기에 '스스로의 존재성〔自有之物〕'[22]을 인정한 점이다. 그 기가 스스로 존재할 특성을 지님으로써 우주의 존립도 가능케 한다는 것이 그의 견해다. 이때 그는 또한 기의 구체적 존재 양태가 곧 음양(陰陽)이라는 사고를 부정한다. 오행(五行)에 대해서도 그는 우주를 형성하는 요소처럼 생각하지 않는다. 여기서 그의 사상은 이황과 크게 달라지기 시작한다. 정약용은 본원유학의 본의임을 내세워, 음양은 '그늘과 햇빛이 드는' 것[23]이고, 오행은 '다섯 물체'일 뿐[24] 『태극도설』에서처럼 우주·만물의 형성에 영향을 끼치는 것이 아니라고 주장한다.

그는 '천'을 궁극의 리(理)인 태극으로 보았던 이황과 달리, 본원유학에 따라 '상제(上帝)'로 이해하였다. 정약용에게서는 "천즉리"가 부정되고, 천은 본래의 의미인 상제로 복원된다. 천이 상제로 복원된

---

21) 李滉, 「天命舊圖」 및 「天命新圖」, 『退溪全書』, 권41, 雜著, 참조.
22) 『與猶堂全書』, 2집, 권4, 「中庸講義補」, 93쪽.
23) 상동, 61쪽.
24) 상동, 62쪽.

만큼, 궁극의 리로 믿어진 '태극' 또한 그의 경우에는 리가 아니라 '기〔元氣〕'이다.[25] 그에 있어 리는 기에 선행하는 '본질'이나 주재성격을 지닌 '원인〔所以然〕'의 의미를 지니지 않는다. 그의 주장으로는 리는 다만 옥석(玉石)의 맥리(脈理), 법리(法理) 같은 치리(治理)일 뿐이다.[26] 이는 리의 의미가 '맥(결)·조리·질서·법칙' 이상이 아님을 지시한다. 그것은 다만 기의 존재나 운동에 따라 말하여지는 것〔依附之品〕이므로,[27] 그 실재성과 주재성이 그에게서는 다 부정된다. 이에 그가 이해하는 자연은 사실상 '기'일 따름이지, 이황에서와 같은 의미의 '리기의 합'이 아니다.[28]

태초의 우주 생성에 대한 정약용의 이론도 이황의 설과 같지 않다. 정약용은 우주의 태초 생성을 '기(氣)인 태극'에서부터 일어난 현상으로 설명한다. 그에 따르면 태극〔1氣〕이라는 기가 '천지〔2氣〕'로, 그것이 더 나아가 '천지수화〔4氣〕'로, 그 넷의 상호작용으로 '산(山)·택(澤)·풍(風)·뢰(雷)〔팔괘의 상인 8물(物)〕'로, 그다음에는 '만물'의 형성으로 되었다.[29]

우주의 근원을 기로 상정한 만큼, 그에서는 우주에 대한 정주학의 이해인 "리일분수"의 이론도 부정된다. 그의 경우는 우주 자연을 리의 체계로 이해하려는 시도 자체가 용납되지 않는다. 또 정약용의 자연은 무생명·무의지적인 물체이고, 인간과 서로 감응되는 대상이 아니다. 그는 만물과 인간이 일체로 되는 천인합일을 부정한다.[30]

---

25) 앞의 책, 1집, 「中庸策」, 164쪽 및 3집, 「易學緖言」, 505쪽.

26) 앞의 책, 2집, 「孟子要義」, 138쪽.

27) 앞의 책, 「中庸講義補」, 93쪽.

28) 정약용도 "인간〔人之一身〕은 '리기의 합'으로 이루어진다"고 할 때가 있다. (『全書』, 1집, 권22, 『詩文集』, 「陶山私淑錄」 등) 그러나 그의 이기의 합은 이황이 말하는 의미와 근본적으로 같지 않다.

29) 앞의 책, 3집, 「邵子先天論」, 517쪽 및 「論河圖爲八卦之則」, 523쪽.

30) 앞의 책, 2집, 「中庸講義補」, 64쪽.

자연의 법칙인 천도(天道)는 도덕규범과는 큰 관련 없이, 인간의 생활전반에 관련되는 물리(物理)의 성격이 짙다. 정약용의 우주·자연관은 결국 리기 개념을 비롯하여 천관을 이황과 달리 설정함으로써 이황 같은 성리학자들의 우주·자연관과 판이하게 된다.[31]

31) 이상 정약용의 우주·자연관 부분 서술에는 유초하, 「정약용의 우주관」(고려대 박사학위논문, 1990)의 도움이 있었다.

4. 인간관을 형성하는 기본개념과 명제

1) 이황의 경우

인간관에서도 두 사람의 견해는 판이하다. 이황은 인간도 '리기(理氣)의 합(合)'으로 된 점에서는 다른 물체와 다르지 않다고 생각한다. 다만 다른 물체와 인간을 구별하게 하는 것, 곧 인간을 인간이게끔 하는 것을 그는 본래적으로 갖추어진 '본연의 성〔本然之性〕'으로 본다. 이 본연의 성을 그는 맹자 사상을 계승하여 '인의예지(仁義禮智)' 곧 사덕(四德)이라 하고, 정주성리학자들의 통례로는 거기에 신(信)을 더한 오성(五性) 또는 오상(五常; 仁義禮智信)이라고 한다.[32] 경우에 따라 '천명(天命)' '태극'도 본연의 성이라 할 때가 있다.[33]

이황에서 본연의 성은 (『중용』에 명문화된 대로) '천명으로 주어진 것〔天命之謂性〕'이다. 이때 그는 "천즉리(天卽理)"라는 리법천관(理法天觀)을 계승하므로, 천명을 '상제(上帝)의 명령'으로 해석치 않고 '궁극적 리'로 해석한다. 그에서 '천명으로 주어진 성'은 곧 인간이게끔 하는 본구적(本具的)인 리에 다름 아니다. 정이(程頤) 이후 그를 포함한 성리학자들이 "성즉리"라는 명제를 구사하는 것도 이런 사고에 기인한다. 천명 태극 등도 그에게서 성으로 여겨지는 것도 마찬가지 이유에서다.

이황 등은 본성을 다 갖추었다는 견해를 기초로 인간을 '만물의 영장'이라고 파악한다. 초목은 본연의 성〔五性〕을 전혀 갖추지 못하고〔全塞不通〕, 금수는 그 성을 약간 소유〔偏塞〕한 데 비하여, 인간은 다 갖추었다〔旁通〕는 점을 들어, 인간을 영장이게 한 특성의 하나가

---

32) 이황의 앞의 책, 「천명도(天命圖)」 등.

33) 이것은 곧 설명하게 되듯이, '성즉리'의 사고에 따를 경우에 그러하다.

곧 '본연의 성'이라고 그는 생각한다.[34] 아울러 기로서도 인간은 무엇보다도 빼어난 기〔秀氣 · 正氣〕로 이루어진 점 역시 인간을 영장으로 되게 한 요인이라는 것이 그를 포함한 성리학자들의 일반적 견해이다. 그 점을 그 같은 학자들은 인간을 '두원족방(頭圓足方)'의 형상으로 규정하여 천지의 형상인 '천원지방(天圓地方)'과 일치시키는 방법으로 강조하기도 한다.[35]

인간의 우월성으로 꼽을 것이 또 심(心)의 작용이다. 그에 있어 심의 존재론적 구조도 리와 기의 합이다. 심의 리는 물론 성이지만, 기와 대비되는 점에서는 '본연의 성'을 뜻하면서 주로 이성의 측면을 가리킨다. 반면 이때의 기는 감성(感性)의 측면이라 하여도 무방하다. 심에 대하여 이황 등은 기를 원질로 한 점에서는 '기의 정상(精爽)'이라고 하지만, 그 의식의 측면을 가리킬 때는 '허령(虛靈)하여 밝은 것〔不昧〕', 즉 '지각(知覺)'작용을 하고, 지각 능력으로 해서 '한 몸을 주재'하는 것〔一身之主宰者〕이라고 한다. 밝은 지각작용을 한다는 점에서 성리학자들은 심을 '신명지사(神明之舍)'라고도 한다.[36]

이때 유의해야 할 것은 성(性)과 정(情)을 이황 등은 '체용(體用) 관계'로 생각하는 점이다. 심의 체는 심의 작용이 일어나지 않은〔未發〕 고요한〔靜〕 때이고, 심의 용은 작용이 일어나〔已發〕 움직이는 때이다. 그들에 따르면, 심의 체는 심의 리인 '성'이고 그 용은 '정(情)'으로 표현된다. 그러한 사고에서 그들은 심을 '성과 정을 포함한 것' 또는 '성과 정을 아울러 다스리는 것'으로 생각한다. 이 사고를 나타내는 명제가 "심통성정(心統性情)"이다.

심(心)에 대한 이러한 체용관은 원천적으로 "정으로 드러난 일체의 심 작용은 성의 발로이다〔情性所發〕"라는 사고를 바탕에 깔고 있다.

---

34) 그의 「천명도(天命圖)」 참조.

35) 앞과 같음.

36) 이상은 『퇴계철학의 연구』, 「심성론」 항목에서 상술하였음.

이런 의미에서 이황은 "성이 발하면 정으로 된다〔性發爲情〕"라는 명제를 계승한다.[37]

2) 정약용의 경우

정약용은 리(理)를 조리·질서 정도로 보기 때문에, 성(性)과 리가 같다는 '성즉리'의 명제를 부정한다.[38] 그는 성 자체를 하나의 '기호(嗜好)'라고 이해한다.[39] 성(性)이 소질과 같은 기호이므로 이황의 리처럼 실재하지 않는다는 점을 그는 '인의예지' 등의 성이 마음속에 들어 있는 과립〔四顆〕 같지 않다고[40] 주장한다. 그로서는 '본연의 성'을 부정하면서 그것을 불교(특히 여래장설)에서 나온 것이지 유교 본래의 것이 아니라고 단언한다.[41]

그렇다고 성리학에서 말하는 '본연의 성'과 '기질의 성'에 근사한 구분이 정약용에게서 나오지 않는 것은 아니다. 그도 기호에 두 가지가 있는 사실만은 인정하여, '영지(靈知)의 기호'와 '형구(形軀)의 기호'를 말한다. '영지의 기호'는 '도의(道義)의 성'으로도 표현되는 것으로 보아, 본연의 성에 해당하는 인간의 기호인 셈이다. 형구의 기호는 그에게서도 기질의 성으로 불린다.

성(性)의 실재성부터 부정하면 그 발(發)하는 작용과의 상호관계인 정(情)과의 '체용(體用)관계'도 부정될 것은 논리의 필연이다. 성정을 각기 체용으로 논하는 사고 또한 그는 용납하지 않는다. 그 이유는 인의의 '체용, 본말(本末), 두미(頭尾)'가 다 형기(形氣)의 안〔腔

37) 앞과 같음.

38) 『與猶堂全書』, 2집, 권6, 「孟子要義」, 138쪽.

39) 상동, 145쪽.

40) 앞의 책, 권4, 「中庸講義補」, 61쪽.

41) 앞의 책, 권12, 「論語古今註」, 339쪽.

子之內, 肚皮之中〕에서 일어난다는 데 있다.[42] 이런 사고는 결국 그에게서 "성발위정(性發爲情)"이라는 명제가 긍정되지 않음을 뜻한다. 성정을 각기 심의 체용으로 보지 않는 까닭에 그는 자연히 그것을 전제로 성립된 "심통성정"을 비판하고 부정한다. 그에 따르면, 성리학자들〔先儒〕이 '심이 성정을 통섭한다'고 하면서도 심을 기라고 하였으니, 이는 '기통리기(氣統理氣)'를 가리키므로 옳지 않다.[43]

인간을 영장으로 본 것은 그도 이황과 다르지 않다. 그 점은 근본적으로 그가 인성 물성의 상이를 주장하여, '성삼품설(性三品說)' 또는 '성사등급설(性四等級說)'을 제시한 것으로 알 수 있다.[44] 하지만 인간을 영장시하는 근거에 있어서는, '오성(五性)을 기준'으로 한 이황의 이론과 그의 이론은 전혀 다르다. 정약용은 오성을 기준으로 삼아 인간과 다른 사물을 차별하지 않는다. 그의 기준은 단순한 도덕적 능력이 아닌, '생명과 지능 및 도덕능력을 복합'한 특성이다. 그에 따르면, 초목에는 생(生)의 특성만 있고, 금수에는 생과 각(覺)이, 인간에는 생과 각 외에 영(靈)과 선(善)이 더 구비되었다.[45] 정약용의 이 이론은 성론(性論)이라기보다 오히려 심론(心論)이라는 것이 더 적절한 편이다.

실제로 그가 생각한 심은 '오장의 심(심장)'과 '영명(靈明)의 심'과 '소발(所發)의 심'(측은지심 같은 것)으로 구분되지만, 지각작용을 하는 의식 일반의 심은 '영명의 심'이다. 이 심의 영명〔靈知〕은 그에 따르면 상제인 천(天)이 부여하는 지닌 것이다〔그 영명에는 재(才)와 세(勢)와 성(性)이 있다고 한다〕.[46] 그런 점에서 그는 "천〔上帝〕의 영명

---

42) 앞의 책, 1집, 권19, 『詩文集』, 書, 「答李汝弘」, 410쪽.

43) 상동, 410쪽.

44) 앞의 책, 2집, 권4, 「中庸講義補」, 84쪽.

45) 상동.

46) 상동.

이 인심에 직접 통한다"[47]고 한다.

정약용에 따르면 영명함으로 해서 인간은 금수와 달리 '자주(自主)의 권능'을 발휘한다.[48] 금수가 되어진 본능대로〔不得不然〕 사는 데 비하여, 인간은 특히 선악문제에서 '스스로 작정하고 스스로 주장〔自作而自主張〕'하는[49] 기능발휘가 있음을 그는 지적·역설한다. 이와 같이 그의 심론(心論)이 상제가 부여한 영명성 함유를 앞세우는 점을 고려하면, 심론에 입각한 그의 인간 영장관은 근원적으로 그의 상제·천관에 근거한다. 따라서 이황의 인간관과 정약용의 인간관의 상이의 근본원인은 이들의 천관(天觀)의 상이에 기인한다.

---

47) 앞의 책, 2집, 권3, 「中庸自箴」, 47쪽.

48) 앞의 책, 2집, 권5, 「孟子要義」, 111쪽.

49) 앞의 책, 2집, 권6, 「孟子要義」, 135쪽.

5. 윤리관을 형성하는 기본개념과 명제

1) 이황의 경우

이황을 비롯한 성리학자들이 본연의 성을 인간의 본질처럼 간주하고, 그 성을 정과 체용의 관계로 상정한 것은 그들의 윤리·도덕설과 긴밀히 관련된다. 이황 등이 인의예지신(仁義禮智信)이라는 오성(五性)을 오상(五常)이라고 한 것도 그것들을 인간의 본성으로 본 동시에 오륜(五倫)을 이루는 덕목으로 본 데 연유한다. 나아가 그들은 오성을 오륜의 원리인 친의별서신(親義別序信)과 같은 덕목으로 이해하여, '오성의 발현이 곧 친의별서신의 오륜'을 이룬다고 생각하였다. 이는 『중용』의 "솔성지위도(率性之謂道)"와 부합하는 사고이다.

이황이 오성의 구비를 영장의 근거로 여긴 것도 그 발현이 오륜 등의 도덕으로 실현된다는 데 있었다. 그에 있어 인간이 '영장의 값'을 하는 길은 무엇보다도 도덕의 올바른 실천에 있다. 여기서 '도덕의 가치'를 정주성리학자들이 얼마나 중요시하였는지 충분히 짐작할 수 있다.

오성이 오륜으로 구현된다는 이 사고의 연원은 원천적으로 맹자의 사덕〔仁義禮智〕과 사단〔惻隱·羞惡·辭讓·是非의 마음〕에 대한 이론에 있다. 곧 '사덕의 발현이 사단으로 드러난다'는 발상이 곧 성리학에 이르러 '성이 발(發)하여 정(情)으로 된다'고 정리되었던 것이다.

여기서 이황 등은 『중용』에서 "성(誠) 자체는 천의 도이고, 성하려는 것은 인간의 도〔誠者天之道, 誠之者人之道〕"라고 한 대로, 인간의 규범인 오륜 등의 도덕이 자연의 원리를 본받은 것임을 시사한다.

그는 인의예지신을 각기 『주역』의 변역법칙인 원형리정(元亨利貞)과 『중용』의 성(誠)에 각각 대응시킨다.[50] 이것은 오륜이 단순히 본성의 자연한 발현일 뿐 아니라, 우주 자연의 원리와 일치하는 도덕법칙이라는 것, 그런 점에서 불변적인 '절대성'을 확보하고 있는 것임을 확신시키려는 태도이다.

이렇게 인간의 도덕이 자연의 법칙인 천도를 본받아 부합되는 것이라고 하여 절대시하였지만, 그 본연의 성이 항상 저절로 오륜 등의 도덕으로 발현되지 않는 사실 또한 이황 등은 잘 알고 있었다. 오성의 발현이 곧 오륜 등 도덕으로 되지 않는 까닭은, 그 발현과정에서 기질의 장애를 받는 데 있다고 한다.[51] 이 대목에서 수양론(修養論)이 나오게 된다. 이황에 따르면 오성의 바른 발현을 위하여서는 심(心)의 작용이 일어나기 전〔未發〕과 후〔已發〕에 각각 함양과 성찰하는 노력이 필요하고, 보다 근본적으로는 '경(敬)의 마음가짐'이 일관적 수양법으로 요청된다.[52]

2) 정약용의 경우

정약용은 성(性)이 천부적으로 주어졌다는 『중용』의 "천(天)이 명한 것을 성이라 한다"는 구절을 인정하기는 한다. 그러나 이에 대한 해석을 그는 이황 같은 성리학자들과 달리한다. 그 원인은 '천즉리'와 '성즉리'의 명제를 그가 부정하고, 천을 상제로 다시 복원시킨 데 있다. 그는 천과 성을 다 리와 동일시하면, "리가 명한 것을 리라 한다"는 식의 어폐・모순이 있게 됨을 지적한다.[53] 그런 점에서 그는 이 구절을 본원유학에서와 같이 '상제인 천이 성을 부여한다'는 의미로 해석한다. 그렇게 부여된 성이 곧 기호라는 것이 그의 견해이다.

---

50) 앞 이황의 「천명도(天命圖)」 참조.

51) 앞의 『퇴계철학의 연구』, 「심성론」에서 상술하였음.

52) 李滉, 『聖學十圖』 및 『自省錄』 참조.

53) 이 점에 대하여 그는 "만일 심・성・천의 세 가지를 다 하나의 리라고 한다면, 모씨(毛氏, 奇齡)가 제시한 '리가 명한 것을 리라고 한다'는 말도 도어(挑語, 동어반복)가 아니게 된다"고 한다(『全書』, 2집, 「孟子要義」, 144쪽).

원천적으로 '성즉리'를 부정하였기 때문에, 정약용은 본성의 덕목화(德目化)도 긍정하지 않는다. 예를 들면 인(仁)을 그는 심(心)의 리라고 인정하지 않는 까닭에 오륜의 '친(親; 父子有親)'으로 발현되는 오상(五常)의 덕목으로 생각하지 않는다. 그런 데다 인의(仁義) 등은 과립처럼 내재된 것이 아니라고, 그 실재성까지 그는 부정한 터였다. 그런 만큼 그는 오륜을 이황처럼 '본성의 자연발로'로 이루어진다고 하지 않는다.

정약용에게 있어 도덕은 상제 천(天)이 인간에게 부여한 '자율의 권능〔自主之權〕으로 이루어진다. 그는 다음과 같이 주장한다.

> 천(天)은 인간에게 자주의 권능을 주었다. 가령 선(善)을 하려고 하면 선을 행하고 악(惡)을 하려면 악을 행하여, … 그 결정은 자기에게 달렸다. … 그러므로 선을 하면 실제로 자신의 공이 되고, 악을 범하면 실제로 자신의 죄가 된다. 이는 심(心)의 권능이지 이른바 성(性)이 아니다.[54)]

이와 같은 그의 견해는 다음 글에서도 잘 드러난다.

> 인(仁)이라는 글자는 두 사람이다. 사람과 사람이 그 본분을 다 함을 인이라 한다.[55)]

> 인의예지의 명칭은 본래 우리 인간의 행사(行事)에서 생기는 것이지 심(心)의 현묘한 리(理)로 있는 것이 아니다.[56)]

---

54) 『與猶堂全書』, 2집, 권5, 「孟子要義」, 111~112쪽.
55) 앞의 책, 1집, 권19, 「答李汝弘」, 410쪽.
56) 앞의 책, 2집, 권4, 「中庸講義補」, 61쪽.

인이란 사람 사이에서 (인에 해당하는) 도를 실천할 때 생기는 것에 다름 아니다. 오륜을 이루는 인의예지 모두가 그 내용에 해당하는 행위를 한 결과로 있게 되는 명칭이지 선험적으로 실재하는 리나 성이 결코 아니다. 도덕은 인의로 대표되는 본성의 자연적 발현으로 되는 것이 아니라는 그의 견해가 이보다 더 극명히 드러날 수 없다.

그렇다고 정약용이 도덕을 인간의 성과 전혀 무관하게 성립된다고 생각하지는 않는다. 그는 상제가 부여한 성령(性靈)의 세계에 (금수나 초목에 없는) '도의(道義)의 성'이 있다고 한다.

> 인간의 성(性)은 도의와 기질 두 가지를 합쳐 한 성으로 되었지만, 금수의 성은 순전히 기질의 성일 따름이다.[57]

이는 상제가 내려준 인간의 성에는 기질로 인한 식색(食色)의 기호와 아울러 '선과 의'를 좋아하는 기호(성향)가 있음을 뜻하는 것으로서, 맹자의 선 지향의 '재(才)'와 같은 기호성〔可仁, 可義, 또는 悅我心〕을 그가 상정하였음을 의미한다.[58] 사실 그는 순자의 성악설(性惡說)과 양웅의 성혼설(性混說)을 배척하면서 맹자의 성선설을 좇고 있다.[59] 그에 있어서도 도덕은 선 지향의 기호인 도의의 성으로 인하여 이루어진다고 한다.

하지만 선과 의를 좋아하는 기호인 '도의의 성'도 실은 내 마음에 상제가 부여한 '영명(靈明)의 능력'이라는 그의 주장에 유의해야 한

---

57) 앞의 책, 2집, 권6, 「孟子要義」, 135쪽.

58) 이 점이 실제로 확인된다(앞의 책, 2집, 「中庸講義補」, 61쪽 및 1집, 권19, 「答李汝弘」, 414쪽).

59) 앞의 책, 1집, 「答李汝弘」, 417쪽을 보면, 그는 이런 입장에서 다음과 같이 주장하기도 한다. "인성은 선을 즐기고 악을 부끄러워한다. 선을 즐기기 때문에 측은 사양의 마음이 있고, 악을 부끄러워하기 때문에 수오 시비의 마음이 있다."

다. 이런 의미에서 그에 있어 인간의 선한 도덕행위는 내 마음의 영명과 직통하는 '상제의 영명'으로 해서 이루어지는 것이다. 그에 따르면 절대적 위력을 소유한 상제의 전지한 영명을 속일 수 없음을 인간의 영명이 또한 알기 때문에, 계신공구(戒愼恐懼)하면서 결국 악을 범하지 않는다.[60] 이런 점에서 그는 '지천(知天)' 또는 '지천명(知天命)'을 가장 중요시하면서, 이러한 것은 바로 상제의 규정〔上帝之則〕을 따르는 것이라고 설명한다.[61] 그의 도덕행위는 상제를 섬기는〔事天〕 의미를 지니는 것이기도 하다.

비록 윤리·도덕설은 이황 등 성리학자들과 견해를 달리하였지만, 정약용도 오륜 자체를 부정하지는 않았다. 다만 그 오륜의 시행에 있어서만 그 나름의 견해를 표명하였다. 오륜의 관례적 시행이 당시 윗사람〔上位人〕 본위(本位)로 수직적 질서형식으로만 되는 것을 교정하려는 듯한 언사를 남긴 것이 그 한 예이다. 이것은 그가 처음 지적한 것이 아니지만,[62] 그 오륜의 시행이 쌍무(雙務) 호혜(互惠)의 수평질서 형식으로 되어야 한다는 뜻에서, 그는 '부의(父義)·모자(母慈)·형우(兄友)·제공(弟恭)의 고른 실천'을 강조하였다. 이것을 요약하여 그는 '효(孝)·제(弟)·자(慈)'로 역설하였다.[63]

정약용은 이상과 같이 선을 지향하는 성향〔嗜好〕에 입각하여 '인위적이고 가변적이며 상대적인 윤리·도덕관'을 가지고 있었다. 그런 까닭에 자연의 원리인 천도를 끌어들여 인도인 도덕을 절대화하려는 노력을 보일 필요가 없었다. 그는 실상 오륜의 덕목인 '친·의·별·서·신'보다도 원천적으로 '효·제·자'를 더 중요시하였다.[64] 그의

---

60) 앞의 책, 2집, 권3, 「中庸自箴」, 47쪽.

61) 앞의 책, 2집, 권7, 「論語古今註」, 164쪽.

62) 이이의 「사창계약속(社倉契約束)」 같은 데서는 오륜의 쌍무적 시행을 적극 권장한 것이 그 좋은 예이다.

63) 앞의 책, 2집, 권1, 「大學公議」, 4쪽.

수양론은 이 효·제·자 등을 충분히 실행하도록 마음의 작용이 활발하지 않을 때〔未發〕부터 사려 등을 해야 함을 주요 내용으로 한다.

요컨대 윤리·도덕관에서도 이황과 정약용은 현격하게 상이한 견해를 지니고 있었다. 이황이 리법천관에 연유한 '성즉리'의 명제와 본성관(本性觀)에 입각하여 윤리·도덕의 수립을 구상한 데 비하여, 정약용은 영명의 전지성(全知性)을 가진 존재로 인격화한 상제천관(上帝天觀)과 상제가 부여한 인간의 심의 영명성에 입각하여 윤리·도덕설을 구상한 점이 서로 다르다.

64) 앞의 책, 2집, 「大學公議」, 4쪽.

6. 성리학과 실학의 상이점 및 그 함의

1) 탈성리학적 성격의 자기철학

이상과 같이 살피면, 이황이나 정약용이나 철학을 깊이 파고들었음에는 다르지 않다. 둘은 다 심오한 형이상학을 이룬 학자들임에 틀림없다. 성리학의 긴 역사로 보아 이황에게 철학이 풍요로움은 이상하지 않지만, 역사가 비교적 짧은 실학에 정약용의 철학이 이루어진 것은 예사롭지 않다. 그 점은 실학 역시 성리학의 풍토에서 발흥한 데에도 한 원인이 있을 것이다.

정약용의 철학으로 해서, 우리 학계는 실학에 철학이 결여되었다는 의미에서 사용한 '경제학〔經世濟民之學〕'의 표현이 얼마나 오류에 찬 것이었는지 실감하게 된다.[65] 더욱이 정약용이 이룬 철학도 이황의 성리설에서 사용된 천(天)·리(理)·기(氣)·심(心)·성(性)·정(情) 등의 용어로 되었음을 보면서, 용어 사용 또한 두 학자의 철학을 이루는 공통점임을 깨닫게 된다. 이런 공통점에만 주목하면 두 철학에는 상이점이 없는 것처럼 보인다.

그럼에도 이제까지의 고찰의 결과는 그렇지 않았다. 이황과 정약용의 철학은 상반이라고 할 만큼 서로 판이하였다. 두 철학의 상이점은 우주·자연관, 인간관, 윤리·도덕관에 이르기까지 일관하여 발견되는 것이다. 외견상의 공통점은 단순히 표층적 공통점에 지나지 않을 뿐 심층적 상동점이 아니었다. 이상의 고찰에 근거하는 한, 성리학의 대표격인 이황의 철학과 실학을 대표하는 정약용의 철학 사이에는 표면적 공통점 이상으로 '근본적 상이점'이 내재하였음이 명백하여졌다.

65) 현상윤(玄相允)의 『조선유학사(朝鮮儒學史)』가 대표적 실례이다.

그 상이의 원인은 다른 데에 있지 않았다. 바로 둘이 사용하는 '기본개념과 명제의 상이'에 말미암은 것이다. 두 학자는 다 같이 나름의 독특한 형이상학을 이루기 위해 천·리·기 및 성·정 등의 용어를 사용하였지만, 그것들의 의미를 서로 달리 규정하여 사용하였다. 그 개념들의 상이한 용법이 또한 서로 상이한 명제까지 제시하게 하였다. 같은 용어일지라도 정약용은 이황과 그것의 의미를 달리 부여하여 이용함으로써 이황의 주요 철학 명제들을 거의 다 부정하는 결과를 가져왔다. 그가 사용한 천·리·기·심·성·정의 의미 등이 이황의 성리학에서 사용한 의미와 달랐고, 따라서 그는 정주성리학의 핵심명제인 '천즉리', '리일분수', '성즉리', '심통성정', '성체정용(性體情用)·성발위정(性發爲情)' 등을 다 부정하였던 것이다.

정약용이 사용한 기본개념의 연원은 그가 강조하는 대로, 원천적으로 『상서(尙書)』, 『주역(周易)』 등 본원유학에까지 올라가는 것이다. 이런 점에서 그의 철학이 기본적으로 유학범주에 들게 됨은 이황 등의 성리학과 같다고 하지 않을 수 없다. 하지만 그가 사용하는 개념의 내용과 성격에서는 성리학자들의 것과 판이하다.

기본개념과 핵심명제가 서로 다른 철학들은 동서고금을 막론하고 '근본적으로 변별'되는 것이지, 결코 같은 종류의 철학으로 판단될 수 없다. 성리학과 실학은 그 철학 차원에서 전혀 이질적인 학문으로 분류되어야 하는 유학들이다. 더욱이 그 다르게 된 과정이 성리학을 비판적으로 극복하려는 의지로 되었음을 감안하면, 둘의 변별은 매우 자연스러운 결과라고 할 만하다.

정약용의 철학은 결코 성리학의 연장선에 있는 것이 아님이 분명하다. 학계에서 실학이 지닌 성격을 '탈성리학(脫性理學)'으로 나타내는 견해는 이런 점에서 타당하다.

한 가지 더 짚고 넘어가야 할 것은 정약용이 '본원유학에로의 복귀'를 빙자하여 정주학을 비판하였다는 점에서 일어나는 문제이다. 그가 성리학을 비판한 근거가 원초유학이었음을 감안하면, 그의 철학은 과연 원초유학의 부활에 그치는가, 아닌가의 의문이 그 문제이다. 그 점은 그의 철학의 키워드와 같은 위치에 있는 '상제' 개념만 살피더라도 알 수 있다. 인격화된 상제 개념은 물론 『서경』, 『시경』 등에서부터 나온다. 하지만 고대에는 '상제의 영명함'이 그처럼 강조되지 않았고, '천인상감(天人相感)이 막연히 언급'되었을 뿐 결코 "상제의 영명이 인간 마음의 영명과 직접 통한다"고는 언표되지 않았다. 그 '영명이 성 개념과 관련'지어 논급된 적은 더욱 없다. 성 개념도 원초유학에서부터 나오지만, 생(生)·각(覺)·령(靈) 등의 특성으로 설명된 적은 전혀 없다. 이러한 용법은 다 그 자신의 독특한 용법이다.

그가 표방한 본원유학의 회복은 서두에서도 언급하였지만, 성리학에 대한 비판과 부정의 근거를 찾는 데 있었다. 그것은 또 성리학자들이 이단시하던 천주교〔西學〕에 접근하였던 그로서 당시 '정주성리학의 권위와 압력'을 고려한 자기보호의 수단이었다고 보인다.[66] 그리고 그것은 전통사상을 완전히 제거, 단절한 상태에서는 새로운 사상도 이루기 어려운 사정에서 나온 '방법론의 하나'에 해당한다. 이렇게 보면 원초유학의 일부를 이용하여 성리학을 비판하면서 이룬 그의 이론들은 결국 그 '자신의 유학 또는 실학'이라고 해야 옳다.

2) 주요 성리설에의 접근과 그 귀결

이러한 판단이 인정되더라도 의문의 여지는 여전히 남는 것이 감지된다. 정약용의 학문도 성리학의 풍토에서 출발하였고, 그런 까닭에

66) 정약용은 문산(文山) 이재의(李載毅)에게 보낸 서신에서, "또 한 가지 당신에게 간곡히 부탁할 것이 있다. 이른바 경전에 대한 (나의) 이론은 한 자나 반 구절도 남에게 보여서는 아니 된다"고 한 것에서 그러한 느낌을 받게 된다〔실시학사경학연구회(實是學舍經學硏究會) 편역, 『다산과 문산의 인성논쟁』(한길사, 1996), 134쪽에서 재인용〕.

일찍이 그는 『도산사숙록(陶山私淑錄)』을 지을 만큼 이황의 영향을 받았다. 그러한 그에게 이황의 성리학과 같은 것이 과연 없었다고 단언할 수 있을까 하는 의문이 그것이다. 더욱이 그는 그 시대 성리학계의 주요 관심사였던 '인성(人性)·물성(物性) 동이(同異)의 문제'를 비롯하여, '인심(人心)·도심(道心)의 문제' 및 '이황과 이이의 사단칠정론' 등을 언급한 것으로 알려졌다. 대표적 실학자인 정약용도 성리학자들이 담론의 주제로 삼던 성리설에 접근하여 그 나름의 견해를 가지고 있었다. 이런 것들을 감안하면 그의 학문에 성리학을 극복·탈각하려는 성격만 있다고 하기는 어렵지 않을까 가상하게 된다.

실제로 정약용도 '인성·물성의 동이'를 언급하였고, 그러한 끝에 그는 '인성과 물성의 상이'를 주장하였다. 그것은 특히 그의 '성삼품설'로 입증된다. 이런 점에서 그도 성리학자로 분류될 수 있다는 판단을 내릴 가능성이 없지 않다. 하지만 이 문제에 있어서는 이에 대한 그의 접근의도와 접근방식이 성리학자들과 다르다는 점을 먼저 알아야 한다. 그 시대 성리학자들이 인성·물성의 동이를 다룬 의도는 먼저 '오상(五常)'이라는 '본연의 성'의 실재를 전제로 말하는 데서 찾아진다. 그들은 그 오상 전체의 선험적 본구를 주장하여, '도덕'을 실천할 수 있는 인간의 영장적 권위를 확립하려는 데 있었다. 그러한 정약용은 성리학자들과 달리, 본연의 성에 대한 실재성을 부정하고 성을 '기호'로 보았던 만큼, 그에 있어 물성과 상이하다고 구분되는 인성은 도덕 실천능력의 우수에서 그치지 않는다. 그 점 외에도 인식능력까지 포함한 '지능(知能)의 우월'이 생물 중 최고라는 것을 가리키는 뜻에서 말하는 것이 그의 인성이다. 그러므로 그가 인성과 물성의 상이설을 낸 것은 성리학자들의 이론과 문제의식부터가 같지 않다.

인심(人心)·도심(道心)의 문제도 정약용이 논하였음이 사실이다. 그러나 이황 등 성리학자들의 이에 대한 견해나 태도와 그가 견지한 견해와 태도는 달랐다. 이황 등은 주희가 심(心)에 대하여 내린 리기

(理氣) 이분법적 해석과 그 해석에 기초한 수양법에 역점을 두고서 이것을 논하였다. 그들은 형기(形氣)에 연원을 두고 있다는 인심〔人心生於形氣之私〕을 인욕의 본원으로 보아 그것을 좇지 않고, 성명(性命)에 근원한다는 도심〔道心原於性命之正〕을[67] 유지하려는 수양법으로 인심·도심의 문제를 다루었다. 그들은 인욕을 제거하고 천리를 보존한다는 '알인욕(遏人慾) 존천리(存天理)'와 이것을 연결시켰던 것이다.

이에 비하여 정약용은 이 문제를 『서경』에 의거하여 요·순·우의 정치술로 받아들인다.[68] 그런 다음 이것을 성리학자들이 심학(心學)의 절대 불변적 진리〔萬世心學之宗〕처럼 여기는 것에 그는 반대한다. 그에 따르면, '인심유위(人心惟危)'란 악 또는 선의 방향으로 행동할 수 있는 이른바 권형(權衡)을 의미하고 '도심유미(道心惟微)'란 천명으로 부여된 요선(樂善)의 성호(性好)이다. 그리고 집중(執中)이란 『중용』에서 "두 끝〔端〕을 잡아 그 중(中)을 민인(民人)에게 적용한다"는 뜻이라고 풀이한다.[69] 인심·도심 문제에 대한 이해의 시각이 성리학자들과 그는 이렇게 판이하였다.

정약용은 이황과 이이의 '사단칠정론'도 언급한 것이 사실이다. 하지만 그의 언설은 당시 다른 성리학자들이 하던 식으로 그 자신의 사단칠정론을 제기한 내용이 아니다. 그는 다만 이황과 이이의 이론이 지닌 방법론적 차이〔전총(專總)의 차이〕와 그 이론들이 지닌 의의〔심성정상설(心性情上說), 괄천지만물이립설(括天地萬物而立說)〕를 자신의 성리학 지식으로 해명하고[70] 평하는 데서[71] 그쳤다. 그의 그런 견해

---

67) 『中庸章句』, 序.

68) 『與猶堂全書』, 2집, 「大學講義」, 454~456쪽: "案, 荀子上文有舜治一段, … 蓋以堯曰篇, 原有舜亦以命禹一語, …… ."

69) 상동, 454~456쪽.

70) 앞의 책, 1집, 권12, 「理發氣發辨」, 제1, 248쪽: "二子之曰理曰氣, 其字雖同 而其所指有專有總" 및 앞의 책, 「西巖講學記」, 451쪽: "蓋退溪所論

표명은 당시까지 계속되던 그 문제에 대한 학자간의 의문과 논쟁을 해소·종식시키려는 데 그의 근본의도가 있었다고 해야 옳다.

이렇게 이해하면, 그의 기존의 성리설에 대한 언급은 그것들에 대한 오해와 논쟁을 불식시켜 더 이상 '성리학의 비생산적 연장을 저지' 하려 한 태도의 표명으로 여겨진다.[72] 경우에 따라 어쩔 수 없이 언급하는 그의 다른 성리설은 그의 성리학 극복의지에도 불구하고 청산되지 않았던 잔존설에 대한 관심의 표명일 것이다. 그의 『도산사숙록』은 그의 성리학에 대한 조예의 수준을 가늠케 하는 의의를 지닌다. 그 정도로 성리학에 대한 지식이 풍부하였으므로 오히려 성리학에 대한 비판과 반론도 가능케 되었다고 믿어진다.

이러한 입론을 바탕으로 하면, 정약용이 기존의 성리설을 다루었다고 하더라도, 그의 그 태도만으로 앞서 소개한 성리학 비판을 통하여 이룬 그의 독자적 이론의 성격이 퇴색된다고 할 수는 없다. 그의 학문세계의 핵심적 성격은 여전히 성리학과 상이하게 변별되지, 결코 성리학의 범주에 들어가는 것이 아니다. 그의 철학은 성리학을 넘어서려는 '실학의 철학'이라는 성격과 위상을 유지한다고 할 수 있다.

理, 專就吾心性情上立說. 理者道心也. 天理分上也. 性靈邊的也. 氣者人心也, 人慾分上, 血氣邊的也. 故曰, 四端理發而氣隨, 七情氣發而理乘. 蓋心之所發, 有從天理性靈邊來者, 此本然性有感也. 有從人慾血氣邊來者, 此氣質之性有觸也. 栗谷所論理氣, 括天地萬物而立說. … 故曰四端七情, 以至天下萬物, 無非氣發而理乘之. … 理氣字義旣別, 則彼自一部說, 此一部說, 恐武是非得失之, 可以歸一者, 未知如何."

71) 정약용은 이이의 사칠설을 타당시하다가, 이러한 사고과정을 거친 뒤에는 이황의 설에 경도되었다. 그러나 이들 두 학자의 설에 대한 그의 이상(이 장의 주 70)의 기본견해가 원천적으로 취소된 것은 아니다.

72) 이 점은 정약용의 「오학론(五學論)」에서 성리학자들의 태도를 비판 비난하는 데서 명백히 드러난다(『與猶堂全書』, 1집, 권1).

7. 상동점과 실학파 관점의 성찰

1) 상동점의 내재

이러한 이해로 판단하면, 정약용의 철학은 이황의 철학과 비교할 때 상동점(相同点)보다 상이점(相異点)이 더 많다는 사실이 확인된다. 두 철학 사이에는 상이점이 주조를 이룬다고 할 수 있다. 이런 사실은 또한 성리학과 실학을 연장·연속적인 관계로 보기 어렵게 하는 것이다. 이에 두 학문의 관계를 단절로 파악하여야 할까? 사상의 흐름에 단절의 시각을 적용할 수 있을지 논자로서는 의문이지만, 선뜻 단절의 관계라고 하기 어렵다고 생각된다. 그 이유는 비록 이황과 정약용의 예에 국한하더라도, 두 사람 철학의 상동점이 아직도 면밀히 검토되지 않았기 때문이다. 보다 더 심층적인 상동점을 찾아보아야 한다.

논자는 위에서 정약용의 실학이 성리학을 벗어난 근거로 상이점을 밝히면서, 그러나 '두 학문이 유학으로서는 같다', 곧 '다 유학의 범주에 든다'는 발언을 하였다. 이 발언이 또한 두 학문의 상동점을 놓고 내린 판단이다. 그러므로 이제부터 이 발언을 가능케 하는 근거를 밝히는 작업이 아울러 행해져야 한다.

바로 이런 시각에서 논자는 이황과 정약용이 구사한 같은 용어가 항상 서로 다른 의미만으로 쓰이지 않는 부면이 있음을 상기하게 된다. 먼저 천 개념의 경우, 두 학자가 구사한 의미는 각각 리법천관에 입각한 '리'와 '상제'였다. 이때 정약용은 '상제'가 고대에 사용된 본의미인 점에서 그 본원을 강조하는 태도를 보였지만, 실은 이황 같은 성리학자들도 다 '천'이 지닌 상제 의미를 부정한 적은 전혀 없었다. 오히려 상소문을 작성할 때에는 그들도 (임금에게) 상제 천 개념을 자주 구사하였다. 그 이유는 선정〔王道政治〕를 기하기 위하여서는 여전히 상제 천의 '천명(天命)'과 '천견(天譴)'을 역설할 필요가 있었기 때문이다.[73] 천 개념의 '원초유학적 상제 의미'를 일단 인정함에서는 이황과 정약용이 서로 다르지 않다. 다른 점은 하나는 그 의미 외에 리(理) 의미를 더 첨가하였고, 하나는 그 의미 자체를 새롭게 확대하였을 따름이다.

리 개념의 경우도 이와 비슷하다. 정약용은 이황이 사용하는 리의 의미를 거의 부정하고 다만 '조리·질서·법칙' 정도만 인정하였지만, 이황 역시 리의 그 정도 의미는 일단 인정하였지, 그 의미들을 애당초 부정하지 않았다. 이황 등 성리학자들은 그런 의미에 소이연(所以然), 소당연(所當然) 등의 의미를 첨가하고 이를 실재시·능동시하면서, 성·천명·태극 등과 동일시하였다. 다시 말해 '소이연' 이상이 바로 성리학자(정이 이후)가 첨가하여 사용한 의미인데,[74] 이 의미들을 정약용은 부정하여 상이점이 발생하게 되었다. 리가 성리학 발흥 이전에 지녔던 기본의미를 인정하는 것은 두 학자의 상동점이다.

그 밖에 기·심·성·정의 경우도 거의 다 마찬가지이다. 성리학 발흥 이전의 의미를 이황이나 정약용이 일단 서로 인정하고서 그것들을 구사하는 점은 천, 리의 용법현상과 거의 비슷하다. 이러한 것이 바로 이황과 정약용 철학의 기초적 상동의 양상이다. 두 학자의 철학에 상동점이 있는 이상, 두 철학이 다 기본적으로 유학의 범주에 들게 되어, '유학으로서는 서로 같다'는 판단이 가능하게 된다.

성리학과 실학의 관계를 선뜻 단절이라고 단언하지 않는 이유가 바로 여기에 있다. 그 이유는 결국 두 학문의 상동점 때문이다. 두

---

73) 『退溪全書』 上, 권6, 「戊辰六條疏」, 192쪽 등.

74) 『주역(周易)』, 「계사(繫辭)」에 나오는 "일음일양위도(一陰一陽謂道)"를 정이는 "소이일음일양위도(所以一陰一陽謂道)"라 하였다. '도'는 곧 '리'와 동일시되므로 리의 의미에도 이후 '소이연'이 첨가되었다.

학문의 관계는 마치 한 줄기에서 나온 두 가지와 같다. 그러한 양상을 시대의 흐름인 역사적 시각에서 파악하려니까 연속은 분명히 아니지만, 그렇다고 단절의 관계라고도 가볍게 단언하기 어렵게 된다.

2) 실학파 관점의 성찰

성리학과 실학의 관계를 단절로 보기 어렵게 하는 또 '하나의 요인'이 있음을 놓쳐서는 아니 된다. 정약용의 실학은 성리학이 농숙할 대로 농숙하여 그 폐단과 한계를 드러내는 상황에서, 그(정약용)보다 선행한 북학파 등 실학자들의 사고가 '점진적으로 쌓여진 위'에서 이루어졌다. 정약용에게 '실학의 대성자'라는 표현을 적용함도 이 같은 사정을 감안해서다. 실학의 철학이 점진적으로, 그것도 성리학의 풍토에서 점진적으로 형성된 이 점이 또한 성리학과 실학의 관계를 단절로 보기 어렵게 하는 또 하나의 요인이다.

다 밝혀진 대로, 실학을 선두에서 일으킨 유형원 · 이익 등은 그들의 왕성한 현실개혁의지만큼 '철학의 시각'으로도 성리학을 극복하려는 노력이 강렬하지 않았다. 그들의 경우는 존재론에 해당하는 리기설만 보아도, 성리학을 상당히 답습하는 양상을 보였다. 유형원은 젊은 시절 기에 치중하다가 후에는 리에 치중하는 유동적이고 부정형적 사고를 지녔었다.[75] 이익은 자연계 또는 물체에 대하여는 기를 이용하여 설명하는 경향을 보이는 반면, 사단의 해석에서는 리발일도설(理發一途說)을 주장하는 정도로 리에 치중하는 리기론의 '이원적 양상'을 보인다. 당시 주희설에 조금이라도 어긋나는 언설을 용납하지 않던 분위기의 영향도 어느 정도 받은 때문이겠지만, 목숨을 걸

75) 윤사순, 「실학의 철학적 성격」, 『한국유학논구』(현암사, 1980)에서 유형원의 리기설을 주기(主氣)로 파악한 것은 그의 전기에만 적용되고 후기에는 적용되지 않는 견해에 지나지 않는다고 피력했다.

고 주희설을 비판·시정하는 태도로 『사변록(思辨錄)』을 지어, 실학의 경학에서 새로운 지평을 연 박세당(朴世堂)의 경우마저도, 철학 차원의 주희설 비판에서는 정약용 정도로 철저하지 못하였다.[76]

실학의 발전기라 할 시기에 위치한 홍대용(洪大容) 등 북학파 학자들, 즉 서학인 천주교와 서구의 천문학과 세계지리 등 신지식을 보다 더 익힌 학자들에서부터, 성리학을 기론(氣論)에 입각하여 정면으로 비판하고 부정하였다. 홍대용 등의 기론이 바로 음양의 실체성을 부정하고, 오행설도 수정·부정하는 새로운 기론이다.[77]

정약용은 이들을 앞세운 덕을 본 셈이다.[78] 그 덕에 그에게서 궁극적 존재인 천을 상제로 복원(여기에는 천주교의 영향이 컸을 것임)하고, 태극을 기〔元氣〕로 상정하는 사고에 의하여, '성리학 탈각의 성향'이 뚜렷하여질 수 있었다. 그 뒤의 최한기(崔漢綺)에 이르러서는, 성리학자들의 기(氣)철학과는 전혀 다른 '독특한 기철학'이 이루어져, 실학의 철학적 특성이 다산에서보다 더 뚜렷하여짐을 본다.[79]

실학의 철학은 이러한 과정을 밟고 형성된 까닭에 기론을 주조로 한 측면으로도 정주성리학과 비연속적인 변별성을 확보하고 있지만, 성리학의 풍토와 전혀 무관하게 홀연히 발흥된 듯한 느낌을 주는 단절의 관계라고 하기 어렵다. 이렇게 파악하면 단절로 보기 어렵게 하는 '성리학과 실학의 상동점'과 '실학 형성의 과정'이 엄존하는 것은 실상 실학자들이 의도한 성리학 탈각의 한계를 의미하는 것이 아닐

---

76) 윤사순, 「박세당의 실학사상에 관한 연구」, 『한국유학논구』(현암사, 1980).

77) 洪大容, 『湛軒集』, 「毉山問答」 참조.

78) 당시 오행설(五行說)에 대한 이견은 천주교의 사행설(四行說)이 알려지고, 불교의 사대설(四大說)을 상기하면서, 특히 『주역(周易)』의 사정설(四正說)과 『예기(禮記)』의 사위(四位), 사용(四用) 및 「홍범(洪範)」의 오물설(五物說)을 인용하면서 진행된다.

79) 윤사순, 「조선말기 유학에 관한 연구—성리학과 실학의 기론」 및 「실학의 철학적 기반」, 『한국유학사상론』(예문서원, 1997).

수 없다.

정약용이 그의 가변적 윤리설을 구상하고 있었음에도 불구하고, 그가 덕목 가운데 '효·제·자'라는 가정윤리 덕목에 치중한 것도 캐고 보면 그의 윤리사고의 한계라 할 수 있다. 더욱이 그가 "삼강오륜은 인륜이지 방례(邦禮)가 아니므로 변경〔損益〕할 수 없다"[80]고 하는 데 이르면, 그의 도덕적 사고의 한계는 더욱 극명하여진다. 삼강오륜은 그 시기의 단순한 도덕체계가 아니라, 더 나아가 사회체제와 국가체제의 성격까지 띠었음을 고려하면, 그의 사고의 한계는 그 시대적 한계에 해당되기도 한다.[81] 이렇게 살피면 '실학이 지닌 한계'가 성리학과의 관계를 단절로 볼 수 없게 하는 가장 큰 요인이고, 연속의 측면이 없지 않다고 하게 되는 '구실'로 이용되는 것이다.

---

80) 『與猶堂全書』, 2집, 「論語古今註」, 170쪽.

81) 정약용이 위민, 민본의 시각에서 성리학적 풍토의 폐단에 대한 많은 개혁을 기원하고, 왕권 강화와 법치적 예치 강화의 방향을 새롭게 모색하였음에도, 노비제의 혁폐(인권문제) 등에서는 유형원이나 이익보다도 소극적이었던 점이 이런 맥락에서 이해된다.

8. 맺음말

연속과 단절이라는 용어는 철학·사상사에 적용하기 곤란한 용어이다. '연속'은 사상의 흐름에서 일어나는 변천과 다양화를 도외시한 채 '단선적 필연의 연장'으로만 이해하도록 하는 의미가 너무 강하다. 반대로 '단절'은 그 흐름을 마치 무에서 유가 돌출하는 식의 '우연한 발상의 연발(連發)'로만 이해토록 할 가능성이 농후함이 그 이유이다.

철학·사상사는 다 아는 대로 인간의 주체적 사고능력과 시대환경과의 관련 속에서 이루어진다. 이 점을 고려하면, 철학사상의 흐름은 결코 한 사상의 단순한 연속이나, 선행한 사고의 싹조차 없이 창발로만 생긴다고 할 수 없다. 선재(先在)한 사고와 그 시대의 물리적 사상적 환경과의 관련에서 '시대에 따라 창발적 발상의 전환'이 있게 된다고 해야 할 것이다.

성리학과 실학의 변별을 가능케 하는 둘 사이의 '상이'가 곧 유학의 '시대적 발상전환'의 한 실례이다. 다시 말해, 정약용이 정주와 이황 등의 성리학에 원용된 기본개념과 명제들을 거의 다 비판적으로 부정하고, 자신이 새롭게 상정한 개념과 명제들을 기초로 성리학과 다르게 이룩한 그의 철학체계와 내용(그의 우주관·인간관·윤리관)이 곧 그의 실학이 지닌 창발적 발상의 전환이다.

정약용을 중심으로 한 후기실학을 성리학과 구별하여 어느 학자가 개신유학(改新儒學)이라 한 것은 이러한 점에서 납득할 만한 표현이다. 하지만 논자도 실학을 개신유학이라고 부르자고 하는 것은 아니다. 유학사의 흐름은 앞으로도 계속, 시대와 인간의 주체적 노력에 따라 개신되는 내용과 성격의 유학이 나올 것이 예상되기 때문이다.

-『泰東古典研究』, 19집(한림대학교 태동고전연구소, 2003) 所收

제 3 편

실학의 철학적 다양성

제 6 장 ‖ 실심(實心) · 실효(實效) 시각의 확장
이수광의 무실(務實)사상

제 7 장 ‖ 천근적(淺近的) 실용의 실제성 중요시
박세당의 실학사상에 관한 연구

제 8 장 ‖ 정약용 철학의 주요부분
정약용의 인간관

제 9 장 ‖ 최한기 철학의 기본적 특징
최한기의 기철학
—기측체의(氣測體義)를 중심으로

제 10 장 ‖ 실학의 한 박학적 개방성
이규경 실학에서의 전통사상
—그의 도불관(道佛觀)을 중심으로

실심(實心) · 실효(實效) 시각의 확장

제6장 이수광의 무실(務實)사상

1. 들어가는 말

이수광〔芝峯 李睟光, 1563~1628〕의 '무실(務實)'은 그의 사상을 단적으로 드러내는 대표적 용어이다. 인조(仁祖)의 구언(求言)에 응하여 제출한 그의 글인 「조진무실차자(條陳務實箚子)」[1]에서, 이수광은 무실을 주제로 하여 실로 만언(萬言)에 해당하는 분량의 언설로 그 중요성을 강조하며 실천을 역설하였다. 그의 「조진무실차자」야말로 당시의 시대적 비리와 모순에 대처하는 정치 개혁안으로서 그의 중요한 정책론으로 손꼽힌다. 이것은 현실 대응에 구사된 그의 유학사상을 구체적으로 드러내는 자료로 마치 이이(李珥)의 『동호문답(東湖問答)』과 비슷한 저술이다.[2]

---

1) 李睟光, 『芝峯集』(文淵閣本), 권22, 雜著, 205~216쪽.

2) 이들이 서로 같게 된 것은 이수광이 이이의 영향을 받았기 때문일 것이다. 장유(張維)가 지은 그의 행장에 따르면, 19세경에 그는 문사(文詞)에 뛰어나 이이로부터 크게 칭찬을 받았다고 한다. 이런 것도 그가 이이를 숭모하

원래 '실(實)'이라는 용어는 '위(僞)·가(假)·공(空)·허(虛)·무(無)·명(名)·화(華)·문(文)'과 대립되는 개념이다. 이는 진(眞)·핵(核)·질(質)·유(有)·영(盈)과 흔히 통한다. 이런 점에서 '실'에 힘쓴다는 의미의 무실은 유학이 지향하는 학문적 특징에 들기도 한다. 유학이 현세와 현실생활을 근본적으로 긍정하는 사상인데다가, 그러한 유학이 현세의 실제생활을 진실되고 의미 있게 영위하기 위하여 취하는 태도가 곧 무실이기 때문이다. 따라서 무실(務實)정신은 유학을 실학(實學)으로 간주하게끔 하는 사상에 해당한다. 성리학과 조선후기의 탈성리학적 실학이 모두 무실정신을 바탕으로 '실학'임을 자칭하는 사실이 그 좋은 증거이다.

유학을 실학으로 간주하게 하는 것인 만큼, '무실사상'에 대한 고찰은 곧 일정한 유학의 특징에 접근하는 하나의 방법이 될 수 있다. 이수광의 경우라 하여 그 점이 예외는 아닐 것이다. 이에 그의 무실사상을 살핌으로서 그의 유학이 지닌 성향이 성리학에 드는지 아니면 탈성리학에 드는지 밝혀지길 논자는 기대한다. 아울러 그의 유학이 차지하는 유학사적 위치도 여기서 함께 파악될 수 있길 소망한다.

게 된 한 요인일 것이다.

2. 시대적 여건과 활동상

이수광은 1563년(명종 18년)에 태어났다가 1628년(인조 6년), 66세로 타계하였다.[3] 그의 생존 시기는 16세기 후반부터 17세기 초반에 걸친 시기에 해당한다. 이 시기는 내외의 환란이 매우 심하였던 격동기였다. 7년에 걸쳐 전 국토가 짓밟힌 임진왜란을 비롯하여 왕이 강화로 급히 피신해야 했던 정묘호란이 있었으며, 인조반정과 이괄(李适)의 난이 발생한 때가 이 시기이다. 그것은 내우외환으로 조선이 쇠퇴의 길로 접어들던 '중쇠(中衰)'의 시기이기도 하다.

16세의 어린 나이로 초시를 거쳤고 23세에 문과에 합격하여 일찍 관계에 들어선[4] 이수광은 관료의 신분으로 당시의 환란들을 겪었다. 30세 때 (파직의 상태에서) 임진왜란을 맞은 그는 홀몸으로 성천(成川)을 거쳐 행조(行朝)에 들어가 부교리와 비국랑(備局郎)을 비롯하여, 지평, 교리를 거친다. 잠시 선유어사의 직분을 맡아 그는 북로의 반민(叛民)들을 효유하는 격문(檄文)을 지었고, 병조정랑과 사간원헌납을 겸하면서 「변란중 사절인(死絶人)의 사실(史實)」을 편집하였다. 집의에 올라 '시폐의 시정을 촉구하는 차자〔「십조차자(十條箚子)」〕'를 지어 바쳤으며, 정유재란 때(35세)에는 호조참의로 군량운송을 관장하다가 진위사(進慰使)로 연경(燕京)에 가기도 하였다.[5]

40세를 전후한 시기에는 홍문관 대제학이 되어, 『고경주역(古經周易)』과 『주역언해(周易諺解)』, 『사기찬(史記纂)』 등을 교정하여 왕(선조)에게 바쳤다. 아울러 당시 김씨 비(金氏妃)의 책봉을 계기로 『오례의(五禮儀)』에 결함〔廟見一節〕이 있음을 발견하고서 고례를 따르도

3) 『芝峯集』, 권1, 附錄, 「(芝峯)行狀」(張維).

4) 상동.

5) 상동.

록 하여 학자의 실력을 발휘하기도 하였다.[6]

정유재란 때부터 여러 차례 대사성과 대사간 및 이조·병조참의 등을 역임한 그는 42세 때, 존호(尊號)를 청하는 조정대신들과 뜻이 맞지 않아 외직을 자청하여 안변부사(安邊府使)가 된다. 임지에 도착한 그는 심한 가뭄에는 몸소 기우제를 지내는가 하면, 홍수와 북변 방어로 영일이 없던 민중들을 무마하여 그들을 편안하게 한다. 홍주목사(洪州牧使)일 때(45세)에는 학도를 모아 향교에서 강학에 열중함으로써 향민 교화에 큰 성과를 거두기도 하였다.[7]

광해군 즉위(47세 때) 후 잠시 병조참의·도승지를 지낸 다음, 이듬해 예조참판·승문원제조가 되었다. 그 후 대사간·대사헌의 임명이 있었지만 모두 사양하다가, 세자관복을 주청하는 일로 사신의 직무를 띠고 다시(28세 때 서장관으로 간 것을 합하여 세 번째) 연경에 가게 된다. 당시 그곳에서 베트남〔安南〕, 유구(琉球), 태국〔暹羅〕 등의 사신들에게 시문(詩文)을 주어 그들을 감탄케 하였고, 마침내 그의 시문이 베트남 등지에 널리 유포되었음은 이미 많이 알려진 일이다.[8]

중국에서 돌아온 이수광은 당시 술사 이의신(李懿信)의 진언으로 천도를 고려하던 광해군을 설득하여 진정시킨 다음, 대사헌 등의 임명을 모두 거절한다. 이이첨(李爾瞻)으로 인한 영창대군(永昌大君)의 살해 등 광해군의 혼정으로 관직을 사절한 지 4년 만에 그는 대표적 저서로 꼽히는 『지봉유설(芝峯類說)』을 탈고(52세 때)한다. 그러고서 순천부사(順天府使)로 서울을 떠나 3년의 세월을 보낸 다음, 57세부터는 아예 관직을 버리고 수원에서 전원생활을 시작하였다.[9]

인조반정(61세 때)으로 정국이 바뀌면서, 그는 도승지·제학·대

---

6) 상동.

7) 상동.

8) 상동.

9) 상동.

사간·이조참판 및 공조참판에 취임한다. 이듬해 이괄의 난에서는 왕을 따라 공주(公州)로 갔다 돌아와 좌참찬·공조판서 및 지경연관(知經筵官)이 된다. 이 무렵(63세 때) 재난을 계기로 인조가 구언함에, 그는 대사헌의 신분으로 당시 폐정을 개선해야 한다는 시각에서 만언차(萬言箚)를 작성하여 바친다. 이 차소가 이른바 「조진무실차자」이다. 여기에 새 왕 밑에서 펼칠 그의 새로운 정치의 뜻을 담았다.[10]

그러나 새로운 정책을 펼칠 겨를도 없이 호란이 닥쳐(65세 때), 이수광은 피난하는 왕을 따라 병든 몸으로 강화(江華)로 가야 했다. 환도 후에는 좌·우참찬이 되었다가 이조판서 등이 내려짐에 극력 사양하였지만〔五辭〕, 인조는 그에 대한 향심으로 끝내 벼슬을 거두지 않아 그는 문서상으로나마 지추(知樞)의 직함을 지닌 채 숨을 거두었다.[11]

이와 같이 이수광은 거의 40년에 걸쳐 관료생활을 한 인물이다. 조정의 관직을 두루 거친데다가 지방관까지, 그것도 북방과 중부 및 남방의 지방관을 역임한 그의 관료경험이야말로 당시의 세태를 누구 못지않게 잘 파악할 수 있었던 조건임에 틀림없다. 그는 자신의 관료경험을 통하여 당시의 인습에 젖은 정치, 무력한 경제, 혼란한 사회, 특히 전란으로 도탄에 빠진 민생의 참상 등을 잘 파악할 수 있었다고 추측된다. 그의 장기간의 다채로운 관료생활은 바로 당시 시폐들의 개선방책을 강구하는 데 뒷받침이 될 수 있었던 것, 곧 무실사상을 이룰 수 있었던 그의 경험적 토대였다고 믿어진다.

---

10) 상동.

11) 상동.

3. 이수광의 유학 사상

이수광은 어려서부터 특별한 사우(師友)의 도움 없이 자신의 힘으로 학문을 익히고 이룩하였음을 토로한다. 장유(張維)의 「지봉행장」에 따르면, 이수광은 5세 때부터 학문을 익혔는데 입을 열기만 하면 곧 기설(奇說)을 말하였고, 13세에 사서이경(四書二經)에 달통할 정도였다. 부친의 삼년상을 마친 뒤(19세) 그는 각고면려하는 태도로 학문에 힘썼고, 문사(文詞)에도 열심히 정진하여 이이로부터 크게 칭찬 받았다.[12)]

그가 시문에 뛰어났다는 사실은 연경 사신 시절의 일화로도 이미 언급되었지만,[13)] 또 그의 친우이자 당시 문사로 유명했던 신흠〔象村 申欽, 1566~1628〕이 이수광의 『승평록(昇平錄)』에 쓴 발문으로도 입증된다.[14)]

당시가 정주계 성리학과 그 예학(禮學)이 정교(政敎)의 원리로 이용되던 시기임은 주지의 사실이다. 또 성리학의 학문정신이 '위기지학(爲己之學)'의 추구, 즉 철저한 수양(修養)과 예(禮)의 실천 및 심오한 철리(義理)의 탐구를 통해 본연의 자신을 회복하여 안신입명(安身立命)의 경지에 도달함을 최고의 이상으로 여김도 마찬가지다. 그러한 성리학의 풍토에 기인하여서였던지 그는 '시인묵객(詩人墨客)'으로 지칭됨을 가장 부끄럽게 여겼다.[15)] 그는 자신의 젊은 날을 문자에 파묻혀 '그릇되게 보낸 반평생'이라고 하면서, 늙어서야 옛 버릇〔舊習〕을 씻고 옛 성현의 말씀을 탐구하였다[16)]고 한다. 장유의 표현

---

12) 상동, 313쪽.

13) 이 장의 주 8) 참조.

14) 앞의 책, 권18, 『昇平錄』, 167쪽.

15) 앞의 책, 권21, 雜著, 199쪽 및 앞의 책, 권1, 附錄, 316쪽.

을 빌리면, "어려서는 자력으로 학문을 익히느라 읽지 않은 책이 없었다가, 늘그막에 오로지 성리학의 모든 서적들을 찾아 그 의취를 캤다"[17]는 것이다. 이로써 그의 학문이 어디까지나 유학이지만, 중·노년까지 박학다식의 태도로 학문을 하다가〔52세 때 『지봉유설(芝峯類說)』 탈고〕, 노년기에야 성리학에 치중하였음이 드러난다.

사실 이수광은 노장(老莊)과 불교에도 한때 접하였음을 고백하면서, 그렇지만 그 사상들에는 현혹될 만한 것이 없었다고 토로한다.[18] 그에 따르면 특히 불교는 "공허(空虛)를 존숭하고 적멸(寂滅)을 종지로 삼아서 담박(淡泊)한 점은 있지만 좋아할 수 없는 것"[19]이라고 평한다. 그는 "유자의 언설은 통(通)·실(實)하지만, 노자의 언설은 고(高)·색(賾)하며, 불교의 것은 대(大)·과(夸)하다"[20]고 이해한다. 그러면서 "세상사람들이 유도(儒道)를 싫어하더라도 (그렇다고 해서) 저 두 사상〔二氏〕을 숭모하지는 않게 된다"[21]고 한다. 이는 노불에는 현실에 부적합한 약점이 많은 반면, 유학에는 실생활에 통하는 실용적 특색의 장점이 많다는 뜻이다. 유학에 대한 통·실의 이해는 곧 그의 '무실'정신의 토대가 아닐 수 없다. 그의 무실정신이란 다름 아닌 실제적 실용성 추구의 경향이라는 것을 미리 짐작할 수 있다.

그의 『지봉유설(芝峯類說)』도 실생활에 통하고 실용적인 유학을 탐구하는 각도에서, 동시에 박학(博學)의 정신을 구사하여 이룩한 업적이다. 『지봉유설』의 내용처럼 실생활을 다각도로 조명·인도하는 구

16) 앞의 책, 권23, 「學戒」, 198쪽 및 앞의 책, 권23, 「行狀」 316쪽.
17) 상동.
18) 앞의 책, 권23, 「學戒」, 198쪽.
19) 앞의 책, 권21, 雜著, 「贈學悅上人說」, 181쪽.
20) 앞의 책, 권24, 「采薪雜錄」, 252쪽.
21) 상동.

체적 언설의 서적을 찾기 어렵다는 점을 고려할 때 바로 이러한 판단을 내릴 수 있다. 그는 위기지학을 학문 태도 중 으뜸으로 간주하던 당시에 '박학'을 '상설(詳說)' '심문(審問)' 등과 함께 경전(『맹자』·『중용』)에서 성현들이 중요시한 것임을 들어, 그 박학도 "위기(爲己)하게 되는 것이지 위인(爲人)하게 되는 것이 아니다. 지금 박학을 위인이라 말하는 것은 아마도 틀린 논의일 것이다"라고 한다.[22] 이것이 백과사전 유형의 『지봉유설』을 만든 그의 학문적 신념에 해당한다. 하지만 그가 항상 박학을 중시하지는 않았다는 사실에 주의하여야 한다. 실생활에 응용될 실용적인 학문도 필요하다는 점에서 박학을 위기(爲己)의 각도로 중시하였지만, 실상 위기를 말한 본래의 취지인 수양(修己)의 관점에서는 또 다른 발언을 한다.

> 학문이 반드시 박(博)할 필요는 없다. 박하면 잡되기 쉽다. 말이란 모름지기 많지 않아야 한다. 말이 많으면 싫증나기 쉽다.[23]

그의 노년의 학문경향이 성리설의 탐구로 기울었음을 고려한다면, 박학에 대한 이러한 사고는 그 성리학적 수기에 대한 중시와 관련이 있을 것이다.

수기는 물론이고 나아가 안인(安人, 治人)까지 포함한 일반적 시각에서 그가 가장 중요시한 것은 『육경(六經)』이다. 그는 "성인의 말씀이 육경에서 드러난다. 배우는 사람이 경전을 읽어 얻음이 있는 것으로는, 육경이 나를 위한〔위기(爲己)의〕 언설들이다"[24]라고 한다. 이것은 유학자의 언설로서는 당연한 것으로 볼 수도 있다. 그러나 당시 성리학자들이 으레 유학의 주요 경전으로 사서삼경을 드는 것이 통

---

22) 『芝峯類說』(경인문화사, 1970, 영인본), 권5, 儒道部, 「學問」, 79쪽.

23) 『芝峯集』, 권24, 「采薪雜錄」, 251쪽.

24) 앞의 책, 권29, 雜著, 「警語雜編」 291쪽.

례였음을 감안한다면, 그의 육경 중요시는 그러한 성리학적 통례에서 벗어나는 사고이다. 이는 성리학에 치중할 때에도 그가 박학을 중요시하던 사고가 그의 경학관에 암암리에 작용한 흔적이라 할 사고로 이해된다.

하지만 외견상으로는 수기를 위하여서는 박학마저 멀리해야 한다고 하였기 때문에, 이수광은 『지봉유설』의 탈고 이후에는 성리학에 전념하였다. 그 결과를 다음과 같은 여러 저술로 남겨 놓았다. 『설문청독서록해(薛文淸讀書錄解)』, 『제채자이심법논후(題蔡子履心法論後)』, 『병촉잡기(秉燭雜記)』, 『경어잡편(警語雜編)』, 『잉설여편(剩說餘編)』 등이 그것이다. 『설문청독서록해』는 그의 설명대로 주경과욕(主敬寡慾)의 방법에 관한 것이 주류를 이룬다.[25] 『제채자이심법논후』는 특히 『중용』에서 말한 심(心)의 조종법을 주로 담았으며, 『병촉잡기』는 송·원·명의 유학자들의 언설을 소개한 내용으로, 그의 60세 때 이후 노인의 학문을 병촉지광(秉燭之光)에 비유한 데서 이름 붙인 것이다.[26] 또한 『경어잡편』은 그 자신의 정좌존심(靜坐存心)의 수행 끝에 깨달은 자경(自警)의 자료이며,[27] 『잉설여편』은 명칭 그대로 이러한 저술들에 미처 담지 못한 언설들의 묶음이다. 결국 『병촉잡기』만 수기설과 더불어 천지 만물에 대한 광범한 성리설을 담았을 뿐, 나머지는 모두 수기 위주의 심성·수양에 관한 저술들이다.

이와 같이 박학의 업적을 남기면서 육경과 『중용』을 중시한 사실은 무엇보다도 그의 학문구조를 알 수 있게 하는 자료이다. 이는 그의 학문이 유학 본래의 면모인 '수기〔修養〕'와 '안인(治人)'의 두 측면으로 이루어졌음을 알려준다. 수기와 안인을 두 축으로 하여 이루어진 것이 그의 유학이다. 이제 이 점을 좀더 구체적으로 확인하자.

---

25) 앞의 책, 권25, 「薛文淸讀書錄解」, 266쪽.

26) 앞의 책, 권28, 「秉燭雜記」, 290쪽.

27) 앞의 책, 권29, 「警語雜編」, 295쪽.

우선 그의 유학 중 '수기'의 측면부터 살펴보자.

> 학문이란 장차 배움〔學〕을 가지고 사람이 되고자 함이다. 다만 사람이 되기를 배울 뿐만 아니라, 장차 배움을 가지고 성인이 되고자 하는 것이다.[28)]

> 학문은 성현을 목표로 하는 것인데, 오늘날 배우는 이들은 스스로를 너무 낮추어 본다. 단연코 성현을 배울 수 없는 것으로 여김은 소인(小人)으로 됨을 감수함이다. 성현으로 됨을 좋아하지 않고서야 어떻게 학문이라 하겠는가?[29)]

진정 사람다운 사람인 성현 또는 군자가 되고자 하는 데에 그의 학문의 목표가 있다. 성현군자를 목적으로 강조하는 사고방식은 학문을 이러한 목적성취의 수단으로 이용함을 뜻한다.

학문을 이용하여 성현 같은 이상적 인간이 되는 것을 목표로 하면, 으레 그 방법으로서 수기가 따르게 마련이다. 그의 경우도 예외가 아니다.

> 군자가 높일 것〔所尊〕은 도(道)이고, 귀하게 여길 것〔所貴〕은 덕(德)이다. 도덕이 몸에 있으면 사람들이 다 공경하여 높여주며, 준칙으로 삼아 본받는다. 이는 곧 스스로도 자경(自敬)함이다. 자경하지 않으면 자만하는 것이다.[30)]

> 마음〔心〕이란 활동하는 것〔活物〕이다. … 그런 까닭에 배우는 사람은 모름지기 지경(持敬)을 주로 하여 존양(存養)·성찰(省察)해야

---

28) 앞의 책, 권29, 「警語雜編」, 293쪽.

29) 앞의 책, 권24, 「采薪雜錄」, 247쪽.

30) 앞의 책, 권25, 「薛文淸讀書錄解」, 264~265쪽.

한다.[31]

거경(居敬)과 궁리(窮理)는 어느 하나를 빠뜨려도 아니 된다.[32]

마음〔心〕의 본체는 원래 큰 것인데, 물욕에 가리면 큰 것이 작아진다. 경(敬)에 주력하면 그 가림이 제거되고, 가림이 제거되면 작았던 것이 커진다.[33]

가정황제(嘉靖皇帝)가 지은 「경일잠(敬一箴)」에 따르면 "마음〔人心〕의 특성〔德〕은 경의 상태를 갖지 않으면 (한데로) 모이지 않고, 하나로 되지 않으면 불순해진다"고 하였다. 원래 경하면 마음이 하나로 되고, 하나로 되면 성(誠)인 것이다.[34]

이와 같이 보면 이수광도 경(敬)과 성(誠), 그 가운데 특히 경을 수기에서 중시하였다. 경 등의 수기에 부지런하고 그침이 없어야 한다는 점에서 이수광은 세상을 떠나던 해(66세)의 초하루 아침에 병든 몸을 무릅쓰고 「자신잠(自新箴)」을 지었다.[35] 그 내용은 수기에 의해 자신이 날로 새로운 경지로 나아갈 것을 다짐하는 것이어서 감명을 자아낸다.

이러한 이수광인 만큼 그는 수기의 측면에 있어서의 학문 역시 '치용(致用)을 위한 것'임을 밝힌다. 다음의 글이 그 예증이다.

신이 또한 듣기로는 주자(朱子)의 말에 이르기를, "독서에서는 반드

---

31) 앞의 책, 권26, 「題蔡子履心法論後」, 267쪽.

32) 앞의 책, 권25, 「薛文淸讀書錄解」, 261쪽.

33) 상동.

34) 앞의 책, 권27, 「秉燭雜記」, 279쪽.

35) 앞의 책, 권23, 雜著, 198쪽.

> 시 절실한 체험이 필요하다. 다만 문자만 보는 것이어서는 아니 된다"고 하였습니다. 학문이란 '치용하기 위한 것'인 만큼, 모름지기 실(實)한 태도로 해야 하는 공부이기 때문입니다. 하루하면 하루의 유익함이 있고 이틀하면 이틀의 유익함이 있어야, 자연히 심지가 안으로 정하여지고 기질이 점차로 변하여져서 성(誠)·명(明)의 경지〔域〕에 이를 수 있습니다. 만약 독서를 하고서도 실천할 수 없고 도리어 심신에 아무 영향이 없다면, 비록 성현의 글을 다 읽는다 하더라도 무슨 유익함이 있겠습니까? 그러므로 종일 경전을 담론해도 실공(實功)에 보탬이 없을 것입니다.[36)]

수기에서도 학문은 몸소 성(誠)·명(明)의 수양을 통하여 성현·군자로 되는 실공(實功)·실효(實效)가 있어야 한다는 것이다. 경(敬)·성(誠)·명(明)의 수양을 통한 성현·군자가 곧 그가 생각한 수기 측면의 학문이 지닌 치용성이다.

이제는 그의 유학 중 '안인(安人)'의 측면을 살펴보자. 안인의 측면을 관점으로 하면 학문은 더욱 그 효용·실용의 각도로 역설된다.

> 학문이란 장차 치용〔利用〕하기 위한 것이다. 의리가 이미 밝혀지고 규획(規劃)이 미리 정해지면, 사무의 처리에 현혹됨이 없고 제도의 변화에 혼란됨이 없다. 무릇 배우지 않음〔不學〕은 장님이고 벙어리이다. 장님에게 길을 묻고 벙어리에게 소리를 청하면 될 법한 일인가?[37)]

그는 학문이 '사무처리'와 제도변화에 이용될 '의리'와 '규획'을 탐구하는 것이어야 함을 주장하고 이어서 구체적 안인의 태도를 제시한다.

---

36) 앞의 책, 권22, 雜著, 「條陳務實箚子」(乙丑), 206~207쪽.

37) 앞의 책, 권28, 「秉燭雜記」, 283쪽.

> 공자는 "옛날의 학문은 위기(爲己)였는데 오늘의 그것은 위인(爲人)이다"라고 하였고, 정자(程子)는 "옛날의 벼슬아치는 위인(爲人)이었는데 오늘의 벼슬아치들은 위기(爲己)이다"라고 하였다. 무릇 (오늘날의) 학문이 위인으로 되어가고 벼슬아치들이 위기의 태도를 취하는 것이야말로 오늘날이 옛날만 못한 까닭이다.[38]

개인의 사사로운 입장에서는 위기(爲己)하는 수양을 철저히 해야 하지만, 국가·사회 등 집단을 위한 공인의 입장에서는 '공공의 이익〔致用〕'을 위한 위인(爲人)의 공무에 힘써야 한다는 것이 이 글의 요지이다.

이때 벼슬아치가 취해야 할 '위인 정신'이 곧 '위민(爲民)정신'임은 더 말할 나위 없다. 위민정신을 이수광은 다음과 같이 주장한다.

> 옛사람들은 양민(養民)함에서 그 부족을 걱정했는데, 지금 사람들은 취민(取民)함에서 그 부족을 걱정한다. 무릇 양(養)하는 이는 취(取)하지 않고, 취하는 이는 양하지 않는다. 양하면서 취하지 않으면 국민이 편안해지고 국가가 다스려지지만, 취하면서 양하지 않으면 국민은 흩어지고 국가는 혼란하여지는 것이다.[39]

> 식(食)은 민(民)을 위한 천(天)이며, 민은 군(君)을 위한 천이다. 천이란 의지〔仰〕하여 살아가는 것이다. 그런 까닭에 민에게서 식을 제거하면 반드시 죽게 되고, 군이 민을 버리면 반드시 망하게 되는데, 그것은 천이 없어졌기 때문이다.[40]

> 옛사람들은 정치를 관(寬)의 태도로 하였는데, 지금 사람들은 정치

38) 앞의 책, 권24, 「采薪雜錄」, 247쪽.
39) 상동, 251쪽.
40) 상동, 251쪽.

> 를 맹(猛)의 태도로 한다. 옛사람들은 국민을 아들같이 여겼는데 지금 사람들은 국민을 원수같이 여긴다. 아! 맹정(猛政)으로 수민(讐民)의 통치를 하니 국민이 어떻게 감내하겠는가?[41]

요컨대 이수광의 주장은 안인〔治人〕에서는 맹자류의 민본(民本)·위민(爲民)의 중요성을 깨달아 양민(養民)·관민(寬民)·애민(愛民)의 정치를 실행하여야 한다는 것이다. 다음 글은 여기에 덧붙여 낸 언설로 볼 수 있다.

> 치세가 이루어짐에는 백 년이 걸리지만 괴멸은 하루아침에 되고, 하루에 생긴 혼란이 그 유폐는 수세에 걸쳐 간다. 이 때문에 정치인〔爲國者〕은 그 치세만을 믿지 않고 항상 혼란〔亂〕을 우려하는 것이다.[42]

> 자신에게 공정한 사람은 남에게도 공정하고 남에게 공정한 사람은 사물에도 공정하니, 이것을 가리켜 '크게 공정하여〔大公〕 널리 천지와 하나로 된 경지'라 한다.[43]

민본·위민 정치를 근본적으로 뒷받침하는 것으로는 우란(憂亂)과 공정무사(公正無私)의 정신이 또한 중요함을 강조한 것이다. 따라서 양민·관민·애민 및 우란·공정무사가 그의 민본·위민 정치의 이상을 구현하는 구체적 방법론인 셈이다.

---

41) 앞의 책, 권31, 「剩說餘編」, 306쪽.

42) 상동.

43) 앞의 책, 권24, 「采薪雜錄」, 250쪽.

4. 핵심 사상인 무실론

수기와 안인의 측면을 모두 갖추려는 것이 본래 유학의 이상이지만, 이것들은 『대학(大學)』에서 보듯이 선후본말(先後本末)의 관계에 있는 것으로 파악된다. 수기가 선행되어야 할 근본이고 안인은 후행되는 궁극적 목적이다. 수기는 안인의 성취를 기하려는 점에서 그 근본성이 인정되기 때문이다. 이수광의 경우에도 수기 · 안인의 이러한 관계에 대한 사고는 그대로 적용된다. 이것은 다음과 같은 언설에서도 분명히 드러난다.

> 새벽 청명할 때 함양(涵養)에 더욱 힘쓰고 방안에서 한가로이 지낼 때 계구(戒懼)하기를 늦추지 않으면서, 이 마음으로 하여금 상존한 채 사욕을 물리치도록 하면, 입을 떼면 인의의 말들을 하게 되고 온축하는 것은 곧 성현의 덕일 것입니다. 이와 같이 되면 하시는 일마나 하나같이 바름〔正〕으로부터 나와 치평(治平)의 효과를 이룰 수 있을 것입니다.

이는 함양(涵養) · 계구(戒懼) 등으로 사욕을 물리치는 수기는 결국 올바른 치평의 효과를 거두는 데에 목적이 있고, 그런 만큼 치평을 도모할수록 수기 또한 더욱 중요하게 된다는 논지이다. 이것이 왕을 비롯한 지배층 전체에 적용되는 그의 사고이다. 그러므로 수기와 안인을 불가분의 연관관계로 생각한 것은 그 역시 다른 유학자와 마찬가지이다.

그러나 이 양자를 논할 때 수기에서나 안인에서나 반드시 치용의 각도에서 실효를 거둘 수 있는 방향으로 이것들을 역설하는 것이 그의 사고의 독특한 점이다. 실효 · 실익을 거두어야 한다는 의미에서 마치 이이가 그러했듯이, 그는 실용 또는 실천을 크게 중요시한다.

이미 그가 수기와 안인을 가릴 것 없이 학문은 '치용을 위한 것'이라고 한 언구가 분명한 증거이다. 이러한 경향은 그가 유학을 노불에 비교하여 '통실(通實)'의 특성을 지닌다고 판단한 만큼,[44] 그 특성에 나름으로 충실하기 위한 태도에서 기인한다고 생각된다. 그의 학문이 스스로 유학임을 자부하려면, 특성상의 일치여부야말로 그의 유학이 과연 참된 유학인지 아닌지를 가름하는 열쇠가 되기 때문이다.

유학에 대한 이수광의 이러한 실제·실용 위주의 사고는 서두에서 비쳤듯이 바로 그의 무실설(務實說)로 집약된다. 무실설은 그가 평소에 간직하고 있던 실용 위주의 학문적 성향에 대한 신념의 표출이다. 그러한 무실설은 63세 때 지었다고 하는 12항목에 달하는 만언차(萬言箚), 이른바 「조진무실차자(條陳務實箚子)」[45]로 대표됨도 이미 언급한 사실이다. 따라서 이 「조진무실차자」야말로 바로 이수광의 핵심적 무실론에 해당한다.

이 차자(箚子)는 앞서 밝혔듯이, 재해에 따른 인조의 구언(求言)에 응하여 작성하였으므로 서두에서는 먼저 '천인관계'를 서술하고 있다. 동중서(董仲舒)류의 천인감응설(天人感應說), 곧 인간의 행위(人事)가 잘못되면 하늘이 재앙의 변고로써 응대한다는 논리를 이수광은 원용한다. 이 대목에서 그는 "인사(人事)는 형(形)이고 천변(天變)이 영(影)"이라고 주장한다.[46] 그러면서 천에 있어서의 영은 으슥하여 잘 드러나지 않지만 인간에 있어서의 형은 훤히 드러나는 만큼, 인사를 생각해 보면 천변의 까닭을 알게 된다고 역설한다.[47] 이것은 당시 인간사로서의 국정을 논하기 위한 구실임은 물론이다. 이런 구실을 내세우는 이면에는 당시 국정의 폐단에 대한 비판 의지가 잠재

---

44) 이 장의 주20) 참조.

45) 앞의 책, 권22, 雜著, 「條陳務實箚子」(乙丑), 205~216쪽.

46) 상동, 206쪽.

47) 상동.

한다. 같은 천인감응(天人感應)의 사고라고 하더라도 동중서의 경우와 달리 천변보다 인사에 더 역점을 둔 것도 국정의 시정을 강조하는 그의 의지 때문일 것이다.

이수광은 당시 "국정이 쇠약(衰靡)한데다가 조정의 기강마저 문란하여졌다"고 지적하면서, 그러한 상황을 그는 '부실(不實)의 병'에 걸린 것으로 진단한다.[48] 따라서 '실'의 정신으로 그 병을 고쳐야지, 단순히 문구(文具)에 의지하여 만사가 허투(虛套)로 돌아가게 해서는 안 된다고 역설한다. 이러한 판단, 즉 부실의 병에 대하여 낸 그의 처방이 곧 그의 이른바 무실설이다.

> 무릇 천하의 사무는 지극히 광범위하지만 그것들을 조치하게끔 하는 것은 성(誠)인데, 성은 곧 실(實)입니다. 만약 실에 힘쓰지 않고〔不務實〕 한낱 문구로써 치공(治功)을 이루려 하면 온갖 일들이 다 허투로 돌아갈 것입니다.[49]

요컨대 무실의 태도로 제반사안을 다루어야만 부실의 병에 걸린 현상들(국정의 쇠약과 조정의 기강문란)을 치유할 수 있다는 것이다. 이런 맥락에서 그는 무실태도의 견지를 진언하여 적극 촉구한다.

> 참으로 원하건대 전하께서 지금부터 위에서 성을 다하시어 아래에서 실을 거두게끔 하소서. 실심(實心)으로 실정(實政)을 행하시고 실공(實功)으로써 실효(實效)를 이루시며, 생각〔念〕마다 모두 실하게 하시고 일마다 모두 실하게 하소서. 그러면 실로써 하는 정(政)과 치(治)가 다 행하여지고 이루어질 것입니다. 그러므로 신은 감히 무실 두 글자를 바칩니다.[50]

---

48) 상동.

49) 상동.

'실심(實心)과 실공(實功)'으로 '실정(實政)과 실효(實效)'를 거두려는 데에 무실을 역설하는 목적이 있다.

무실의 정신을 적용해서 이수광이 당시 폐단을 시정하기 위한 구체적 방법으로 드는 것은 12가지에 이른다. ① 근학(勤學)의 실(實), ② 정심(正心)의 실, ③ 경천(敬天)의 실, ④ 휼민(恤民)의 실, ⑤ 납간쟁(納諫諍)의 실, ⑥ 진기강(振紀綱)의 실, ⑦ 임대신(任大臣)의 실, ⑧ 양현재(養賢才)의 실, ⑨ 소붕당(消朋黨)의 실, ⑩ 칙융비(飭戎備)의 실, ⑪ 후풍속(厚風俗)의 실, ⑫ 명법제(明法制)의 실이 바로 그것이다.

①'근학(勤學)의 실'에서 이수광은 제왕의 학문은 장구나 훈고(訓詁)를 캐는 태도를 버리고 심설을 갖춘 경전(『대학』, 『논어』, 『맹자』 등)으로 성현의 심성 수양법을 익히고 실천하여 치국 신민의 기반을 먼저 닦아야 함을 주장하고, 학문은 역시 치용하기 위한 것인 만큼 이때에도 오로지 실의 정신으로 공부해야 함을 강조한다.

②'정심(正心)의 실'에서는 임금의 한 마음이 만화(萬化)의 근본임을 전제로 왕의 마음이 바르게 될 때 백관은 물론 만민까지도 바로잡힌다고 하고, 마음을 바로잡는(正心) 데에서도 실효를 거두기 위한 경성의 마음가짐을 지녀 이기(利己)의 사의(私意)가 끼어들지 않게 하고 게으름 없이 해야 하며, 특히 사심을 버리고 천리에 합치하도록 힘 쓸 것을 권한다.

③'경천(敬天)의 실'에서 천인일리(天人一理)를 전제로 법천(法天)·봉천(奉天)하는 자세로 도(道)와 사업을 행할 것을 역설한다. 이는 임금의 자리〔天位〕는 천명을 받아 얻은 것인 만큼 천리에 따라 제반 정치를 행해야 한다는 내용으로, 천명으로서의 선정을 행하지 않으면 천이 재앙을 내린다는 사고에 근거한다.

④'휼민(恤民)의 실'에서는 민이 나라와 임금의 근본〔天〕인 만큼

50) 상동.

양민(養民)에 진력할 것을 주장하고, 그 양민의 일환으로 호패법의 실시와 기근 등으로 기아에 시달리는 양민의 구휼을 촉구한다. 이는 '경천의 실'을 구체화한 대표적인 정책 건의이다. 다른 조목의 내용들 역시 대략 이와 같이 실효(實效)와 실정(實政)을 위한 폐단 시정의 방법으로 전개된다.

⑤'납간쟁(納諫諍)의 실'의 내용을 보면 언로를 열어 나라에 이로운 말은 지체 없이 받아들여 행할 것을 권한다.

⑥'진기강(振紀綱)의 실'에서는 크게 공정하고〔大公〕 지극히 바른〔至正〕 태도로 원기에 해당하는 기강을 확립하여 국가를 튼튼히 할 것을 논한다.

⑦'임대신(任大臣)의 실'은 채용한 신하에게는 믿고 일을 맡겨야 함이 그 내용이다.

⑧'양현재(養賢才)의 실'은 과거만으로는 현재를 뽑을 수 없는 만큼 경전에 밝고 수행이 높은 선비로 하여금 정학(正學)인 성리학을 가르치게 하고, 덕성을 함양시켜 인재양성의 실을 거두게 해야 한다는 요지로 되었다.

⑨'소붕당(消朋黨)의 실'에서는 봉공정신에 충만한 군자의 붕(朋)은 용납하되 그렇지 못한 소인의 당은 척결되어야 한다고 주장한다.

⑩ '칙융비(飭戎備)의 실'에서는 양민(養民)의 선행(先行)을 전제로 양병(養兵)과 갑병(甲兵)의 수선을 강조한다.

⑪'후풍속(厚風俗)의 실'과 '명법제(明法制)의 실'에서는 각각 국가의 성쇠와 관련이 깊은 풍속의 순화에 진력할 것과, 덕교(德敎)가 미진할 때 그것을 도울 법제를 밝힐 일을 서술한다.

이수광에 따르면 정치의 요목은 대체로 이상의 10여 조목을 벗어나지 않는다. 그중에서도 군왕의 근학과 정심이 정치의 근본에 해당한다고 하여 이 근학과 정심에 더욱 진력할 것을 다시금 권청한다. 그러나 설사 정치의 근본이 아니라 할지라도 "모든 요목은 무엇보다도 그 '실을 얻어야〔得實〕' 하는데, 그렇지 못하면 비록 노심초사하고 밤을 새워 가며 노력한다 해도 끝내 유익함이 없다"[51] 고 그는 단언한다.

끝으로 그는 "무릇 일〔事〕은 전진하지 않으면 퇴보하게 마련이고, 국세는 다스려지지 않으면 혼란하게 마련임"[52] 을 전제로, 그 전진에 의한 국치를 기하도록 간곡히 권청한다.

51) 상동, 216쪽.

52) 상동.

5. 나오는 말

이수광이 이토록 강조한 무실 용어의 뜻은 과연 무엇일까? 앞에서는 이미 실제·실효·실용에 힘쓰는 것을 그 대체적 의미로 파악하여 그에 따라 고찰을 전개하였다. 그러나 이 의미는 결코 이렇게 단순해 보이지 않는다. 무실의 의미를 분명히 하기 위하여서는 우선 그가 사용한 '실(實)'의 의미부터 분명히 밝혀야 하겠다. 이수광은 위 차소에서 "일〔事務〕을 조치하게끔 하는 것은 성(誠)입니다. 성은 곧 실입니다"라고 하였다.[53]

이로써 '실'은 기본적으로 '성(誠)'과 통함을 알 수 있다. 성이란 원래 '정성' 및 '참됨'을 뜻하며, 유학자들에 의하여 '진실무망(眞實無妄)'으로 해석되는 것이다.[54] 진실이란 위가(僞假)와 반대되는 것이고, 무망이란 역시 거짓됨이 없음과 특히 언행에 망령됨이 없이 적중·적절함을 의미한다. 그러므로 '실'이 '성'으로 통하면서 진실만 의미할 경우는 위가와 반대됨을 의미할 뿐, 허(虛)·공(空)·화(華)·문(文)과 반대되는 핵(核)·영(盈)·유(有)·질(質) 등의 의미는 내포하지 않는다. 후자의 의미는 오히려 무망의 의미와 연결된다. 행위나 일의 처리에서 무망의 확대된 의미가 실용과 실효를 거두기 때문이다. 사실 이수광은 앞서 "위에서 성을 다 하시고 아래에서 실을 거두게 하소서"라고 하면서, 이어 "실심(實心)으로 실정(實政)을 행하고 실공(實功)으로 실효(實效)를 이루소서"라고 하였다.[55] 군왕의 실심과 실공은 그 성의 진실과 상통할 뿐만 아니라 더 나아가 무망과 연결된다는 것이다. 말하자면 실이 성과 같다고 생각할 때 그 진실이라

53) 이 장의 주 49) 참조.

54) 『中庸章句』, 20장.

55) 이 장의 주 50) 참조.

는 의미는 주로 수기에 많이 적용되고, 무망의 확대 의미인 실용·실효·실정 등은 수기의 범위를 넘어 안인에 더 많이 적용된다. 실심실효의 확장된 의미가 여기에 있다.

이에 따라 무실의 의미 역시 이렇게 두 가지 경우로 나누어 이해해야 한다. 이 점은 이수광이 학문을 치용하는 수단으로 간주하면서, 수기의 치용과 안인의 치용에 두 가지로 적용한 것을 상기한다면 의문의 여지가 없다. 그에 있어 수기에서의 학문적 치용은 실제적 수양에 의하여 성현·군자와 같은 참된 인간으로 됨에 있었고, 안인에서의 학문적 치용은 의리와 규획의 파악과 사무의 집행 및 제도의 변화를 통한 위민의 실정, 즉 유효적절한 경세를 할 수 있게끔 하는 데에 있었다. 그러므로 그의 무실은 수기에서 진실한 성심·실심을 갖추도록 힘씀과 아울러, 안인에서 민본·위민의 이상에서 어긋나지 않는 실정(實政)을 이룩하도록 힘씀을 의미한다.

그렇지만 이렇게 무실의 의미를 구분하여 이해하더라도, 「조진무실차자」에서의 '실'의 용례는 정치의 근본이라는 군왕의 수기 측면보다는 안인 측면에 적용될 것이 많고 비중 역시 더 크다. 왜냐하면 이 때의 수기의 이용목적이 안인에 있기 때문이다. 따라서 그의 무실에서 실의 의미 비중은 단순한 진실 지향의 성심보다는 실정의 실효에 더 있고, 그런 만큼 실정(實政)지향의 실효 실용의 의미가 대체적으로 무실차자에 쓰인 실의 의미를 대표한다고 할 수 있다. 이런 이해는 그의 「조진무실차자」 자체가 무엇보다도 관리라는 공인의 입장에서 이루어진 데에 기인한다.

백과사전류의 『지봉유설』은 역시 수기의 시각보다는 안인 시각의 무실정신의 반영이라 보아야 옳을 것이다. 그러한 박학이 곧 실정을 펴는 데에 실효를 거두는 삶의 한 방법이 되기 때문이다. 따라서 『지봉유설』에서 박학 역시 위기의 방법이라고까지 강변한 이면에는 전진(前進)과 국치(國治)를 염원한 그의 무실정신이 작용하고 있었다고 판단된다.

더욱이 그가 만년에 성리학에 치중하였고, 「조진무실차자」에서까지 현재의 양성을 위하여서는 사장·기송을 배척하고 성리학을 정학으로 간주하면서 성경의 수양에 의한 성덕(成德)을 역설하였지만, 그럼에도 그에게서는 당시 성리학자들에게서 통례로 발견되는 구체적 성리설의 탐구가 찾아지지 않는다. 이를테면 사단칠정(四端七情) 리기(理氣) 해석론 같은 것이 당시 성리학자들의 필수적 연구과제처럼 간주되었는데, 그러한 연구가 그에게서는 찾아지지 않는다. 그의 성리설은 『지봉유설』에 담긴 유학 부문의 성리학의 보충에 불과하다고 해도 과언이 아니다. 그리고 당시 성리학자들의 일반적 학문경향이 사서삼경 위주였던 것과 달리 그가 육경을 중요시한 것도 특이한 것이다.

그와 같은 시기의 김장생(金長生), 김집〔愼獨齋 金集, 1574~1656〕이나 정구(鄭逑), 정경세(鄭經世) 등이 절대시하면서 철저하게 추구하였던 예설 또한 그에게서는 찾아 볼 수 없다. 그의 경우 예설은 부제학(40세) 때에 『오례의(五禮儀)』의 결함에 대한 차자(箚子)를 올린 한 가지가 가장 대표적인 것에 불과하다. 그는 당시 성리학계의 또 하나의 주류였던 예설의 연구에도 별로 흥미를 느끼지 않았다.

이러한 방면보다는 오히려 그의 무실정신과 박학정신이 경세치용의 시각에서 실학을 강구한 유형원(柳馨遠), 이익(李瀷) 등에게 영향을 끼쳤음을 우리는 발견하게 된다. 유형원과 이익 등이 이수광의 무실정신을 추앙하면서 그들의 『반계수록』과 『성호사설』을 지었다는 사실이 곧 이수광 학문의 성향과 그 학파적 위치를 가늠하게 하는 증거로 보아야 할 것이다.

이수광은 비록 성리학을 중요시하면서 뒤늦게 그 연구에도 종사하였지만, 그의 전체적 유학은 당시 성리학자들의 대표적 경향인 사칠리기설이나 예설에 종사하는 경향을 추종하지 않고, 오히려 무실의 정신을 바탕으로 박학과 경세치용의 방면에 역점을 두고 이룩한 업적으로 특징지어진다. 이러한 특징의 유학을 이룩함으로써 그는 결국 그 뒤에 오는 후기 탈성리학적 실학을 선도한 결과를 가져왔다고 할 수 있다.[56]

---

56) 따라서 이제까지 학계에서 그를 후기 실학의 비조로 간주한 견해에 필자 역시 동의하지 않을 수 없다.

제7장 박세당의 실학사상에 관한 연구

천근적(淺近的) 실용의 실제성 중요시

1. 서언 – 박세당의 실학 개념

1) 개념 문제

실학(實學)을 말할 때는 우선 '실학'의 개념부터 고려하지 않을 수 없다. 실학이라는 말은 아직도 (학자들 간에) 통일된 개념으로 사용되지 못하고 있기 때문이다. 이 실학개념에 대한 견해 중에서 가장 심각하게 대립되는 것은 대체로 두 가지라 할 수 있다. "성리학(性理學)이 곧 실학"이라는 견해와, "성리학의 반동으로 일어난 것이 실학"이라는 견해가 그것이다. 한우근(韓㳓劤)이 전자를 대표하며, 천관우(千寬宇)가 후자를 대표한다고 할 수 있다.

한우근에 의하면, 실학이란 "심성(心性)의 수양이라는 공부 그것을 사환(仕宦)하여 각기 그 직무를 완수하는 데 살려 나가야 한다는 의미에서의 실학"이다.[1] 이와 같이 '조선의 성리학'을 한국의 실학이라

1) 한우근, 「이조(李朝) 실학의 개념에 대하여」, 『진단학보』 19호.

생각하기 때문에, 종래의 이른바 실학이란 '경세치용(經世致用)의 학'이라 할 수 있는 것에 지나지 않는다고 주장한다.[2)]

그러나 천관우는 이렇게 생각하지 않는다. 그는 종래 문일평(文一平)의 이론인 반계(磻溪) 유형원(柳馨遠)을 시발로 하는 이른바 '실사구시파(實事求是派)'로서의 실학파관[3)]과, 홍이섭(洪以燮)의 이론인 '실사구시파' 또는 '실증파(實證派)'로서의 실학파관[4)]을 계승한다. 그리하여 천관우는 "조선후기 16세기 중엽 이후부터 19세기 중엽 사이에 일어났던 제 학풍을 총괄하여 '실학'이라"한다.[5)] '고증학(考證學)'을 학문의 방법으로 하고 '사회정책', '자연과학', '국학', '훈고학(訓詁學)', '농학'을 학문의 대상으로 한 — 그 수단의 하나로서의 '북학(北學)'과, 그 결과의 하나로서의 '백과사전파(百科事典派)'를 거느린 — 학문의 일파를 '실학'이라 그는 규정한다.[6)] 그의 견해로는 조선조의 성리학에 반발하여 '자유성' '과학성' '현실성'을 공통적 기반으로 삼고 일어난 학문 전체가 실학이다.[7)]

이 두 가지 견해는 각각 타당성을 지니고 있다. 성리학은 스스로 실학임을 자처했고, 성리학 후의 일부의 유학도 오늘날 실학이라 지적되기 때문이다. 여기서 실은 '유학 자체가 본래부터 실학을 자처하여 온 것'임을 밝히는 해명, 또는 '제 3의 견해'가 있게 된다. 전해종(全海宗)에 의하면, 실학이라는 말은 유학 본래의 학문적 성격을 표현하는 용어에 지나지 않는다. '실학'은 유학이 지향하는 '수기치인(修己治人)'의 정신을 나타내는 것이다.[8)] '실사구시'라든지 '이용후생'

---

2) 상동.

3) 문일평, 「實事求是學派의 學風」『호암전서(湖岩全書)』, 2권, 59쪽.

4) 홍이섭, 『조선과학사』(1949년판), 237쪽.

5) 천관우, 「반계 유형원 연구」, 『역사학보』, 제 2 · 3집.

6) 상동.

7) 상동.

8) 전해종, 「석실학(釋實學)」, 『진단학보』, 20호. 이 '수기치인'의 성격은 풍우

은 바로 이러한 '실학'의 한 특성(지향면)을 나타내는 것에 불과하다.[9] 유학의 특성을 나타내는 점에서, '실학'은 결국 '유학'과 동의어(동실이명)이다.

실학과 유학이 동의어라는 것은 이미 한우근과 천관우도 인정하고 있다. 실학이라는 말이 유학자 사이에서 사용된 것은 결코 "조선 후기의 종래 이른바 실학파 학자 사이에서만의 일이 아님"을 한우근도 밝힌다.[10] 그런 점에서는 실학이 "조선 유학자들의 통념"이요, "실심실학(實心實學)", "궁경실학(窮經實學)", "치심(治心)의 실학"의 측면을 가지는 진실지학(眞實之學)을 의미한다는 것이다.[11] 이러한 의미의 실학을 천관우는 "유학의 본령에 충실한 학풍"이라 표현한다.[12] 그러나 실학이 원래 유학이라 하더라도 전해종의 지적과 같이 송초(宋初)와 청초(淸初)의 실학의 내용에는 차이가 있음을 또한 도외시 할 수 없다.

> 정주학파에서는 실학의 의의의 '수기(修己)'라는 면이 강조되는 경향이 있었는데, 청초에는 '치인(治人)'이 강조되고, 드디어 실용·실천파가 나타나게 되었는바, 치인의 방법과 기준을 경전에 구하는 데서 그것이 치우쳐 고증학풍이 일어나고, 그것이 드디어 궁지에 이르게 되었던 것이다.[13]

이와 같이 양자의 내용이 다르다고 하는 사실 속에 개념 문제의 여

란(馮友蘭) 씨가 즐겨 사용하는 표현으로 하면 '내성외왕(內聖外王)'의 성격이라 할 수 있다.

9) 상동.

10) 한우근, 「이조(李朝) 실학의 개념에 대하여」, 『진단학보』, 19호.

11) 상동.

12) 천관우, 「한국실학사상사」, 『한국문화사대계』 VI, 1048쪽.

13) 전해종, 「석실학(釋實學)」, 『진단학보』, 20호, 113쪽.

지가 남아 있게 된다.

2) 명칭과 기준

명칭이란 어느 경우에나 비록 같은 명칭이 붙여졌던 대상들이라 하더라도 그 대상들 사이에 차이점이 있으면 그 차이점을 표현하기 위하여 서로 다르게 다시 붙일 수 있다. 송대의 유학과 청대의 유학이 다 같이 실학을 자처하였더라도 오늘날 전자는 흔히 성리학(리학·신유학)으로만 지칭되고, 후자만 실학이라 지칭되는 것은 바로 이와 같은 용법에서 나온 것에 해당한다. 이는 송대의 유학과 청대의 유학 사이에는 내용·방법 등에 차이가 있어 그 차이점을 구별하기 위하여 서로 다르게 부르는 현상이라 하겠다. 조선전기의 유학과 후기의 새로운 학풍의 유학을 각각 구별하여 성리학과 실학이라 하는 것도 이와 마찬가지 현상이라 생각된다.

유학에서의 성리학과 실학의 '구분문제'를 필자는 아래와 같은 사상사적 가설로써 이해한다(본고는 사실상 이 가설에 대한 증명의 일부이다). 원래 실학의 '실(實)'은 '문(文)'·'허(虛)'·'공(空)'·'화(華)'와 대립하는 뜻으로 사용되었다.[14] 유학이 본래부터 실학이라 주장할 수 있었던 근거는 바로 '수기치인'과 같은 그 학문 특성이 비문(非文)·비허(非虛)·비공(非空)·비화(非華)임을 믿었던 데에 있다. 이 같은 '실'의 관념이 구체적 사례에 적용될 때에는 언제나 '그 무엇(대상)에 대한' 비문·비허·비공·비화로 주장 전개되지 않을 수 없다. 유학이 어떤 역사적 환경에 처하여 실학이라 하게 되는 것은 언제나 그때그때의 '그 어떤 대상을 의식하고, 그 대상과 유학의 근본정신(수기치인)을 비교한 끝에 그것보다 비문·비허·비공·비화하다고,

---

14) 상동.

곧 한마디로 '실하다'고 믿어지는 자기확신 때문이다.

성리학이 스스로를 실한 것이라 주장하게 되는 대비의 대상은 사장지학(詞章之學)·과거지학(科擧之學)·도교사상(道敎思想) 및 불교사상(佛敎思想)이다. 사장·과거지학이 지닌 '부세허명(浮世虛名)의 가능성'과 도교의 '은둔사상' 및 불교의 '피안사상'이 성리학의 대비되는 대상이다.[15] 이 중에서도 도교사상과 불교사상, 특히 불교사상이 성리학과 대비되는 대상이다. 성리학은 애당초 도교와 특히 불교의 이러한 약점을 극복하려고 발흥되었다.[16] 성리학자들에게 긴요하였던 것은 무엇보다도 '수기치인'의 정신에 의하여 사회도덕과 정치질서를 확립하는 일이었다. 그들의 중심이론은 실상 궁극적으로 '삼강오륜'식 사회질서의 수립을 위한 예학(禮學) 중심의 형이상학이다. 그러므로 성리학은 '허(虛)'와 '무(無)'를 주장하는 도교·불교의 '은둔사상' '피안사상'과 비교하면 확실히 실제적이고 현실적인 사상임에 틀림없다. 성리학자들이 자신들의 학문을 실학이라 역설할 수 있던 근거가 바로 여기에 있다.

하지만 청초 및 조선후기의 일부 새로운 유학(실학)의 대비 대상은 바로 그 이전의 성리학의 약점이다. 성리학이 지닌 '예학 중심의 형이상학'의 '공리공론성'이 이들의 대비 대상이다. 청초 및 조선후기의 이른바 실학은 명조(明朝)의 패망 및 왜란(倭亂)·호란(胡亂) 등의 '비참한 현실' 앞에서 무력한 성리학에 대한 반성으로부터 출발하였다.[17] 도덕적 질서에 의한 정체된 사회에 만족하고 안주하던 성리학의 한계를 의식한 일부 유학자들이 도덕적 질서로부터 한 걸음 나아

---

15) 익재(益齋) 이제현(李齊賢)이나 양촌(陽村) 권근(權近) 및 삼봉(三峰) 정도전(鄭道傳)에게서 실례를 볼 수 있다. 이제현과 권근은 주로 사장지학에 대한 실학으로서의 성리학을 말한 데 비하여, 정도전은 도·불사상에 대한 성리학을 주장한다.

16) 풍우란, 『중국철학사』, 808~809쪽.

17) 문일평, 홍이섭, 천관우 씨가 모두 그러한 뜻으로 쓰고 있다.

가 '기능적이고 역동적인 사회'를 창조하고자 '실사구시'의 자세를 새롭게 제창하고 '경세치용', '이용후생'의 중요성과 방법 및 내용을 학구적으로 강구한 것이 이른바 실학이다. 이것은 성리학의 현실(치인)적인 유위(有爲)·유용성(有用性)의 범위를 더 넓히려는 특징을 지닌다. 이 실학의 '실(實)' 의식은 유학의 자기비판으로부터 나온 것으로서, 바로 성리학의 비현실성인 '예학 중심의 형이상학'에 깃든 '공리공론성'에 대립하는 의식이다. 따라서 성리학과 청초 및 조선 후기의 일부 유학이 설령 다 같이 '실학'임을 자처한다 하더라도, 양자가 지닌 '실'의 의미에는 차이가 있다. 양자를 비교할 때, 전자보다는 후자의 실의 의미가 더 광범한 실제성을 강하게 함축하고 있다. 이런 점에서 논자는 실학의 명칭을 후자에게 돌리고 전자에게는 성리학의 명칭에 그치게 하는 것이 타당하다고 생각한다.

필자는 '실학'이라는 말을 대체로 천관우의 용례에 따라 사용하고자 한다. 실학이란 역시 조선 후기의 '개신유학(改新儒學)'을 지칭한다.[18] 이와 같은 실학 용어의 관용이 이미 "1920년대 이래 수십 년간 대체로 순조롭게 일반에게 받아들여져 왔으므로",[19] 이러한 의미의 실학의 용법이 성리학을 실학이라 하는 것보다 사용하기에 더 자연스럽고 편리하기도 하다.

3) 실학과 기본사상

실학의 현실중시 경향은 이제까지 알려지기로 정치·경제·법률·제도·군사·산업·지리·역사 등에 관한 책략, 이른바 '경세학(經世學)'에 치중하여 그것을 개발하는 성과를 거두었다. 실학은 '실용·실

---

18) 천관우, 「한국실학사상사」, 『한국문화사대계』 VI, 1048쪽.

19) 상동.

증 · 자유주의적인 학풍'을 일으켜 '고증학'과 각종 '과학 · 기술'의 발달을 가져오게 하였고, 마침내 '민족의식과 근대지향의식에 충실한 개신유학'이라 부를 수 있게 되었다.[20] 현실일반을 이와 같이 광범위하게 취급함으로 말미암아 실학은 현재로서는 하나의 학풍에 그친 느낌이 없지 않다. 방법론에 그쳤지, 학문이라 하기에는 미흡한 점이 없지 않은 듯하다. 구태여 학문이라 한다면 기술학(技術學)이라고나 할 수 있을지 모르겠다.

적어도 이미 밝혀진 성과로는 실학의 기반을 이루는 기본철학은 거의 알려지지 않았다. 한우근이 실학을 가리켜 '경세치용학'이라고나 할 수 있다는 것도 이러한 점에서 수긍할 수 있다. 과연 실학에는 그 기반을 이루는 기본철학이 없을까? 필자는 이 점에 대하여 다분히 포지티브한 견해를 가지고 있다. 실학의 철학이 알려지지 않은 것은 그것이 없기 때문이 아니라, 그것이 이제까지 연구되지 않은 때문이 아닌가 한다. 그러므로 앞으로의 실학 연구는 이러한 것을 드러내는 작업이 마땅히 있어야 하지 않을까 생각한다. (찾아보아도 없거나, 빈약한 것은 논외로 하고) 본고의 기필 목적이 일차적으로는 이러한 점에 있다.

실학의 학문범위는 아직도 분명히 가름할 수 없다. 그러나 그것도 유학인 것만은 의심의 여지가 없다.[21] 유학에서의 철학은 이른바 '의리지학(義理之學)'이다. 그러므로 실학자들의 철학이란 역시 '의리지학'임에 틀림없다. 혹자는 성급하게 '의리지학'을 반대한 것이 실학인데 거기에 무슨 철학이 있다는 것인가 라고 반문할지도 모른다. 그러

---

20) 상동.

21) 실학의 학문영역을 분명하게 한계 지을 수 없는 까닭은 무엇보다도 유학 자체의 학문영역이 분명치 않기 때문이다. 즉 유학이 원래 문 · 사 · 철 및 경세지학의 부문을 다 포괄하는 까닭에 실학은 또 그것들이 분화된 학문들을 다 의미하게 된다.

나 이것은 '의리지학'과 성리학이 같다고 오해한 데서 일어나는 오류이다.

성리학은 이른바 신유학이라는 송명철학인 데 비하여 '의리지학'은 시대를 불문한 '유학의 철학'을 말할 따름이다. 같은 의리지학이라 하더라도 성리학에서의 의리지학과 원시유학에서의 의리지학이 다르다는 것에 주의해야 한다. 이것은 바로 같은 경학이라 하더라도 한대(漢代)의 경학(經學)과 송명(宋明)의 경학이 다름을 생각하면 의문의 여지가 없다. 아마도 실학자의 의리지설과 성리학자의 의리지설이 다 같이 성리학이라 생각한 때문에 실학자에게는 철학이 없다는 이제까지의 일반적 관념이 있게 되지 않았나 한다. 물론 실학자들의 의리지설이 성리학자들의 의리지설, 즉 성리학설과 같은 성질의 것일 수도 있다. 그러나 그 경우의 의리지설은 비록 그 구분 경계를 분명히 하기 힘들지 모르지만, 성리학설이지 실학설이 아니다. 그 경우의 실학자는 이미 의리지설에서만은 성리학자이지 실학자가 아니다. 그와 같은 실학자는 아마도 의리지설이 아닌 다른 영역에서의 실학자임에 틀림없다. 이런 규정을 앞세우고 이 논고에서는 비록 성리학자의 의리지설과 실학자의 의리지설의 경계를 명백히 가름하는 작업만은 유보한 상태로 두면서라도 '실학의 기반'이 되는 실학자의 철학 곧 그 '의리지설'을 살피려 한다.

4) 박세당과 실학

실학의 기본사상인 의리지설을 완전히 파악하려면 실학자들의 의리지설을 총망라하여야 할 것이다. 그러나 이러한 작업이 일시에는 불가능하다. 여기서는 다만 대표적 실학자의 의리지설을 살피는 것에 그칠 수밖에 없다.

필자는 실학이 사상사의 입장에서 볼 때 성리학의 반동으로 발흥된 것이라는 점에서 당시에 가장 반성리학자로 지목된 인물을 본 고찰대상으로 삼으려 한다. 이병도(李丙燾)에 의하면, 윤휴(尹鑴)와 박세당(朴世堂)은 당시 실학파·반정주학파의 2대 거벽(巨擘)이었다. "이 두 분은… 주자의 경의(經義)에 반기를 들고 자기류의 주설을 통하여 경전을 해석하였기 때문에 정계·학계에 큰 물의를 일으켜 사문난적(斯文亂賊)의 낙인을 찍히게까지 되었던 것"이다.[22] 실학자 중에서도 '반정주학자'라는 이름까지 붙여진 (반성리)학자는 박세당과 윤휴가 대표적 인물이다. 그러므로 필자는 이들을 첫 고찰의 대상으로 삼으려 한다. 다만 여기서는 자료관계로 박세당에 국한하기로 한다.

박세당은 '사문난적'의 낙인이 찍힌 만큼, 성리학의 관점에서는 그의 '실학이란 곧 반정주학으로서의 이단'이라 간주된 것이다. 박세당의 경우야말로 '실학 = 이단(반정주학)'이라는 가설적 등식이 용인되는 경우이다.

그의 이른바 이단설은 앞의 이병도의 말대로 대체로 경전에 대한 해석에 있어서 주희의 경의에 반기를 드는 형식으로 표현된 듯하다. 경학을 통한 의리지설이 곧 그의 이단설인 듯하다. 그런 만큼 그의 철학설에 대한 본고의 초점은 주로 그의 경전해석에 두기로 한다. 그의 이론이 학계는 물론 정계에까지 파문을 일으켜 마침내 사문난적의 지목을 받게 되었으므로, 그러한 지목의 원인으로는 정치적 원인도 예상하여 보아야 하지 않을까 한다. 사실 현상윤(玄相允)은 그의 『조선유학사(朝鮮儒學史)』에서 박세당의 학문을 "당쟁시대의 유학"이라 하는 카테고리 속에서 파악한다. 이에 그의 경학에 대한 고찰을 하기에 앞서, 그의 생애를 통한 학문형성 및 그 학문이 이단시되기까지의 과정과 그 밖에 그의 반주자사상과 관련이 있는 일반사상 등을 차례로 살펴보겠다.

22) 이병도, 「『사변록』 해제」, 『국역 사변록』, 1쪽.

2. 박세당의 생애

박세당은 서기 1629년에 출생하여 1703년에 사망하였다. 그는 이조의 인조(仁祖)·효종(孝宗)·현종(顯宗)·숙종(肅宗)의 4대에 걸쳐 살았다. 그의 생애는 몇 단계로 나누어 살필 수 있다. ① 출생하여 관리로 등용되기까지의 수업기간, ② 관리로서 승진을 계속하며 재질과 능력을 인정받던 기간, ③ 관리생활에 싫증을 느껴 자주 사퇴하면서 학자·교육자 생활을 겸하던 기간, ④ 관리로서의 업적보다 학문상의 업적을 계속 산출하던 기간, ⑤ 고관의 영예와 정치적 박해를 맛보며 일생을 마치던 기간이 그것이다.

1) 출신과 등용

박세당은 전형적 양반가문 출신이다. 본관이 반남(潘南)인 그는 고조·증조·조·부가 대대로 사간(司諫), 사재감정(司宰監正), 의정부좌참찬(議政府左參贊), 이조참판(吏曹參判) 등의 벼슬을 지낸 집안에서 태어났다.[23]

박세당은 인조 7년(기사 8월 19일)에 당시 남원부사(南原府使)였던 정(炡)과 양주윤씨부인(楊州尹氏夫人)의 사이에서 넷째 아들로 났다.[24] 그는 일찍이 4세 되던 해에 부친을 여의었고 7세 되던 해에는 아버지를 대신하여 줄 맏형까지 잃어 매우 곤궁한 환경에서 자라게 되었다.[25]

글도 10세가 넘어서야 겨우 중형(仲兄 承旨公)에게서 배우기 시작

23) 『西溪集』, 권21, 附錄, 諡狀.

24) 상동.

25) 앞의 책, 권22, 附錄, 「年譜」.

할 정도였다.[26] 13, 4세 때에 고모부인 정사무(鄭思武, 敎官)로부터 본격적 학업을 닦았다. 이때는 아직 초학이어서 많은 서적을 박람하지도, 문리(文理)에 능통하지도 않았지만, 문의(文義)를 이해함이 남보다 뛰어나 선배와 선생을 놀라게 하였다.[27] 그는 역시 우수한 재질의 소유자였던 듯하다.

17세가 되자, 금성현령(金城縣令) 남일성(南一星)의 딸과 결혼하였다. 박세당은 아직도 자립능력이 없을 뿐 아니라, 집안이 빈곤하여 부인을 그가 벼슬하기까지 10여 년간 친정살이하게 했다.[28] 박세당은 처가를 왕래하며 학업을 닦았다. 특히 처남 남구만(南九萬)과 처숙부 남이성(南二星) 등은 학문의 좋은 상대여서, 그들과 함께 낮과 밤을 가리지 않고 토론(변론)하였다.[29] 이때까지의 학업내용은 그의 가정형편으로 보아 역시 과거의 준비에 그친 듯하다. 그리고 이러한(남구만 등) 인척관계가 뒷날 그의 정파계보를 서인, 그중에도 소론(少論)에 속하게 하였다.

20세에는 장자 태유(泰維, 뒷날의 持平君)의 출생도 있었지만 21, 22세 되던 때는 모부인과 조모 및 제 3형을 연달아 잃는 슬픔을 맛보아야 했다. 삼년복을 벗자(24세, 효종 3년) 마침내 그는 정시(庭試)에 나아가 합격(제 3석)하였다. 그러나 중형(승지공)이 등제하기까지 그는 수년간 더 기다려야 했다.[30]

26세에 차자 태보(泰輔, 뒷날의 應敎君)를 얻은 그는 32세(경자, 현종 원년)가 되어서야 생원초시(生員初試)에 나아가 수석을 차지하고 회시(會試)에서 차석을, 증광갑과(增廣甲科)에서 장원을 하여 성균관

---

26) 앞의 책, 권14, 「自撰墓表」.

27) 앞의 책, 권22, 附錄, 「年譜」.

28) 앞의 책, 권9, 「西溪撰南氏墓誌」.

29) 앞의 책, 권7, 「答南雲路書」.

30) 앞의 책, 권22, 附錄, 「年譜」.

전적(典籍)이 된다.[31] 박세당이 드디어 관리로서 본궤도에 오른 것이다.

2) 신진기예로서

박세당은 예조좌랑, 병조좌랑, 춘추관기사관을 거친 후, 34세 때에 사간원 정언(正言)이 된다. 그는 이때 김좌명(金佐明)의 공조판서 직위의 부당함과 이은상(李殷相)의 대사성 부적격을 과감히 계론(啓論)함으로써 '이도쇄신(吏道刷新)'에 젊은 의기를 폈다.[32] 이로 인하여 당시 조정은 발칵 뒤집혔고, 그에게는 정적이 많이 생겼다.[33] 이것은 실로 자신의 관직을 거는 모험적 사건이었다. 마침 직언을 잘하여 오직(五直)의 하나로 손꼽혔던 서필원(徐必遠)이 대사간으로서 박세당의 계론에 동의·동조함으로써 박세당의 이 뜻은 어느 정도 성공할 수 있었다.[34] 여기서 우리는 그의 날카로운 비판정신의 일모를 읽을 수 있다.

이듬해 사헌부지평이 되어서도 그는 승지 임의백(任義伯)의 '하는 짓이 괴이하고 허탄함〔作事怪誕〕'을 들어 파직을 논하였다.[35] 당시의

---

31) 상동.

32) 『顯宗實錄』, 권5, 3년 임인 2월조.

33) 특히 이은상에 대하여, 연보에서는 "이은상은 일찍부터 문명(文名)이 있는데다, 족당(族黨)이 매우 성하였기로, 탄핵하는 글을 한 번 제출하여 공론이 그것을 옳게 여겼으나 시기하고 미워하는 이가 많았다"라 하였는데, 이은상이 당시 박세당과 서로 같은 서인이지만 송시열의 계열이었다는 점에서 주목을 끈다. 즉 그와 송시열계와의 어떤 알력이 벌써 일어나지 않았나 생각하여 보게 된다. 그러나 당시 송동춘이 남구만에게 "박세당의 간언이 나옴에 조정의 기풍이 자랑할 만하게 되었다"라 한 것으로 보면 아직 그러한 징후가 나타나지 않은 듯하다.

34) 상동. 서필원은 이때 그에게 직접 "뜻하지 않게 쇠약해진 세상에 이런 좋은 의논이 있게 되니, 뒷날 청사에서는 '나라에 인재가 있었노라'고 기록하리라. …"고 적어 보냈다고 한다.

정계는 남인과 서인의 각축이 심하던 때였던 만큼 서인인 박세당의 이러한 태도는 계속 물의의 대상이 되었다.[36] 이러한 속에서 박세당은 의식적으로 소명(召命; 相會禮·新錄之擧)에 불응한다거나,[37] 남인인 허적(許積)을 논하다 탄백받던 자기 부하 김만기(金萬基)의 죄를 자기 것으로 자청하여 체직되었다.[38] 그는 강한 의지의 행동인 또는 강골기질의 행동파로 처신하였던 것이다.

관리 또는 정치인으로서의 박세당은 누구 못지않게 분명한 소신의 소유자였고, 그 소신을 관철키 위해서는 자파의 실력자에게까지 미움을 샀다. 그는 아부하여 출세하려는 처신은 하지 않은 듯하다. 병조정랑·홍문관교리·경연시독관을 지낼 때(36세, 현종 5년)는 북사(北使), 즉 청의 사신에 대한 영접 건으로 말미암아 송시열 등으로부터 비난을 받았다.[39] 정묘·병자호란 이후 그 양란의 피해가족으로 관직에 있던 사람들은 청의 사신이 올 때 해직을 청원하여 청사(淸使)를 피하던 것이 통례였다. 그때 교리(校理) 김만균(金萬均)도 피해가족이었으므로 청사가 오게 되자 청사를 피하려 면직을 소청하였었다. 그러나 도승지 서필원이 그의 소를 퇴각하고 김만균을 파직시켰다.[40] 이에 간관들이 서공을 탄핵하게 되었고, 신료 중에는 그 탄핵에 대한 이의가 있어도 대개 회피하였다. 이때 박세당은 서필원을 옹호하고 나섰다. 왜냐하면 그는 청국인이 아무리 원수라 하더라도, 왕이 이미 '굴가임접(屈駕臨接)'하는 이상, 그 왕의 신하로서 이것을 피할 수 없다고 믿었기 때문이다. 신하로서 이러한 자리를 피한다는

35) 앞의 책, 권6, 4년 계묘 3월조.

36) 상동.

37) 앞의 책, 권6, 5년, 정월·2월·4월조.

38) 『西溪集』, 권23, 附錄, 年譜.

39) 이때는 1차 예송으로 송씨가 득세할 때임.

40) 앞의 책, 권22, 附錄, 年譜.

것은 왕이 욕을 당할 때 신하가 죽음으로써 그 왕을 보호해야 하는 도리, 즉 '주욕신사지의(主辱臣死之義)'를 하지 않는 것이라고 그는 생각하였다.[41] 이로 말미암아 박세당은 대청정책에 있어 완론자(緩論者)로 간주되었고, 준론자(峻論者)인 송시열을 비롯한 〔이른바 '청론자(淸論者)'를 자처하던〕 숭명배청론자(崇明排淸論者)들로부터 '오사(五邪)' 중의 하나라고 지탄받게 되었다.[42] 같은 해 10월에는 어사(御使)로서 해서지방을 돌면서 수령 중에 사욕을 채우며 본분을 다하지 않는 자들을 잡아내어, 수읍(數邑)이나 '봉고계파(封庫啓罷)'시킨 후,[43] '안민지책(安民之策)'의 계를 올렸다.[44]

성균관직강(成均館直講), 부수찬(副修撰) 등을 역임하면서, 입시하

---

41) "선생은 항상 생각하기를, … 신하된 이는 비록 화를 당한 사람의 자손이라 하더라도 이미 조정에 나아가 종사함을 그만 둘 수 없다. 그런즉 임금께서 굴가(屈駕)를 하시는데, 도리어 관직을 내놓고 피하기를 도모하니, 자기 자신만 깨끗하려는 계책으로서, '군주가 욕을 당하면 신하는 죽어야 한다는 의리'에 대단히 어긋나는 처사다. …"(『西溪集』, 권22, 「年譜」.)

42) "한때의 논의 역시 두 갈래로 나뉘어 준론(峻論)과 완론(緩論)이라는 명칭이 생겼다. 이른바 준론이란 자들은 모두 송시열을 유학의 종장으로 삼아 청론(淸論)을 자임한 젊은이들이었다. 이른바 완론이란 자들은 필원(必遠)의 상소에서 한 말이 거칠고 경솔하기는 하지만 원수를 갚는 데 차이가 있다는 등의 말은 일리가 없지 않다고 하며 양자간을 조정하려고 하는 사람들이었다. 이때부터 조정의 기강은 날로 무너져갔고, 점괘는 날로 아름답지 못하여, 이경휘(李慶徽)·윤형성(尹衡聖)·유상운(柳尙運)을 삼간(三奸)이라 하고, 박세당·조원기(趙遠期)·박증휘(朴增輝)·오시수(吳始壽)·윤심(尹深)을 오사(五邪)라고 하여 서로 뒤엉켜 격렬하게 싸우게 되니, 안정될 기약이 없기에 이르렀다."(「顯宗實錄」, 권8, 5년 갑진 윤6월조: "一時論議, 亦多携貳, 有峻論緩論之稱. 所謂峻論者, 皆年少崇奉宋時烈爲儒宗, 而自任以淸論者也. 所謂緩論者, 其議以爲必遠疏語雖麤率, 至於復讎有差等之說, 不無意見, 而欲調劑於兩間者也. 自是之後, 朝著日漸乖隔, 爻象日漸不佳, 至以李慶徽·尹衡聖·柳尙運爲三奸, 朴世堂·趙遠期·朴增輝·吳始壽·尹深爲五邪, 而轉輾相激, 寧無期.")

43) 『西溪集』, 권22, 附錄, 「年譜」.

44) 「顯宗實錄」, 권9, 5년 갑진 12월〔연보(年譜)에는 이듬해 등대실진(登對悉陳)한 것으로 기록되었다〕.

여 '내탕(內帑)의 폐'를 직언하기도 한다.[45] 이때 39세의 박세당은 부인 남씨를 잃었다. 부인이 묻힌 수락산(水落山) 서쪽 계곡을 사랑하여 '석천동(石泉洞)'이라 명명하였다. 뒷날 자신도 거기에 묻힐 것을 마음먹으며, 그는 함경북도 병마평사(兵馬評事)가 되어 경성(鏡城)에의 먼 길을 떠났다.[46]

이듬해 수찬으로 소환되매 그는 봉사(封事)를 올려 개선해야 할 민생고〔民瘼〕와 개혁해야 할 폐정을 극언하였다.[47] 부교리로서 '태복마필(太僕馬匹)'을 감하여 '진수(賑需)'에 보용할 것을 청한다.[48] 그때 왕으로부터 동궁을 위한 『소학(小學)』의 고증·개정의 명이 옥당(玉堂)에 내렸는데 제신 중에 감당할 신하가 없자 자신이 그것을 맡았다. 그는 『소학』 주설을 개증하는 한편, 천오(舛誤)를 일일이 변박하여 올림으로써 왕 및 대신들, 특히 송시열에게 찬탄을 받기도 하였다. 왕의 명에 의하여 송상(宋相)이 감수하였지만 한두 곳밖에 수증하지 않았다고 한다.[49]

그의 특징으로 빠뜨릴 수 없는 것은 무엇보다도 왕에게까지 직언을 서슴지 않는 그 용기다. 때마침 전조(銓曹)에서 주의부족으로 왕의 뜻을 거슬렀기 때문에 왕이 전관〔判書 金壽恒〕을 특파(特罷)하고, 그것을 간하는 대신 및 유신들을 엄책한 사실이 있었다. 이에 박세당은 왕에게 중신 대각이 결코 '복예(僕隷)'나 '영아(嬰兒)'와 같은 것이 아니며, 왕의 체모 또한 여항인의 그것과 같지 않음을 지적하고, 신하에 대한 왕의 언동에 신중을 기할 것을 직언하였다.[50]

---

45) 『西溪集』, 권22, 附錄, 「年譜」.
46) 이때에 기록한 「북정록(北征錄)」이 있다.
47) 앞의 책, 권5, 「應求言疏」.
48) 앞의 책, 권22, 附錄, 「年譜」.
49) 상동.
50) 앞의 책, 권5, 「玉堂論事箚」.

3) 학자와 관리로서

박세당은 마흔(무신, 현종 9년)을 고비로 관직을 물러난다. 관직에서 물러날 뜻에서 그는 월과(月課)를 세 차례나 하지 않아 마침내 파직되었다. 박세당은 전년에 맞아들인 계부인 정씨(鄭氏)와 함께 양주 수락산 석천동으로 내려갔다. 관직을 버린 이유에 대하여 자신은 이렇게 적고 있다.

> 재력(才力)이 단약(短弱)하여 세상에 유위(有爲)한 일을 할 수 없을 뿐 아니라, 세상 또한 날로 퇴폐하여 바로잡아 구할 수 없음을 깨달았기 때문이었다.[51]

그러나 「연보」에 의하면 이런 퇴관의 결단이 있기까지는 저 '피해자 가족의 청나라 사신 영접 건' 이후로 나빠진 당시의 실력자 송시열과의 관계가 작용했다는 것이다.[52] 어떻든 이때 전리로 내려온 박세당은 야인이 되어 농부들과 함께 몸소 농사를 하였다.[53]

그해 2월부터 8월까지 계속하여 교리, 정언, 지평, 세자시강원문학, 수찬, 병조정랑, 이조좌랑 겸 문학 및 동지사서장관의 직책이 연달아 주어졌지만 박세당은 나아가지 않았다.[54] 어떤 친구는 그의 이러한 태도를 나무랐지만 그는 조금도 동요하지 않았다.[55] 결국 명령불복종으로 문죄〔特命拿問定罪〕하게 되어 억지로 나아갔다.[56]

10월에 동지사 서장관으로 연경에 갔었다.[57] 이듬해 3월에 돌아오

51) 「自撰墓表」.
52) 『西溪集』, 권22, 附錄, 「年譜」.
53) 상동.
54) 「顯宗實錄」, 권15, 9년 무신 6월·9월 조.
55) 『西溪集』, 권21, 附錄, 「諡狀」
56) 상동.

자, 연행사 일행의 청에서의 관등(觀燈)·잡희(雜戱)·관상(觀賞)이 말썽 되었다.[58] 아무튼 이 연행의 경험이 박세당에게는 대륙의 새로운 '시대변천'을 보고 느낄 수 있는 좋은 기회였을 것이라고 추측된다.[59]

박세당은 귀국하는 즉시 석천동으로 다시 돌아간 다음, 몇 가지 직책이 주어져도 나오지 않았다. 이듬해(42세, 경술, 현종 11년) 8월 통진현감(通津縣監)의 직만은 받아들였다. 외직은 내직과 달라 상호 알력이 적으므로 마지못하여 받았던 모양이다.[60] 그때는 마침 큰 흉년으로 백성들이 기아의 상태에 놓였던 때였으므로, 그는 우선 '진기(賑飢)'에 열과 성을 다하였다. 조정에서는 각 읍의 토착민과 유랑인〔流正〕을 분별하여 유랑인에게는 양식을 지급하지 말도록 하였다. 그렇지만 그는 당시의 구활이 마치 '구분원닉(救焚援溺)과 같다 하여 조정의 명령을 무시한 채 누구에게나 일제히 진휼하였다. 그는 특히 강도(江都)의 이속(移粟)을 청하여 현민(縣民)에게 균분함으로써, 그 고을에서는 한 사람의 아사자도 나지 않게 하였다.[61] 자기 봉급으로 현의 청사당(聽事堂)을 수선할 정도로 멸사봉공의 정신에 투철하였다.[62] 그러나 몇 달 되지 않아 곧 헌납으로 체직 소환되었다.

박세당은 그에 응하지 않고 다시 석천동으로 돌아온다. 이어 3년간 헌납으로부터 수찬, 사간원 사간, 홍문관 응교 겸 남학교수(南學敎授), 사복시정(司僕寺正), 세자시강원 보덕(輔德), 교리, 사헌부집의, 세자시강원 필선(弼善) 등의 직이 주어지지만 모두 부임하지 않

57) 당시의 일행은 정사(正使) 이경억(李慶億), 부사(副使) 정륜(鄭錀)이었다.
58) 「顯宗實錄」, 권17, 10년 기유 6월조.
59) 정사 이경억의 보고로 이것을 짐작할 수 있다(「顯宗實錄」, 권17, 10년 기유 3월조).
60) 『西溪集』, 권22, 附錄, 「年譜」.
61) 앞의 책, 권21, 附錄, 「諡狀」
62) 앞의 책, 권22, 附錄, 「年譜」.

았다. 다만 현종 14년(45세, 계축) 9월에 봉상시정(奉常寺正)이 주어진 위에 영릉(寧陵)의 천장을 위한 돈장(敦匠)의 명이 내리므로 하는 수 없이 나아가 능천의 일을 지휘 감독하였다. 그렇지만 그것도 병으로 곧 사임하고 (석천으로) 돌아왔다.[63]

이후 51세 때(기미, 숙종 5년)까지 6년간 누차 삼사(三司)의 관에 임명되었고 때로는 종부시정(49세, 숙종 3년), 밀양부사(50세, 숙종 4년)의 명이 있었지만 모두 고사하였다.[64] 사실 이 기간, 즉 박세당이 46세 되던 해(현종 15년)부터는 제2차 예송으로 서인이 남인에게 실권한 기간이기도 하다. 이 동안에는 그에게 관리로서의 주목할 만한 생활상이 없었다.

그러나 사생활에서는 이 시기가 경시할 수 없는 기간이었다. 제3자 태한(泰翰)을 보았고(45세 때), 차자 태보가 선천(宣川)으로 유배된 일(49세 때)이 있었으며,[65] 계부인 정씨가 (50세 때) 세상을 떠났다. 학자·교육자로서도 이 기간은 주목할 만한 시기였다. 석천동으로 퇴거한 이후, 해마다 그의 강훈(講訓)을 받고자 모여드는 제자의 수가 증가하여 그의 서재를 메웠다. 박세당은 그곳 계상에 관란정(觀瀾亭)·궤산정(簣山亭) 등의 강당을 짓고 후진들에게 매일 강론하였다.[66] 그는 서생들의 가문(출신)의 고하를 막론하고 재품의 현우에 따라 지성으로 가르쳤다. 특히 겨울이 되면 서생의 수가 매우 증가되어, 이른 아침부터 밤늦도록 수업을 계속하지 않으면 안 되었다. 춘절·하절에는 서생들과 야외로 나아가 강마하며 소요·영풍을 즐기다가 돌아오기도 하였다. 그는 제자들에게 친절을 다하여 평이하게 가르쳤다고 한다. 또 제자 중에 병으로 고생하는 제자가 생기면 힘을

---

63) 상동.

64) 상동.

65) 상동.

66) 상동.

다하여 구호하였고, 사망하는 경우에는 자리를 마련하고 추모하며 그 집을 돌보아주기까지 하는 스승이었다.[67] 교과 내용은 대체로 경사(經史)를 가르쳤지만 문예(文藝)도 지도하였다.[68]

4) 재야학자의 연구 성과

박세당이 52세 되던 해(경신, 숙종 6년)는 '경신대출척(庚申大黜陟)'으로 남인이 실권하고 서인이 득세하던 때였으므로, 그에게도 응교·사간 등의 명이 있었다. 그가 나아가지 않자 조정에서는 그의 '염퇴·청고지절(恬退·淸苦之節)'에 대한 포장이 논의되었다.[69] 그에 따라 그는 왕의 별유(別諭)를 받았고, 그는 사사의 소를 올렸지만 우비불허 되었다. 오히려 통정대부로 승계되고,[70] 승정원 동부승지로 탁배된다. 그는 여전히 사사하지만 용허되지 않는다. 때마침 인경왕후(仁敬王后)가 승하하므로 입도(入都) 사은하고 취임하였다.

그러나 이때 박세당의 승정원 생활은 원하는 것이 아니었던 때문이었는지, 그는 매우 파격적인 태도를 취하여 야인의 풍모를 완연히 보였다. 그는 승정원에서 항상 이불을 덮고 누워 있었다. 다른 승지들이 웃으며, '원중의 고규(古規)가 오늘날 완전히 무너졌다'든지, 김청성(金淸城)은 "박세당의 거동이나 풍모에는 이미 산야인의 태가 박혀 있다"고 할 정도였다.[71] 박세당은 결국 다음달(11월)에 해직되어 석천으로 돌아왔다.

---

67) 상동.

68) 상동.

69) 대사간 신익상(申翼相)의 상소문 속에서 그것이 운위된다(「현종실록」 권6, 경신 7월조).

70) 이 해에 들어 1차로 통정대부의 가자(加資)가 내렸지만, 진백자(陳白者)가 있어 곧 환수된 일이 있다(「年譜」 및 「諡狀」).

71) 앞의 책, 권21, 附錄, 「諡狀」

이어 충청도관찰사, 사간원대사간(53세 때), 홍문관부제학(55세 때), 이조참의(57세 때) 등이 60세 때까지 주어졌지만, 그는 모두 부임하지 않았다. 61세 기사환국(己巳換局) 때부터 65세(계유) 때까지는 자제(태보)의 피화로 해서, 설령 그 자신이 관직을 갖고 싶었다고 하더라도 가질 수 없는 상태에 놓였었다〔차자 태보는 장희빈의 아들을 원자로 책봉하려는 숙종의 뜻에 반대하여 판서 오두인(吳斗寅), 참판 이세화(李世華) 등 100여 인과 함께 반소를 올렸다. 그는 그 소론을 입안(주도) 정리하여 제작한 주동자였으므로 사형을 당하였다〕.[72] 사실 박세당은 그 전(58세 때)에 장자 태유까지 잃었다(장자 역시 시사를 논하는 소를 올렸다가 고사찰방으로 견척되매 병들어 죽었다). 그 장자를 잃은 슬픔이 가시기도 전에 이런 참화를 당한 비운이었다.

하지만 14년에 걸친 이 기간(52~65세, 숙종 6~19년)에 박세당이야말로 그의 생애에 있어 가장 많은 심혈을 기울인 대업을 진행하고 있었다. 고전에 대한 연구가 그것이다. 이미 석천에 퇴거한 직후부터 그의 본격적 고전연구는 시작되었다고 하지만,[73] 적어도 그 연구결과는 이 기간에 나왔다. 일명 『통설(通說)』이라 하는 『사변록(思辨錄)』 등이 그것이다. 유가의 원시경전 특히 사서의 연구에 치중한 그는 『대학(大學)』(52세 때), 『중용(中庸)』(52~60?세), 『논어(論語)』, 『맹자(孟子)』(61세 때)에 대한 주해를 차례로 내어놓았고, 『상서(尙書)』(63세 때)와 『모시(毛詩)』(65세 때)의 주해(모시주해는 미완)도 내었다(이상의 주해를 묶어 『사변록』이라 했음). 박세당은 이 『사변록』 외에도 당시의 유학자들이 기피하던 『노자(老子)』(53세 때), 『장자(莊子)』(54세 때)의 주해서까지 내었다. 이에 윤증(尹拯) 같은 친우로부터 학문태도에 대한 주의까지 받았다.[74] 그러나 이때에 유학자들의

72) 상동.

73) 앞의 책, 권22, 附錄, 「年譜」.

74) 앞의 책, 권7, 「答尹子仁書」.

『사변록』에 대한 이의는 별로 없었던 듯하다.[75] 65세 때부터 그의 건강은 나빠져,[76] 『모시』의 주해를 미완성으로 남긴 채, 그의 고전 연구(주해)는 중단되고 말았다.

5) 영예와 박해의 만년

박세당이 66세 되던 해(숙종 20년)는 바로 갑술옥사(甲戌獄事)가 일어나던 때였다. 기사년 이후 폐위되었던 인현왕후를 남인의 반대를 무릅쓰고 복위시키는 데 성공한 서인이 다시 대거 기용·득세하게 된 때였다. 이에 따라 박세당 역시 다시 기용될 수 있는 기회가 왔다.[77]

그해 5월에 박세당의 염퇴(恬退) 청절(淸節) 및 태보의 대절(大節)에 대한 특혜가 있어야겠다는 장령 김연(金演)의 상소로 말미암아, 치사식물(致賜食物)과[78] 동시에 부승지의 직이 주어졌다.[79] 6월에는 특지에 의한 가선대부(嘉善大夫) 호조참판의 탁배가 있었고, (대사간을 거쳐) 이듬해에는 자헌대부(資憲大夫) 공조판서(工曹判書)가 되었다.[80] 그러나 박세당은 모두 불취하였다. 68세 되던 12월에 상한질독(傷寒疾篤)으로 쇠약하여진 그의 기력은 그 후 6, 7년간 수차 중병을 치르면서 더욱 쇠약하여졌다.[81] 그의 건강 또한 고관의 직무를 감당할 수 없었던 듯하다. 그렇지만 그에게는 계속 의정부 우참찬(右參贊)(69세 1월), 사헌부 대사헌(大司憲)(동년 3월), 한성부 판윤(동년

---

75) 『사변록』에 대한 시비는 역시 이경석(李景奭)의 비명을 쓰고 난 뒤부터 본격적으로 일어난다.

76) 앞의 책, 권22, 附錄, 「年譜」.

77) 이때에는 서인 중에도 박세당 계통의 소론이 대거 득세하였다.

78) 「肅宗實錄」, 20년, 갑술, 윤 5월.

79) 『西溪集』, 권22, 附錄, 「年譜」.

80) 상동.

81) 상동.

4월), 공조판서 겸지경연사(동년 9월)가 제수되었다. 일흔으로 기로소(耆老所)에 든 뒤에도 대사헌, 판윤 등이 제수되었고, 71세 때는 숭정대부로 가자되면서 예조판서(禮曹判書)(5월), 판중추부사(判中樞府事)가 되었다. 박세당는 어느 경우에도 취임하지 않았다. 그럼에도 그의 관작의 영예는 73세 때까지 계속되었다. 주중추부사(72세 6월), 이조판서(吏曹判書)(동년 8월), 다시 지중추부사(73세 8월) 등이 주어졌다. 이조판서의 경우는 사소를 여섯 차례나 올린 뒤에야 체득될 수 있었다.[82]

사실상 야인이었던 박세당에 대한 관리 또는 정치인으로서의 우대는 이때가 최고조인 동시에 마지막이었다. 74세 되던 해(임오, 숙종 28년)에 그가 이경석〔白軒 李景奭, 1595~1671〕의 비문〔領議政白軒李公神道碑銘〕을 지은 것이 계기가 되어, 그의 생애는 또 다른 국면 — 실로 이제와는 정반대되는 국면 — 으로 접어든다. 박세당은 정치적인 큰 박해로 해서 비극적 종말을 맞게 된다.

이경석은 병자호란(1636) 때 부제학으로 「삼전도(三田渡)의 비문」을 지은 것으로 유명하다. 그러나 이경석의 대청정책(對淸政策)에 대한 근본입장은 척화였다. 그는 효종 원년(1649) 북벌계획(北伐計劃)이 탄로 났을 때는 영의정으로서 그 책임을 자청하여 〔백마성(白馬城)에서〕 청에 의한 감금생활을 한 사람이다.[83]

이경석의 후손으로부터 비문의 찬저 청탁을 받은 박세당은 그의 행적과 인품을 논하던 그 비문에서 이경석과 송시열과의 관계를 논하였다. 송시열을 기용시켜 준 것이 원래 이경석이라는 것을 밝혔다. 그리고서 박세당은 기해복상(己亥服喪) 문제 등 정견의 차이가 주원인이기는 하지만, 송시열이 이경석의 (시사를 논한) 소차에 대한 오해

82) 상동.

83) 「領議政白軒李公神道碑銘」 및 『國史大事典』 참조.

및 이경석 집안과의 청혼 거부 등 누적된 사감으로 이경석에의 인신공격〔醜詆〕을 서슴지 않았다는 것을 기록하였다. 특히 송시열이 영릉지(寧陵誌)를 통하여 이경석의 그 삼전도 비문의 찬을 비난하였다는 사실도 지적하였다. 그러한 송시열에 반하여 이경석은 괴작(愧怍) 함을 소차로 표현하였을 뿐, 평소에는 평탄한 심정으로 송시열의 행위에 개의치 않았다고 기술하였다. 결국 박세당은 은연중에 송시열의 인간성이 이경석만 못하여 송시열이 이경석에게 지나치게 대하였다는 것을 논한 결과가 되었다.[84] 더욱이 박세당은 비문의 서두를 특이하게 시작하였다. 그는 『시경』·『서경』에 있는 "전형(典刑)은 또한 노성(老成)으로부터 나온다", "노성인(老成人)을 모욕하지 말라"의 구절을 인용하면서 이렇게 적고 있다.

> 노성인의 귀중함이 이와 같도다. 그런데도 불구하고, 만일 노성인을 모욕하는 자가 있다면, '천하의 불상(不祥) 함이 막대'하도다. 불상한 것을 감히 한다면 또한 반드시 불상한 응보가 따를 것이다. 이것이 하늘의 도이니, 두려운 일이 아닌가![85]

이와 같은 글은 (보기에 따라) 선배였던 이경석은 노성인이며, 후배였던 송시열은 그 노성인을 모욕하는 사람에 해당시켜 볼 수 있다. 그러므로 이 비문은 보는 사람으로 하여금 송시열을 비난한 내용임에 틀림없다고 생각하게 한다.[86] 그런 데다가 명문의 마지막에서 "… 거짓되고 허탄한 말을 세상 사람들이 듣고는, 올빼미와 봉황은

84) 『西溪集』, 권12, 「領議政白軒李公神道碑銘」.

85) 상동. "詩曰: '雖無老成人, 尙有典刑, 典刑有無, 治亂存亡係焉. 老成, 又典刑所自出. …' 書曰: '無侮老成人.' 老成之重如此, 有侮之者, 則天下之不祥莫大焉. 敢於爲不祥者, 亦必有不祥之應報焉, 此天之道也, 可不懼乎!"

86) 박세당은 이미 입조 시부터 송시열의 위인을 싫어하였다고 한다(「年譜」).

성품이 다르다면서 노여워하고 꾸짖으니, 불선한 자의 증오를 군자가 어찌 병되이 여기겠는가! (恣僞肆誕, 世有聞人, 梟鳳殊性, 載怒載嗔, 不善者惡, 君子何病!)"라 하였다. 이경석을 비방한 사람은 불선자로서, 이경석과는 '올빼미와 봉황의 차이'가 있다고 하였던 것이다.

이 비문은 마침내 송시열계의 당인들의 감정 — 송시열은 기사환국 때 이미 사망하였음 — 을 자극하게 되었다. 더욱이 당시는 송시열계(노론)의 사람들도 많은 세력을 잡고 있었던 때였으므로 박세당의 이 비문에 대한 반발은 대단하였다. 다음해(75세, 숙종 29년 2월)에 관학 유생들의 소척 및 김창협(金昌協)·김창흡(金昌翕) 형제를 위시한 김진규, 정호 등의 소척이 그러한 것이다.[87] 이 소척들로 말미암아 박세당은 삭탈관작(削奪官爵)되고 문외출송(門外黜送)의 명으로 성 밖에 나아가 대죄하게 되었다. 이어 대각의 원찬계청으로 옥과(玉果)에 유배되는 명이 내려졌다.[88]

박세당이 소척을 비롯한 탄핵을 받게 된 당시의 명목상 이유는 단순히 비문내용에만 그치지 않았다. 이때 박세당을 공격하던 사람들은 비문을 계기로, 그가 일찍이 저술한 『사변록』을 또 하나의 지탄의 대상으로 삼았다. 그들은 박세당이 『사변록』을 통하여 '주자를 능모(陵侮)하였다'는 것을 죄목으로 삼았다. 김창흡의 주장으로는 박세당이 주자를 능모하고 싶은 나머지 (그 방법으로) 주자의 존봉자인 송시열을 공척하였다고 하였다.[89] 이와 같이 『사변록』을 또 하나의 지탄 대상으로 만듦으로써 박세당에게 '사문난적', 이른바 '이단'의 죄명이 붙게 되었다.

---

87) 물의의 시초는 송시열 문인인 노론 김창흡〔三淵〕이 박세당의 문인인 이덕수(李德壽)에게 글을 보내어 『사변록』과 비명을 비난한 다음, 이어 성균관 유생 홍계적(洪啓迪) 등 180인으로 하여금 소를 올리어 박세당을 규탄케 한 것이다(「肅宗實錄」, 권38).

88) 『西溪集』, 권22, 「年譜」.

89) 「思辨錄辨破」.

이에 이탄(李坦), 이익명(李翼明) 등 박세당의 문인들은 저 박세당을 비난하는 사람들의 비난원인이 오직 비문의 (송시열에 대한) 몇 구절에 있음을 강조하는 한편 경전에 대한 해석의 동이는 예로부터 있어 온 사실임을 역설하였다.[90] 특히 판윤 이인엽(李寅燁)은 박세당의 40년에 가까운 휴퇴지절(休退之節)과 일흔이 넘은 고령의 나이와 노환 및 차자 태보의 공을 들어 유배가 지나친 것임을 지적하고 유배의 명만은 거둘 것을 소청하였다.[91]

이러한 소청이 주효하여 박세당은 그해 5월에 석천으로 귀환하였다가 8월 21일에 마침내 세상을 떠났다.[92]

이상과 같은 박세당의 생애야말로 고식적 전통을 무시하는 저항에 의한 하나의 소외자로 거의 일관된 생애라 할 수 있다. 전통적 입장에서 보면 그는 확실히 반골기질의 인물이다. 그의 정치태도 자체가 이미 36세 때부터 청사영접건 등의 대청정책으로 말미암아 송시열과 같은 자기당(서인)의 실력자에게서까지 '오사(五邪)'로 지목될 정도로 안이한 타협을 거부하는 태도였다. 이러한 기개와 반골정신이 마침내 '사문난적'이라는 그의 이단자적 양상을 훨씬 돋보이게 하였다. 아니 그 반골정신이 결국 학문상으로도 사문난적으로 불릴 수 있는 여지를 마련하였다고 보아야 옳을 것이다. 이상으로 우리는 그가 『사변록』으로 인하여 당시에 사문난적의 낙인을 받았다는 사실만은 확인한 셈이다.

이제 우리는 하나의 가설인 '박세당 실학은 곧 이단'이라는 전제를 사실(史實)로서 받아들일 수 있는 단계에 도달하였다. 이어 이단으로 지탄받았던 그의 근본사상이 고찰되어야겠다. 다만 그 근본사상에 대한 고찰은 먼저 그의 현실관에 대한 고찰을 기초로 하고 이루어지

---

90) 상동.

91) 상동.

92) 상동.

는 것이 보다 충실하고 효과적인 방법이 아닐까 한다.

적어도 실학이 공허(空虛) 또는 허문(虛文)과 대립하면서 실생활과 직결되는 학문이라면, 그것은 심오한 이론을 구축하기에 앞서 '현실에 대한 일정한 안목', 즉 '일정한 현실관'을 전제한 학문일 것이다. 실학에서 경학사상과 같은 근본사상은 일정한 '현실관'의 기초를 다지는 작업으로 이루어진다고 여겨진다. 이런 점에서 박세당의 경우에도 우선 그의 현실관에 대한 이해가 요청된다.

3. 실천사상

1) 문제와 방법

여기서 말하는 현실관이란 결코 하나의 '현실진단설' 내지 '현실파악론'을 의미하지 않는다. 어떤 점에서는 그렇게 말할 수도 있겠지만, 이것은 확실히 말하여, '실생활에서 가지게 되었던 문제의식 및 그 문제해결에 적용하였던 사고방식'이다. 현실관의 의미를 이렇게 사용하는 이유는 이것을 어디까지나 앞으로 그의 근본사상과 연결 짓는 방법으로 밝히려는 필자의 의도 때문이다. 이런 점에서 그의 현실관은 실상 그의 '일상적 실천사상'이라고 표현하는 것이 더 적합하다.

박세당의 실천사상을 실생활에서 가지게 되었던 문제의식 및 그 문제해결에 적용하였던 사고방식으로 규정할 수 있다면, 이것은 바로 그의 그때그때의 '현실대응론' 속에서 찾아볼 수 있다. 그런 만큼 이것은 고찰의 방법상 다음과 같이 몇 가지 관점에서 살필 수 있지 않을까 한다. 먼저 일상생활을 통하여 느끼는 당시의 분위기에 대한 그의 반응을 살핌으로써 그의 일상적 사고방식을 알아보는 것이 필요하다. 그다음 그가 관리 또는 정치인으로서 현실을 요리하는 경세가의 생활을 하였으므로, 경세가의 생활 속에 나타나는 그의 적극적 현실대응론을 살펴야겠다(물론 전항에서도 어쩔 수 없이 경세가적 현실대응의 태도가 조금씩이나마 나타나 있지만 그것은 어디까지나 소극적 현실대응에 불과함). 이 경우 그의 적극적 현실대응론은 경세가로서 그가 일종의 포부로 삼았던 그의 경륜과 그 경륜 속에 상정되고 있는 그의 '이념 또는 이념화한 사유형태'이다. 따라서 앞으로는 이러한 것을 찾아보아야 한다. 그다음에는 이상의 결과들을 하나의 맥락 속에서 종합적으로 검토하여 그의 실천사상의 기본 패턴과 그 패턴에 의한 특징을 알아보는 방법이 있을 수 있지 않을까 한다.

2) 일상적 사고방식

박세당이 생존하던 시대는 유교의 도덕과 예(禮)가 사대부의 일체의 행동을 규제하던 때이다. 심지어 정치행위도 그것에 의하여 좌우되었다. 때문에 당시의 집권층(양반)의 정치세력은 '도덕규범에 대한 견해의 대립'인 이른바 '예송(禮訟)'에 의하여 변동되었다.

당시에 있었던 집권세력의 변동은 앞 장에서 이미 대강 보았듯이 두 차례에 걸친 '복상사건(服喪事件)'〔현종 1년(1660), 현종 15년(1674)〕과[93] '기사환국'〔숙종 15년(1689)〕[94] 및 '갑술옥사'〔숙종 20년(1694)〕[95]가 그것이다. 이 네 차례의 사건을 계기로 남인과 서인(노소 포함하여)이 세력을 다투던 것이 당시의 집권투쟁상이었다.

이 가운데 몇 년간의 상복을 입어야 하는가 하는 상복사건이 '예송'이었음은 더 말할 나위 없다. 뒤의 두 경우도 실은 '적서(嫡庶)의 왕통계승 문제'와 '왕비 폐복(廢復)의 당부 문제'이므로, 도덕규범의 이론을 기초로 한 일종의 '예송'에 속한다. 이렇게 예의존중의 정도와 해박한 지식이 집권의 도구로 이용될 만큼 당시는 '예에의 신앙시대'였다. 유학사에서 이때를 가리켜 '예학의 시대'라 하고, 송준길(宋浚吉)·박세채(朴世采)를 위시한 예학파의 학자들이 이 시대의 유학을

---

93) 제1차 예송은 1659년 효종이 돌아갔을 때, 그 계모인 자의대비의 복제에 대하여 송시열 등 서인이 기년(만 1년)설을 주장하여 채택되었으나, 윤휴 등 남인이 삼년설을 주장하며 정쟁을 벌인 사건이다.

제2차 예송은 1674년 효종비 인선왕후가 돌아갔을 때 다시 자의대비의 복제를 둘러싸고 서인과 남인이 정쟁을 벌인 사건이다. 이때는 남인의 기년설이 서인의 대공(9개월)설을 누르고 채택되었다.

94) 숙종 때(1689년) 소의 장씨(장희빈)의 아들의 원자(경종) 책봉 문제를 놓고 서인과 남인이 그 시기의 가부로 대립하였다가 서인이 축출되고 남인이 집권했음.

95) 1694년 인현왕후의 복위문제를 계기로 남인이 실각하고, 서인, 그 중에도 소론이 대거 기용됨.

대표함도 이 때문이다.[96] 이를테면 박세당의 시대는 '명분'과 '형식'이 실리와 내용에 선행하는 풍조가 만연하였던 때이다.

이러한 상황 속에서 박세당은 '예송'에 대하여 다음과 같이 말한다.

> 효종께서 여러 신하들을 버리고 승하하심에, 대왕대비는 마땅히 어머니로서의 상복을 입으셔야 했다. (그런데도) 당시 논의하는 자들은 저마다 하나의 설을 잡아, 한편에서는 마땅히 삼년복을 입어야 한다고 하고, 다른 한편에서는 마땅히 기년복을 입어야 한다고 한다. 삼년복을 입어야 한다는 측에서는 '차장자(次長子)가 비록 본래 장자(長子)는 아니지만, 장자가 돌아감으로 인하여 차자가 이어서 후사가 되었다면 이 또한 장자라 할 수 있다. 그러니 마땅히 장자의 삼년복을 입어야 한다'고 한다. 기년복을 입어야 한다는 측에서는 '차장자는 진실로 중자(衆子)임을 면할 수 없으니, 비록 장자가 돌아가서 차자가 이어 후사가 되었다 하더라도 이미 본래 장자가 아니니, 마땅히 중자의 기년복을 입어야 한다는 것이다.
>
> 이제 제삼자의 입장에서 보건대, 삼년복을 입어야 한다는 측도 효종을 차장자로 여기지 않을 수 없고, 기년복을 입어야 한다는 측도 역시 효종을 차장자로 여기지 않을 수 없다. 갑도 차장자라 하고, 을도 차장자라 하면서도, 갑은 차장자이니 삼년복을 입어야 하고, 을은 차장자이니 기년복을 입어야 한다고 한다. 비록 기년과 삼년은 다르지만, 효종이 차장자라는 사실은 끝내 바꿀 수 없을 것이다. 동일한 하나의 설이 단지 상복의 기간 때문에 두 가지 설로 나뉘어 분분하게 다투어 서로 배격하기를 마지않으니, 아! 기이하도다.[97]

---

96) 현상윤, 『조선유학사』, 173쪽.

97) 『西溪集』, 권7, 「禮訟辨」: "孝宗棄群臣, 大王大妃當受母服. 當時議者, 各執一說. 一謂當服三年, 一謂當服期年. 其謂當服三年者, 曰: '次長子, 雖本非長子, 因長子沒, 而次子繼而爲嗣, 是亦名長子, 當服長子三年之服.' 其謂當服期年者, 曰: '次長子, 固未免爲衆子, 雖長子沒而次子繼而爲嗣,

여기서 박세당은 효종 사망 때에 있었던 자의대비(대왕대비)의 모복에 대한 이른바 '제1차 예송'을 예로 든다. 제1차 예송이란 바로 효종이 비록 차자지만 장자 대신 대를 이었으므로 장자 경우에 해당하는 '삼년복'이 옳다는 남인 일파의 견해와, 비록 장자의 역할을 했다 하더라도 차자인 만큼 중자의 경우에 해당하는 '기년복'이 옳다는 서인 일파의 대립·논쟁이다.

이 두 견해를 열거한 박세당은 이 중의 어느 편에 찬의(贊意)를 표하기보다, 두 견해의 대립이라는 사실이 이상한 일이라고 의혹을 일으킨다. 그는 두 견해가 다 같이 효종의 '차장자라는 사실'을 기초로 하면서 상반되는 복제의 주장이 나오고 있음에 주목한다. 마침내 그는 두 주장을 '차장자이므로 장자의 명분'이 적용된다는 것과 '차장자이므로 어디까지나 중자의 명분'에 그칠 수밖에 없다는 것으로, 즉 '하나의 사실에 대한 두 가지 명분론의 대립'으로 판단한다. 그리하여 예송에 대한 박세당의 아래와 같은 이론이 이어서 전개된다.

> 상복의 높이고 줄임이 어찌 종통과 관계가 있겠는가? 효종께서는 이미 인조의 차자로서 적사(嫡嗣)가 되시어 만백성을 다스리셨고 백세에 왕통을 드리우셨다. 그런즉 효종을 인조의 장자라 한들 어찌 선왕께 광영을 더하는 것이겠으며, 효종을 인조의 중자라 한들 어찌 선왕께 덕을 훼손하는 것이겠는가? 지금 단지 효종께서 인조의 둘째 아드님이라는 것 때문에 이처럼 분분하여 결판이 나지 않는 송사가 있게 되었을 따름이다. 가령 인열왕후(仁烈王后)께서 자손을 많이 두시어, 효종이 인조의 넷째나 다섯째 아드님이셨고, 그

旣本非長子, 當服衆子期年之服.' 今使旁人觀之, 其謂當服三年者, 不能不以孝宗爲次長子; 其謂當服期年者, 亦不能不以孝宗爲次長子. 甲亦曰次長子, 乙亦曰次長子, 然而甲之說曰: '次長子, 當服三年.' 乙之說曰: '次長子, 當服期年.' 雖期三年之不同, 其爲次長子之實, 則終不可易矣. 同是一說, 特以制服之間, 而破以爲兩說, 爭之紛紛, 相排擊不已, 吁其異矣!"

런데도 인조께서 효종을 선택하여 세워 오늘날 상복을 따지는 일이 있게 되었다면 이런 송사가 무엇 때문에 일어났겠는가? 그렇다면 상복의 높이고 줄임이 과연 종통의 중함에 증익하고 폄훼함이 있는 것인가? 이미 대통을 이으셨으니, 둘째인지 혹은 넷째나 다섯째인지는 진실로 중요하지 않다.

옛날 한나라 문제(文帝)는 대저(代邸)로부터 들어와 왕위를 계승하였는데, 그 스스로 말하기를 '짐은 고황제(高皇帝) 측실의 자식'이라 했고, 가의(賈誼)도 문제에 대해 말할 때 '측실의 세를 가지고 왕위를 미리 차지한 것이 아니다'라고 하였으니, 그 당시에는 임금도 그런 사실을 숨기지 않았고 신하도 숨기지 않았다. 그러나 문제는 한나라의 태종이 되어 수십 대의 종사를 전하여 지금까지도 성군이라 칭송을 받으니, 누가 그가 측실의 자식이라는 것을 문제 삼는가? 하물며 우리 효종께서는 인조에게 있어 마치 문왕의 무왕과 같으심에랴. 무왕이 문왕의 장자가 아니라는 것은 어린아이들도 다 안다. … 예를 들어 무왕이 돌아가셨을 때 어머니이신 태사(太姒)께서 아직 살아계셨다면, 무왕을 위해 삼년복을 입으셨을지 입지 않으셨을지는 알 수 없다. 그러나 입지 않았다 하여 무왕에게 폄훼가 되겠는가? 입으셨다 하여 더욱 광영이 되었겠는가? 그때 또한 종통이 명확하지 않다는 이야기가 있을 수 있겠는가? …

차장자도 역시 장자이니 높이어 삼년복을 입어야 한다는 것도 하나의 설이요, 차장자는 중자를 면할 수 없으니 줄여 기년복을 입어야 한다는 것도 하나의 설이다. 고례(古禮)에 이미 정문(正文)이 없고, 전(傳)이나 소(疏)들도 차이가 있으니, 특정한 시기의 예는 그때의 옳음을 참작하여 행해야 한다. 그렇다면 갑의 설을 쓰든 을의 설을 쓰든 불가할 것이 없다. …[98]

98) 상동. "夫服之隆殺，豈係宗統? 孝宗旣以仁祖之次子，建爲嫡嗣，君臨萬姓，垂統百世，則謂孝宗爲仁祖之長子，豈足以增光於先王；謂孝宗爲仁祖之衆子，亦豈足以貶德於先王? 今但以孝宗於仁祖，爲第二子之故，而有此紛紛不決之訟耳. 假令仁烈王后麟趾祥繁，孝宗於仁祖，爲第四子第五子，仁祖

그에 의하면 이 복상문제는 효종이 차자였기 때문에 야기된 것으로 보인다. 효종이 제 4자나 제 5자였으면 야기되지 않았을 것으로 생각한다. 그러나 실제로 대통을 이은 바에는 차자나 4, 5자라는 것은 문제 밖의 것이다. 도대체 복제의 경중·장단(隆殺) 자체가 종통의 경중, 명·불명에 영향을 미치지 않기 때문이다. 복상은 몇 년복이든 결코 과거 선왕 자신의 실제 사실에 영향을 미치는 것〔增光·貶德〕이 아님을 그는 강조한다. 그러한 예증을 한의 문제라든지 무왕의 예에서 볼 수 있다고 한다. 명분이 사실을 좌우하는 것이 아님을 지적하는 셈이다. 이러한 시각에서 본다면 효종의 차장자라는 사실에 대한 명분으로서의 기년복 또는 삼년복설은 다 같이 채용될 수 있다. 이치를 따져 보아도 차장자는 역시 이름이 '장자'이니 삼년복이 해당될 수 있음직하고, 그런가 하면 차장자는 역시 장자의 이름이 붙었지만 '차'라는 이름이 있듯이 중자를 면하지 못하는 이상 일년복이어야 한다는 주장도 있을 수 있다.

더욱이 고례에 그러한 것에 대한 일정한 법식이 없는 이상, 이것은 그때그때의 형편에 따라 (그 형편을 참작한) 한때〔一時〕의 예(禮)로 실행될 수 있다. 이를테면 박세당은 예의 가변적 상대성, 이른바 '시중성(時中性)'을 간취한 나머지 그러한 입장에서 양 주장을 인정하고

擇而建之, 以有今日講服之事, 則此訟何由而起也? 然則服之隆殺, 其果有增貶於宗統之重乎? 旣承大統, 其爲第二子與弟四子第五子, 固無分矣. 昔漢文帝從代邸入承, 其自言曰: '朕, 高皇帝側室之子', 賈誼之謂文帝亦曰: '非有側室之勢以豫席之', 當是時, 上不自諱, 下不爲之諱也. 然文帝爲漢太宗傳祀數十, 至今推美, 稱爲聖君, 孰得以是而病之哉? 況我孝宗於仁祖, 猶文王之有武王, 武王之非爲文王長子, 童孺亦知之. … 設使武王崩時, 太姒尙存, 其爲武王必服三年與不服三年, 皆未可知也. 然其不服也, 有貶於武王乎? 其服之也, 其益有光乎? 當是時, 亦可使有宗統不明之說乎? … 次長子, 亦名長子, 隆之以爲當服三年者, 亦一說也; 次長子, 未免爲衆子, 殺之以爲當服期年者, 亦一說也. 古禮旣無正文, 傳疏間有異同, 一時之禮, 酌可以行, 用甲用乙無所不可. …"

있는 것이다. 요컨대 '명분'으로는 다 같이 일리가 있다 하더라도 그 명분상의 예가 종통의 '사실'(명불명)을 좌우하지 않으므로, 복제라는 예의 가변성 상대성을 도외시한 채 복제에 대한 쟁송을 일삼을 필요가 없다는 결론이다.

이런 점에서 박세당은 예의 근본 성질을 도외시한 채 복제에 대한 쟁송을 일삼는 태도를 비난한다.

> 그렇다면 오늘날의 전례에 대한 쟁송으로 인해 종통이 분명치 못하다는 설을 고집하는 이는 그 또한 불인(不仁)함이 심하도다. 그것은 욕망이 격동한 바 있어 일부러 이론을 빌린 것이며, 욕망이 배척한 바 있어 일부러 명분을 빌린 것이니, 그 마음가짐이 아! 험악하고 위태롭도다![99]

박세당은 복제라는 예(전례)가 종통을 불명케 한다고 고집하는 사람들의 태도야말로 매우 '불인'한 태도라 비난한다. 그러한 사람들은 다른 어떤 욕망이 있기 때문에 그 욕망을 채우려고 공연히 명분〔名〕과 이론〔說〕을 가차한 것에 불과하다는 것이다. 그러한 마음가짐〔爲心〕이 역시 위험하다고 그는 통박한다. 이와 같이 볼 때, '예송'에 관한 박세당의 견해 속에는 '명분'보다 '사실'을, '외형'보다 '내실'을, 또는 '형식'보다 '실질'을 중요시하는 사상이 그 근간을 이루고 있다.

박세당의 이러한 사상은 '소인(小人)' '군자(君子)'를 논하는 그의 글에서도 보인다. 소인·군자라는 말이야말로 당쟁에 이용하던 당시의 인간평가 기준이었다.[100] 유학의 가치관으로 볼 때 '군자'는 현실

---

99) 「禮訟辨」. "然則今日之因爭典禮而執爲宗統不明之說, 者 其亦不仁甚矣! 其亦欲有所激而故假之說矣, 其亦欲有所擠而故借之名矣, 其爲心也, 吁亦險且危哉!"

100) 현상윤, 『조선유학사』, 192~193쪽.

가능한 이상적 인간상을 뜻하는 데 반하여, '소인'은 그와 반대되는 (극복해야 할) 저열한 인간상을 뜻한다. 그러므로 유교 체제하에 있던 당시에 '소인'이라는 지칭은 치명적 인격의 모독이었다. 그럼에도 불구하고 박세당은 자기에 대한 다른 사람들의 '군자', '소인'이라는 지칭에 개의치 않는다고 한다. 그는 이렇게 술회한다.

> 선문자(羨門子)가 말했다. "남들이 그대를 군자라 말해도 그대는 기쁘지 않으며, 남들이 그대를 소인이라 해도 그대는 걱정되지 않는가?" 부구공(浮丘公)이 말했다. "내 또한 무엇을 걱정하고 무엇을 기뻐하겠는가?"[101]

남들이 자기에 대하여 군자라 하건 소인이라 하건, 그러한 것들이 어찌 걱정할 만한 일이며 기뻐할 만한 일이겠느냐는 것이다.

박세당이 다른 사람의 소인·군자라는 지칭에 개의치 않는 이유가 무엇일까?

> 선문자가 말했다. "사람은 군자 됨을 기뻐하고 소인 됨을 걱정하지 않는 이가 없는데, 이는 참으로 사람의 감정이다. 남들이 그대를 군자라 하면 그대는 군자가 되는 것인데 그대는 어찌 기뻐하지 않는가? 남들이 그대를 소인이라 하면 그대는 소인이 되는 것인데 그대는 어찌 걱정하지 않는가? 그대라는 사람은 홀로 사람의 감정이 없는가?"
>
> 부구공이 말했다. "그렇다. 내 일찍이 바깥에서 노닌 적이 있었다. 그때 남들이 나를 보고 뱀이라고 불렀다고 하자. 내가 나를 돌아보고 내가 뱀이 아니라는 것을 확인한다면 나는 걱정하지 않았을 것이다. 남들이 나를 보고 용이라고 불렀다고 하자. 내가 나를 돌

101) 『西溪集』, 권8, 「效愛惡箴」: "羨門子曰: '人謂子君子人也, 子獨不喜乎; 人謂子小人人也, 子獨不憂乎?' 浮丘公曰: '吾亦何憂何喜?'"

아보고 내가 용이 아니라는 것을 확인한다면 나는 기뻐하지 않았을 것이다.

옳고 그름의 판단과 걱정과 기쁨의 지향은 그 실마리를 알 수 없으니 내 어찌 기뻐하고 걱정하랴? 또한 내 그대에 이를 테니 들어보라. 어떤 사람이 나를 군자라 하더라도 내가 군자가 되는 것은 오히려 아직 확정된 것이 아니고, 나를 소인이라 하더라도 내가 소인이 되는 것은 오히려 아직 확정된 것이 아니다. 아직 내가 군자나 소인 됨이 확정되지 않았다면, 내가 기뻐할 것인지 걱정할 것인지도 아직 미정일터이니, 내 어찌 걱정하고 기뻐하겠는가? 더구나 남들이 나를 군자라 한다면 그것은 나를 좋아해서 하는 말이 아니겠는가? 나를 소인이라 한다면 그것은 나를 미워해서 하는 말이 아니겠는가? 나를 좋아하는 사람이 나를 군자라고 하는 것은 좋아해서 그런 것이지, 내가 반드시 군자가 되리라는 것이야 어찌 알겠는가? 나를 미워하는 사람이 나를 소인이라고 하는 것은 미워해서 그런 것이지, 내가 반드시 소인이 되리라는 것이야 어찌 알겠는가? 사람이 호오를 갖게 되면 시비가 서로 다투게 되는 법인데, 나 또한 그에 따라 기뻐하고 걱정한다면 지혜롭지 못하게 될 것이므로 그리하지 않는다."

(선문자가) 말했다. "그렇다면 그대는 과연 걱정도 기쁨도 없는가?" (부구공이) 말했다. "있다. 나를 군자라고 하는 이가 만일 군자라면 내 어찌 기뻐하지 않겠으며, 나를 소인이라고 하는 이가 만일 소인이라면 내 또한 어찌 기뻐하지 않겠는가? 나의 기쁨은 이런 경우일 뿐이다. 나를 군자라고 하는 이가 만일 소인이라면 내 어찌 걱정하지 않겠으며, 나를 소인이라고 하는 이가 만일 군자라면 내 또한 어찌 걱정하지 않겠는가? 나의 걱정은 역시 이런 경우일 뿐이다. 어찌하여 그런가? 군자란 호오에 공정하고 시비에 분명한 사람이니, 내가 군자인지 소인인지를 그가 허여하거나 허여하지 않는데 견주어 보면, 그 허여한 바에 기뻐하고 허여하지 않는 바에 걱정하지 않을 수 있겠는가? 소인이란 호오에 사사롭고 시비에 어두운

> 사람이니, 내가 소인인지 군자인지를 역시 그가 허여하지 않거나 허여하는 데 견주어 보면, 그 허여하지 않는 바에 기뻐하고 그 허여한 바에 걱정하지 않을 수 있겠는가?
>
> 또한 그대는 나의 군자 됨과 소인 됨이 모두 남들에 의해 결정된다고 보는가? 아니면 나에게 달려 있다고 보는가? 내가 군자라면 남들이 나를 소인이라 한들 나의 걱정이 아닐 것이며, 내가 소인이라면 남들이 나를 군자라 해도 나의 기쁨이 아닐 것이니, 기뻐하고 걱정함은 내게 달렸을 뿐이다."[102]

남들이 자기에게 군자라고 하면 기쁘고 소인이라 하면 기분 나빠지는 것이 '인지상정'이고, 그 정을 느끼는 것만은 박세당도 마찬가지다. 그 인지상정을 부인하는 것도 아니고, 박세당 자신에게 호오의

---

102) 상동. "羨門子曰: '人莫不喜爲君子而憂爲小人, 此固人之情也. 人謂子君子, 子爲君子人矣, 子安得無喜乎; 人謂子小人, 子爲小人人矣, 子安得無憂乎? 子爲人, 獨無人之情乎?' 浮丘公曰: '然. 吾向也游於外. 人見我呼我爲蛇, 吾顧而察之, 見吾之非蛇也, 吾亦不以爲憂; 人見我呼我爲龍, 吾顧而察之, 見吾之非龍也, 吾亦不以爲喜. 是非之辨, 憂喜之趣, 莫知其端, 吾又何喜何憂? 且吾語若, 女聽之. 今人謂我君子, 吾之爲君子者, 猶未定也; 謂吾小人, 我之爲小人者, 猶未定也. 夫未定吾之爲君子爲小人, 則亦未定吾之可喜與可憂, 吾其有憂喜乎哉? 且人之謂吾君子也, 將非好我而謂之乎; 謂吾小人也, 將非惡我而謂之乎? 好我者之謂吾君子也, 以其好之, 安知吾之必爲君子乎? 惡我者之謂吾小人也, 以其惡之, 又安知吾之必爲小人乎? 人有好惡, 是非交爭, 吾且從而一爲憂一爲喜, 以爲不智, 故不爲也.' 曰: '然則子果無憂與喜乎?' 曰: '有. 謂吾君子者, 果君子人也, 吾惡可以不喜乎; 謂吾小人者, 果小人人也, 吾又惡可以不喜乎? 吾之喜也, 在此而已. 謂吾君子者, 果小人人也, 吾惡可以不憂乎; 謂吾小人者, 果君子人也, 吾又惡可以不憂乎? 吾之憂也, 亦在此而已. 惡乎然哉? 彼君子人者, 公乎好惡而明乎是非, 吾之爲君子爲小人, 將視乎其所與所不與, 吾得不喜其所與, 憂其所不與乎? 彼小人人者, 私乎好惡而瞢乎是非, 吾之爲小人爲君子, 亦將視乎其所不與所與, 吾得不喜其所不與, 憂其所與乎? 且子謂吾之爲君子爲小人, 固將一決於人乎? 抑其不然, 而有在我者乎? 我之爲君子也, 人謂我小人, 非吾憂也; 我之爲小人也, 人謂我君子, 非吾喜也. 可喜可憂, 在我而已.'"

감정이 없다는 것도 아니다. 그러므로 그가 자기에 대한 남의 지칭을 중요시하지 않게 된 까닭은 이러한 조건이 아닌 다른 이유 때문이다. 그것은 무엇보다도 소인·군자라는 남의 지칭이 부정확한 것, 즉 사실과 다른 평가일 수 있기 때문이다. 그는 이 점을 비유에 의한 가상적 경험으로써 설명한다. 언젠가 자기가 밖에서 노닐 때 남들이 자기를 가리켜 뱀이라 하였다고 하더라도, 뱀이 아님을 스스로 알았기 때문에 뱀이라는 지칭을 자기가 걱정하지 않게 되었다. 반대로 용이라는 지칭을 받았더라도, 용이 아님을 스스로 확인하게 되었으므로, 용의 지칭도 좋아할 것이 못됨을 알았다고 한다. 도대체 남이 군자나 소인이라 한다 하여 내가 그렇게 된 것은 아님을 그는 강조한다. 사실 또는 진실과 다르면, 어떤 지칭을 받아도 좋아하거나 싫어할 만한 것이 못된다.

보다 중요한 것은 나의 '사람됨됨〔爲人〕'의 '사실' 또는 '진실'여부다. 사람들이란 대체로 그 '사람됨됨'을 사실 그대로 정확히 평가한 뒤에 군자·소인이라는 지칭을 적절하게 사용하지 않는다. 자기 마음에 맞는 사람이면 좋게 보이고자 군자라 하여주고, 싫은 사람에게는 소인이라 한다. 감정의 호오에 따라 사람들은 남을 거짓되게 부른다는 뜻이다. 그러므로 감정을 초월하여 정확하게 평가된 결과가 군자로 불리어질 경우라면 박세당도 싫어할 이유가 없다. 그런 뜻에서 박세당은 과연 군자임에 틀림없는 사람이 자기를 군자라 한다면 어찌 기쁘지 않겠는가 반문한다. 이렇게 '남의 지칭보다는 자신의 진실여하를 더 중요시하는' 박세당의 태도야말로 바꿔 말하면 거짓된, 또는 부적합한 '명칭'이나 '언표'보다는 그 명칭이나 언표의 '내실'을 더 중요시하는 태도 이외의 것이 아니라 하겠다. 사실 박세당은 말과 그 내용의 관계에 대하여, "말〔言〕의 귀중한 점은 그 내용〔實〕과 부합됨에 있을 뿐〔蓋言之所貴者, 在當其實而已〕"이라 단언하는 것을 본다.103)

이렇게 살피면, '명분'·'형식'·'명칭'보다는 '사실'·'실질'·'내실'(내용)을 더 중요시하는 것이 박세당의 일상적 사고방식이라 할 수 있다. 그러면 이러한 사고방식은 어떠한 사상적 경향(비록 잠재적 가능성에 불과하더라도)을 지닌 것으로 분석될 수 있을까?

공허한 명분·명칭·형식 등을 경시하고 사실·실질·내실을 중시하는 태도는 진부한 전통·관습을 일단 배격하고 자기대로 진실하게 살려는 태도가 아닐 수 없다. 특히 남의 평가나 지칭에 구애되지 않으려는 태도는 진실만을 추구하는 고독한 '아웃사이더'의 모습을 상상하게 한다. 거기에는 자신에만 집착하게 되는 일종의 '타인불신의 신조'가 깃들인 만큼 하나의 개인주의의 경향이 있음을 부인할 수 없다. 실질·내실을 추구하는 태도란 바로 통념화된 명분적 가치를 대담하게 배제하는 '실리주의(공리주의)'의 정신과 일맥상통하는 것이기도 하다. 뿐만 아니라 일체를 사실에 입각하여 판단하고 평가하려는 태도를 그가 특히 용사(龍蛇)의 비유로 강조하고 있는 점에 이르러서는 그 비유의 성질을 보아 노장사상(老莊思想)과의 관련을 배제할 수 없게 된다. 그가 『노자』, 『장자』에 대한 주해를 남기고 있는 만큼, 노장사상과 결부하여 생각한다면 이 사실중시의 태도는 일체의 가식적인 것을 배격하는 '노장적 자연주의'의 정신에 바탕을 둔 것으로도 볼 수 있을지 모르겠다. 그렇지만 이것은 아무래도 유가 본래의 일상적 사실, 즉 생활경험에 입각한 합리성·실증성의 추구로 보아야 할 것이다. 그러므로 이것은 허황한 관념의 유희를 거부하는 '경험주의적 경향'이라 할 수 있겠다. 이제 순서에 따라 그의 경륜을 통한 적극적 현실대응론을 살피기로 하자.

---

103) 앞의 책, 권7, 「答和叔書」.

3) 대내현실관

경세가로서의 그의 경륜은 또 두 가지 측면, 즉 대내·대외의 문제에 대한 측면으로 각각 살필 수 있을 것이다. 우선 대내문제에 대한 경륜을 살핌으로써 그의 적극적 현실대응론을 알아보기로 한다.

대내문제에 대한 박세당의 경륜 중에서 가장 대표적인 것은 하나의 '미재책(弭災策)'으로서 그가 왕에게 제출한 「응구언소(應求言疏)」가 아닌가 한다. 이것은 일종의 '폐정개혁론'이다. 그러므로 그의 적극적인 현실관을 나타내는 뜻에서 필자는 이것을 앞으로 '폐정개혁론'이라 부르겠다. 박세당은 이것을 제출하면서 다음과 같은 것을 하나의 전제로 역설한다.

> 경계하고 두려운 처음에 여러 신하를 부르시면, 임금과 신하가 토의하는 과정에 걱정하고 다급한 뜻이 말에 넘쳐 장차 크게 진작됨이 있을 듯합니다. 그러나 방도를 강구하는 것은 고작 사소한 몇 가지 일 뿐, 입시한 신하들이 대궐을 나서 서로 쳐다보며 한탄만 합니다. 이 순간이 지나고 나면 계획이나 정령은 여전히 퇴폐하고 방일하여 수성(修省)하고 공구(恐懼)하는 기상이 더 이상 없습니다. 옛글에 이르기를, '내가 누구를 속이랴? 하늘을 속이겠는가?'라고 하였습니다. 신은 온 조정이 '무실지거(無實之擧)'만 좋아하여 위로는 하늘을 속이고 아래로는 백성들을 속여, 하늘이 노하시고 백성들이 원망하는데도 오히려 뉘우칠 줄 모른 채, 용렬하고 어리석은 군주를 달가워하면서 더 이상 국가를 염려하지 않음을 적이 통탄합니다. 가령 '허문(虛文)'으로 족히 하늘의 돌보심을 돌리고 백성들의 화평을 얻을 수 있다면, 전하께서는 이미 일찍이 여러 차례 행하셨음에도 어찌하여 지금껏 효험이 없이 하늘의 노여움과 백성들의 원망이 날로 심해지기만 하는 것입니까? 만일 그런 것이 아니라면 마땅히 노선과 방법을 뜯어고쳐 '허문(虛文)'을 내치시고 '실효(實效)'

를 숭상하소서.[104]

또한 무릇 폐단을 나서서 이야기하는 것만으로는 그 폐단을 다하지 못함이 있고, 그 폐단을 힘써 연구하는 것만으로는 그 대책을 다하지 못함이 있습니다. 그 대책을 강구하기를 힘써, 반드시 폐단에 대해 그 해악을 모두 파악하고, 대책에 대해 그 최선을 다 강구하여, 그저 가만 놔두는 데 그치지 않는다면, 모든 대책이 다 시행되고 누적된 폐단이 모두 제거되어 민생이 평안함을 얻으리니, 국가로서는 더없는 다행일 것입니다. 신이 진실로 어리석고 비루하여 아는 것이 없사오나, 가뭄이 참혹하여 백성들의 삶이 망극함에도, 전하께서 재앙을 막고 하늘에 감응하심이 대부분 실제에 힘쓰지 않으심을 보고 적이 마음속의 개연함을 가눌 수 없습니다. 지금 비록 비를 얻는다 해도 이미 농사철이 아니기에 풍요로운 추수를 기대하기 어렵습니다. 하물며 보리마저 말라서 초미의 위급함을 구원할 길이 없음에도 걱정의 단초는 아직도 끝나지 않기에, 이에 참람하고 외람됨을 잊고 생각한 바를 모두 아뢰옵니다. …[105]

재난을 만나 뭇 대신들이 왕 앞에 모이면 곧 큰일이라도 벌일 듯이 근심하는 빛을 보이며 지껄이다가도, 정작 방안을 내는 것을 보면 사

---

104) 앞의 책, 권5, 「應求言疏」: “當警惕之始 , 召見群下, 君臣酬酢之間, 憂遑之意溢於言辭, 若將以大振作, 然其所講, 則乃瑣屑數三事耳, 入侍之臣, 出閤相顧, 吁歎而已. 過是以後, 謀猷政令, 依前頹放, 不復有修省恐懼氣象. 傳曰: ‘吾誰欺? 欺天乎?’ 臣竊痛朝廷好爲無實之擧, 上以欺天, 下以欺民, 天怒民怨, 猶不知悔, 甘處於庸君暗主之間, 而不復以國家爲念也. 如使虛文猶足以回天眷得民和, 則殿下已嘗行之數矣, 何至于今而不效, 天怒民怨, 日甚一日也? 如其未然, 則宜有以改絃易轍, 詘虛文崇實效.”

105) 상동. “又凡前言弊者, 有未盡其弊; 務究其弊, 有未盡其策. 務究其策, 必須弊盡其害, 策盡其善, 無但置之而已. 則群策畢擧, 積弊盡空, 民生得安, 國家幸甚. 臣固愚陋, 無所知識, 目見旱暵孔慘, 民事罔極, 而殿下之弭災應天, 多不務實, 竊不勝慨然于中. 今雖得雨, 已差農作之節, 難望秋稼之成, 況又兩麥枯損, 莫救燃眉之急, 憂虞之端, 猶未艾也, 玆忘僭猥, 傾竭所懷. …”

소한 일 몇 가지를 진언하는 것에 그치며, 그나마도 궐내에서 말할 그때뿐이다. 정령을 도모하는 데 있어 도대체 조정은 수성공구(修省恐懼)의 기상 없이 '무실지거(無實之擧)'만 일삼길 좋아한다. 실제로 실천실행하지 않음으로써 아무 효과〔實〕도 가져오지 않는 태도를 박세당은 '무실지거'라 하면서, 그것을 '허문(虛文)'과 같은 것으로 말하고 있다. 또 이와 같이 어떤 폐단을 제거·개혁하려는 철저한 노력이 없었다는 점에서 그는 왕에게도 아울러 이제까지 왕의 미재책이 실효에 힘쓰는 '무실(務實)'의 정책이 아닌, 일종의 '허문'에 그쳤던 것이었다고 통탄한다. '실제에 힘쓰지 않음'으로써 '실효'와 반대되는 이 '허문'이 과연 재난(災難)을 극복하고 민화(民和)를 가져오는 데 아무 소용없는 것이라면, 그는 마땅히 허문의 태도를 버리고 실효를 숭상하는 각성과 변화가 있어야겠다고 역설한다. 이는 실제로 실행하여 실질적 효과를 거둘 수 있는 이른바 '유실지거(有實之擧)'를 실현하는 '무실(務實) 정책'에로의 전환이 있어야겠다는 주장이다.

무실을 전제로 제기하는 그의 '폐정개혁론'은 대체로 다음과 같은 몇 가지로 집약된다.

> 진실로 원하옵건대, 전하께서는 정사를 보심에 게으르지 않고, 대신들은 맡은 바 직무에 최선을 다하게 하소서. 백성들의 곤궁을 구휼하려면 이유 없는 수탈을 금하시고, 백성들의 원망을 재우시려면 조세와 부역을 고르게 하시며, 병제를 일원화하여 그 폐해를 제거하시고, 재용을 절약하시어 국고를 좀먹지 않게 하소서. 느슨하고 게으름을 독려하고 진작시켜서 백성들의 기대에 보답함으로써 하늘의 노여움을 돌리소서.[106]

106) 상동. "誠願殿下聽政不倦, 大臣當事盡職. 恤民困則止其橫斂, 平民怨則均其出役, 一兵制以去其害, 節財用以息其蠹, 奮勵振作於委靡偸惰之餘, 以答群生之望, 以回上天之怒."

첫째, 왕 자신의 성실한 집정, 둘째, 대신(大臣)들의 직무충실, 셋째, 횡렴(橫斂)의 방지와 부역 및 조세의 균등화, 넷째, 병제(兵制)의 일원화, 다섯째, 궁중 재용의 낭비 방지 등이 그것이다.

첫째, '왕 자신의 성실한 집정'에 대한 박세당의 견해는 이렇다.

> 1년 중에 전하께서 군신들을 접견하신 것이 몇 차례에 불과하니, 모든 일이 다스려지지 않는 것은 바로 이 때문입니다. … 조회를 드물게 하는 자는〔罕朝者〕는 곧 말세의 교만하고 혼매한 군주이니, 이는 군주가 정사를 게을리 하는 폐단이옵니다. 전하께서는 드넓게 떨쳐 일어나시어 이를 뜯어고치시어, 날마다 법전(法殿)에 납시어 신료들을 불러 접견하시고 작고 큰일을 물어 시행하신다면, 정치는 법령이 잘 시행되어 치화(治化)를 이루실 것입니다.107)

박세당은 우선 왕이 1년 동안 조정에 나와 신료를 접견하는 기회가 몇 차례 되지 않는다는 점을 지적한다. 조회를 드물게 하여 신료를 자주 접견하지 않는 '한조자(罕朝者)'야말로 '말세의 교혼지주(驕昏之主)'임을 그는 서슴지 않고 말한다. 그에 따르면 왕이 매일 정전(正殿, 法殿)에 나가 신료를 접견하면서 대소사를 그 신료들에게 일일이 상의하여 정치를 직접 행하는 친정을 베풀어야만 규율이 바로잡히고〔法修〕, 정치가 바르게 시행됨으로써 그 치화(治化)가 효과를 보게 된다. 실로 국가의 모든 일〔萬事〕, 모든 직능이 왕의 친정에 달려 있다고 한다. 이렇게 하여 박세당은 일국의 정치의 성패에 대한 모든 책임을 일단 왕의 친정에 돌린다. 왕이 결코 정치라는 직무와 관계없이

107) 상동. "一歲之中, 殿下之接群臣者, 凡幾數矣, 萬事之未理, 百爲之不開, 職此之由. … 其罕朝者, 卽末世驕昏之主耳, 此則人主倦政之弊. 惟殿下廓然奮決, 有以改之, 日御法殿, 召接臣僚, 小大之事, 咨訪而行之, 則政擧法修而治化可成."

권위만 행사할 수 있는 상징적 존재가 아님을 그는 논파하고 있다.

둘째 '대신들의 직무충실'에 관한 그의 견해를 보자.

> 무릇 대신이란 국가의 모든 일에 모르는 것이 없어야 합니다. 그러나 현명하고 유능한 사람을 선발하고 우둔하고 무능한 사람을 물리치는 것과 관련해서는 전형(銓衡)의 직책이 겸하여 있고, 임금의 허물을 바로잡고 신하들의 잘못을 바로잡는 것과 관련해서는 대각(臺閣)의 직책이 겸하여 있습니다. (그러나) 국가의 중대한 정책〔大體〕을 수립하고 대사(大事)를 결정하며, 정교(政敎)를 닦아 밝혀서 기강이 문란하지 않도록 하고, 해악을 없애고 이익을 진흥하여 민생으로 하여금 생업을 즐기도록 하는 것은 오직 대신만의 책임입니다.
>
> 지금은 그렇지 아니하여, 현명한 인재와 사악한 무리의 진퇴에 관여하지 않고서 '이는 전부(銓部)에서 할 일'이라 하고, 임금의 허물과 신하들의 잘못을 바로잡은 바 없으면서 '이는 대각(臺閣)에서 할 일'이라고 하며, 국가의 대사와 대체가 어긋나거나 정교가 잘못되며 국가와 민생의 이해가 달린 큰 문제에 이르러서는 '내가 할 수 있는 일이 아니니 유능한 인재를 기다려 시행하자'고 합니다. 급기야 그들이 한 일들을 살펴보면, 모조리 비루하고 사소하기 짝이 없는 것들로서 보통사람들도 이야기하기 부끄러운 것들이오니, 이는 근래의 대신들이 일하기 싫어하는 폐단입니다. 신은 바라옵건대 전하께서 이미 스스로 분발하셨으니, 대신들에게도 그 직분을 다하여 전처럼 해이해지지 못하게 권책(勸責)하시옵소서.[108]

---

108) 상동. "夫大臣者, 於國家事, 無所不知. 然乃其所重, 薦拔賢才, 黜退闒茸, 則兼有銓衡之責; 匡救君上之闕失, 擧正官師之愆謬, 則兼有臺閣之責. 若夫謀大體決大事, 修明政敎, 使綱紀不紊, 除害興利, 使民生樂業, 此則大臣獨任其責. 今則不然, 賢邪進退, 無所預知而曰: '此銓部之事也.' 君上闕失, 官師愆謬, 無所匡正而曰: '此臺閣之事也.' 至其事體之乖, 政

박세당에 따르면 대신이란 국사에 대하여 알지 못하는 것이 없어야 한다. 그 중에서도 특히 중요한 것은 현명하고 유능한 사람〔賢才〕를 천거하여 발탁시키고, 우둔하고 무능한 사람〔闒茸〕을 물러나게 하는 일이며, 또한 군주의 실정〔闕失〕을 광구(匡救)하는 한편, 자기 아래의 벼슬아치〔官師〕들의 과오를 교정할 줄도 알아야 한다. 중대한 정책〔大體〕을 수립하고 중대한 정사〔大事〕를 집행하면서 정치와 교화를 또한 함께 닦고 밝힘으로써 기강을 바로잡고, 국가의 이해를 적절히 분별 취사함으로써 민생의 안락한 생업을 도모해야 한다. 이 모든 것이 대신의 책임이라 한다. 그럼에도 불구하고 현재의 대신들은 그렇지 못하다. 인물의 진퇴문제에 관계하기는 고사하고 그것은 오로지 '전부(銓部)의 일'이라 하여 돌보지 않으며, 군주 및 벼슬아치들의 실정·과오라면 그것을 바로잡기는 고사하고 오로지 '대각(臺閣)의 일'로 돌릴 뿐 관여하지 않는다. 그 밖의 모든 책임에 대하여서도 대신들은 스스로 자기의 힘이 미치지 못하는 것이므로 유능한 자를 기다렸다가 후일에 해야겠다고 미룰 뿐이다. 그들의 비쇄(鄙瑣)함이야말로 말하기조차 부끄러울 정도이다. 그러므로 박세당은 대신들의 이러한 '일하기 싫어하는 폐단'을 없애기 위하여 왕만이 분려(奮勵)하는 데 그치지 말고 대신들이 그들의 직분을 다하도록 권독하고 책려하여야 한다고 주장한다.

박세당이 생각하는 대신의 책무는 결국 자기 아래의 벼슬아치를 관장하는 동시에 국왕의 제반사를 보살피는 일이다. 이는 궁극적으로 기강을 확립하고 민생으로 하여금 안락한 생업을 누리게 함을 목적으로 한다. 대신은 특히 국왕의 제반사를 보살펴야 하므로, 그 마음가짐이나 역량이 결코 분업식 사무처리여서는 안 된다는 견해이기

教之失, 國家民生利害之大者則曰: '非吾所及, 以竢能者而爲之.' 至考其所務與其所建, 則乃鄙瑣之甚, 凡人所羞談者也, 此則近來大臣厭事之弊. 臣欲望殿下旣自奮勵, 亦責大臣以盡其職, 毋爲泄泄如前也."

도 하다. 그 업무가 국가 전체의 국책과 국사를 도모·결정·시행해야 하는 만큼, 능력 또한 그렇게 할 줄 알아야 한다. 그렇다고 하여 대신의 임무가 결코 기술적 업적만을 목표로 한 기능위주의 임무가 아닌 점에 주의해야 한다. 그것은 어디까지나 교화를 겸용하여 덕치(德治)의 효과를 가져올 수 있어야 함을 뜻한다. 여기에 백성을 피치자(被治者) 이전에 인간으로 대우해야 한다는 박세당의 생각이 잠재하고 있다. 더욱이 대신의 임무의 궁극적 귀착점이 민생을 하여금 안락한 생업을 누리게 하는 것이라 생각하는 이 점은 바로 대신이 어디까지나 국민을 위하여 존재하는 일종의 국민에의 봉사자라는 사고이다. 따라서 그가 대신의 폐단에 대한 시정의 촉구는 곧 이와 같은 대신 본연의 자세를 회복코자 하는 노력으로 보아야겠다.

셋째로, '횡렴(橫斂)의 방지와 조부(租賦)의 균등화'를 논하는 데 이르러 박세당의 언설은 매우 날카로워진다. 횡렴방지와 중역(重役)의 경감에 관한 것부터 살피자.

> 지금 백성들의 곤췌(困萃)함은 이미 극에 달하여 부자·형제가 서로 보호하지 못하니 실로 애통한 일입니다. 전하께서는 백성의 부모이신데 이 백성들로 하여금 이런 지경에 이르게 하시고도 그들을 구휼하실 방도를 생각지 않으시니 이 어찌 하늘이 전하께 왕위를 주신 뜻이겠습니까? 나라에 백성이 있고 임금이 있는 것은 1인을 사사로이 받들고 백성들은 못살게 하려는 것이 아니라 그에게 정치를 맡긴 것뿐입니다만, 후세의 임금들은 오로지 제 몸만 사사로이 챙기고 백성들에게는 원수처럼 학정을 베풉니다. 세금을 줄이라 말하면 재용이 부족하다 하고, 부역을 가볍게 하라 말하면 정액(丁額)이 불충분하다고 합니다. 만일 재용이 부족하다면 절약하여 쓰면 될 터이니, 어찌 세금을 줄일 방도가 없겠습니까? 만일 정액이 불충분하다면 일을 줄이면 될 터이니, 어찌 부역을 가볍게 할 계책이 없겠습니까?

『서경』·「강고」편의 "갓난아이 보호하듯 하라"는 말을 해석하면서 말하기를, '마음으로 진실되게 구하면 비록 다 맞지는 않더라도 터무니없지는 않으리라'고 하였으니, 그 말이 통절합니다.

… 백성들이 곤궁을 당하게 된 이유가 하나만은 아닙니다만, 그 중에 가장 심한 것으로는 친족과 이웃에까지 책임을 묻는 것〔族隣之侵〕만한 것이 없습니다. … 오늘날은 그렇지 못하여 백성들로 하여금 친척을 버리고 고향을 떠나게 하니, 그들이 어찌 즐거워서 그리 하겠습니까? 그것 말고는 다른 계책이 없기 때문입니다. 그런데도 국가는 이러한 사람들에 대해 애긍한 뜻을 갖기는커녕 그 친족에게 책임을 지우고, 그 친족도 따라서 도망을 가면 다시 그 이웃에게 뒤집어씌웁니다. 이리하여 한 사람이 도망을 가면 열 집이 보호받지 못하고, 급기야 친족과 이웃이 모두 텅 비어 책임을 물을 데가 없게 됩니다. 그런데도 오히려 빈 장부에 이름을 올려놓아 수령들만 꾸짖고 있습니다. 오호라! 이는 너무도 가혹한 일이오며, 이것은 결코 끝나지 않을 것입니다. 전하께서는 재물은 아끼시고 백성들은 아끼지 않으시니, 차라리 백성을 잃을지언정 그 재물을 잃고 싶어 하시지 않기 때문입니다. 『대학』에 이르기를, "재물이 모이면 백성은 흩어진다" 하였는데, 바로 오늘을 두고 한 말입니다. 대저 그 몸이 존재하지 않으면 그 책임도 끝나야 하거늘, 책임을 지우지 않아야 할 사람에게 전가해서 책임을 지우니, 이런 해독이 그치지 않아 백성들의 삶을 보호하지 못하고, 그리하여 백성들의 원망은 하늘에 닿고 통한은 뼈에 사무칩니다. 비록 백성들에게 학정을 베풀지 않았다 하나, 신은 감히 그렇다고 말하지 못하겠습니다.[109)]

---

109) 상동. "方今生民之困瘁已極, 父子兄弟至不相保, 實可哀痛. 殿下爲民父母, 使斯民至於此, 而不思所以少恤之, 此豈上天畀殿下之意哉? 夫國之有民有君者, 非以私奉一人而殘百姓也, 乃寄治焉已矣. 後世人君, 專私其身, 而虐民如讎. 言寬斂, 則曰財用不足; 言輕徭, 則曰丁額不充. 如不足, 則貶節之可也, 何寬斂之無其道乎; 如不充, 則裁損之可也, 何輕徭之無其策乎? 釋康誥如保赤子之義者, 曰: '心誠求之, 雖不中, 不遠矣.' 其言痛切. … 夫民之受困, 不一其端, 然其最甚焉者, 無如族隣之侵. … 而

박세당이 말하는 횡렴이란 국민의 생활정도를 고려하지 않은 '과도한 징세'를 뜻한다. 이 과도한 징세와 과중한 부역이 시폐(時弊)의 하나이므로 이것들을 경감해야 함이 또한 급선무라는 주장이다. 그에 따르면 백성들의 현재의 생활은 부모형제가 서로 보존하여 줄 수 없을 만큼 지극히 곤췌(困萃)한 상태에 빠져 있다. 그러므로 왕은 마땅히 이 백성들을 구휼하는 조처가 있어야겠다. 그 조처가 바로 횡렴을 감하고 중역을 경하게 함이다.

박세당의 견해로 흔히 군주들은 염역(斂役)을 경감해야겠다고 하면 '재용의 부족', '정액(丁額)의 불충분'을 구실로 들지만, 이러한 태도는 바로 군주의 일신을 위하는 방편으로서 백성을 원수와 같이 학대하는 것에 다름 아니다. 무릇 군주에게 백성의 통치를 위하는 뜻은 군주 한 사람만을 사사로이 위하고 백성들을 버리라는 점에 있지 않다고 그는 역설한다. 군주는 백성의 부모와 같은 입장에 있어, 백성 돌보기를 적자(赤子) 돌보듯 해야 한다는 유학 본래의 사상을 그는 다시 환기한다. 결국 국가에서 근본적으로 귀중한 것은 왕이기보다 백성이라는 '민본사상'에 입각하여 박세당은 시의에 맞는 '위민론'을 역설하고 있다. 이렇게 보면 조세와 부역의 근본의의도 역시 왕을 위한 것이기보다 백성을 위한 조치라는 이론에 도달한다.

염역의 경감과 함께 박세당이 특히 강조하는 것은 염역으로 인한 '족린지침(族隣之侵)'의 법을 없애야겠다는 주장이다. 족린지침이란 백성들이 과중한 부담에 못 이겨 도망했을 경우 그의 부담을 친척과

今不能然, 使民至於棄親戚而去鄕土, 彼豈樂而爲此乎? 計出無奈爾. 國家於此, 曾無哀矜之意, 乃更侵其族, 以責所負, 其族從而流徙, 又侵其隣, 一人逋亡, 十家不保, 至其族隣皆空, 無所於責, 尙懸虛簿, 以謫守令. 嗚呼, 其亦已甚乎哉! 此終不可以已乎! 殿下惜財不惜民, 寧失其民, 而不欲失其財. 傳曰: '財聚則民散', 正爲今日道也. 夫其身不存, 其責可已, 而乃又責之於不當責之人, 侵毒不已, 莫保其生, 使冤呼徹天, 痛恨入骨, 雖曰不虐于民, 臣不敢謂然也."

이웃사람에게 씌우는 폐이다. 박세당은 이 법이 있는 한, 도망치는 한 사람으로 해서 친척과 이웃이 다 살지 못하게 되어 도피하고, 나아가 빈 장부만 남게 되어 결국 수령까지 질책을 당하게 되는 악폐만 생김을 지적한다. 이러한 악폐〔侵毒〕가 끊이지 않으므로 백성은 그 생계를 이어갈 수 없게 되고 말았다. 족린지침의 악법은 마침내 하늘을 찌르는 백성들의 원호(冤呼)를 낳고 뼈에 사무치는 백성들의 통한(痛恨)만 초래하였다. 이제는 비록 왕 자신이 '백성들을 학대'하지 않는다고 하더라도 믿지 않게 된 정도라는 과감한 표현을 구사하여 백성들의 상태가 도탄에 빠졌음을 직고하여 폐해를 제거코자 한다. 이 법을 두고 있는 오늘의 상태야말로 예로부터 일러 오는 '재산을 모으다가 백성을 놓치는 경우'라고까지 그는 왕에게 경고하길 주저하지 않는다. 그런 점에서 백성을 위할 뿐 아니라 왕 자신을 위하여서도 이 법은 폐지되어야 한다는 것이 그의 주장이다. 민본 위민에서 나온 그의 악폐개혁의 논조가 왕에 대한 일종의 '협박의 색채'까지 띠고 있음을 본다.

이어 박세당은 부역 및 조세의 균등화를 아래와 같이 주장한다.

> 국가가 만일 백성들로 하여금 원망 없이 저마다 자신의 생업에서 안락할 수 있게 하고 싶다면, 역(役)을 균등하게 하는 것보다 좋은 방법은 없습니다. … 사람이라면 누군들 '자사지심(自私之心)'이 없겠습니까? 해로운 것은 피하고 이로운 것을 추구하며, 수고로운 것은 싫어하고 편안한 것을 구하며, 귀찮은 것은 버리고 즐거운 것에 나아가려는 것은 모든 사람의 한결같은 정입니다. 조세와 부역과 힘쓰는 일이 어찌 원하는 바이겠습니까? 그럼에도 거두어가도 감히 노여워하지 못하고, 부림을 당해도 감히 원망하지 못하는 것은 어쩔 수 없기 때문입니다. 윗사람이 어쩔 수 없는 속에서 실정을 한다는 것은 곧 균등하지 못하다는 문제가 있는 것이니, 그리되면 원망과 노여움이 일게 됩니다. 사람과 사람은 모두 동등하므로, 상대방

> 의 역은 가벼운데 나는 무겁다면 비록 그 역이 감당할 만한 것일지라도 노엽고 불만스러운 마음이 없을 수 없을 터인데, 하물며 지금의 현실은 감당할 수 없는 것임에랴 어떻겠습니까?110)

사람들은 누구나 자기 개인을 위하는 마음〔自私之心〕을 가지고 있다. 해롭고 수고롭고 귀찮은 것을 피하는 반면 이롭고 편하고 즐거운 것을 추구하려는 것이 누구에게나 공통되는 인간의 상정(常情)이다. 조세와 부역은 개인이 느낄 때 해롭고 수고롭고 귀찮게 여겨지는 것으로서, 개인의 바라는 것이 아니다. 그것들은 어쩔 수 없이 하게 되는 점에서 누구에게나 같다. 더욱이 '사람들은 누구나 다 동등'하다.〔人與人同〕 그럼에도 불구하고 고르지 못한(불균등한) 조부(租賦)를 시행한다면, 비록 백성들이 그것을 감당할 수 있을지라도, 백성들의 원망과 노여움을 사게 된다. 하물며 현재와 같이 감당할 수 없을 정도의 부담으로써 불공평한 조부를 시행한다면 그 결과는 말할 필요조차 없다. 그러므로 백성들로 하여금 원한을 품게 하지 않고 각자의 생업으로 안락한 생활을 할 수 있게 하려면 무엇보다도 공평균등한 조부의 실시가 요청된다는 것이 박세당의 건의다. '인간동등론을 기저로 조부의 균등화'를 주장하는 곳에 그의 폐정개혁의 또 하나의 특징이 있다고 할 만하다.

박세당이 주장하는 조부의 균등론은 과연 만민평등론에 입각한 균등론을 의미하는 것일까? 아래의 글을 보면 반드시 그렇다고 할 수는 없지만 그러한 점이 전혀 없다고 할 수도 없다.

110) 상동. "國家如欲使民無怨而各安其業, 則莫如均其役. … 夫人孰無自私之心, 其避害而趨利, 厭勞而求逸, 欲去苦而就樂, 人情一也. 租賦庸力, 豈其所願? 然取之而不敢怒, 使之而不敢怨, 爲其不可已也. 上失其政於不可已之中, 卽有不均之患, 則怨怒興焉. 人與人同爾, 彼役輕而此重, 則雖其役之可堪, 尙不得無慍懟之心, 況今實有所不堪者乎?"

지금 한 나라의 백성을 열로 나누면, 공천(公賤)과 사천(私賤)이 6할을 차지하고, 명사족(名士族)이 2할을 차지하며, 평민(平民)이 2할을 차지합니다. 아주 먼 옛날로 거슬러 올라가 보거나 이웃의 모든 나라들을 살펴보아도 이런 풍속은 없사온데, 너무 견고하게 고착된 것이라 실로 갑자기 바꾸기 어렵습니다. 그런데 다 같은 공천이지만 공천들 중에는 역에 경중의 차가 있고, 다 같은 사천이지만 사천들 중에 역의 경중차이가 있으며, 다 같은 평민이지만 평민들 중에 역의 경중 차이가 있습니다. 명사족에 이르러서는 아무 하는 일 없이, 어려서부터 늙을 때까지 글을 읽지도 않고 활을 잡지도 않으며 나라의 역사에 참여도 않는 자가 열에 여덟아홉을 차지합니다. …

이제 마땅히 먼저 공천을 균등하게 대하되 하나같이 옛 법전에 따라 내외 백사(百司)들로 하여금 그 소속된 공천들에게 과하게 징수하여 경중의 불공정함을 만들지 말게 하소서. 다음으로 양민들의 군포(軍布)를 고르게 하시어, 설사 역의 명목이 다르더라도 징수하는 것은 일정하게 하소서. 또한 국가가 비록 사대부를 우대할지라도 나라에 일하지 않는 백성을 두지 않는 것은 예부터 그러한 것인데 어찌 오늘이라 그렇지 않겠습니까? … 저 사대부들은 본디 수고롭고 천한 일에 익숙하지 않으니, 분주한 일들을 하게 할 수는 없더라도, 어찌 몸으로 힘쓰는 것을 대신할 비용을 치르게야 할 수 없겠습니까? … 사천에 이르러서는 사람들마다 각자 자신의 노비를 두는 것이라 국가가 간여할 수는 없으나, 그 징수함의 많고 적음을 마땅히 참작하여 정해진 법제를 만들어서 잔인하고 포악한 자들로 하여금 잔학한 짓을 못하도록 하심이 옳을 것입니다.[111]

---

111) 상동. "今一國之中, 十分其民, 公私賤居其六, 名士族者居其二, 平民居其二. 遡之古初, 旁及萬國, 必無此俗, 而膠固已極, 實難猝變. 然其公賤一也, 而公賤之中, 役有輕重; 私賤一也, 而私賤之中, 役有輕重; 平民一也, 而平民之中, 役有輕重. 至名士族, 乃無所事, 其不讀書, 不執弓, 不預公家之役, 而從少至老者十居八九矣. … 今宜先均公賤, 一依舊典, 使內外百司, 無得過徵於其所屬, 用致彼此輕重之不齊, 次均良民之軍布, 使役名雖殊, 而所徵若一焉. 且國家雖優士大夫, 然國無有不事之民, 自

박세당은 먼저 국민을 천민(賤民; 공천과 사천)·평민(平民 또는 良民)·사대부(士大夫 또는 名士族)라는 세 종류의 계층으로 구분한다. 그 계층의 비율을(국민 전체를 10분비로 계산하여) 천민이 6할, 평민과 사대부가 각각 2할씩 차지한다고 본다. 그는 동서고금을 통하여 이와 같은 계층비의 현상은 없다고 불만을 토로한다. 그러나 이 계층비가 이미 지극히 견고하게 굳어졌으므로 갑자기 개변하기 어렵겠다고 하여 잠정적으로 인정하는 태도를 그는 보인다. 보다 더 급한 일은 세 계층 중 특히 '공천과 평민 내의 부역과 조세'가 균등하게 실시되어야한다는 것이 그의 건의다. 구체적으로 지적하면, 그것은 공천들에게는 일제히 구법(舊法)을 적용하여, 내외의 백사(百司)로 하여금 공천들을 그 소속에 따라 과징한다거나 서로 경중의 차이가 있게 부리는 일이 없도록 함이다. 그리고 평민이 치러야 하는 군보와 사역을 비록 명목은 다르더라도 치르는 것이 결과적으로 균등하게 되도록 해야 한다. 그의 지적으로 이 밖에 특히 사대부가 현재 국가로부터 우대받아 부역을 면제받고 있는데, 이들은 일도 하지 않고, 독서도 하지 않고, 아무것도 하지 않으면서 늙어가는 자가 대부분(열에 여덟 아홉)이다. 본래 나라 안에 살고 있으면서 일하지 않는(나라를 섬기지 않는) 국민은 있을 수 없는 법이다. 그러므로 그들이 노동을 익히지 않아서 부역을 할 수 없다면, 그 대신 그 노동에 해당하는 비용을 내야 마땅하다는 것이 박세당의 주장이다. 사천의 경우에는 사람들이 사사로이 종을 두고 있는 것을 국가에서 간섭하지 않고 있는데, 이것은 마땅히 국가에서 그 수를 참작하여 법으로 정하는 동시에 포악한 주인으로 하여금 종(그중에 잔학한 자)을 팔아넘기는 일이 없도록 해

古以然, 奚至今日獨爲不然? … 彼士大夫素不習勞賤, 縱不可使爲奔走之役, 又豈可無所輸以代其力之費乎? … 至於私賤, 則人人自私其隷, 國家無所預知, 然亦宜參其所徵多寡之數, 以爲定制, 使忍暴者無所售其殘虐, 可也."

야 한다.

이렇게 볼 때, 박세당의 조부균등론은 대체로 공천·평민과 같은 일정한 계층 내의 균등론의 한계를 벗어나지 않는 내용이다. 그러므로 그가 조부균등화의 근거로서 내세우는 인간동등론은 모든 계층을 초월한 만민평등론이라 볼 수 없다. 그것은 대체로 일정한 계층을 전제하고 그 계층 내에서의 평등을 생각하는 것이다. 그런 점에서 그것은 아직 적극적 만민평등사상에까지는 이르지 못한 일종의 소극적 인간평등사상이다. 비록 그렇지만, 계층비에 불만을 표시하는 것이라든지, 특히 사대부의 부역을 대가(代價)의 형식으로라도 주장하는 점은 사실상 계층간의 균등화까지 어느 정도 고려하는 것임에 틀림없다. 이것은 바로 만민평등의 사상이 싹트고 있는 것으로 보아야 올바른 이해가 아닌가 한다. 그의 조부균등론의 근거가 되는 '인간동등사상'은 이런 점에서 자못 주목의 대상이 되어야겠다.

넷째로 병제(兵制)에 대한 박세당의 개혁사상을 살피자.

> 병제가 붕괴되기는 오늘날에 이르러 극심합니다. 나라에서 처음에 오위(五衛)의 법으로 하였을 때는 본말이 서로 통하고 경중을 서로 어울리어 옛사람들의 유의(遺意)를 따랐다고 할 만하였나이다. 원액의 다과에는 신의 생각이 미치지 않지만 오위의 소속을 제쳐두면, 원래 팔로에는 다른 병정은 없었사옵니다. 그 충의(忠義) 이하 제위 그리고 처사, 대부 및 모든 유로들을 아래로 편맹자(編氓者, 平民)와 같게는 할 수 없습니다. 그 칭호는 비록 다르지만 총부에로 통솔되기는 마찬가지이니, 이것도 오위의 이명일 따름이옵니다.
>
> 중간에 상란(喪亂)을 겪으면서 오위의 구졸들로는 쓰임에 부족하여 속오, 훈련, 어영 등으로 이름한 군대를 새로 두었고, 그 이름은 날로 새로워지고 제도가 각기 다른데다가 오위의 병대 또한 파하지 않았기 때문에, 한 집에서 병졸로 되는 것이 전에 하나였으면

오늘은 셋, 전에 둘이었으면 오늘은 여섯으로 이렇게 증가하오니, 백성이 어찌 곤핍하지 않을 수 있사옵니까? (그런 데다) 갑의 역은 을의 역보다 더 고되고, 을의 역은 병의 역보다 더 고되고, 균등치 못함이 이와 같으니 백성이 어찌 원망치 않겠습니까? 무릇 병정이란 왕과 생사 환난을 함께할 터인데, 심히 곤핍한 인간으로 심히 원망하는 마음을 품고서야, 다른 날 변고가 생긴다면 신으로는 그들이 나라를 위하여 진력할지 보장하지 못하겠나이다.

저 오위가 쓸모없게 되었음은 그 법의 잘못됨이 아니라 오래됨으로 해서인데, 구제도를 다시 하기는 이미 곤란한데다, 신제도 또한 매우 문란하여 병(兵) 따로 통솔하고 군(軍) 따로 다스리니, 본말이 일관되지 않고 경중이 어울리지 않아 계책이 매우 잘못되었나이다. 하물며 이른바 오위의 정졸이라는 것을 수포만으로 또는 여조의 역을 치르는 것으로 그칠 따름인 데야 어쩌겠나이까? 기왕 이름이 병(兵)으로 되었으면 응당 이래서는 아니 되고 설혹 허둥댈 일에 당하면 무엇에 의지하겠나이까? 신제도로 말씀드리자면 어영에서는 매우 좋지만 훈련에 있어는 매우 나쁩니다. (훈련을) 감당할 사람이 그 지독한 수련을 이겨낼 수 없음이 그 하나의 잘못됨이요, 호가〔戶〕를 이룬 사람이 향리를 떠나고 친척 배신할 걱정을 하게 됨이 두 번째 잘못됨이요, 습속이 간완(奸頑)하고 법도를 따르지 않게 됨이 세 번째 잘못됨이요, 녹봉(廩給)이나 허비하여 나라의 큰 좀됨이 네 번째 잘못됨입니다.

신이 삼가 아뢰나이다. 오위의 정졸(正卒)은 한낱 이름일 뿐 실속이 없사오니 마땅히 없애야 하옵고, 포수 훈련에 저러한 네 가지 해악이 있사오니 마땅히 없애야 하옵나니, 이 두 군을 없애 어영제도에 합하되 어영과 더불어 좌우의 영으로 분립시켜, 통수(統帥) 밑에다 두고서 경병(京兵)의 제도를 만들어, 본말 경중의 서로 어긋남이 없게 하소서. 또 지금 병액 크기의 수가 총괄하여 얼마입니까? 삼분의 일 또는 사분의 일로 감축하소서. 정병에 힘써야지 수많음에 힘쓰지 마소서. 그 일을 하나로 하여 힘을 넉넉토록 하고 그

> 원망을 없애면 환심을 얻을 수 있어, 죽음으로까지 임무를 지울지라도 (부리기) 어렵지가 않을 것입니다.[112]

박세당에 의하면 병제야말로 그 어느 때보다도 문란하다. 본래의 '오위(五衛)'제가 있는데다 또 '어영(御營)'과 '훈련(訓練)'의 제도가 있다. 병제가 명목만 다르게 이중 삼중으로 중복되므로 백성들의 병역이 그만큼 가중된다. 백성들은 병역으로 말미암아 곤핍하여지지 않을 수 없다. 거기에다 병역이 균등하게 시행되지 않아 갑과 을과 병의 병역에 모두 차이가 있다. 그에 따라 백성들은 국가의 보위는 고사하고 원심(怨心)만 품게 된 것이 오늘의 실정이다. 그러므로 이러한 군병이 과연 임금과 생사환란을 같이하는 그 본분을 다할 수 있을지 의문이라는 것이 그의 견해다.

병제의 중복은 군병의 통솔과 행정에 혼란을 초래하여 본말이 일

---

112) 상동. "兵制之壞, 至于今日而極矣. 國家始爲五衛之法, 本末相貫 輕重相馭, 可謂得古之遺意, 原額多寡 臣未及有考, 而捨五衛所屬, 則蓋八路無他兵. 若其忠義以下諸衛, 又以處士大夫及諸有勞不可下同於編氓者, 其稱謂雖殊, 而統率於摠府則同, 此亦五衛之異名爾. 中經喪亂, 以五衛舊卒 不足以濟用, 而創置束伍訓諫御營諸名色軍, 其名色日新, 定制各異, 而五衛之卒 又未之罷. 是以一家之內 去而爲兵者, 昔一今三 昔二今六, 增額如此, 民安得無困乎. 甲之役 苦於乙之役, 乙之役 苦於丙之役, 不均如此, 民安得無怨乎. 夫兵者 上之所與共患難同死生, 而以甚困之人 懷甚怨之心, 他日有變, 臣未保其爲國家盡力也.

夫五衛之不獲其用 非其法之不善 由久而弛廢 舊制旣難復 新制又甚紊 使兵異統軍異政 本末不貫 輕重失馭 甚非計之善者也 況今所謂五衛正卒 乃但收布而止耳 爲輿皁之役而止耳 旣名爲兵 不應若此 設當倉卒 尙何賴焉 其以新制言 則莫善於御營 莫不善於訓鍊 爲保者不勝其毒斂 一不善也 爲戶者有離鄕背親之憂 二不善也 習爲奸頑 不循法度 三不善也 糜費廩給爲國大蠹 四不善也. …

臣竊謂 五衛正卒 徒名無實 在所當罷 訓鍊砲手 有前四害 在所當罷 罷此二軍 合爲御營之制 而與御營分立爲左右營 總置統帥 以爲京兵之制 使無本末輕重之相戾 又都括卽今兵額大數幾何 減去三之一 或四之一 務精不務多 一其事而裕其力 以蠲其怨 則可以得其歡心 責之以死 斯無難矣."

관되지 않고 경중이 가려지지 않는 상태이다. 거기에 오위의 정졸(正卒)에게는 고작 수포(收布)나 여조(輿皂)의 역으로만 대신하는 데서 그치고 있다. 폐단은 신제(新制)인 훈련원제(訓練院制)에서도 마찬가지로 일어난다. 이로 말미암아 백성들은 독렴(毒斂)을 당해야 하고, 고향과 친족을 버리게 되고, 간완(奸頑)하며 법도를 지키지 않는 악습이 생기고, 급료만 소모함으로써 나라의 큰 좀이 될 뿐이었다.

병제의 폐해가 이와 같으므로, 박세당은 '오위'와 '훈련'의 제도를 폐지하고 이 2군을 어영에 통합할 것을 주장한다. 어영제로 통합한 후, 그 편성에 있어 현재의 어영을 중심으로 좌우영을 분립시켜 두는 형식을 취하자고 한다. 그렇게 하여 전 군병을 하나의 통솔 속에 묶어 두는 '경병(京兵)의 제'를 실시하여, 본말과 경중의 상려가 없이 통괄하게 하자는 것이 그의 건의이다. 그렇게 하면 비록 병액(兵額)을 지금의 3분의 1 내지 4분의 1정도를 감축하더라도, 정병화(精兵化)에 힘쓰는 한 소기의 목적을 달성할 수 있다고 한다. 왜냐하면 백성들은 병역을 한 차례만 치르므로 곤핍하지 않게 될 것이고, 그렇게 되면 그들의 환심을 살 수 있어, 마침내 목숨을 바쳐 병의 책임을 다하도록 하기에 어렵지 않기 때문이다.

요지는 병역을 균등하게 실시하면서(조세 · 부역의 경우와 같이), 병제를 일원화하는 체계적이고 통일적인 개혁이 시급하다는 것이다. 그리고 그 요지의 논거는 어디까지나 백성 스스로가 즐거이 목숨을 바치게 되는 병정(兵政)이 되어야 한다는 주장이다. 그 밖에 박세당이 '병(兵)'이 환난사생을 왕과 함께 하는 것이라는 점을 환기한 사실은 바로 병이 왕 자신의 생사와 직결된 지극히 절실한 문제임을 깨닫게 함으로써 병제의 악폐를 하루 속히 제거하려는 수단으로 볼 수 있다. 아울러 그것은 국방문제를 통한 국가의 자주 자립을 그가 얼마나 중요시하는가를 짐작케 하는 증거이기도 하다.

다섯째로 제시하는 '궁중 재용의 낭비 방지'를 살펴보자.

> 재물을 넉넉히 하는 것은 절용하는 데 있고, 절용하는 것은 낭비를 없애는 데 있으며, 낭비를 없애는 것은 마땅히 전하와 궁중에서부터 먼저 행해야 하나이다. 이른바 낭비란 곧 급하지 않은 것의 제조나 놀고먹는 것과 같은 것입니다. 이 물건을 만들지 않더라도 쓰는 데 궁핍함이 없다면 급한 일이라 말할 수 없으며, 잉여의 관원들은 놀고먹는 사람이 아니라 말할 수 없나이다. 신은 궁중에 급하지 않은 물건의 제조가 얼마나 되는지, 놀고먹는 이가 얼마나 되는지 알지 못합니다. 오직 전하께서는 삼가 이를 살피셔서 제재하신다면 이만한 다행이 없겠습니다. 외정(外廷)의 경우에 일은 하지 않으면서 나라의 곳간만 축내는 이가 적지 않습니다. 오늘날 이른바 군직(軍職)으로 녹을 받는 이들 중 열의 아홉은 모두 일하지 않는 관원들입니다. 공경들로서 때로 중요한 일에 있어서 우대해야 하는 이들 외에 달리 직분 없이 곡식만 축내는 자는 마땅히 모두 제거해야 할 것이며, 만일 제거할 수 없다면 마땅히 평상시 녹봉의 3분의 2를 삭감해야 할 것이오니, 예를 들어 3품으로 아홉 섬을 받는다면 석 섬만 받는 것이 가할 것입니다. 이것이 곧 절용하는 것입니다. 또한 재물을 출납하는 권한을 모두 유사(有司)에 돌려주어, 그 책임을 전담하여 풍족할 때와 검약할 때를 조절하여 몰래 새거나 좀먹는 근심이 없게 해야 하나이다. 예를 들어 사복시의 모든 관리들이 각각 재물을 차지한다거나 내수사가 임금의 사사로운 금고가 되는 것은 대단히 좋은 법이 아닙니다. 전하께서는 한 나라를 가지셨으니 어찌 재물에 부족함이 있겠나이까? 그리하여 이런 것을 인색한 것이라 여겨 굳이 말을 막으신다면 공론의 비난을 받으실 것입니다. 무릇 예부터 사재를 축적한 임금들로는 오직 한(漢)나라의 환제(桓帝)나 영제(靈帝) 그리고 당(唐)나라의 덕종(德宗) 뿐입니다. 전하께서 저들 군주들을 보실 때 어떠하십니까? 저들은 모두 종사를 뒤엎어 후세의 경계가 되었으니, 전하와 같은 높은 자질로써 저들과 같은 길을 가신다

면 신으로서는 적이 수치스러운 일입니다. … 마땅히 내탕(內帑)을 서둘러 지부(地部)로 돌려주시고, 모든 관리들이 점거한 것들 역시 일체 그만두게 하심이 가할 것입니다.113)

국가를 부유하게 하는 길은 무엇보다도 비용의 절약〔節用〕에 있고, 그 절약의 길은 바로 낭비를 방지함에 있다. 낭비의 방지는 또한 궁중에서 임금이 솔선수범해야 한다. 결국 임금 자신이 궁중에서 낭비를 하지 않는 길이 국가를 부유하게 하는 첩경임을 박세당은 강조한다. 궁정 밖에서도 국고의 낭비 사태가 있음을 박세당은 지적한다. 특히 불필요한 군직자(軍職者)가 8할가량이나 된다는 것이 그의 소신이다. 그는 이렇게 일하지 않으면서 녹봉만 받는 불필요한 관리를 시급히 감원하든지 아니면 현재의 봉록을 3분의 1로 줄여 국고를 절약하도록 촉구한다.

박세당은 이러한 것들보다 궁중의 낭비를 방지하는 일이 더 중요하다고 믿는다. 궁중을 위한 '사복시(司僕寺)', '내수사(內需司)'가 문제이다. 호조(戶曹) 이외에 별도로 '사복시'와 '내수사'의 설치를 통하여 재산을 따로 소유한다든지, (임금 개인을 위한 금고인) '내탕(內帑)'

---

113) 상동. "裕財, 在節用; 節用, 在絶浮費; 絶浮費, 宜先自殿下宮中而行之. 所謂浮費, 卽不急興作與夫宂食之類也. 不作是物, 無乏於用, 不可謂急事; 剩官剩員, 不可謂非宂. 臣未知宮中不急興作幾何, 宂食幾何, 惟殿下謹察于此, 有以裁之, 幸甚. 至於外廷, 不供其事而坐費公廩者, 不啻不多, 今所謂軍職受祿什九, 皆不事之員. 其公卿時散在於事體, 可以優厚者外, 他無職事而費廩者, 謂宜一倂裁去, 若不可去, 亦宜減常祿三之二, 如三品九石, 則受三石, 可也. 卽節之矣. 又須以出納之權, 一歸之有司, 使專其任, 以制其豐儉, 無潛耗暗蠹之患也. 如司僕諸司各占其財, 內需司爲人主之私帑, 甚非法之善者也. 殿下富有一國, 何乏於財? 乃靳吝於此, 固拒言者, 爲群議所非也. 夫自古人君之蓄私財, 唯漢桓靈, 唐德宗耳, 殿下視彼數君者, 果何如哉? 彼皆傾覆其宗祀, 爲後世深戒, 殿下以高世之資, 與數君者同其行, 臣竊羞之. … 謂宜亟以內帑歸之地部, 諸司所占亦一切罷之, 可也."

을 마련함은 좋지 못한 제도라 한다. 이것들이 국가재산 낭비의 가장 큰 원천이라는 판단에서다. 물론 한 나라 전체가 국왕의 재산이므로 왕은 옹색하게 절약할 이유가 없다면서 낭비한다든지 내탕과 같은 사재를 축적할 수 있을지 모른다. 그러나 이러한 태도는 결국 공론을 통한 비난의 대상이 되지 않을 수 없다. 더욱이 임금이 사재를 마련하는 것은 과거의 역사로 보아 결국 종사를 뒤엎는 결과를 가져오고, 왕 자신을 위하여서도 매우 경계해야 할 실로 수치스러운 일이다. 그는 내탕을 호조에 돌려줌으로써 내수사를 없애는 동시에, 사복시도 없애야 한다고 주장한다. 이와 같은 주장은 근본적으로 국고의 모든 출납의 권한을 호조의 관리〔有司〕에게 주어, 그 관리가 전문적으로 국가의 경비를 먼 안목으로 균형 있게 다루어 국고의 손실을 막아야겠다는 견해로부터 유래한다.

요약하면, 국가가 부유하여지도록 낭비를 막아야겠고, 그 방법으로 내수사와 사복시를 폐지하여 획일적 국가재정체제를 정비하여야겠다는 것이 이 항목의 내용이다. 전술한 조세 부역의 균등화론과 함께 이것은 박세당의 경제에 관한 비상한 관심을 짐작케 하는 대목이다. 여기서 특이한 것은 그가 국가 및 국가재산을 왕의 사유물시하는 일종의 '짐이 곧 국가'라는 왕권절대주의사상을 거부하고 있는 점이다. 내탕을 호조에 바쳐 유사로 하여금 모든 국고를 국가 전체의 경비를 고려하는 속에서 출납케 하라는 문맥으로 보아, 박세당은 왕도 일종의 적당한 봉급으로 생활하여 가는 것이 마땅할 것으로 생각한 듯하다. 확실히 내수사와 사복시의 폐지론 속에는 왕이 국민과 더불어 동고동락해야 한다는 생각이 전제되어 있다. 왕의 사유재산을 인정치 않으면서 그 위에 절검의 모범을 보일 것을 요구하는 점은 바로 왕을 '국민을 위한 일종의 헌신적 봉사자'로 만들려는 전래의 '성군사상(聖君思想)'을 기저로 한 것이다.

박세당의 폐정개혁론에서는 이와 같이 그의 문제의식이 정치·경제·국방에로 집중되고 있다. 수신·도덕 등을 위시한 문교(文敎)·예술(藝術)·풍속(風俗) 등에는 그의 관심이 거의 나타나고 있지 않은 것이 특색이다. 다른 모든 그의 '상소문'을 보아도 이와 같은 특색은 대동소이하다(이것이 실은 그의 대표적 시폐론이므로 다른 것은 말할 것도 못된다). 이 특색이 바로 종전에 흔히 말하던 '수기(修己)' 못지않게 또는 그 이상으로 '치인(治人)'에 힘쓰는 '실학의 경향'이라 하겠다.[114] 이와 같은 특색은 그 이전의 다른 유학자들, 특히 성리학자들의 시폐론과 비교할 때 분명히 이색적인 것이라 할 수 있다.

성리학자들의 폐정개혁론이라면 우선 도의의 문란 및 풍속의 혼탁부터 거론하면서 구체적 정치·경제의 문제를 논하는 것이 일반적 형식이다. 성리학자들은 으레 이른바 '도학(道學)' 또는 '심학(心學)'(양명학이 아님)의 입장을 내세우면서, 왕 자신이 존심양성(存心養性)에 의한 '수신(修身)·수덕(修德)의 모범'을 보임으로써 백성의 마음가짐을 바로잡아야 한다는 치화(治化)의 방법에 역점을 둔다. 그들은 예의·도덕의 근거로서 성리학적인 심성설과 우주론부터 왕에게 가르치는 것이 통례이다. 이황은 물론, 그보다 실학적 경향이 짙다는 이이에게서도 그러한 점은 거의 같다. 그들의 『성학십도(聖學十圖)』[115] 『성학집요(聖學輯要)』[116] 마저도 근본적으로는 이러한〔明道術而正人心〕 의도에서 지어졌음을 상기할 수 있다.

그러나 박세당은 문제의식의 초점을 저와 같은 성리학자들과 달리하였기 때문에 그 문제해결로서의 대응방법도 다르게 되었다. 그가 왕에게 요구하는 것은 '왕의 수덕'이 아니라, '왕 자신의 부지런한 집무', 즉 '왕의 생산적 행동'이다. 그리고 '절검의 본을 보여 국부의 증대를 기하기 위한 내탕의 반납'과 같은 것이다. 그것은 상징적 위엄

114) 전해종, 「석실학(釋實學)」, 『진단학보』, 20호 참조.

115) 『退溪集』, 권7에 수록됨.

116) 『栗谷集』, 권19~26에 수록됨.

이 아니라 실질적 동력이다. 이렇게 일종의 노동을 국민에게 바쳐야 하는 왕이므로, 그 왕은 결코 초인적 존재가 아니다. 그러한 왕은 국민과 똑같은 인간일 수밖에 없고, 또 국민에의 봉사자이어야 한다는 점에서 실질적으로는 국민보다도 편안치 못한 편이다. 이렇게 국민 복지를 증가시킬 수 있는 실질적 요소만을 왕에게 요구하는 점으로 해서, 박세당의 폐정개혁론의 기저를 이루고 있는 그의 민본사상은 비록 이것이 다 같은 유학의 전통사상이라 하더라도 그 이전의 성리학자들의 민본사상보다 강도가 더함에 틀림없다. 박세당 사상의 이러한 특징은 또 그의 폐정개혁론 속에서, 도의적 측면에서든 실제적 측면에서든 평민이라는 피지배층 자체가 스스로 책임져야 할 피지배층의 단점(또는 약점)이 한 가지도 언급되고 있지 않은 그 사실로도 확인된다.

그의 폐정개혁론이야말로 마치 당시 평민들에게는 아무런 단점도 없는 듯이 오로지 왕을 중심으로 한 지배층의 폐단만을 지적하고 개혁할 것을 요구하고 있다. 이것은 그가 당시의 대내현실을 오로지 평민의 입장에 서서 지배층의 단점들만을 보고 그것들에 대한 평민의 소망만을 대변하는 데 그치려고 생각하였기 때문이라 여겨진다. 이것은 평민의 예의도덕의 문란이라든지, 평민 자체의 해이 · 태만부터 열거하는 (비록 궁극적으로는 평민을 위한다는 명목을 내세우더라도) 성리학자들의 민본사상보다 더욱 적극적인 민본사상이다. 인간동등론을 기초로 사대부도 부역의 대가를 바쳐야 한다는 주장이야말로 그의 민본사상의 적극적인 한 단면을 보여주는 구체적 증거라 할 만하다.

이와 같은 박세당의 현실대응관을 그의 실천사상 일반의 입장에서 볼 때 어떻게 이해할 수 있을까? 그 점을 그의 대외문제 및 그에 대한 대응관을 살핀 후에 그 결과와 함께 검토하기로 한다.

4) 대외현실관

당시의 대외문제란 곧 중국에 대하는 문제에 그친다고 하여도 과언이 아니다. 당시 외국의 영향에 의한 우리나라의 안전은 오로지 중국의 태도여하에 달렸기 때문이다. 그런 점에서 이제 그의 중국관을 살펴 그의 대외문제 및 그 대응관이 어떠하였는지 알아보겠다. 박세당의 대중국관은 한마디로 해서 새로 일어난 청에 대하여 온건한 태도를 취함으로써 일종의 친청정책(親淸政策)을 쓰자는 편이었다. 청에 대한 온건책을 강구함으로 말미암아 그는 당시 극단적 숭명배청론자(崇明排淸論者)들에게 '오사(五邪)' 중의 하나라는 폄칭(貶稱)을 받았음은 이미 그의 생애편에서 밝혀졌다.

> 한때의 논의 역시 두 갈래로 나뉘어 준론(峻論)과 완론(緩論)이라는 명칭이 생겼다. 이른바 준론이란 자들은 모두 송시열을 유학의 종장으로 삼아 청론(淸論)을 자임한 젊은이들이었다. 이른바 완론이란 자들은 '필원(必遠)의 상소에서 한 말이 거칠고 경솔하기는 하지만 원수를 갚는 데 차이가 있다는 등의 말은 일리가 없지 않다'고 하며 양자간을 조정하려는 사람들이었다. 이때부터 조정의 기강은 날로 무너져갔고, 점괘는 날로 아름답지 못하여, 이경휘(李慶徽)·윤형성(尹衡聖)·유상운(柳尙運)을 삼간(三奸)이라 하고, 박세당·조원기(趙遠期)·박증휘(朴增輝)·오시수(吳始壽)·윤심(尹深)을 오사(五邪)라고 하여 서로 뒤엉켜 격렬하게 싸우게 되니, 안정될 기약이 없기에 이르렀다.117)

117) 「顯宗實錄」, 권8, 5년 갑진 윤6월 12일조: "一時論議, 亦多携貳, 有峻論緩論之稱. 所謂峻論者, 皆年少崇奉宋時烈爲儒宗, 而自任以淸論者也. 所謂緩論者, 其議以爲必遠疏語雖麤率, 至於復讎有差等之說, 不無意見, 而欲調劑於兩間者也. 自是之後, 朝著日漸乖隔, 爻象日漸不佳, 至以李慶徽·尹衡聖·柳尙運爲三奸, 朴世堂·趙遠期·朴增輝·吳始壽·尹深爲五邪, 而轉輾相激, 寧靖無期."

박세당은 송시열을 위시한 극단적 숭명배청론자와 서필원 등의 친청론자와의 사이에서 청에 대한 온건한 태도를 취한 나머지, 결국 친청론자로 지목되어 '오사'라는 명예롭지 못한 지칭을 들었다. 이 '오사' 중의 하나라는 폄칭을 듣게 된 것은 당시 '청사영접건'을 둘러싸고 일어난 것인데, 이 사건을 통한 그의 대중국관은 자세히 알 수 없다. 그것을 알아볼 수 있는 1차적 자료가 없다.[118] 하지만 그것 못지않은 자료가 있다. 그런 구실을 하는 자료가 그 시기 '연호(年號) 문제'에 대한 그의 견해이다.

연호문제란 그 시기 우리나라에서 명의 연호인 '숭정(崇禎)'을 사용하느냐, 청의 연호인 '강희(康熙)'를 사용하느냐의 문제다. 전자는 숭명배청론자, 즉 대청강경론자들의 주장이고, 후자는 대청온건론자들의 주장임은 말할 나위 없다.

이때 박세당은 청의 연호인 '강희'를 사용하자는 견해를 표명한다.

> 설령 지금 '숭정'이나 '강희'라는 칭호가 없더라도 연사(年祀)의 이름은 옛날과 같이 바뀌었을 터인데, 오늘날 사람들이 장차 「홍범(洪範)」의 의리에 의거하여 청나라의 세수(歲數)에다 명나라의 명칭을 차용할 것인가? 숭정이나 강희 역시 연사의 다른 칭호들인데 숭정의 명칭을 강희의 연수에 묶을 것인가? 이는 의리에 어긋나므로 결코 할 수 없는 것임을 알겠다. 그렇다면 오늘날 사람들이 하지 않는 것을 옛사람들은 했다고 말할 것인가?[119]

118) 생애항에서 소개한 '청사영접건'에 대한 박세당의 견해라는 것도 실은 연보에 기술된 2차적 자료였다.

119) 『西溪集』, 권7, 「辨和叔論紀年示兒姪」: "設令而今無崇禎康熙之稱, 而年祀之名, 相易如古. 爲今人者, 且將據洪範之義, 以淸人歲數而借明之名乎? 其謂崇禎與康熙, 亦猶年祀之異稱, 而以崇禎之名而係康熙之年數乎? 知此於義悖繆, 決不可爲, 則以今人所不爲, 而乃獨謂古人爲之乎?"

그에 따르면 연수(年數) 또는 세수(歲數)를 기록하는 연호〔年祀之名〕는 예로부터 왕조가 바뀜에 따라 으레 변하는 것이다. 숭정과 강희가 각각 명과 청조의 연수를 따지는 연호이고, 왕조가 명에서 청으로 바뀌었으면 이제 청조의 연수는 청의 연호로 씀이 옳다. 강희의 연수를 숭정으로 표현함은 옳지 못하다는 것이 그의 판단이다. 박세당은 그의 판단을 과거의 사례와 사실로 정당화한다.

> 기자(箕子)가 주나라의 신하되는 것이 싫어 주나라의 정삭(正朔)을 받아쓰지 않았음은 일리가 있는 것이다. 이미 단절된 상나라 주(紂)의 세수(歲數)를 억지로 끌어다가 그 나라에 시행하기를 마치 후세의 진기(晉岐)처럼 하지는 않았을 것이라는 이것은 굳이 지혜로운 사람만이 알 수 있는 것이 아니다. 하물며 오늘날 「홍범」을 거론하는 자들은 상나라도 아니고 주나라도 아닌 것으로 그 의리가 도리어 진기만도 못한데, 기자가 이런 일을 했을 것이라 말하는가? … 만일 진기가 '천우(天祐)'를 사용하지 않고 각자 별도의 연호를 사용했다면, 『강목』의 의례는 어떤 것을 따랐을까? 당(唐)의 연호가 아니라는 이유로 삭제하고 기록하지 않았을까? 그 칭한 바에 따라 천우라고 분주(分註)하였으니, 이는 열국의 예를 적용한 것이다. 그러니 『강목』은 오늘날의 논의처럼 이미 단절된 왕통에 대해 억지로 끌어다가 잇지 않는다는 것을 더욱 확실히 보인다.[120]
>
> 옛날 도잠(陶潛)은 진(晉)나라의 충신으로 예나 이제나 어질다고 여기는 인물이다. 그는 진나라의 멸망을 참지 못하여 의리상 다음 왕대에 굴복하지 않았다. 그런 그였지만 (연호를 쓰지 않고) 갑자

---

120) 상동. "箕子不欲臣周, 其不承用周之正朔, 理亦有之矣, 必不强引商紂已絶之歲數, 以行其國, 如後世晉岐之爲也, 此不待智者而後可知, 況今說洪範者, 又不商不周, 其義反出晉岐之下, 曾謂箕子而爲是乎? … 假使晉岐不用天祐, 而各自有年號, 綱目義例, 宜何所從? 其可以非唐之年, 而削而不書乎? 今因其所稱而分注天祐, 自是列國之例, 則尤見綱目之於已絶之統, 未嘗强引而續之, 如今之云者也."

> (甲子)를 사용함으로써 자신의 뜻을 드러냈다는 이야기만 들었을 뿐, 멸망한 진나라의 연호를 계속 사용했다는 말은 들어보지 못했다. 주자(朱子)가 『강목(綱目)』을 만들 때, 산양(山陽)과 제음(濟陰) 지역은 거의 찬탈을 당한 것과 마찬가지 상황이었으나, 한(漢)나라의 왕통이 아직 있었기에 '황초(黃初)'를 버리고 '장무(章武)'를 씀으로써 천하의 대법을 바로 세웠고, 모든 번(藩)이 서로 다투고 있었지만 당나라의 연사가 결국 다하였기에 비록 진기가 '천우(天祐)'라는 연호를 습용(襲用)하였으나 역도의 무리로 취급하여 대서(大書)의 예에 두지 않았으니, 주자의 이러한 의리추구가 결국 도잠의 그것과 같음이 명백하지 않은가? 지금 개인적으로 무엇을 하려는 자라면 연명(淵明)처럼 하면 될 것이고, 법을 세우려는 자라면 주자처럼 하면 된다. 그런데 이제 회암(晦庵)과 연명의 의리는 소홀히 취급하여 덮고 지나치려 하니, 미혹된 부분을 많이 발견하게 된다.[121]

흔히 기자(箕子)가 (그의 나라인) 은(殷, 商)이 망한 뒤에 주(周)의 신하되는 것이 싫어 주의 연호를 사용하지 않았다는 전설을 사람들은 마치 그가 주의 시대에도 은의 연호를 사용한 듯이 믿고 있지만 그렇지 않을 것이라고 박세당은 생각한다. 그의 생각으로 기자가 주의 연호를 피하였을 뿐, 그렇다고 해서 기자가 주의 시대에 은의 연호를 썼다고 믿을 근거는 없다.

박세당은 기자와 같은 경우이면서 기자보다 좀더 확실히 알려진

---

121) 상동. "昔陶潛, 晉之忠臣, 古今所賢. 其不忍晉之亡, 而義不屈於後代也. 則只聞書甲子以著己意而已, 又未聞因用亡晉之年. 朱子之爲綱目也, 山陽濟陰, 同於被簒, 然三國並立, 而漢統猶在, 則黜黃初而書章武, 以正天下之大法; 諸藩交爭, 而唐祀遂泯, 則雖以晉岐之襲用天祐, 而夷於逆梁, 不在大書之例, 此其設義究竟之同於陶也, 不已明乎? 今之欲自爲者, 苟可以如淵明, 則斯已矣; 欲立法者, 苟可以如朱子, 則斯已矣. 今乃薄晦菴淵明之義, 遽欲掩而過之, 多見其惑也."

인물을 든다. 즉 진(晉)의 충신이자 고금을 통한 현인으로 알려진 도연명(陶淵明)의 예가 그것이다. 도연명은 진이 망한 뒤에 그 절의를 굽히지 않은 사람이다. 그러한 연명도 연호만은 망한 진의 연호를 계속 사용하지 않고 다만 육갑(甲子)을 사용하여 연수를 따졌던 것으로 전하여지고 있음을 그는 지적한다.

왕조가 바뀐 뒤에 전(前) 왕호(王號)를 사용한 사실은 오로지 진기(晉岐)의 예가 있다. 그렇지만 실은 진기가 당의 연호를 사용함으로 말미암아 『강목(綱目)』에서도 '천우(天祐)'라는 한 연호를 번잡스럽게 분주(分註)하는 예만 남겼을 뿐 다른 소득은 없게 되었다고 그는 본다. 그런 점에서 『강목』 역시 왕조가 바뀌었을 때는 억지로 전 왕조의 연호를 사용하지 않는 것이라는 교훈을 남기고 있다는 것이 박세당의 판단이다. 주희는 『강목』에서 그 진기를 대서(大書)로 기록하지 않음으로써 진기를 정통으로 평가하지 않았던 것이다. 박세당은 이 주희의 사관과 도연명의 뜻을 서로 같다고 본다. 이상의 사실 또는 충신들의 연호관에 비추어 볼 때, 명이 망한 지금 명의 연호를 쓸 수 없고, 지금은 어디까지나 청의 시대인 만큼 청의 연호를 사용함이 정당하다는 것이 그의 주장이다.

박세당이 주희의 사관 및 도연명의 충절을 들어 자신의 연호설을 합리화하는 까닭은, 송시열을 비롯한 당시의 숭명론자들이 명과 조선과의 관계를 군신의 관계로 보면서 명의 연호를 계속 사용함으로써 명에의 충절을 지키려 하였고, 그들은 그 충절의 명분을 대체로 주희의 이론에서 찾았기 때문이다.

박세당은 '충절'이라는 대의명분 자체에 대하여서는 시인하면서, 그 충절을 지키고 실현하는 방법을 가지고 숭명론자들과 대립하고 있다. 다음 글에서 그 점이 더욱 분명하여진다.

> 대저 신하와 자식이 임금과 어버이에 대해 누군들 만년무강(萬年無

> 疆) 하기를 원하지 않겠는가? … 하루아침에 임금과 어버이를 저버리고서 늙도록 천수를 누리는 것에 만족하는 짓을 차마 못하는 것은 더 말할 필요 없이 자명한 것이다. 그러나 삼대(三代) 이래로 이미 멸망한 뒤에까지 연수를 연장하면서 신하와 자식된 도리로 임금과 어버이를 차마 저버리지 못한 이가 있다는 말은 들어보지 못했다. 이는 임금과 어버이를 위한 개인적 정성으로서, 오늘날 사람들이 중화(中華)의 옛 주인을 위하는 것과는 다른 점이 있다.[122)]

군신관계에 있어 (충신이라면) 어느 누구나 그 군주에 대한 충절을 만년무강토록 바치고 싶어 함이 사실이다. 누구인들 군주에 대한 충성심을 버리고 만적(蠻狄)의 연호를 쓰기 좋아할 신하는 없다. 또 군주에 대한 절의를 차마 버리지 못함이 그 군주에 대한 충성일 수도 있다. 그러나 예로부터(삼대 이래) 이미 망한 뒤에 그 망한 나라의 연호를 사용함으로써 그 신하로 되는 법은 없음을 그는 지적한다. 이는 군신의 관계로 보더라도 숭명론자들의 주장은 결코 시인될 수 없다는 견해이다.

충절의 실현방법을 달리한다는 것은 자연히 충절의 대상까지 바꾸게 되는 결과를 가져오게 되지 않는가? 그런 점에서 연호문제는 마침내 중국에 대한 '사대(事大)'의 문제로 귀착된다. 박세당은 연호문제를 관점으로 한 그의 사대관을 진술한다.

> 대저 원(元)나라가 이미 중국의 주인이 되자, 고려(高麗)의 원나라에 대한 사대는 백 년을 이어왔다. 그러다가 하루아침에 원나라가 망하고 명나라가 흥하자, 고려는 외번(外藩)에 위치하여 저 원나라

---

122) 상동. "夫臣子之於君親, 孰不欲其萬年無疆? … 其不忍君親之一朝棄背, 而以享黃耈之年爲已足焉者, 宜不待備言而明. 然自三代以來, 未聞有引年於旣沒之後, 以爲臣子不忍君親之義者. 是其自爲君親之誠, 有不如今人之爲中華舊主者歟."

를 위한 사수지의(死守之義)가 없었기 때문에 명나라를 사대하여 중국을 높이는 예를 잃지 않게 되었다. … 또한 선조들의 절의와 덕의 아름다움을 말할 때 명나라를 사대한 부분을 빼놓는다면, 정성스레 충성을 다하여 위로는 방(逄)과 더불어 그 어짊〔仁〕이 동일하기를 구했던 고려의 충절이 천하후세에 족히 칭송하여 드러낼 만한 것이 못될 것이다. 보내온 편지에서 거론한 야은(冶隱)과 목은(牧隱) 그리고 포은(圃隱) 이 삼현은 어찌 모두 존양(尊攘)의 공 때문에 지금껏 사람들이 앙모하는 것이겠는가? 포은 역시 일찍이 선조들과 함께 명나라를 주인으로 섬겼거늘, 세상에서 포은을 칭송하는 이들은 어찌하여 그 까닭을 존양에 두지 않고 고려를 위해 충성을 다한 것에 두는가?[123]

또한 선대의 의리를 들어 이야기할 때엔 어찌 아무렇게 함부로 이야기하고 전후 맥락을 고려치 않는가? 우리 반남선생(潘南先生)은 불행한 세상을 만나 갓과 신발이 뒤바뀌듯 혼란한 시기를 당하였다. 송나라가 이미 멸망하고 원나라가 중국을 차지한 것이 꼭 오늘날의 사태와 같았다. 명나라가 아직 흥기하지 않고 원나라가 아직 도망치기 전에 선생이 송나라의 연호를 준용하였을까? 그렇지 않았을까? 만일 그렇지 않다면 오늘날 이런 일을 하는 자들은 무엇으로 선생을 허물할 것인가? 오늘날 이런 말은 하는 자들은 스스로 반성해보는 것이 어떠한가?[124]

---

123) 앞의 책, 권7, 「答和叔書」: "夫元旣入主中國, 而高麗之事元, 垂百年矣. 一朝元亡而明興, 高麗處外藩, 無爲彼守死之義, 故事明而不失尊中國之禮. … 且謂先祖之節義德美, 捨事明一節, 則其爲高麗惓惓盡忠, 而上與逄, 干同其仁者 顧不足稱著於天下後世也乎! 來書所稱冶·牧·圃三賢, 豈皆有尊攘之功, 而至今爲人所仰乎? 圃隱亦嘗與先祖同主事明矣, 而世之所稱者, 何不在於尊攘, 而在於爲高麗盡忠哉?"

124) 앞의 책, 권7, 「辨和叔論紀年示兒姪」: "且以先代之義爲言, 何其脫口輕肆而曾前後之不顧也? 吾潘南先生遭世不幸, 當冠屨倒置之辰, 宋旣亡而元入中國, 正猶今日之事. 不知先生於明未興元未遁之前, 尙遵用宋氏之年號歟? 抑猶未歟? 若其未也, 則今日之爲是事者, 其將有以過之者歟! 今日

박세당에 따르면 고려는 원과 사대의 관계를 거의 1백년이나 맺고 있었다. 그 원이 망하고 명이 들어설 때, 고려는 원을 위하여 '사수지의(死守之義)'를 행하기는커녕 곧 명과 사대의 관계를 맺었다. 고려의 충신들이야말로 존양(尊攘)의 도리를 잘 아는 사람들이다. 그중에도 박상충(朴尙衷)과 정몽주(鄭夢周)가 특히 존양의 공이 많은 사람이었다. 박세당의 견해로 정몽주는 흔히 기우는 고려에 충성을 다한 것으로 세인의 존망을 받고 있지만, 실은 망하여 가는 원과의 사대관계를 끊고 새로 일어나는 명과의 관계를 맺는 친명정책을 씀으로써 존양의 공을 세운 점에서도 존숭되어야 한다. 존양의 도리에 밝았던 고려의 박상충과 같은 충신들이 일찍이 송이 망하고 원이 들어섰을 때, 송의 연호를 계속 사용한 일이 있었던가 박세당은 반문한다. 송이 망하고 원이 중원을 차지하였을 그때야말로 청이 중원을 차지한 오늘의 사태와 똑같다. 그렇지만 고려 때에는 송의 연호를 사용하지 않았다. 이와 같은 선례로 보더라도 오늘날은 명의 연호를 버리고 청의 연호를 사용하는 것이 옳다는 이론이다.

박세당의 연호론은 청에의 사대관으로부터 나온 주장으로서 친청정책의 일환임을 확인할 수 있다. 그리고 그 사대관은 바로 한족(漢族)과 만적(蠻狄)을 차별하는 '중화적 존양의 도리'보다 이미 현실로 굳어진 시세가 더 중요하다는 이른바 '현실위주론'을 근간으로 하는 것임을 알 수 있다.

박세당의 다음 글은 그의 사대관의 현실위주적 성격을 더욱 역력히 보여주는 자료이다.

> 망하지 않고 싶어 하나 될 것인가? 일찍이 그 망하게 된 까닭을 추적해보니, 고구려〔高麗〕가 가장 강대하였으나 중국에 가장 가까웠

之爲是言者，其將反自求而何如也?”

기에 가장 먼저 멸망하였다. 백제의 강대함이나 중국과의 거리는 고구려의 다음이었기에 그 멸망도 두 번째였다. 신라의 경우는 가장 약소하였고 중국과 가장 멀었기에 멸망하지 않았다. 그 까닭은 무엇인가? 지리적으로 가까우면 형세가 급박한 것인데, 강대함을 믿게 되면 불공하게 되니, 불공하면 속히 화를 당하게 되고, 속히 화를 당하니 나라가 멸망하는 것이다. … 대저 동서남북의 이민족들이 각각 군장(君長)을 두고 토지를 소유함으로, 대소와 강약이 나누어진다. 그러나 그들에게서 강대하다는 것은 그들 사이의 강대함이지, 중국에 견주면 하나의 주(州)나 현(縣) 또는 향(鄕)에 불과할 뿐, 능히 중국에 대항할 형세를 소유한 것이 아니다. 단지 그 험저(險阻)함만을 의지하고 그 강성함만을 믿어 순복(順服)하려 들지 않음으로써 멸망을 취하게 된다. 이는 비유컨대 미친개가 사람을 공격하다가 몽둥이에 맞아 죽는 것이나 연약한 개미가 둑을 뚫다가 물결에 휩쓸려 죽는 것과 같으니 애통하지 않겠는가? 이제 멀리 삼방(三方)을 거론할 것도 없다. 우거(右渠)가 한(漢)나라에 멸망당한 것이나, 공손(公孫)이 위(魏)나라에 멸망당한 것이나, 고구려와 백제가 당나라에 멸망당한 것이 모두 이 때문이니, 번국(藩國)에 위치하여 중국을 사대하는 자들은 마땅히 경계해야 할 일이기에 이를 써서 기록하노라.[125]

이 글은 박세당의 「평제탑비발(平濟塔碑跋)」 중의 일부로서 「평제

125) 앞의 책, 권8, 「平濟塔碑跋」: "其欲不亡, 得乎? 嘗跡其所以亡者, 高麗最大最强, 最近中國, 最先亡. 百濟之大之强, 與其去中國之近, 又次於高麗, 其亡次之. 若新羅則最小最弱, 最遠中國而不亡. 其故何哉? 處近則勢逼, 恃强大則不恭, 不恭則速禍, 速禍則國亡. … 夫南蠻北狄東夷西戎, 各有君長, 各有土地, 大小强弱, 於斯分矣. 然其所謂强大者, 特此强於彼, 彼大於此, 其視中國, 不過一州一縣一鄕耳, 非能有抗中國之勢也. 直負其險阻, 恃其强盛, 不肯服順, 以取滅亡, 譬猶猘犬搏人, 斃於梃下, 弱蟻穿堤, 漂於浪沫, 可不哀也哉? 今不暇遠論三方, 右渠滅於漢, 公孫滅於魏, 與夫高麗百濟之見滅於唐者, 無非是已, 處藩國而事中國者, 宜可以戒, 故書此以識之."

탑(平濟塔)」의 역사적 교훈을 환기시키려는 뜻에서 지은 것이다. 그에 따르면 중국과 주변국가와의 관계는 주변국가들이 비록 강대할 경우라도 중국의 1주(州)·1현(縣)·1향(鄕)에 불과하다. 이러한 주변국가가 중국에 대립 항거한다는 것은 마치 개미가 제방을 뚫다가 물에 빠져 죽는다든지, 미친개가 사람을 물다가 곧 죽음을 당하는 것과 같다. 고구려와 백제가 당에게 망한 사실이 바로 그것을 입증하는 예이다. 중국에 가까이 있으면서 불공하면 할수록 그만큼 속히 중국에게 패망하게 된다. 따라서 중국의 주변국들은 패망하지 않기 위하여 좋든 나쁘든 중국에게 공손히 순복(順服)하는 이른바 사대의 태도를 취하지 않을 수 없다는 것이 그의 생각이다. 이렇게 볼 때 박세당의 사대관이야말로 현실위주의 외교관임에 틀림없다. 그리고 그 현실론의 밑바닥에는 군신의 의〔君臣之義〕 또는 '존양의 도리〔尊攘之道理〕'라는 명분·사상보다는 패망으로부터의 존속이라는 실리주의가 기반을 이루고 있다. 실리주의에 입각한 현실적 외교관이 그의 사대관인 셈이다.

박세당이 그 시기 「삼전도비문(三田渡碑文)」의 작자인 이경석(李景奭)의 신도비명을 감히 지어줄 수 있었던 데에는 그의 이와 같은 실리주의적 사대관이 없고서는 할 수 없던 일이었을 것이다. 이경석의 비명도 박세당의 연호론과 함께 실리주의적 사대관을 반영하는 증거라 하겠다. 따라서 당시의 숭명배청론자들이 '박세당을 실리주의적 사대관 밑에서 친청정책을 추구하는 사람'이라는 뜻에서 그에게 오사(五邪) 중의 하나라고 폄칭하였다면 그 폄칭에는 충분한 근거가 있는 것이라 하겠다.126)

박세당의 친청정책이 목적으로 추구하는 이득은 청으로부터 이 민족을 보호하려는 것이었다. 유구한 역사를 이어 온 이 민족의 멸망을

---

126) 앞의 책, 권12, 「領議政白軒李公神道碑銘」.

막기 위하여 그는 친청정책을 주장하였다. 그의 사대관에 있어 실리의 주체는 어디까지나 자신을 포함한 이 민족이다. 따라서 명에 대한 명분을 버리고 청에게서 민족보전의 실리를 구하려는 그의 태도는 민족주체의식의 자각과 그 발로에 다름 아니다. 이런 점에서 평가의 기준을 이 민족에다 둔다면, 그의 실리주의적 사대관은 화이(華夷)·군신지의(君臣之義)라는 명분론에 의지하는 숭명배청론자들보다 더 이 민족을 위하는 애국애족의 견해라 할 수 있다. 오히려 이것은 민첩한 시대감각 또는 정확한 현실파악을 기하려는 정신으로부터 나왔다는 의미에서 명분론적 보수사상을 탈피하려는 진보적 사유경향의 일단이다. 이렇게 그의 사대관을 애국 애족의 견해로 볼 수 있다면, 그에 대한 '오사 중의 하나'라는 지칭도 단순히 그의 정적들이 정쟁의 수단으로 사용한 '정략상의 폄칭' 이상의 의미로 볼 수 없다.

이제 박세당의 현실관을 어떻게 종합하여 그의 실천사상이라는 이름으로 이해할 수 있을지 생각하여 보자.

5) 실천사상의 기저

박세당은 일상생활에서 '명분'·'형식'·'명칭'보다는 '사실'·'실질'·'내실'을 중요시하였고, 대내문제를 논하는 자리에서 '허언'보다 '실효'가 중요함을 전제로 '문화정책(도의)'보다 '복지정책(민생)'에 역점을 두었으며, 대외문제에 있어서는 '명분'보다 '실리'에 입각한 외교론을 주장하였다. 이것이 그의 현실관에 나타난 사고방식의 모습이다. 이 사고방식 속에 일관되고 있는 것은 (한마디로 하면) 역시 '실(實)'을 중요시한다는 점이다. 이 점이 그를 실학자로 보게 하는 이른바 '실학(實學)'의 정신이라 하겠다.

원래 '실'이란 '공(空)'·'허(虛)'·'무(無)'·'문(文)'·'화(華)'에 대립되는 개념임은 다시 말할 나위도 없다.[127] 이런 점에서 현실관을 통하여 본 박세당의 사고방식은 '공'·'허'·'무'·'문'·'화'보다 '실'을 중요시하는 것이다. 이 점은 일단 주목해야 할 점이다. 원래 유학에서는 '허'·'공'·'무'보다 '문' 또는 '명(名)'을 많이 사용한다. 공자의 정명사상(正名思想) 이래로 유학자들이 '실'에 대립되는 용어로 즐겨 사용하는 것은 특히 '명'이라는 용어이다. 대체로 명이라는 용어가 '실'에 대립되어 사용됨으로써 그 ('명'의) 뜻도 또한 '허'·'공'·'무'·'문'·'화'의 뜻을 모두 포함하게 된다. 그러므로 박세당의 저 사고방식을 유학형식으로 표현하면 '명보다 실을 더 중요시하는 사고방식'이라 하는 것이 적절하다. 명보다 실을 중요시하는 사고방식은 또한 사실보다 명목적인 가치인 명분을 절대시하는 성리학자들의 그것과 다른 것이다.

이렇게 '명실관(名實觀)'에 입각하여 이해한다면, 박세당의 실천사상이란 바로 현실 속에서 '명'과 '실'을 엄격히 구별한 후 '명'보다 '실'에 치중하는 사고방식을 취함으로써 성리학자들보다 더 밀도 높은 경험·실리·개인·민본사상 및 민족사상의 경향을 드러내고 있다고 하겠다. 이러한 사상적 경향은 어디까지나 '경향'이라는 소박한 단초의 의미임을 분명히 하여야겠다. 이 경향들은 아직 그의 실천사상을 이루는 결정(結晶)된 한 사상으로 인정될 수는 없다. 그렇게 인정되기까지는 그의 근본사상에 대한 고찰을 기다리지 않으면 안 될 것이다.

이와 같이 명실관의 입장에서 박세당의 실천사상을 살피면, 앞으로 그의 근본사상인 경학사상(經學思想)에 대한 고찰도 일단 명실관의 입장에서 수행해야 적합하다고 여겨진다. 하지만 명실관에 입각한 실학의 연구가 과연 의의 있는 것일까 하는 점이 문제로 등장될 여지도 있다.

'명'과 '실'의 의미는 좁게는 사물의 '명칭'과 그 명칭이 지시하는

---

127) 전해종, 「석실학(釋實學)」『진단학보』, 20호 참조.

'대상'을 뜻하지만, 넓게는 이미 살핀 것과 같이 전자는 '명분(名分)'·'허문(虛文)'·'형식(形式)' 등을 뜻하며 후자는 '실리(實利)'·'실효(實效)'·'내용(內容)' 등을 뜻한다. 그런 까닭에 '명'과 '실'의 관계에 대한 일정한 견해는 일상적 실천사상으로부터 인식론 및 윤리사상까지도 알아볼 수 있는 자료가 된다. (물론 경우에 따라 한계가 있겠지만) 예를 들면 '명실관'에 나타나는 어떤 유명론적 사고는 경험론과 실재론을 가름하는 분수령이 될 수 있다. 이처럼 현실성 또는 사실성을 중요시한다는 점에서 실학의 성격을 경험주의적인 것으로 볼 수 있다면, 박세당의 경우 그 유명론적 명실관은 바로 정주성리학적 실재론을 극복하는 이론의 기초가 된다. 따라서 '명실관'은 실학에 있어 실천사상과 근본사상을 한 맥락으로 연결시켜 줄 기본관점과 기본사고방식으로 인정되며, 아울러 실학의 기본성격을 드러내는 하나의 열쇠가 될 수 있다고 믿어진다. 이제 박세당의 근본사상을 살피기로 하자.

4. 근본사상

1) 이단학적 구조

먼저 박세당의 학문구조부터 살피겠다. 박세당의 시대(1629~1703)에 유행하던 사상으로는 전통적 3대사상인 유교(특히 정주학)·불교·도교 그리고 이제 겨우 소개의 단계에 들어선 천주교(서학), 같은 유학이면서도 이황을 비롯한 정주계의 성리학자들에게 배척받아오던 양명학을 들 수 있다. 이 다섯 가지가 당시 박세당이 접할 수 있었던 사상들이다.

이 중에서 박세당이 천주교사상에 접하였다는 증거는 발견되지 않는다. 천주교에 대한 그의 찬반의 의사도 전혀 찾아볼 수 없다. 그가 당시에 천주교가 있다는 것을 알고 있었는지조차 의심될 정도이다. 그러므로 천주교야말로 그의 학문세계에서 제외되지 않을 수 없다.

박세당은 불교에 대하여 매우 단호한 태도를 취한다. 그는 불교를 한마디로 '이단(異端)'이라 하면서 배척하기를 주저하지 않았다.

> 천하에 있어서 이단이란 마치 악취와 같은데, 불교는 그중 심한 것이라 하겠으며, 그런 불교를 좋아하는 자들은 악취를 좇는 것과 같으니, 함께 논구할 만한 것이 못됨이 분명하다. 맹자가 양주(楊朱)와 묵적(墨翟)을 물리칠 때 '무부(無父)'와 '무군(無君)'을 말한 데 지나지 않았으니, 진실로 심오한 논구를 통하여 정미하고 미세한 것을 논쟁하지 않았음에도 그 정대함이 족히 저들을 굴복시켰다. 그러니 또한 어찌 심오하게 할 필요가 있겠는가? 이런 이유로 나는 '그것을 심오하게 다루는 것은 도리어 천박하게 되어 미혹을 제거하지 못한다'고 말하겠다.[128]

---

128) 『西溪集』, 권7, 「論韓歐排浮屠」: "異端之在天下, 其亦猶夫臭也, 而佛其

그에 따르면 불교는 천하에 무엇보다도 심한 이단이다. 불교를 추구하는 것은 바로 악취를 추구함과 같다고 비유된다. 불교는 심오한 이론을 갖추어 논척할 필요조차 없다. 불교의 경우에는 심오한 이론으로 논구하는 것이 오히려 천박하게 되는 원인이며, 거기에 미혹됨을 면치 못하게 되는 원인이다. 이것은 마치 맹자가 양자(楊子)의 위아설(爲我說)과 묵자(墨子)의 겸애설(兼愛說)을 배척할 때 심오한 이론을 갖추지 않고 그 사상들의 약점인 '무부(無父)'와 '무군(無君)'만을 들어 배척한 것으로 충분하였던 경우와 같다. 박세당의 이러한 주장에 대한 비판은 여기서는 문제 밖의 것이다. 다만 그의 이 주장을 통하여 그가 불교를 그의 학문 대상으로 삼고 있지 않았다는 사실이 밝혀진 것으로 충분하다.

당시 양명학은 장유(張維)와 최명길(崔鳴吉)에 의하여 상당히 호의적으로 대하여지고 있었다. 그것은 특히 최씨의 가학으로 전승되고 있었다. 최명길의 손자인 최석정(崔錫鼎)에 이르러서는 가화(家禍)를 면하기 위하여 조부의 학문이 양명학 아님을 외면으로나마 변명해야 될 정도였다.[129] 박세당은 바로 이러한 최석정과 같은 소론(少論)으로서 가까운 사이였으므로, 양명학에 접할 기회가 많았던 듯하다. 더욱이 그가 『지천집(遲川集)』의 서문[130]과 최명길의 「신도비명」[131]을 쓰면서, 최명길의 그 비난받던 학문을 칭찬하고 있는 것을 볼 때, 그가 양명학을 잘 알고 있었던 것을 의심할 수 없다.

甚者也. 其好之者, 亦逐臭之類也, 不足與爲究論也明矣. 孟子闢楊墨, 亦不過曰無父曰無君, 固未嘗爲甚究之論, 以爭夫精微毫忽, 而其正大自足以服彼, 則又何事於深也? 吾故曰深之者, 乃所以爲淺而未能去夫惑者也."

129) 이능화, 「조선유학지양명학파(朝鮮儒學之陽明學派)」, 『청구학보』, 25호 및 정인보, 「양명학연론(陽明學演論)」, 『담원국학산보(薝園國學散藁)』.

130) 『西溪集』, 권7, 「遲川集序」.

131) 앞의 책, 권11, 「領議政完城府院君崔公神道碑銘」.

> 내가 가만히 공을 살펴보니, 경전(經傳)에 대해 정밀히 연구하였고 전훈(典訓)에 두루 통하였으며, 사서(四書)를 넘나들며 체득한 바가 깊었다. 그리하여 사업에 드러나고 논의로 발표된 것이 모두 이에 근본을 두었으니, 진실로 표피적 학문이나 천박한 지식으로는 그중에 하나 둘도 엿볼 수 없는 것이었다. 이것이 바로 사람들이 벌떼처럼 일어나 온갖 비난을 퍼붓지만 결코 이해하지 못한 까닭이다. 오호라! 말류(末流)는 도도하더라도 한 번 가면 돌아오지 않지만, 그 근원을 크게 흐려놓으면 이와 같음에 이르나니 족히 괴이할 것이 없다. 비록 그러하나, 이것이 공에게 무슨 훼손이 되랴? 백세의 이후에 질정할 뿐이다.[132]

박세당에 따르면 당시 이단 또는 사학(邪學)이라 비난받던 양명학자인 지천의 학문은 얕은 학문 천박한 지식〔膚學淺識〕으로서는 알 수 없다. 쉽사리 알 수 없기 때문에 비난받는다. 그렇지만 그것은 지금의 그 비난으로 말미암아 결코 훼손되지 않으며, 실로 백 세 이후에는 그 진가를 인정받게 되리라고 그는 전망한다. 박세당이 최명길의 학문을 이렇게까지 칭찬하는 것이야말로 정통을 자처하던 당시 정주계의 학자들과는 전혀 다른 태도다. 여기서 벌써 그의 이색적 학문태도, 곧 반전통적 태도가 나타나고 있다. 그러나 박세당은 최명길의 학문에 대하여 이토록 호의를 보이면서도 스스로 양명학에 몰두한 흔적은 없고, 그 영향을 받은 자취도 별로 찾을 수 없다.[133] 이와 같은 사실로 미루어 보아, 박세당은 양명학을 당시의 그 어느 학문 못

---

132) 상동. "世堂竊觀公, 精研經傳, 會通典訓, 上下四子所得者深, 故其見於事業, 發諸論議, 皆本於此, 固非膚學淺識遽能窺其一二, 所以詆疵紛然, 蜂起蝟集, 猝不可解. 嗚呼! 末流滔滔, 一往不返, 大迷其源, 至於如此, 無足異也. 雖然, 此於公奚損? 要之可質於百世耳."

133) 한 가지 영향을 받은 듯한 느낌이 드는 예가 있다면, 그의 '격물(格物)' 해석에 관한 견해라 하겠다. 다음의 3절 (4)에서 상론하겠다.

지않은 것으로 생각하면서도 자기가 바라는 이상적 학문으로는 생각하지 않았던 것 같다. 그는 양명학의 반정주학으로서의 가치를 상당히 인정하면서도 정주학의 약점을 자기가 바라는 만큼 충분히 극복하였다고 인정하지 않은 것으로 간주된다. 크게 보아 성리학의 범주에 든다 할 양명학을 액면 그대로 받아들이지 않으려던 그 점에 그의 학문의 또 하나의 특징이 있다고 하겠다.

이제 박세당의 학문대상은 정주학으로서의 유학과 도교의 사상만 남게 된다. 박세당이 남긴 『사변록』은 그 내용이야 어떻든 출발만은 정주학으로부터 출발한 결과이며,[134] 『노자(老子)』〔도덕경(道德經)〕, 『장자(莊子)』〔남화경(南華經)〕에 대한 그의 주해는 또한 도교사상에 대한 그의 온축임에 틀림없다.

박세당의 학문이 근본적으로 유학과 노장학이라는 두 종류의 학문으로 구성되고 있음은 「자찬묘지」에 남긴 자신의 진술로도 확인할 수 있으며, 『실록(實錄)』에 담긴 사관의 기록에 의하여서도 확인할 수 있다.

> 일찍이 『통설(通說)』을 저술하여 『시(詩)』·『서(書)』와 사서(四子)의 의미를 밝혔고, 『노자』와 『장자』를 주해하여 뜻을 보였다. 맹자의 말을 깊이 좋아하여, '차라리 홀로 외로운 길을 감으로 합하여 들어갈 곳이 없을지언정 끝내 머리를 조아리고 마음을 낮추고 싶지 않다'고 생각하였다.[135]

사신(史臣)은 말한다. "박세당은 수십 년 동안 조용히 물러나 있으

134) 그의 '경학사상' 항목에서 자세히 살피겠거니와, 그는 사서(四書)의 주해에서 우선 주희를 충실히 따를 것을 겉으로는 표방한다.

135) 앞의 책, 권14, 「西溪樵叟墓表」, "嘗著通說, 明詩書四子之指, 及註老莊二書以見意. 蓋深悅孟子之言, 以爲寧踽踽涼涼無所合以入 終不肯低首下心."

> 면서 벼슬〔仕宦〕 생각을 끊었으니, 이른바 청고(淸苦)한 선비라 하겠다. 그러나 장자(莊子)의 학문을 지나치게 좋아하고 주자(朱子)의 『사서집주(四書集註)』를 비방하였으니, 그가 만일 뜻을 얻었다면 세도(世道)에 끼칠 해를 이루 다 말할 수 있겠는가?"136)

이는 『사변록』, 일명 『통설』을 통한 『시경』, 『서경』, 『논어』, 『맹자』, 『중용』, 『대학』에 대한 주해와 『노자』, 『장자』에 대한 주해가 그의 학문의 구성요소라는 뜻이다.137)

사관의 말과 같이 이 중에 유학경전에 대한 해석이 정주학의 입장에서 볼 때 문제가 되며, 정통적 정주학자와는 달리 노장에까지 심취하는 태도가 또한 문제이다. 이 점은 박세당 자신도 약간의 암시를 주고 있는 셈이다. 자기는 이상의 학문 중에서 특히 맹자를 깊이 좋아하였지만〔深悅〕 그것마저 마음을 빼앗길 정도로 되지는 못하였다는 고백이 그것이다. 이 고백은 바로 그가 선인(先人)들의 학문에 그치는 데서는 만족할 수 없다는 뜻이 되고, 그런 만큼 자기가 만족할 수 있는 학문은 선인들의 학문을 한층 넘어 그것들과는 다른 차원일 것을 바라는 뜻으로 해석될 수 있다. 이단이니 사문난적이니 또는 실학이라는 명칭이 그의 학문에 적용될 수 있는 소지가 여기에 있다. 유학에 대한 독특한 태도와 노장을 배척하지 않고 오히려 연구하는 종래의 유학자답지 않은 태도가 마침내 박세당의 독자적 학문을 이루게 된다. 그의 근본사상에 대한 고찰은 앞으로 이 두 가지 각도에

---

136) 「肅宗實錄」, 권28, 21년 을해, 4월 1일조: "史臣曰: '世堂, 恬退數十年, 絶意仕宦, 可謂淸苦之士也 然酷好莊氏之學, 譏詆朱子四書集註, 使其得志, 其爲世道之害, 可勝言哉?'"

137) 여기서 주목을 끄는 것은 농서(農書)인 『색경(穡經)』의 편찬을 그 자신도 자기의 중요한 학문으로는 간주하지 않고 있다는 점이다. 농서를 자기의 주요 사상의 한 대변서로 간주하지 않는다는 이 사실은 그의 실학을 논하는 데 있어 하나의 중요한 시사가 아닐 수 없다.

서 규명되어야겠다. 먼저 그의 노장사상에 대한 견해부터 알아보기로 한다.

2) 노장관과 실학적 성격

(1) 노장주해와 그 관점

박세당은 노장사상을 대체로 다음과 같이 평가한다.

> 노장의 설의 경우 비록 성인의 대법에 어긋나는 것은 사실이지만, 그렇다 하여 채택할 만한 것이 전혀 없는 것은 아니다. 그것에 대해 이야기하는 이들이 혼란스럽게 만들어서 그 뜻이 밝혀지지 않게 되었던 것이다. 성인의 대법에 어긋난 까닭이 무엇인지도 모른 데다 채택할 만한 것까지 함께 무시되었으니, 노자와 장자에게는 좋은 점과 나쁜 점이 함께 가려진 셈이고, 후인들에게는 버리고 취할 것이 모두 흐려지게 되었으니, 슬프고 한탄스러운 일이다.[138]

노장사상이 유학〔聖法〕과 다름은 박세당도 인정한다. 그 사상에 결점이 있음도 인정한다. 그러나 그렇다고 거기에 취할 만한 장점이 없다는 것은 결코 아니다. 본래의 노장사상에는 유학자들이 취할 만한 점이 있었다. 그런데 후인들에 의하여 그 장점이 가려져 버렸다. 이렇게 노장사상에 본래 취할 만한 장점이 있다고 생각하는 것이 곧 그가 노장사상을 연구한 이유다.

노장사상의 취사, 장단점이 유학과 비교되는 선상에서 평가된다는 것은 그 평가의 기준 또는 관점이 어디까지나 유학에 있음을 가리킨

---

138) 『西溪集』, 권7, 「答尹子仁書」: "如老莊之說, 雖舛聖人大法, 又不至都無可採, 乃爲說者所亂, 使其意不明. 既不得其所以舛於聖法者, 又併與其可採而泯之, 在二子則醇疵俱掩, 在後人則去取皆迷, 有足悼嘆."

다. 이 점을 좀더 분명히 하자.

> 장자가 비록 제자(諸子)들에 대해 비난한 것이 많고 유가와 묵가에 대해서도 아울러 거론하기도 하였으나, 그 저서는 본래 혜시(惠施)와의 논변을 위한 것이다. 그러므로 「소요유(逍遙遊)」(『장자』의 첫 편)와 「천하(天下)」(『장자』의 마지막 편)가 모두 혜자(惠子)의 이야기로 끝난다. 첫 편은 혜시의 이야기를 빌려서 자신의 의도한 바를 밝혔고, 마지막 편은 혜시를 깊이 논박함으로써 그 학술의 잘못됨을 논변하였으니, 그 글의 의도는 처음부터 끝까지 매우 분명하다. 중간에 혜시를 인용하는 것 역시 모두 서로 반복하여 논변한 것들로서 우언(寓言)에 견줄 바가 아님에도, 말세에 그에 대해 이러쿵저러쿵 이야기하는 자들이 있기에 이제 이 점을 특별히 밝힌다.[139]

박세당이 볼 때 장자는 비록 유묵(儒墨)을 비롯한 사상을 비난·배척〔譏斥〕하였고 그로 말미암아 유학자들로부터 배척당하지만, 그 근본 의도는 장자가 명가(名家)인 혜시와 논변하려던 데 있다. 『장자』에 구사되고 있는 논리야말로 수미일관한 것으로 결코 우화(寓話)에 그치지 않는다. 그럼에도 이러한 근본 성격이 아직까지 밝혀진 바 없다. 이에 박세당이 이 근본성격을 밝히려 한다. 이상과 같은 박세당의 말은 바꿔 말하면 『장자』의 본지를 밝힘으로써 그 논변의 가치를 드러냄과 아울러, 그것이 근본적으로는 유학을 비난·배척하는 책이 아님을 밝히겠다는 뜻이다. 이는 일종의 『장자』 옹호를 표방한 유학 옹호의 저의이다. 『장자』를 보는 박세당의 관점이 실은 유학에

---

139) 『南華經註解刪補』, 권1: "莊子雖多譏斥諸子, 幷論儒墨, 其著書本爲與惠施流辨. 故逍遙遊及天下篇皆以惠子終之, 首篇則假惠施之語, 以明己意之所存; 終篇則深斥惠施, 以辨其術之非, 其書意首尾甚明. 若其中間所引惠施, 亦皆相與反覆辨難者, 非如寓言之比, 而世末有言之者, 故今特發之."

있음이 드러난다.

한편, 『노자』에 대한 그의 태도는 이 정도가 아니다. 『노자』의 경우에는 그의 유학관점이 더욱 분명하다.

> 그 도는 비록 성인의 법에 합치하지 않지만 그 의도는 역시 자신을 닦고 사람들을 다스리려는 것이, 대개 그 말은 간략하되 그 뜻은 심오하다. 한(漢)나라 이전에는 그 학술을 전용하여, 군왕이 된 사람은 공묵(恭默)의 교화를 시행할 수 있었고, 신하가 된 사람은 청정(淸淨)한 정치를 할 수 있었다. 진(晉)나라에 이르러 광탄(狂誕)한 선비들이 현허무실(玄虛無實)하고 끝없이 묘망(渺茫)한 이야기들에 의탁하여 거짓을 꾸며 세상을 속이니, 천하가 온통 풍속이 크게 어지러워져서 진나라 왕실이 결국 멸망하였다. 노자의 도가 어찌 이런 것이겠는가? … 명대의 진심(陳深)이 만든 『제자품절(諸子品節)』에 실린 『도덕경(道德經)』 81장을 살펴보았으나, 그 전해(箋解)에 성씨가 밝혀져 있지 않으니 아마도 진심이 만든 것인 듯하다. 임희일(林希逸)의 주석도 모두 잘못되어, 본지의 10분의 1도 얻지 못하였다. 노자가 비록 성인의 도는 아니지만 그 글이 이미 세상에 통행되고 있으니, 그 뜻을 밝히지 않아서 거듭 후세를 오도할 수 없기에 한가한 날에 간략히 소석(疏釋)을 만드노라.[140]

박세당에 따르면 노자의 사상(도)은 비록 유학과 합치하지 않는 점도 있지만, 그 의도는 본래 유학과 마찬가지로 '수신'과 '치인'을 목표

---

140) 『新註道德經』, 「序」: "其道雖不合聖人之法, 其意亦欲修身治人, 蓋其言約, 其旨深. 自漢以前專用其術, 上而爲君, 能行恭默之化; 下而爲臣, 能爲淸淨之治. 及晉之世, 士之狂誕者, 託爲玄虛無實之談, 渺茫不可涯之說, 以飾其僞, 以欺一世, 天下翕然而風俗大亂, 晉室遂傾, 老子之道夫豈然哉? … 余觀明陳深所爲諸子品節載道德經八十一章, 其箋解不著姓氏, 疑示是深所自爲者, 及林希逸所註皆舛謬, 不足以得其十一. 老子雖非聖人之道, 其書旣行於世, 不可使其意不明, 重誤後世, 故輒於暇日略爲疏釋云爾."

로 삼는다. 그 내용을 설명하는 언설은 간결한 반면 그 의미는 심오하다. 이러한 것이 결국 『노자』의 장점이다. 이러한 장점을 지니고 있기 때문에 그 사상은 한대 이전부터 실제 치화(治化)의 도구로 이용되어 왔다. 그러던 것이 진대(晉代) 이후로 광탄한 선비들이 현허무실(玄虛無實)하고 묘망무애(渺茫無涯)한 공담(空談)으로 이를 가식하여 마침내 세상을 기만하는 것으로 만들었고, 나아가 진국(晉國)을 패망하게 한 원인으로까지 만들었다. 이는 허황하고 무실한 공담의 측면이 바로 버려야 할 『노자』의 단점이라는 뜻이다. 오늘날 전해지는 (진심과 임희일의) 『노자』 주해 역시 거의 다 본지를 오해하고 있는 것들이다. 그러므로 박세당은 비록 노자사상이 유학은 아니지만 이미 오해된 채로 세상에 흩어져 있는 이상, 또 다시 후인들을 오도하지 않게 하기 위하여 이것을 연구하게 되었다는 것이다. 이렇게 박세당이 말하는 취하고 버려야 할 『노자』의 장단점은 분명히 유학의 관점을 기준으로 하였다. 유학의 관점에서 평가되는 『노자』의 취사, 장단점을 가려내어 유학의 이상인 '수기치인'의 실현에 도움을 주려는 데에 노자사상에 대한 박세당의 연구목적이 있다. 그러면 그의 노자사상에 대한 구체적 이론은 어떤 것들인가? 이제 『노자』에 대한 그의 유학적 해석을 확인하기로 하자〔『장자』에 대한 그의 견해는 자료(주해서) 구득난으로 말미암아 다음 기회로 미룬다〕.

(2) 노자에 대한 유학적 해석

사실 박세당의 말대로 『노자』에는 '수기(수신)'·'치인'의 도리를 말한 것이 허다하다. 예를 들면 54장의 "그것을 몸에 닦으면 그 덕이 참되고, 그것을 집에 닦으면 그 덕이 넉넉하며, … 그것을 천하에 닦으면 그 덕이 두루 미친다(脩之身, 其乃德眞; 脩之家, 其德有餘; … 脩之於天下, 其德乃普)" 같은 것은 『대학』의 팔조목과 비슷하다. 박세당도 이것을 수기치인의 대표적 예로 본 듯하다. 왜냐하면 그는 이 장이야말로 수신을 가장 잘 말한 것〔此章最醇修身〕이라 하면서, 이것을 다음과 같이 말하고 있기 때문이다.

> 그것을 몸에 닦으면 실덕(實德)이 나에게 있고, 그것을 집에 닦으면 남는 것을 미루어 남에게 미치게 되며, 그것을 마을에 닦으면 베푼 바가 점점 멀어지게 되고, … 그것을 천하에 닦으면 혈기를 가진 모든 것들이 존경하고 친애하지 않는 것이 없게 되어 덕이 두루 미치게 된다. …[141]

자기 몸을 닦고 자기 집안을 바로잡으면 그 여덕(餘德)이 남에게 미치게 되어 마침내 천하를 바로잡는 데까지 이른다는 것이다. 여기서 그가 공맹의 '추기급인(推己及人)'·'확이충지(擴而充之)'의 도리를 이용하여 말하고 있음을 또한 볼 수 있다.

박세당은 무엇보다도 『노자』(도덕경)의 용어를 유학의 용어로 대치하여 주해한다. 몇 가지 예를 들겠다.

> 일(一)은 태극이다. 노자의 도는 '무(無)'를 종지로 삼기 때문에 '도(道)가 일(一)을 낳는다'고 한 것이다. 이(二)는 양의(兩儀)이고, 삼(三)은 삼재(三才)이다….[142] 도(道)란 천지가 그로 말미암아 생겨나는 것이다. 그러므로 '뿌리〔根〕'라고 하는 것이니, 면면이 이어져 그치지도 않고 끊어지지도 않는다는 뜻이다. … 주자(朱子)께서 말하기를, '지극히 현묘한 이치는 생생(生生)하는 뜻을 간직하고 있다'고 했다.[143]

---

141) 『新註道德經』, 54장 주: "修之於身, 則實德在我; 修之於家, 則推餘而及人; 修之於鄕, 則所施者漸遠; … 修之於天下, 則凡有血氣莫不尊親, 而德乃普矣. …"

142) 앞의 책, 42장 주: "一太極, 老子之道, 以無爲宗, 故曰 '道生一' 二兩儀, 三三才. …"

143) 앞의 책, 6장 주: "道乃天地所由生, 故曰根, 綿綿不已不絶之意. … 朱子

박세당은 노자의 도(道)를 무(無)로 이해하면서 또한 그것을 주희가 말하는 '리(理)', 즉 '태극(太極)'으로 보기도 한다. 그는 '도'와 '만물'과의 관계를 '리'와 '상(象)'과의 '체용관계'로 설명한다.

> 도(道)란 체(體)이고, 명(名)이란 용(用)이다. 체와 용 둘은 그중 하나라도 폐하면 안 된다. 명이 없는 체는 리(理)가 천지에 앞서 구비되어 있고, 명이 있는 용은 상(象)이 만물의 시초에 생겨난다.[144)]

도란 만물이 생기기 이전에 갖추어진 리로서 체에 해당하며, 만물은 그 생성 초에 상을 지니게 된 것으로 용에 해당한다는 것이다. 리와 상에 의한 체용관계의 설명이 유학, 특히 성리학의 용어에 의한 설명임은 물론이다.

용어뿐 아니라 그는 사상의 내용까지 유학의 입장에서 유학적으로 해석한다. 노자의 중심사상인 '자연(自然)' 및 '무위(無爲)'에 대한 해석을 다 그렇게 한다.

> 명령하지 않아도 항상 저절로 그러한 것은 천성(天性)에서 나오는 것이요 억지로 그렇게 하는 것이 아니다.[145)]

> 무릇 앞서가고 뒤따르며, 들이쉬고 내불며, 굳세고 야위며, 이룩되고 무너지는 여덟 가지를 가진 모든 것들은 본래 자연의 이치와 형세에서 나온 것이니 억지로 다스리려 해서는 안 된다는 것을 말한 것이다. … 따라서 성인은 천하에 대해 사물마다 각각 그 사물에 맡겨 자연스러움에 일임하며, 다만 지나치고 심한 것을 제거할 뿐이

曰 '至妙之理, 有生生之意存焉.'"

144) 앞의 책, 1장 주: "道者, 體; 名者, 用. 體用二者, 廢一不可. … 無名之體, 理具於天地之先; 有名之用, 象生於萬物之初."

145) 앞의 책, 51장 주: "莫之命而常自然, 出於天性, 非强而爲之也."

다. 사치함도 역시 지나친 것이다. '심하다〔甚〕', '사치스럽다〔奢〕' '지나치다〔泰〕'는 모두 마땅함에서 지나친 것에 대한 이름이다. 이는 성인이 무위이치(無爲而治)를 하는 까닭이니, 이를 잘 살피면 노자가 말한 무위(無爲)를 알 수 있을 것이다. 그것이 어찌 일을 하지 않는 것이겠는가?146)

박세당의 견해로 노자의 '자연'이란 '천성, 즉 본성으로부터 나온 것으로서 억지로 하는 것이 아님'이요, 또한 '태심(泰甚)'이 없는 일종의 '무과(無過)'를 뜻한다. 결국 '자연'이란 본성(천성) 대로 하되, 지나침이 없는 것이다. 이 '천성'이 『중용』의 '타고난 천성'으로서의 천명〔天命之謂性〕을 가리키고, '무과' 역시 『중용』의 '무과불급(無過不及)'으로 '중(中)'에 다름 아니다. 따라서 박세당이 이해한 노자의 '자연'은 『중용』 사상의 적용임에 틀림없다. 박세당은 또 '자연지리세(自然之理勢)'라는 말을 사용하여, '본성(천성) 대로 하는 것'이 곧 '리세대로 하는 것'과 같다고 암시한다. 이것은 본성이 천리와 같다는 성리학의 '성즉리(性卽理)'의 사고라 볼 수 있다. 이와 같이 박세당은 '자연'을 그 본연성을 잃지 않아서 지나침이 없는 일종의 작위(作爲)로 보기 때문에, 노자의 '무위'가 결코 '일을 하지 않는 것〔不事事〕'이 아니라 한다. 박세당에게는 '무위'가 역설적 무위로 받아들여져 결국 '유위(有爲)'로 이해되고 있다. 노자사상의 소극적·부정적 성격이 적극적·긍정적 성격, 이른바 유학의 방식으로 해석된다.

박세당은 노자의 '불학(不學)'도 글자 그대로 받아들이지 않는다.

위에서 말한 배움은 '유위지학(有爲之學)'이고, 여기에서 말하는 배

146) 앞의 책, 29장 주: "言凡物之有行隨呴吹强羸成隳八者, 本出於自然之理勢, 不可强而治之也. … 是以聖人於天下也, 物各付物而一任其自然, 但去其泰甚者而已. 奢亦過也, 曰甚, 曰奢, 曰泰, 皆過當之名. 此聖人之所以無爲而治也, 觀乎此則老子之所謂無爲者可知矣, 豈不事事之謂也哉?"

움은 '무위지학(無爲之學)'이니 곧 배우지 않음을 배우는 것을 말한다. … 노자가 과연 어리석은 사람이겠는가? 참으로 캄캄하게 무지하여 스스로 그 본성을 미혹시키고 싶어 했겠는가? 그렇지 않다. 오천언(五千言)으로 말한 것이 무엇이겠는가? 이것이 이른바 배움이 아니겠는가?[147]

81장의 요지는 모두 '함이 있되 다투지 않는다'는 데 있으므로, 이 말로 맺음한 것이다.[148]

박세당의 견해로 노자는 '절학무우(絶學無憂)'의 경우와 같은 '유위지학(有爲之學)' 이외에도 '무위지학(無爲之學)'이라 하여 근본적으로 '불학(不學)'을 주장한 듯이 보이지만 그렇지 않다. 이 '무위지학'은 '학불학(學不學)'의 뜻이다. 노자가 본래 어리석은 이〔愚人〕가 아닌 이상, 진실로 불학에 의하여 무지(無知)를 바람으로써 그의 본성을 미혹시킬 리 없다. 그런 점에서 『노자』의 오천언(五千言) 자체가 '학(學)' 아니겠는가고 박세당은 반문한다. 그 '무위'는 글자 그대로의 '무위'가 아니고, 실은 '유위'다. 다만 '위이부쟁(爲而不爭; 함이 있되 다툼이 없음)'일 따름이다.

이와 같은 견해를 기초로 박세당은 노자가 본래 무의지(無意志)의 뜻으로 말한 '자연'을 의지 있는 자연으로 이해한다. 몰가치의 자연을 가치 있는 자연으로 이해한다.

'천지는 불인(不仁)하여 만물을 추구(芻狗)로 여긴다 ….' 인(仁)이란 자애은후(慈愛恩煦)하다는 뜻이다. 사람은 추구에 대해 제사 지

147) 앞의 책, 48장 주: "上所云學者, 有爲之學; 此所云學者, 無爲之學, 卽學不學之謂. … 老子豈果愚人也哉? 眞欲昏然無知, 自迷其性耶? 不然. 五千言所說何事? 此其所謂學者非耶?"

148) 앞의 책, 81장 주: "八十一章之旨, 都在爲而不爭, 故結之以此."

낼 때는 사용하지만 제사가 끝나면 내다버리니, 자애은후한 뜻이 일찍이 없다. 천지가 만물에 대해 … 무심함이 또 이와 같다. 임씨는 말하기를, "장자는 '대인(大仁)은 인하지 않다'고 했고, 또 '지극히 덕스러운 세상에는 서로 사랑하되 그것을 인이라고 여길 줄 모른다'고 했는데, 역시 이 뜻이다"라고 했다.[149]

이 '천지불인(天地不仁)'이야말로 자연에는 감정(또는 의지)이 없다는 사상이다. 이것이 노자의 몰가치 자연관을 나타내는 언구이다. 그런 점에서 호적(胡適)은 〔인(仁)을 자애(慈愛) 및 인(人)으로까지 보아〕 이것이 '고대의 천인동류(天人同類)의 유설(謬說)을 타파하여, 후대의 자연철학의 기초를 세운 것'이라 한다.[150] 박세당 역시 이 '인(仁)'을 '자애은후(慈愛恩煦)'의 뜻으로 보아, '천지불인'이 '천지의 무심〔天地之無心〕'이라면서, 일단 그렇게 해석하는 듯이 말한다. 그러나 그는 곧 이것은 임씨(임희일)의 주해와 같이 근본적으로는 '대인불인(大仁不仁)' 또는 '지덕불인(至德不仁)'의 뜻이라 한다. 결국 그는 '천지불인'을 유가 전래의 '인지심(仁之心)'을 천지도 공유한다고 이해함으로써 자연을 일종의 천인동류설에 입각한 의지적 자연으로 파악한다.

이와 같은 견해를 바탕으로 박세당은 마침내 노자가 부인하는 (유가의) 모든 인위적 가치를 노자와 반대로 인정하고, 나아가 더욱 적극적으로 옹호한다. 그는 노자의 주장을 유학의 입장에서 반박한다.

'대도(大道)가 없어질 때 인의(仁義)가 있게 되고, 지혜(智慧)가 나

---

149) 앞의 책, 5장 주: "'天地不仁, 以萬物爲芻狗. …' 仁, 慈愛恩煦之意. 人之於芻狗, 祭則用之, 已祭則棄之, 蓋未嘗有慈愛恩煦之意. 天地之於萬物, … 無心亦如是也. 林氏曰: "莊子云: '大仁不仁.' 又曰: '至德之世, 相愛而不知以爲仁.' 亦是此意也.""

150) 胡適, 『中國哲學史』, 참고.

> 타날 때 대위(大僞)가 있게 되며, 육친(六親)이 불화할 때 효자(孝慈)가 있게 되고, 국가가 혼란할 때 충신(忠臣)이 있게 된다'고 하였다. 국가가 혼란해진 뒤에 충신이 있음을 알게 되는 법이니, 잘못은 혼란에 있는 것이지 충신의 과오가 아니다. 육친이 불화한 뒤에 효자가 있음을 알게 되는 법이니, 잘못은 불화에 있는 것이지 효자의 과오가 아니다. 대도가 없어진 다음에 인의가 있음을 알게 되는 법이니, 잘못은 도가 없어짐에 있는 것이지 인의의 과오가 아니다. 노자는 이 점에서 그 근본을 헤아리지 못했다고 말할 수 있다.151)

노자의 생각으로 (유학의) '인의(仁義)' 등은 모두 '대도(大道)'가 폐한 때에나 있게 되는 사상이다. 더 부연하면 노자의 이 말에는 인의와 같은 인위적인 것으로 말미암아 대도가 실현되지 않는다는 뜻이 들어 있다. 그러니 근본적으로 필요한 것은 인의가 아니고, 대도라는 '무위' '자연'의 도리를 실현하는 일이다. 그러나 박세당은 그렇게 생각하지 않는다. 대도가 실현되지 않게 될 때, '인의'의 도리가 있음을 알게 될 뿐이지, 인의가 있어 대도가 실현되지 않음이 아니다. 과오 또는 실패의 원인은 대도가 실현되지 않는 데 있지, 인의의 존재에 있지 않다. 대도 폐지는 결코 인의의 과오가 아니다. 따라서 박세당은 노자가 근본을 헤아리지 못하였다고 공박한다.

이 『노자』에 대한 박세당의 주해야말로 유학의 입장에서 내려진 주해임에 틀림없다. 그렇다면 『노자』에 대한 박세당의 주해는 단순히 유학 옹호에 그치는 것인가? 이미 그가 『노자』를 '수기치인'의 학문으로 보면서 거기에 취할 만한 장점이 있다고 한 것으로 보면, 그가 이러한 입장에서 배우려 한 것이 또한 있었음을 의심할 수 없다.

---

151) 『新註道德經』, 7장 주: "'大道癈, 有仁義. 智慧出, 有大僞. 六親不和, 有孝慈. 國家昏亂, 有忠臣.' 國家昏亂而後, 知有忠臣, 失在昏亂, 非忠臣之過也. 六親不和而後, 知有孝慈, 失在不和, 非孝慈之過也. 大道廢而後, 知有仁義, 失在道廢, 非仁義之過也. 老子於此可謂不揣其本矣."

이제 그것을 찾아보기로 하자.

(3) 해석상의 실학적 특색

박세당의 노자의 사상을 유학적으로 이해한다든지, 그럼으로써 유학의 사상을 옹호 변명하지만, 그렇다고 노자의 사상이 유학보다 못하다고 하는 말은 하지 않는다. 오히려 노자의 그 무위·자연의 도리가 유학의 인의의 도리보다 우위에 있는 듯이 서술된 『노자』의 많은 문장들을 그는 그대로 받아들여 주해하고 있다. '도(道)를 잃은 다음 덕(德)이요, 덕을 잃은 다음 인(仁)이며, 인을 잃은 다음 의(義)이고, 의를 잃은 다음 예(禮)이다〔失道而德, 失德而仁, 失仁而義, 失義而禮〕'라고 한 노자의 언구를 그대로 두고 있음이 그러한 사례다.[152] 유학의 예·의·인보다 『노자』의 도가 중요하다는 것을 그는 인정한다. 노자로부터 배울 만한 장점을 얻어내려는 것이 이러한 사고 속에 있는 듯하다.

박세당이 이와 같은 태도로 말한 것 중에 가장 대표적인 예문은 다음과 같은 것이 아닌가 한다.

> 문(文)이 승하고 질(質)이 쇠하면 형벽(刑辟)이 많아진다. 그러므로 '예(禮)란 충신(忠信)이 박약해진 것이고, 혼란의 우두머리'라고 한다.[153]

이것은 본래 노자가 유학의 약점을 공박한 것인데, 박세당이 약간 용어만 유학식으로 바꾼 채, 그 내용은 그대로 인정하고 있는 문장이다. 노자에 따르면 유학에서 중요시하는 예(禮, 文)는 인간의 불신, 곧 '충신(忠信)'의 박약으로부터 생기는 것이다. 예가 많아지면 많아

---

152) 앞의 책, 38장 주.

153) 상동. "文勝質衰, 刑辟多, 故曰: '禮者, 忠信之薄, 而亂之首.'"

질수록 불신의 풍조를 조장하여 (예의 의도와는 반대로) 혼란을 초래하는 가장 큰 원인이 되고 만다. 박세당은 이 주장을 인정한 나머지 '예'와 '충신'의 개념을 보다 포괄적으로 '문'과 '질'의 개념 속에 포섭시킨 다음, 예가 결과적으로 혼란의 원인이라는 뜻에서 '문'이 승하고 '질'이 쇠하면 형벌(형벽)이 많아진다고 한다. 이와 비슷한 예가 또 있다.

박세당은 노자의 주장을 받아 '순질(醇質)'〔質〕은 안정을 초래함으로써 나라의 복이 되지만, '교위(巧僞)'〔文〕는 혼란을 초래함으로써 나라의 적(賊)이라 한다.[154] 이것은 혼란·형벌 등의 폐단을 방지하려면 예의·도덕과 같은 '문'의 사상보다는, 충신 또는 무위자연과 같은 '질'의 사상이 중요하다는 뜻이다. 이처럼 박세당은 유학을 '질'보다 '문'을 중요시하는 사상으로 파악하는 한편, 노자의 사상을 '문'보다 '질'을 중요시하는 사상으로 파악하였다. 그 맥락에서 그는 노자의 사상에 스스로 찬동함으로써, 노자의 사상을 유학에서 배워야 할 것으로 생각하였다.

'문'이란 인위적 문명·문화 일반을 가리키는 말이고, '질'이란 그 문화의 내용이 되는 바탕으로서의 재료·자연성 일반을 가리키는 말이다. 일찍이 공자가 "질이 문보다 승하면 투박스럽고, 문이 질보다 승하면 형식적이니, 문과 질이 균형을 이루어야만 군자이다"[155]라 하면서 이 둘의 조화를 추구하였다. 박세당이 유학의 입장에서 이미 '문'과 '질'이라는 말로 『노자』를 해석한 까닭이 여기에 있다. 그런데 공자 역시 "사치스러우면 공손하지 못하고, 검소하면 고루하지만, 공손하지 못함보다는 차라리 고루함이 낫다"[156]라 하여, 문과 질의 조

---

154) 앞의 책, 65장 주: "醇質易安, 巧僞易亂. 爲國之賊, 爲國之福, 在此兩者."

155) 『論語』, 「雍也」: "子曰: '質勝文則野, 文勝質則史. 文質彬彬, 然後君子.'"

156) 『論語』, 「述而」: "子曰: '奢則不孫, 儉則固. 與其不孫也, 寧固.'"

화를 이룰 수 없으면 문(사치)보다는 질(검소)이 중요함을 표명하였다. 따라서 박세당이 '문'보다 '질'을 중요시하는 노자의 태도를 받아들이는 것이 유학의 본래 정신에 어그러지지는 않는다. 박세당이 노자의 사상이 유학과 근본적으로 다르지 않으며 취할 만한 것이 있다고 한 것도 이러한 점에 근거한 것으로 보아야 한다. 노자의 사상에 대한 이해를 '문보다 질을 중요시하는 각도'로 시도하는 것이 박세당의 노자 해석의 특색이므로, 이제 그의 이러한 점을 더욱 구체적으로 부각해야겠다.

노자가 만물의 근원을 '도(道)'라 하고,[157] 그 도의 성질을 자연으로 파악하였음은 되풀이할 나위 없다.[158] 도로부터 생성된 개체인 만물은 자연한 것일 수밖에 없지만, 또한 그 도의 자연한 성질을 본받아야〔法自然〕 한다는 것이 그의 근본사상이다.[159] 이 도와 만물과의 관계는 일종의 순환관계에 있다. 만물은 다시 그 근본(도)으로 돌아간다. 이른바 "복귀기근(復歸其根)"[160]이 그러한 의미를 나타낸다. 이와 같은 순환론이 이른바 노자의 '반복(反復)'[161]의 이론이다. 『노자』에서는 이 '도'와 '만물'〔器〕의 관계를 또 '박(樸)'과 '기(器)'와의 관계로 말한다. 사물은 박에서 나와 박으로 되돌아가는 것이라 한다.[162] 이렇게 '도'와 '만물'과의 관계를 '박'과 '기'의 관계로 말한 까닭은 '박'의 뜻이 '질박(質朴)'·'소박(素朴)'임을 이용하여 '반복'의 이론의 기초 위에서 인간들로 하여금 인간 본래의 자연한 본성을 회복시키려는 의도가 그에게 있었기 때문이다. 박세당은 바로 노자사상

---

157) 『道德經』, 42장: "道生一, 一生二, …"
158) 앞의 책, 25장: "道法自然."
159) 상동.
160) 앞의 책, 16장: "萬物並作, 吾以觀其復. 夫物芸芸, 各歸其根."
161) 앞의 책, 40장: "反者, 道之動."
162) 앞의 책, 28장: "復歸於樸. 樸散則爲器."

의 이러한 점을 간취한 듯하다. 그는 자연이 도의 본성임[163]을 인정하는 한편, '박'을 '질'의 기본〔體〕으로 해석하여 '박'이 곧 '도의 본성〔本〕'이라 한다.

> 박(樸)은 곧 무위돈질(無爲敦質)한 체로서 도의 본이다.[164]

'박'이란 원래 '질'과 마찬가지로 어떤 인위도 가하여지지 않은 '자연성' 자체를 가리킨다. 그러한 박이 도의 본성이라는 이 해석은, 인간이 무위자연해야 한다는 사상〔法自然〕과 아울러 '인간은 타고난 대로 소박·질박해야 함'을 주장하는 내용이다. 이것은 바로 "그 실(實)에 거하고, 화(華)에 거하지 않는다",[165] "그 마음을 비우고, 그 배를 채운다"[166]로 표현되는, '문'보다 '질'을 중요시하는 노자의 사상에 대한 박세당의 확대해석이 아닐 수 없다.

이러한 해석을 기초로 박세당은 '도'가 구체적으로는 '겸허(謙虛)'의 태도를 갖게 하는 기본(체)이라 한다. 곧 도의 '질박한 성질'을 그는 구체적으로 '겸허'라 이해한다.

> 일자(一者)는 도(道)이다. … 이른바 일자는 곧 겸허(謙虛)의 체(體)이다. … 만물이 생겨날 때 또한 이 도를 얻으므로 충기(沖氣)에 의해 조화롭게 된다. 사람은 곧 만물 중의 하나이니, 더욱 겸허를 귀하게 여겨야 한다.[167]

---

163) 『新註道德經』, 25장 주: "道以自然爲貴."

164) 앞의 책, 37장 주: "樸, 卽無爲敦質之體, 爲道之本."

165) 『道德經』, 38장: "居其實, 不居其華."

166) 앞의 책, 3장: "虛其心, 實其腹."

167) 『新註道德經』, 39장 주: "一者道也. … 所謂一者, 卽謙虛之體也. …萬物之生, 亦得此道, 沖氣爲和. 人卽萬物之一也, 尤以謙虛爲貴."

도(일자)가 겸허의 체이므로 인간도 항상 겸허해야 한다. 바꿔 말하면 이것은 겸허의 태도를 취할 때 질박성이 드러난다는 뜻이 전제된 해석이다. 이는 질박한 성질을 근본성질로 하는 것이 도이므로, 그 도의 질박성을 본받아 실현하려 할 때는 겸허의 태도에 의하여야 한다는, 당위론적 색채가 깃든 박세당의 해석이다. 그는 이와 같은 내용을 계속 형이상학적으로 정립한다.

> 도는 허정(虛靜)으로 체를 삼고, 겸약(謙弱)으로 용을 삼는다.[168]

'허정'과 '겸약'이 도의 (체용 양면의) 성질이라는 것이다. 따라서 인간은 '허정'·'겸약'의 태도를 취하지 않으면 안 된다는 요청이 이 해석 속에 내포되었다. 이것은 '허정'·'겸약'을 인위적인 그 무엇보다도 중요시한 박세당의 『노자』 해석의 귀결이다.

'문(文)'이란 물론 '명(名)'과 통하니 재료인 '질(質)'과 비교하면 '허(虛)'하다. 한편 '질'은 '명'에 대한 재료·내용인 만큼 '실(實)'임에 틀림없다. 따라서 '문'보다 '질'을 중요시함은 '허'보다 '실'을 중요시하는 이른바 '실학정신'에 다름 아니다. 문질의 각도로 이제까지 내려진 박세당의 해석은 결국 『노자』에 대한 실학적 해석이라는 귀결로 통한다.

그러나 이와 같이 허정·겸약의 태도를 취한다면 인간의 질박한 성질은 드러내게 되겠지만, 그 결과는 실생활을 소극적으로 함으로써 현실타개에 유위한 결과를 가져오지 못할 것 아닌가? 그렇다면, 그 결과야말로 성리학의 결과보다 나을 것도, 다를 것도 없다. 따라서 그의 '노자해석'에 나타난 사상은 비록 명칭은 (질을 중요시하는 의미에서) 실학이라 할 수 있을지 모르지만, 성리학의 약점을 극복하려

---

168) 앞의 책, 40장 주: "道以虛靜爲體, 謙弱爲用."

는 의미에서는 실학이라 할 수 없게 되지 않는가?

(4) 노자적 실학

원래 박세당이 '허 · 정'을 도의 체라 하고, '겸약'을 도의 용이라 한 것은 도의 작용〔動〕이 '반(反)'의 형식으로 이루어진다는[169] 노자의 사상에 입각한 해석이다. 이것은 '반(反)의 현상'을 예상하고 하는 해석이다. 허정과 겸약은 결코 당장의 허정 · 겸약에 그치고 마는 것이 아니다. 박세당은 반의 이론을 기초로 "동(動)은 정(靜)에서 생기고, 강(强)은 약(弱)에서 생긴다"[170]고 한다. 노자에 있어 정(靜) · 약(弱)은 결과적으로 동(動)과 강(强)을 초래한다.

이와 같이 현재의 약자가 궁극적으로 강자의 결과를 가져오는 실례로 가장 대표적인 것이 물〔水〕이다.

> 천하에서 유약한 것으로 물만한 것이 없다.[171]

물은 사물 중에서 가장 유약하지만, 끝에 가서는 바위와 같이 강한 물건마저 뚫는 사실을 노자는 상기시킨다. 박세당에 따르면 이 '반(反)'의 법칙이 모든 사물, 모든 현상에 다 적용된다.

> 무릇 약한 것이 강한 것을 이기고, 부드러운 것이 굳센 것을 이기는 것은 물만 그러한 것이 아니라 모든 사물이 다 그러하다.[172]

어느 경우에나 유약자(柔弱者)가 강강자(剛强者)를 이기게 마련이

169) 『道德經』, 40장: "反者, 道之動."

170) 『新註道德經』, 40장 주: "動生於靜, 强生於弱."

171) 『道德經』, 78장: "天下柔弱, 莫過於水."

172) 『新註道德經』, 78장 주: "夫弱之勝强, 柔之勝剛, 非唯水獨爲然, 凡物皆然."

라는 것이 『노자』 해석에 비친 박세당의 생각이다. 여기서 궁극적 승리를 가져올 수 있는 최선의 태도는 물처럼 겸허한 태도를 취하는 것〔上善若水〕이라는 이론이 성립한다.

> 물의 선함이란 사물에 은택을 입히면서도 낮은 데로 나아가기를 좋아한다는 것이다. 그러므로 '만물을 이롭게 하고, 남들이 싫어하는 데 처하며, 다투지 않는다'고 하는 것이니, 그 본성이 부드러워 사물에 거스르지 않음을 말하는 것이다. … 이와 같다면 허물이 없을 것이다.[173]

물과 같이 유약한 태도로 다른 사물의 아래에서 다른 사물과 다투지(거스르지) 않으며, 오히려 다른 사물을 이롭게 하여 주는 것이 최선의 태도다. 이에 박세당은 『노자』 81장의 뜻이 모두 "함이 있되 다투지 않는 것〔爲而不爭〕"이라 해석한다.[174] 이렇게 볼 때 겸허·허정·유약의 태도야말로 결과에 있어 궁극적 승리를 가져오게 하는 이른바 '실리(實利)'적 태도가 아닐 수 없다.

실리적 효과를 얻기 위하여 '반(反)'의 형식으로 취하는 태도가 특히 '수기' '치인'의 목적에 적용되면, 다음과 같은 내용으로 주장하게 된다.

> 내가 무위(無爲)하면 백성들이 화목하여 도둑이 저절로 없어질 것이고, 내가 고요함을 좋아하면 백성들이 바르게 되어 속임수가 저절로 사라질 것이며, 내가 일을 만들어내지 않으면 이익을 다투지 않게 되어 백성들이 저절로 부유해질 것이고, 내가 욕심이 없으면 보화를 탐하지 않게 도어 백성들이 저절로 질박해질 것이다.[175]

---

173) 앞의 책, 8장 주: "水善, 澤物而好趨下. 故曰 '利物處惡不爭', 謂其性柔而不忤於物也. … 如此則爲無尤矣."

174) 앞의 책, 81장 주.

성인은 그 자신을 뒷전으로 하기에 사람들이 모두 자신을 떠받들고, 그 자신을 도외시하기에 외물이 자신을 해치지 않는다. 또한 남을 위하고 자기를 위하지 않기 때문에 능이 남보다 앞서게 되고 보존하게 되는 것이다. 이것이 곧 천지와 성인이 모두 사사로움이 없음으로써 그 사사로움을 이룩하는 것이다.[176]

항상된 덕이 떠나지 않으니, 다시 어린아이로 돌아간다.[177]

머금은 덕의 두터움이 갓난아이에 비할 만하다.[178]

천하를 경영하는 사람도 역시 그러하나니, 자신을 낮추고 백성을 높인 다음에 가히 백성들보다 높을 수 있고, 자신을 뒷전으로 하고 백성들을 앞세운 다음에 가히 백성들보다 앞설 수 있다.[179]

우선 '무위(無爲)', '호정(好靜)', '무사(無事)', '무욕(無欲)' 등으로 덕(德, 修養)을 쌓으면 그 결과는 영아(嬰兒)나 적자(赤子)와 같이 순진무구하게 된다. 이것이 '성인(聖人)'의 경지다. 이렇게 되면 그 행동이 '무사(無私)'하여, 자신보다 타인을 위하는 행동을 한다. 그 결과는 오히려 남들이 자기를 위하는 결과로 되어 마침내 치자(治者)의 지위〔王〕에 오르게 된다. 치자가 되어서도 항상 그는 백성을 높이고 앞세우는 행위를 하게 되고, 또 그렇게 해야 한다. 그래야 무엇보다

175) 앞의 책, 57장 주: "我無爲, 則民和而盜自止; 我好靜, 則民正而機自息; 我無事, 則不爭利而民自富; 我無欲, 則不貪寶而民自樸."

176) 앞의 책, 7장 주: "聖人後其身, 而人皆戴我; 外其身, 而物不害我. 亦以其爲人而不自爲, 故能先且存. 是則天地聖人皆以無私而成其私也."

177) 『道德經』, 28장: "常德不離, 復歸於嬰兒."

178) 앞의 책, 55장: "含德之厚, 比於赤子."

179) 『新註道德經』, 66장: "爲天下者亦然, 自下而上民, 然後可上於民; 自後而先民, 然後可先於民."

도 치자의 지위가 계속되기 때문이다. 정치내용이란 역시 무위·무욕의 본을 보임으로써, 이른바 민본·민주정신에 입각한 '그 마음을 비우고, 그 배를 채운다〔虛其心, 實其腹〕'와 같은 실질적 정치를 해야 한다. 그러면 백성들은 그를 치자로 섬길 뿐 아니라, 그에 감화되어 〔民自樸〕 도의(道義)가 바로잡히고〔盜自止〕, 복지 면에 있어서도 윤택 부강하여진다.

요는 무위·무욕에 의한 수기가 결과적으로 〔반(反)의 법칙에 의하여〕 성인 및 왕이 되게 하고, 나아가 유가류의 왕도정치의 효과까지 초래한다는 것이다. 이것이 『노자』에 대한 박세당의 유학적 해석의 귀결이다.

박세당 해석의 귀결에 대한 성질을 좀더 명백히 하기 위하여 한 가지 사례를 더 들어보겠다. 반의 법칙에 따르는 노자적 행위는 '치인'으로서의 국제간 외교관계에서도 마찬가지이다.

> '그러므로 대국으로서 소국에게 낮추면 소국을 취하고, 소국으로서 대국에게 낮추면 대국을 취하게 된다. 그러므로 혹은 낮춤으로써 취하고, …'라고 하였으니, 크면서도 능히 낮추면 작은 것을 취할 수 있고, 작으면서 능히 낮추면 큰 것에게 취함을 당할 것이다. 능히 낮출 수 있다면 큰 것이나 작은 것이나 각각 그 원하는 바를 얻으리라.[180]

대국이 자국을 낮추는 겸허 유약한 태도를 취할 수 있으면 그 결과는 오히려 소국을 취하게 되고, 소국이 또 그러한 태도를 취할 수 있으면 그 결과는 대국의 호감을 받음으로써 자국을 보존할 수 있게 된

---

180) 앞의 책, 61장 주: "'故大國以下小國, 則取小國; 小國以下大國, 則取大國. 故或下以取. …' 大而能下, 以取小; 小而能下, 見取於大. … 能下則大小各得其所願欲."

다. 자신을 낮추는 겸허한 태도는 결과적으로 대소 각국의 소원을 성취하도록 하는 것임을 박세당은 노자와 같이 믿고 강조한 것이다. 노자의 허정 겸약에 의한 반의 사상은 마침내 '실리외교론'까지 낳았다.

박세당이 『노자』에 대한 해석을, 특히 '문'보다 '실'에 치중하는 데 역점을 두고 해석하는 까닭도 '반'의 법칙이 가져오는 '실리'를 감안하였기 때문이라고 보인다. 그가 유학의 입장에서 노자의 사상을 이용하려는 의도는 실리적 태도가 아닐 수 없다. 그의 해석에 나타나는 '질' 치중의 사상은 역시 하나의 실리추구의 경향이다. 박세당이 이해한 박질(樸質)·겸허(謙虛)의 노자적 실학사상은 여기에서 그 현실타개의 의도 내지 관심이 분명하여진다.

물론 '반'의 사상은 '노자'에만 있지 않다. 『주역(周易)』도 반의 사상을 토대로 하고 있다. 그러므로 박세당의 반에 의한 실리추구의 경향을 노자적인 것이 아니고 유학적인 것이라고 할 가능성도 고려해야 한다. 그런데 유학의 '반'사상이 이토록 질박·겸허를 표방한 채 실리추구의 측면으로 이용되는 예는 일찍이 없었다. 그런 점에서 여기서 고찰된 (반의 사상을 토대로 실리를 추구하는) 박세당의 이른바 실사상(實思想)은 어디까지나 '노자적인 실학'이라 해야 옳을 듯하다. 반에 의한 실리추구 자체가 명분과 같은 가치의식은 희박하다. '반'에 앞서 자연을 전제한 것이 벌써 가치와의 거리가 먼 사실을 뜻한다. 이것은 명분을 생명과 같이 중요시하는 성리학 정신과는 판이하다. 따라서 노자적 실학사상 역시 성리학의 약점을 극복하려는 반성리학의 선에서 평가되어야 옳다.

박세당의 노자적 실학을 평가할 때 또 한 가지 사실을 간과하여서는 아니 된다. 이 '반'을 토대로 한 실리추구는 인간관계에 있어서 어디까지나 상대자도 나 자신과 마찬가지로 겸허·질박의 태도를 취해주기를 전제하고 실현될 것을 기대하면서 내는 주장이다. 만일 상대자에게 겸허·질박의 태도가 없다면 이것은 실현될 수 없다. 설령 상대에게도 그 태도가 있더라도 겸허·질박의 질과 양이 나 자신의 그 것과 어떻게 조화되느냐 하는 데 또한 실현여부가 달려 있다. 이 사상의 소극성 또는 비실제성·이상성이 여기에 있다. 이 비실제성이 앞으로 살피려는 보다 적극적인 실학, 곧 반정주학으로서의 실학과 구분하게 되는 요인일 것이다.

3) 반정주학적 경학사상

(1) 정주학 극복의 두 가지 경향

이미 언급하였듯이 박세당의 『사변록(思辨錄)』(일명 『通說』)은 사서와 『시경』, 『서경』에 대한 주해로 이루어져 있다. 시서(詩書)의 주해는[181] 현재 구득하기 어려운 데다 사문난적의 물의를 일으킨 것은 사서이므로, 이 고찰에서는 정주학과의 관련에 초점을 두는 뜻에서 사서주해에 나타난 그의 견해만 살피겠다.

『사변록』에서 박세당의 사상은 의식적으로 고려하지 않아도 자연히 정주학과 관련하여 살펴진다. 박세당은 정자와 주희, 그 중에도 특히 주희의 주해를 일일이 검토 비판함으로써 그것들과 비교되는 자신의 견해를 제시하고 있기 때문이다. 박세당은 단순히 사서의 문구나 용어의 의미(의리)에 대한 견해를 표명하는 데 그치지 않는다. 그는 더 나아가 문장·구절의 차서와 형식에 이르는 것을 고증까지 하고 있다. 그런 점으로 말하면 그는 용어의 해석과 고증을 겸한 두 측면의 주해로써 정자와 주희의 주해에 대립하고 있다.

박세당의 고증은 (이미 『노자』에 대하여서도 약간 행하고 있지만) 특히 『대학』과 『중용』의 경우에 매우 철저히 행하여진다. 그는 『대학』과 『중용』이 진시황(秦始皇) 때 원형을 잃었다가 한유(漢儒)에 의하여

181) 『시경』에 대한 주해는 미완성인 채 그쳤음.

재정리되고 그 후 정자・주희에 의하여 개편 보완되었지만, 아직도 완전히 복원되지 못하였음을 지적한다.[182] 특히 『대학』과 『중용』을 철저히 고증한 결과가 바로 『대학장구지의(大學章句識義)』, 『중용장구질의(中庸章句質疑)』이다.[183] 이 두 가지에서 그 장구의 재편성만 보더라도 실로 주희의 장구와는 전혀 다르다.

박세당의 고증이 누구의 영향에 의한 것인지 필자는 알아내지 못하였다. 누구로부터 그가 고증학의 영향을 받았는지 증거가 없다. 그가 40세 때(1668) 동지사(冬至使) 서장관(書狀官)으로 중국에 갔던 일이 있었지만, 중국의 특별한 학자와 교류가 있었던 것 같지도 않고, 또 이때는 한국은 물론 중국에서도 고증학이 크게 유행하지도 않았다. 다만 그때 중국에서 일어나고 있던 정주학 비판의 육왕학적 경향만은 감지하고 왔을 가능성이 있다. 그의 고증의 경향은 어디까지나 박세당 자신의 학문방법에서 나온 독자적 경향으로 보인다. 이것은 그의 학문의 실증적 경향의 한 부산물로 이해하여야 하지 않을까 한다.

박세당의 고증은 훈고(訓詁)에 의하여 오로지 (맹목적) 객관성에만 충실하려는 것이 아닌 데에 그 특징이 있다. 그의 고증은 결코 문의(文意)・내용을 무시한 채 고전의 원형만을 복구하는 데 주력하는 종류가 아니다. 오히려 그는 문의인 사상을 토대로 고증한다. 한 예를 들겠다.

> 또한 이렇게 의미를 간취하여 이 문단을 읽으면, 그 문구의 맥락이 과연 분명하게 통하여 문리는 자연스럽게 이어지고 의문은 얼음 녹듯 하여 더 이상 어긋나고 이어지지 않는 근심이 없게 되는가? 반복하여 완색해 보고서 마땅히 기록해두어야 할 것이다. 옛 성현들께서

---

182) 『大學思辨錄』, 9장, 釋齊家註.

183) 이것들은 모두 민족문화추진회의 『국역 사변록』 속에 수록되어 있다.

> 말씀을 하시고 설명을 하실 때는 본래 사람들을 깨우치려 하셨으니, 이는 필시 내 말이 혹시라도 명백통절(明白痛切)하지 못해서 나의 글을 읽고 나의 도를 구하는 세상 사람들로 하여금 내가 말하고자 하는 바를 알 수 없게 할까 두려워서이다. 어찌 일부러 중첩되거나 끊어지는 말을 해서 후인들이 다시금 많은 이야기와 다각적 추리를 하고서야 밝힐 수 있기를 기다렸겠는가?[184]

그는 먼저 의미파악에 대한 고려를 한 다음, 그 의미상의 논리〔脈絡〕에 무리가 없는지〔理順〕를 기준으로 문장형식 및 장구차서 등에 관한 고증을 한다. 성현의 입언(立言)이나 훈해(訓解)는 그의 뜻이 용이하게 명백히 전달되도록 취하는 것이 그의 고증의 원칙이다.

의미와 그 의미의 논리를 토대로 고증함은 곧 사상의 합리성을 토대로 하는 고증을 뜻한다. 이때 고증은 사상의 합리성을 위한 수단으로 이용되는 것일 따름이다. 이것이 바로 박세당 고증의 특징인 동시에 한계이다. 곧 그가 철저한 고증학자에 머물 수 없는 조건이기도 하다. 그의 고증이 하나의 실증정신의 발로라고 할 때 그 실증정신은 어디까지나 사상의 합리성을 강화하기 위한 범위에서 행하여지는 것이다. 이에 박세당의 경학과 정주의 경학의 비교 또는 그가 기도한 정주학의 극복여부는 근본적으로 사상적 측면에서 밝혀져야 한다.

(2) 공맹학의 표방

박세당도 당시의 다른 성리학자들과 마찬가지로, 경전(六經)에 대

184) 『大學思辨錄』, 전10장: “釋治國. 且不知如此取義, 以讀此段, 其文句脈絡, 果能昭灼流通, 怡然理順, 而澳然永釋(渙然氷釋?), 更無離斷不屬之患耶? 反覆玩索, 當有以識之矣. 抑惟古昔聖賢, 立言明訓, 本期曉人, 是必將唯恐吾言之或未能明白痛切, 而使夫世之讀吾書求吾道者, 卽無以識吾意之所謂, 豈應故爲此沓複斷屬之辭, 以俟後人復費許多辭說宛轉推闡而後, 乃得以明耶?”

한 주희주해의 가치와 그 영향을 우선 인정한다. 박세당에 따르면,[185] 육경은 아무나〔曲士·拘儒·淺量·陋識〕 이해할 수 있는 것이 아니다. 그 내용(도리)이 매우 정심(精深)하여 정확하게 이해하기 어렵다. 때문에 진한(秦漢) 이래 그것이 곡해(曲解) 오전(誤傳)되어 왔다. 이렇게 곡해 오전되어 오던 육경의 뜻을 정주가 비로소 세상에 다시 밝혔음을 그는 인정한다. 그는 정주가 유학의 이름을 가칭하는 모든 비유(非儒)의 혼란을 일단 정리하였다고 그들을 높이 평가한다. 이로 보면 그가 정주의 주해를 검토하는 것 자체가 정주 주해의 영향이 지대함을 인정한 때문이라 볼 수 있다.[186]

그렇다면 박세당은 왜 정주의 주해 외에 따로 자기의 것을 냈는가?

> 그러나 경(經)에 실린 말이 그 근본은 비록 하나이지마는 그 실마리는 천 갈래 만 갈래이니, 이것이 이른바 하나로 모이는데 생각은 백이나 되고 같이 돌아가는데 길은 다르다는 것이다. 그러므로 비록 뛰어난 지식〔絶知〕과 독보적인 식견〔獨識〕 그리고 깊은 통찰력〔淵覽〕과 현묘한 조예를 갖고도, 오히려 그 지취를 극진히 하고 미세한 것까지 놓침이 없을 수 없다. 반드시 여러 장점을 널리 모으고 조그마한 선도 버리지 않은 다음에야, 조략(粗略)한 것도 빠뜨림이 없고 천근〔淺邇〕한 것도 누락됨이 없어, 심원(深遠)하고 정비(精備)한 체제가 비로소 완전하게 되는 것이다. 이 때문에 문득 참람한 것을 잊고 좁은 소견으로 얻은 바를 대강 기술하여 이를 모아 책을 엮었다.[187]

---

185) 『思辨錄』, 「序」.

186) 그가 『대학장구식의(大學章句識義)』를 찬술하면서 “그러나 그 대본(大本)을 연구하면 종당 주자의 뜻을 잃지 않았다(然究其大本, 終不失朱子之旨云)”이라 한 것도 다른 이유도 있을지 모르지만, 정주의 주해를 높이 평가한 때문이라고도 볼 수 있다.

187) 『思辨錄』, 「序」: “然經之所言, 其統雖一, 而其緖千萬, 是所謂一致而百慮, 同歸而殊塗, 故雖絶知獨識, 淵覽玄造, 猶有未能盡極其趣而無失細

육경(六經)의 본지가 이해하기 어려움을 이미 말하였거니와, 다시 상술하면 육경의 근본〔統〕은 비록 하나라고 할 수 있어도, 그 실마리는 천만 갈래이다. 그러므로 뛰어난 지식과 깊은 조예라 하더라도 (한두 사람으로는) 그 귀취와 세미한 부분들을 다 들어 밝힐 수 없다. 반드시 여러 사람들의 해석(적은 해석이라도)을 버리지 말고 모아야만 그 이해의 만전을 기할 수 있다. 이것이 박세당 자신이 경전 주해를 내는 이유이다. 다시 말해 정주의 주해만으로는 육경의 본지를 완전히 이해할 수 없기 때문에 그 완전치 못한 약점을 보충하기 위하여 자신의 주해를 낸다는 뜻이다.

그러나 여기에는 정주 주해의 약점에 대한 구체적 지적이 너무도 없다. 좀더 구체적인 이유를 살펴야 한다.

> 전(傳)에 "먼 곳을 가려면 반드시 가까운 곳에서 시작한다" 했으니, … 그렇다면 이른바 깊은 것이란 얕은 데로부터 들어가야 한다. … 지금 육경(六經)에서 구하는 것이 대부분 그 천근〔淺邇〕을 뛰어넘어 심원(深遠)한 것으로 달려가며, 그 조략(粗略)한 것은 소홀히 하고서 정비(精備)한 것만을 엿보고 있으니, 그 까마득하고 혼란스러우며 헤어 나오지 못하고 넘어지고 미끄러져서 아무런 소득도 없음은 괴이할 것이 없다. 저들은 다만 그 심원하고 정비한 것을 얻지 못할 뿐만 아니라, 그 천근하고 조략한 것마저 모두 잃게 될 것이니, 아, 슬프다. 그 또한 미혹됨이 심하도다.188)

微, 必待乎博集衆長, 不廢小善, 然後粗略無所遺, 淺邇無所漏, 深遠精備之體乃得以全, 是以輒忘僭, 汰槩述其蠡測管窺之所得, 裒以成編."

188) 상동. "傳曰: '行遠必自邇.' … 然則所謂深者, 亦可自淺而入之. … 今之所求於六經, 率皆躐其淺邇而深遠是馳, 忽其粗略而精備是規, 無怪乎其眩瞀迷亂沈溺顚躓而莫之有得. 彼非但不得乎其深遠精備而已, 倂與其淺邇粗略而盡失之矣, 噫嘻悲夫, 其亦惑之甚乎!"

이것은 박세당이 정주의 영향을 받은 당시의 학풍을 비난함으로써 사실상 정주의 학풍을 비난한 것이다. 이에 따르면 육경, 특히 『중용』의 가르침은 본래 '비근한 것, 얕은 것'으로부터 시작하여 '먼 것, 깊은 것'으로 배워나갈 내용이다. 처음부터 그 먼 것, 깊은 것을 알 수 있는 방법이기 때문이다. 그런데 오늘날 학자들은 가깝고 얕은 것을 뛰어넘어 멀고 깊은 것만 찾고 있다. 이 방법은 실패하지 않을 수 없다. 이는 정주계통의 학풍이 육경의 본지와는 달리 쉽고 긴요한 일상적인 것을 덮어두고 긴요하지 않은 고원한 것에 얽매이고 있는데, 그 점이 정주계 학풍의 약점임을 가리키는 내용이다. 그런 만큼 박세당의 주해는 정주의 이 약점을 극복하기 위한 것이며, 아울러 그 극복에 의하여 육경의 본지를 회복하려는 데에 목표를 둔다는 것이 그의 주장이다.

『중용』의 '자이행원(自邇行遠; 가까운 곳에서부터 먼 곳으로 감)'의 학문정신은 바로 공자의 '하학이상달(下學而上達; 경험적 · 일상적인 것에서부터 추상적인 것으로)'[189]의 태도거니와 사실 이것이 『사서사변록』 전체에 걸쳐 정주에 대한 비판의 근거가 되고 있다. 『논어』 · 『맹자』는 물론, 『중용』 · 『대학』 역시 공맹의 정신을 이어받은 것이라는 점에서 『중용』 · 『대학』에 대한 정주의 해석을 그는 이것으로 비판한다. 특히 『대학』이 비록 '대인지학(大人之學)'이라 지칭되지만, 초학자의 입문서〔初學入德之門〕에 지나지 않는다고 지적하면서, 『대학』에 대한 주희의 난해한 형이상학적 해석을 그는 배격한다.[190] 실로 『사서사변록』에서 박세당이 정주학 비판의 근거로 삼는 공자의 저 '하학이상달' 또는 '자이행원'의 정신의 예는 이루 헤아릴 수 없을 만큼 많

---

189) 『論語』, 「憲問」.

190) 『大學思辨錄』, 경1장 주: "況此大學, 乃爲初學入德之門, 則其所言, 當有以益加親切, 而今則不然. 및 此書雖曰大人之學, 然乃所以訓十五以上初學之士者, 則恐不當於發敎之初, 遽以此詔之."

다. 이제 그 대표적인 것 몇 개만으로 이것을 정리하여 볼까 한다. 박세당은 우선 공맹〔洙泗〕의 가르침이 '절문(切問)'·'근사(近思)'한 것을 배우고자 하는 사람을 위한 것임을 강조한다. 그는 공자가 '명(命)', '인(仁)', '성(性)', '천도(天道)' 같은 것을 별로 말하지 않으려 하였고, '귀신의 문제〔事鬼神〕'보다는 '인간의 문제〔事人〕'를 가르치려 하였음을 상기시킨다.[191] 이러한 것을 토대로 박세당은 공자가 '도의 지극함〔道之至〕'이 '일용동정(日用動靜)'의 범위 밖에 있지 않음을 가르치려 하였다고 그는 주장한다.[192] 공자의 학문이야말로 정주학과는 반대로 '절근(切近)'·'자위(自爲)'의 '실효'를 가져오는 성질임을 그는 역설한다.[193]

이와 같이 이해된 공자의 학문정신은 박세당의 다음 글 속에 집약되는 것으로 볼 수 있다.

> 그 실상을 다하고 문채로써 이것에 맞추면 곧 빛나는 것이 된다. 만일 문채만 갖추고 실상이 없다면 애당초 실상은 있고 문채가 없는 것만 못할 것이다. 이것이 공자께서 "사치하기보다 차라리 검소하라"고 말씀하신 까닭이니, 그 근본을 얻기 위한 것이다.[194]

'실'과 함께 '문'의 조건을 갖추려는 것이 공자의 정신이지만, 그렇지 못할 경우라면 '문'보다 '실'의 조건을 중요시하는 것이 또한 공자의 정신임을 그는 되풀이한다.

박세당의 판단으로 주희의 학문이 공자의 학문정신과 상반되는 성질이다. 주희의 학문은 '범박(泛博)'·'유묘(幽妙)'하여, '천지귀신(天

191) 앞의 책, 전6장, 釋誠意.

192) 『論語思辨錄』, 「述而篇」, 子曰二三子 주.

193) 앞의 책, 「述而篇」, 溫而厲 주.

194) 앞의 책, 「陽貨篇」, 子曰禮云 주: "盡其實而文稱之, 則斯爲彬彬矣. 如文備而實喪, 初不如實存而文去. 此夫子所以謂與奢寧儉, 爲得其本也."

地鬼神)'으로부터 '초목진(草木塵)'에 이르기까지 모두 고심유현(高深幽顯)한 리(理)를 지녀 궁찰(窮察)해야 할 대상으로 간주한다.[195] 정주학에서는 궁구해야 할 리가 '일용동정'의 범위 밖에 있는 듯이 여겨,[196] 공자를 이해하는 데 있어서도 음양삼재설(陰陽三才說)까지 이용한 나머지, 언설(辭語)만 번잡하여져 마침내 '절근'·'자위'의 실효를 거두지 못하게 된다.[197] 결국 주희의 학문성격은 '실'보다 '문'의 성격이 우세한 것이다. 이에 비해 박세당의 사서에 대한 주해는 실증적이고 합리적일 것을 지향함으로써 '문보다 실의 성격'이 우세한 것으로 된다. 문의 성격보다 실의 성격이 우세한 주해의 목적을 위하여 그는 앞과 같이, 특히 공자의 '본원유학에로의 복귀'를 표방하였던 것이다.

그러면 '문'보다 '실'을 중요시하는 그의 학문의 내용은 어떤 것인가?

(3) 박세당 유학의 원형

박세당은 공자의 '학(學)'에 대한 주희의 해석을 다음과 같이 비판한다.

> 공자께서 말씀하시기를, "배워서 때때로 익히면 또한 기쁘지 아니하겠는가" 하였다. 사람이 스승을 따라 글을 읽으면서 질문하고 강구하여, 처신하는 법과 사물에 대처하는 방도를 알려고 하는 것을 학(學)이라 한다. … 학을 '본받는 것〔效〕'이라고 해석할 수도 있겠으나, 단지 본받는다고만 말하면, 스승에게서 전해 받고 강구하며 질문한다는 뜻에 대해서는 미비한 점이 있다. 상채(上蔡)의 해설이 정교하나, 자못 공자의 본뜻은 아니다.[198]

---

195) 『大學思辨錄』, 전6장, 釋誠意 주.

196) 『論語思辨錄』, 「述而篇」, 子曰二三子 주.

197) 앞의 책, 「述而篇」, 溫而厲 주.

주희는 '학(學)'을 '본받는 것', 곧 '효(效)'라 풀이하였다. 이에 대해 박세당은 '학'을 스승을 따라 독서하면서 처신(處身)·처물(處物)의 방법을 질문하고 강구하는 '지식추구'로 보았다. 이러한 학은 효라고만 할 수 없다. 효라고만 하면 특히 강질(講質)하는 뜻이 빠지게 되어 공자의 본지와 다르게 된다는 것이 박세당의 견해다. 여기서 주희의 학문관이 무비판적으로 답습하는 일종의 권위에 의한 형식적 학문의 특성이 두드러진 반면, 박세당의 것은 자유로운 비판과 선택이 용인되는 독창적 특성이 두드러진 것을 볼 수 있다. 그 독창성으로 인하여 박세당의 학문관은 비록 앞서 학자의 추종을 표방하더라도 결국 앞의 학자를 넘어서는 (독자적) 학문을 마련하게 될 여지가 있다.

이 점은 '실'을 중요시하는 태도와 관련지어 생각해 보면 더 선명하여질 것이다. 실질·실제적인 것이란 생활조건과 부합됨을 뜻한다. 실질·실제적인 것을 몸소 찾아 실현하려 할 때, 즉 '실'의 정신을 실천할 때, 사람마다 생활조건이 서로 다른 이상, 비록 실질·실제라는 말은 다 같이 사용하더라도 그 내용은 서로 다를 수 있다. 따라서 박세당의 '실'의 정신이 구현되면 될수록 공자로부터 배우는 것은 실질·실제적 태도·정신일 뿐 그 내용이 다를 수 있다. 여기서 박세당의 학문은 마침내 스스로 표방하던 공맹학을 넘어 독자적인 것을 형성하게 될 것이다. 우리는 이제 이러한 점을 고려하고 그의 학문관이 조명하는 '공맹 또는 본원유학관'부터 검토하기로 한다.

박세당이 지적한 것과 같이 『대학』은 유학의 입문서라 할 정도로 거기에는 유학의 이상·내용·학문방법이 간명하게 소개되고 있다. 이른바 '삼강령(三綱領)', '팔조목(八條目)'이 그러한 것이다. 특히 '삼

198) 『論語思辨錄』, 學而篇 주: "'子曰學而時習之, 不亦說乎?' 人從師讀書, 質問講究, 求知行己處物之方, 是謂之學. … 學雖可訓爲效, 但只言效, 則恐於傳受講質之義或有未備, 上蔡之說雖巧, 殊非孔子本旨."

강령'은 유학의 이상으로서 유학의 원형을 잘 알아볼 수 있게 하는 것이다. 박세당이 이 삼강령인 "대학(大學)의 도는 밝은 덕(明德)을 밝히는 데 있고, 백성을 새롭게 하는 데 있으며, 지극한 선(至善)에 그치는 데 있다〔大學之道, 在明明德, 在親民, 在止於至善〕"에 대한 주희의 주해를 부정한다.

> 지선(至善)에 그치는 데 있다는 것은, 명덕을 밝히는 것과 백성을 새롭게 하는 것이 모두 지선에 이르기를 반드시 구한 뒤에야 끝남을 말한 것이니, 학문의 도가 여기 있다. … 주(註)는 명덕(明德)을 밝히는 것과, 백성을 새롭게 하는 것, 지선에 그치는 것, 이 세 가지를 『대학』 한 책의 강령(綱領)으로 삼았다. 진실로 이와 같다면 명덕을 밝히는 것이 한 가지 일이 되고, 백성을 새롭게 하는 것이 한 가지 일이 되며, 지선에 그치는 것이 또 따로 한 가지 일이 된다. 지금 덕을 밝히는 것과 백성을 새롭게 하는 것이 이미 각기 한 가지 일이 되었는데, 지선에 그치는 것이 또 따로 한 가지 일이 될 수 있겠는가. 주에, "덕을 밝히는 것과 백성을 새롭게 하는 것이 모두 마땅히 지선에 그쳐야만 된다" 하였으니, 그렇다면 명덕을 밝히는 것과 백성을 새롭게 하는 것을 버리고는 이른바 따로 지선이란 것이 없는 것을 볼 수 있다. 더구나 강령이 있으면 반드시 조목이 있게 마련이니, 조목도 없으면서 홀로 그 강령만 있는 것은 있을 수 없다. 강령은 여러 조목을 맺는 것이니, 조목이 없다면 강령을 어디에 설치할 것인가. 그러므로 이 책에 명덕을 밝히는 조목이 다섯이 있고, 백성을 새롭게 하는 조목이 셋이 있으나, 지선에 그치는 조목은 마침내 찾아볼 수 없으니, 이로써 이 책의 강령이 둘뿐인 것을 알겠다.[199]

---

199) 『大學思辨錄』, 首章, 大學之道 주: "在止於至善, 言明德新民, 皆必求至於至善然後乃已, 學之道在是. … 註以明德新民至善三者, 爲一書之綱領, 誠如此, 是明德爲一事, 新民爲一事, 至善又自爲一事, 今明德新民旣各自爲一事矣, 至善又可得以自爲一事乎? 註言'明德新民皆當止於至善', 然

박세당도 '친민(親民)'이 '신민(新民)'이라는 해석에는 일단 동의하지만, 강령이 셋이라는 것에는 반대한다. 그에 따르면 '지선에 그치는 데 있다〔在止於至善〕'의 뜻은 '덕을 밝히는 일〔明德〕'과 '백성을 새롭게 하는 일〔新民〕'을 그 지선의 정도까지 추구해야 함을 뜻한다. 지어지선(止於至善)은 '명덕(明德)'과 '신민(新民)'의 실현조건이지, '명덕'·'신민'과 대동하게 비교되는 독립된 강령이 아니다. 강령은 '명덕'·'신민' 둘 뿐이라는 주장이다. 주희 자신의 주해로 보더라도, "명덕·신민이 모두 마땅히 지선에서 끝나야 한다"고 하였으므로, '지어지선'을 독립된 강령으로 간주할 수 없음이 분명하다. 이것을 독립된 강령으로 보는 것은 주희 스스로 범한 모순이다. 이 '지어지선'을 강령으로 볼 수 없는 이유는 또 있다. 『대학』의 강령에는 반드시 그에 해당하는 '조목'이 있다. '명덕'의 강령에는 다섯 가지의 조목이 있고, 신민의 강령에는 세 가지의 조목이 있다. 그런데 '지어지선'에만 조목이 없다. 조목이 없는 것으로 보더라도 '지어지선'은 '강령'이 아니다. 결국 『대학』에는 주희의 견해처럼 세 가지 강령이 있지 않고, '명덕'과 '신민' 두 가지 강령뿐이라는 것이 박세당의 주장이다.

명덕과 신민이 각각 '수기'와 '치인'의 다른 표현임은 물론이다. 이로써 박세당이 염두에 두고 있는 유학의 원형이 역시 '수기'와 '치인'임을 알 수 있다. 여기서 박세당의 견해에 대한 시비(是非) 또는 당부(當否)를 따질 겨를은 없다. 그것은 다음 기회로 미루고,[200] 이 자

則捨明德新民而更無所謂一段至善者, 可見. 且有綱必有目, 未有無其目而獨有其綱, 綱所以挈衆目, 目旣不存, 綱安所設? 故此書爲明德之目五, 爲新民之目三, 而及求其爲止至善之目者, 則終不可以得, 以此知此書之爲綱者二而已."

200) 박세당의 해석에 대해서는 이미 농암(農巖) 김창협(金昌協) 등이 많은 반박을 하고 있다. 그러므로 필자는 후일 김창협 등의 반론과의 비교연구를 하면서 그 시비당부를 가려볼까 한다(『農巖集』, 권15, 「與勸有道論思辨錄」 참조).

리서는 오직 주희의 해석과 비교되는 박세당 해석의 차이를 찾고자 한다.

혹자는 이와 같은 강령설에 나타난 박세당의 유학관을 놓고 주희를 비롯한 성리학자들의 유학관도 '수기'·'치인'을 요체 또는 근본사상으로 삼는다면서, 서로 다를 것이 없지 않은가 반문할지 모르겠다. 그러나 필자가 보기에는 그렇지 않다. '지어지선'이란 단독으로 보면 매우 모호하고 막연한 것을 요구하는 가치명제다. 이것은 '신민'과 같은 어떤 전제가 있을 때만 구체적으로 실현될 수 있다. 그러므로 이와 같이 막연한 가치의 조건을 독립된 강령으로 인정한다는 것은 곧 막연하나마 가치의식을 스스로의 부담으로 삼겠다는 태도를 뜻한다. 이 태도는 마침내 공허한 가치 그 자체를 추구하는 경향으로 흐르게 된다. 이것은 구체적 선(善)의 의미와 의의를 모를 때에는 오직 선례만을 추종하는 형식주의의 경향을 낳게 된다. 이렇게 볼 때 '지어지선'의 강령을 인정하지 않는 박세당의 태도는 곧 구체성·현실성이 없는 가치를 주희가 거부하는 것보다 더 거부하는 태도라 할 수 있다. 박세당이 『대학』의 "물(物)에는 본말(本末)이 있고, 사(事)에는 종시(終始)가 있다〔物有本末, 事有終始〕"에 대한 주희의 해석을 다음과 같이 반대하는 것을 보면 이러한 추론이 더욱 확실하여진다.

주희는 '명덕'과 '신민'을 각각 '본'과 '말'로 보았지만, 박세당은 그 해석에 반대한다.

> 주(註)에서는 또 덕을 밝히는 것〔明德〕과 백성을 새롭게 하는 것〔新民〕을 본말로 삼았으니, 이와 같다면 덕을 밝히는 것과 백성을 새롭게 하는 것은 서로 혼동되어 물(物)이 되는 것을 면치 못할 것이니, 아마도 경(經)의 본뜻이 아닐 것이다. 덕을 밝히고 백성을 새롭게 하는 데 있어서는 덕과 백성은 물(物)이 되고, 밝히는 것과 새롭게 하는 것은 일〔事〕이 되므로, 이치상 서로 혼합되어 하나가 되는 것을 허용하지 않는다.201)

박세당의 견해로 명덕·신민의 '명(明)' '신(新)'은 (동사로서의) '사(事)'요, '덕(德)'과 '민(民)'은 (그 목적으로서의) '물(物)'이다.[202] 이러한 구별을 외면한 채 명덕과 신민을 본말로 보는 것은 명덕과 신민을 다 물로 생각하는 것으로 틀린 생각이다. 명덕과 신민에 본말관의 적용을 배제하고 명덕과 신민을 같은 차원에서 이해해야 한다는 것이 박세당의 해석이다. 우선 주희의 해석부터 검토하면, 주희가 명덕·신민을 본말이라 한 것은 물론 비중을 신민보다 명덕에 더 두는 해석이다. 명덕이라는 수양을 근본으로 간주하는 까닭은 주희가 유학의 목적이 수양을 토대로 한 가치의 확대에 있다고 믿었던 때문이다. 주희의 이 해석은 철저한 가치우위론이다. 반면 박세당이 주희의 해석을 배격하고 명덕과 신민을 같은 차원에서 다루는 것은 가치우위의식을 거부하는 태도이다. 이것은 곧 그의 실질추구정신의 한 반영이다.

(4) 인식론적 기초와 자연관

① 물아이분관

주희는 정자의 '성즉리'의 이론을 이어받아, 인간이나 사물이 같은 하나의 리(理)를 성(性)으로 가지고 태어난다고 믿었다. 주희는 암암리에 리의 실재를 전제하고서, 인간이나 사물이 리(천명 또는 태극)라는 동일근원으로부터 각각 하나의 리를 가지고 태어나며 그 리가 곧 성이라 생각하였다. 즉 "성은 곧 리이다. … 이에 사람과 사물이 태어날 때 각각 그 부여한 리를 얻음으로 인해 건순오상(健順五常)의 덕

---

201) 전게서, 경1장, 物有本末 주: "註, 又以明德新民爲本末, 如是, 明德新民未免於混而爲物, 恐非經之本旨, 蓋在明德新民, 則德與民爲物, 而明與新爲事, 理有不容混而爲一者."

202) 이병도 씨의 설명을 빌리면, 사(事)는 working이고, 물(物)은 things이다(이병도, 「박서계와 반주자학적 사상」, 『대동문화연구』 제 3집 참조).

이 되니, 이른바 성이다"[203]라 한다. 이런 주희의 경우 인간과 사물의 성은 근본적으로 같다. 성이 인간뿐 아니라 사물에도 적용된다.

그러나 박세당은 '인(人)과 물(物)'의 '성'을 구별한 끝에 성은 인간에게만 적용된다고 생각한다. 박세당의 성에 대한 견해는 다음과 같다.

> 리(理), 성(性), 도(道), 교(敎) 등은 그 귀결을 따진다면 같지 않은 것이 없으나, 다만 그 이름을 혼란스럽게 해서는 안 된다. 이름이 혼란스러워지면, 혹시 본말(本末)의 차례를 잃게 되어, 말하는 뜻을 밝힐 수 없게 된다. … 비록 물(物)도 성을 가지고 있으나 다만 그 성이라는 것이 사람의 그것과 같지 않아서 오상(五常)의 덕을 일컬을 수 없는 것이니, 물을 겸해 말하는 것은 중용의 뜻이 아니기 때문이다.[204]

> 리(理)가 마음을 밝히는 것이 성(性)이 된다. 하늘에 있는 것을 '리'라 하고, 사람에 있는 것을 '성'이라 하는 것은 이름을 혼란스럽게 해서는 안 되기 때문이다.[205]

> 성(性)이란 마음의 밝음이 받은 천리(天理)로서 태어남과 함께 타고난 것이다. 하늘에는 밝은 이치가 있고, 물(物)이 그것을 마땅함으로 여기니 그것을 법칙이라 한다. 이 이치와 법칙을 사람에게 주니 그 마음의 밝음이라 한다. 사람이 이미 천리를 받아 그 마음에

---

203) 『中庸章句大全』, 제 1장(주자주): "性, 卽理也. … 於是人物之生, 因各得其所賦之理, 以爲健順五常之德, 所謂性也."

204) 『中庸思辨錄』, 제 1장 주: "曰理曰性曰道曰敎, 論其致究其歸, 卒未嘗不同, 但不可亂其名. 名亂則或失所在本末之次第, 無以明所言之義也. … 雖物亦有性, 但其爲性也, 與人不類, 無以稱乎五常之德, 兼言物, 非中庸之指故也."

205) 상동. "理明于心爲性, 在天曰理, 在人曰性, 名不可亂故也."

밝아지면, 그것으로 사물의 마땅하고 마땅하지 않은 것을 고찰할 수 있게 된다.[206]

사람의 성은 진실로 저 사람과 나와의 차이가 없지마는, 물의 성은 어찌 사람과 같겠는가? 맹자가 말한 것을 보더라도 그렇지 않음이 분명하다. 맹자가 말하기를, "개의 성(性)이 소의 성과 같으며, 소의 성이 사람의 성과 같은가" 하였고, 또 말하기를, "… 성인은 나와 동류(同類)이다" 하였으며, 또 말하기를, "… 개와 말이 나와 동류가 아닌 것과 같다. …" 하였으니, 그렇다면 오직 그 유(類)가 같아야만 그 성도 서로 같은 것이요, 유가 다르면 성도 또한 다르니, 사람과 물은 본래 유가 같지 않다.[207]

박세당이 여기에서 '물성(物性)'을 인정하지 않는 이유를 정리하면 대체로 세 가지이다. 첫째, 『중용』의 취지가 인간성(인의예지신)을 물성에까지 적용시키지 않으려 하기 때문이며, 둘째, '리', '성', '도' 등의 명칭, 즉 개념의 혼란을 막기 위하여서이며, 셋째, 실제로 물성은 인간성과 다르기 때문이다.

이 중에서 셋째 이유가 실제상의 이유이므로 가장 중요할 것이다. 물성과 인간성이 사실상 다르다는 것은 무엇을 뜻할까? 그는 인간과 사물과의 차이 외에 인간들 사이에도 차이가 있음을 인정한다. 그렇지만 그가 보기에 이 인간 간의 차이는 인간과 사물의 차이보다 적은 것으로 생각하여 인간들을 하나의 '유(類)'에 포함시킨다. 그리하여

206) 상동. "性者, 心明所受之天理與生俱者也. 天有顯理, 物宜之而爲則, 以此理則, 授與於人, 爲其心之明, 人旣受天理, 明於其心, 是可以考察事物之當否矣."

207) 앞의 책, 13장 주: "人性固無彼我之殊, 若物之性, 安得同於人? 以孟子所言觀之, 亦明其不然. 孟子曰: '然則犬之性猶牛之性, 牛之性猶人之性歟?' 又曰: '… 聖人, 與我同類者.' 又曰: '… 若犬馬之與我不同類也. …' 然則唯其類同而後, 其性相似也; 類不同者, 性亦異, 人與物本不同類."

인간과 사물을 분별하여 서로 '유'가 다르다고 한다. 유의 다름이 곧 성을 인간에게만 적용시키게 된 이유이다. 그가 맹자의 성설(性說)을 인용하여 "유가 다르면 성이 다른 것"이라 하는 것도 이와 같은 근거에서 나온 주장이다.

유가 다르면 성이 다른 것이라는 견해가 전제되어 그 이른바 명칭의 혼란을 막기 위한 '성'의 정의가 나온다. 그에 따르면 리(理)는 개체(個體)를 초월한 일반자(一般者)의 경우〔在天〕에 쓰이는 용어이고, 성은 오로지 인간의 경우에만 쓰이는 용어이다. '마음을 밝게 하는 리〔理明于心〕'가 '성'이라 한다. 바꿔 말하면 '성'은 궁극적으로 '리'라 하더라도 어디까지나 '타고난 마음의 밝음'으로서의 '천리'이다. 따라서 그 리는 심(心) 속에서 (심은 실체가 아니지만) 리 그 자체로 있는 것이 아니라, 이미 인간의 '밝음'이라 표현되는 '인식기능' 또는 '인식능력'으로 된 것을 뜻한다.

이와 같이 인식능력을 본위로 하여 성을 규정하면, 사물의 인식능력과 인간의 인식능력의 차이는 비록 인간 간에 인식능력의 차이가 있다고 하더라도 그 인간 간의 차이보다 훨씬 격차가 심한 차이라 할 수 있다. 그런 점에서 인간과 사물은 서로 유가 다르다고 할 수 있고, 성은 인간에만 적용된다는 주장도 있을 수 있다. 뿐만 아니라, 인식능력을 기준으로 하면 박세당이 이해하는 『중용』의 취지도 '성의 규정'과 서로 일치하게 됨을 알 수 있다. 박세당은 『중용』의 취지를 '인간을 가르치려는 것이지, 사물을 가르치려는 것이 아니다'라고 하였다.[208] 『중용』에 대한 이러한 이해는 무엇보다도 인간과 사물 간의 인식능력의 차이를 전제로 한 발언이다.

인물성(人物性)에 대한 박세당의 반주자적 이론은 18세기 초엽 호락학파(湖洛學派)의 인물성동이논쟁(人物性同異論爭)을 연상케 하는

208) 앞의 책, 1장 주: "夫中庸之爲書也, 以教人而非以教乎物."

것으로 호론(湖論)과 가깝다.[209] 이것은 그 호론보다 조금 앞선 것으로 추측되어 자못 주목을 끈다.[210] 하지만 박세당의 이 인물이성론(人物異性論)은 리실재론(理實在論)에 입각한 주희의 인물동류의식에 대한 부정이다. 이것은 성리학자들이 '인물일체론' 또는 '인물불가분'의 관계를 강조함으로써 추상적인 '천리와의 합일'을 기도하던 그 노력을 배격한 '물아이분론'의 의의를 지닌다. 특히 성리학자들이 '리'의 견지에서 '인물불가분' 또는 '인물이체론'을 주장하게 되는 것은 천리 또는 태극이라는 '리의 체계〔理一分殊〕'를 전제하고 추리에 의하여 모든 현상사실을 그 체계에 맞추는 것임을 고려한다면,[211] 박세당의 이 '물아이분의식'은 경험적 사실의 축적을 토대로 이루어진 일종의 귀납적 결과라 볼 수 있다. 그 점이 특히 인식능력을 기준으로 한 '유'의 분별에서 확인된다. 물아이분의식이 원래 주객대립의식임은 말할 나위도 없다. 이와 같이 본다면, 그의 '인물이성론'은 경험사실의 세계인 이 자연 속에서 자연에 대응하는 정신자세의 성격을 지닌 것임을 부인할 수 없다.

② 격물설

인식에 관한 이론은 『대학』의 '격물(格物)·치지(致知)'에 대한 견해에서 상당히 드러난다. 격물·치지에 대하여 정주는 '격'을 '지(至)'로, '물'을 '사(事)'로, '치'를 '추극(推極)'으로, '지'를 '식(識)'의 뜻으로 이해하였다. 그들은 '격물'을 '사물의 리에 궁지하여 그 지극한 데

209) 현상윤, 『조선유학사』, 284~319쪽.

210) 이병도 씨는 이 박세당의 이론을 이미 호락논쟁이 시작된 뒤의 것으로 본다. 그러나 『외암집(巍巖集)』을 보면 호락논쟁은 『사변록』 발표 이후인 1700년경부터 시작되었다.

211) 졸저, 「퇴계의 가치관」(퇴계 사백주기 기념논문집) 및 「퇴계의 심성관에 관한 연구」(아세아연구 4호)에서 이 점에 관한 설명을 하였다. 특히 「퇴계의 가치관」에서 자세히 하였다.

에 이르지 않음이 없으려는 것〔窮至事物之理, 欲其極處無不到〕'이라 해석하고, '치지'를 '나의 지식을 지극하게 미루어 그 앎을 다하지 않음이 없도록 하려는 것〔推極吾之知識 欲其所知無不盡〕'이라 해석하였다.[212] 정자·주희의 이 해석, 특히 '격물'에 대한 해석은 사물에는 그 사물의 리가 있다는 것을 전제하고, 나의 마음이 (마음속의 리가) 사물의 리를 찾아 알아낸다는 견해를 근거로 한 해석이다.

박세당은 이 정주 특히 주희의 견해를 다음과 같이 부정한다.

> 주(註)에 격(格)을 지(至)로 해석하고, 물을 사(事)로 해석한 것은 모두 타당하지 않은 듯하다. 격(格) 자에 비록 지(至)의 뜻이 있긴 하나, 다만 격물(格物)에서 격을 지라고 하여 지물(至物)이라 한다면 말이 되지 않는다. 만약 이것을 고쳐 지사(至事)라고 하여도 이치가 또한 분명하지 않으니, 결국 그것이 맞다고 볼 수 없다. 주에서는 이런 이유 때문에 다시 궁(窮) 자 하나를 더 보태어 그 말을 끌어다 붙였으나, 격(格) 자에 '궁구해 이른다〔窮至〕'는 뜻이 있다는 것을 본 적이 없다. 더구나 물(物)과 사(事)는 당연히 분별해야 될 것이며 서로 혼동할 수 없는 것이다. 천하(天下)·국(國)·가(家)라고 하는 것은 물이므로 일이 될 수 없으며, 평(平)·치(治)·제(齊)라고 하는 것은 일이므로 물이 될 수는 없는 것이다.[213]

박세당에 따르면 '격'을 '지'의 뜻이라 하고, '물'을 '사'의 뜻이라 하는 것은 모두 부적당한 해석이다. '격'에 '지'의 뜻이 전혀 없는 것은 아니지만, 지의 뜻을 적용하면 '격물'이 '물에 이른다〔至物〕'는 뜻이

212) 『大學章句大全』, 경1장(주희주).

213) 『大學思辨錄』, 경1장 주: "註, 訓格爲至, 訓物爲事, 皆恐未當. 格雖有以至爲義者, 但若於格物而謂格爲至, 則至物云者, 便不成語. 若易爲至事, 理亦不顯, 終未見其得. 註, 爲是之故而又添一窮字, 以提綴其語, 然格又不見有窮至之義. 且物之與事, 固當有辨, 不容混合. 如天下國家, 是爲物, 不得爲事; 平治齊, 是爲事, 不得爲物."

되어 말이 안 된다. 또 '물'에 '사'의 뜻을 적용하고 '격'에 '지'의 뜻을 적용하면, '사에 이른다〔至事〕'는 뜻이 되어 그 이치가 분명치 않다. 이것들은 끝내 이해할 수 없는 것이다. 주희 자신이 '지'자 위에 '궁'을 더 첨가한 것 자체가 이러한 사정을 입증한다. 그러나 '격'에 '궁지'의 뜻은 없어, 그것도 타당한 해석이 되지 못한다. 또 주희는 사물이라 하여 사와 물을 구별하지 않는데, 물은 천하·국·가 등을 뜻하고, 사는 평·치·제 등을 뜻하므로, 이것들을 혼합하여 사용하여서는 안 된다는 반박이다.

마침내 박세당은 자신의 해석을 제시한다.

> 구하여 이르는 것을 치(致)라 하고, 격(格)은 법칙 또는 바로잡는 것이다. 물(物)이 있으면 반드시 법칙이 있는 것인데, 물에 격이 있다는 것은 그 법칙을 구하여 바른 것을 얻으려는 것이다. 원래 나의 앎을 이 일의 당연한 데까지 이르러 대처함에 그 법칙을 극진히 발휘하지 않음이 없게 하려면, 그 요령은 오직 이 물의 법칙을 찾아서 그 바름을 얻는 데 있음을 말하는 것이지, 앎을 이루려면 먼저 물에 격(格)해야 함을 말하는 것이 아니다. 그럼에도 '앎을 이루는 것은 물을 격하는 데 있다'고 한 것은, 물을 격하는 것이 앎을 이루는 원인으로서 그 일이 한 가지이기 때문이다.[214]

'격(格)'은 '칙(則)' 또는 '정(正)'의 뜻이며, '물'은 앞서 말한 대로 천하·국가·가정 등 '사(事) 및 격(格)의 대상'을 뜻하고, '치(致)'는 '구하여 이름〔求以至〕'을 뜻한다는 것이 박세당의 견해이다. 그로서는 격물은 '물의 법칙을 구하여 그 물의 바른 법칙을 얻는 것'이라고 해

---

214) 상동. "求以至曰致; 格, 則也, 正也. 有物必有則, 物之有格, 所以求其則而期得乎正也. 蓋言欲使吾之知, 能至乎是事之所當而處之無不盡則, 其要唯在乎尋索是物之則而得其正也, 不言欲致知, 先格物. 而曰致知在格物者, 格物, 所以致知, 其事一故也."

석한다.[215] 이러한 '격물'은 결국 '지식'을 얻게 하는 것〔所以致知〕으로서 '치지'와 같다.

일찍이 주희의 격물설에 누구보다도 심한 반론을 편 학자가 중국의 왕양명〔陽明 王守仁〕이다. 그 양명이 '격'을 '정(正)'으로 해석하였으므로, 박세당의 이 해석이 양명의 영향을 받지 않았나 의문을 가져 볼 만하다. 물론 '격'의 해석에 '정' 자를 같이 사용하고 있다는 점과, 그가 양명학에 접하였을 가능성(생애 참조)을 고려하면 양명의 영향을 인정할 수 있음직하다. 그러나 이 문제는 그 사상·내용이 결정지을 문제라 생각된다. 양명이 '격'을 '정'으로 볼 때, 양명은 동시에 '심즉리(心卽理)'의 입장에 서서 '치지'를 맹자의 '양지(良知)'로 해석한 다음, '물'을 '사' 특히 '사의(事意)'로 해석하였음을 간과해서는 안 된다.[216] 양명이 주희에 대립하여 주장하는 '격물'의 뜻은 '내심(內心)의 악(惡)에 관한 사의(事意)를 바로잡는 것'이다. 그것은 주희의 객관적인 지식추구의 방법을 주관적인 방법으로 대치하기 위한 의도에서 나온 것이었다. 그 '정'의 뜻은 '바로 잡는다'는 동사의 뜻이다. 그러나 박세당의 '정'은 '올바르다'는 형용사 내지 명사로 사용된 것이다. 또 박세당의 지식추구의 원형인 객관적 추구법은 주희와 다르지 않다. 그러므로 내용상으로는 양명의 영향을 받은 것이라 할 수 없다. 주희 해석의 특징과의 차이점이 문제이다.

주희는 지식의 추구를 위하여 우선 '사물의 리(理)'를 상정하였다. 주희가 사용하는 '리'의 의미에는 '법칙'의 의미도 없지 않다. 그러나 주희의 리는 그러한 뜻보다도 실재(實在)하고 독존(獨存)하는 리의 뜻이 농후하다. 한편 박세당은 지식추구에 앞서 '물칙(物則)'을 상정

---

215) '득기정(得其正)'을 논자는 이렇게 '바른 법칙을 이해하는 것'이라 했으나, 이병도 씨는 '물의 정상(正相)을 얻는 것'으로 번역하고 있음을 밝혀둔다(『대동문화연구』, 3집).

216) 『陽明全書』, 2권·3권·5권 참조.

하였다. 물칙은 법칙의 뜻으로서, 비록 '사물의 리'와 같은 뜻으로 사용될 때가 있다 하더라도, 리실재론(理實在論)의 색채는 풍기지 않는 것이다.

그 밖에 이보다 더 분명한 특색의 차이가 지적될 수 있다. 주희의 경우는 물리(物理)를 궁구하는 데 있어 '궁구하지 않음이 없는 정도'로 하려는 것인 데 비하여, 박세당의 경우는 어디까지나 '바른 물칙을 이해하는 것'이다. 주희의 견해 속에는 지식의 정오(正誤)에 관한 것보다 그 다과(多寡)에 관심의 초점이 모이고 있지만, 박세당의 견해에는 지식의 다과보다 그 정오에 관심의 초점이 있다. 두 사람의 이와 같은 관심의 차이는 이네들이 또 '격물치지'의 결과 '물격(物格)' '지지(知至)'에 대하여도 견해를 달리하는 점에서 입증된다.

주희는 '물격'을 '물리의 극처에 이르지 않음이 없는 것〔物理之極處無不到〕'이라 하고, '지지'를 '나의 마음의 아는 바가 다하지 않음이 없는 것〔吾心之所知無不盡〕'이라 하면서, 지식의 정도가 이 경지에 이르면 '의(意)'가 실(實)할 수 있다고 주장하였다. 이 경지를 주희는 '활연관통(豁然貫通)'의 경지로서 모든 사물의 표리(表裏)·정조(精粗)에 이르지 않음이 없고, 내 마음의 전체(全體)·대용(大用)에 밝지 않음이 없는 경지라 하였다.[217] 주희의 이 경지는 우주대의 '대오각성(大悟覺醒)'을 뜻하는 마치 불교의 해탈의 경지를 방불케 하는 것이다.

박세당은 '물격'이 '올바른 물칙을 구하여 얻은 것'이며 '지지'는 '나의 지식이 사의 의심할 바 없이 당연한 점에까지 이른 것'이라 한다.[218] 박세당은 의심할 바 없이 확실한 지식을 강조할 뿐, 그 지식

---

217) 『大學章句大全』, 전5장(주희주): "衆物之表裏精粗無不到, 而吾心之全體大用無不明矣."

218) 『大學思辨錄』, 경1장 주: "求物之則而得其正, 然後吾之知能至乎事之所當而可以無所疑矣."

의 범위에 대한 언급은 하지 않는다. 오히려 그는 주희의 활연관통의 경지를 비판한다. 이 경지가 성인의 지극한 공효 및 학문의 종국점인 데 반하여, 『대학』은 어디까지나 초학자의 입문서임을 지적하여 격물설에서 이 경지까지 논하는 것이 부당하다고 한다〔이때 박세당은 특히 '성의(誠意)'에 대한 주희의 해석을 겸하여 비판한다〕.[219] 박세당의 비판은 '활연관통'의 경지가 요원한 이상에 그친다는 것, 따라서 그러한 것을 논하기보다는 명백하고 필요불가결한 일상적 지식부터 더욱 확실히 구하는 데 치중해야 함을 역설한다. 이것이야말로 막연하고 공허하고 실천 불가능한 것은 모두 배격하는 그의 학문정신의 발로이다.

③ 우주 · 자연관

사실 유학에서의 격물치지는 인간과 사물의 '성(性)'을 다 실현함으로써 나의 행위가 자연의 생성을 돕게 되고〔贊化育〕, 자연의 질서와 일치〔參天地, 與天地同流〕하게 되는 이른바 '천인합일(天人合一)'의 경지의 초래를 이상으로 한다. 이러한 이상이 『중용』 및 『맹자』의 '진심(盡心)' · '지성(知性)' 등에 대한 이론에서 잘 나타난다. 이렇게 격물설은 궁극적으로 우주 · 자연관과 밀접한 관계에 있다.

박세당도 '진심' · '지성'에 의한 우주 내지 자연과의 조화를 전적으로 부인하지 않는다.[220] 그러나 해석에 나타나는 이에 대한 박세당의 견해는 주희의 것과 일치하지 않는다.

> '중화(中和)를 극진하게 하면 천지가 제 위치에 서고 만물이 길러진다.' … 또 "나의 마음이 바르면 천지의 마음도 또한 바르게 되고, 나의 기(氣)가 순하면 천지의 기도 또한 순하다"고 한 말에서, 아래

219) 상동.

220) 『中庸思辨錄』, 13장 주.

> 의 설은 진실로 좋지만 위의 설은 또한 의심스러운 것이 없을 수 없다. 이른바 천지의 마음이란 것은 곧 리(理)가 아닌가?[221)]

이것은 '중화(中和)'의 행위에 의한 자연과의 합일을 논한 『중용』의 이론에 대한 주희의 견해의 일단을 박세당이 비판한 대목이다. 주희는 종래에 말하여 오던 '천지지심(天地之心)'을 믿고, 나의 마음과 그 천지지심이 같은 것이라 생각한다. 어울러 그는 나의 신체를 이루는 '기'와 천지를 이루는 기가 같다고 하였다. 따라서 내 마음이 순정(純正)하여지면 천지지심이 순정하여지고, 나의 기가 순화(順化)되면 천지지기(天地之氣)도 순화된다고 하였다. 이를테면 그는 '천인동질설(天人同質說)'을 근거로 인간의 '심(心)과 기(氣)'에 의한 '천인상감설(天人相感說)'을 주장하였다. 이때 박세당은 기에 의한 상감(이것은 사실상 상감이 아님)만은 인정할 수 있지만, 심에 의한 상감설은 인정할 수 없다고 한다. 그 이유는 천지지심은 하나의 리로서, 결코 인간의 심과 같지 않기 때문이라는 것이다.

여기서 종래부터 주희에 이르기까지 전승되던 '우주(천지)의 의인화 사상'에 대한 그의 불신이 드러난다. 이것은 바로 그의 '물아이분설'과 일치하는 사고이다. 심성의 측면에서 물을 인간과 다른 것으로 보는 박세당이므로, 그는 이제 자연과의 접촉이나 조화가 심성의 측면으로는 불가능하고, 오직 기의 측면으로만 가능하다고 한다. 자연과의 접촉과 조화를 인정하지만, 그는 그것이 오로지 물리적 통로에 의하여서만 가능한 것으로 인정한다. 결국 그가 보는 자연은 감각으로 인식되는 물적 자연에 지나지 않는다. 그의 우주는 인간과 대조되는 물리적 우주일 따름이고, 반면 인간은 자연 앞에서 이질감을 느끼

221) 앞의 책, 제 1장 주: "'致中和, 天地位焉, 萬物育焉.' … 又曰: '吾之心正則天地之心亦正, 吾之氣順則天地之氣亦順'者, 下之說固善矣, 上之說, 亦不能無可疑, 夫所謂天地之心者, 非卽理乎?"

는 존재이다.

박세당의 견해를 확대 해석한다면 이것은 관념론적 태도를 배격한 것이며, 그럼으로써 한낱 '자연에의 적응'이 아닌 '자연의 응용', 즉 '자연의 도구화의 길'을 트고 있는 사고라 볼 수 있다. 이와 같은 그의 사고는 맹자의 '집의(集義)에 의한 호연지기(浩然之氣)를 기르는 설'에 대한 그의 해석과도 일치한다. 일찍이 주희는 기가 '도의(道義)'를 배조(配助)하지 않으면, '도의'가 뇌핍(餒乏)하여진다는 견해를 바탕으로 도의(집의)를 위주로 한 기의 천지간의 충색(充塞)을 논한 데 반하여, 박세당은 뇌핍하는 것은 어디까지나 기이므로 기가 '도의'의 배조를 받아야 한다는 견지에서 기 자체의 양성에 의한 기(호연지기)의 충색을 논하고 있음을 본다.[222)]

(5) 윤리 및 인간관

① 윤리일반관

유학의 도덕적 체계인 '삼강오륜(三綱五倫)'을 인정하고 '인(仁)'·'의(義)'·'충(忠)'·'효(孝)' 등을 고덕실현의 덕목으로 인정하는 것 등은 박세당도 주희와 마찬가지다. 그러나 그 도덕에 대한 이해와 실현을 위한 수양에 대한 문제에 있어 박세당은 주희와 견해를 달리한다. 도덕 또는 윤리의 의미를 지닌 용어가 바로 『중용』의 '도(道)'이다. 도는 언제나 지켜야 할 생활규범이므로, 『중용』에서는 "도는 잠시도 떠날 수 없는 것으로서, 떠날 수 있다면 도가 아니라〔道也者, 不可須臾離也. 可離, 非道也〕" 한다. 이 '도'를 『중용』은 "성(性)을 따르는 것〔率性之謂道〕"이라 규정하고 있다. 주희는 이러한 도에 대하여 다음과 같이 주해하였다.

222) 이 점은 이병도 씨가 자세히 소개하였으므로 여기서는 상론을 피한다(『대동문화연구』, 3집 참조).

> 사람과 사물이 각기 그 성의 자연함을 따르면 일용사물(日用事物)의 사이에 각기 마땅히 행해야 할 길이 있지 아니함이 없으리니, 이것이 이른바 도이다.[223]

> 도란 일용사물에 마땅히 행해야 할 리(理)이니, 모두 성(性)의 덕으로 마음에 갖추어져 있어서, 그것을 가지고 있는 사물이 없고, 그러하지 않은 순간이 없으니, 잠시도 떠날 수 없는 까닭이다.[224]

생활 속〔日用事物之間〕에 있는 당행(當行)의 로(路), 또는 리(理)가 도(道)이다. 이것은 사람과 사물이 '그 성을 따름으로써 생기게 되는 것'이며, 또한 '성의 덕〔性之德〕'으로서 마음속에 본구되어 있는 것이기도 하다. 잠시도 도와 떨어질 수 없다는 것도 이러한 연유 때문이라는 주희의 해석이다.

박세당은 주희의 이 해석을 배격한다.

> 사람은 도를 알 수 있지만 사물은 도를 알 수 없다. … 또한 도는 사람이 성(性)을 따름으로 해서 얻어지는 것이요, 처음 태어나면서부터 타고난 것은 아니다.[225]

> 위에서 도를 말하기를, "천성(天性)의 자연을 따르면 일용지간(日用之間)에 각기 마땅히 행해야 될 길이 있지 아니함이 없다" 하고, 여기서는 도에 대해 말하기를, "성의 덕으로서 마음에 갖추어졌다" 했으니, 이는 앞뒤의 설이 달라 일치하지 못한 것이다. 만약 도가

---

223) 『中庸章句大全』, 제 1장: "人物各循其性之自然, 則其日用事物之間, 莫不各有當行之路, 是則所謂道也."

224) 상동. "道者, 日用事物當行之理, 皆性之德而具於心, 無物不有, 無時不然, 所以不可須臾離也."

225) 『中庸思辨錄』, 제 1장: "人能知道, 物不能知道也. … 且道是率夫性而得, 非有生之初, 與生俱者也."

> 천리의 본연이라면 마땅히 "마음이 도를 갖춘 것을 성이라 이른다"고 했겠지, "성을 따르는 것을 도라고 이른다"고 하지 않았을 것이다. 만약 도가 성의 덕으로서 마음에 갖추어진 것이라면, 일용지간에 마땅히 도를 따르면 될 일이지, 다시, "성을 따른다"고 말하지 않았을 것이다.[226]

첫째, 인간만이 '도'를 알 수 있을 뿐, 사물은 '도'를 알 수 없다. 도는 인간에만 적용되는 것으로서 사물에 적용되는 것이 아니다. 때문에 주희가 도를 사물에까지 적용시키는 것은 옳지 않다. 그다음 도는 각자의 성을 따름으로써 생기지, 태어날 때부터 (마음속에) 본구된 것이 아니다. 만일 주희의 말대로 도가 본구된 것으로서 '천리의 본연〔天理之本然〕'이라든지 '성의 덕〔性之德 또는 性之德而具於心〕'이라면, 『중용』의 '성을 따르는 것을 도라고 한다〔率性之謂道〕'라는 표현 자체를 고쳐야 한다. 도와 성에 대한 『중용』 본래의 규정부터 달리 했어야 한다. 결국 주희가 도를 '천성을 따르는 것〔循天性〕'이라고 하였다가, 다시 '성의 덕'으로 '마음에 갖추어져 있는 것'이라 한 것은 전후가 일치되지 않는 해석이라고 박세당은 반박한다.

태어날 때부터 본구되었다고 해석된 주희의 도는 곧 선천적 · 선험적인 도를 의미한다. 주희가 그 도를 사물과 인간에게 다 같이 적용함은 도의 선천성을 기초로 도를 사물의 필연적 법칙과 동일시함을 의미한다. 주희가 이해 상정하는 이른바 '마땅히 행해야 할 길〔當行之路〕'로서의 도는 선천적으로 주어진 운명의 코스이다. 그러나 솔성(率性)으로서의 도가 인간에게만 적용될 뿐 사물에 적용되지 않는다는 박세당의 주장은 바로 윤리 · 도덕이 사물의 필연적 법칙과 구별

226) 상동. "上之言道曰, 循天性之自然, 則日用之間, 莫不各有當行之路, 此之言道曰, 性之德而具於心, 是前與後之說異, 而不得其一也, 若道爲天理之本然, 則當曰心具道之謂性, 不當曰率性之謂道, 若道爲性之德, 而具於心, 則日用之間當率道而後可也, 不當復言乎率性."

되는 법칙임을 전제한 주장이다. 그것은 인간이 스스로 규정한 인위적인 법칙이 곧 윤리임을 암시하는 발언이다. 그가 도의 본구, 즉 선천·선험성을 반대한 것도 이 때문이다. 이런 의미에서 박세당이 이해 상정한 도는 후천적·경험적 도이다.

주희가 도를 보다 더 불변적인 것으로 절대시한 데 반하여, 박세당은 가변적인 것으로 상대시하였다. 두 사람의 경우 도가 다 같은 '솔성'이라 하더라도 박세당의 도가 더 인간의 자발적 의지와 밀착되고 있다. 솔성이라는 본성의 실현에 있어 그 주체의식의 관점에서 보면, 주희의 경우는 피동적이고 소극적인 데 반하여, 박세당의 경우는 능동적이고 적극적임을 알 수 있다. 주희의 해석과 비교된 박세당 해석의 이러한 특성들은 '운명론의 극복'이라는 하나의 사상적 경향으로 집약된다. 이 경우 인간은 자각된 자기의식 속에서 행위를 자율적으로 해야 하므로 투철한 개인의 자기의식이 있게 될 것이다. 한마디로 개인주의의 터전이 박세당에게는 마련되고 있는 셈이다.

박세당의 도(道)가 이렇게 인위적이고 선택적인 한, 그의 도는 주희의 선천적 도보다 실현되지 않을 가능성이 많다. 박세당의 도는 일종의 '가리(可離)적이고', 이 가리적인 점은 '도불가리(道不可離)'의 『중용』 정신에 비춰볼 때 하나의 약점이 아닐 수 없다.

이 약점을 박세당은 어떻게 극복할 것인가?

② 중용론과의 관련

우선 어떻게 하는 것이 '솔성'으로서의 '도'를 실현하는 것인지부터 알아보자.

> 천리(天理)의 본연(本然이) 내 마음의 밝은 것이 되었으니, 행하는 것이 이를 따르면 그것이 도(道)이다.[227]

227) 상동. "天理之本然, 爲吾心之明, 有行焉而循之, 則是爲道."

> 특히 나의 마음이 스스로 이치에 밝아서 선과 악의 마땅함과 마땅치 않은 것을 분별하게 되고, 또 사람의 마음은 모두 같아서 내가 행하는 선악을 저 사람이 아는 것이 또한 저 사람이 행하는 선악을 내가 아는 것과 같은 것을 알게 된다. 그러므로 밖으로는 다른 사람을 두려워하고 안으로는 이치를 살펴서 따라 행하여 자연히 여유가 있다. …진실로 이것에 대해 계신공구(戒愼恐懼)하여 잃지 않는다면, 이는 잠깐 동안이라도 도에서 떠남이 없는 것이다.[228)]

> 그러므로 반드시 이것에 대해 계신공구하게 하는 까닭은, 일이 커지기 전에 미리 막아서 잠깐 동안이라도 도에서 떠나지 않도록 하려는 것이다.[229)]

박세당에 따르면 '천리'는 인간에 있어 마음의 밝은 능력으로 된다. 천리란 심성의 측면으로 볼 때 마음의 밝은 능력이다. 이 능력〔心之明〕으로 말미암아 인간은 리(理)가 무엇인지를 알게 되어, 선악(善惡) 당부(當否)를 구별하게 된다. 나 자신이 그럴 뿐 아니라 다른 사람도 누구나 다 그렇다는 것을 또한 알고 있다. 나 스스로 리를 살피는 동시에 다른 사람이 깨달은 리의 행동여하를 살피면 선악당부의 리의 내용을 확실히 알게 된다. 이렇게 알게 된 리〔理法〕를 행하면 그것이 '도'이다. 내외 또는 자타 양면으로 리를 살피는 데 있어 필요한 조건이 '내관(內觀)'에 적용되는 계신(戒愼)의 마음가짐이며 '외찰(外察)'에 적용되는 '공구(恐懼)'의 마음가짐이다. 그런 만큼 간단없는 도의 실천을 기하기 위하여서는 근본적으로 계신·공구가 무엇보다 중요하다. 그는 계신·공구를 역설하여 도에 관한 그의 이론의

---

228) 상동. "特吾心自明於理, 有以辨善惡之當否, 又知人心皆同, 彼之知吾所爲之善惡, 亦猶吾之知彼所爲之善惡, 故外懼乎人, 內察乎理, 循而行之而自有餘耳. … 苟戒愼恐懼乎此, 而能不失焉, 則是無須臾之離於道."

229) 상동. "故必令戒愼恐懼乎此者, 所以防微杜漸, 而使無須臾之離於道也."

'가리성(可離性)'의 약점을 극복하고자 한다.

박세당이 아래와 같이 '중용'에 대한 독자적 해석을 내리는 것도 이러한 문제와 연결시켜 생각하여 볼 자료이다. 일찍이 정자가 '중(中)'과 '용(庸)'을 각각 '불편(不偏)', '불역(不易)'이라 하고, 주희가 '중'을 '불편불의(不偏不倚), 무과불급(無過不及)'이라, '용'을 '평상(平常)'이라 한 것을 박세당은 달리 해석한다.

> 지금 살펴보건대, 용(庸)은 '항상'이라는 뜻이다. '중용'이라 한 것은, 우선 어떤 일에 대해 그 '중'을 얻고자 하고, 나아가 그 중을 항상 유지하여 잠시라도 잃지 않고자 하는 것이다. …『서경』에서는 '정일(精一)'이라는 말이 이 '중용'과 서로 표리(表裏)가 되니, '정'은 '중'이 되고, '일'은 '용'이 된다. 『중용』 내에서 보자면 첫 장에서 말한 "도는 잠시도 떠날 수 없다"는 말이 바로 '중용'을 제시한 것으로, '도'가 곧 '중'이요, '잠시도 떠날 수 없다'가 곧 '용'이다.[230]

박세당은 '용(庸)'을 '항(恒)'으로 해석하여 '중용'을 '중을 항지(恒持)'하는 의미로 해석한다. 이러한 '중용'은 『서경』의 '유정유일(唯精唯一)'과 『중용』의 '도야자(道也者), 불가수유이(不可須臾離)'에 해당된다고 한다. '중용' 자체를 '도의 항지'로 생각하여 그는 도에서의 불가리(不可離)를 강조한다. '중용'에 대한 그의 이러한 해석은 바로 도에 대한 그의 이론이 지닌 가리성의 약점을 보강하는 것으로 간주될 수 있다.

이미 살폈듯이 도란 객관적으로 보면 당부(當否)의 리인 선악을 가리어 그 당연한 리로서의 선을 실현하는 것이지만, 그것을 '솔성'이라

---

230) 상동. "今按, 庸, 恒也. 其曰中庸者, 旣欲事得其中, 尤欲恒持於此, 而無暫時之或失也. … 在於書則精一之義, 與此表裏, 精爲中, 一爲庸. 在於此書則首章所云道不可離者, 正揭而示之, 道者, 卽中也; 不可離者, 卽庸也."

한 까닭은 주관적으로 볼 때 역시 내심의 욕구(성)를 조종하는 것이기 때문이다. 여기서 도의 실현을 위한 한 방법으로서 내심의 조절에 의한 이른바 수양론이 나온다. 즉, 이성적 욕구인 '천리'와 감성적 욕구인 '인욕'을 분별하게 되고, 나아가 인용을 막고 천리를 따라야 한다는 이론이 나온다. 계신·공구도 이러한 욕구의 충동을 스스로 가름하기 위하여 말하여지는 심리조건이다.

③ 심리조정 문제

주희계통의 학자들은 '천리'와 '인욕'을 엄격히 구분한 다음 인욕을 막고 천리를 보존할 것, 이른바 '알인욕(遏人欲), 존천리(存天理)'를 역설하였다.[231] 그러나 박세당은 이것을 비난한다.

> 대개 천리와 인욕은 함께 존재할 수 없으므로, 선이 되면 악이 되지 않으며, 악이 되면 선이 되지 않는 것이다. … 악과 불선은 인욕이요, 선과 불악(不惡)은 천리이다. 천리가 행해지면 인욕이 그치고, 인욕이 행해지면 천리가 없어지니, 어찌 천리를 보존하는 것과 인욕을 막는 것이 다른 일에 다른 노력을 기울이는 것으로서 어떤 것을 먼저 하고 어떤 것을 나중에 함이 있겠는가? … 이로써 논한다면, 천리를 보존한다고 말하면 인욕이 싹트지 않는 것은 그중에 있는 것이며, 인욕을 막는다고 말하면 천리가 능히 보존되는 것은 그중에 있는 것인데, 이제 천리를 보존하고 인욕을 막는 것을 나누어 두 가지 공부로 삼았으니, 또한 이상하지 않은가?[232]

231) 『中庸章句大全』, 제 1장.

232) 『中庸思辨錄』, 제 1장 주: "蓋天理人欲, 不容並立, 爲善則不爲惡, 爲惡則不爲善, … 惡與不善, 是人欲, 善與不惡, 是天理. 天理行而人欲息, 人欲肆而天理滅, 寧有存天理與遏人欲, 異事而殊功, 或先之也, 或後之也者? … 由是論之, 言存天理, 則人欲之不萌在其中; 言遏人欲, 則天理之克存在其中, 今乃分存天理與遏人欲, 而爲兩段工夫, 不亦異乎?"

선을 행한다는 것은 악을 행하지 않는 것이고, 악을 행한다는 것은 곧 선을 행하지 않는 것이다. 천리와 인욕은 병립하는 것이 아니다. 천리를 행하면 인욕은 없어지고, 인욕이 일어나면 천리는 자연히 행하여지지 않는다. '알인욕(遏人欲)'을 말하면 '존천리(存天理)'는 말하지 않아도 되고, '존천리'를 말하면 '알인욕'은 말하지 않아도 된다. 그 어느 한편을 말하면 다른 한편의 뜻은 이미 선행한 말 속에 포함된다. 그럼에도 성리학자들이 이것을 마치 두 가지 일〔兩段工夫〕로 생각함은 틀린 것이라는 박세당의 반론이다. 박세당의 반론을 주희계통의 이론과 비교하여 보면, 후자가 심성에 대하여 리기이분법(理氣二分法)에 입각한 추상적이고 도식적인 색채를 띠고 있는 데 반해, 그의 이론은 경험사실에 입각한 구체적이고 생동적인 색채를 띠고 있다. 아울러 박세당은 '존천리'라는 표현 자체가 틀렸음을 지적한다.

> 이른바 '천리를 보존한다'는 것은 무엇인가? 천리는 본래 내 마음에 갖추어져 밝으니, 잠깐 동안이라도 혹시나 보존되지 않은 적이 없다. 다만 능히 따르느냐 따르지 못하느냐가 있을 뿐이다. … 만약 '천리를 따른다'고 하면 옳지만, '천리를 보존한다'고 하면 옳지 않다.[233]

박세당이 볼 때 주희를 비롯한 성리학자의 경우 '존천리'라 말하게 되는 까닭은 천리가 본래 마음속에 갖추어져(마음을 밝히고) 있다고 믿기 때문이다. 그것은 인간이 잠시도 천리를 보존하지 않을 때가 없기 때문에 하는 말이다. 이렇게 리가 이미 갖추어져 있다면, 이미 있는 리를 따르고〔率〕 따르지 못한다는 말은 적합하지만, 그것을 보존한다는 말은 적합지 않다. 주희의 이론으로 보더라도 '순천리(循天

233) 상동. "夫所謂存天理者, 何也? 天理本備明於吾心, 蓋未嘗有須臾之或不存焉者也. 顧有能率與不能率耳. … 若曰循天理則可也, 曰存天理則不可."

理)'의 표현은 적합하지만 '존천리'는 적합지 않다는 주장이다.

이와 같이 선천적·도식적·추상적인 주희의 해석을 배격하는 박세당의 비판은 주희의 정태적 수양법을 논하는 자리에서도 여전하다.

> 계신(戒愼)하면 방사(放肆)하지 않고, 공구(恐懼)하면 태타(怠惰)하지 않는다.[234)]

> 주(註)에, '계신(戒愼)·공구(恐懼)로부터 이를 요약하여 지극히 고요한 중에서도 치우침이 없어 그 지키는 것을 잃지 않는다면, 그 중(中)을 극치에 달하게 하여 천지가 제 위치에 서게 될 것'이라 하였다. … 이른바 '지극히 고요하다'는 것이 곧 삽시간에 한 가닥의 생각도 일어나지 않은 때라면, 그 치우침과 치우침이 없는 것, 그 지킴을 잃는 것과, 그 지킴을 잃지 않는 것도 하나같이 모두 막연하여 형체와 조짐이 나타나지 않을 것이니, … 어디에서 과연 치우침이 없는지와 지키는 것을 잃지 않는지를 볼 것인지 알 수 없다. … 이제 이런 상태를 '지극히 고요한 가운데〔至靜之中〕'나 '적연하여 움직이지 않는〔寂然不動〕' 경지로 여겨 존양(存養)의 공부를 이루어 천지가 제 위치에 서게 하는 공효를 기대한다면 또한 터무니없지 않은가.[235)]

'계신'이란 마음(의식·감정)의 흐트러짐〔放肆〕이 없게 하는 태도요, '공구'란 마음의 누그러짐〔怠惰〕이 없게 하는 태도이다. 주희는 계구(戒懼)에 의하여 '지정(至靜)'한 가운데서도 편의(偏倚)가 없게 되길

---

234) 상동. "戒愼則不放肆, 恐懼則不怠惰."

235) 상동. "註謂: '自戒懼而約之, 以至於至靜之中, 無所偏倚而其守不失, 則極其中而天地位矣', … 其所謂至靜者, 乃卽霎然之頃一念未起之時, 則其偏倚與無偏倚, 失其守與不失其守, 一皆漠然而形兆未見, … 不知於何而見其果無偏倚果不失守也. … 今乃以此爲至靜之中寂然不動之境而欲致存養之功, 以期夫位天地之效, 不亦遠乎?"

논하고, 그럼으로써 그 효과까지 논한다. 주희의 이론은 실로 '적연부동'한 가운데서도 편의가 없게 되는 '존양'의 공(功)을 기도한다. 박세당은 이러한 주희의 이론을 공박한다. 박세당은 우선 '지정'의 상태가 아무 의사〔念〕도 없는 때로서, 편의한 감정의 그 어떤 조짐도 나타나지 않을 때임을 지적한다. 지정 자체가 이러하므로 여기에 일종의 의식작용인 계구를 적용하여 감정의 편의가 없게 한다는 주희의 이론은 실현성이 없는 공론(空論, 遠)이라는 것이다. 박세당의 주장은 성리학자들의 '무념·무상'에 의한 〔일종의 선정적(禪定的) 인〕 비실제적이고 정태적인 수양법을 배격한 것이다. 여기서 또렷한 의식상태 또는 그러한 생활 속에서 자기반성만을 추구하는 박세당의 수양론의 의식적·역동적 특성이 부상한다. 이 점이 또한 같은 윤리적 행위를 놓고도 그가 성리학자들보다 더욱 실제적이고 역동적인 행위를 지향하게 되는 근거이다.

④ 인간관

박세당의 경우 역시 수양의 궁극 목표는 성인(聖人)이 되는 것이다. 어느 성리학자와도 다름없이 그의 이상은 특히 공자와 같은 성인이 되는 것이라 볼 수 있다. 그러나 그 공자와 같은 성인을 보는 눈이 주희 등의 것과 다르다.

> '공자는 온화하되 엄숙하며, 위엄이 있으되 모질지 아니하며, 공손하되 편안하였다.' … 여기에서 성인의 몸가짐과 다른 이를 대하는 태도가 공손하고 삼가며 게으르지 아니하여, 어느 때나 편안하고 정중하며, 느긋하고, 온화하여, 종용자득(從容自得) 하지 않은 적이 없음을 보겠다. 또 선유들이 이 글에 음양(陰陽)과 삼재(三才)로 나누어 설명한 것이 매우 많은데, 이렇게 글을 읽고 이렇게 학문을 논한다면, 어찌 말만 번다해질 뿐 도무지 절실하게 스스로 실천하는 실효가 없고 후학들을 오도하지 않겠는가? 우선 그런 것은 놔두

> 고, 묵묵히 이 세 가지 일만 마음으로 생각하기를, '성인은 어떻게 능히 이와 같이 하였으며, 후인들은 어떻게 하여야 이를 배울 수 있을까'라고 생각하는 것만 하겠는가?[236]

주희를 비롯한 성리학자들은 『논어』에 나오는 공자의 태도 내지 그 인간상을 설명할 때, 공자의 인격의 원숙함을 강조하기 위하여 음양사상·삼재(三才) 사상까지 원용한다. 그들은 공자의 인격을 우주대로 확대해석하여 신비화하고 마침내 초인화한다. 그들은 공자라는 성인상을 철두철미 '완전한 인간으로 재구성'하여 결국 비인간화하고 만다. 박세당은 성리학자들의 이러한 해석을, 특히 '절근(切近)'·'자위(自爲)'의 실효를 거두지 못하고 후학을 오도한다는 점에서 비난한다.

전자들과 비교할 때, 그는 공자를 일반인과 다름없는 사실적 인물 그대로 꾸밈없이 이해하려고 한 것으로 볼 수 있다. 그는 어디까지나 공자를 인간의 차원에서 이해하려 하였다고 볼 수 있다. 공자에 대한 그의 이러한 이해는 근본적으로 다음과 같은 그의 인간관이 뒷받침한 듯하다.

> '생각에 사특함이 없다'는 말은 분명히 시(詩)를 가리켜 말한 것이요, 그 말로써 사람들에게 이와 같이 하라고 주문한 것이 아니다. … 대개 3백 편의 말에 비록 선과 악이 섞여 있다 하더라도 하나같이 모두 정(情)에서 우러나왔고, 허위(虛僞)로 꾸민 말은 없으니, 이른바 '생각에 사특함이 없다'는 것이다.[237]

---

236) 『論語思辨錄』, 「述而」편 주: "'子, 溫而厲, 威而不猛, 恭而安.' … 見聖人處己接物恭謹不怠, 而又未嘗不安重舒和從容自得也. 又先儒於此章, 分陰陽三才, 其說甚多, 如此讀書, 如此論學, 豈不徒繁辭語, 而都無切近自爲之實效, 致誤後學耶? 孰如姑且置彼, 默思此三者, 是聖人如何而能如此, 後人當如何而可學之也?"

237) 앞의 책, 「爲政」편 주: "思無邪, 明是指詩而言之, 非言其用之使人如此. … 蓋三百篇之言, 雖有善惡之雜, 一皆出於情之所發, 而無修飾虛僞之辭,

박세당은 주희와 달리 인간정감의 순수성을 믿었다. 주희가 시(詩) 3백 편에 대한 공자의 '사무사(思無邪)'에 대한 해석을 독자로 하여금 '무사(無邪)한 것을 생각하게 하는 교훈'으로 받아들인 데 반하여, 그는 그것을 시 자체를 가리키는 것으로 받아들인다. 그의 견해로 시가 정(情) 소발(所發)로서 수식과 허위가 없는 말〔辭〕임을 가리키는 것이 '사무사'라 한다. 이러한 해석이야말로 시로부터 교훈을 읽으려는 것이 아니라, 정감의 순수성을 대하려는 사고방식이다. 정감의 순수성을 믿음으로써 선악(가치) 이전에 생명을 보는 사고방식이 아닐 수 없다. 이로 볼 때 박세당이 그리는 인간상은 결코 이상의 이름 밑에서 구성한 가공적 인간상이 아니라, 생생하게 살아 움직이는 생명 있는 인간상임에 틀림없다. 정감의 순수성을 믿는 증거는 이 밖에 '기질지성(氣質之性)'과 '본연지성(本然之性)', 즉 맹자가 말한 '이·목·구·비·사지의 성'과 '인의예지 및 천도로서의 성'을 같은 차원에서 다루려 한 점으로도 알 수 있다.[238]

(6) 정치 및 국가관

박세당이 이상으로 하는 정치는 공맹이 제시한 민본위(民本位)의 덕치, 곧 '인정(仁政)'의 실현이다. 농본사회를 기저로 한 가부장적 '왕도정치'가 그의 이상적 정치체제이다. 이런 점에서는 그도 주희와 견해를 같이 한다.

> 공자가 말하기를, "정치를 덕으로 하는 것은 마치 북신(北辰)이 제자리에 있고…" 하였다. … 오직 주자의 '자기 자신에게 덕(德)이 닦여져야 천하가 귀의할 것'이라는 말만이 … 본뜻에 부합하는 듯하

卽所謂思無邪者也."

238) 이 점은 이병도 씨가 자세히 소개한 것이 있으므로 생략한다(『대동문화연구』, 3집 참조).

> 다. … 대개 정치를 덕으로 한다는 것은 먼저 자기를 다스린다는 것이니, 자기를 먼저 바로잡고 남을 바로잡는 것이 바로 천하를 복종시키는 이유이다.[239)]

공자는 덕치를 마치 '북신(北辰)'을 중심으로 중성(衆星)이 공존하는 것으로 비유하였다. 박세당은 이 비유에 대한 주희의 해석, 즉 '자신의 덕부터 닦으면 천하가 돌아옴을 뜻한다'는 해석이 타당할 듯하다고 한다. 왜냐하면 원래 '정(政)'은 (공자의 말대로) 바로잡는 것, 이른 '정(正)'으로서, 먼저 자신을 바로잡는 것이기 때문이다. 또 그렇게 하는 것이 천하가 귀복(歸服)하게 되는 원인이기 때문이다. 박세당에 따르면 이러한 덕치는 왕이 모범을 보여 민중의 자각을 불러일으킴으로써 실현되는 것을 뜻한다.

> 윗사람이 거만하지 아니하면 백성이 공경할 줄 알고, 윗사람이 진실하면 백성들이 충성할 줄 알고, 윗사람이 의로움을 좋아하면 백성들이 서로 선을 권할 줄 알 것이니, 자신이 먼저 솔선하는 효과는 마치 그림자가 형체를 따르고 메아리가 소리에 반응하는 것과 같다.[240)]

왕은 민중의 반향을 일으키기 위하여, 거만하지 않기〔不慢〕, 진실하기〔用誠〕, 의로움을 좋아하기〔好義〕 등을 통한 솔선수범을 보여야 한다. 이 솔선수범을 보이는 것이 민중(백성)에 대한 왕의 임무라는 것이 박세당의 생각이다.

---

239) 『論語思辨錄』, 「爲政」편 주: "子曰: '爲政以德, 譬如北辰, …' … 唯朱子所謂'德修於己而天下歸之', … 似合本旨, … 蓋爲政以德, 先自治也, 正己以正人, 所以天下歸服. …"

240) 상동. "上不慢則民知敬, 上用誠則民知忠, 上好義則民知勸, 躬率之效, 亦猶影之隨形, 響之報聲也."

왕의 솔선수범은 민중과 같은 생활조건에서의 수범을 뜻한다. 여기에는 국민과의 동고동락이 전제되고 있다.

> 그렇다면 천명(天命)이 떠나고 떠나지 않음은 민심(民心)의 향배에서 말미암고, 민심의 향배는 군도(君道)의 득실에서 말미암는 것이며, 군도의 득실은 애당초 그 좋아하고 싫어함을 백성들과 함께하느냐 여부에서 벗어나지 않는다.[241]

왕도(군도)의 성패(득실)는 오로지 국민과 호오(好惡)·고락(苦樂)을 함께하는 데 달렸다. 왕이 국민과 동고동락치 않으면 결국 민심의 이반이 있게 될 것이고, 그렇게 되면 왕의 자격(천명)이 상실된다는 것이다. 이로 보면 박세당은 맹자와 마찬가지로 '민본사상'과, 그에 입각한 '혁명의 당위〔天命去就〕'까지 인정하였다.

주의할 만한 점은 같은 민본사상이라 하더라도 박세당의 사상이 주희의 사상보다 더 민본의 성격이 강렬하다는 점이다.

> 이 이치가 명백해서 의심될 것이 없음에도, 주자가 취한 뜻만이 다르니, 진실로 이해할 수 없다. 주자의 논의는 믿음이라는 의리를 오로지 백성의 책임으로만 돌리니, 윗사람이 백성에게 믿음을 주는 것은 요구하지 않고, 백성에게 윗사람을 믿으라고만 하는 것은, 성인으로서는 반드시 있을 수 없는 가르침이다.[242]

왕이 국민에게 지켜야 할 신의와, 국민이 왕에게 지켜야 할 신의

---

241) 『大學思辨錄』, 전10장, 釋治國 주: "然則天命去就, 由於民心之向背; 民心向背, 由於君道之得失; 君道得失, 初不出乎能與民同其好惡與否耳."

242) 『論語思辨錄』, 「顏淵」편 주: "此理甚明, 無可疑者, 而朱子之取義獨異, 誠所未喩. 其論信之一義, 又專歸之於民, 夫不責上之信於民而求民之信於上, 在於聖人必無此訓."

의 비중을 놓고 박세당은 국민이 왕에게 지켜야 할 신의의 비중을 강조하는 주희를 비난한다. 왕이 국민에게 신의를 지켜야 할 책임이, 국민이 왕에게 지켜야 할 신의의 책임보다 크며, 그것이 더 중요하다는 것이 그의 견해다. 박세당의 민본적 왕도정치사상은 여기서 그치지 않는다. 왕은 국민과 동고동락하면서 도의적 수범 및 신의의 책임을 다하는 것으로 왕의 임무가 끝나지 않는다고 그는 생각한다.

> 왕도(王道)의 큰 근본은 산 사람을 기르고 죽은 사람을 상례(喪禮) 치르는 것뿐이다. … 나의 어리석은 생각으로는, 왕도는 백성을 기르는 데 있다. 만일 먼저 백성의 마음을 얻는 데 뜻을 둔다면 이것은 패자(覇者)가 하는 짓이니, 아마도 왕도가 아닐 것이다.[243]

왕이 신의 등의 방법으로 민심을 얻어야 하지만, 그렇다고 우선 민심획득에만 급급하면 '힘'으로 통치하는 '패자(覇者)'와 다를 바 없다. 왕도의 대본은 예로써 죽은 자를 장례하고, 산 사람, 즉 살아 있는 국민을 먹여 살려야 하는 이른바 '양생(養生)' 또는 '양민(養民)'에 있다. 왕은 도의적 수범과 함께 실질적이고 실제적인 양민의 책임을 다해야 한다는 뜻이다. 그는 왕도야말로 양민에 있다면서 오히려 도의적인 측면보다도 이 측면을 더 강조한다. 일찍이 그는 농서의 일종인 『색경(穡經)』을 편찬하였거니와, 그 서문에서 "『색경』에 민생을 살찌게 하는 방도〔所以厚民生者〕가 다 갖추어져 있다"고 하였다. 이로 미루면 그는 농사를 양민의 가장 긴요한 수단으로 생각하였고, '양민'이야말로 곧 그의 민본사상의 귀착점으로 간주하였다.

이런 점에서 박세당은 '인정'의 실현에 의한 왕도정치를 결론적으로 다음과 같이 요약한다.

---

243) 『孟子思辨錄』, 「梁惠王」 上, 주: "王道之大本不出於養生喪死而已 … 愚謂王道在於養民, 若先有意於得民心則是霸者之爲, 恐非王道也."

> 요약해서 말하자면, 정치를 펴고 인(仁)을 베푸는 것은 명(名)이요, 백성으로 하여금 항산(恒産)을 갖도록 하는 것은 실(實)이다. 실은 분명 명의 근본이 되지만, 명은 또 무엇의 근본이 되겠는가?[244]

'양민'을 여기서는 '민의 항산(恒産)'으로 구체화하여 설명하였다. 왕도정치를 '명'과 '실'의 관점에서 보아 요약한다면, 인의에 의한 도의적 덕치를 베푸는 것은 '명'에 해당되며, 국민이 생업을 즐김으로써 있게 되는 항산에 의한 양민은 '실'에 해당된다. 이에 '실'은 진실로 '명'의 근본이 되지만, '명'이야 그 무엇의 근본이 되겠는가 라고 박세당은 반문한다. 명보다는 실이 중요하다는 주장임은 물론이다. 이것이 바로 '치인'에 나타난 그의 실학적 특색이라 하겠다. 같은 민본적 왕도사상이라 하더라도 주희의 해석에서는 이러한 특색이 발견되지 않는다. 더욱이 정치에 의한 '국운의 변동'에 대한 견해에서는 주희와 박세당의 견해가 전혀 다르다.

> 이 장은 능히 스스로 강하지 못하면 마땅히 강하고 큰 나라를 복종하여 섬겨서 하늘에 순하여야 할 것이고, 진실로 능히 스스로 강하게 되면, 비록 다른 강하고 큰 나라라도 또한 장차 나에게 복종하여 섬기어 능히 하늘을 거스르지 않도록 하여야 할 것이니, 이것이 이른바 작은 덕〔小德〕은 큰 덕〔大德〕에 부림을 당한다는 것이다. 그렇다면 스스로 강해지는 방법은 역시 오직 문왕(文王)을 스승으로 하여 인정(仁政)을 행함에 있을 뿐이다. 주(註)에서처럼 … '하늘이 명한 대로 듣는다'고 하면, 하늘의 명한 바가 강하고 큰 나라에 있다는 말인가? … 강하고 큰 나라에 천명이 있다고 하면 아마도 옳지 못한 듯하다 ….[245]

---

244) 상동. "核而言之, 發政施仁, 名也; 使民有恒產, 實也. 實固爲名之本, 名又爲誰之本也?"

245) 앞의 책, 『離婁』上, 주: "此章言不能自强, 則當服事强大, 以順乎天; 苟

맹자의 뜻이 또 어찌 작은 나라에는 인(仁)을 행하도록 권하고, 큰 나라에 대하여는 권하지 않는 데 있었겠는가?[246)]

박세당의 견해로 (맹자의 이론임을 전제하면서) 소국이 '자강(自强)' 하지 못하면 마땅히 대국에 복종하여 대국을 섬겨야 하는 것〔事大〕이 운명〔順天〕이다. 반대로 만일 소국도 자강하여지면 비록 대국일지라도 소국에 복종하고 소국을 섬겨야 하는 것이 또한 운명〔不能逆天〕이다. 그러므로 주희와 같이 하늘의 축복, 이른바 '천명'이 강대국에만 있는 것으로 생각해서는 안 된다. 국가가 강대하여지면 (또는 강대하여진 국가에게는) 곧 천명이 있게 된다고 생각해야 한다. 따라서 '자강'의 정치를 해야 하는 것은 소국뿐 아니라 대국도 마찬가지다. 소국이 자강에 의하여 대국을 복사(服事)케 하는 것이 바로 '소덕역대덕(小德役大德)'이다. 박세당은 '복사'로 나타나는 '국가의 운명' 및 '그 국운의 변화'를 오로지 힘의 역학관계로 파악하면서, 그 신념을 토대로 국가운명의 개척을 주장하였다. 그의 민족사상에 입각한 현실주의 또는 실리주의적 사대론의 귀결이 여기에 있음을 알 수 있다.

이상과 같이 『사변록』에 나타나는 박세당의 근본사상인 경학사상(經學思想), 이른바 의리지학(義理之學)을 살피면, 이것은 반정주학적 성격이 농후함을 확인할 수 있다. 당시 그에 대한 사문난적의 비난에는 충분한 근거가 있었던 셈이다. 그의 근본사상은 실학사상을 반정주학의 전제 위에서 설정하되 의리지학이라는 철학차원에까지 확대하여 보고자 하는 본고의 의도에 일단 부합되는 것이다. 그의 경학에 담긴 철학은 곧 '반주자적 철학의 특징'으로 확인되었다. 이 확

能自强, 則雖强大亦將服事於我, 不能逆天, 此所謂小德役大德者. 然則自强之術, 亦唯在師文王而行仁政而已. 註, … 其曰聽天所命, 將謂天之所命, 在於强大乎? … 言强大者是有天命, 則殆於不可 … ."

246) 상동. "孟子之意, 又豈在獨勸小國以行仁, 大國則否也?"

인이야말로 반주자적 실학이 철학차원에서도 형성되고 있었음 증명하는 증거에 다름 아니다.

5. 결어

1) 박세당 사상의 실학적 요인

박세당의 실천사상부터 보면, 그것은 한마디로 '명(名)'보다 '실(實)'을 중요시하는 성격이었다. 노자사상에 대한 그의 이해도 '문(文)'보다 '질(質)'에 치중하는 사상의 추구였고, 그 '질'의 치중이 마침내 '반(反)'의 법칙을 이용한 실리추구의 특징을 드러내는 성격이었다. 정주의 사서주해에 대한 비판도 '절근(切近)', '긴요(緊要)', '간이(簡易)', '직재(直裁)', '리합당(理合當)', '실용(實用)', '실효(實效)'라는 관점에서 본원유학의 학풍을 빙자한 '문'보다 '질'에, 또는 '명'보다 '실'에 입각한 비판이었다. 그런 만큼 그의 학문과 사상의 성격은 '명' 또는 '문'보다 '실'에 치중하는 것으로 일관되고 있는 이 점이 그의 사상을 실학이라 부를 수 있게 하는 요인이다. 학문 성격의 측면에서 그의 사상은 실학사상으로 간주될 수 있다.

박세당의 실천사상의 내용은 대체로 성리학자들의 것보다 밀도 높은 경험사상·실리사상·개인사상·민본(민주)사상·인간동등(평등)사상 및 민족사상의 맹아가 하나의 경향으로서 싹트고 있는 것이었다. 이러한 경향이 『노자』 해석에서는 실리사상·민본사상 외에 특별한 사상적 기초의 정립을 발견할 수 없었지만, 『사변록』의 경우에는 정주학과 비교되는 이른바 반정주학의 기치하에서 모두 상당한 이론을 갖춘 사상으로 결정(結晶)되고 있음을 확인할 수 있었다. 실천사상의 경향들이 근본사상의 온축인 『사변록』에서 보다 더 알차고 다양한 사상으로 개화(開花)하고 있었다.

발정시인(發政施仁)은 '명'이며 양민(養民)이 '실'이라고 하는 곳에서 그의 민본사상은 더없이 분명하여졌고, 자강(自强)에 의한 국력의 변천론에서 그의 실리주의적이며 민족주의적이었던 사대관(事大觀)

이 그 근본 의취를 분명히 하였다. 그가 주희와 반대로 심성(心性)에 대한 도식적·추상적 해석을 거부하는 한편, 정감과 생명의 순수성을 믿는 그 인간관 자체가 근대적 사상이지만, 성(性)과 도(道)의 본구성을 부인함으로써 인간의 능동적 행동에 의한 운명극복의 터전을 닦은 것도 바로 경험론에 입각한 근대적 사고임에 틀림없다. 인식능력을 기준으로 한 물아이분(物我二分) 내지 자연과의 대립의식을 드러낸 것이라든지, 천인상감설(天人相感說)을 부인함으로써 '우주자연의 비의인화'에 의한 자연 응용의 길을 트고 있는 사고 역시, 모두 주희를 전근대적 이성론자로 간주할 수 있게 하는 반면, 박세당을 근대적 경험주의자로 간주하게 하는 증거이다. 이미 천관우 씨도 민족의식과 근대지향의 각도에서 실학을 규정하고 있거니와,[247] 이와 같이 '실'에 치중하는 사상으로서 실천 및 근본사상이 서로 일치하면서, 전근대적 사상요소를 극복하고 있는 점이 또한 그의 사상을 실학사상으로 간주할 수 있게 하는 요인일 것이다.

박세당의 사상을 실천사상으로부터 근본사상에 이르기까지 일관된 실학사상으로 보게 하는 이른바 '실'의 논리적 근거는 무엇인가? 그것이야말로 그의 사상을 실학사상으로 보게 하는 요인이 아닐까? 이 점을 알기 위하여 우리는 그가 실천사상에서 명칭보다 실체를 중요시한 것과 근본사상에서 "실은 명의 근본이지만, 명이야 무엇의 근본이겠는가"라고 한 발언을 상기할 필요가 있다. 이 발언의 의미는 실체는 명칭을 수반하지만, 명칭은 실체를 수반하지 못함을 지적한 것이다. 이것은 바로 그에게 명과 실에 대한 자각이 있었음을 뜻하는 발언이다. 이것은 실체가 없이 있을 수 있는 명칭에 현혹됨이 없이 오직 명칭을 부수적으로 동반하는 실체에 대하여서만 주의를 쏟으려 한 일종의 유명론(唯名論)적 자각이다.

---

247) 천관우, 「한국실학사상사」, 『한국문화사대계』.

리(理)라든지 성·도라는 것은 모두 초경험적 또는 추상적인 것(형이상자)이다. 이것들을 주희는, 이미 살핀 것과 같이 암암리에 리실재론(理實在論)을 전제함으로써 서로 같은 것이며 선천적 본구자로 보았던 데 반하여, 박세당은 혼란을 막기 위한 이유를 내세워 리와 성과 도를 달리 규정하면서 동시에 그 의미·내용도 서로 다르게 생각하였다. 그는 리실재론적 사유를 거부하였다. 이 사실은 바로 그의 명실관계에 대한 자각이 주희철학의 비판에도 적용되었음을 가리킨다. 그 구체적 사례가 곧 리·성·도를 어디까지나 무작위한 명목에 불과하다고 하면서 실제적 의미를 다시 부여한 사실이라 할 수 있다. 이에 그는 유명론적 자각에 의하여 주희의 실재론적 사유를 벗어나 경험적 사유를 진행시켰다는 판단이 나온다. 결국 '실체에 치중하는 명실론적 자각'이 그의 실학사사의 논리적 근거라고 생각할 수 있다.

이 논리적 맥락이 사실·실질·실제 등으로 퍼져나가 다채로운 실학사상을 이루었다고 논자는 판단한다.

2) 박세당 실학의 의의와 한계

박세당의 실학사상이란 바로 그의 반주자적 경학사상과 그것을 기저로 한 그의 실천사상을 뜻한다. 이미 논자는 '실제'·'실질'로서의 '실'에 치중하면 할수록 그것은 자기의 학문과 사상이 될 뿐 어느 누구의 사상에서도 머무를 수 없음을 지적하였다. 박세당의 실학사상을 이와 같은 관점에서 본다면 그것은 정주학과 구별됨은 물론, 그가 표방한 공맹의 본원유학과도 구별된다고 보아야 한다. 그의 본원유학 표방은 어디까지나 반정주학의 성립을 위한 학문적 권위확보의 수단에 불과하다.

박세당의 실학이 단순히 독자성을 지닌 것이라는 점에만 의의가 있지는 않을 것이다. 그가 주장하는 실리·실용이라는 가치판단의 기준이 어디까지나 자기 자신이며 이 민족이라는 사실에 주목하지 않을 수 없다. 이 점에 주목하면 그의 가치판단은 곧 민족 주체의식의 대두로 보게 된다. 따라서 박세당의 실학사상은 이 민족의 입장에서는 '이단'이 아니라 오히려 '정통'에의 접근이라 할 수 있다.

실리·실용적인 입장에서, 필요하면 노장사상도 서슴지 않고 원용하는 태도 또한 그의 실학의 특색임에 틀림없다. 사실 이 특색으로 말미암아 그의 실학은 하나의 문제를 제기한다. 노장사상을 원용하고 있으므로 그의 실학은 반정주학 아닌 반유학적인 사상이 아닌가, 그렇다면 그의 실학은 '개신유학(改新儒學)'의 의미를 잃지 않는가 하는 의문이 그것이다. 그러나 이미 살폈듯이 그의 노장주해의 입장은 분명히 유학에 있었다. 그는 유학을 위한 노장주해를 하였다. 노장주해는 다만 유학의 개신을 위한 반주자적 방법 이외의 한 부가적 방법에 불과하다. 그의 노장사상은 다만 반정주학 선상에 부가적으로 편승되고 있는 의미를 지닌다. 그런 만큼 그것은 결코 그의 실학으로 하여금 반유학적인 의미를 지니게 하지는 못한다.

박세당의 실학사상이 근대정신과 일맥상통한다고 하더라도 그의 실학은 아직 경세치용(經世致用)에 치중되고 있을 뿐, 제도의 보다 과감한 개혁이나 '과학기술의 발명·발달'에 대한 언급이 없다. 이것은 곧 그의 실학사상의 또 하나의 특색인 동시에 또한 한계로 간주될 수 있을 것이다.

그의 사상의 한계는 또 다른 점에도 있다. 그의 실학사상은 공맹의 본원유학을 표방하면서 반정주학의 방법에 의하여 자신이 이상적이라 생각되는 범위에서 표명된 것이지만, 그 이상의 기준은 역시 공자의 '문(文)'〔虛〕·'질(質)'〔實〕이 조화되어야 한다는 점에 있었다. 그런 점에서 그의 실학은 문에 치중된 정주학에서 '정상(正常)'을 회복하기 위한 반동으로서 '실'에 치중된 것이라는 뜻을 지닌다. 그러나 문과 질의 어느 편에 치우쳐서도 안 된다는 이론상의 이상이 그대로 평가의 기준으로 적용될 수 있다면, '실'에의 치중 역시 이상적 '정상'은 아니다. 이 점에 오히려 반정주학으로서의 박세당 실학의 보다 큰 한계와 약점이 있을 수 있다. 이것은 반정주학으로서의 실학 일반에 해당되는 약점일 것이다. 사실 이 점은 근대사상의 소산인 근대문명·기계문명의 병리가 입증하는 것이기도 하다. 그러므로 앞으로 박세당류의 반주자적 실학 또한 극복되어야 할 대상을 논급될 때에는 무엇보다도 이 점이 먼저 지적되어야 할 것이다.

– 『亞細亞硏究』, 46호(高大 亞硏) 및 『實學思想의 探究』(玄岩社, 1974) 所收

정약용 철학의 주요부분
제8장 정약용의 인간관

1. 머리말

정약용〔茶山 丁若鏞, 1762~1836〕의 사상은 질에 앞서 양만으로도 매우 광범하다. 육경사서(六經四書)에 대한 그의 주해서들과 그의 일표이서(一表二書; 『經世遺表』·『牧民心書』·『欽欽新書』)만 하더라도, 비록 그의 사상적 저술 전체가 아니지만 그의 사상의 광범함을 짐작하기에 충분하다.

정약용은 유학의 이상적 기준을 공자 등 본원유학에서 찾으려 하면서, 그 공자의 학문〔道〕을 '수기치인(修己治人)일 뿐'[1]이라고 한다. 이러한 사실은 곧 '수기치인'이 그의 사상을 이해할 수 있는 하나의 기준임을 의미한다. 사실 육경사서에 대한 그의 주해는 넓은 의미의 '수기(修己)'에 해당하고, 일표이서는 '치인(治人)'에 해당하는 저술이다.[2]

---

1) 『丁茶山全書』, 1집, 권17, 40張 後(서울; 문헌편찬위, 1960).

2) 이을호(李乙湖) 박사 역시 정약용의 학문을 수기치인의 학(學)으로 본다. 다만 그는 '수사학적 수기치인의 실학'이라 부른다.

이 고찰의 대상을 그의 사상 중 철학에 한정시킨다면, 물론 그의 '수기'의 측면이 부상되겠지만, 문제는 그의 수기의 측면만 하더라도 결코 단순하거나 협소하지 않다는 데 있다. 그 안에도 벌써 육경사서 전반에 걸친 그의 방대한 견해가 들어 있다. 그러므로 이 글과 같이 제한된 범위의 고찰을 시도할 때에는 고찰의 대상을 그 수기의 부면 안에서도 더 축소할 수밖에 없다.

논자는 이러한 이유로 그의 '인간관(人間觀)'에 고찰의 초점을 모으고자 한다. 그것은 '수기'에서 '기(己)'를 파악하는 데는 언제나 인간 파악이 선행되기 때문이다. 수기를 위한 '자기파악'에는 일정한 인간 파악이 선행된다는 점에서, 필자는 임의의 선별적 관심을 일단 그의 '인간관'에 두고자 한다.

2. 관점의 문제

정약용의 인간관을 살피는 데에는 어떤 관점에서 어떤 종류의 인간관을 살피는가가 중요하다. 논자는 우선 그의 철학 전반에 걸쳐 적용될 수 있는 관점 선택의 문제부터 생각하기로 한다.

정약용의 철학사상은 성리학과의 관련을 고려하지 않고서는 완전히 이해될 수 없다. 그는 성리학이 통치원리로 이용되던 시대에 태어나 그것을 배우고 익히는 과정에서 인격을 연마하고 학문을 익혔다. 그의 철학은 성리학과의 일정한 관련 속에서 이루어진 것이다.

그는 성리학에 대한 전문적 학습의 단계에 들어서면서 그 장점보다 약점에 눈을 떴다. 그는 당시 학계의 최대문제였던 '사단칠정론(四端七情論)'이나 '인물성동이론(人物性同異論)'에 대한 자신의 견해를 피력할 정도로[3] 성리학에 깊은 조예를 지니고 있었지만, 성리학을 긍정적으로 계승하기보다는 비판·극복의 대상으로 삼았다. 그보다 이미 1세기 정도 앞서 발흥하여 전파되어 오던 이른바 실학(實學, 후기실학)의 성리학 비판의 경향을 그는 계승하였던 것이다. 성리학에 대한 그의 평인 '녹피(鹿皮)에 왈 자(曰字) 쓰기'라는 비유가 이러한 사실을 단적으로 뒷받침한다.

> 그러나 리기(理氣)의 설이란 동(東)으로도 서(西)로도 될 수 있고, 백(白)으로도 흑(黑)으로도 될 수 있는 것입니다. 좌(左)로 끌면 좌로 기울고, 우(右)로 당기면 우로 기우는 것입니다. 필생 다투다가 자손에까지 넘겨 다투게 해도 끝낼 수 없는 것입니다. 인생은 다사(多事)한 것인데, 형장(兄丈)이나 나야 어느 여가에 이러한 것〔理氣說〕을 하겠습니까.[4]

---

3) 정약용의 『중용강의(中庸講義)』, 『맹자요의(孟子要義)』 및 「변(辨)」, 「책(策)」 등에 피력되어 있다.

이는 성리학의 핵심인 리기론이 마치 녹피에 왈(曰) 자를 쓰는 것처럼 해결하기 어려우며, 그만큼 비실제적이고 비생산적이라는 평이다.

그는 또 '오학론(五學論)'에서 다음과 같이 말한다.

> 오늘날 성리학을 하는 학자들은 리와 기, 성(性)과 정(情), 체(體)와 용(用) 또는 본연(本然)·기질(氣質), 리발(理發)·기발(氣發), 이발(已發)·미발(未發), 단지(單指)·겸지(兼指) 등을 말하면서 제각기 스스로 천하의 고묘함을 다한다고 생각하여 동에서 기둥을 세우면 서에서 허물고, 꼬리를 잡으면 머리가 빠져나가는 식으로 서로 다툰다. 제각기 일문일가(一門一家)를 이루었다 하여 기치와 기첩을 하나씩 내거니, 세월을 다하여도 그 다툼을 해결할 수 없고, 대를 물려가더라도 그 원한을 풀 수 없으니 … 어찌 공소하지 않은가?[5]

그는 성리학의 난해성이 야기하는 끝이 보이지 않는 탐구뿐만 아니라, 분파분당적(分派分黨的) 논송(論訟)의 폐단까지 고려하면서 그 공소성(空疎性)을 비난의 표적으로 지적한다. 끝이 보이지 않을 정도의 탐구를 요하는 난해성과 더불어 파당의 쟁송(爭訟)까지 야기하는 비실제적·비생산적 공소성이 곧 성리학을 비판 배척하는 그의 이유임은 물론이다. 이러한 성리학 비판의식은 그의 학문방법을 좀더 실제적이고 실증적인 것으로 이끈다. 그는 다음과 같이 주장한다.

> 공자의 학문〔道〕은 수기치인(修己治人)일 뿐이다. 오늘의 학자들이 조석으로 연마하는 것은 다만 리기사칠(理氣四七)의 변(辨)이 아니면, 하도낙서(河圖洛書)의 수(數)요, 태극원회(太極元會)의 설(說)

---

4) 『全書』, 1집, 권19, 30張 後.

5) 앞의 책, 1집, 권11, 19張 前.

일 뿐이다. 과연 이것들이 수기에 해당하는가, 치인에 해당하는가? 이는 일변(一邊)에 치중된 것이다.[6]

정약용에 따르면 성리학은 너무 공소·공허함으로만 치우쳤는데, 그 치우침을 벗어나려면 공자 본래의 학문이 수기치인임을 깨달아, 공자의 실제 지향적 학문정신을 회복해야 한다. 성리학의 비실제성(공소성)을 벗어나기 위한 노력을 그는 공맹의 본원유학적 실제지향의 정신에 가탁하여 시도하게 된다.

본원유학정신에의 가탁은 어디까지나 탈성리학적(脫性理學的) 실제성 지향의 방법론일 뿐 완전한 복고는 아니다.[7] 그는 이러한 방법론적 노력의 결과로 마침내 명분(名分)·형식(形式)을 중시하는 성리학적 사고를 벗어나 실질(實質)과 실용(實用)을 더욱 중요시하는 실학(후기 실학)의 사고를 택하게 된다. 따라서 그의 철학은 탈성리학적 실학의 범주에서 파악하게 마련이다. 따라서 그의 인간관을 살피는 관점도 바로 이 탈성리학적 실학의 관점에 두게 됨은 말할 나위 없다.

이미 밝힌 대로 그 또한 성리학적 학문풍토에서 성장하였으므로 성리학을 익히지 않을 수는 없었다. 어느 정도의 성리학설까지 다루었던 것도 앞서 말한 대로이다. 이러한 여건으로 해서 정약용이 탈성리학적 정신으로 철학을 하였지만, 그가 성리학의 용어조차 사용하지 않은 것이 아니다. 외견상의 용어만으로 보면 그의 철학도 기존 성리학과 같다고 할 만하다. 그도 리·기·심·성·정 등 성리학의

---

6) 앞의 책, 1집, 권17, 40張 後.

7) 정약용이 이와 같이 방법상으로 공맹의 본원유학정신에 가탁하기 때문에, 어떤 이는 정약용의 학문을 가리켜 '수사학(洙泗學)'이라 한다. 그러나 이것은 어디까지나 실제 지향, 즉 성리학의 실제성보다 더한 실제성 추구의 방법에 지나지 않는다고 보아야 한다. 공맹의 정신에 가탁하여 실제성을 추구한다고 그의 학문이 곧 공맹의 학인 것〔洙泗學〕은 아니다.

전유물처럼 이용되던 용어를 사용하였다. 그러나 그는 용어에 대한 이해에서 종래 성리학자들과는 전혀 다른 면모를 보인다. 특히 리·기 등 기본용어의 의미부터 되도록 독특하게 독자로 구사하려 노력하는 점이 두드러진다.

용어의 의미를 다르게 사용하면서 성리학자들보다 더 실제적인 학문을 추구한 이상, 비록 기존의 성리학 용어를 구사하였다고 하더라도 그의 철학은 새롭고 독자적인 철학이라고 보아야 옳다. 그 독자적 철학이 탈성리학적 실학의 관점에서 이루어졌으므로, 그것은 자연히 새로운 실학의 범주에 해당하는 철학이다.

3. 자존적 존재

유학의 인간관은 본원유학 이래로 전해 온 삼재(三才) 관념의 기초에서 출발한다.

> 건(乾)은 천(天)이므로 부(父)라 하며, 곤(坤)은 지(地)이므로 모(母)라 한다.[8]

> 옛날 성인이 역(易)을 지은 것은 성명(性命)의 리를 따르고자 함에서이다. 그러한 목적에서 '천(天)의 도(道)'를 세웠으니 곧 음과 양이 그것이고, '지(地)의 도'를 세웠으니 곧 유(柔)와 강(剛)이 그것이며, '인(人)의 도'를 세웠으니 인(仁)과 의(義)가 그것이다.[9]

『역경(易經)』에서는 인간을 건곤(乾坤), 즉 천지(天地)를 각각 부모로 하여 태어나 천지와 더불어(천지 사이에서) 살아가는 존재라고 한다. 천지의 소생인 인간은 천지와 더불어 존재하면서 자신(인간)의 바른 위치를 찾아 조화롭게 살아가야 한다는 것이 삼재(三才) 사상이다. 인간은 천지라는 우주 자연의 분신(分身) 같은 동질의 존재이며, 그런 만큼 인간의 행복은 그 본체와 같은 자연에 귀의하고 조화하는 데 있다. 이것이 본원유학의 인간관을 이루는 기본사고로서, 이 사고에서 유학의 '천인합일(天人合一)'사상이 있게 된다.

성리학에서는 이러한 본원유학의 인간관을 계승하여 리기론으로 재해석·재구성한다. 성리학자들은 인간을 포함한 모든 현상 사물을 리와 기로 되었다〔理氣之合〕고 한다. 모든 사물들이 다 음양오행(陰陽五行)의 기로 형질을 이루고, 그 기는 또한 리와 더불어 있다는 것

8) 『易經』, 「說卦傳」.

9) 상동.

이다. 리와 기로 이루어지는 점에서는 인간도 다른 사물과 다르지 않다. 그 까닭에 인간은 자연과 불가분의 관계에 있다는 사고가 있게 되고, 그 사고를 리의 측면 또는 기의 측면으로 설명하는 이론들이 있게 된다. 전자가 주희(朱熹)·이황(李滉) 등의 성리설인 주리설(主理說)로 형성된 '리일분수설(理一分殊說)'이며, 후자는 장재(張載)·임성주(任聖周) 등의 성리설인 주기설(主氣說)로 형성된 '기일분수설(氣一分殊說)'이다. 결국 성리학에서는 리와 기 어느 측면으로 보든지 인간과 자연이 한 몸으로 될 수 있다면서, 실제 그렇게 되는 "물아일체(物我一體)", 곧 "천인합일(天人合一)"의 경지를 이상으로 여긴다.

정약용 또한 자연과 인간의 동질성에 대해서는 어느 정도 인정하고 있는 것 같다. 그 동질성을 부정하는 명백한 견해를 보이지 않고, 삼재사상을 기초로 하여 발전시킨 『역경』 및 『중용(中庸)』의 천일합일 사상을 일단 시인하고 있기 때문이다.[10] 더욱이 그가 "사람의 몸은 리기의 합으로 이루어진 것〔人之一身, 合理氣二者而成者〕"[11] 이라고 수긍하는 것을 보면, 리 또는 기를 매개로 하는 인간과 자연의 불가분의 유대를 시인할 가능성도 있다.

그러나 그가 인간도 '리기의 합'임은 인정하지만, 인간과 자연의 관계에 대해서는 종래의 성리학자들이 주장한 리 또는 기에 의한 물아일체 또는 만유일체관(萬有一體觀)을 계승하지 않는다. 그는 먼저 리일분수설(理一分殊說)에 의한 만유일체관을 거부한다.

> 후세의 사상〔學〕에서는 천지 만물의 유형무형(有形無形)한 것이나 영명완준(靈明頑蠢)한 것이나 모두 일리(一理)에 귀일시켜 다시는 대소주객(大小主客)이 없게 하여, 이른바 일리에서 비롯된 다음 중간에서 흩어져 만수(萬殊)로 되었다가 끝내는 다시 일리에 귀합된

---

10) 정약용의 『주역사전(周易四箋)』, 『중용강의(中庸講義)』 등 참조.
11) 『全書』, 1집, 권22, 8張 後.

다고 한다. 이것은 조주(趙州)의 만법귀일(萬法歸一)설과 조금도 다르지 않다. 원래 송대의 성리학자들〔諸先生〕은 초년의 선학(禪學)에 많이 탐닉하였기 때문에, 유학으로 돌아온 뒤의 성리설에 있어서도 인순(因循)함이 없지 않았다. …[12]

정약용은 리일분수설을 불교의 만법귀일설(萬法歸一說)에 불과한 것으로 보고 시인하지 않는다. 그 이유는 근본적으로 리에 대한 견해를 그가 주희 등과 같이 하지 않기 때문이다.

주희 등은 리를 모든 현상의 '소이연자(所以然者)'로서 주재능력을 가지고 있으며, 궁극적으로는 천명(天命)·태극(太極)과 같다고 생각하였다. 그들은 리에 대한 이러한 견해(일종의 리 실재시 사고)를 전제로 리일분수를 말하였다. 그러나 정약용은 리를 맥리(脈理)·치리(治理)·법리(法理)[13] 이상의 의미로 생각지 않는다. 리라는 것은 원리적·법칙적인 것에 지나지 않는다는 것이다. 그가 보는 리는 천명·태극 및 성(性)과 동일될 수 없다.[14] 따라서 그에게 있어 종래의 리일분수설은 수긍될 수 없고, 그 리일분수설에 입각한 만유일체관도 긍정되지 않는다.

정약용은 기에 의한 인간과 자연과의 유대, 즉 기일분수설을 전제로 한 만유일체관도 시인하지 않는다. 그가 종래의 기일분수설을 시인하는 것은 전혀 찾아볼 수 없으며, 다만 인간이 (리와 함께) 기로 이루어짐을 시인할 따름이다. 어쩌면 이와 같이 인간이 기로 이루어진다고 생각한 것부터가 기에 의한 자연과의 유대관계를 완전히 배제하지 않는 것일지도 모른다. 그러나 이 점은 그의 음양오행 및 기

12) 앞의 책, 2집, 권6, 38張 前.

13) 앞의 책, 2집, 권6, 26張 前.

14) 뒤에 그의 성론(性論)을 소개하겠지만, 그는 정주(程朱)의 '성즉리(性卽理)'를 반대한다.

(氣) 일반에 대한 견해를 고찰할 때 분명해진다.

정약용은 “기가 사물의 형질을 이룬다〔氣以成形〕”는 의미의 “음양오행이 만물을 화생한다〔陰陽五行, 化生萬物〕”[15]는 말을 풀이할 때, 우선 음양을 종래와 달리 생각한다. 그는 음양을 종래의 성리학자들과 달리 햇빛의 내리쪼임에서 비롯되는 것으로 본다.

> 해가 가리어 숨겨진 것이 음(陰)이요, 해가 비쳐진 것이 양(陽)이다. 본래 체질이 있지 않은 것으로, 다만 명암(明暗)이 있을 뿐이다.[16]

그는 음양이 물질의 성질〔體質〕을 가지지 않는 명암(明暗)에 불과하므로 일월(日月)의 상(象)이라고도[17] 주장한다. 그는 음양은 ‘만물의 부모가 될 수 없는 것’[18]이며, 결코 우주 자연의 원질이 아니라고 한다.

정약용은 ‘오행(五行)’에 대하여서도 일종의 본체적 실체가 아닌 구체적인 다섯 가지 사물〔五物〕로만 본다. 그는 오행은 어디까지나 만물중의 ‘오물(五物)’에 불과하므로 “오물이 만물을 화생한다는 것〔以五生物〕은 납득되기 어려운 일이다”[19]라고 한다. 오행도 그에게서는 우주 자연의 원질로 받아들여질 수 없다.

그의 기 일반에 대한 견해도 종래의 기일분수설자(氣一分殊說者)들과 많은 차이를 보인다.

> 기(氣)로 물(物)이 됨을 밝혀야 하지만, 그것을 후세(성리학자들)

15) 앞의 책, 2집, 권4, 1張 後.

16) 상동.

17) 상동.

18) 앞의 책, 2집, 권4, 2張 前.

19) 앞의 책, 2집, 권4, 3張 前.

> 의 리기설로 혼합하여 말해서는 절대로 아니 된다. 무릇 우리 인간이 생양동각(生養動覺)하는 데는 오직 혈과 기 이물〔血氣二物〕이 있을 따름이다. 그 형질을 논한다면, 혈(血)이 조(粗)한 반면 기(氣)는 정(精)하고, 혈이 둔(鈍)한 반면 기는 예(銳)한 것이다. … 지(志)는 기의 수(帥)이며 기는 혈의 영(領)이다.[20]

그는 기를 의서(醫書)에서 흔히 말하는 혈기(血氣)에 가깝게 이해한다. 형질에 가깝다기보다는 혈기에 가까운 것〔血之領〕이 그의 기 개념이다. 그러므로 그가 파악하는 기의 의미는 만물일원(萬物一源)의 기라고 보기 어렵다. 이러한 사고는 인간이 지닌 호연지기(浩然之氣)가 '천지 사이에 들어찬다〔塞于天地之間〕'는 것을 부인하는 대목에서도[21] 잘 드러난다. 그것은 곧 기가 인간과 자연이 일체〔天人合一〕가 되게 하는 동질적 매개체라는 사실을 부인하는 사고이기 때문이다.

이와 같은 사실로 미루어 보면 정약용은 분명히 리기 양면으로 인간과 자연의 동질성을 믿지 않았다. 일상적인 소박한 상식의 차원에서는 모르겠지만 적어도 철학의 차원에서 그가 만유일체관적 사고를 바탕으로 우주와 자연을 인간의 부모로 간주하였다고 할 수는 없다. 이것은 그가 유일신으로서의 '상제(上帝)'를 믿었던 것을 상기할 때 더욱 확실하다. 그는 "천지 귀신이 포열(布列)하였더라도 그 지존지대(至尊至大)한 것은 상제일 뿐"[22]이라면서, "상제란 천지・신(神)・인(人) 외의 자리에서 천지・신・인・만물 등〔類〕을 조화하며 주재(主宰)・안양(安養)하는 존재"[23]라 한다. 이런 사고로 보아 그에 있

20) 앞의 책, 2집, 권5, 17張 前.
21) 이 글의 끝 절에서 지(志)의 문제와 관련지어 또 언급될 것이다.
22) 『全書』 2집, 권4, 23張 前.
23) 『春秋考徵』, 권4, 24張 前.

어 생명의 근원 내지 인간의 부모에 해당하는 것은 자연〔天〕의 리기보다 상제라고 해야 할 것이다.

지금까지 살핀 대로 정약용에서는 인간과 자연의 일체(一體)보다 오히려 이분의식이 싹트고 있었다. 그는 주희가 (『중용』의) 명(命)·성(性)·도(道)·교(敎)에 대한 해석을 항상 (천인합일을 전제로) 인간과 사물을 겸한〔兼人物〕 관점에서 내리는 것에 대해 부정적이었다. 그는 "이른바 천명(天命)의 성(性)은 사람의 성이고, 솔성(率性)의 도(道)는 사람의 도이며, 수도(修道)의 교(敎)는 사람의 교"[24]라고 확언한다. 이는 인간과 자연을 분리시켜 인간의 입장에서 자연을 바라보는 자세를 확립하고자 하는 언구이다.

이러한 자세로부터 자연과 조화하고 합일하기보다는 오히려 자연과 대립하여 그것을 응용하려는 의식의 가능성이 엿보인다. 그의 기예설(技藝說)이 한 증거이다.

> 그러한 까닭에 사람이 모일수록 그 기예(技藝)는 정(精)하여지며, 시대가 지날수록 그 기예는 교묘해진다.[25]

이렇게 그가 기예를 통한 진보와 발전까지 믿고 있었던 사실을 보면, 그는 자연과의 이분 의식을 바탕으로 진보·발전적인 기술 개발까지 도모하였음이 분명하다.

여기에서 정약용이 자연과의 관계에서 그린 인간관은 성리학자들의 인간관과 뚜렷이 구분되는 '자연으로부터 독립하여 자존(自存)하는 존재'였다는 판단이 나온다. 자연과 구분되는 비자연적 존재가 곧 그의 인간관의 일면이다.

---

24) 『全書』, 2집, 권4, 4張 前.

25) 앞의 책, 1집, 권11, 10張 後.

4. 영장관의 계승

인간을 사물 일반으로서의 자연으로부터 구분해 내려는 사고는 유학사에서 정약용이 처음 제기한 것이 아니다. 인간을 사물 가운데서도 특히 금수와 구분하고자 하는 의식이 이미 본원유학의 일각에서부터 있었다. 맹자가 고자(告子)와 나눈 견우(犬牛)와 인(人)의 성론(性論)이 그것을 대표한다.[26]

맹자는 인간과 다른 동물〔禽獸〕 사이에는 엄연히 구별되는 차이가 있다고 생각하였다. 그는 그 차이가 무엇보다도 양자의 '성(性)'의 상이에 있다고 보았다. 인간에게는 인의예지〔四端之性〕라는 고유의 (선한) 성이 있지만, 다른 동물들에게는 이러한 것이 없고 다만 '식색(食色)의 성'만 있을 뿐이라고 한다. 따라서 정신적·이성적〔根於心〕인 인의예지는 인간의 성이고, 본능적·감성적인 '식색의 성'은 견우(犬牛) 등 동물의 성이다. 이러한 뜻에서 맹자의 성설은 성선설(性善說)의 특징을 지니며, '식색의 성'에 해당하는 '생지위성(生之謂性; 타고난 대로의 것을 성이라 함)'을 주장하는 고자의 견해와 갈리게 된다.

맹자는 성의 차이에 의해 인간을 다른 동물과 구별하려 하였다. 맹자의 이러한 인수(人獸) 구별에 따라 결국 인간을 만물 중의 최고로 우월한 존재로 보는 이른바 인간 영장관(靈長觀)이 나오게 된다. 그 후 대부분의 성리학자들이 이 맹자의 사상을 계승하는데, 다만 이를 리와 기의 이론으로 재해석하게 되므로 그 입장에 따라 이것을 계승하는 성리학적 이론이 일정하지 않을 따름이다.

성리학자 중 특히 정주계(程朱系)의 학자들은 '성즉리(性卽理)'를 전제로 사람의 마음에는 도덕적 행위〔善〕를 할 수 있는 인의예지로서 '오상(五常)의 리'가 있음을 일단 인정한다. 이때 '성즉리'를 어떻게

---

26) 『孟子』, 「告子上」.

생각하느냐가 같은 정주계의 성리학에서도 이론상의 차이를 가져오는 분수령이다. 성을 어디까지나 '심(心, 氣) 중의 리'로 규정하면, 오상의 리는 인간에게만 있을 뿐 다른 동물에게는 없다는 이론이 성립한다. 반면 성을 '심중의 리'에 국한시키지 않고 리 일반의 것〔太極·天命 등〕으로 확대 규정하면 오상의 리는 인간과 동물은 물론 만물에 다 들어 있다는 이론이 성립한다. 이것이 바로 성리학의 '인물성 동이론(人物性同異論)'으로, 전자가 인물성 상이론(人物性相異論)이며 후자가 인물성 상동론(人物性相同論)이다. 따라서 리기론적 성론(性論)에서 맹자의 본지에 충실한 것이 인물성 상이론으로, 인의예지의 고유여부에 입각하여 인간과 다른 동물을 구별하는 이론이다.

그러나 인물성 상동론을 주장하는 학자들이라 하여 어느 모로나 반드시 인간과 동물을 구분하지 않는 것은 아니다. 인물성(人物性) 동이를 따지기 전부터 모든 성리학자들은 인간과 다른 동물을 리가 아닌 기 내지 기질(氣質)에 따라 구분하려 하였다. 인물성의 동이 문제가 본격화되기 전부터 성리학자들은 인간과 다른 동물의 신체가 기〔陰陽五行〕로 이루어진 것은 같지만 그것이 서로 같은 기는 아니라고 생각하였다. 인간의 기가 다른 동물의 기보다 '빼어나다〔秀〕'고 생각하였다. 『태극도설(太極圖說)』에서 "이기(二氣)가 교감하여 만물을 화생할 때 오직 인간만이 그 빼어난 것을 얻었다"[27] 고 한 것이 그 좋은 예이다. 인간의 기가 좀더 청(淸)·수(粹)·정(精)한 데 비하여 다른 동물의 기는 탁(濁)·박(粕)·조(粗)하다는 것이다. 이 차이가 곧 인간과 다른 동물 간의 이른바 '기질'의 차이이며 '지각〔神發知〕'의 차이다.

기 내지 기질의 차이에 따라 인간과 다른 동물을 구분하려는 사고가 인물성 동이의 문제보다도 먼저 있었으므로, 인물성 동이론자(人

27) 周敦頤, 『太極圖說』.

物性同異論者)들도 이 사고에 입각하여 인간과 다른 동물을 구별하게 되었다. 그 결과 성리학에서는 마침내 리기 두 관점에서 모두 인간을 다른 동물보다 우월한 존재로 간주하게 되었으며, 인간이 만물 중 가장 수월하다는 인간영장관을 확립하게 되었다.

정약용도 이 영장관을 계승하여 인간을 가리켜 "만류(萬類)를 초월하여 만물을 향용(享用)하는 것"[28]이라고 한다. 그러나 그가 종래의 성리학자들과 같은 근거에서 인간을 영장이라고 하지 않는다. 그는 먼저 인물성 상동(人物性相同)을 반대한다.

> 지금 건순(建順) 오상(五常)의 덕〔仁義禮智信〕을 인간과 사물이 함께 품득(稟得)하였다고 하면, 누가 주(主)의 입장이고 누가 노(奴)의 입장인가? (그것은) 모두 다 등급이 없게 되는 것이니, 어찌 상천(上天)의 물(物)을 생하는 리가 이와 같을 수 있는가?[29]

이로 보아 정약용은 일단 인물성 상이론의 편에 선다. 그는 "인간의 성(性)은 다만 한 가지 인간의 성일 뿐이며, 견우(犬牛)의 성은 다만 한 가지 금수(禽獸)의 성일 뿐"[30]이라 확언하기도 한다.

그러나 정약용이 인물성 상이의 견해를 견지한다고 해서 곧 종래 성리학자들의 상이론을 지지하는 것은 아니다. 그는 "만약 상천(上天)이 인성(人性) 가운데에 인의예지의 네 낱알〔顆粒〕을 부여한 것으로 말하면, 그것은 사실을 그르치는 것"[31]이라 한다. 이것은 바로 성리학자들(상이론자나 상동론자를 가릴 것 없이)이 인의예지 등의 성을 '고유한 본구의 리'로(일종의 리 실재시 사고를 전제로) 생각하는 것을

28) 『全書』, 2집, 권4, 2張 後.
29) 상동.
30) 앞의 책, 2집, 권6, 19張 前.
31) 앞의 책, 2집, 권4, 2張 後.

비판한 글이다. 정약용은 “인의예지의 이름은 본래 우리 인간이 (그러한) 일을 행하는 데〔行事〕서 생긴 것이지 결코 심(心) 가운데 있는 현묘한 리가 아니다”[32] 라고 한다. 성을 이렇게 본구의 리로 간주하지 않는 것이 무엇보다도 성리학의 인물성 상이론자들의 견해와 다른 점이다.

여기서 정약용은 그 나름의 성론을 펼쳐, 인간의 성과 다른 동물의 성의 차이를 구체적으로 설명한다. 그는 나름의 ‘성삼품설(性三品說)’을 제시한다.

> 성에는 ‘세 가지 품질〔三品〕’이 있다. 초목(草木)의 성은 생(生)은 있으나 각(覺)이 없고, 금수(禽獸)의 성은 생이 있을 뿐만 아니라 각이 있으며, 우리 인간의 성은 생과 각에다 또 영(靈)과 선(善)이 있다. 상중하의 삼급(三級)이 결코 같지 않다.[33]

그는 성(性)에 인간의 성과 다른 동물의 성, 그리고 식물의 성이 있는데, 이것들은 각기 상중하의 질적 차이가 있다고 한다. 이는 인간이 상품의 성을 지녔으므로, 식물 및 다른 동물과 구별될 뿐만 아니라 가장 우월한 존재라는 뜻이다. 이것이 바로 정약용이 지닌 ‘인간영장관’의 구체적 내용의 일부이다.

---

32) 상동.

33) 앞의 책 2집, 권4, 47張 前.

5. 자율적 주체

정약용이 인간영장관을 제시하는 것은 다른 동물과 비교하여 인간의 우월성을 찾는 데 있다. 다른 동물들에 비교된 인간의 우월성은 곧 인간의 특징을 의미한다. 그로서 인간과 다른 동물과의 차이는 곧 '영(靈)과 선(善)'의 유무(또는 그 능력)에 의한 차이다. 인간에는 이른바 '영과 선'이 있는 반면 다른 동물에는 이것이 없다. 이 '영과 선'이 있는 이 점이 다른 동물에 비해 인간이 우월한 근거이다. 그때 정약용은 인간의 성과 다른 동물의 성의 차이를 다음과 같이 표현하기도 한다.

> 인간의 성은 도의(道義)와 기질(氣質) 두 가지를 합쳐 한 성으로 한 것이지만, 금수의 성은 순전히 기질의 성일 뿐이다.[34)]

이로 보면 '영과 선'은 곧 '도의(道義)'로 표현되는 것임을 알 수 있다. 그렇다면 '도의'는 무엇인가? 이제까지 살핀 것으로 미루면 도의는 물론 리도 아니고 인의예지 자체도 아니다. 아마도 인의예지와 같은 것을 행할 수 있는 능력으로 보아야 할 것이다. 사실 정약용은 "모든 인간은 배태되었을 초기에 각각 영명(靈明)을 품부받아 만류(萬類)를 초월하게 되고 만물을 향용하게 된다"[35)] 고 본다. 그러므로 이러한 사실들을 종합하면, '영과 선' 또는 '도의'는 선한 행위를 할 수 있는 영명한 능력을 의미한다는 이해가 가능하다.

정약용에게 '영명(靈明)'의 문제는 곧 마음(心)의 문제이다. 그는 "천(天)의 영명이 인심에 직통한다"[36)] 고 하면서 '영명지심(靈明之心)'

34) 앞의 책 2집, 권6, 19張 前.

35) 앞의 책 2집, 권4, 2張 後.

36) 앞의 책, 2집, 권3, 7張 後.

이라는 표현을 즐겨 사용한다. 그는 심(心)의 뜻에는 '오장 중의 하나〔心臟〕'라는 뜻과 『맹자』에서 소발지심(所發之心)으로 말하는 심(즉 심의 용으로서의 정)의 뜻 이외에 '영명의 심'이라는 뜻이 있다고 한다.[37] 이 영명의 심은 『대학(大學)』 등에서 '마음을 바로잡는다〔正心〕'고 할 때의 심에 해당한다는 것이다.[38] 바로 우리가 의식 일반으로 말하는 심이 그에게 있어서는 영명의 심이 된다. 요컨대 선을 행할 수 있는 영명한 심의 능력이 오직 인간에게만 있다는 논지에서 정약용은 인간과 다른 동물을 구별하고 나아가 인간의 우월성까지도 인정하는 것이다.

선을 행하는 심의 영명한 능력을 정약용은 구체적으로 어떻게 파악하였을까? 그는 다음과 같이 주장한다.

> 하늘은 인간에 대하여 자주(自主)의 기능을 (미리) 마련해주어, 스스로 선하고자 하면 선을 실제로 행하게 하고 스스로 악하고자 하면 악을 실제로 행하게 한다. 들떠서 안정되지 않은 것도 자신의 권능에 의한 것이어서, 금수에게 고정된 마음〔定心〕이 있는 것과 같지 않다. 그러므로 선을 행하는 것이 자신의 공(功)인가 하면, 악을 행하는 것은 자신의 죄인 것이다. 이것이 바로 심의 기능이다.[39]

정약용에 따르면 인간은 스스로 선을 실현하려는 바람으로 선을 행하고 악을 범하려는 바람으로 악을 행한다. 스스로의 바람에 따라 결행하는 인간의 이 능력을 그는 인간이 타고난 '자주의 권능〔自主之權〕'으로서 '심의 권능〔心之權〕'이라 부른다. 그가 인간만이 지닌 심의 영명한 능력이라고 생각하는 것이 바로 이 심의 '자주의 권능'이 아닌

37) 앞의 책, 1집, 권19, 30張 後.
38) 상동.
39) 앞의 책, 2집, 권5, 34張 後.

가 한다. 선악의 행위를 논하는 다음의 글이 이러한 추측을 확인시켜 준다.

> 선악(문제)에 있어서 인간은 다 자작(自作)하여 스스로 주장할 수 있다. 그러나 금수의 경우에는 선악을 자작할 수 없다. 그렇게 되지 않을 수 없어서 그렇게 될〔不得不然〕 따름이다.[40]

이 글에서 심이 지닌 '자주의 권능'을 찾는다면, 그것은 두말할 나위 없이 '자작(自作)하여 스스로 주장'하는 능력이다. 두 가지는 다 자발적인 주체적 능력이라는 점에서 서로 같기 때문이다. 심의 자주적 권능에 해당하는 '자작하여 스스로 주장'하는 이것이 인간에게만 있는 독특한 능력이라는 것이다. 다른 동물은 다만 '부득불연(不得不然)'이라는 그의 주장이 주목할 만하다. 다른 동물의 동작은 본능에 의하여 좌우될 뿐이므로 필연적인 것에 불과하다는 의미가 여기에 있다. '부득불연'과 '자작하여 스스로 주장〔自作而主張〕'하는 것이 곧 정약용이 파악한 다른 동물〔禽獸〕과 인간의 차이이다.

이렇게 보면 정약용이 인간을 영장으로 보는 주요 근거를 확실히 알 수 있다. 그것은 바로 다른 동물과 달리 인간은 자욕자작(自欲自作)하여 자행(自行)하는, 이른바 '자주의 권능'을 가졌다는 데 있다. 한마디로 인간만이 '주체적 자율'의 능력을 가졌다는 것이다. 이에 우리는 영장관에 드러난 정약용의 인간파악이 근본적으로 '자율적 주체'의 모습이라는 것을 알 수 있다.

40) 앞의 책, 2집, 권6, 19張 前.

6. 욕구체관

일정한 인간관은 결국 인성(人性)에 대한 일정한 견해를 가장 핵심적인 내용으로 한다. 인성의 여하에 따라 인간이 지닌 인간다운 특징이 드러나기 때문이다. 이러한 점에서 실상 이제까지 우리는 주로 정약용의 인성관(人性觀)을 고찰한 셈이다.

그러나 그의 인성관에 대한 지금까지의 고찰은 아직도 충분하지 않다. 그것은 특히 영명(靈明)의 측면을 위주로 살펴본 것에 지나지 않는다. 그는 인간의 성(性)을 도의(道義)와 더불어 기질(氣質)이 합쳐진 것이라 하였다. 그러므로 앞으로 도의의 부면과 더불어 그가 상정한 기질의 측면을 더 살펴야 한다.

도의(또는 도덕)에 대하여 유학에서는 본원유학 이래로 인간이 지닌 본성의 발로로 생각하였다. 본성의 자연적 발로하여 이루어지는 것이 도의·도덕이라 생각되었다. 『중용』의 "하늘이 명한 것을 성이라 하고, 성을 따르는 것을 도라 한다〔天命之謂性, 率性之謂道〕"[41]는 언구가 그러한 사고를 단적으로 드러낸다. 하늘이 명한 성이란 태어날 때부터 선천적으로 타고난 성, 곧 본성을 가리킨다. 그 본성이 하고자 하는 대로 행함으로써 이루어지는 것이 도의(도덕)인 만큼, 도의는 본성의 자연 발로에 해당한다. 맹자의 사단〔惻隱·羞惡·辭讓·是非之心〕이라는 인의예지의 성의 발로도 이러한 의미로 한 것이다.

성리학에서도 이러한 사고를 거의 그대로 계승한다. 다만 성리학에서는 '성즉리(性卽理)'라는 명제를 내어, 인성문제를 리기론으로 환원한 양상으로 이론화할 따름이다. 이를테면 인성을 일종의 존재론적으로 이해하고 있는 셈이다. 주희나 이황은 본성으로서의 '오상'은 나아가 '친의별서신(親義別序信)'의 원리로도 실현된다고 한다.[42] 이

---

41) 『中庸』, 「首章」.

에 본성인 오상은 바로 '오륜의 도리'라고 할 수 있게 된다.

이러한 이론이 주희 등 성리학자들에게서 가능하게 되는 것은 본구의 성을 실재하는 리로 간주하기 때문이다. 이때의 본구한 성〔本性〕이 곧 '본연지성(本然之性)'이며, 실재하는 리가 곧 '천명(天命)' 자체 또는 '태극(太極)'이다. 물론 성리학이 오로지 본연의 성만을 인정하고 그와 반대되는 기질지성(氣質之性)을 부인하지는 않는다. 성리학에서 심 자체를 '리기의 합'으로 보는 만큼 리와 관련된 '도심(道心)'과 더불어 기와 관련된 '인심(人心)'을 말하듯이,[43] 성의 경우에도 '본연의 성'과 '기질의 성'을 함께 언급한다. 본원유학〔孟子〕의 '식색(食色)의 성'을 성리학에서도 '기질의 성'이라 하여 일단 인정한다. 그러나 (적어도 주희계열의) 성리학에서는 맹자의 성선설에 충실하므로, 본연의 성을 중요시하면서 기질의 성은 그렇게 중시하지 않는다. 이런 경향은 사단 또는 오상의 본성만이 오륜의 도의를 이루고, 형기(形氣)와 관련된 기질의 성은 오히려 오륜의 도의를 행하는 데 방해가 된다는 사고에 기인한다.

그러나 정약용은 인 등의 성〔本性〕을 성리학에서처럼 인간에게 본구되어 있는 까닭에 도의(도덕)적 행위가 있게 된다고 생각하지 않는다.

> 고자(告子)는 "인성으로써 인의를 한다"고 하고, 맹자는 "사람을 상하게 하고서도 인의를 하는 것이겠는가?"라고 하였다. 이 두 개의 '한다〔爲〕'는 글자가 가장 분명한 것이다. 인을 한다〔爲仁〕는 것은 인을 실행함〔行仁〕이며, 의를 한다〔爲義〕는 것은 의를 실행함〔行義〕이다. 실행〔行之〕하고 실천〔爲之〕한 뒤에 인의의 이름〔名〕이 있게 된다. 만약 "인성 중에 본래 인의가 있었다〔本有仁義〕"고 한다면, 두 개의 '할 위(爲) 자'는 이해될 수 없는 것이다.[44]

---

42) 주희의 「인설(仁說)」 부분 참조.

43) 『中庸章句』, 「序」.

정약용은 앞에서도 보았듯이 결코 성의 본유를 인정하지 않는다. 그의 견해로 도의(인의 등)는 본유의 성의 발로로 이루어지지 않고, 그것에 해당하는 행위를 인위적으로 의도〔自欲〕하고 실천·실행〔自作·爲行〕하는 노력과 행동으로 이루어진다. 도의는 인의 등의 이름에 해당하는 행위의 결과로 나온 것에 불과한, 경험적이고 상대적·가변적인 것이라는 그의 주장이다. 그는 '성즉리'의 사고 자체를 거부하여 성을 본구의 리로 생각지 않고 마음의 '기호(嗜好)'로 생각한다.

> 성(性) 자의 본뜻에 의거하여 말한다면 성이란 심의 기호이다.[45]

> 성이란 기호·염오하는 데서 이름이 있게 된다.[46]

그는 성을 인간이 지닌 일정한 소질과 같은 가능성으로서의 경향 내지 성향, 특히 일정한 호오(好惡)로 드러나는 성향이라고 본다. 성을 이와 같이 보기 때문에, 그는 도의를 인간 본성의 자연 발로라고 생각하지 않는다.

성의 본유를 부인하며 단순한 기호만을 고려하게 되면 '본연지성'과 '기질지성'의 구분도 그다지 엄격하게 하지 않게 된다. 그는 이것들을 각기 '영지지기호(靈知之嗜好)'〔道義性〕와 '형구지기호(形軀之嗜好)'〔氣質性〕로 일단 분별하지만,[47] 과거 성리학에서처럼 엄격하게 구분하지 않는다.

> 생각건대 본연 기질의 설은 곧 심체(心體)를 가리킨다. 은미(隱微)

---

44) 『全書』, 2집, 권6, 18張 前.
45) 앞의 책, 2집, 권3, 2張 後.
46) 앞의 책, 2집, 권15, 10張 後.
47) 앞의 책, 1집, 권16, 1張 後.

한 것을 밝혀내어 우리로 하여금 자신을 알 수 있게 하여 준 공이 크다. 그러나… (심의) 대체(大體), 소체(小體)란 상수(相須)·상관(相關)·묘합(妙合)하여 서로 떨어질 수 없음이 분명하다. …무릇 이미 묘합하여 떨어질 수 없다면, 본연의 성, 기질의 성이라고 명명했다 하여 확연히 이체로 분리시키는 것은 아마도 틀린 짓일 것이다. 하물며 성이란 육체의 전명(全名)이 아닌 것으로, 육체 중 그 호오하는 리만 집어 별도로 이름한 것일 뿐이니 이것을 둘 또는 셋으로 지목할 수 없다.48)

정약용이 본연 기질성의 구분을 엄격히 하지 않는 뜻을 이해하는 일은 어렵지 않다. 성리학에서 이 구분을 엄격히 하게 된 것은 바로 "성즉리"를 전제하면서, 그 성을 본유의 것으로 간주한 데 있다. 성리학자들은 지나치게 맹자의 입장〔性善〕을 따른 나머지 본연의 성만이 선 또는 선의 원인이 되는 반면, 기질의 성은 악의 원인이 된다고 생각하였다. 철저한 리기 이분법적 사고로 리로서 본연의 성만을 중시하였다. 이런 점을 고려하면 성이 기호임을 전제로 하여 본연과 기질의 성을 엄격히 구분하지 않는 것은 바로 그가 감각되는 기질〔食色〕의 측면을 중요시하였다는 사실을 나타낸다. 그만큼 정약용의 성의 견해는 일반 성리학자들에 비해 한층 짙은 경험적 사고의 특색을 갖는다. 이와 관련하여 그는 다음과 같은 글을 남겼다.

신명(神明)과 형구(形軀, 氣質)는 묘합하여 서로 떨어질 수 없다. 그러므로 형구의 모든 욕구도 이 성 중(때문)에서 발동하는 것이다. 이것이 (옛날의) 이른바 인심이며 기질의 설이 나오게 되는 것이다.49)

---

48) 앞의 책, 2집, 권15, 11張 前後.

49) 앞의 책, 2집, 권15, 12張 前.

정약용의 견해로 기질의 성은 형구(形軀, 食色·肉身)의 기호〔欲求〕지만, 본연의 성인 신명(神明)과 결코 분리될 수 없다. 따라서 성리학자들처럼 기질의 성을 본연의 성과 분리·구분하여 천시할 수 없다는 뜻이 여기에 내포되어 있다.

성을 하나의 기호로 간주하는 정약용의 성관(性觀)은 실상 고자의 성〔生之謂性〕이나 순자(荀子)의 성〔生之所以然者謂性〕을 연상케 한다. 왜냐하면 순자가 말한 자연의 성이라는 것도 "눈은 색(色)을 좇고 귀는 소리를 좇으며 … 마음이 리(利)를 좇는〔目好色 耳好聲 … 心好利〕"[50] 이른바 기질의 성을 포함한 마음의 호오(好惡)를 의미하기 때문이다. 다만 정약용의 성은 단순한 '호리(好利)' 일변도의 기호가 아니라 '도의의 성'으로서의 '영지지기호(靈知之嗜好)'까지 포함한 점이 순자 등의 성과 다른 점이다. 정약용의 성관(性觀)은 순자(및 고자)와 맹자의 중간 정도에 드는 '자연성'의 특징이 있는 것이라 할 수 있다. 따라서 이러한 성관에 입각하면 정약용이 인간을 맹자나 주희보다는 좀더 '이기적인 욕구체(欲求體)'로 간주하였다는 판단이 나온다. 바로 여기에 그의 인간관의 또 하나의 특징이 있다.

---

50) 『荀子』, 「性惡」.

7. 자유평등 의식

정약용이 본 인성이 영명한 능력, 즉 '자작(自作)하여 스스로 주장(主張)'하는 '자주(自主)'의 기능을 지적한 사실은 달리 말하면 의지의 자유를 인정하는 사고이기도 하다. 자작·자주의 의미는 개인의 의지를 전제하고 말해지는 이외의 것이 아니다. 의지의 자유가 선행·전제되지 않을 때에는 선악에서의 자주의 행위는 불가능하다. 이런 점에서 이제 우리는 인간의 의지의 자유에 대하여 정약용이 앞서 살핀 것 외에도 어떻게 또는 어느 정도로 생각하였는지 알아보아야 한다.

이것은 그의 인성관에 국한된 문제만이 아니라 그의 윤리·도덕관과도 관련된다. 당시의 도덕으로서의 오륜은 다만 도덕 질서의 사고에 그치지 않는다. 다 알고 있듯이 당시의 오륜의 질서는 도덕질서에 그치지 않고 정치사회의 체제에까지 적용되어 규제하는 것이었다. 그러므로 정약용이 인위적이고 경험적이며 상대적이고 가변적인 윤리·도덕관을 견지하였음은 곧 당시 체제까지도 가변적인 것으로 보았을 가능성이 농후하다는 것을 보여준다. 그의 윤리 도덕관은 일종의 탈운명적 의지의 사고를 반영하는 것이라는 뜻도 내포한다. 이러한 입론에 의거하면, 그는 자의지(自意志)를 통해 운명을 개척하고 사회의 질서체계까지도 개혁할 수 있는 인간관을 갖지 않았을까 하는 추측이 나온다. 이 점을 분명히 하기 위해 우리는 의지의 자유라든가 평등에 대한 정약용의 의식을 살피기로 한다.

유학에는 의지의 자유에 대한 각성이 매우 부족하다는 것이 일반적 통념이다. 그러나 이러한 의식이 유학에 전혀 없지는 않다. 이러한 의식의 싹만은 유학에도 있다. 그 증거가 바로 『논어』의 "삼군(三軍)을 통솔하는 장수〔帥〕를 빼앗을 수는 있어도, 필부의 뜻〔志〕을 빼앗을 수는 없다"[51]는 것이다. 그리고 "지사(志士) 인인(仁人)은 자신의 생을 위하느라고 남을 해치는 일이 없다. (오히려) 자신을 희생〔殺

身]하여 인(仁)을 성취한다"[52]는 것도 그 예에 속한다.

이러한 '뜻〔志〕'은 특히 맹자 이후부터 기와 관련을 가지는 것으로 생각되면서 더 확대 해석된다. 맹자는 지(志)를 '기지수(氣之帥)', 곧 '기를 다스리는 것'이라 풀이하면서,[53] 한편 기는 수양〔集義〕에 따라 지극히 강대〔至大至剛〕하게 된다고 주장하였다. 이는 실로 지(志)에 의해 우리는 '천지에 들어차는〔塞于天地之間〕' 기를 가질 수 있다는 사고이다. 이러한 기가 이른바 '호연의 기'임은 이미 알려진 사실이다.[54] 그리고 이 호연의 기를 소유하는 차원에 이른 인간상이 곧 '대장부'임도 다 아는 것이다.[55] 맹자에 있어 '지'는 호연의 기를 소유한 대장부를 실현시키는 의지이다.

주희는 맹자의 사고에 따라 특히 지와 기의 관련을 인정한다. 그는 '지가 장수인데 비하여 기는 졸도(卒徒)'라고까지 말한다.[56] 동시에 그는 일찍이 정자(程子)가 "하늘〔天〕과 사람〔人〕은 하나인 만큼 더 분별할 것이 없다. 호연의 기란 곧 나의 기이다. 그러므로 그 기를 기르면서 해치지 않으면 천지에 들어차게 된다"고 한 견해를 계승한다.[57] 따라서 주희에 있어서의 '지'는, 곧 기를 통해 '천일합일' 또는 '물아일체'의 경지를 실현시켜 주는 것으로 이해된다. 매우 형이상학적인 차원, 우주론적 차원에서 고려되는 것이 주희에서의 지라 할 수 있다.

그러나 정약용의 경우는 그렇지 않다. 대장부의 호연의 기를 이루어 주는 것이 기임을 비록 인정하지만, 그는 그 지와 기의 관계를 주

51) 『論語』, 「子罕」 篇.
52) 『論語』, 「衛靈公」.
53) 『孟子』, 「公孫丑上」.
54) 상동.
55) 『孟子』, 「滕文公下」.
56) 『全書』, 2집, 권5, 17張 前.
57) 『孟子集註大全』, 「公孫丑上」.

희와 같이 생각하지 않는다. 그는 지를 어디까지나 '심'과 '기'와 '혈'과의 관계에서 파악한다. 정약용은 "심(心)이 발하여 지(志)가 되는데, 지는 이어 기가 나오게〔驅氣〕하고, 기는 혈이 나오게〔驅血〕한다"는 것을 전제로,[58] 지는 '기의 수(帥)'요, 기는 '혈의 영(領)'이라 한다.[59] 이는 그에 있어 호연의 기는 지극히 굳센 기개 또는 기상의 의미를 크게 벗어나지 않음을 의미한다. 따라서 주희가 인간의 의지를 우주 자연과의 관계에서 막연한 천인합일의 수단으로 생각하는데 비하여, 정약용은 이것을 좀더 원자적으로 독존하는 인간의 주체적 인격기반으로 생각하였음을 알 수 있다. 그는 확실히 성리학자들보다 개인의 '의지의 자유'에 대한 신념이 강하였다. 개인의 의지에 기초한 '주체인의 상'을 그는 성리학들보다 더 적극적으로 그렸던 셈이다.

평등의식 역시 유학에는 비교적 희박하다는 것이 일반적 통념이다. 비록 민본(民本) 위민(爲民)의 사상에 해당하는 것이 유학에 많이 있는 것이 사실이라 하더라도, 그 민본 위민 사상은 근대 및 현대의 민주사상과는 거리가 있고, 그 민주사상을 뒷받침하는 평등의식의 색채는 별로 찾아지지 않는 것이 유학이다. 사실 『논어』의 '민가사유지 불가사지(民可使由之 不可使之)'[60] 언구는 종래의 중국적 봉건체제를 뒷받침한 불평등 사상의 예증으로 (때때로) 이용되어 왔다. 이 언구의 의미는 비록 "민은 가능하면 따르게 하되 불가능하면 알게끔 하라"는 식으로 해석될 수 있지만, 반대로 "민은 따르게는 할 수 있으나 알게끔 할(가르쳐 줄) 수는 없다"라고도 해석될 수 있기 때문이다. 일종의 우민정치를 교시하는 불평들의 정당화가 여기에 깃들여 있다고도 할 수 있다. 주희는 이를 다음과 같이 해석한다.

58) 『全書』, 7집, 권1, 52張 前.

59) 상동.

60) 『論語』, 「泰伯」.

> 민을 리의 소당연(所當然)인 점에서 따르게 할 수는 있으나, 그 소이연(所以然)을 알게 할 수는 없는 것이다.[61]

의미가 불분명하기는 하지만, 치자와 피치자와의 차등을 은연중 인정한 것만은 분명하다.

그러나 정약용은 이러한 의미의 해석을 거부한다. 그는 공자가 말한 '가르침에는 유를 가리지 않는다〔有教無類〕'든지 맹자가 '사람들은 모두 다 요순이 될 수 있다〔人皆可以爲堯舜〕'고 한 예를 들어, 교화에 만민의 차등이 없음을 주장한다.[62] 교화에는 존귀 비천의 불평등이 있을 수 없다는 것이 그의 견해다. 여기서 정약용은 진(秦)의 우민정치가 결국 나라를 망하게 한 사실까지 들어 불평등의 배제를 역설한다.[63]

정약용의 평등의식은 한낱 교화의 범위에 머물지 않는다. 이것은 인재등용론과도 연결된다. 그는 『통색의(通塞議)』를 통해 아래와 같이 주장한다.

> 인재를 얻기 어렵게 된 지 오래입니다. 온 나라의 영재들 가운데서 발탁하여 등용하더라도 부족한 처지인데, 하물며 소인이나 중인이라는 신분으로 인하여, 혹은 관서·관북·해서·개성·강화 출신이라 하여 등용치 않고, 관동·호남을 제한하며, 서얼이라 등용치 않는다면 어찌되겠습니까? … 그러므로 임금께서는 동서남북의 사색(四色)에 구애되지 않고 친소귀천을 가리지 않으며 인재를 등용해야 합니다.[64]

---

61) 『論語集註』, 「泰伯」.

62) 『全書』, 2집, 권10, 4張 前後.

63) 상동.

64) 『全書』, 1집, 권9, 31張 後.

지역에 따른 차등, 친소에 따른 차등, 당파〔四色〕에 따른 차등, 심지어 적서 귀천〔中人·小人〕 등 신분에 따른 차등까지도 등용에 있어서는 타파되어야 한다는 것이 정약용의 견해이다.

이로 보면 '의지의 자유'를 믿는 정약용은 그 사상을 기초로 모든 인간의 '인격'을 존중하고 그런 점에서 '평등'에 대한 의식을 상당히 굳혔다. 교화나 등용의 경우에 한하여나마, 인간 평등의식을 그는 성리학자들보다 두드러지게 가졌음을 알 수 있다. 이러한 맥락에서 우리는 그의 민본 위민 의식이 성리학자들의 그것보다 높다는 사실을 이해할 수 있다. 그의 「탕론(蕩論)」 등에 나타나는 맹자의 '방벌(放伐)'류의 역성혁명사상과 같은 어느 정도의 민주적 민권의식[65] 도 또한 이해할 수 있게 된다.

65) 앞의 책, 1집, 권11, 24張 前後.

8. 맺는 말

이상의 고찰내용은 다음과 같이 간추려질 수 있다. 그것은 주희 등의 성리학자들과 비교할 때 정약용의 인간관에서는 자연에서 독립한 자존적 존재, 자율적 존재, 이기적 욕구체, 자의적 자유인, 평등인의 상(像) 등이 두드러지게 나타난다는 것이다.

다만 한 가지 주의해야 할 점이라면 이러한 특징들이 어디까지나 상대적이지 결코 절대적일 수는 없다는 점이다. 같은 인간관의 특징이라 하더라도 현대의 일정한 사상, 예를 들어 프래그머티즘이나 맑시즘 같은 사상과 비교하면, 정약용의 인간관이 지닌 특징은 두드러지기는커녕 오히려 미약한 것에 지나지 않는다. 사실 그는 평등인의 상을 그리면서도 노비제의 철폐 같은 주장은 내지 않았다. 이런 점으로 보아 정약용 인간관의 특징들은 어디까지나 그 자신이 극복하고자 한 성리학과 대비되는 관점에서 특별히 의의를 갖는다. 그의 인간관은 성리학의 인간관에서 한 걸음 나아간 인간관을 새롭게 그렸다는 데에 의의가 있을 다름이다. 그의 그 새로운 인간관이 곧 그의 실학을 형성케 하는 한 요소임은 물론이다.

인간과 자연의 이분의식을 전제로 근대 과학기술, 특히 산업혁명이 가능하였고, 이기적 욕구체(利己的 欲求體) 의식을 바탕으로 근대 자본주의가 대두될 수 있었으며, 자유 평등 의식의 고취에 의해 근대 시민사회와 민주주의가 전개될 수 있었다. 이 점을 고려하면, 정약용이 그린 인간관의 특징들은 곧 근대사상의 주조와 일맥상통하는 것이 아닐 수 없다. 여기서 우리는 실학의 일반적 특징이 일종의 근대지향의 성격임을 인지할 수 있으며, 정약용의 인간관을 통해 실학 속에 준비되던 우리 나름의 근대정신을 확인할 수 있다. 그 우리 나름의 근대정신이 서구의 그것과 어떻게 다른가는 다음의 문제이다.

- 이 논문은 원래 『丁茶山硏究의 現況』(민음사, 1985)에 수록된 것임.

최한기 철학의 기본적 특징

제9장 최한기의 기철학

— 기측체의(氣測體義)를 중심으로

1. 생애와 환경

1) 최한기의 생애

한 사상가의 사상이 형성되기까지는 그의 성격과 재질을 비롯한 개인환경과 시대적 사회환경에 크게 영향을 받는다. 한 사상의 특징과 한계가 환경에 따라 상당히 좌우됨은 거의 일반적 현상이다. 이런 점에서 최한기 사상의 일부인 『기측체의(氣測體義)』의 내용을 살피기에 앞서, 잠시 그의 생애와 환경을 알아보려 한다.

최한기(崔漢綺, 字는 芝蚊, 號는 惠岡·浿東·明南樓)의 생애에 대하여서는 아직 상세히 밝혀지지 않은 상태이다. 이 글에서는 그의 생애의 자세한 고찰은 실상 필요치도 않다. 필요한 만큼만 그 대체적인 것을 소개하기로 한다.[1)]

최한기는 1803년(순조 3년)에 태어나, 1877년(고종 14년)에 75세의 나이로 돌아갔다. 그는 부친인 최치현(崔致鉉)과 모친 청주 한씨(淸

1) 이우성, 「혜강의 가계와 연표」, 『유홍열박사화갑기념논총』 및 『명남루총서』(1971) 참조.

州韓氏)의 독자로 태어났지만, 뒤에 큰집 종숙(從叔 光鉉)의 양자로 들어갔다. 그의 생부와 양부가 다 같이 시고(詩稿) 10권 또는 문집(文集) 1권을 남길 정도의 지식층이었음은 주목되는 사실이다.

그가 양반 가문의 출신임에는 틀림없지만, 유복한 가정의 출신은 아니다. 그의 직계 조상 가운데 무려 10여 대에 걸쳐 단 한 사람의 문과급제자(文科及第者)가 없을 정도로, 그의 가문은 명색만이 양반이었던 이른바 궁반색족(窮班寒族)에 속하였다.

이러한 조건에서 자라난 최한기는 그 자신도 한낱 생원(진사가 아니다)에 그쳤을 뿐 벼슬을 하지 않았다. 그가 벼슬을 하였다면, 그것은 다만 그의 나이 70세 때에 그의 장남〔병대(柄大)〕이 조정의 시종신(侍從臣)이 되어 간접〔推恩〕으로 받은 통정첨지(通政僉知)에 지나지 않는다.

우리의 눈길을 끄는 또 다른 점은 그가 벼슬살이를 하지 않은 반면, 학자로서의 저술활동을 매우 활발히 하였다는 것이다. 구체적으로 예시하면, 그의 저서는 아래와 같다.

『육해법(陸海法)』(상하 1책, 32세 때 지음), 『논정회요(農政會要)』(현존여부 미상), 『만국경위지구도(萬國經緯地球圖)』(김정호와 협력 판각, 현존여부 미상), 『청구도서(靑邱圖序)』, 『신기통(神氣通)』(3권 2책 34세 때 지음), 『강관록(講觀錄)』(4권 1책 34세 때 지음), 『추측록(推測錄)』(6권 3책 34세 때 지음), 『기측체의(氣測體義)』(9권 5책 34세 때 지음), 『감평(鑑枰)』(36세 때 지음. 뒤에 『인정(人政)』 권7 「측인문(測人門)」에 수록했음), 『의상리수(儀象理數)』(37세 때 엮음), 『심기도설(心器圖說)』(1책, 40세 때 지음), 『소차류찬(疏箚類纂)』(상·하책을 41세 때 엮음), 『습산진벌(習算津筏)』(5권 2책, 48세 때 지음), 『지구전요(地球典要)』(13권 6책, 55세 때 지음), 『인정(人政)』(25권 12책, 58세 때 완성), 『신기천험(身機踐驗)』(8권, 64세 때 지음), 『성기운화(星氣運化)』(12권, 65

세 때 지음).

이토록 많은 저술을 한 최한기이지만, 그의 학자로서의 교분관계는 별로 넓지 않았다. 이제까지의 연구에 의하면, 그의 교분은 당시 평민 출신의 김정호〔古山子 金正浩〕와 서얼 계통의 한사(寒士)인 이규경〔五洲 李圭景, 1788~?〕 이외의 범위를 별로 넘지 않았다.

이와 같은 사실들을 보면, 다음과 같은 몇 가지 추리가 가능하지 않을까 한다. 먼저 그의 생부와 양부가 다 같이 시문집을 남길 만한 지식층이었음은 그의 학자적 소지(素地)의 여건이 가정적으로는 비교적 나쁘지 않았음을 뜻하는 것이다.

그 가문이 양반이지만, 화려한 벼슬로 부귀를 누리지 못한 궁반(窮班)이었음은 바로 그가 당시의 양민인 민중을 대변할 수 있는 생활조건에 있었음을 의미한다고 보아야 한다. 이것은 그가 피지배계층의 민중과 고락(苦樂)을 같이하면서, 그들의 처지를 누구 못지않게 잘 이해하고 그 개선(改善)의 긴요성을 민중들과 함께 절감할 수 있는 조건이었음을 의미한다.

그의 수많은 저술로 보아, 그의 지식은 그 시기 누구 못지않게 풍부하였음을 짐작할 수 있고, 그의 학자적 근면성 또한 대단하였음을 알 수 있다. 지식이 누구 못지않게 풍부한 그로서, 그리고 적어도 30세 이후부터 세상을 떠나기까지 서울에서 살았던 그가 평생 벼슬을 하지 않았음은 그가 얼마나 세속적 명리(名利)에 초탈(超脫)한 성품의 소유자인가를 알려준다. 학자로서의 일생을 스스로 흔쾌히 택하였던 그의 성품을 여기에서 읽게 된다. 그 자신이 『인정(人政)』을 통하여, "학문 자체는 빈부귀천(貧富貴賤)과 무관한 것이다"[2] 라고 역설한다. 이것을 보아도 세속적 명리를 초탈한 순수한 학자의 자세

2) 『仁政』, 권12.

로 평생을 일관하고자 한 인물이 바로 그였으리라는 추측은 크게 빗나가지 않을 것이다.

평생을 순수하고 근면한 학자의 생활로 일관하였으면서도, 그의 학자로서의 교분관계가 별로 넓지 않았다는 사실에 이르러는, 우리는 실상 겸허(謙虛)함과 고고(孤高)함을 간직한 일종의 처사(處士)적 절조(節操)를 그에게서 느낀다.

이렇게 살펴보면, 겸허하되 고고한 품격(品格)의 재야(在野) 평민 학자로서, 당시의 시대적 상황을 매우 자유롭고 날카롭게 꿰뚫어보면서, 그 대응책(對應策)을 상당히 민중의 입장에서 구상할 수 있는 조건에서 생을 영위한 이가 곧 최한기의 생애라 할 수 있다. 따라서 그의 생애 속의 이러한 여러 조건이 어느 정도는 그의 학문 또는 사상에 반영되지 않을 수 없음을 예상하게 된다.

2) 시대적 환경

최한기가 살던 19세기는 한마디로 하여 조선왕조가 종언을 고하게 되는 전야적 장절(章節)의 시기였다. 그의 시대는 격변과 충격, 혼란과 불안, 좌절과 비탄으로 얼룩진 암울한 시대였다. 그러한 국내외의 사정을 구체적으로 적시하기로 한다.

먼저 외부여건부터 살피자. 일찍이 17세기 이수광(李晬光) 등에 의하여 서학(西學)으로 알려지기 시작하던 천주교(天主敎)가 19세기에 이르러서는 모방(Maubant) 신부 등의 입국(헌종 2년, 1836)을 시발로 본격적으로 전입·전파된다. 이것은 물론 많은 물의와 경원과 배척〔예를 들면, 헌종 5년의 기해사옥(己亥邪獄), 고종 3년의 남종삼(南鍾三) 등 수천 신도의 처형〕을 받았지만, 고종 초 신도의 수가 2만 명을 넘었음을 보면, 그 전파의 물결은 이른바 도도한 것이었다. 천주교의 도도한 전래가 당시 조선인들에게 긍정적 반응이거나 부정적 반응이거나를 막론하고 하나의 커다란 정신적 충격이었음은 말할 나위 없다.

그 시기의 외부적 충격은 '이양선(異樣船)', 즉 외국선의 출몰로 더욱 불안의 감도가 높아졌고, 생명의 위협에로 연결되는 것이었다. 순조 32년(1832)에 영국상선이 모습을 드러낸 것을 시작으로 계속된 열강의 제국주의적 침략의 손길은 프랑스의 군함(1846), 러시아의 함선(1865), 독일의 오페르트(Oppert, 1866), 미국의 제너럴셔먼호(1866)로 이어졌고, 두 차례의 양요(洋擾, 고종 3년의 병인양요와 8년의 신미양요)를 거쳐, 결국 무력에 의한 병자수호조약(丙子修護條約, 고종 13년, 1876), 곧 개항(開港)으로 그 절정을 이룬다. 당시 '주화매국(主和賣國)'이라는 쇄국(鎖國)의 시각으로 보면, 개항이야말로 매국적 현상으로 인지될 괴변에 해당하는 사건이었다.

이에 대응해야 할 내정은 어떠하였던가? 당시야말로 임금의 외척들이 권세를 전횡하던 이른바 세도정치(勢道政治)시대에 해당한다. 안동 김씨(安東金氏), 풍양 조씨(豊壤趙氏) 다시 안동 김씨가 순조·헌종·철종 시대를 누비며 변태적 정치를 자행하던 때이다. 거기에 전정(田政)·군정(軍政)·환곡(還穀)을 일컫는 '삼정(三政)'이 극도로 문란하여, 각 지방에 기민(飢民)·아사자(餓死者)가 발생하였고, 마침내 고향을 버리고 떠나는 유민이 속출하였다. 도탄에 빠진 민생은 화적(火賊)·수적(水賊) 등 각종 도적으로 변하였고, 심지어 크고 작은 민란이 발발하기에 이르렀다. 순조 11년 홍경래(洪景來)의 난(亂)과 철종 13년의 진주민란(晋州民亂)·익산민란(益山民亂)·제주어민란(濟州漁民亂)이 그 대표적 사례이다.

그 시기 조선조의 전근대적 봉건체제가 무너지는 현상은 특히 신분제도(身分制度)의 변이에서 두드러지게 나타났음도 간과할 수 없다. 실권한 양반이 소작농으로서 잔반(殘班)이 되는가 하면, 역관(譯官)·의관(醫官) 등 중인이 착실히 성장해 갔고, 부농과 거상부에 의한 신분상승을 이룩하였다. 심지어 노비안(奴婢案)을 국가가 스스로

불사름(순조 원년, 1801)으로써, 공노비(公奴婢)의 수가 격감하였고, 사노비(私奴婢)도 수의 감소와 아울러 노비와 주인 사이의 신분의 엄격함도 감퇴하여 갔다.

그렇다고 집권 당국자들은 이러한 시대에 부응할 적극적 개혁책을 강구하지도 못하였다. 그 시기의 지식인들도 명민한 개선안을 제시하지 못하였다. 최한기에 앞서 정약용(丁若鏞)과 같은 실학자가 그러한 개선안을 구상하여 제시하지 않은 것은 아니지만, 그것은 한낱 메아리 없는 외로운 산울림 같은 것에 불과하였다. 더욱 정약용 같은 실학자가 속출하지도 않았고, 오로지 이항로(李恒老), 기정진(奇正鎭)과 같은 성리학들이 한낱 보수적 방법에 의한 '척사위정(斥邪衛正)'을 역설하고 있었을 따름이다. 오히려 서학과의 대결을 표방하면서 민중의 의지를 대변하고 나선 동학(東學)의 최수운(崔水雲)이 서서히 민심을 사로잡던 시기였다.[3)]

19세기는 내외의 여러 요인으로 인하여 전근대적 기존체제가 급격히 붕괴·해체되고 있던 시기임에 틀림없다. 그러나 그 변화가 결코 미래에 대한 밝은 전망을 보이게 하던 때는 아니었다. 당시는 방향감각을 상실한 세월의 흐름에 지나지 않았다. 봉건적 요소를 어느 정도 탈피해 갔던 점에서, 그 시대는 근대화의 길로 접어든 시대였다고 하겠지만, 전술한 내외의 여러 요건은 그 근대화의 길을 일종의 미로(迷路) 같은 것으로 만들던 시기였다.

이와 같이 최한기의 시대가 내일을 예측하기 어려울 정도로 심각하게 격변하는 급격한 전환기였다. 그런 만큼 현실감각이 둔감하지 않고 민족의 생존문제에 관심 있는 학자라면, 어느 누구나 현실과 전혀 무관한 비현실적 학문에만 전념할 가능성은 매우 희박하다. 개연성의 문제이기는 하지만, 최한기의 경우에도 이러한 점을 예측해 볼

---

3) 이기백, 『한국사신론』(개정판)(일조각, 1977) 및 현상윤, 『조선유학사』 참조.

수 있다. 또 당시의 시대적 충격성의 원천이 특히 서구와의 관계에 있었던 사실은 최한기의 학문에서도 직접·간접으로 일정한 대서구관(對西歐觀)이 드러날 가능성이 있음을 예상케 한다. 그의 시대는 분명히 그의 통찰력으로 하여금, 일정한 대서구관의 토대 위에서 당시의 현실과 민족의 발전을 꾀할 새로운 학문의 성취를 고대하던 때였다. 이러한 것이 그의 학문에 부과된 시대적 요구였음을 부인할 수 없다.

2. 학문적 본령

1) 유학의 토대

그 시기 사상측면의 학문으로는 유(儒)·불(佛)·도(道) 및 서학(西學)으로 천주교의 분류형식을 일단 생각하게 된다. 이러한 것이 당시 사상측면의 대체적인 학문분포도이다. 더욱 세분할 경우라면, 그 유학 중의 정주계의 성리학(性理學), 육왕계(陸王系)의 심학(心學)과 이른바 실학(實學, 後期實學)을 더 올리게 된다.

이런 분류형식의 시각에서 볼 때 최한기의 학문은 어디에 속한다고 할 수 있을까? 위에 소개한 그의 저서명을 상기하면, 그의 학문이 매우 개방적이고 광범함을 짐작할 수 있기 때문에, 논자는 그의 사상적 본령으로서 그의 학문의 위치를 캐야겠다. 그는 마침 이 점과 관련 있는 견해를 아래와 같이 적고 있다.

> 하늘을 섬기는 종교〔事天之敎, 天主敎〕는 호칭은 그럴듯하나, 내용이 괴이하고 허탄하여 알지 못하겠다.[4)]

> 노자(老子)가 무(無)를 말하고 불씨(佛氏)가 공(空)을 말함은 원래 형질이 없고 질애(窒礙)가 없는 것만 알고, 그 우주를 충색하고 만물을 재화함이 참으로 유(有) 때문임을 알지 못하는 것이다.[5)]

천주교의 내용을 비판하고 노불(老佛)의 이론이 틀렸다고 하는 이면에, 이 사상들을 배척하는 최한기의 의지가 있음을 쉽사리 짐작된다. 따라서 대체적 분류형식인 사교사상(四敎思想)의 시각으로 판단

---

4) 『神氣通』, 권1.
5) 『推測錄』, 권2.

하면, 그의 학문은 유학에 근거하는 것이 아닐 수 없다.

사실 그의 출신가문으로 보아, 그의 학문이 유학으로 출발한 것은 의문의 여지가 없다. 또 저서로 본 그의 학문의 폭이 매우 광범하고 그의 학문태도가 개방적이지만, 그렇다고 그의 저서가 어느 하나도 유학과 배치되지 않는다. 그의 학문이 유학에 듦은 재론의 여지가 없다.

그럼에도 굳이 그의 언사로써 이 점을 확인코자 한다면, 그의 다음 글이 좋은 증거가 될 만하다.

> 유술(儒術)이란 통민(統民) 운화(運化)의 도(道)이다. 인도(人道)를 밝히며 인의(仁義)를 말하고, 기강(紀綱)을 세우며 충절(忠節)을 높이고, 염양(廉讓)을 귀히 여겨 쟁탈(爭奪)을 피하게 하고, 탐비(貪鄙)를 천히 여겨 치욕(恥辱)을 멀리하게 하고, 정교(政敎)의 도화(導化)를 열고, 생령(生靈)의 포폄(褒貶)을 엄중히 하는 것이다. 백왕(百王)의 손익이 연혁 속에 통관한다. 세상일에는 간혹 성쇄〔汚隆〕가 있지만 이 유도는 존재하는 것이다. 군생(群生)을 통섭하여 귀일케 하는 데에, 이 유술이 아니고서 무엇으로 이루겠는가![6]

그의 견해로 인간들에게 도덕에 의한 인격의 함양을 북돋고 생민을 통치하여, 궁극적으로 인류사회에 질서를 가져오는 효능을 가진 사상으로서는 유학이 최고이다. 최고라고 생각되는 학문을 버리고 다른 학문을 그가 택할 리는 없다. 그의 학문이 사상적으로 유학의 토대 위에 자리하는 것임은 이로써 분명하다. 다만 그의 그 유학이 어떤 유학인지가 문제이다. 유학 중에도 당시 정주계의 성리학, 육왕의 심학 및 실학 등이 있었던 만큼 이제 그 점이 밝혀져야 한다.

---

6) 『人政』, 권12.

2) 새로운 유학의 입장

최한기는 당시까지의 기존 유학을 결코 답습하려 하지 않는다. 오히려 그것들에 대하여 매우 비판적인 태도를 취한다. 아래의 글이 그 한 예증이다.

> 양한(兩漢) 이후로 학술이 다단하였다. 그 도행함〔行道〕을 궁구하는 것을 도학(道學)이라 하고, 심(心) 밝히는 것을 심학(心學)이라 하고, 리(理)를 궁구하는 것을 리학(理學)이라 하면서, 마침내 저마다 문호를 이루고, 각기 그 전해 받은 것을 존수하는데, 대체로 도덕(道德)을 한결같이 하거나 천하를 공평되게 하는 것이 아니다.[7]

이는 도학(道學)·심학(心學)·리학(理學)의 이름으로 유행하던 그 시대의 기존유학은 바람직한 것이 아니라는 그의 견해표명이다. 이것들이 바람직하지 못한 이유는 무엇보다도 이것들이 유학 본래의 이상적 역할인 '도덕을 한결같이 함〔一道德〕'과 '천하를 공평되게 함〔公天下〕'을 하지 못한다는 그의 판단에 있다.

최한기가 기존유학이 유학 본래의 이상적 역할을 다하지 못한다고 판단하는 구체적 이유는 무엇일까? 그 해답이 그의 글에서 다음과 같이 찾아진다.

> 학문을 비교하면 절로 고금의 다름이 있다. 상고에는 제가치국(齊家治國)의 대경대법(大經大法)을 가지고 현량을 불러 기용하면서 실질(實質)을 조처했고, 중고에는 훈고(訓詁)와 사장(詞章)이 번흥하고 불교·선설(禪說)이 청허(淸虛)함에 빠져들었고, 근고에는 리학(理學)이 무형(無形)을 탐구하지만 성실함에 힘쓰고 미속(靡俗)

7) 『推測錄』, 권1.

> 을 바로잡으며 의리(義理)를 밝혔으나, 지금은 지구에 대한 사실이 드러나고 사해와 인도에 관련된 일통운화(一統運化)의 이치가 점차로 밝혀지며 만물의 조화(造化)에 준칙이 있게 되었다. 학문의 대세에 이 네 가지 변천이 있게 됨은 실로 경험(經驗)의 편력에 각기 다소와 광협이 있기 때문이지, 고인과 금인의 인기(人器)가 다르기 때문이 아니다.[8]

이 대목에서 최한기는 기존유학을 그 시대의 통치원리로 이용되던 '리학(理學)'인 정주계 성리학(性理學) 하나로 언표하면서, 그 성리학이 이미 시대에 뒤떨어진 "근고유학"에 지나지 않는다고 평한다. 그에 따르면 고래로 유학에 변화가 있었던 까닭은 각 시대 환경으로부터 받는 경험에 차이가 있기 때문이다. 성리학으로 대표되는 기존유학이 본래의 역할을 다하지 못하는 구체적 원인은 그것이 지나간 시대에나 부합될 경험에 입각한 역할을 하는 데 그칠 뿐, 당시의 새로운 경험에 입각한 역할을 하지 못하는 데 있다. 이런 점에서 풀이하면, 새 시대의 지식과 경험을 흡수하여 새 시대를 이끌어 나아갈 능력이 없기 때문에, 그는 성리학과 같은 기존유학을 배척한다.

최한기는 유학을 자신의 학문 입장으로 함에는 틀림없지만 그의 그 유학은 결코 성리학과 같은 것이 아니라 그 때로는 '새로운 유학'이라고 할 어떤 것임을 알 수 있다. 그는 스스로 그 시대에 적합한 새로운 유학을 자신의 학문으로 삼고 있음에 의문의 여지가 없다. 이 점은 그가 앞에서 유술(儒術)을 가리켜 "통민운화(統民運化)의 도(道)"라고, 이제까지 보지 못하던 자기 나름의 표현·규정을 하는 데서부터 벌써 드러나기 시작하였다.

이 자기류로 표현하는 그의 새로운 유학은 어떤 것인가? 완전히 자기 나름의 독창적 유학인가?

---

8) 『人政』, 권16.

3) 실학적 성격

당시 학계의 동향 또는 학문의 조류로 보면, 성리학 같은 기존유학에 발하여 홍기한 유학으로는 실학이 있었던 만큼, 최한기의 이러한 태도는 별로 특이한 것이 아니다. 실학의 조류가 아무리 크게 주목받지 못하였더라도 그 흐름만은 그때 이미 거의 2세기를 지났으므로, 그가 그러한 동향을 몰랐을 리 없다. 이 점은 그와 교분 있던 김정호(金正浩), 이규경(李圭景)과 같은 학자가 실학계열이었던 사실만으로도 추지할 수 있다. 더욱이 환경과의 관계를 중요시할 때, 그는 그러한 동향에 동조한 하여 그의 새로운 유학을 실학 범주에 속하는 것으로 만들었을 가능성이 농후하여진다. 이 점은 결국 가상에 그치지 않는 사실여부의 검토에서 밝혀질 일이다.

논자의 견해로 실학의 성격은 무엇보다도 '명(名)'과 '실(實)'에 대한 사고인 '명실관(名實觀)'이 판단의 기준을 이룬다고 생각된다. 그러므로 최한기의 경우에도 먼저 이 점부터 살펴야겠다. 그의 명실관은 아래와 같이 표명된다.

> 명(名)은 실(實)에서 생기므로, 그 실이 있으면 그 명도 있게 되지만, 그 실이 없으면 그 명도 없게 된다.9)

> 무릇 물(物)의 명호(名號)는 바꿀 수 있지만, 실용(實用)은 바꿀 수 없다. … 이목(耳目)의 명(名)을 서로 바꾸면 이(耳)를 목(目)이라 하고 목(目)을 이(耳)라 하겠지만, 보고 듣는 실용에 이르면 바꿀 수 없다.10)

---

9) 『推測錄』, 권5.
10) 같은 책, 권1.

실(實)이 있어서 명(名)이 있지, 명(名)이 있어 실(實)이 있게 되지 않는다는 것이 그의 생각이다. 이러한 생각이 그에 있어 '명허실존(名虛實存)'의 제목 아래에서 토로된다. 여기서 허(虛)한 명보다 존재하는 실을 중시하는 사고가 그의 기본사고임은 더 말할 나위 없다. 곧 명칭·명분·형식보다 매용·실질·실제를 중시하는 것이 그의 기본사고이다. 이것이 바로 성리학에 짙게 스민 명분론적 사고를 탈각하는 실학의 기반을 이루는 실질적 사고이다. 따라서 최한기의 명실관(名實觀)은 기본사유 차원에서 그에게 실학의 성격이 엄존함을 확인케 하는 명백한 증거다.

실학의 성격 중 또 한 가지 두드러진 것은 대체로 성리학에 비해 '수기(修己)'·'정덕(正德)' 이상으로 '치인(治人)'·'후생(厚生)'의 측면을 중시하는 그 현실치중의식(現實置重意識)의 드높음이다. 명보다 실을 중시함으로써 드러나는 두드러진 실질·실제적 사고경향 또한 실학의 성격으로 지적된다. 최한기에서는 이러한 것이 과연 적용되는지 밝혀져야 할 것이다. 그는 자신의 학문이 성실(誠實)의 성격을 지니기 때문에 실효(實效)의 성격도 있음을 밝힌다.

> 예로부터 전해오는 학문 중에는 허무(虛無)한 것과 성실(誠實)한 것이 있다. 허무를 배우고자 하는 사람은 그 허무함이 실효(實效)를 거두지 못하는 대신 망탄(妄誕)을 가져옴을 알지 못하고 도리어 무상의 대도〔無上大道〕로써 장차 이용되리라 생각한다. 인간이 세상에 태어나면 절로 '마땅히 행해야 할 인도〔所當行之人道〕'가 있게 되는데, (이는) 수신제가(修身齊家)로부터 치국평천하(治國平天下)에 이르기까지 운화(運化)에 승순(承順)하여 성실한 배움〔學〕이 되는 것이다. 그리하여 이 성실학(誠實學)을 몸소 체득하면 자신에게 영화가 있게 되고, 남에게 가르치면 남에게 혜택이 있게 되는 것이다.[11]

11) 『人政』, 권9.

최한기에 따르면 학문이란 허무한 것과 성실한 것 두 종류로 나눌 수 있는데, 허무한 학문은 실효를 거두지 못하는 망탄설(妄誕說)에 그치는 반면, 성실한 학문은 자신에게 영화와 타인에게 혜택이라는 실효를 거둔다. 이 실효가 실용(實用)·실리(實利)와 통하고, 그런 점에서 실제성의 구체적 표현이다. 다만 '성실(誠實)'이라는 단어가 주로 학문하는 주체의 태도를 가리키는 협의의 용어인 만큼, 이것이 그의 학문의 현실지향적 실제성까지 드러내기에는 부적절하다.

여기서 우리는 최한기의 "사무(事務)가 곧 참된 학문"이라고 하는 또 다른 발언에 귀를 기울이게 된다.

> 무릇 온갖 사무(事務)는 모두 참되고 절실한 학문이다. 그러므로 사무를 버리고서 학문을 구하는 것은 곧 가공(架空)의 학으로 된다. … 사농공상(士農工商)과 장병(將兵)의 무리들에게도 모두 이것이 학문의 실적(實跡)이니 그 행사(行事)와 조치(措置)를 살리면 그들의 학문의 성패나 우열을 점칠 수 있을 것이다. 만일 부질없이 허투(虛套)나 익히려고 고담준론(高談峻論)이나 하고, 문자(文字)로서 사업을 삼는가 하면 문호로써 전수나 한다면, 그로 하여금 일을 맡도록 하여도, 구분처에서 안온(安穩)함을 보지 못할 것이며, 사람을 가르치도록 하여도 조리(條理)를 밝힐 수 없을 것이다. 그러므로 이름은 비록 학문일지라도 사무(事務)의 조치에 어두워 역시 사람들에게 보익함이 적을 것이다.[12]

> 신기(神氣)는 사무로써 격물(格物)을 하고, 사무로써 치지(致知)를 하고, 사무로써 존양(存養)하게 되고, 사무로써 단련(鍛鍊)을 하고, 사무로써 선덕(成德)하고, 사무로써 후생을 가르치기도 하니, 만일 사무가 아니라면 신기(神氣)가 무엇으로 그 기능을 성취할 수 있겠는가?[13]

---

12) 같은 책, 권11.

격물치지를 비롯하여 존양·성덕 및 제백사가 다 사무로 행해져야 한다는 것이 그의 견해다. 심지어 사농공상병(士農工商兵)의 모든 업무도 사무로 행해져야지, 고담준론이나 문자만으로 행해져서는 안 된다는 것이 최한기의 생각이다. 그는 사무를 도외시한 학문은 한낱 '가공(架空)의 학'에 지나지 않기 때문에, 실질적이고 실제적인 학문이 되기 위해서는 사무에서 배움을 구해야 한다고 주장한다.

이때의 '사무(事務)'가 실사(實事)이고 실무(實務)임은 물론이다. 그러므로 이렇게 시무를 중요시하는 태도는 곧 '실사(實事)에서 구시(求是)'하려는 실학의 태도가 아닐 수 없다. 이는 실제성 중시의 실학 태도의 표징이다. 이렇게 사무중시의 한 사례만으로도 최한기의 학문에 실학의 성격이 엄존함은 확인된다.

이제 남은 문제는 그의 실학이 어떤 구조로 이루어졌고, 어떤 내용이며, 어떤 특징을 지녔는지를 더 알아내야 하는 것이다.

---

13) 상동.

3. 최한기 실학의 특징

1) 진보관

최한기의 학문을 실학의 범주에 넣고 살필 때, 그의 실학은 다른 실학자들의 그것과 같지 않은 점이 많음을 발견하게 된다. 그의 저서 『육해법(陸海法)』, 『만국경위지구도(萬國經緯地球圖)』, 『지구전요(地球典要)』, 『우주책(宇宙策)』, 『성기운화(星氣運化)』 및 『신기천험(身機踐驗)』이 입증하듯이, 그는 그 시대의 누구보다도 서구의 근대과학에 많은 영향을 받았다. '사무'에 입각하여 성취하려는 그의 실학에는 실로 천문·지리·역산·의술의 부면이 상당히 차지하고 있다. 그의 실학은 정확하든 그렇지 않든 이러한 그의 과학지식, 예를 들면 "지구우선(地球右旋)", "조석생어지월상절(潮汐生於地月相切)"[14] 등을 토대로 이루어지는 것임을 간과해서 아니 된다.

원래 사무에 의하여 학문의 성실성을 지킨다는 것은 그에 있어 일정한 '기(器)'로써 배움을 깨우치는 것〔喩學〕이다. 무용하고 공허한 논의나 부화한 문식으로는 학문의 성실성을 기할 수 없다는 것이 그의 생각이다.[15] 그러한 최한기가 당시 서구의 문물에 접하면서 비록 천주교는 배척했지만 서구문물의 장점을 솔직히 인정했던 듯하다. 그런 맥락에서 그는 '기(器)'로 드러난 서구문물의 장점을 실용(實用)의 각도에서 받아들일 것을 주장하였다. 다음의 『추측록』에 그런 주장이 보인다.

> 바다로 선박이 두루 오가고, 서적이 서로 번역되고, 이목(耳目)으로 견문(見聞)이 전달된다. 법제의 선용(善用), 기기(器機)의 이

14) 『推測錄』, 권2.

15) 『人政』, 권12.

용, 토산의 양호함이 참으로 우리보다 나은 것이 있다. 나라의 앞길을 위하여 진실로 취용함이 마땅할 것이다. … 필경 이김〔勝〕과 물리침〔絀〕이 풍속 예교(禮敎)에 있지 않다. 오직 실용(實用)을 힘쓰는 자에 이김이 있을 따름이다. … 그러므로 서교(西敎)가 천(天)에 만연함을 걱정해야 하는 것이 아니라, 실용을 다하여 취용하지 못함을 걱정해야 한다.[16]

이 글을 쓸 무렵이 헌종 2년(1836)이고 보면, 그의 개방적 대서구관(對西歐觀)은 자못 시대를 앞지르는 것이다. 우리 것보다 우수한 문물이면 비록 서구의 산물일지라도 받아 실용토록 해야 한다는 데 최한기의 개방·진보적 사상이 자리한다. 그의 실학은 북학파(北學派)와 일맥상통하지만, 그는 의도적으로 북학파를 잇고자 하지는 않았다. 그는 그 나름의 독자적 사고를 피력하고 있을 따름이다.

최한기의 진보관(進步觀)은 특히 그 나름대로 '사무(事務)'와 '기(器)'에 입각하여 실용성(實用性)을 추구하는 데서 나왔다.

만일 주공(周公)·공자(孔子)라도 4~5천 년 뒤에 태어났다면, 틀림없이 후세의 경험에 좇아서 많이 산정했을 것이고 또한 증보도 적지 않게 하였을 것이다. 대개 옛날에 밝혀지지 않았던 것이 후대에 와서 점차로 밝혀지는 것이 있으니, 역산(曆算)·물리(物理) 같은 것이 그렇고, 옛날에 이미 밝혀져 후대에 몽매함을 반성케 해주는 것이 있으니 상도(常道)·중도(中道)가 그것이다.[17]

우리가 자육(資育)하고 순용(須用)하는 것이 금일에 있지 왕고에 있지 않다. 고(古)를 버릴지언정 금(今)을 버릴 수는 없다.[18]

---

16) 『推測錄』, 권6.

17) 상동.

18) 『人政』, 권11.

도의의 문제라면 진보를 말하기 어렵지만, 역산·물리 같은 기세계(器世界)의 문제라면 시대에 따라 진보하는 것이 엄연한 사실임을 그는 깨우쳤다. 이로써 그의 실용(實用)에 입각한 전진적 문호개방론의 이면에 진보관(進步觀)이 깃들었음이 드러난다. 그의 실학이 종래의 다른 실학보다 참신함이 이에서 명백하여진다. 그러나 이러한 것은 그의 실학의 한 단면에 지나지 않는다. 그의 실학의 특징은 그 실학의 구조와 내용을 면밀히 살필 때 더 잘 확인된다.

2) 통민(統民)의 측면

최한기 실학의 틀은 그의 유학관에 나타난 그대로이다. 즉 '통민(統民)'과 '운화(運化)'의 두 부분으로 이루어지는 것이 그의 유학이고 실학이다.[19] 다만 주의해야 할 점은 이 두 부분을 모두 '운화'라는 용어로 설명할 때가 있는 점이다. 그렇게 할 경우 전자를 그는 "통민운화(統民運化)"라 하고 후자를 "대기운화(大氣運化)"라 한다.[20]

그의 표현대로 하면, "대체(大體)로는 대기운화(大氣運化)가 있고, 인사(人事)로는 통민운화(統民運化)가 있다"[21]는 것이다. 이것은 기본적으로 '천인지분(天人之分)'의 발상에서 나온 구분이다. 대기운화는 우주에 충색된 기(氣)의 (자연변화를 가져오는) 운동 또는 유행을 의미하고, 통민운화는 사무로 드러나는 인간 제반사의 변천, 곧 인류역사의 운행과정을 의미한다. 이 두 가지 측면이 궁극적으로 하나의 운화로서 조화 또는 일치됨을 목표로 한다.

먼저 통민 부분부터 구체적으로 살펴 나가자. 최한기는 통민운화(統民運化)에 대하여 다음과 같이 논한다.

---

19) 상동.

20) 같은 책, 권12.

21) 상동.

> 통민운화는 곧 옛 성인(聖人)의 경험신방(經驗神方)이다. 현량(賢良)을 선택하여 관직을 설정, 직책을 분담케 하고, 예율(禮律)을 제정하여 기강을 떨쳐 세운다. 후세의 연혁은 다만 절문을 덜고 보탤 뿐이지 그 범위를 넘어 교도하고 제어할 수 있는 것이 아니다. 민정(民情)을 체찰(體察)하고 민업(民業)을 안정시키고 천하를 통찰하는 데에는 두 가지 길〔二道〕이 있지 않다.[22]

통민운화는 넓게는 인간사로 이루어지는 역사운동이라 하겠지만, 좁게는 하나의 '경세(經世)'에 해당한다고 하여 무방하다. 경세문제에 있어 그가 가장 바람직하게 여긴 이상적 경세관은 왕도(王道)로서 인정(仁政)이었던 것 같다. 그 인민(仁民) 애물(愛物) 다음으로는 공론(公論)을 매우 강조하였다.

> 백성에게 어질고〔仁民〕 사물 사랑함을 최선책으로 해야 하고, 재능에 맞도록 각자에게 적합한 직책〔適職〕을 내리고 충언(忠言)을 받아들여야 한다.[23]

> 한 나라 일은 마땅히 한 나라 사람들과 더불어 다스려져야지, 한두 사사로운 사람의 욕심(慾心)을 따라 다스려서는 안 된다. 한 나라의 공론(公論)이 지망하는 사람을 취하여 관리로 임명하고 그 성공을 책임지워 주는 것이 바로 온 국민과 더불어 정치하는 것이라 할 수 있다.[24]

인정을 역설하는 점에서 최한기의 경세설은 다분히 위민(爲民)·민본(民本)을 지향하는 것이다. 그러나 그의 위민·민본설은 결코 복고

---

22) 상동.

23) 『講官論』, 권4.

24) 『人政』, 권16.

성격으로 말해지는 것이 아니기 때문에, 종래 다른 사람들의 위민·민본설과 다르다. 그러한 사실이 특히 제왕학(帝王學)·강관(講官)·강의(講義)·강규(講規)로 이루어진 그의 「강관론(講官論)」의 서두에서부터 보인다. "언(言)은 기(機)에 따라 다르고, 법(法)은 사람에 따라 다르다"는 것이다. 그의 『기측체의(氣測體義)』의 서문에서는 아래와 같은 언설이 나온다.

> 그러나 후세에 주공(周公)과 공자(孔子)를 스승으로 삼는 자들이 한갓 주공과 공자가 제정한 것만을 배운다고 하면, 그들이 제정하지 못한 것은 어찌할 것인가? 국가의 제도와 풍속은 고금에 따라 다르고, 역산이나 물리도 후세에 이르러 점점 밝혀지는데 주공과 공자의 대도(大道)에 통달함을 배우려는 자가 그대로 주공·공자의 유적(遺蹟)에만 집착·고수하여 변통함이 없어야 하는가? 아니면 주공과 공자의 통달된 법을 배워 변혁을 이룩해야 하는가?[25]

집약하면 제도·풍속·역산·물리 등은 날이 갈수록 변천·발전하는 만큼, 그 변천·발전에 맞는 민본·위민의 인정(仁政)을 베풀어야 한다는 것이 그의 견해다. 다시 말해 대체로 진보관(進步觀)을 바탕으로 한 위민·민본설(爲民·民本說)을 제시하는 데에 최한기 경세설의 독특한 특징이 있다.

3) 대기운화의 측면

대기운화의 측면은 최한기의 우주론 또는 존재론적 사유측면이다. 그는 우주·자연의 모든 존재와 현상이 오로지 기(氣)로 말미암은 것이라 생각한다. 그의 견해로 기가 모이면 인간과 물체가 생기고, 기

25) 『氣測體義』, 「序」.

가 흩어지면 죽어 없어진다는 것이다.[26)]

종래의 정주계 성리학자들이 '리(理)'를 우주의 근원 내지 궁극적 실재로 본 것을 그는 철저히 부정한다. 오히려 리는 기의 한 조리(條理)에 불과하다고 그는 주장한다.

> 리(理)는 곧 기(氣)의 조리(條理)이다. 기를 말하면 리가 그중에 있고, 리를 말하면 기에 따라 이르는 것이다.[27)]

> 기를 알지 못하면 리를 알지 못하고, 기를 보지 못하면 리를 보지 못한다. …기를 모르는 사람은 성리(性理)를 중히 여기어, 다만 리가 천하를 그득히 채우고 있는 줄 안다. 그리하여 기를 보지 못하는 사람은 오직 허리(虛理)에 골똘하고, 두루 신령(神靈)의 리(理)를 말하게 된다. 그러나 대저 사람은 기(氣)에서 생기고, 또 평생을 모름지기 기를 쓰며 있는 것이다.[28)]

> 진실로 기를 밝히면 리가 그중에 절로 있다. 먼저 리를 궁구하기에 힘쓰면 기가 오히려 숨어서 준거(準據)할 바가 없게 된다. 리는 무형(無形)하지만 기는 유적(有跡)하다. 그런 까닭에 그 적(跡)에 따르면 리가 자연히 드러나 단서를 찾을 수 있지만, 그 적을 버리고 무형(無形)에서 구하면 현저한 기가 도리어 은미하게 된다.[29)]

리가 기에서 발견되는 한낱 '기의 조리(條理)'에 불과하다는 것은 리가 기의 일종의 속성 같아서 기로부터 독립해 있지 않다는 사고이다. 이것은 정주(程朱)가 생각하는 리가 기생성(氣生成)의 '소이연(所

---

26) 『推測錄』, 권2.
27) 『人政』, 권8.
28) 같은 책, 권9.
29) 『推測錄』, 권2.

以然)'이라든가, 취산굴신(聚散屈伸)하는 기의 '주재자(主宰者)'라는 뜻과는 정반대이다. 이로써 최한기의 존재론이 얼마나 기에 치중하는지가 드러난다. 그의 리기론은 실상 주기설(主氣說)을 넘어 유기설(唯氣說)이라 하여도 지나치지 않는다. 그의 경우는 실상 리기설이 이렇게 이루어져야만, 그의 명실론(名實論)과도 부합하게 된다. 공허(空虛)한 명(名)보다 알찬 내실(內實)을 중요시하는 그의 태도는 자연히 초감각적인 무형의 리보다 감각이 가능한 유형의 기를 중요시할 수밖에 없었던 것이다. 그의 리기설은 그의 명실론의 필연적 귀결이 아닐 수 없다.

4) 기일원설

기로 모든 것을 풀어 가려는 최한기의 유기론적 태도는 그의 다음 글로 더 명백하여진다.

> 기(氣)는 곧 일(一)이다. 그 경우에 따라, 가리킴에 따라 이름이 각기 다른 것이다. 그 전체(全體)를 가리키면 천(天)이라 하고, 그 주재(主宰)를 가리키면 제(帝)라 하고, 그 유행(流行)을 가리키면 도(道)라 하고, 그 인물에 부여함을 가리키면 명(命)이라 하고, 그 인물에 품수(稟受)된 것을 가리키면 성(性)이라 하고, 그 몸을 주재(主宰)함을 가리키면 심(心)이라 한다. 그리고 그 동(動)함을 가리키게 되어도 각기 명칭이 있게 되니, 신(伸)일 경우에는 신(神)이라 하고, 굴(屈)이면 귀(鬼)라 하고, 창(暢)이면 양(陽)이라 하고, 렴(斂)이면 음(陰)이라 하고, 왕(往)이면 동(動), 래(來)면 정(靜)이라 한다.[30]

---

30) 상동.

> 그에 따르면 천(天)·제(帝)·도(道)·명(命)·성(性)·심(心)·신(神)·귀(鬼)·양(陽)·음(陰)·동(動)·정(靜)이 다 하나의 기로 말미암아 생기는 이름이다. 인간 역시 기 속에서 태어나 기로써 살아가다가 다시 기로 돌아감은 말할 나위 없다. 그 관계를 그는 천지지기(天地之氣)와 형체지기(形體之氣)로 구분하여 설명할 따름이다.[31]

모든 것을 기 하나로 해명하는 기일원화(氣一元化)의 작업은 특히 천명(天命)을 '천기운화'로 설명하는 데서 분명하여지기 시작한다.

> 천기운화(天氣運化)에 만물이 품수하여 생성 수장(收藏)하니 곧 이른바 천명(天命)이다. 만일 천기운화가 아니라면 만물이 무엇으로 명(命)을 삼겠는가.[32]

이는 성리학에서 볼 때의 '태극의 리〔太極之理〕'에 해당하는 '천명(天命)'이 실은 '천기(天氣)의 운화', 곧 기의 작용에 지나지 않는다는 사유이다. 이 사유에서 최한기는 마침내 "기(氣)가 실리(實理)의 근본〔本〕이다"[33] 라고 단언한다. 기가 리의 근본이라는 이 언명으로 그의 '기일원화(氣一元化)'는 절정을 이룬다.

최한기의 경우 '운화(運化)'의 개념이 매우 큰 비중을 차지하는 까닭도 그가 이렇게 기만을 실체시하면서 모든 것을 사실상 기의 작용으로 설명하려는 데에 기인한다. 기의 운동·변천을 의미하는 운화야말로 그의 이론에서 빼어놓을 수 없는 개념이다.

더욱이 주목해야 할 것은 그가 운화의 개념으로 대기(大氣)의 측면

---

31) 『神氣通』, 권1.

32) 『人政』, 권5.

33) 『氣測體義』, 「序」.

과 통민(統民)의 측면을 통일하는 경향이다. 대기와 통민에 일관되는 운화가 그의 철학에서 궁극적 기본전제에 해당한다. 운화를 이렇게 논하는 점에서 그의 철학은 일종의 '운돈·변화의 철학'이라 할 수 있다. 따라서 전진적 운동 변화를 새롭게 기획하는 데에 그의 철학의 특징이 있다고 하여도 과언이 아닐 것이다.

4. 기철학의 세계

1) 기의 체용

최한기에 있어 기(氣)의 운화(運化)는 기의 조화(造化)로도 설명되지만,[34] 그 기에 대한 지식은 인류의 경험이 축적됨으로써 점차로 더 밝혀진다.[35] 이는 앞서 진보관의 입장에서 시대가 후대에 이를수록 제도와 역산·물리 등에 대한 지식이 쌓인다는 것과 같은 사유이다. 이 사유대로라면 그로서는 자신의 시점에 이르러 기에 대한 경험과 지식은 가장 많이 축적된 셈이다. 실제로 과거보다 지극히 많이〔至大〕 축적된 경험과 지식을 토대로 그 자신의 기세계를 밝힌 저서가 바로 『기측체의(氣測體義)』이다.

최한기에 따르면, 지식형성에 리의 측면이 무용하지는 않다. 그러나 리는 기의 유용성보다 지식확대에서 덜 유용하다. 그의 견해로, 유학(儒學)은 '실리(實理)'로부터 그 지식을 확충하여 치국평천하(治國平天下)로 나아간다. 리는 실로 유학의 출발점에 해당한다. 그러나 그 유학의 출발점인 리, 심지어 실리(實理)라도 기보다 유학에서 덜 근원적이라고 하게 된다. 앞서 살핀 대로 "기가 실리의 근본〔本〕이기"[36] 때문이다. 그러므로 올바른 유학을 하기 위해서도 기가 어떤 것인지 알지 않으면 안 된다는 논법이 성립한다.

더욱이 그에 따르면, 기가 "리의 근본"인 동시에, 추측(推測)은 "앎을 확장〔擴知〕하는 요건〔要〕"이다. 그런 까닭에 기에 근거하지 않은 채 지식을 얻으려 한다면, 한낱 "허망괴탄(虛妄怪誕)의 리"를 궁구할 뿐이고, 추측(推測)에 의거하지 않으면 지식은 모두 "증거(證據) 없

---

34) 상동.

35) 상동.

36) 상동.

는 허언(虛言)에 불과"할 따름이다.[37] 이런 점에서 그의 『기측체의』는 '허망괴탄한 리' 아닌 '증거가 확실한 지식'을 갖도록 하는 데에 그 의의가 있는 셈이다. 따라서 그의 기철학을 이해하려 할 때 그의 기측체의가 지니는 비중은 막중한 것이다.

그 『기측체의』는 본래 그의 (34세 되던 1836년에) 『신기통(神氣通)』과 『추측록(推測錄)』을 합본하여 펴낸 것이어서인지 그 내용이 두 부분으로 되어 있다. 최한기 자신의 설명을 빌리면, 전자(신기통)가 기의 체(體)를 논한 것인 데 비하여, 후자(추측록)는 기의 용(用)을 구명한 것이다.[38] 이 둘은 서로 표리를 이루면서 일상생활 속에서 함육발용(涵育發用)의 효과를 거둘 것이라 한다.[39] 그러나 논자가 이 두 저서를 놓고 면밀히 비교하여 보면, 기의 체와 용의 구분이 어디에 근거하는지 변별점이 분명치 않다. 얼핏 추측하면 '기의 체'는 기의 본질이나 성질을 의미하고, '기의 용'은 그 작용이나 실제적 적용을 의미하는 듯이 이해된다. 하지만 둘의 내용을 살피면 반드시 그렇지도 않다. 구체적으로 『신기통』에서 본원적 기에 해당하는 '천지지기(天地之氣)' 같은 것을 말하지 않는 것은 아니지만, 그 설명이 결코 충분하지 않을 뿐 아니라, 심지어 추측의 문제까지도 거론하고 있다. 『추측록』도 추측문제가 주조를 이루지만, 그 밖에 지구·독서·음률 등 잡다한 문제까지 취급하고 있다. 따라서 이것들에 의한 기의 체용의 이해는 어디까지나 개략적으로 이루어질 수밖에 없다.

2) 신기통(神氣通)

먼저 『신기통』에서 맨 처음 문제로 떠오르는 것은 '신(神)'의 뜻이

---

37) 상동.

38) 상동.

39) 상동.

무엇인가이다. 이어서 '통(通)'의 뜻도 문제로 된다. 유학의 용례로 이해하면, 신(神)은 "음양(陰陽)의 작용을 예측할 수 없음〔陰陽不測之謂神〕"[40]을 가리킨다. 기인 음양의 조화(造化)가 무척 복잡 다양하여 그것을 합리적으로 파악하기 어려움을 가리켜 『주역』에서 신이라 하였다. 그 뒤 이것이 '귀신(鬼神)'개념과 연결되어, 귀(鬼)가 단순히 음기(陰氣)를 뜻하는 데 반하여 신(神)은 양기(陽氣)를 뜻한다고 해석되었다. 적어도 성리학이 발달하면서부터 그렇게 해석되어 왔다.

이러한 관례 때문인지 최한기에서도 신은 곧 기로 해석된다. 그는 "신은 곧 기〔神卽氣〕다" 또는 "신(神)이란 기의 신(伸)이라" 한다.[41] 그러므로 '신기(神氣)'라는 식으로 쓴 신은 별로 특별한 뜻을 갖는 다고 보이지 않는다. 다만 같은 기의 중복이라는 해석도 자연스럽지 않음을 감안한다면, 이 신의 뜻은 기의 신비성을 강조하기 위해서 사용된 일종의 '신묘함'을 나타내는 것이 아닐까 한다. 확실히 단순히 기라고 할 때보다는 신기라고 할 때 그 신묘한 느낌은 더 높아지고, 그것을 파악하고 싶은 매력도 한결 더하여지는 것이 사실이다.

다음으로 문제되는 '통(通)'의 의미는 더 말할 나위 없이 '막힘이 없는 것' 또는 '막힘없이 트인 것'이다. 이때의 막힘이 없음은 다만 물리적 측면만 가리키는 것이 아님은 물론이다. 정신적 측면에도 적용된다. 그런 점에서 『주역』에 나오는 "고요히 부동하나 느끼어 깊이 통한다〔寂然不動感而遂通〕"[42] 같은 용례가 그 정신측면으로 쓰이는 가장 대표적인 예이다. 곧 정신적으로 이해의 장벽이 해소되어 해득 가능케 됨이 통(通)의 뜻이다.

최한기도 '통'의 의미를 대체로 이와 같이 쓰는 것 같다. 다만 이러한 통의 의미를 감각이나 지각에 국한시켜 쓸 때가 많은 것이 통에

---

40) 『易經』, 「繫辭」上.

41) 『人政』, 권5.

42) 『易經』, 「繫辭」上.

대한 그의 용법의 특징이다. 이러한 경우 최한기는 인체 및 인체의 감각기관을 "신기(神氣)가 통(通)하는 기계(器械)"[43]로 간주한다. 이목구비 등이 모두 음·색·미·향으로서의 기와 통하게 되는 통로와 같은 것으로 생각한다. 이 점은 『신기통』의 절목의 대요(大要)가 체통(體通)·목통(目通)·이통(耳通)·비통(鼻通)·구통(口通)·생통(生通)·수통(手通)·족통(足通)·촉통(觸通)·주통(周通)·변통(變通)으로 이루어지고 있는 것으로도 충분히 짐작할 수 있다. 이로써 『신기통』이 단순히 기의 체만 밝히지 않고 오히려 더 나아가 기와 기의 작용의 세계에 대한 해명까지 시도한 저술임이 분명히 드러난다.

3) 추측록

통(通)과 비슷한 용어가 바로 최한기의 '추측(推測)'이다. 그가 사용하는 '추측'은 확실히 기 및 기의 작용으로 이루어지는 외계에 대한 파악을 의미한다는 점에서는 통과 같은 용어이다. 그러나 통이 인식의 의미를 지나치게 단순화한 용어인 데 비하여, 추측은 보다 더 구체적이고 폭넓은 의미영역을 지닌다.

최한기에 따르면 추측은 어디까지나 마음〔心〕의 능력으로 일어나는 일종의 인식작용이다. 그는 이렇게 설명한다.

> 마음이란 사물을 추측하는 거울이다. 마음의 본체를 말하면 둔담(鈍澹)하고 허명(虛明)하여 한 가지 사물도 그 속에 없지만, 견문(見聞)·열력(閱歷)이 오래 쌓이어 습염(習染)이 이룩되면 추측이 생긴다.[44]

---

43) 『神氣通』, 「序」.

44) 『推測錄』, 권1.

여기서 말하는 견문·열력·습염이 바로 그의 경우 '경험'이라 하는 것이다. 이로 보면 추측은 경험을 토대로 이루어지는 인식작용임에 틀림없다. 그의 추측설이 매우 경험론적[45]이라 평가되는 이유도 이러한 데에 있다. 다만 한 가지 주의해야 할 점은 추측이 단순한 통(通) 혹은 기계적인 통의 경우와 달리 기세계의 인과관계를 전제로 말하여지는 점이다. 그의 언구를 빌리면, "추(推)에는 반드시 인(因)이 있고, 측(測)에는 반드시 이(以)가 있다. 인(因)과 이(以)가 없으면 이 추(推)와 측(測)은 없게 된다"[46]는 것이다. 결국 추측은 일정한 견문·습염, 즉 경험을 토대로 하고 그 인과관계를 캐는 데서 있게 되는 것임을 알 수 있다.

그렇다고 추측이 단순히 인과를 캔 나머지 경험의 원인을 규명하는 데서 그치는 것은 아니다. 다음의 글을 보면, 오히려 인과관계를 따라 원인을 캘 뿐 아니라, 그로부터 유추(類推)하여 아직 경험하지 않은 범위의 분야까지 예측하려는 것이 바로 그가 말하는 추측이다.

> 사람의 마음은 스스로 추측의 능력을 지녀서, 그 이연(已然)과 미연(未然)을 측량(測量)할 줄 아니, 이것이 곧 추측의 원리이다.[47]

> 그러므로 집〔家〕을 미루어〔推〕 나라〔國〕를 헤아리고〔測〕, 나라를 미루어 천하를 헤아리고, 이제를 미루어 옛날을 헤아리는 것이니, 이것을 대동(大同)이라 일컫는다.[48]

이에 이르면 추측의 의의는 경험하지 않은 '미연(未然)'을 측량하

45) 박종홍, 「최한기의 경험주의」(『아세아연구』, 20호, 고대 아세아문제연구소, 1965.

46) 『推測錄』, 권1.

47) 같은 책, 권2.

48) 같은 책, 권1.

고, 그럼으로써 무지를 극복한 유학의 대동사회(大同社會)를 실현하려는 데에 있다.

추측의 의도하는 것이 이렇게 인과성뿐 아니라, 아직 드러나지 않은 이른바 미연의 것을 측량하여 알려는 데에 있음은 『추측록』의 〔추측제강(推測提綱)에 이어 나오는〕 요목(要目)의 명칭이 잘 드러낸다. 그 명칭은 바로 "추기측리(推氣測理), 추정측성(推情測性), 추동측정(推動測靜), 추기측인(推己測人), 추물측사(推物測事)"로 되었다. 그리고 미연의 측량과 대동사회의 실현을 의도하는 성격으로 해서, 그의 '추측'은 한낱 좁은 의미의 인식에 그치지 않음이 명백하다. 인식론적 이해는 어디까지나 방법론의 한 국면에 불과할 따름이다.

도대체 최한기가 『기측체의』를 통하여, 인식론 성향의 '통'과 '추측' 등의 용어를 그의 철학의 중심개념으로 사용하는 까닭은 무엇일까?

4) 그의 기철학 음미

이것을 알려면 다시 최한기의 철학 전반을 돌아보아야 한다. 앞장에서 밝혔듯이, 그의 철학은 하나의 운화철학이었다. 그것은 '대기의 운화'와 '통민의 운화'로 구성된 것으로, 통민의 운화가 대기의 운화에 조화·일치될 것을 목표로 삼는다. 곧 인류사회의 역사적 운행〔統民運化〕이 우주·자연의 운동변화〔大氣運化〕와 조화될 것을 궁극의 목표로 하였다. 이에 인간은 통민운화뿐 아니라 대기운화의 원리나 법칙을 깨닫지 않으면 안 된다. 기 변화의 리법(理法)을 파악하지 않으면 안 된다. 통(通)과 추측(推測)은 바로 이러한 필요성에서 논하게 된 것이라 할 수 있다.

이러한 사실은 특히 최한기의 다음 글에서 분명하여진다.

> 나의 신기(神氣)에는 추측의 리(理)가 있고, 사물의 기질(氣質)에는 유행의 리가 있다. 이것을 통(通)하게 되는 소이(所以)는 이목(耳

目)의 힘이고 추측(推測)하게끔 하는 것은 신기의 용(用)이다.[49]

대기의 운화에는 원래 리가 있고, 이 리를 통하게 되는 것은 일차적으로는 이목구비(耳目口鼻) 등 감각기관이지만, 근본적으로는 추측의 능력 때문이다. 이 대목에서 한 가지 부언한다면, 그가 대기운화의 리법을 설명하면서 아울러 수(數)와 상(象)을 언급하고 있는 점이다. 다음 글이 그 예증이다.

> 기에는 반드시 리가 있고, 리는 반드시 상(象)이 있고, 상에는 반드시 수(數)가 있다. 수에 의하면 상을 통하고, 상에 의하여 리를 통하고, 리에 의하여 기를 통하게 되니, 이것들은 교발호장(交發互將)의 이로움이 있는 것이다.[50]

대기운화의 리법을 이해하는 데는 수(數)와 상(象)에 대한 이해가 아울러 필요하다. 특히 수에 대한 이해가 긴요하다. 그런 점을 가리켜 그는 "기수(氣數)의 학문이 물리를 궁구하여 통하게 되는 요묘(要妙)"[51] 라고 한다. 이렇게 신기의 리법과 기수를 깨달아 인간의 생활이나 인류 역사의 운행을 그것에 일치·조화시키려는 의도로 해서 통과 추측이 『기측체의』의 중심개념을 이루는 셈이다. 이렇게 살피면, 결국 크게는 운화(運化)의 리법(理法), 작게는 기변화의 상(象)과 수(數)를 파악하려 통(通)과 추측(推測)의 능력을 구사하는 데에 최한기 기철학〔氣測體義〕의 핵심이 자리한다.

* 이 글은 본래 민족문화추진회의 『기측체의』 번역본 해제로 쓴 글인데, 주제를 바꾸고 한두 절목의 명칭과 문장을 약간 수정한 것임을 밝힌다.

---

49) 『神氣通』, 권1.
50) 상동.
51) 상동.

제10장 실학의 한 박학적 개방성 이규경 실학에서의 전통사상
— 그의 도불관(道佛觀)을 중심으로

1. 시작하는 말

16세기 후반으로부터 19세기 전반기에 걸친 조선후기의 실학(實學)에 대한 연구는 이제 상당한 단계에 이른 듯하지만, 아직도 사상적 측면에서는 많은 과제를 남기고 있다. 구체적으로 말하여, 실학자들이 실사구시(實事求是), 경세치용(經世致用), 이용후생(利用厚生)의 기치를 새롭게 내걸고 과거 성리학자들보다 현실치중의 의식을 고취하였던 사실만은 대체로 공통된 현상임이 분명하여졌지만, 그러한 주장의 근거가 되는 경학사상(經學思想)에서는 아직 확실한 공통적 특징을 많이 발견하지 못하였다. 그런 까닭에 적어도 현 단계에서는 실학의 공통적 사상을 일반화하여 논하기 어려운 실정에 있다. 분명히 실학자들의 현실치중의식에도 종류와 정도의 차이가 있지만, 그들의 경학사상의 차이는 더욱 심하다.

어떤 학자는 경학에 있어는 그대로 정주계 성리학을 계승하면서 기술학에 속하는 사회과학 및 자연과학 분야에서만 새로운 개혁과 발전을 도모하고, 어떤 학자는 기술학의 분야는 물론 경학에서까지 성리학을 극복하려는 태도를 보인다. 완전히 그러한 예라 할 수 없지만 이익(李瀷)과 박세당(朴世堂)의 경우가 각각 그렇게 다른 경우라 하겠다. 이렇게 심한 경학사상간의 상이 때문에 실학의 근본사상(철학사상)을 경솔히 일반화하여 단정할 수 없다.

그러나 정주계통의 성리학설을 답습하는 실학자가 간혹 있다고 하여, 실학의 근본사상을 그대로 성리학이라 함도 독단에 불과하리라는 것이 논자의 견해이다. 논자의 생각으로는 실학자들의 모토에 나타나는 공통된 특색이 성리학자들보다 현실치중의식의 투철함이므로, 그 의식의 이면에는 그것을 뒷받침하고 그것에 부합되는 독특한 근본사상의 잠재를 가상할 수 있을 것이다. 만일 실사구시, 경세치용 이용후생으로 표현되는 의식에 부합되는 동시에 성리학설과 구별되는 경학설(經學說)이 실학자들에게서 발견된다면, 비록 모든 실학자들의 예외 없이 공통된 이론은 아니더라도, 그것은 곧 실학의 근본사상임에 틀림없다는 것이 논자의 견해이다.[1]

이러한 견지로 살필 때 실학의 근본사상이라 할 것은 이미 실제로 발견되기 시작하였다. 정주성리학으로부터 본원유학에로 복귀를 표방하면서 형성된 박세당(朴世堂)의 경학사상이 그 한 예이고[2], 정약용(丁若鏞)과 그 후의 한석지〔芸菴 韓錫地〕, 이제마〔東武 李濟馬, 1838~1900〕의 반정주적 경학사상이 모두 그러한 예이며,[3] 최한기(崔漢綺)의 경험론적 사상이 또한 그러한 것이다.[4] 이들의 경학사상은 모두 새로운 경험론적 사고에 의하여 성리학이 지닌 관념론적 성격의 사고를 탈피하고자 하는 점에서 일치한다. 또 그러한 특색으로 인하여 이

1) 이와 같은 견해는 논자의 「박세당의 실학사상에 관한 연구」(『아세아연구』, 통권 47호)에서 이미 표명한 바 있다(본서 제2편 수록).

2) 앞의 논문.

3) 이을호 교수의 세미나 주제발표논문 「개신유학의 경학사상사적 본질」 참조(1973년 5월 30일 고대 아연 주최 제2차 실학연구발표회) 및 『다산학의 이해』(현암사, 1975) 소수(所收).

4) 박종홍, 「최한기의 경험주의」, 『아세아연구』, 20호, 고대 아연, 1965.

들의 경학사상은 실학자들의 투철한 현실치중의식과 부합된다. 그러므로 이들의 그것은 일단 실학의 근본사상으로 간주될 수 있다. 이러한 관점에서 얻어진 실학의 사상적 특징이 바로 '반정주학적 사상(反程朱學的 思想)'이라는 표현으로 귀결된다.

이 '반정주학'의 용어는 소극적으로는 정주학을 답습하기는커녕 정주학을 부정하는 것으로부터, 적극적으로는 정면으로 비난함으로써 그것을 배척하는 일체의 것을 가리킨다. 그러므로 이것은 정주학에 대립한다든가, 정주학의 반동이라는 의미가 농후하다. 다만 이때의 '반동'이 맹목적이 아니고 어디까지나 현실치중의 노력을 더 기울이기 위한 것이라는 점에 특색이 있다. 그런 만큼 이것은 결국 '정주성리학이 지닌 현실극복의 약점을 보강'하려는 의의를 지닌다. 따라서 반정주학이라는 것은 정주학적인 용어(用語)와 이상(理想)의 포기까지 의미하지는 않는다. 그런 점에서 이것은 정주학과의 완전한 결별의 의미까지 담지하지는 않는다.

반정주학(反程朱學)이 비록 정주학과의 완전한 결별은 아니더라도, 실학을 반정주학의 선상에서 파악한다는 것은 곧 실학을 정주성리학과의 관계에서만 파악하는 것에 지나지 않는다. 다시 말하여 그것은 당시 통치사상으로 군림하던 정주성리학이라는 전통사상과의 관계에만 착안하여 파악한 것에 지나지 않는다. 그렇다면 실학은 오직 성리학이 지닌 현실극복의 약점을 보강하려는 의미의 '반정주성리학(反程朱性理學)의 의미'만 지닌 것일까? 성리학 이외의 전통사상 대하여 실학은 새로운 태도를 취하지 않았을까? 논자는 바로 이러한 점, 곧 당시(조선후기)의 성리학과 아울러 도교, 불교에 대한 실학의 성격을 알아보고 싶다. 이로 하여 논자로는 아직까지 밝혀지지 않은 실학의 또 다른 측면을 밝히고자 한다. 이러한 고찰을 본고에서는 다만 이규경〔五洲 李圭景, 1788~?〕의 학문을 중심으로 하여 진행할 것이다.

2. 백과전서류의 학풍

1) 실학과 박학다식의 경향

이규경의 경우를 중심으로 살핀다 함은 곧 그의 독특한 백과전서류의 저술인 『오주연문장전산고(五洲衍文長箋散稿)』를 중심으로 살피는 것을 가리킨다. 이 서적에 대한 고찰을 본고의 방법으로 채택하는 이유는 대체로 다음과 같다.

실학에 대한 체계적 이해를 기하려는 하나의 방법으로 오늘날 실학을 '경세치용', '이용후생', '실사구시'라는 세 파로 세분함을 본다. 이 분류가 과연 타당할지 의문이지만, 이우성(李佑成)이 이런 분류를 제시한다. 그에 의하면 이 용어들은 실학자들의 단순한 모토에 그치지 않고, 각각 이익(李瀷), 박지원(朴趾源), 김정희(金正喜)로 대표되는 실학파의 명칭으로 삼을 수 있다고 한다.[5] 그의 견해는 특히 "실학이 18세기로부터 19세기 초에 걸친 몰락사류(沒落士類), 그중에도 근기지방(近畿地方)의 몰락사류에 의하여 이루어진 것"이라는 데에 그 논거를 두고 있는 만큼[6] 그 한정된 논거 위에서만은 타당할지 모른다. 나아가 이 견해는 실학을 주로 사회사적 측면에서 부각함으로써 실학을 하나의 역사적 사실로 강조한 것인 만큼, 실학과 성리학의 구별을 역사적으로 시도한 점이 평가받을 만할 것이다. 그러나 본고에서는 실학 내의 이러한 학파분류에 구애되지 않으려 한다. 왜냐하면 실학이 아직 형성과정에 있는 학문임을 고려한다면, 이 견해는 실학에 대한 시대구분과 지역설정 및 학자선정이 지나치게 제한되어 있기 때문이다. 논자는 이 제한에 좀더 신축성을 부여함으로써 이들

---

5) 이우성, 「실학연구서설」, 『실학연구입문』(역사학회편, 1973).

6) 상동.

삼파는 물론 그 이상의 학자들의 학문이 포함될 여지를 두려 한다. 논자는 실학 연구대상을 지역과 계층을 막론하고 16세기 후반으로부터 19세기 전반에 걸친 기간의 반정주학 학자면 다 포함시키는 방법을 택하려 한다. 따라서 논자가 생각하는 실학은 학자들간에 통상적으로 인정되는 것에 지나지 않는다. 다시 말해, 그것은 조선후기의 성리학 풍토에서 느끼던 불만 또는 반발의식으로 출발하여, 성리학과 다른 새로운 '실제 · 실용 · 실질 · 실제성'으로서의 이른바 '실(實)'의 시각에서 제기 · 형성한 학문을 지칭한다.[7]

물론 이러한 실학개념은 보기에 따라 평판적 실학관을 계승한다는 평을 받을지 모른다. 그러나 논자의 관심은 실학을 이제까지 행하여진 사회사의 관점과 달리 사상사 특히 철학사상사를 관점으로 삼는데 있는 만큼 전기한 삼파의 분류를 크게 고려해야 할 필요가 없다. 본고에서는 다만 실학과 당시의 불교, 도교 같은 전통사상과의 관계, 특히 불교, 도교에 대한 실학자의 평가를 살피는 데 고찰의 초점을 맞출 따름이다.

이와 같은 것을 전제로 할 때, 논자의 앞선 연구에 따르면, 실학자들의 대체적 특징이라 지적할 수 있는 것이 박학다식(博學多識)의 경향이다. 박학(博學)의 경향이야말로 설령 유파별로 살피더라도 어느 파에 있어서나 발견되는 실학자들의 하나의 대체적 공통점이라 할 만하다. 이수광(李睟光), 유형원(柳馨遠), 이익(李瀷)의 『지봉유설(芝峯類說)』, 『반계수록(磻溪隧錄)』, 『성호사설(星湖僿說)』이라든가 안정복(安鼎福)의 『잡동산이(雜同散異)』는 말할 나위 없고, 이규경(李圭景)의 『오주연문장전산고(五洲衍文長箋散稿)』 등도 일종의 백과전서적 저술이므로 그 박학다식의 성격은 말할 나위도 없다. 박제가(朴齊家), 박지원(朴趾源), 이덕무(李德懋), 홍대용(洪大容) 등에 의한 일

7) 이러한 실학개념의 규정이 주로 천관우 씨에 의하여 정리된 것임은 물론이다.

군의 북학론적 저술인 『북학의(北學議)』, 『열하일기(熱河日記)』, 『입연기(入燕記)』, 『연기(燕記)』 역시 결코 어느 한 분야에 관한 지식욕의 표명이 아니다. 이것들도 제 분야에 걸친 저술이므로, 박학다식의 성격을 띠고 있음은 의심의 여지가 없다. 그 밖에 김정희(金正喜)의 금석학은 박학정신의 구현물이고, 특히 정약용(丁若鏞)의 저술도 어느 한 가지 학문에 국한되지 않는 점으로 해서 마찬가지의 경향임은 충분히 입증된다.[8] 이로써 실학자들이 지닌 박학다식의 경향을 가장 온전하게 또는 적절한 방법으로 구사한 것은 바로 백과전서류의 학문 방법이라 할 수 있다.

2) 백과전서류의 학풍

당시 백가전서류의 방법에 의하여 추구한 박학다식이란 어떤 것인가? 그 구체적인 예로 『지봉유설(芝峯類說)』과 『성호사설(星湖僿說)』을 보기로 한다.

> 천문부(天文部) 시령부(時令部) 재이부(災異部) 지리부(地理部) 제국부(諸國部) 군도부(君道部) 병정부(兵政部) 관직부(官職部) 유도부(儒道部) 경서부(經書部)(3) 문장부(文章部)(7) 인물부(人物部) 성행부(性行部) 신형부(身形部) 어언부(語言部) 인사부(人事部) 잡사부(雜事部) 기예부(技藝部) 외도부(外道部)〔선도(仙道)·수양(修養)·선문(禪門)〕 궁실부(宮室部) 복용부(服用部) 식물부(食物部) 훼목부(卉木部) 금충부(禽虫部)…[9]

---

8) 정약용의 경우는 그의 학문 전체가 당시의 수준으로 본다면 그대로 백과전서류의 학문이라 할 수 있을 것이다.

9) 『芝峯類說』, 目次.

> 천지(天地) 인사(人事) 경사(經史) 만물(萬物) 시문(詩文).
> 천문문(天文門) 지리문(地理門) 귀신문(鬼神門) 인사문(人事門) 논학문(論學門) 논례문(論禮門) 친속문(親屬門) 군신문(君臣門) 치도문(治道門) 복식문(服食門) 기용문(器用門) 기예문(技藝門) 경서문(經書門) 논사문(論史門) 성현문(聖賢門) 이단문(異端門) 금수문(禽獸門) 초목문(草木門) 논문문(論文門) 논시문(論詩門)[10]

위는 『지봉유설』이 다루는 총 24부문이고 아래는 『성호사설』의 오대편(五大篇) 20부문이다. 이 문목의 예에서 보듯이, 당시 백과전서류의 문헌들은 종래의 성리학뿐 아니라, 천문·지리·인사·모든 제도·농공상·동식물과, 심지어 도교·불교 등 당시 이단시하던 사상까지 모두 지식의 대상으로 삼았다. 성리학자들이 이단시하여 언급조차 회피하던 사상들까지 지식의 대상으로 삼는 이 과감한 '학문적 개방성'이 바로 백과전서류 학문의 특색이다.

이 개방성만으로도 그 백과전서류의 학문태도는 일단 성리학의 태도와 구별되면서 실학풍(實學風)의 범주에 들어갈 수 있겠지만, 이 학문이 실학으로 간주되는 요인은 단순히 개방성에만 있지 않다. 그 요인은 백과전서류의 학문이 지니고 있던 특성의 일종에 해당하는 광범한 현실이해의 노력과 고증학적 실증태도이다. 정도의 차는 있으나 당시 백과전서류의 저술로는 광범한 현실이해의 노력과 고증학적 영향을 받지 않은 것을 찾아볼 수 없다. 바로 이 고증학적 실증태도와 넓은 의미의 현실치중의식이라 할 이른바 '무실정신(務實精神)'을 기초로 하고 그 백과전서류의 학문은 성립하였던 것이다.

이러한 점에서 백과전서류의 학풍이 지니고 있던 개방성은 단순한 호기심에 의한 개방성과 구별된다. 그 개방성은 당시 현실극복을 위한 수단으로 기획되었던 것이다. 백과전서류의 학문은 이렇게 현실

---

10) 『星湖僿說』, 目次.

극복을 위한 '무실의식(務實意識)'을 기초로 한 '개방성(開放性)'을 그 학문의 특색으로 함으로써 성리학과 구별되는 한편 실학으로 간주되어진다. 따라서 백과전서류의 저술은 당시의 실학적 사고를 반영하는 자료가 된다.

3) 이규경의 학문

19세기에 이르러 백과전서류 학풍의 절정을 이루는 것이 바로 이규경의 경우라 할 수 있다. 이규경은 누구에게서도 볼 수 없을 정도로 이런 학문을 하나의 '독립된 학문'으로 인정한다. 그는 이런 학문의 독립성, 특히 성리학에 대한 '이질성'을 선명히 의식하면서, 이 학문의 '필요성'을 역설한다.

> 무릇 명물도수(名物度數)의 술(術)이 성명의리(性命義理)의 학(學)에 미치지는 못하지만, 그것을 이단시하여 한편으로 치워버린 채 강구하지 않아서〔不講〕는 아니 된다.[11]

그는 백과전서류의 학문을 "명물도수지학(名物度數之學)"이라 한다.[12] 그러므로 그 방법은 "명물도수지술(名物度數之術)"이라 부르게 된다. 그의 견해로 이 '명물도수의 술'이 성리학〔性命義理之學〕의 입장에서 볼 때에, 비록 성리학에 못 미치지만, 그렇다고 그것을 이단시하여 버려서는 안 된다. 버려서는 아니 됨을 감안하면, 이것이 성리학에 미치지 못한다는 말은 다만 이 학문이 지니고 있는 성리학에 대한 '이질성'을 지적한 것에 지나지 않는다. 이렇게 본다면 그야말로 성리학과는 이질적인 백과전서류 학문의 육성에 의식적으로 노력한

11) 『五洲衍文長箋散稿』 上, 序文.

12) 상동.

학자라 하겠다.

변영만(卞榮晩)과 정인보(鄭寅普)가 다 같이 실사구시(實事求是)의 기치 아래 성리학〔理學〕에 반하는 '실학〔樸學〕'을 세운 것이라 찬탄하는 『성호사설(星湖僿說)』의 경우를 "『성호사설』은 성호옹의 희필이라〔星湖僿說者 星湖翁之戲筆也〕"[13]고 하는 것과 견주면, 이익(李瀷)의 겸손을 감안한다 하더라도, 이규경의 이 학문에 대한 의식이 더 적극적임을 발견한다.

더욱이 내용뿐 아니라 분량을 보더라도 이 학풍의 절정을 이루는 것이 이규경의 저서(『오주연문장전산고』)이다. 그는 60여 책 1,400여 항목에 이르는 지식의 다채로움을 과시한다. 19세기의 모든 사상에 대한 그의 지식이 이 1,400여 항목 속에 포함되고 있음은 놀라움을 자아내기에 충분하다.

더욱이 그는 이 모든 사항에 대한 것들을 다만 고증하는 데 그치지 않고, '변증(辨證)'이라는 이름으로 주관적 비판을 하고 있다. 그의 『오주연문장전산고』에 소개되는 항목들 거의 모두에 '… 변증설(辨證說)'이라는 형식의 명칭을 붙여 다룬다. 이렇게 변증(辨證)이라는 비판을 첨가한 것이 그의 백과전서적 서술방법이므로 다른 어느 학자의 경우보다 그는 주관적 사고가 많이 드러난다. 논자가 그의 저서를 중심적 고찰의 대상으로 삼은 이유가 바로 이처럼 성리학과는 별도의 독립된 학문입장에 서서 당시의 모든 사상들에 대한 비판을 통한 자신의 견해를 많이 표명하는 데 있다.

---

13) 『星湖僿說』, 自序.

3. 이규경의 성리학관

1) 정주학에의 표방

당시 통치원리로 이용되던 사상이 이미 언급한 대로 성리학 중에서도 정주계통의 성리학이었으므로, 먼저 정주계통의 성리학에 대한 이규경의 견해를 살피고자 한다.

15세기 후반에 이미 양명학이 들어왔고, 17, 18세기에는 윤휴(尹鑴), 박세당(朴世堂) 같은 학자가 정주학을 배척하다가 '사문난적'의 낙인을 받은 사건들이 있었으므로, 이규경의 성리학관은 윤휴 등의 반정주학에 대한 견해와 그의 양명학관을 통하여 알아보는 방법이 있을 수 있다.

윤휴의 반정주학 태도에 대한 이규경의 비판은 그의 「중용변증설(中庸辨證說)」에 나타난다.

> 『중용』에 대하여서는 이미 주자〔紫陽夫子〕의 집주(集註)가 있으니, 후유(後儒)들은 마땅히 그 주자의 훈고(訓詁)를 따라야 할 따름이다. 달리 의견을 따로 내어 스스로 반경(畔經)하는 죄를 짓지 않아야 한다. 그러나 후유들이 매양 이설(異說)을 많이 내어 끊임없이 분갱(紛更)하는 것은 무슨 까닭인가? 우리 동방의 윤휴 같은 사람이 가장 심〔極〕하다. 중원(中原)의 거유(巨儒) 이광지〔安溪 李光地〕에게 중용편이 있는데, 그 지의(旨義)가 주자의 본주(本註)에서 벗어나지 않으므로, 그 책을 읽는 것이 참고가 될 만하다.[14)]

---

14) 『五洲衍文長箋散稿』 上, 256쪽: "中庸(在禮記二十七篇而特出單行者也) 旣有紫陽夫子集註, 則後儒固當承其訓詁而已, 不可別出意見自取畔經之罪. 然後儒每多異說紛更不已者何也. 如我東尹鑴而極矣. 中原之巨儒李安溪光地有中庸篇. 然其旨不出乎紫陽本註, 則讀此書者亦可以參攷."

이것을 보면 경전의 해석에 있어 윤휴와 같이 반정주적 태도를 가지는 것을 그도 '사문난적'의 태도로 간주하는 듯하다. 그는 윤휴와 같은 태도를 가리켜 '반경(畔經)의 죄'로 간주함으로써, 스스로 정주설의 답습·계승을 표방한다. 이렇게 하여 그는 자신이 '정주계통의 성리학자'임을 공언한다. 한 가지 유의할 점이 있다면, 이규경이 표방하는 정주학이 이광지류의 주자학이라는 점일 것이다.

2) 양명학관

이규경이 공공연하게 표방하는 학문궤도가 정주학이라는 것은 그의 양명학관이 밝혀지는 자리, 특히 그의 『주자만년정론변증설(朱子晩年定論辨證說)』에서 더욱 확실하여진다.

> 주자만년정론(朱子晩年定論)이라는 것은 왕양명〔文成〕의 저작〔所輯〕인데, 후대의 유학자들이 많이 저척(詆斥)하는 것은 옳은 일이다. … 주자의 일생은 공자를 본받은 것〔効法〕이다. 그의 진학(進學)에는 반드시 함양(涵養)이 있고 주경(主敬)이 있다. 덕성이 여기에 있는가 하면 학문이 여기에 있다. 만일 망령되게도 주자의 학문이 지리(支離)하다든가, 주자가 만년(晩年)에 회오(悔悟)하였다고 한다면, 이는 곧 우리 공자〔吾君子〕의 이른바 '호고민구(好古敏求)', '다문다견(多聞多見)', '막학약례〔博文約禮〕'를 모두 공자가 조년(早年)에 지리하였던 것이라 하는 것이며, '무언(无言)', '무지(无知)', '무능(无能)'을 가리켜 공자가 만년에 자회(自悔)한 정론(定論)이라 하는 것과 똑같다. 이것으로 본다면 만년정론이라는 것〔刻眞〕은 양명이 무문(舞文)하여 놓은 글이다.[15]

15) 앞의 책, 905쪽: "朱子晩年定論云者 卽王文成守仁所輯, 而後儒多詆斥者宜矣. … 朱子一生効孔子, 進學必在涵養必在主敬 德性在是學問在是. 如謬以朱子爲支離爲晩悔, 則是吾夫子所謂好古敏求 多聞多見 博文約禮 皆早年之

원래 『주자만년정론』이란 왕양명이 주희사상에 반하는 자신의 사상을 타당화하기 위하여 엮은 책이다. 그것은 왕양명의 주장을 담은 것으로, 주희는 일찍이 조년(早年)에 양명의 설에 반하는 이른바 지리(支離)하고 오류(誤謬)를 범하는 이론을 내었다가, 만년(晩年)에 이르러 그러한 약점을 주희 자신이 깨닫고 개정하였다면서, 제시한 증거가 『주자만년정론』의 내용이다. 특히 "지리하다" 함은, 양지(良知)·양능(良能)을 믿고 내심에의 자각과 같은 주관적 방법을 주장하는 왕양명의 입장에서 볼 때, 주희의 이른바 "일일일격(一日一格)"하는 객관적 방법이 '지리'한 단점을 갖는다는 것이다. 그러나 이규경에 따르면 이러한 것들을 지적한 『주자만년정론』이 하나의 "무문(舞文)", 즉 의식적인 곡해에 지나지 않는다고 한다. 따라서 왕양명의 『주자만년정론』은 저척(詆斥)되어 마땅하다고 그는 단언한다. 여기서 왕양명을 배척함으로써 주희를 따르는 그의 태도가 의심할 나위 없을 만큼 분명히 나타난다.

그런데 그는 이 대목에서도 또 이광지〔榕村 李光地〕를 끌어들임으로써 이러한 자신의 학문태도 내지 학문입장이 이광지의 그것과 같음을 강조한다.

> 청의 이광지(李光地)는 근세의 순유(醇儒)이다. 그는 일찍이 『주륙절의(朱陸折疑)』를 지었는데, 그 말이 지극히 공정하여 후인들의 절충을 이룰 만하다. 무릇 주륙(朱陸)을 논하는 유학자들이 대체로 그 어느 편으로든지 편중하는 것이 보통이다. 이토록 순정한 것은 없었다.[16]

支離, 必如無言無知無能爲晩年自悔之定論也. 以此觀之 則晩年定論之刻眞 爲陽明舞文之書矣."

16) 앞의 책, 907쪽: "淸李榕村光地 近世醇儒也. 嘗著朱陸折疑, 其言極公是可作儒學後生之折衷. 凡斯文之論朱陸者每多偏重 無有如此之純正也."

이로써 이규경은 당시의 누구보다도 이광지의 영향을 많이 받았음을 알 수 있다. 아울러 그가 답습·계승하는 것으로 표방하는 '정주학의 입장'이 실은 '이광지의 입장'으로 복사되는 것이라는 사실도 알 수 있다.

3) 독자적 입장

이광지는 정주의 학문을 독신(篤信)하면서 『주자전서(朱子全書)』를 비롯한 성리제편(性理諸編)을 참정(參訂)한 것으로 유명하다.[17] 표면상으로 드러난 학문입장이 정주학이었다는 점에서도 이광지는 이규경과 같다. 그렇지만 실제 학문내용에 있어서까지도 이광지가 정주만을 따랐던가 하는 것은 재고의 여지가 있다. 이광지의 입장은 이규경의 말대로 공정하게 볼 수 있는 입장이었던 만큼, 결코 육왕(陸王)이나 정주에 치우치는 입장이 아니었다. 그것은 어느 편에 치우치지 않는 제삼의 입장, 곧 자기 자신의 입장이었다. 따라서 이광지의 입장이 정주를 계승한 것이라는 판단은 어디까지나 그의 표면적 이론에만 적용된다. 그 판단은 내용상으로는 들어맞지 않는다. 그 점은 이규경 자신이 인용하는 다음 글만 보더라도 확인된다.

> 안계(安溪, 李光地)는 또 말하길, "지본(知本)으로 물격(物格)의 뜻을 삼는 것은 상산(象山)의 설인데, 정주의 설과 상조(相助)하면 『대학』의 가르침이 분명하여질 것이라" 하였다.[18]

'격물'에 대한 경우와 같이 구체적 학설에 있어, 이광지는 결코 정

17) 그러한 점에서 그는 정주계통의 학자로 인정된다.

18) 앞의 책, 「格物辨證說」, 166쪽: "安溪又有言 曰, 以知本爲格物 象山之說也, 與程朱之說相助, 則大學之敎明矣."

주의 설에만 얽매이지 않았다. 내용상으로는 정주의 학문과 더불어 육왕의 학문을 조화하려던 사람이 이광지이다. 이러한 이광지의 영향을 지대하게 받은 이규경이라면, 이규경의 입장에 대하여서도 그의 표면적 표방이 과연 내용적으로도 합치되는가 알아보아야 한다.

사실 이규경은 경우에 따라 그가 표방하던 것과 다른 양상을 보인다. 그는 양명의 전반적 이론에 대하여 대체로 비판적 태도를 취하지만, 때때로 양명의 특정한 이론에 대하여서는 수긍하는 태도를 보인다. 특히 「격물변증설(格物辨證說)」에 이르면, 주희의 '궁지설(窮至說)'은 물론, 왕양명의 '격정(格正)' 또는 '격거(格去)'의 이론을 충실히 소개한 다음, '격물(格物)'에 대한 독자적 해석을 내린다.

> 격물(格物)이란 단지 선(善)을 밝히는 것〔明個善〕이며, 선을 밝힌다는 것〔明善〕은 성을 아는 것〔知個性〕일 뿐이다. … 이것이야말로 제유(諸儒)의 분운(紛紜)을 절충할 수 있는 것이므로, 나는 일찍이 '중류(中流)의 지주(砥柱)'라 생각하였다.[19]

원래 『대학』의 '격물'에 대한 해석은 정주학과 양명학을 가름하는 분계점이다. 그 '격물'에 대한 해석을 이규경은 '명선(明善)'이라 함으로써, '정거(正去)'로 해석하는 육왕을 따르지 않음은 물론, '궁지(窮至)'라 해석하는 정주도 따르지 않는다. 그러므로 그의 정주학에의 표방은 어디까지나 표면적 태도에 그치는 것임을 알 수 있다. 실제 내용에 있어서는 정주의 설에 구애되지 않고 독자적 사고를 하는 것이 이규경의 입장이라 하겠다. 스스로 "중류(中流)의 지주(砥柱)"라 일컫는 데서 그의 입장은 더없이 명백하여졌다. 중류의 지주(砥柱)임을 자부하면서 상충되는 양명학과 정주학을 절충하려는 지점에 그의

---

19) 앞의 책, 172쪽: "格物只是明個善, 明善只是知個性云 … 此足以折衷諸儒之紛紜, 故愚嘗以爲中流之砥柱也."

입장이 자리하고 있다.

이규경의 참된 입장이 이와 같기 때문에 그는 고경일〔攀龍 高景逸〕의 견해에 따라 '양명과 상산(象山)을 맹자의 일맥'으로 간주하는 (육왕에 대한) 호감을 보인다.[20] 맹자의 일맥으로 간주한다는 것은 따지고 들면 맹자와 같은 '정통유학'으로 간주한다는 뜻으로 풀이될 수 있다. 이러한 견해는 완고한 정주학자로서는 결코 용납할 수 없는 견해이다.

이와 같이 본다면, 이규경의 전통사상관이란 표면상으로는 정주학을 표방하지만, 실제 내용에 있어서는 경우에 따라 육왕의 이론까지도 취할 수 있을 만큼 자유롭고 독자적인 사상을 추구하는 것이다. 당시의 도가와 불가사상에 대한 그의 견해는 어떠한가?

---

20) 앞의 책, 「大學辨證說」, 265쪽.

4. 이규경의 도불관

1) 도불(道佛)에 대한 유학적 이해

도가사상과 불가사상은 유학의 경우보다도 더 철학적인 요소와 종교적인 요소를 함께 혼칭(混稱)하는데, 본고에서도 그러한 구별의 필요성을 특별히 느끼지 않는 한 그대로 혼칭하겠다.

정주계의 성리학을 신봉하여 자신의 표면상의 학문입장으로 삼는 이규경인 만큼, 그에서 도불사상(道佛思想)은 적어도 표면상으로는 비정통시된다. 특히 불교에 대하여 그는 때로 서슴지 않고 '이단'이라 부르는 것을 볼 수 있다.[21] 그렇지만 그에 의하면 그 이단 역시 '명물도수지학(名物度數之學)'에 종사하는 학자〔淹博家〕의 구고대상(究考對象)에서 벗어나지 않는다.[22] 다시 말해 명물도수의 학문이 이단을 도외시하지 않으므로, 그것을 고찰하지 않을 수 없다는 것이 그의 도불사상에 대한 연구의 변이다.

이러한 변을 앞세우는 이규경의 도불사상에 대한 저술은 상당히 많은 분량에 이른다. 그 주요한 것만 소개하여 보아도 다음과 같다.

> 『동국도학전통도변증설(東國道學傳統圖辨證說)』, 『동국도교본말변증설(東國道教本末辨證說)』, 『노자도덕경변증설(老子道德經辨證說)』, 『장자독법(莊子讀法)』, 『도교기자변증설(道教奇字辨證說)』, 『도가산문이명변증설(道家算門異名辨證說)』, 『도가선서도경변증설(道教仙書道經辨證說)』…
>
> 『해동불법변증설(海東佛法辨證說)』, 『석교범서불경변증서(釋教梵書佛經辨證說)』, 『석전범문변증설(釋典梵文辨證說)』, 『법화금강양경변

---

21) 앞의 책 下, 「釋典梵文辨證說」, 138쪽.

22) 상동. "釋家梵文儒家所不可道, 而淹博家亦不可不知, 故或有記焉者."

> 증설(法華金剛兩經辨證說)』, 『윤회변증설(輪廻辨證說)』, 『삼봉윤회변증설(三峯輪廻辨證說)』, 『원효의상변증설(元曉義相辨證說)』…『삼교제론변증설(三敎諸論辨證說)』, 『유도석삼가논천중수변증설(儒道釋三家論天重數辨證說)』…

이 중에서 특히 『동국도학전통도변증설(東國道學傳統圖辨證說)』, 『도교선서도경변증설(道敎仙書道經辨證說)』, 『해동불법변증설(海東佛法辨證說)』, 『석교범서불경변증설(釋敎梵書佛經辨證說)』에는 한국 도불사상의 연혁(沿革)이 간략하게나마 기재되고 있음이 이채롭다. 이러한 기술은 당시로서는 매우 드문 일이다. 이와 같이 도불사상에 대하여 이채롭기까지 한 저술을 많이 남겼다는 사실은 바로 도불사상에 관한 그의 높은 관심도를 말하여 주는 외의 것이 아니다.

이렇게 높은 관심 속에서 피력되는 도불사상에 대한 이규경의 견해는 일단 유학의 안목으로 이해된 것이다. 그는 유학의 입장에서 유학의 이론으로 도불사상을 이해하고 비판하는 동시에, 반대로 도불사상에서 유학과 공통되는 점을 찾는다. 아래의 인용문들이 모두 그러한 예증이다.

> 도보(陶輔)의 『상유만지(桑楡漫志)』에 의하면, 유교인은 리를 따르며〔循乎理〕, 불교인은 리에서 벗어나며〔出乎理〕, 도교인은 리에 되돌아오는 것〔返乎理〕이다.[23]

> 불교에 인과설(因果說)이 있고, 도가에 감응편(感應篇)이 있는데, (그것들) 역시 권선단악(勸善癉惡)의 뜻이다.[24]

23) 앞의 책 上, 「三敎諸論辨證說」, 825쪽: "陶輔桑楡漫志, 儒者循乎是理者也, 釋者出乎是理者也, 道者返乎是理者也."

24) 앞의 책 下, 「善惡應遲速辨證說」, 360쪽: "釋氏有因果之說, 道家有感應之篇者, 亦勸善癉惡之義也."

> 도가에서 말하는 성(性)이란 우리가 신(神)이라 하는 것이고, 도가에서 말하는 명(命)이란 우리가 기(氣)라는 것이다. 석씨가 말하는 심(心)이란 우리가 의(意)라는 것이며, 석씨가 말하는 성(性)이란 우리가 심(心)이라는 것이다.[25]

이규경은 유학의 근본원리를 '리(理)'로 파악한다. 그에 따르면 유학의 가르침〔敎〕에는 정심(正心), 성의(誠意), 양기(養氣)가 있지만, 그것들을 관통하면서 하나의 유학으로 만드는 것〔其所以一而貫之者〕은 '리'라고 한다.[26] 그런 만큼 그가 지금 리를 기준으로 하여, 유학과 도불사상을 논하는 것은, 비록 그 구체적 내용에 대한 설명이 없어 그 뜻을 알 수 없고 그것이 도보(陶輔)의 『상유만지(桑楡漫志)』의 기록에서 인용한 약점은 있지만, 유학의 입장에서 하는 것이라는 점만은 분명하다. 그리고 불가의 '인과설'과 도가의 '감응설'을 일종의 '권선징악(勸善癉惡)'으로 이해하는 것이라든가, 도·불 양가(兩家)의 근본사상인 성(性)·명(命)·심(心)·성(性)을 유가의 신(神)·기(氣)·의(意)·심(心)으로 이해하는 것 역시 유학적 이해임에 틀림없다. 특히 이 두 경우〔후기(後記) 인용문〕는 단순히 유학적 이해에 불과한 것이라고만 보아 넘길 수 없다. 그것은 도불은 근본사상이 유학과 다를 것이 없다는, 이른바 유학과의 공통성을 지적한 것이다.

그가 다시 자리를 바꾸어 아래와 같이 논하는 것도 유학과의 공통성을 지적한 예문이다.

> 나의 생각으로는 유학의 서적은 존심(存心) 양성(養性)의 학문을 논하는 것이며, 도가의 것은 수심(修心) 연성(鍊性)의 공(功)을 논

---

25) 앞의 책 上, 「三敎諸論辨證說」, 825쪽: "道家言性吾所謂神, 道家言命吾所謂氣. 釋氏言心吾所謂意, 釋氏言性吾所謂心."

26) 상동. "儒者之敎 正其心, 未嘗不知有心也. 誠其意, 未嘗不知有意也. 養其氣, 未嘗不知有氣也. 然其所以一而貫之者理也."

하는 것이며, 석씨의 것은 명심(明心) 견성(見性)의 뜻〔旨〕을 논하는 것이다.[27]

유도불 삼교가 양상을 조금씩 달리하여 말하지만, 결국 다 같이 심성문제를 논하고 있고, 그런 점에서 서로 공통성을 갖고 있다는 것이 그의 견해이다.

2) 도불사상의 포용

도불사상에도 유학과 공통되는 점이 있다고 하는 것은 곧 이단시되고 배척되어야 할 이유가 없음을 의미한다. 사실 이규경은 삼교의 공통성을 바탕으로 다음과 같은 견해를 도출한다.

우리 부자〔孔子〕의 가르침은 군왕은 군왕답고〔君君〕 신하는 신하답고〔臣臣〕 남편은 남편답고〔夫夫〕 아내는 아내다워야〔婦婦〕함이다. 각각 그 분수(分數)를 지키며 본성(本性)을 따르는 것이다. 옛것이 가고 새것이 오면서 단속(斷續) 없음이 곧 장생(長生)이며, 떠나가기도 하고 다가오기도 하면서 점착(粘着) 없음이 곧 원공(員空)이다. 이 도리가 바로 두 사상〔二氏〕이 우리 유학을 우익(羽翼)하는 까닭이다. 우리 유자가 왜 반드시 저 두 사상을 뿌리쳐야 하겠는가?[28]

그는 유학의 근본사상을 “군왕은 군왕다워야 하고, 신하는 신하다

27) 앞의 책 下, 「釋敎梵書佛經辨證說」, 244쪽: “愚案 儒者之書 存心養性之學也. 道家之書修心鍊性之功也. 釋氏之書 明心見性之旨也.”

28) 앞의 책 上, 「三敎諸論辨證說」, 825쪽: “惟吾夫子之敎 君君臣臣父父子子夫夫婦婦 各安其分 率其性. 古往今來無斷續卽此長生. 間往間來無粘着 卽此員空. 此二氏之所以羽翼吾儒. 吾儒何必袒彼敎哉.”

워야〔君君 臣臣〕"하는 방식의 본분(本分)을 다하는 이른바 '정명(正名) 사상'으로 파악하는 한편, 도불의 사상을 각각 '장생(長生)', '원공(員空)'의 사상으로 파악한다. 그런데 그러한 도불의 사상이 유학사상에 대한 "우익하는 까닭〔所以羽翼者〕"이고, 그러므로 그것들을 조금도 배척할 필요가 없다는 것이다. 이는 그가 이제 도불사상에 대한 '포용'의 태도를 표명하는 것이다.

이규경의 이와 같은 견해를 전하는 글은 이에 그치지 않는다. 그는 한국의 불교〔佛法之入海東〕를 논하는 자리에서 아래와 같이 논한다.

> 비록 이교(異敎)를 배척〔闢〕하는 것이 마땅하겠지만, 역대의 사실에 고거하려 함은 그렇지 않은 것 같기도 하다. 내가 지금 도불 양교〔二氏〕를 논급하는 것으로 말하면, 이것은 세상에서 유도불 삼교를 정족(鼎足)과 같은 것으로 말한 지 이미 오래된 것이다.[29)]

『삼국사기(三國史記)』에 따르면, 고구려의 연개소문(淵蓋蘇文)은 일찍이 "삼교는 마치 정족(鼎足, 솥발)과 같아서 한 가지 사상이라도 빠뜨리면 아니 되는데, 지금(고구려에는) 유불만이 나란히 홍〔並興〕할 뿐 도교가 홍성치 않아〔未盛〕"라면서, 도교를 구하여 올 것을 왕에게 청하였다.[30)] 이규경이 이 인용문의 서두에서 이미 『삼국사기』에 의한다는 것을 밝히면서 저 고구려의 도교 구입(求入) 사실까지 지적하는 것을 보면, 이 인용문의 내용은 분명히 『삼국사기』에 있는 연개소문의 견해를 지칭하는 것이다. 이것은 이규경 자신이 그 소문의 '삼교정족설(三敎鼎足說)'에 어느 정도 동조하고 있음을 밝힌 것이라 하

---

29) 앞의 책 下, 「釋敎梵書佛經辨證說」, 243쪽: "雖闢異敎宜, 然而欲攷歷代事實, 則似不然矣, 愚今論次道釋二氏者 世之稱 儒道釋三敎者殆如鼎足 厥有久矣."

30) 『三國史記』, 권2, 「高句麗本紀」, 제9 寶藏王上.

겠다. 그러므로 유학을 중심으로 한 그의 '도불포용의 태도'가 실은 이러한 '삼교대등시(三教對等視)'의 가능성을 배제하지 않고 발표되는 것임을 알 수 있다.

3) 삼교합일화

이규경의 '도불포용의 태도'는 자세히 살피면 이에서 그치지 않는다. 그는 다음과 같은 글을 적고 있다.

> 양왕불통(梁王佛統)에 따르면 불타〔佛〕는 동인도국에서 태어났다. 그때가 바로 주(周)의 장왕(莊王) 9년 4월 초8일이다. 한(漢)의 명제(明帝) 영평(永平) 8년에 그 법(法, 佛教)이 중국에 들어오고부터 크게 행하여졌는데, … 원래 노자가 함곡관(函谷關)을 나갈 때, 부도법화(浮屠法化)의 령(令)을 지은 다음, 그 내외는 제거〔剪除〕하여 형체만 그대로 두고서〔不傷〕, 부도(浮屠)라 이름하였다. 그런데 장왕(莊王) 9년 4월 초8일에 항성(恒星)이 보이지 않고 성운(星隕)이 비오듯 하더니, 그 밤〔夜〕에 불타〔釋氏〕가 태어났다. 그가 백양(伯陽)의 도(道)를 닦을 수 있음에, 나라 사람들〔國人〕이 그를 받들어 불(佛)이라 하였으니, 불이란 중국에서, '신(神)'이라 하는 것을 가리킨다. …그러므로 불교란 중국으로부터 인도〔西度〕에 갔다가, 인도에서 다시 중국으로 돌아온 것으로서, 오랑캐사상〔夷教〕이 아니다. 실은 노자(老子)가 불교의 개조(開祖)이다.[31]

31) 『五洲衍文長箋散稿』下, 「釋教梵書佛經辨證說」, 245쪽: "梁王佛統 佛生於東印度國, 其時周莊王九年四月初八日也. 自漢明帝永平八年 其法始入中國大行. … 老子出函關 作浮屠法化之令 其內外剪除 不傷形體 名曰 浮屠. 至莊王九年四月初八日恒星不見 星隕如雨 是夜釋氏生 能修伯陽之道 國人宗之 曰, 佛. 佛卽中國稱神之謂. … 然則佛教由中國而及西度 由西度而復回中國, 非夷教也. 老子實爲佛祖 …"

불교는 석가(불타)에 의하여 이루어져 인도로부터 건너온 것이다. 그런데 이규경은 불교가 원래 노자에 의하여 중국에서 발생하였다고 한다. 노자가 석가 이전 본래의 불교개조(佛教開祖)라 한다. 이규경에 따르면 석가가 세상에 태어나기 전에 노자는 불전(佛典)인 『부도(浮屠)』를 중국에서 지었었고, 그것이 인도로 전하여졌다가, 다시 중국에로 역수입된 것이 오늘날의 중국불교라는 것이다. 그 나름의 이론은 이렇게 불교를 도교에 포섭시킴으로써 일단 '도불(道佛)을 일원화'한다. 불교가 "오랑캐의 종교〔夷教〕가 아니라"는 그의 주장으로써, 이미 불교에 대한 이단관념은 어느 정도 소멸되었다고 하겠다. 이교(夷教)의 부정은 곧 불교가 도교와의 일원화를 통하여 받을 수 있는 새로운 처지에 대한 각성의 촉구이기도 하다.

이규경은 도불의 일원화를 도모한 다음 다시 아래와 같은 주장을 계속한다.

> 유(儒)란 황제(皇帝)의 제(帝) 자에 근본을 두고 삼재화생(三才化生)의 묘도(妙道)를 밝히는 것인데, 실은 황제(黃帝)가 유조(儒祖)이다. 어찌하여 후세 사람들은 황노(黃老)가 유(儒)와 다르다고 하는 것일까?[32]

이규경에 따르면 유가의 개조(開祖)는 물론 공자(孔子)지만, 더 거슬러 올라가면 본래의 개조는 '황제(黃帝)'라 한다. 그런데 사람들이 도교를 가리켜 "황노(黃老)의 교(教)"라 하듯이, 도가의 개조인 노자를 '황노(黃老)'라 한다. 따라서 이규경의 주장으로는 유가의 개조가 '황제(黃帝)'인만큼, '황노(黃老)'는 근본적으로 유가에 속한 인물이다.

불교를 도가에 포섭시킨 그는 이제 그 도가를 유가에 포섭시키는

---

32) 상동. "儒本於黃帝之制字 發三才化生之妙道, 黃帝實爲儒祖. 奈後世以黃老爲異於儒哉."

셈이다. 이미 포용의 태도를 보였던 '도불사상'을 마침내 유학에 포섭시킴으로써, 결국 그는 유학을 중심으로 '삼교일원화(三教一元化)'를 꾀하고 있다. 도불에 대한 이단시는 고사하고 유학을 토대로 삼교를 일체시하는 이것이 바로 이규경의 '전통사상관(傳統思想觀)'이다. 그렇다면 이러한 그의 전통사상관은 어떻게 이해되어야 할 것인가?

5. 서양 및 서학관

1) 삼교일체관과 실학정신의 문제

이규경의 『오주연문장전산고(五洲衍文長箋散稿)』에 구사되고 있는 그의 고증은 '사실 위주'이기보다 '전적(典籍)과 전문(傳聞) 위주'로 이루어진 것이다. 그러한 까닭에 그 고증은 박식만은 자랑하지만, 때로 사실부합과 객관적 타당성을 잃는 결함을 면치 못한다. 이 삼교일체관이 그 대표적인 예이다. 그의 이 견해야말로 사실과는 전혀 동떨어진 견해가 아닐 수 없다. 그가 당(唐)나라 백거이(白居易)의 『삼고논형(三敎論衡)』이라든가 안연년(顏延年)의 『삼교주영(三敎珠英)』을 거론하고 있는 것으로 보면,[33] 그의 이 견해는 아마도 이런 전적과 전문에 의하여 한당(漢唐)의 삼교일체관을 이어받은 것이 아닌가 생각된다.

그러나 설령 그렇다 하더라도 전적과 전문에서 얻는 지식의 선택 문제는 그 자신에 달린 것이다. 그 견해의 선택은 오로지 그의 판단과 주관적 의지에 달렸다. 그 견해가 비록 사실과 다른, 그릇된 것이라 하더라도, 그러한 것은 오직 그의 책임문제이다. 우리로서는 그 선택된 그 견해의 의의만을 간여할 수 있을 따름이다.

그리고 이러한 삼교일체관은 생각하기에 따라 실학을 파악하는 데 하나의 중요한 문제를 제기하게 된다. 성리학 역시 스스로 '실학'임을 자처한다는 것은 이미 널리 알려진 사실이다. 성리학이 실학을 자처하는 근거는, 성리학이 정(靜), 무(無), 적(寂), 공(空)을 논하는 도가·불교사상의 비실용성과 비실제성을 극복하는 것이라는 데 있다. 즉 도불사상과 비교될 때, 성리학은 스스로 실학이라 할 만하다는 것

---

33) 앞의 책, 243쪽.

이다. 그런데 그 성리학의 비실용성과 비실제성의 약점을 다시금 극복한다는 이른바 이 실학(후기실학)이 성리학조차 경시 내지 배척하는 도가·불가사상을 인정하고 포용·포섭한다면, 실학의 의미는 혼란에 빠져 다시 수정되지 않을까 하는 문제가 제기된다. 그런 만큼 이제 삼교일체관을 이끌어내게 된 그의 의도나 그 삼교일체관의 의의가 밝혀져야겠다.

2) 대천주교관

이규경이 삼교일체관을 갖게 된 의도는 보는 각도에 따라 여러 측면으로 살펴질 수 있겠지만, 논자로는 두 가지 측면에서 살펴질 수 있지 않을까 한다.

첫째로 과거 수많은 모화주의자(慕華主義者)들이 모든 것을 중국본위로 생각하려는 경향이 없지 않았던 것을 고려한다면, 그의 그 견해도 그러한 인습의 영향에 의한 것이 아니었을까 하는 점을 가상하여 볼 수 있다. 둘째로 19세기는 이미 문물의 전파에 의한 서구의 접근이 그네들에 대한 일정한 태도 결정의 문제를 외면할 수 없는 현실적 요구로 제기하고 있던 때였음을 고려하면, 그의 삼교일체관이 그의 어떤 '독특한 시대의식'에 의한 것이 아니었을까 하는 점을 상정하여 볼 수 있다. 특히 그는 북학파의 대가인 이덕무(李德懋)를 조부로 두어, 서구에 대하여서는 남달리 많은 관심을 기울이게 될 환경에 있었으므로, 그의 시대의식은 주목되어야 할 점이라 생각된다.

첫째 인습의 시각에서 본다면, 이규경은 한낱 모화(慕華)의 타성을 벗지 못하여 '삼교일체관'을 갖게 되었던 것 같지는 않다. 이러한 판단은 그가 얼마나 자신의 조국과 민족에 대하여 자각하고 있었던가, 즉 주체의식을 갖고 있었던가 하는 점을 고려할 때 가능하다. 그는 『단기위국호변증설(檀箕爲國號辨證說)』, 『삼한시말변증설(三韓始末辨

證說)』, 『삼국입국변증설(三國立國辨證說)』, 『동국주역변증설(東國疇域辨證說)』, 『언문변증설(諺文辨證說)』, 『무격변증설(巫覡辨證說)』 등의 저술을 통하여, 국호·국민·국토·국어 및 토속신앙에 관한 광범한 관심을 보인다. 이러한 저술을 남길 수 있는 관심 자체가 과거의 모화주의자들의 그것과는 다른 것으로서 그의 주체의식을 말하여 주는 자료이다. 따라서 그의 삼교일체관이 한낱 모화적 타성으로부터 나온 것이라고는 볼 수 없다.

둘째의 '독특한 시대의식'이라는 시각에서 살펴보겠다. 그는 조부의 덕택 때문인지 과연 서양 및 서양인에 대한 지식을 당시의 수준으로서는 상당히 가지고 있었다.[34] 이규경은 특히 서양인과 천주교에 대하여, "서양인 역시 독서(讀書)를 싫어하지 않으며, 역리(曆理)에 대하여서도 알고 있다"[35] 고 하는가 하면, "천주교(天主敎, 書)의 논리(論理)는 우리 유학에서의 설리(說理)와 비슷하다. 그러므로 사족(士族)의 총명하고 재주있는 사람이 많이 현혹된다"[36] 고 한다. 이렇게 서양인 자체에 대한 특별한 반감 내지 배척감은 그에게서 발견되지 않는다. 그러나 천주교에 대하여서는 그렇지 않다. 총명하고 재주있는 선비조차 현혹될 만하다는 천주교의 사상이 그에 있어 문제이다. 그는 이렇게 적어 간다.

> 만일 우리 유학의 이론(理論)과 비슷한 (정도의) 것에 현혹되는 판이라면, 어찌 참된 우리 유학이론 자체에는 불혹된다는 것인가! 이것이 이른바 "근리(近理)에 의지하다가 참된 것을 크게 혼란시킨다〔彌近理而大亂眞者〕"는 것이다.[37]

---

34) 그러한 점을 그의 『백인변증설(白人辨證說)』, 『척사교변증설(斥邪敎辨證說)』, 『지구변증설(地球辨證說)』 등에서 알 수 있다.

35) 『五洲衍文長箋散稿』 上, 「天象原理辨證說」, 548쪽.

36) 앞의 책 下, 「斥邪敎辨證說」, 709쪽: "其書論理 與吾儒說理相似. 故士族聰明才慧之人多惑焉."

그에 따르면 유학의 이론만이 '진리(眞理)'이고, 천주교 사상은 진리에 근사한 정도의 것〔近理〕에 지나지 않는다. 그러므로 유학을 버리고 천주교를 따른다는 것은 진리를 버리고 근리를 따르는 우매한 짓이다. 사람들은 유학을 버리고 천주교를 따르는 우를 범하지 말아야 한다는 것이다. 이는 천주교가 지닌 유학과 비슷한 그 점이야말로 사람들이 경계하지 않으면 안 될 점이라는 주장이다.

그가 이렇게 서양의 천주교에 대립하고 있는 것으로 보면, 그의 삼교일체관은 이 천주교에 대한 대립정신이 대표하는 그의 독특한 시대의식으로부터 나온 것이리라는 심증이 굳어진다. 왜냐하면, 천주교에 대립하는 것이 무엇보다도 시급한 그의 급선무였다면, 과거부터 내려오던 전통사상간의 이질성은 문제시할 만한 대상으로 여겨지지 않았을 것이기 때문이다. 오히려 그는 대립하는 천주교 앞에서 사상적으로 일체감을 느낄 수 있는 일원화된 동양사상의 필요성 절감하였을 가능성이 충분할 것 같다.

3) 대서양관

사실 그의 삼교일체관을 이렇게 이해할 수 있는 근거는 '동서문화대비(東西文化對比)'에 관한 그의 견해 속에서 선명히 찾아진다. 이규경은 중국문화와 서구문명을 다음과 같이 비교 설명한다.

> 중국〔中原〕은 오로지 리기성명의 학을 위주로 함으로써 천과 동화하니, 이는 형상지도이다. 서양〔西乾〕은 오로지 궁리측량의 교를 닦음으로써 신과 쟁능하니 이는 형하지기이다.[38]

37) 상동. "若惑似吾儒之論. 則何不惑於眞吾儒之說乎, 是所謂彌近理而大亂眞者矣."

38) 앞의 책 上, 「用氣辨證說」, 295쪽: "中原則專主理氣性命之學, 故與天同

> 그 형상(形上)의 학이 형하(形下)의 용(用)을 당장 깨닫기〔悟得〕 곤란하다면, 아마도 배워야 할 것〔可學〕이다. 우리들이 (일찍이 그것을) 깨닫지 못하였으니, 한숨이 절로 난다. 용기의 방법〔用氣之道〕이란 다만 (氣의) 소식(消息)에 있을 뿐이다.[39]

이규경의 견해로 중국 중심의 동양문화가 이기성명(理氣性命)의 학문에 입각한 "형이상의 도〔形上之道〕의 문화"라 한다면, 서양의 것은 '궁리측량(窮理測量)'의 교육에 입각한 "형이하의 기〔形下之器〕의 문화"이다. 형이하의 '기(氣)'를 잘 이용하는 용기(用氣)의 기술로써 이룩한 것이 서양문명인데, 이 용기의 술(術)에서 동양은 오늘날 서양에 뒤떨어진다. 그러므로 동양은 용기법(用氣法)을 배워야한다는 것이 그의 생각이다. 이 견지로부터 그는 실제로 총포(銃砲)를 비롯한 수많은 화기(火器)를 고찰하는 데 열중하였었다.[40]

용기법(用氣法)은 실상 동양에서도 일찍이 언급되었다. 다만 동양에서는 그것이 실제로 개발되지 않았을 따름이다. 이것이 그의 견해이기도 하다.

> 무릇 사람의 호흡(呼吸)이 노자가 말한 '천지탁약지리(天地橐籥之理)'인데 스스로 알지 못하였다. 그러므로 마침내 어떻게 하는 것이 용기(用氣)인지 깨닫지 못하였다. 노자〔柱下史〕가 이미 창언(創言)하였지만, 뒷사람들이 그 리법(理法)을 궁구하지 않았었다. … 용기(用氣)의 법은 갈홍(葛洪, 稚川)이 이미 해설하였지만, 그것을 실행한 사람이 없었다.[41]

化. 此形上之道也. 西乾則專治窮理測量之教, 故與神爭能. 此形下之器也."

39) 앞의 책, 296쪽: "其形上之學猝難悟得形下之用 則庶可學焉, 而我人蒙不覺悟, 可勝歎哉. 用氣之道 唯在於消息. …"

40) 『五洲書種』 참조.

그의 견해로 특히 도가의 노자와 갈홍이 바로 용기의 이치와 방법을 말하였다. 하지만 후인(後人)들이 그것을 계승 발전시키지 않았던 데에 동양 용기법 부진의 원인이 있다. 따라서 용기법의 개발을 위하는 시각에서도 도가의 사상은 중요시될 수밖에 없다. 도가사상은 이제 더 이상 이단시됨으로써 배척되어서는 안 될 처지에 있다는 것이 그의 판단인 셈이다.

그에 따르면 용기의 영역에서는 불가의 사상 역시 제외되지 않는다. 또 유가에서는 원래 '정(精)', '기(氣)', '신(神)'을 본질에 있어 서로 같다고 생각하면서 그것들의 보존과 이용을 논한다. 정(精)과 신(神)도 유학 이론으로는 하나의 '기(氣)'에 지나지 않는다. 그러므로 이규경은 기의 시각에서 도가의 이론과 함께 불교의 이론을 인정한다.

> 정(精)·기(氣)·신(神) 세 가지는 자연적으로 사람의 신체에 있는 세 가지 보물, 즉 삼보(三寶)이다. … 이 삼보를 상실하면 성명(性命)은 끝장난다. … 정(精)이 풍족한 사람은 형모(形貌)가 영아(嬰兒)와 같이 윤택하고, 기(氣)가 여유 있는 사람은 진화(眞火) 같이 열을 뿜어내며, 신(神)이 안정된 사람은 심정이 거울이나 물〔鏡水〕같이 고요하다. 이와 같은 사람이라면 화로〔爐〕에서 연빙(鉛氷)을 얻을 수 있으며, 좌선(坐禪)을 하면 곧 심성(心性)을 깨닫게 된다. 선(仙)과 불(佛)을 어디에서나 이룰 수 있다.[42]

---

41) 『五洲衍文長箋散稿』上, 「用氣辨證說」, 295쪽: "夫人之一呼一吸 卽老子所謂天地橐籥之理, 而自不知之, 故終不覺用氣之後何如耳, 柱下史已創言之而人無究其理焉. … 用氣之法 葛稚川已解說之 而無人行其道也."

42) 앞의 책 上, 「精氣神辨證說」, 213쪽: "精氣神三者 自在於人身而爲三寶. … 喪此三寶 性命迄焉. … 精足者形貌澤如嬰兒, 氣裕者吹呵熱如眞火, 神安者心情寂如鏡水, 如是之人 臨爐 卽得鉛氷, 坐禪卽見心性, 爲仙佛到處皆成."

이 말은 양기(養氣)에 있어는 불교의 좌선도 인정할 수 있으며, 그 좌선에 의하여 본래의 심성을 깨닫게 된다는 불교의 '견성(見性)'의 이론도 인정할 수 있다는 뜻이 된다. 이때의 양기가 그의 용기(用氣)의 일단 또는 일환임은 말할 나위 없다. 따라서 용기법의 개발이라는 입장에서는 도가사상과 마찬가지로 불가사상 역시 포섭되지 않을 수 없음을 가리키는 사례가 바로 이 인용문의 내용이다.

이상과 같이 이규경의 삼교일체관은 결국 서양문명이 이룩한 용기법의 개발을 촉진하려는 의도에서 나온 것으로 간주된다. 다시 말해 그것은 그의 대(對)서양관을 토대로 한 그의 독특한 시대의식으로부터 이루어진 견해라는 입론이 성립한다.

그의 삼교일체관을 이렇게 이해한다면, 그에 있어 도불사상은 결코 그 도불사상의 정적(靜寂)의 특성을 취하기 위해서가 아니라, 서구를 의식한 시점에서 '동양인의 귀일점(歸一點)'〔傳統〕을 찾기 위한 방법, 곧 새로운 현실타개의 도구라는 의미로 고안되었다. 이것이 그에 있어 도불사상의 '실학적 의미'이다. 따라서 삼교일체관으로 말미암아 실학의 의미에 어떤 새로운 혼란이 일어날 이유는 없다고 하겠다.

6. 맺는 말 – 실학에서 일반적 경향

1) 전통사상의 실학적 의미

이상이 이규경 실학에 비친 그의 전통사상관의 대체적 전모임에 틀림없다면, 아래와 같은 몇 가지 점이 지적될 수 있겠다. 그 시대는 대부분의 유학자들이 오로지 정주학인 성리학만을 정학시(正學視)함으로써 도불사상은 물론, 같은 유학인 양명학까지 이단시하여 배척하던 때이다. 이 점을 상기하면, 그가 정주학과 양명학을 자유롭게 절충하면서 도불사상까지 포섭하고 마침내 모든 전통사상을 일원화하는 것은 확실히 구습과 인습을 과감히 탈피함으로써 새롭게 스스로 '독자적 입론(立論)'을 구축하는 태도이다. 독자적 이론의 추구가 자신에의 자각을 선행하고서야 이루어지는 것이므로 그 태도는 곧 '주체의식(主體意識)의 발로'이기도 하다. 다만 이규경이 기도(企圖)하는 전통사상의 독자적 일원화가 새로운 현실로서의 서학(천주교)과 서양의 문명에 대립하는 시대의식으로부터 이루어진 것이라 볼 수 있는 점에서, 그의 주체의식은 '대서구적(對西歐的)인 것'이라는 한계와 특색을 지닌다. 또한 그의 전통사상관이 새로운 현실에 대한 적응 또는 극복책의 성질을 띤 것이므로 그 견해는 다분히 '실용주의적(實用主義的) 관점'에서 형성되는 것이라는 특색도 지적될 수 있다. 이상과 같은 것이 바로 이규경의 전통사상관이 지니는 실학적 의미이고 특색일 것이다.

그렇지만 그의 전통사상관은 어디까지 그의 경우에 한정된 것에 불과하다. 따라서 또 문제가 되는 것은 그의 이러한 전통사상관이 다른 실학자들의 경우와도 일치되는가 하는 점이다. 그의 전통사상관을 그대로 실학에 있어서의 전통사상관이라고 일반화할 수 있는지가 문제이다.

2) 일종의 일반적 경향

돌이켜보면, 정주계 성리학에 구애되지 않음으로써 도불(道佛)에 대한 호의나 포용의 의사를 보이는 것은 다른 실학자들에게서도 많이 확인할 수 있다. 박세당(朴世堂)은 "노장사상이 비록 유학과 다른 듯이 보이지만, 근본적으로는 서로 같은 것으로서 취할 점이 있는 것"이라면서, 그 시기 유학자들의 비난을 무릅쓰고 『도덕경(道德經)』과 『남화경(南華經)』의 주해를 하였음을 우리는 이미 다른 자리(논문)에서 밝힌 바 있다.[43] 실학의 선구라 일컬어지는 이수광(李睟光)은 그의 백과전서적 저서인 『지봉유설(芝峯類說)』에서 양명학 및 도불사상에 대하여 이규경과 똑같은 태도를 보이고 있다. 이수광에 따르면, 양명학은 물론 도불사상에도 취할 점이 있다. 도가의 무위(無爲)는 바로 유위자(有爲者)에 대한 경계이고, 그 '양생(養生)'은 '장생자(戕生者)'에 대한 경계이며, 불가의 '견심(見心)'은 방심자(放心者)에 대한 경계이고, 그 '계살(戒殺)'은 기살자(嗜殺者)'에 대한 경계라는 것이 이수광의 견해이다.[44]

물론 전통사상에 대한 실학자들의 견해에 차이는 있다. 예를 들면 이익 같은 학자는 정주계의 성리학에 보다 더 큰 가치를 인정한다. 그는 『성호사설(星湖僿說)』에서 양명학이라든가 도불사상에 대하여는 짤막한 소개에서 그치는 정도로 소극적이다.[45] 그러나 정도의 차이라든가 또는 포용적 견해를 갖게 된 동기에 상이점은 있지만, 정약용과 김정희는 당시 불교에도 상당히 심취하였음이 널리 알려졌듯

---

43) 윤사순, 「박세당의 실학사상에 관한 연구」, 『아세아연구』, 통권 47호(본서 제 2편 수록).

44) 『芝峯類說』, 권18, 「禪門」: "異端固害儒道, 亦有所取益者 道家之無爲 乃有爲者之戒, 其養生 乃戕生者之戒. 釋氏之見心乃放心者之戒. 其戒殺 乃嗜殺者之戒."

45) 『星湖僿說』, 卷10 上, 「異端門」 참조.

이,[46] 성리학자들이 이단시하던 사상들에 대하여 유명한 실학자들이 포용 또는 호의적인 태도를 보이고 있는 것은 결코 찾아보기 어려운 일이 아니다. 양명학·도가·불가사상에 대한 호의적 태도는 비록 실학자들의 예외 없이 공통된 점은 아니지만, 결코 특별한 현상은 아니다. 이러한 현상이야말로 정도전(鄭道傳), 이황(李滉), 한원진(韓元震)을 잇는 순수한 성리학자들의 태도와 비교한다면 실로 성리학자들로서는 상상조차 할 수 없는 이변이다.

조선후기 성리학자들의 이단배척 운동은 적어도 그 이론의 측면에서는 한원진의 『왕양명집변(王陽明集辨)』과 『곤지기변(困知記辨)』 및 『선학통변(禪學通辨)』을 고비로 볼 만한 것이 없었던 데 반하여, 오히려 불가에서는 휴정〔西山 休靜, 1520~1604〕이 유불도를 관통하는 『삼가귀감(三家龜鑑)』을 내놓았음을 상기한다면, 사상적 대세는 이미 정주학 일변도의 시대를 완전히 벗어나고 있었음에 틀림없다. 이규경의 실학은 바로 이와 같은 추세를 단적으로 대변한 것에 지나지 않는다고 하겠다. 유대치(劉大致)와 같은 개화당인(開化黨人)의 숭불사상도 결국 이와 같은 추세의 연속선상에서 잉태된 것으로 보아야 할 것이다.

－『亞細亞研究』, 제50호(高大 亞研) 및 『實學思想의 探究〉』(玄岩社, 1974) 所收

---

46) 이을호, 「유불상교의 면에서 본 정다산」, 김약슬, 「추사의 선학변」(『백성욱박사송수기념 불교학논문집』) 참조.

제 4 편

실학의 철학적 시대성

제 11 장 ‖ 리기 개념으로 본 실학
실학의 주기적 성격

제 12 장 ‖ 실학의 근대적 학문성
실학의 철학적 기반

제11장 실학의 주기적 성격

리기 개념으로 본 실학

1. 문제의 설정

1) 실학적 철학의 문제

실학에 대한 지금까지의 연구성과로 보아,[1] 조선조 후기의 실학이 그 이전 성리학 풍토가 지닌 모순과 약점을 벗어나려는 줄기찬 현실타개의 노력으로부터 이루어졌음은 거의 의심의 여지가 없다. 후기 실학자들의 '경세치용'을 비롯한 몇 구호 뒤에는 당시 성리학적 현실관이 빚어내는 갖가지 한계성을 초극하려는 비판의식이 작용하고 있었다. 성리학적 현실관의 변화가 결국 학문관의 변화를 수반하여 새로운 학문체계로서 실학을 형성하게 되었다고 할 수 있다. 그것은 비록 분야에 따라 정도의 차이는 있을지라도 사회과학〔經世〕, 자연과학〔農工〕, 문학〔詞章〕 등의 분야에서 새로운 반성과 반발의식에서 유래한 학문관 일반의 변화였다.

1) 논자는 일찍이 『실학사상의 탐구』(고려대 아세아문제연구소 편, 현암사 발간)에 1973년까지의 실학관계 연구문헌목록을 소개한 바 있음.

성리학적 세계로부터 이행되는 이러한 현실관과 학문관의 변화추세가 엄연한 사실이었음에도 불구하고, 그러한 실학의식의 근저를 이루는 철학사상에 아무 변화가 없었으리라고 상상하기는 매우 어려운 일이다. 인간의 사고활동 자체로 보아도 그렇지만, 특히 유학의 학문성격으로 보아 표층적 현실관과 학문관에 이토록 격심한 변화가 일어나는데, 심층의 철학사상에 아무 변화가 없었으리라고는 상상하기 어렵다.

유학이란 원래 『대학』의 팔조목에서 볼 수 있듯이, 수양〔誠意, 正心〕은 물론, 정치〔治國·平天下〕 역시 철학〔格物·致知〕의 기초 위에서 이루려고 하는 특색을 띤 학문이다. 철학을 토대로 하는 주지주의적(主知主義的) 성격이 본래 농후한 데다, 성리학의 발달 이후로는 '지향겸병(知行兼並)' 지향 의지에서 그 주지성격의 밀도를 더하게 되었다. 그러므로 후기 실학이 아무리 '개신(改新)'의 성격을[2] 많이 띤다고 하더라도 결국 유학의 범주를 넘어서지 않는 한, 그 심층적 근저에 자체의 철학을 토대로 하지 않았으리라 추단(推斷)하기 어렵다. 오히려 실학자들이 현실타개를 위한 모든 문제의 해결을 근본적으로 도모하면 할수록 기저에는 당시 철학으로 성리학과 대결하지 않으면 안 되겠다는 자각에 이르렀을 것이고, 그에 따라 새로운 그 나름의 철학을 마련하였으리라는 점을 충분히 짐작할 수 있다.

더욱이 대부분의 실학자 역시 싫든 좋든 간에 성리학 지배의 풍토에서 그것을 소양으로 익히면서 자신의 학문을 형성해 나간 학자들임을 상기한다면, 철학으로 성리학과 대결하고 그것을 극복하는 데 필요한 실학자들의 새로운 철학이 마련되었으리라는 것은 매우 가능

---

2) 후기 실학에 개신유학(改新儒學)의 이름을 붙인 것이 천관우 씨임은 재언(再言)을 요하지 않을 만큼 널리 알려진 사실이다. 논자는 개신유학이라는 용어는 사용하지 않지만, 실학은 내용상으로 그러한 의미가 적용될 수 있다고 생각되기 때문에, 여기에서 이 용어를 이용하여 본 것에 지나지 않는다.

성이 높은 추측임에 틀림없다.

이런 점에서 논자는 일찍이 철학 차원의 변화 가능성을 가상하였고, 실제로 그 변화의 탐색에 착수한 경험이 있다. 과거에 발표한 논자의 「박세당의 실학사상에 관한 연구」[3] 도 그렇고, 특히 논자의 「실학적 경학관(經學觀)의 특색」[4] 이 바로 그러한 것이다.[5]

논자의 「실학적 경학관의 특색」에 의하면, 실학자들의 철학관은 매우 큰 변화를 보인다. 원래 유학자들의 철학관이란 특히 경학관의 양상으로 드러나는 것이 많음을 고려하여, 대표적 실학자들의 경학관을 살펴보면, 그들은 각각 입장과 정도의 차이는 있지만, 성리학적 경학관으로부터 벗어나려는 데서는 거의가 다 같다.

대표적 실학자로 논자는 학계의 연구성과로 보아 이수광(李睟光), 유형원(柳馨遠), 박세당(朴世堂), 이익(李瀷), 안정복(安鼎福), 홍대용(洪大容), 박지원(朴趾源), 김정희(金正喜), 최한기(崔漢綺)를 들 수 있다고 생각한다.

이들을 대상으로 고찰하면, 이들은 성리학의 이론을 부정하거나 그것을 극복하려는 방법론 전환의 움직임을 보이는 점에서 모두 일치한다. 이들은 비록 그 입장 또는 방법론으로는 '박학', '본원유학 실제성추구정신의 회복', '훈고학의 원용' 등을 한 가지만 취하기도 하고 혹은 둘이나 셋을 취하는 차이를 보이지만, (이러한 것을 취함으로써) 궁극적으로 성리학적 경학관을 부정한다.

이들 실학자들의 성리학 비판과 부정의 경향, 약칭하여 '실학적 경학관'에로 변이현상을 주목하면, 이어서 탐지하여야 할 문제는 실학

---

3) 윤사순, 「박세당의 실학사상에 관한 연구」, 『아세아연구』, 통권 46호 (1972. 6), 29~95쪽.

4) 윤사순, 「실학적 경학관의 특색」, 『실학논총』(전남대 호남문화연구소, 1975), 63~85쪽.

5) 이 밖에도 주목할 만한 타인의 연구업적이 있음은 물론이다. 논술상 그것을 다음 절의 본문에서 밝히겠다.

의 경학(經學)으로 이루어질 '실학의 철학내용'이 아닐 수 없다. 본고는 바로 실학의 철학에 해당할 내용을 일부분이나마 탐색하여 보고자 한다.

2) 실학 철학으로서 리기설

실학이 지닌 철학사상을 추구하는 작업은 우리 학계에서 이미 과거부터 어느 정도 진행되어 온 것이지, 결코 전무(全無)한 미개척분야를 본고에서 처음 시도하는 것이 아니다. 천관우의 「한국실학사상사」의 "의리학(義理學)과 조선후기 실학"이 그러한 것이며,[6] 박종홍의 「최한기의 경험주의」[7] 및 이을호의 『다산경학사상연구』[8]가 그러한 연구물이다.

이러한 연구업적이 있음에도 실학의 철학사상에 대한 고찰을 본고에서 처음으로 시도하는 듯이 말하는 이유는 특별한 것이 아니다. 그것은 무엇보다도 상술한 과거의 업적들이 실학의 철학을 본격적으로 탐구한 것이 아니라는 데 있다. 더욱이 상술한 업적 중 어느 것은 실학의 철학에 대한 뚜렷한 의식 없이 하나의 개인철학에 대한 연구성과로 나왔다. 실학에서 그 독자적 철학의 잠존(潛存) 가능성을 역설한 것은 대체로 논자의 「박세당의 실학사상에 관한 연구」 및 「실학적 경학관의 특색」이 효시를 이루지 않나 추정된다. 그러므로 본고는 실학의 철학에 대한 존립 가정(假定)을 분명히 밝힌 위에서, 그에 대한 본격적 탐색을 어디까지나 논자의 책임 아래 진행시켜 보려는 뜻에서의 하나의 첫 시도임을 자처하는 데 지나지 않는다. 실학의 철학

---

6) 천관우, 「한국실학사상사」, 『한국문화사대계』 VI(고려대 민족문화연구소, 1970), 959~1050쪽.

7) 박종홍, 「최한기의 경험주의」, 『아세아연구』, 통권 20호(1965. 12), 1~41쪽.

8) 이을호, 『다산경학사상연구』(을유문화사, 1966).

에 대한 뚜렷한 의식 없이 이루어진 성과일지라도 그 성과를 본고에서는 충분히 존중하겠으며, 특히 본 문제를 총괄적으로 파악하려는 천 선생의 업적은 이 고찰의 한 출발점이 된다.

천관우에 따르면, 실학파 철학〔義理學〕의 특징은 아래와 같다.

> 첫째로 실학파는 정면으로 주리(主理) 혹은 주기(主氣)의 리기설을 전개하고 있는 일이 많지만, 그 말류(末流)의 비생산적 논쟁에 대해서는 회의와 혐오를 표시하고 있는 수가 많다. …
>
> 둘째로 실학파는 주리론·주기론을 막론하고 형이하적인 것, 기적(器的)인 것에 대한 관심이 일반적으로 현저하다. …
>
> 셋째로 실학파는 비판의 자유가 극도로 봉쇄된 사상계의 경화(硬化)에 대한 비판적 태도를 보이고 있다. …[9]

이 이론을 대하면서 논자는 몇 가지 의문을 품게 된다. 첫째, 실학파의 리기설에는 과연 '주리(主理)·주기설(主氣說)이 같은 비율'로 있어서 그 어느 설이 실학파의 철학을 대표한다고 할 수 없는가? 둘째, 이러한 리기설과 "비생산적 논쟁"에 빠져들지 않으면서 오히려 "형이하적인 것"에 대한 관심이 높은 경향과 그 실학파의 철학이 어떤 연관·관계가 없을까? 셋째, 유학에서 철학은 리기설로 이루어지는 때였으므로, 실학자들의 철학 역시 리기설로 이루어졌다는 점을 시인한다면, 그 '실학파의 리기설과 성리학파의 리기설의 차이'는 무엇일까? 넷째, 실학파가 보이는 '비판적 태도의 의미'는 무엇일까? 하는 의문이 그것이다. 그러므로 논자는 이제 이러한 의문을 일단 문제 추구의 표적으로 삼고 이 고찰을 진행코자 한다.

다만 두 번째 이하의 의문은 사실상 첫 번째 의문에 부속된 의문인 만큼 주로 첫 번째 의문을 푸는 데 본고의 역점을 두고자 한다. 첫

9) 천관우, 「한국실학사상사」, 『한국문화사대계』 VI, 1012~1013쪽.

번째 의문에 해당하는 실학파 리기설에의 '주리·주기설의 특징'이야말로 본고의 중심문제라 하겠다.

3) 문제에의 접근

이러한 문제의식을 가지고 고찰을 진행할 때, 무엇보다도 먼저 생각해야 할 것은 어느 누구의 리기설을 선택하여 고찰해야 하는가의 문제일 것이다. 천관우의 경우는 대체로 6명의 학자, 즉 유형원, 이익, 홍대용, 박지원, 정약용, 박제가 등을 고찰의 대상으로 삼았다. 이 6명의 리기설이 전술한 대로 주리 혹은 주기의 이론으로 성립되고 있다.

> 예컨대 유형원·이익 등은 주리론(主理論), 홍대용·박지원 등은 주기론(主氣論)이며, 정약용과 같이 리기 문제를 논하되 기본적으로 그 논쟁에 깊게 개입하지 않은 이도 있고, 박제가와 같이 의리학(義理學)에 관해 별다른 논술이 없는 경우도 있는 것이다.[10]

유형원, 이익, 홍대용, 박지원, 정약용, 박제가 등, 이 6명을 선택하여 그들의 리기설을 고찰의 샘플로 삼은 것은 논자도 수긍이 간다. 왜냐면 이들은 실학파를 대표하는 수준의 학자들임에 틀림없기 때문이다. 가장 대표적인 실학자로 인정받기에 학계로부터 이론(異論)의 여지가 없는 이들의 리기설만 살피더라도 실학파의 철학은 대체로 파악될 수 있을 것이다.

그러나 논자의 생각으로는 실학의 유파 및 역사를 고려할 때, 여기에 몇 명의 대상을 더 첨가하는 것이 고찰의 충실을 기하는 길이 되지 않을까 한다. 16세기 말엽부터 19세기 전반까지의 적어도 2세

10) 상동, 1009~1010쪽.

기 반에 걸친 실학시기를 고려할 때, 이 6명 외에 이수광(李睟光), 박세당(朴世堂), 안정복(安鼎福), 김정희(金正喜), 최한기(崔漢綺)를 추가하는 편이 보다 충실하다고 생각되기 때문이다. 그렇게 하는 것이 논자의 경우로는 서두에서 언급한 기왕의 연구인 「실학적 경학관의 특색」과도 일관성을 유지하는 방법도 된다.

이렇게 11명의 실학자들을 대상으로 하면, 논자로는 대략 18세기 중엽을 중심으로 전후 양 시기로 구분하여 살피는 것이 편할 듯하다. 이제 이수광 · 유형원 · 박세당 · 이익 · 안정복이 전반기에, 그리고 홍대용 · 박지원 · 박제가 · 정약용 · 김정희 · 최한기는 후반기로 양분되어 살펴진다.

2. 전반기 실학자 리기설의 경향

1) 이수광의 경향

이수광은 노년에 들어 뒤늦게 성리학에 몰두하였기 때문인지,[11] 리기설에 관한 특별한 업적을 남기지 않았다. 그에게서는 특별한 리기설의 경향을 파악할 수 없다. 겨우 『지봉유설(芝峯類說)』에 나타나는 정도를 보면, 대체로 정주설을 따르는 것이 그의 리기설의 경향이다. 그가 정주계 리기설을 정면으로 거부하는 예는 거의 찾아볼 수 없다. 오히려 그 반대이다. 예를 들면, 일찍이 이황이 기대승과 논변하던 중에 남긴 (이황의) 언설을 그가 칭찬하는 것이 그러한 증거이다.

> "의리(義理)를 변석함이 진실로 합당하고 그 정박(精博)함이 지극합니다. … (그러나 의리의 변석이) 설령 십분 합당하고 심신(心身)에 대하여서 더 이상 조금도 보탤 것 없이 알차다고 하더라도, (그 의리변석은) 틈 있는 대로 짬을 내어 다툼으로써 성문(聖門)의 대금(大禁)을 범하는 것입니다. 하물며 반드시 옳다〔是當〕고 하기 어려운 경우에야 더 말할 것이 있겠습니까"라 한 (퇴계) 선생의 이 말이야말로 참으로 후학들에게 약석의 논설〔藥石之論〕인 것이다.[12]

무릇 새로운 사상을 지향함으로써 당시 정주학의 풍토로부터 벗어나는 길은 바로 자유로운 비판의식을 활용하여 기존 정주학에 대한

---

11) 그 자신이 "일찍이 문학에 그릇된 바 되어 평생을 헛되이 보내다가 늦게야 성현의 말씀을 찾게 되었다"고 말하였다.

12) 『芝峯類說』, 권5, 「儒道部」, 學問: "退溪先生與奇高峯書 曰, "辨析義理固當 極其精博. … 假使十分是當 實於身心無一毫貼當, 只成閑爭競 以犯聖門之大禁, 況未必眞能是當耶?" 先生此言眞後學藥石之論也."

반성을 가하는 데서 비롯될 것인데, 그가 이황의 이 글을 칭송하였음은 곧 그에게는 기대승이 구사한 것과 같은 기존철학에 대한 대립의식이나 새로운 철학의 탐구의식이 없음을 의미하는 사실로 볼 수 있다. 이 사실은 그에게 리기철학의 소양이 얼마큼 있었다 하더라도 그 리기설은 주희로부터 이황에게로 이어지는 주리적 리기설의 경향에 그칠 것이라는 추측을 낳게 한다. 결국 이수광에게는 별로 뚜렷한 리기철학이 없었지만, 있었다고 하더라도 그것은 주희나 이황의 설을 계승하는 '주리 경향'의 리기설이었으리라는 추론이 나온다.

2) 유형원의 경향

유형원이 일찍이 『리기총론(理氣總論)』, 『논학물리(論學物理)』, 『경설(經說)』 등을 지었다는 것을 보면,[13] 리기설에 대한 조예가 상당히 깊었던 듯하다. 그렇지만 이 저서들이 모두 현존하지 않기 때문에 그의 리기설이 어느 정도 넓고 깊으며 어떤 색채를 띠었는지 전혀 알 수 없다. 논자로서는 그의 리기설에 대한 일각을 다만 그의 「연보(年譜)」〔柳發草錄, 安鼎福修輯〕에 의하여 짐작할 따름이다.

「연보」에 의하면 그는 아래와 같이 말했다고 한다.

> 그 왕래(往來) 승강(升降) 합벽(闔闢) 취산(聚散)하는 것이 기(氣)이고, 그렇게 왕래 승강 합벽 취산하게 하는 까닭〔所以〕이 리(理)이다. … 물(物)의 이미 그러한 것으로부터 보면, 리는 다만 기의 리일 뿐 기 외에 리가 없으며, 그 본연으로부터 보면, 이 리가 있기 때문에 이 기가 있는 것이다.[14]

13) 柳馨遠, 『磻溪隧錄』, 附錄, 「行狀」

14) 같은 책, 「年譜」: "其往來, 升降, 闔闢, 聚散者, 氣也. 其所以往來, 升降, 闔闢, 聚散者, 理也. … 自物之已然者觀之, 則理只是氣之理, 氣外無

이 예문만으로 판단한다면, 그의 리기개념에 대한 규정이나 리기관계에 대한 설명은 리기이원론에 매우 충실했던 듯이 보인다. 따라서 이것만으로는 그가 어느 쪽에 기울었는지 가늠할 수 없다.

한편 그는 나흠순〔整庵 羅欽順〕 및 서경덕(徐敬德)의 주기설에 대하여 각각 전자는 "기(氣)의 본원에 투철치 못"하고, 후자는 "기를 리로 알았음에 가깝다"고 평하였다고 한다.[15] 이러한 자료로 미룬다면, 유형원 자신은 결코 주기설로 흐를 여지가 전혀 없었던 듯한 추측을 하게 된다. 즉 주기가 아니라는 점에서 오히려 주희나 이황 계통의 주리의 입장을 택하지 않았을까 추측된다. 사실 유형원의 리기설은 과거 일부 학자로부터 주리설로 믿어졌다.[16]

그러나 그의 구체적 「인심도심설(人心道心說)」이라든가, 「사단칠정(四端七情說)」을 보면 이러한 추측이 옳지 않음을 깨닫게 된다.

먼저 그의 「인심도심설」을 보자.

> 심(心)에는 지각(知覺)이 있지만, 지각으로부터 발(發)하는 것이 같지 않기 때문에, 인(人)·도(道)의 동행하는 실〔同行之實〕을 쉽사리 볼 수 없을 따름이다.
>
> 대저 인심(人心)이란 곧 일상〔尋常〕적으로 '사람의 마음'이라 하는 그것이고, 도심(道心)이란 측은(惻隱)·수오(羞惡) 같은 것이 그것인데, 도심은 다만 인심 위에서 발현(發見)될 따름이니, 만약 인심이 없다면 도심 역시 실현〔行〕될 곳이 없게 된다.[17]

理. 自其本然者而觀之, 則以其有此理, 故有此氣也."

15) 상동.

16) 천관우, 「한국실학사상사」, 『한국문화사대계』 VI(고려대 민족문화연구소, 1970) 등.

17) 柳馨遠, 『磻溪隧錄』, 附錄, 「年譜」: "心有知覺, 而發於知覺者 不同, 故人道同行之實 未易見耳. 大抵人心 卽尋常所言人心, 是也. 道心卽惻隱羞惡之類, 是也. 道心只在人心上發見. 若無人心, 道心亦無所於行."

유형원은 인심·도심을 서로 별개가 아닌 "동행지실(同行之實)"로 보면서도, 특히 도심을 인심의 토대 위에서 파악하고 있다. 이러한 그의 이해는 원래 주희 이후 인심·도심이 각각 "형기에서 생기고〔生於形氣〕, 성명에 근원함〔原於性命〕"이라 믿어져 왔음을 상기할 때, 리기론적으로는 곧 "기 외에 무리〔氣外無理〕"의 논법이다. 즉 리보다 기에 치중하는 '주기' 경향의 일단(一端)이다.

사단(四端)·칠정(七情)에 대하여서도 그는 이 둘이 실상 '동행이정(同行異情)'임을 지적한다.[18] 그의 말대로 하면, 이 둘은 "두 정이 있지 않다. 그것은 하나다〔非有兩情也, 其情一〕".[19] 그리고 도심에 비유되는 사단은 어디까지나 인심에 비유되는 칠정 중에서 발견되는 그 묘맥(苗脈)에 불과함을 지적한다.[20] 따라서 그는 사단·칠정을 각기 "리가 발함에 기가 따르고〔理發而氣隨之〕" "기가 발함에 리가 타는 것〔氣發而理乘之〕"이라고 하는 이황의 해석에 대해 "병립쌍행(並立雙行)", "각구리기(各具理氣)"하는 폐단을 지닌다고 비판한다. 여기에 이르러 유형원의 비판정신이 새삼 돋보임은 물론, 그의 리기설의 경향은 이미 '주기'로 기울었음을 확인케 된다.

3) 박세당의 경향

학문태도나 방법론에서부터 정주학(性理學)을 반대하는 박세당인지라 그에게는 깊은 리기설이 없다. 그는 성리학자들이 원시유학의 "가까운 곳에서 출발하여 먼 곳으로 가는〔自邇行遠〕" 정신을 잊고, 일상성·실제성이 결여된 이른바 고원난해(高遠難解)한 이론(형이상학)의 탐구에 탐닉하는 성리학자들의 학문태도 자체를 비판한다.[21] 그

---

18) 상동.

19) 상동.

20) 상동.

런 만큼 그는 리기설을 통한 철학설의 구성을 회피하였다. 그에게서는 볼 만한 리기설이 없으므로 자연히 리기설의 경향도 알아보기 어렵다. 애써 찾아야 겨우 몇 가지 단편적 자료로 그 경향을 짐작할 수 있는 데 그친다.

박세당은 『사변록(思辨錄)』에서 주희의 해석을 반박하던 중에 다음과 같이 적는다.

> 또 말하길, "나의 마음〔心〕이 반듯하여지면 천지(天地)의 마음도 반듯하여진다. 나의 기(氣)가 순화(順化)되면 천지의 기도 순화된다"고 하였다. 아래의 말〔說〕은 진실로 옳지〔善〕만, 위의 말은 역시 의아스럽지 않을 수 없다. 무릇 천지의 마음이란 곧 리(理)가 아닌가?[22]

이것은 종래부터 전승되던 '우주(천지)의인화사상' 또는 '천인동질사상'을 바탕으로 주희가 해설한 '천인상감설(天人相感說)'을 박세당이 비판한 글이다. 그에 따르면 '천지의 마음'이란 하나의 리(理)에 불과한 것으로 '인간의 마음'과 서로 영향을 주고받을 수 없다. 천(天)과 인(人) 곧 우주(자연)와 인간은 오직 '기(氣)'의 측면에서만 서로 영향을 주고받을 수 있다. 기의 측면인 이른바 물리적 상감(相感)만을 시인하는 이 태도 속에 은연중 그의 주기적 경향이 엿보인다.

그는 또 다른 자리에서 주희의 성론(性論)을 비판한다. 주희가 성(性)을 인간과 사물에 다(공통되게) '부여된 리〔所賦之理〕'라 하면서

---

21) 朴世堂, 『思辨錄』, 「序」: "傳, 曰, 『行遠必自邇』… 然則所謂深者 亦可自淺而入之. … 今之所求於六經, 率皆躐其淺邇而深遠是馳, 忽其粗略而精備是規, 無怪乎?"

22) 朴世堂, 『中庸思辨錄』, 終一章註: "又曰, 『吾之心正 則天地之心正, 吾之氣順 則天地之氣亦順矣』 下之說固善矣, 上之說亦不能無可疑. 夫所謂天地之心者 非卽理乎?"

인성과 물성의 무차별을 논한 데 반하여, 박세당은 맹자의 '성류동설〔性類同說; 같은 유(類) 끼리만 성도 같음〕'을 이끌어 인간과 사물의 성의 부동(不同)을 주장하였다.[23] 주희는 리를 실재로 여겨 "성즉리"의 전제 위에서 인성물성의 상동을 주장하였던 것인데, 박세당은 리의 실재를 부정함으로 말미암아 인성물성의 상동을 부정하였던 것이다. 그의 리 실재시 사고의 부정 자체가 리에 치중하는 '주리'의 경향을 배격하고 '주기'에 속하는 사고경향이다. 또 '유(類)'라는 현상중시의 태도 역시 경험·사실을 중요시하는 태도인 만큼, 리기이분적 구별에서는 '주기적 경향'에 속하는 것이다.

4) 이익 · 안정복의 경우

이익(李瀷)의 경우 그의 『성호사설(星湖僿說)』에 비치는 단편적 자료에만 의지하면, 그 리기설의 경향을 파악하기 매우 어렵다. 다음 예문 같은 것이 그러한 것이다.

> 맹자는 주리(主理)였고, 고자는 주기(主氣)였다. 출생한 모든 것에는 리와 기가 결합되어 있으니 주리론도 좋고 주기론도 좋다.[24]

그로서는 리와 기는 실제로 분리되지 않는 만큼, 주리 주기라 하더라도 그것은 리기 어느 하나만의 단독적 작위(作爲)를 나타내는 표현일 수 없다고 생각한다. 이는 주리 주기의 표현에 구애됨이 없이,

---

23) 앞의 책, 제 13장 주: "人性固無彼我之殊, 若物之性 安得同於人, 以孟子所言觀之, 亦明其不然. 孟子曰『然則犬之性猶牛之性, 牛之性猶人之性歟? 聖人與我同類者 … 若犬馬之與我不同類也. 然則唯其類同而後, 其性相似也, 類不同者性亦異, 人與物本不同類."

24) 李瀷, 『星湖僿說』, 권2, 上: "當彼時, 孟子主理, 告子主氣. 生則理與氣合, 主理說亦得, 主氣說亦得."

이기는 실제로 분리되지 않는다는 설명이다.

리기 어느 하나만의 단독적 작위를 인정하지 않는 이익이지만, 그가 리기 둘 중 어느 한편의 우월성까지 부인하지는 않는다. 그는 특히 사단칠정론에서 리의 우월성을 인정한다.

> 심의 감응은 다만 리발기수(理發氣隨)의 일로(一路)가 있을 뿐이다. 사단·칠정이란 무엇이 다르겠는가? 그 칠정만 하더라도 처음에 형기(形氣)에 말미암는 바 있으므로 그의 발이라 하지만, 그것이 발할 때 기가 먼저 동함에 리가 곧 발하는 것은 아니다.[25]

사단·칠정의 해석에서 그는 사단에 대한 퇴계의 해석인 "리가 발함에 기가 따른다〔理發氣隨〕"는 하나만〔一路〕을 인정한다. 리의 우월을 믿는 나머지 그는 칠정에 대한 이황의 해석인 "기가 발함에 리가 탐〔氣發理乘〕"은 인정하지 않는다. 그의 견해에 비친 리기는 비록 분리되지 않는 것〔不可分離〕일망정 항상 리선도(理先導)·기후종(氣後從)의 관계에 있는 것이다. 여기서 그의 리기설이 주리임을 알 수 있고, 주리이되 이황의 주리설보다 더 '철저한 주리설'의 경향임을 알 수 있다. 그의 다음 글이 이것을 다시 뒷받침한다.

> 리는 기의 장수〔帥〕요, 기는 리의 병졸(兵卒)이다. 무릇 움직임은 모두 리가 먼저다. 아마도 기가 먼저 있고, 리가 뒤따르는 도리는 없을 것이다.[26]

일찍이 주희나 이황에서도 "리선기후(理先氣後)"의 리우위론(理優位

---

25) 李瀷, 『四七新編』.

26) 李瀷, 『星湖集』, 「與權淸臺書」: "夫理者 氣之帥也, 氣者理之卒徒也, 凡動皆理先也, 恐無氣先而理方隨後之道也."

論)은 있었다. 그러나 그것은 결코 실제상〔就物上〕의 리선기후론이 아니었다. 어디까지나 논리상〔就理上〕으로 그렇다는 것일 따름이었다. 이익은 지금 그 리선기후의 관계를 '실제의 영역'에서까지 주장하고 있는 것이다. 그의 리기설이야말로 '철저한 주리(主理)'임에 틀림없다.

그러나 이익에게서 놓쳐선 아니 될 점은 기에 대하여서도 그의 고려는 결코 소홀하지 않다는 점이다. 그는 기를 특별히 대기(大氣) 소기(小氣)로 나누어 논한다. 이는 주기론자에서도 보지 못하던 사고이다. 이런 점으로 해서 북한에서는 이익을 주기론자로 취급하기도 함을 부언하지 않을 수 없다. 『성호사설』에만 국한하여 살필 때 이익의 리기설은 주기라고 해도 크게 빗나가지 않는다. 이익 역시 주리 주기의 혼재를 보이는 셈이다.

안정복(安鼎福)은 적어도 사단칠정설에 국한하여 살피는 한, 그의 스승인 이익의 영향이 크다. 그리하여 그는 이황과 이익으로 이어지는 계통의 리기설을 자신의 입장으로 삼고 있다.

> 리발(理發) 기발(氣發)은 (말할수록) 한낱 언설〔辭說〕을 성립시킬 따름이니, 다만 스승의 설〔師說〕을 준수함이 옳을 것이다.[27]

여기서 말하는 스승의 설이 이익의 설이요, 나아가 이황의 설임은 말할 나위 없다.

이런 점에서 그는 다음과 같은 견해를 표명한다.

> 퇴도(退陶)의 "기가 리를 따른다〔氣順理〕"는 설이야말로 고쳐 평〔改評〕할 것이 없는 듯하여, (나는) 끝내 옛 견해〔舊見〕를 고수한다.[28]

27) 安鼎福, 『順菴集』, 권3, 「答邵南尹丈書」: "理發氣發 徒成辭說, 不過遵守師說之爲當."

사단·칠정의 구체적 발출(發出)을 리기로 해석할 때에는, 그 역시 리우위론의 사고에 입각한 주리적 해석을 한다. 그는 이황·이익으로 이어지는 주리(主理)의 경향을 취하는 것이다.

28) 앞의 책, 권4, 「與李景協書」: "退陶氣順理之說 似無改評, 終守舊見".

3. 후기 실학자 리기설의 경향

1) 홍대용의 경우

홍대용(洪大容) 리기설의 경향은 비교적 쉽게 알아볼 수 있다. 그는 그런 것에 해당될 글을 비교적 누구보다도 간결 선명하게 남겼기 때문이다.

> 무릇 리(理)를 말하는 사람은 반드시 "형(形)이 없이 리(理)가 있다"고 한다. 이미 없다면서 있다는 것은 무엇인가? … 이른바 리는 기가 선(善)하면 선이고 기가 악하면 또한 악이니, 이는 리의 주재(主宰)함이 없이 기의 작위(作爲)에 따를 따름이다. 만일 리가 본래 선한 것이고, 악은 기질(氣質)에 구애된 것으로서 그 (리의) 본체가 아니라고 한다면, 이 리는 이미 만화(萬化)의 근본일 것이다. (그렇다면) 어찌하여 기로 하여금 순선(純善)하게 하지 않고, 이 박탁(駁濁)·괴려(乖戾)한 기를 낳아 천하를 어지럽게 하는가? 이미 선의 근본이 되면서 또 악의 근본도 된다면 이는 (리가) 물(物)에 따라 변천하는 것이지, 전혀 주관함이 없는 것이다. …[29]

이황 등은 리는 기의 주재(主宰)로서 선(善)할 따름이고, 악의 현상은 기로 말미암아 생긴다고 한다. 그렇다면 왜 리는 기의 작용으로 하여금 악의 현상을 불식하고 오직 선의 현상만 가져오도록 하지 못하는가를 홍대용은 반문한다. 그에 따르면 기가 때로 악의 현상을 낳

---

29) 洪大容, 『湛軒書』, 內集, 권1, 「心性問」: "凡言理者 必曰 無形而有理, 旣曰 無形, 則有者是何物. … 且所謂理者 氣善則亦善 氣惡則亦惡, 是理無所主宰而隨氣之所爲而已. 如言理本善, 而其惡也爲氣質所拘而非其本體, 此理旣爲萬化之本矣. 何不使氣爲純善 而生此駁濁乖戾之氣 以亂天下乎. 旣爲善之本 又爲惡之本, 是因物遷變, 全沒主宰."

는 것을 리가 막지 못함은 곧 리가 기의 주재 역할을 못함을 의미한다. 따라서 리는 기작용(氣作用)에 있어 그 배후의 원인으로의 주재라 할 수 없게 된다. 이런 점에서 "형상(形象) 없이 존재한다"는 그 리의 존재성 자체가 무의미하므로 그는 리의 실재성까지 부정하고 있다. 그에 있어 리는 기작용에 따라 말해지는 기현상(氣現象)의 '조리(條理)'나 '질서(秩序)' 같은 법칙성에 지나지 않는다.

리의 실재성과 주재성이 부정된 채, 기현상에 종속된 법칙성의 의미만을 리에 인정하는 점에서 그의 리기관은 분명히 '주기(主氣)'에 속한다.

2) 박지원 · 박제가의 경우

박지원(朴趾源)은 매우 특이한 리기설을 남겼다. 다음 인용문이 그러한 예증이다.

> 만물의 생(生)은 무엇이든지 기(氣) 아님이 없다. 천지는 (하나의) 큰 그릇〔大器〕이다. 들어차 있는 것은 기이고, 차게 하는 까닭〔所以〕은 리(理)이다. 음(陰)과 양(陽)이 서로 움직임에 리는 그 가운데 있고 기는 이것을 감싸니, 마치 도실(桃實)이 핵인(核仁)을 품고 있음과 같다.[30)]

리와 기를 각기 도실(桃實)과 핵인(核仁)에 비유하는 설명은 전에 볼 수 없던 설명이다. 그만큼 그는 리기에 대한 새로운 견해를 갖고 있지 않았나 생각게 된다. 그러나 "천지에 들어차 있는 음양이 기"이

---

30) 朴趾源, 『燕巖集』, 권2, 「答任亨五論原道書」: "萬物之生, 何莫非氣也. 天地大器也. 所盈者氣 則所以充之者理也. 陰陽相盪, 理在其中, 氣而包之, 如桃懷核."

고 그 "소이(所以)가 리라" 하는 것으로 보면, 크게 색다른 의미의 리기관을 갖지도 않았던 듯싶다. 도대체 구체적인 리기설을 많이 남기지 않은 것이 그의 리기설을 자세히 알기 어려운 큰 원인이다.

박제가(朴齊家)는 더 그렇다. 리기설 자체에 별반 관심을 갖지 않았던 듯한 학자가 박제가이다.

그렇지만 이들은 다 같이 오행(五行)에 대한 새로운 견해를 가졌었고, 그 오행설이 다 같이 종래의 오행설을 비판하는 것이라는 점에서 우리의 주목을 끈다. 박지원이나 박제가의 리기설은 실상 이들의 오행설에 의해서 그 경향이 포착될 수 있지 않을까 한다.

> 무릇 오행(五行)이란 하늘이 준 것이며, 땅이 함축한 것으로, 인간이 얻어 쓰는 것이다. … 쇠와 돌이 서로 치거나, 기름과 물이 서로 배척〔蕩〕하는 것도 불을 낼 수 있고, 번개로도 불이 나며, 황충(蝗虫)도 묻히면 불꽃이 되니, 불이 나무에서만 나오는 것이 아님이 분명하다. 그러므로 상생(相生)이란 서로 자모(子母)의 관계가 아니라, 상자(相資)하여 생기는 것이다.[31]

> 기자(箕子)의 홍범(洪範)에 이르길, "그 오행을 골진(汨陳)하였다"고 하였다. 오행이란 사람이 자질로 삼아 생하게 되고 날로 이용함에 빠뜨릴 수 없는 것이다. 그런 까닭에 수화금목토곡(水火金木土穀)을 육부(六府)라 한다. 오행의 골진이 곧 육부(六府)의 다스리지 못함〔不修〕이다. …
>
> 지금 천 리 되는 긴 강이 있으나, 물문〔閘〕으로써 곡식을 가는 곳이 하나도 없으니 수리(水利)가 행하여지지 않는 것이다. 석탄(石炭)의 강로(鋼鑪)를 만들지 못하여 영해(寧海)의 동주(銅鑄)를 녹

31) 같은 책, 권1, 「洪範羽翼序」: "夫五行者 天之所賦, 地之所蓄 而人得以資焉. …… 金石相薄油水相蕩 皆能生火, 雷擊而燒, 蝗瘞而焰, 火之不專出於木亦明矣. 故相生者 非相子母也, 相資焉以生也."

> 이지 못하므로, 화(火)가 화의 구실을 못하고 쇠〔金〕가 쇠의 구실을 못한다. 통행하는 데 수레가 없고, 집 짓는 데 벽돌이 없으므로, 목공(木工)의 기술이 쇠퇴하고 미장이의 재주〔土德〕가 줄어들었다. 이것이 골상(汨喪)과 진폐(陳廢)의 길로 되어가는 것이다.[32]

앞 인용문이 박지원의 오행설이고, 뒤 인용문이 박제가의 오행설이다. 오행이란 예로부터 만물을 이루는 '다섯 가지 요소(要素)'로서 넓은 의미의 '기(氣)'라 생각되어온 것은 다시 말할 필요 없다. 이 두 학자가 이렇게 오행설에 큰 관심을 쏟고 있는 사실 자체가 곧 그대로 기의 문제에 치중하는 이들의 '주기적 경향'을 반영하는 증거라 할 수 있다.

더욱이 이들은 다 같이 오행을 한낱 막연한 음양(陰陽) 또는 고식적인 다섯 요소로 받아들이길 거부한다. 이들은 오행을 구체적으로 쇠붙이나 석탄이며 수차(水車) 돌리는 강물로 말한다. 생활 속에서 구체적으로 이용되는 '물〔物體〕'이고, 그것도 어디까지나 필수적으로 활용되어야 할 '일용품(日用品)'으로 인식되는 것이 이들의 오행이다. 이런 까닭에 박지원은 과거의 오행설이 지닌 상생설(相生性)을 비판하고, 박제가는 보다 적극적인 오행의 활용을 촉구한다. 이들의 오행개념에 있어서는 이제 우주의 구성요소로서의 형이상학적 의미는 거의 소실되었다. 이들이 오행을 필수적 생활용품으로 인식하는 이 점이야말로 이들의 학문정신이 얼마나 실제적이고 실용적이며 실증적인 동시에 어느 정도는 상식적이기도 한가를 잘 알려주는 점이다. 이들의 '오행적인 기에 치중하는 주기(主氣)의 경향'은 실상 종래의

---

32) 朴齊家, 『北學議』, 外編: "五行汨陳之義. 箕子之洪範曰, 汨陳其五行, 五行者 民所資以爲生, 日用而不可闕者, 故水火金木土穀曰六府, 五行之汨陳卽六府之修也. … 今有千里之長江, 而無一閘以磨穀, 則水利廢矣, 石炭之鋼鑪, 不能制, 寧海之銅鑄, 不得鎔, 則火非火而金不金矣. 行無車而屋無甓, 則木工衰而土德虧矣. 此所以爲汨喪與陳廢之道也."

리기설의 한계를 넘어서는 '주기(主器)의 경향'임에 틀림없다.

3) 정약용의 경우

리기설을 논하는 정약용(丁若鏞)의 태도는 매우 신중하고 세련되었다. 문제접근방식이 상당히 객관적이고 합리적임을 볼 수 있다. 특히 이황과 이이의 '사단칠정설(四端七情說)'에 대한 설명 같은 것이 그 좋은 예이다.

> 퇴계(退溪)는 사단이 "리가 발함에 기가 따는 것〔理發而氣隨之〕"이고 칠정이 "기가 발함에 리가 타는 것〔氣發而理乘之〕"라 하였고, 율곡(栗谷)은 사단·칠정이 다 "기가 발함에 리가 타는 것〔氣發而理乘之〕"이라 하였다. … 내 일찍이 두 분의 글을 얻어 읽고 그 견해의 갈린 유래를 찾아보았더니, 곧 그 두 분이 말하는 리기가 비록 그 글자는 같지만 그 가리키는 뜻에 전총(專總)의 다름이 있었다. 즉 퇴계는 하나의 리기를 나름대로 논하고 율곡은 그 나름으로 한 리기를 논한다. 율곡이 퇴계의 리기를 (가지고) 어지럽힐〔汨亂〕게 못된다.[33]

이것은 사단칠정설이 당시 학파를 가름하는 논쟁의 주제였으므로 그가 특히 신중을 기한 끝에, 쟁점이 되는 해석의 차이가 나온 그 원인을 두 학자의 해석하는 '입장'과 '방법적 태도'에서 찾은 판단이다. 이 판단은 논자로도 분명 부정할 수 없는 판단으로 그의 객관적이고

33) 丁若鏞, 『與猶堂全書』, 1집, 권12, 「理發氣發辨一」: "退溪曰, 四端理發而氣隨之 七情氣發而理乘之, 栗谷曰, 四端七情 皆氣發而理乘之. … 余嘗取二子之書而讀之, 密求其見解之所由分, 乃二子之曰理曰氣, 其字雖同, 而其所指有專有總, 卽退溪自論一理氣, 栗谷自論一理氣, 非栗谷取退溪之理氣而汨亂之爾."

도 합리적인 사고의 일단을 읽게 한다. 그의 기본사고가 이렇기 때문에, 리기 용어의 구사도 함부로 하지 않는다.

이런 점과 그의 당속이 남인(南人)계였음을 감안하여 누구는 그의 리기설이 이황으로부터 내려오는 주리에 속하는 것이 아닌가 추측할지 모르겠다. 그러나 결코 그런 것 같지 않다. 그 이유는 아래와 같은 그의 견해가 보이기 때문이다.

> 기질의 성은 명백히 인간과 사물이 (그것을) 같이 얻었〔同得〕지만 선유(先儒)는 그것을 각기 다름〔各殊〕이라 하고, 도의(道義)의 성은 명백히 우리 인간만 가지고 있지만 선유는 그것을 같이 얻음〔同得〕이라 하는데, 이것이 나〔臣〕의 깊이 의심〔深惑〕되는 점이다.[34]

> 성(性)이란 기호(嗜好)이다. 육체〔形軀〕의 기호가 있는가 하면, 심지〔靈知〕의 기호가 있는, 이것을 성이라 한다.[35]

이것은 정주나 퇴율의 주리적 이기설로 이루어진 성설(性說)을 부정하는 견해를 표명한 그의 발언이다. 원래 주희 등에 따르면, 인의예지신과 같은 '본연(本然)의 성'(즉 도의의 성)은 인간과 사물을 막론하고 생길 때부터 타고나는〔소부(所賦)된〕 리로서의 성〔性卽理〕이다. 도의의 성은 일종의 실재하는 보편적 리로서의 '만물편재(萬物遍在)의 성'을 뜻한다. 반면 식색(食色) 등 육신으로 말미암는다는 '기질(氣質)의 성'은 각 기질의 차이에 따라 구체적 차별상(差別相)을 이루는 '편국(所偏)된 리'의 성이다. 기질의 성은 일종의 개체가 지닌 '한정된 특성'인 셈이다.

---

34) 앞의 책, 2집, 권6, 「孟子要義」: "氣質之性 明明人物同得, 而先儒謂之各殊. 道義之性 明明吾人獨得, 而先儒謂之同得. 此臣之所深惑也."

35) 앞의 책, 1집, 권16: "自撰墓誌銘. 性者嗜好也, 有形軀之嗜好, 有靈知之嗜好, 謂之性."

주희 등의 이러한 성설을 뒷받침하는 것이 바로 그들의 "리일분수(理一分殊)"의 이론이다. 즉 리의 관점에서 볼 때, 보편적으로 실재하는 리는 하나〔理一〕이지만, 그것은 동시에 구체적 기로 말미암아 수만 가지〔千態萬象〕 서로 다른 것으로 나뉜다〔分殊〕. 그리고 이때의 리를 성으로 대입하면 곧 위와 같은 본연·기질의 성설이 된다. 때문에 주리(主理)의 입장에 서면, 본연의 성은 "인물동득(人物同得)"이고, 기질의 성은 "인물각수(人物各殊)"라 하게 된다.

지금 정약용은 이러한 성설을 뒤엎어 앞 것이 각수(各殊)인 데 비하여 뒤 것이 동득(同得)이라 한다. 곧 본연의 성이라는 도의의 성은 인간에만 있는 반면 기질의 성은 인간뿐 아니라 사물에까지 있다는 것이 그의 주장이다. 이러한 그의 주장은 바로 주리의 리일분수설(理一分殊說)을 버리는 데서 나왔다고 할 수 있다. 왜냐면 리의 기준을 버리고 기를 기준으로 말한다면, 기의 측면은 인간과 사물이 다 갖고 있지만, 도의〔本性〕의 측면은 인간에만 있다고 할 수 있기 때문이다. 이로써 그의 리기론이 주기(主氣)임이 드러난다.

그가 성을 하나의 기호(嗜好)라 하는 것 또한 그의 이러한 입장을 입증해주는 견해이다. 성을 기호라 하는 것은 성을 하나의 성향(性向)이거나 소질(素質)로 생각하는 데 그치는 표현이다. 이런 맥락에서 그는 성을 실재하는 리와 동일시하는 정주의 사고〔性卽理〕도 부정한다. 더욱이 그는 리를 다만 "옥의 결〔玉理〕" "그 맥〔脈理〕"에 지나지 않는다고 하여, 일종의 법칙적 '조리(條理)'만을 가리키는 것으로 상정한다. 이에서 리의 실재성은 완전히 부정된다. 리의 실재성을 부정하는 데서 정약용 리기설의 '주기(主氣) 경향'은 명백하게 드러난다.

4) 김정희·최한기의 경우

김정희(金正喜)는 이기설의 탐구를 좋아하지 않았다. 좋아하지 않은 정도를 넘어 그것을 비난·배척했다고 해야 정확한 표현이다.

> 성인(聖人)의 도(道)는 지극히 평이하다. 공자의 말은 『논어』에 잘 갖추어 적어 놓았는데, 예(禮)만을 항상 말하였지, 리에 대하여는 일찍이 한 번도 언급하지 않았다. … 후유의 학문은 간혹 불교〔釋氏〕에서 나왔기 때문에, 이치에 근사하게 말하지만 진리(眞理)를 크게 어지럽힌다. 그렇지 않은 것이니, 성학(聖學, 儒學)은 예를 말할 뿐, 리를 말하는 것이 아니다. 그 도와는 서로 정반대이다. 어찌 근사함을 일삼다가 진리를 어지럽히는 일을 하겠는가?[36]

김정희에 따르면 성리학은 불교의 영향을 받고 나온 것이므로, 항상 불교적인 형이상학으로서 리기설을 일삼게 되었다. 그 리기설을 버리고 평이하고 일상적인 '예'를 행하는 것만이 원래의 본원유학에 충실하는 길이다.

이와 같이 리기설 자체가 본원유학정신의 회복이라는 주장에 묻혀 배척되기 때문에 주리·주기의 경향 문제는 적용될 여지조차 없는 것이 바로 김정희의 경우이다.

최한기(崔漢綺)의 리기설은 '유기(唯氣)'의 특징을 지닌 것으로 널리 일컬어져 오는 터이지만,[37] 그의 리기설처럼 경향이 선명한 경우도 흔치 않다. 그의 리기설은 주리 주기가 어떤 것인가 하는 '주리 주기에 대한 각성'으로부터 출발하여 그 리기에 대한 자신의 견해를 지극히 적나라하고 풍부하게 표명하고 있다. 한두 가지 대표적 예문만을 살피기로 한다.

---

36) 金正喜, 『阮堂集』, 권1, 「禮堂說」: "聖人之道, 至平且易也, 論語記孔子之言備矣. 但恒言禮 未嘗一言及理也. … 後儒之學 或出釋氏, 故謂其言之彌近理而大亂眞. 不然, 聖學禮也. 不云理也. 其道正相反, 何近而亂眞之有哉."

37) 유명종, 『한국철학사』를 비롯한 근래의 제 한국철학사서가 그렇다.

> 촛불 가운데〔燭中〕에 물체 비추는〔照物〕 리가 본래 있다는 것이 주리자(主理者)의 말이고, 불 밝음〔火明〕이 곧 물체 비춤의 기라는 것이 주기자(主氣者)의 말인데, 주리(主理)는 헛그림자를 추측하는 것이고, 주기(主氣)는 실천(실제사실)을 추측하는 것이다〔… 촛불〔燭火〕의 물체 비춤에 있어, 그 기에 따라 그 리를 궁구하면 자연히 이해할 수 있는 조리(條理)가 있게 되지만, 먼저 리를 가지고 물체 비추는 것(실체)을 궁구하면 드러나지 않는 허영(虛影)을 좇지 않을 수 없게 된다〕.[38]

> 리는 기의 조리(條理)이니, 기가 있으면 반드시 리도 있고 기가 없으면 반드시 리도 없다. … 리는 기보다 앞서지도 뒤지지도 않으니, 이것이 곧 천지유행(天地流行)의 리이다.[39]

> 진실로 기를 밝히면 리가 그 가운데 절로 있지만, 먼저 리를 궁구하는 데 힘쓰면 기가 도리어 은폐하여 준칙(準則)을 삼을 것이 없게 된다.[40]

이제까지 살펴온 것으로 알 수 있듯이 주리 주기의 기준은 대체로 리와 기를 다음과 같이 생각하는 데 있었다. 즉 리를 기보다 선행하여 독존 실재하면서, 기의 생성 및 작위의 원인이 되는 이른바 주재(主宰)의 역할을 하는 것으로 생각하는 사고가 주리인 데 비하여, 리를 기에서 벗어나지 못하는 기 작위의 조리(條理)에 불과하다고 생각

---

38) 崔漢綺, 『明南樓叢書』, 「推測錄」, 권2: "燭中 自有照物之理, 主理者之言也, 火明乃是照物之氣, 主氣者之言也. 主理者 推測之虛影, 主氣者 推測之實踐也(… 燭火之照物, 循其氣究其理, 自有可踐之條理, 先將理而究照物, 則未免無表之虛影)."

39) 상동. "理是氣之條理, 則有氣必有理, 無氣必無理. … 理未嘗先於氣, 亦未嘗後於氣, 是乃天地流行之理也."

40) 상동. "苟明乎氣, 則理自在其中矣. 先務究理, 則氣反隱而罔準."

하는 사고가 주기다.

이로 미루면 인용문의 최한기의 견해가 어디에 속하는지는 자명하다. 그는 리를 어디까지나 기 가운데 있는 '기의 조리(條理)'라 하는 만큼, 기를 떠난 다른 곳에서 리를 찾으려 하지 않는다. 따라서 촛불〔燭火〕의 예에서 보듯이, 주기의 태도로 사물을 고찰하는 것이 실제 사실〔實踐〕을 인식〔推測〕하는 길인 반면, 주리의 태도로 고찰하는 것은 한낱 헛된 그림자〔虛影〕를 인식하는 길에 지나지 않는다고 하게 된다. 리기설이 담지한 '주기(主氣)의 경향'이 이보다 더 선명할 수 없다 하여도 과언이 아니다. 그의 이러한 주기의 경향을 유기(唯氣)라고까지 말하는 것은 유기의 기준을 어디에 두느냐에 달렸을 따름이다.

사물의 생성변화를 오지 "운기화성(運氣化成)"의 현상으로 설명하는 데 그의 주기철학의 특징이 있으며, 『신기통(神氣通)』, 『추측록(推測錄)』을 비롯한 그의 제 철학서가 이 주기철학의 특징을 여실히 증언하고 있다.

4. 주기경향과 정주학 극복의 성격

1) 주기철학의 특징

이제 실학과 리기설의 경향을 어느 정도 파악하였지만, 이를 더 분명히 하기 위하여 이상의 고찰을 일목요연하게 간추려 정리하기로 한다.

이 도표를 놓고 보면 결론에 해당할 해석을 서두르기에 앞서 몇 가지 유의해야 할 점이 있음을 발견한다. 첫째, 의식적이었든지 무의식적이었든지 리기설에 별로 관심을 쏟지 않아 이 관계의 업적을 별로 남기지 않은 학자가 절반가량 되는 점, 둘째, 김정희와 같이 주리 주기를 아예 적용시킬 수 없는 경우가 있는 점, 셋째, 설령 그것을 적용할 수 있더라도 관심의 농도와 업적다과의 차이가 심하여 주리 주기를 막론하고 같은 경향 사이에도 강도의 차이가 있는 점이 그것

실학자명	리기설에의 관심 및 업적		주리·주기의 경향과 그 강도
이수광	별무	별무	주리(약)
유형원	유	약간	혼재 속의 주리
박세당	약간(경학)	약간(경학)	주기(약)
이 익	유(경학)	많음(경학)	혼재 속의 주리
안정복	유	유	주리
홍대용	유(경학)	많음(경학)	주기(강)
박지원	회피	별무	주기
박제가	회피	약간	주기(강)
정약용	유(경학)	많음(경학)	주기(강)
김정희	회피	무	—
최한기	유	많음	주기(강)

이다. 이 모든 점이 실학자들의 리기설의 경향을 일반화하여 파악하는 데 따르는 위험성이 아닐 수 없다. 그만큼 우리의 결론은 단언(斷言)을 허용하지 않는다.

그러나 바꿔 생각하면 이러한 점들은 실학에 있어 철학사상에 깃든 의미의 다양성과 그 성향의 변천을 드러내는 것이라 할 수 있다.[41] 이것은 철학적 정신의 주류 형성과 연결되면서 그 주류를 형성하는 지류의 다기성(多岐性)들이라 볼 수도 있다. 이러한 전제를 선행시키고 볼 때, 주리 주기의 산술적 비율은 대략 3 대 7인 셈이다. 주기가 주리의 2배를 상회하는 압도적 경향이다. 따라서 '주기'가 실학파 리기설의 '대표적 경향'임을 알 수 있다.

그러나 이러한 이해가 지나치게 산술적 비율에 의지한다는 흠을 아직 면키 어려울 것이므로, 한 걸음 나아가 주리 주기의 시대적 분포를 살피기로 한다. 주리(主理)는 실학의 형성기·발전기 초에 해당하는 16세기 말엽과 17세기에 대두되었다가 18세기에 그치는 데 비하여, 주기(主氣)는 형성기를 비롯하여 전성기 및 전회기(轉回期)라 할 18세기 19세기에 왕성히 발흥하였다. 특히 실학의 중반기 이후를 주기 경향이 완전히 석권하고 있음이 주목된다. 여기서 우리는 어느 시대를 막론하고 그 '시대의 정신'은 일정한 '난숙기'에 접어든 이후에 드러나는 것임을 상기해야 하겠다.

더욱이 주기의 경향이 강한 홍대용은 실학을 본격적으로 발전시킨 북학파의 철학을 대표하는 학자이다. 정약용은 실학의 집대성자에 해당하고, 최한기는 실학의 매듭을 이룬 학자이다. 이러한 점까지 더 상기하면, 실학시기의 전반기에 잠시 대두되는 듯하다가 후반기를 거의 일색으로 강하게 누빈 '주기(主氣)'의 경향이야말로 실학파 리기설의 경향을 대표한다고 하여도 무방할 것이다.

41) 다음 5절에서 상술하겠음.

2) 정주학 극복의 비정통성

주리가 정주계 성리학의 경향인 데 비하여, 주기는 그에 대비되는 경향임은 더 말할 나위 없다. 한국의 성리학은 조선조의 성립과 더불어 통치원리의 위치에서 발전을 거듭하면서 주리의 정주계 이론은 이언적·이황과 같은 사림파 학자들의 헌신적 신봉에 의하여 그 관학적 위상을 확고히 하였다. 실학은 이렇게 공고하던 성리학이 17세기부터 교조화로 경화되어 가면서 빚어지던 정주성리학의 약점을 극복하고자 대두한 만큼, 실학파의 리기설이 지닌 주기의 뜻도 정주학 극복의 의지를 드러내는 것이라 해석될 수 있다.

주기로 드러나는 정주학 극복의 의지는 서두에서 논자의 별고(別稿)의 연구결과로 지적한 '실학자들의 경학관(經學觀) 변화'와 서로 밀접히 관련된다고 보인다. 이 경향은 실학자들의 별표(別表)와 같은 학문태도 내지 방법론을 통한 정주학 부정의 태도와 관련시켜 이해해야 할 것이다. 실학자들은 일찍이 정주학에 불만을 품고 다음과 같은 '방법론적 전환'을 꾀하고 있었다.[42]

이수광: 박학의 태도
유형원: 위와 같음
박세당: 본원유학의 실제성 추구정신의 회복
이 익: 경세치용적 본원유학의 태도 및 박학
안정복: 위와 같음
홍대용: 이용후생적 본원유학의 태도
박지원: 위와 같음 및 박학
박제가: 위와 같음. 고증 및 박학

---

42) 논자의 「실학적 경학관의 특색」, 『실학논총』(전남대 호남문화연구소)에서 재록(본서 제 2장 수록).

정약용: 박학, 본원유학정신 및 고증
김정희: 행례(行禮)적 본원유학 및 실사구시적 고증
최한기: 박학 및 자기류의 운기(運氣)철학 표방

실학자들은 비록 '박학(博學)', '본원유학정신(本源儒學精神)의 회복', '훈고(訓詁) · 고증(考證)의 구사'와 같은 서로 다른 관점을 택한 차이는 있지만, 이런 관점에서 정주학에 대한 부정적 사고를 가졌던 점에서는 서로 일치하였다. 당시 실학자들에게는 정주학적 사고〔經學〕로부터 방향전환을 모색하고 있었다. 그러므로 리기설의 주조(主潮)가 주기(主氣)로 흐른 사실은 당시 경학관을 중심으로 한 사고의 변화와 짝하여 일어난 그 '반영적 현상'이라 해석될 수 있다. 논자로는 실학파 리기설이 지닌 주기의 일차적 의미가 여기에 있다고 하겠다.

논자의 이 입론은 사실(史實)에 대한 지나친 일반화라는 반론에 부딪힐 것을 예상할 수 있다. 특히 전반기(유형원 · 이익 · 안정복)의 주리의 경우가 매몰 또는 도외시됨을 고려할 때, 주기경향의 이해가 지나친 일반화의 가능성을 지닌다고 할 수 있다. 이러한 점에서, 논자의 한두 가지 견해를 분명히 해두고자 한다. 논자가 실학파의 리기설에서 주기를 말한다 하여 결코 거기에 주리의 존유를 부인함이 아니며, 또 리기설이 실학의 학문, 특히 실학의 철학 전체라 생각지 않는다. 그러므로 주리논자의 경우, 그들이 설혹 리기설의 측면에서는 실학파의 대표적 성격에서 벗어날지라도, 그들은 다른 측면, 예컨대 예론(禮論), 도덕적 가치론(道德價値論), 사회과학(社會科學), 문학(文學), 고증학(考證學) 등의 측면에서 실학의 성격을 띠게 될 것이다. 따라서 논자가 말하는 실학파 리기설의 주기경향은 어디까지나 실학의 리기철학에 함유된 '대표적 특징' 의미 이상이 아니다. 결코 절대적이고 획일적인 단순화로서 일반화하는 이해가 아님을 강조하여 둔다. 홍대용, 정약용, 최한기 같은 실학의 본격화, 최대 집성 및 마무리 위상에 있던 학자들의 리기설 성격을 실학파 리기의 '대표적 특징'으로 파악하여도 무방하겠다는 것이 논자의 견해이다.

이러한 의미의 일반론 정립이 가능하다고 믿는 이유 중 또 한 가지는 실학자들이 지닌 경학관의 비정주학적 성격에 있다. 실학자들이 경학관을 통하여 정주학을 비판·거부하는 사실 또한 가벼이 여길 일이 아니다. 주리의 대표격인 이익·안정복의 경우에 더욱 그러하다. 이익은 특히 주희 이후 후인들의 학문〔形而上學 追究〕 경향을 비난하면서 사서삼경으로 대표되는 제 경전에 대한 새로운 해석을 내리는 일련의 『질서(疾書)』를 저술하였고, 안정복은 '하학(下學)' 중시의 학풍전환을 시도한 『하학지남(下學指南)』을 저술하였다. 이 둘은 다른 철저한 주기론자 못지않게 경학관으로서는 정주학 극복의 방향을 택하고 있었음을 잊어서는 안 된다. 그러므로 이들의 구체적 리기설이 이런 태도에 부합하고 안 하고는 별개의 문제에 속한다.

이들이 리기설 차원에서까지 정주학을 철저히 부정하지 못한 데에는 반정주학의 이론축적의 미흡과 사우연원(師友淵源) 및 당속(黨屬) 등의 관계, 정치·사회적 환경과의 밀접한 관련이 작용하였을 수 있다. 예로 이들에 앞서 그 시대 사회에 가장 큰 충격의 파문을 일으킨 '사문난적(斯文亂賊)'의 지탄 따위도 이들로 하여금 구체적 리기설의 반정주학을 성립시키지 못하게 된 원인 중의 하나일 수 있다. 이렇게 본다면 실학파의 리기설의 주조를 주기로 파악하고, 그 주기의 철학사적 의의는 '정주학 극복의 강한 의지 구현'이라는 이해가 자연스럽게 도출된다.

이러한 이해를 앞세우면, 천관우 이론 중의 또 한 가지 의문이 풀리게 된다. 즉 실학자들이 비판의 자유가 극도로 봉쇄된 사상계의 경화에 대한 비판적 태도를 보인다는 것도 이 맥락에서 소화될 수 있다. 실학자들의 그 비판적 태도란 곧 정주학 극복의 의식이 발로된 이외의 것이 아니다. 사실 천관우 자신도 이 점에 대한 가능성을 일단 지적하고 있다.

> 그것은, 주자학의 해석에서조차 정통적 계승 이외의 것을 이단시하는 경우에 대한 비판일 수도 있고, 같은 의리학(義理學)으로서 양명학(陽明學)을 인정치 않는 데 대한 비판일 수도 있고, 의리학 밖의 유학의 다른 부문, 혹은 유학 밖의 다른 사상이 자유롭게 토구(討究)되지 못하는 데 대한 비판일 수도 있는 것이었다.[43]

정통적 계승 이외의 이단시(異端視)된 여기에 실학의 위치가 있는 것이며, 이 이단시에 대한 비판 속에 정주학과의 대립의식이 싹트고 있었다고 해야 할 것이다. 다만 그는 양명학 등의 측면으로부터 일어난 비판의 가능성까지 포함하고 있는데 이러한 것은 본고의 문제범위를 넘어서는 것이므로 여기서는 언급하지 않기로 한다.

실학파 리기설의 주조가 이렇게 주기로 파악되고 보면, 실학자들이 형이하〔器〕에 관심이 높을 뿐 아니라 비생산적 논쟁에 관심이 낮은 이유도 아래와 같이 해명될 것이다.

43) 천관우, 「한국실학사상사」, 『한국문화사대계』 Ⅵ, 1013쪽.

5. 실제성 추구와 경험론적 성격

1) 공론배제와 하학추구 정신

리(理)란 자연법칙과 아울러 도덕법칙이 되는 모든 원리(原理)·이치(理致)·도리(道理) 등을 의미하는 반면, 기(氣)는 현상사물의 재료(材料) 또는 원질(原質)을 의미한다. 때문에 리의 특성은 형이상〔道〕으로 나타내지고, 기는 형이하〔器〕로 나타내진다. 형이상이란 곧 감각을 초월함을 지칭하고, 형이하란 감각이 가능함을 지칭한다. 실학자들이 형이하 내지 기적(器的)인 것에 관심이 많음은 곧 그 기에 치중하는 '주기(主氣)의 경향'에 다름 아니다.

형이하의 특성이 감각의 가능을 의미하는 만큼, 주기의 사고방식은 자연히 감각되는 '경험적 사실'을 중요시하게 된다. 경험사실을 중요시하는 것으로부터 그것들의 총체적 환경으로서의 '현실(現實)'을 중요시하고, 그 결과 현실치중 의식을 바탕으로 실용적이고 실증적인 실제성을 중요시하게 된다. 경험되는 사실(事實)·현실(現實)·실제성(實際性) 중요시의 태도야말로 주기경향에서 파생되는 필연적 결과이다. 이런 맥락에서 공리(空理) 공론(空論)으로서 형이상학은 그 매력을 잃게 됨은 자연스러운 귀결이다. 실학자들이 대체로 결말을 볼 수 없는 논쟁에 빠지지 않으면서, 보다 '생산적인 것'에 관심을 쏟았던 경향도 이러한 의식구조에서 이해될 수 있다.

이 점 또한 실학적 경학관과의 관련에서 반추될 수 있다. 박학, 본원유학정신의 회복, 훈고·고증이라는 실학 방법론의 특징 중, 가장 많은 학자의 의식에 관류함으로써 가장 대표적인 특징의 위치에 있는 '본원유학의 실제성 추구정신의 회복'부터 살피자. 이것은 원래 박세당의 표현을 빌 때 "가까운 곳으로부터 출발하여 먼 데까지 감〔自邇行遠〕"인 공자의 "아래 것부터 배워 위로 도달함〔下學而上達〕" 정신에 충실하자는 것이다. 되풀이해 이는 공자가 본래 '사후(死後)'나 '괴력난신(怪力亂神)'의 문제에 소홀히 하고 일상적 생활의 절근한 문제를 중요시하던 그 반공론적 학문태도를 회복하자는 구호이다. 그런 뜻에서 이것이 성리학의 형이상학 치중의 특성을 비판하는 구실이 되었던 것이다.[44]

본원유학정신 회복의 구호가 박세당의 경우 단순히 경학에서 형이상학적 색채를 불식하고 경험적이고 일상적 실제적인 이해를 도모하는 요건으로 말하여졌고, 이익에서는 경세치용적 학문형성의 관점으로, 박지원에 이르러 이용후생적 학문형성의 관점으로 전개되었다. 그다음 정약용에 이르러는 이 모든 것의 융합적 이해의 요건으로 발전하였던 셈이다.[45] 실학에 있어 경세치용·이용후생 등은 실학자들의 현실치중 의식이 본원유학정신에 투사·의탁되어 나타난 실제성의 구체화에 지나지 않는다.

이밖에 '박학' 또한 현실파악의식의 확대 결과이고 훈고·고증 역시 방법론상의 실증성을 기저로 한 만큼 실제사실 중시의 의식과 밀접한 관계에 있다. 따라서 이런 방법론의 고취로 보더라도 실학에서는 형이상학적인 것보다 형이하학적인 것이 중요시될 수밖에 없고, 비생산적인 논쟁은 관심 밖의 것에 속하지 않을 수 없다. 이런 점에서 실학파의 경학관도 리기설의 주기경향과 서로 일치한다. 엄밀히 말해 실학의 주기경향 자체가 실학적 경학관의 산물인 만큼, 양자는 근본성격에 있어 일치되지 않을 수 없고, 일치되면서 실학적 사고의 배경과 기저를 이루게 된다.

실학자의 절반가량이 리기설에 두드러진 관심을 보이지 않으면서, 그 관계의 연구업적을 남기지 않은 까닭도 이해될 수 있다. 그것은

---

44) 논자의 「실학적 경학관의 특색」 참조.

45) 상동.

아무래도 현실문제와의 연관성이 희박한 정주학적 형이상학의 고답성에 대한 소극적 반발의 성격을 띤 현상이고, 정주성리학 극복을 위한, 성리학 이상의 실제성 추구의 결과라 볼 수 있다. 정약용이 "리기설은 동(東)으로도 서(西)로도, 백(白)으로도 흑(黑)으로도 할 수 있어서 좌(左)로 끌면 좌로 기울고, 우(右)로 당기면 우로 기울어져서 평생 서로 다투어 자손에게 전하여도 또한 끝이 없다. 인생은 다사(多事)한데, 형과 내가 이것을 논할 여가가 있겠는가"라면서, "선을 밝히는 것〔明善〕은 장차 자신을 참되게 하기 위함이고, 심성을 논하는 것은 장차 일을 실행하기 위함"이라 하는 것은 이 점을 가장 잘 입증하는 글이다.46)

그렇다면 리기설을 회피하지 않고, 깊이 파고든 경우는 어떻게 이해되어야 하는가?

2) 성리학적 주기철학과의 경계

보기에 따라서는 리기설이 깊어질수록 그 결과가 형이상학의 심화라 할 수 있을 것이다. 리・기라는 용어 자체가 그런 성질의 용어이기 때문이다. 그러나 당시로서는 리・기 용어 이외에는 철학적 사색이 불가능한 시대상황이고 보면, 모든 리기설을 다 그대로 형이상학시하는 것도 무리이다. 형이상학 여부의 기준은 난해도라든가, 실제성 의식의 유무라든가를 상대적으로 판단하는 데 있어야지, 리기 용어의 구사 내지 이용에 있다고 보아서는 곤란하다. 문제는 같은 용어〔道具〕를 사용하면서 어떻게 다른 성질과 다른 양상의 내용을 이루어 놓았는가에 있다고 해야 타당하다.

같은 리기설이라도 그 성격 여하에 따라 성리학일 수도 아닐 수도

---

46) 丁若鏞, 『與猶堂全書』, 1집, 권19, 「答李汝弘」(載毅).

있다고 생각된다. 일정한 리기설이 있을 때 성리학의 리기설이 지닌 기본성격과 상반된다면, 그것은 결과적으로 "이열치열(以熱治熱)"의 효과를 가져올 수 있으므로 성리학과 구별되어야 한다. 이러한 경우 상반되는 내용과 성격이기만 하다면 리기설에 몰두한 경우일수록 오히려 성리학과의 대결의식이 적극적이고 철저한 경우라는 이론까지 가능하다. 여기에 성리학과 실학의 구별 없이 리설(理說)이면 어느 것이나 다 관념론에 귀속시키고, 기설(氣說)이면 어느 것이나 다 유물론에 귀속시키는 맑시즘적 견해와 논자의 견해와의 차이가 있다.[47)]

실학적 리기설이란 어떤 것일까? 이상의 고찰로 보아 주기가 실학적 리기설의 기조임은 다시 말할 필요가 없다. 따라서 실학적 주기설과 성리학적 주기설의 경계가 문제이다. 리기설이 경학관에 포섭되는 관계임을 고려하면서 역시 전술한 고찰에 의지한다면 특히 본원유학의 실제성 추구정신의 회복 의식 등이 암암리에 하나의 전제적 제약으로 영향을 끼치고 있는가 없는가의 여부가 곧 실학적 주기설과 성리학적 주기설의 경계의 구실을 하게 될 것이다.

좀더 구체적으로 논하면, 예와 도덕 차원의 실제성추구에서 만족하는 것이 성리학적 특징이라면, 도덕 이상의 이용후생의 실제성 추구의 정신이 하나의 제약으로 영향을 미치고 있는 것이 실학적 특징이다. 따라서 '기철학' 본래의 성격이 '경험주의 성격'이라고 할 때 그 경험주의적 성격이 성리학적 주기설에서 보다도 실학적 주기설에서 더욱 선명할 것이 예상된다. 그런 의미에서, 실학적 주기설이 지닌 경험주의적 성격이 성리학적 주기설이 지닌 경험주의적 성격보다 더 철저한 경험주의적 성격이라 할 수 있다.

그러나 이러한 이론은 어디까지나 추론에 의한 예상에 그치는 것

---

47) 천관우도 그의 『한국실학사상사』에서 기철학에 대한 맑스주의자들의 유물론적 해석의 오류를 지적하였지만(1012쪽), 그것은 논자와는 다른 입장에서 내리는 비판〔指摘〕이었다.

임을 간과해서는 안 될 것이다. 이제 예상의 단계를 벗어나 실학적 기철학의 구체적 고찰에 의한 확인이 필요하게 되었다. 다만 본 문제의 광역성에 비추어 논자는 여기서 이에 관한 별고(別稿)의 준비를 약속하기로 한다. 실학적 기철학의 내용에 대한 구체적 고찰이야말로 본고가 남기는 하나의 과제가 아닐 수 없다.

–『아세아연구』, 통권 제56호, 1976 所收

제12장 실학의 철학적 기반

실학의 근대적 학문성

1. 머리말

조선후기의 실학(實學)이라고 하면 사람들은 대개 실생활의 개선을 위하여 이룩한 유학의 정치·경제·사회적 측면의 변화만을 생각한다. 그것은 성리학(性理學)의 풍토가 지닌 모순과 한계성을 극복할 목적으로 다만 성리학과 관련된 경국제민(經國濟民)의 측면을 변혁·개신한 일종의 '실리주의 유학'에 불과한 학문으로 믿어왔다. 이 신념의 이면에는 실학에 사회과학의 사상은 있어도 근본철학은 없으며, 만약 실학에 어떤 철학이 있더라도, 그것은 성리학의 연장에 지나지 않는다는 추정이 작용하였다. 이것이 실학에 대한 지금까지의 일반적 통념이었다.

그러나 이 통념은 실학을 '알찬 학문'이라는 의미의 명칭에만 구애되면 몰라도, 유학의 성격을 조금만 이해하더라도 불식될 관념이다. 이는 유학 자체의 주지주의적(主知主義的) 성격을 간과한 데서 나온 오해이다.

논자는 유학 본래의 성격을 감안하여 실학에도 그 나름의 독특한 철학이 있으리라는 가설 아래 일찍이 실학자들의 경학관(經學觀)을 살펴본 적이 있다. 그 결과 저명한 실학자들은 한결같이 '성리학'에 불만을 품고 그것을 극복하기 위해 노력하였다. 이수광(李睟光), 유형원(柳馨遠), 박세당(朴世堂), 이익(李瀷), 안정복(安鼎福), 홍대용(洪大容), 박지원(朴趾源), 박제가(朴齊家), 정약용(丁若鏞), 김정희(金正喜), 최한기(崔漢綺) 등은 모두 정주성리학의 경학관이나 그 철학으로부터 벗어나야겠다는 각성에 투철하였다. 이들은 기존 정주성리학의 경학관 또는 철학설을 부분적으로 또는 근본적으로 회의하고 부정하면서, 마침내 새로운 학문방법의 전환을 시도하였다.

이들이 시도한 방법론적 전환은 대체로 다음의 세 가지로 요약된다. 백과사전식 '박학(博學)'의 방법과 하학상달식(下學上達式) '실제성 중시'(본원유학정신의 회복)의 방법, 그리고 훈고식(訓詁式) '고증학'의 방법이 그것이다. 이 방법론적 전환의 각성이 바로 경세치용·이용후생·실사구시의 구호와 연결됨은 말할 나위 없다. 이것은 바로 새로운 학문을 갈구하는 정신을 실현하기 위한 모색의 결과라고 보아야 할 것이다.

이 방법론적 전환의 각성 중에도 본원유학정신을 빙자하여 '실제성 중시'를 강조하는 점이 다른 어느 것보다도 두드러진 사실은 특히 주목할 만하다. 성리학을 비실제적 약점을 지닌 학문으로 판단하고 그보다 더한 실제성을 찾는 사고로 해서 실학은 결국 성리학의 명분 위주의 성향을 배격하는 태도를 지닌다. 그 맥락에서 실학은 성리학보다 더 '실효(實效)·실용(實用)·실증(實證)'을 역설하면서, 마침내 일부 실학자에서는 수기(修己) 이상의 실천력 강한 치인적(治人的) 후생(厚生)에 주력하는 사례가 나타난다.

드높은 실제성 추구의 정신은 공리공론(空理空論)의 비생산적 형이상학을 배제하거나, 아니면 대체로 리(理)보다는 기(氣)에 치중하는 이른바 주기(主氣)의 철학을 형성하게 된다. 실제성 추구의 정신을 바탕으로 하여 이룩한 실학자들의 주기적 경향이 바로 실학이 담지한 리기설의 근본특징으로 된다.

물론 성리학에도 주기의 철학이 있다. 그러나 성리학의 주기설은 그것이 아무리 철저한 주기설, 심지어 유기설(唯氣說)이라 하더라도 성리학의 주리적(主理的) 사고를 근본적으로 뒤엎지 못한다. 성리학의 주기설은 그 주리적 사고방식을 근본에서 벗어나지 못하므로, 주리설이 지닌 초감각적·추상적 성격의 언어를 좀더 경험적이고 구체적인 성격의 언어로 환원시키는 데 그친다(그 사실을 이 책의 보편의 논문에서 확인할 수 있음). 그러나 (아래에서 확인하게 되듯) 실학의 주기설은 성리학의 사고방식 자체를 부정하고 붕괴시킴으로써, 성리학적 주기설과는 전혀 다른 성격과 내용의 철학을 이룬다.

이러한 실학의 철학은 관점에 따라 여러 측면에서 찾아질 수 있다. 이 글에서는 앞으로 고찰하게 될 몇 가지 측면에 한정하여 살피기로 한다.

2. 명실론상의 사고방식

주희의 이론(성리학)에 정면으로 도전하여 마침내 사문난적의 낙인을 받고 목숨을 잃은 것으로 유명한 박세당에게서는 성리학자들과 다른 명실론(名實論)이 찾아진다. 종래의 성리학자들은 명분(名分)·명칭(名稱)·형식(形式)을 더 중요시하는 데 반하여, 박세당은 실리(實理)·실효(實效)·실질(實質)을 더 중시하였다. 그러한 경향은 그의 '예송관(禮訟觀)'과 '군자소인관(君子小人觀)'에서 잘 드러난다.

그중 '예송관'은 효종의 상을 당하여 조대비의 복상이 문제가 되었을 때의 그의 견해를 표명한 것이다. 당시 효종에 대한 예우로서 비록 차자(次子)이지만 대를 이었으므로 장자(長子)의 대우를 하여 삼년복을 입어야 한다는 주장(남인)과, 차자이므로 중자(衆子)의 대우를 해서 마땅히 기년복을 하는 것이 옳다는 주장(서인)이 대립하였다. 이 현상에 직면한 박세당은 그 대립을 한 가지 사실에 대한 두 가지 명분론의 대립으로 파악하고[1] 다음과 같은 언설을 편다.

> … 마땅히 삼년복을 해야 한다고 하더라도 효종을 차장자(次長子)라 하지 않을 수 없고, 마땅히 기년복을 해야 한다고 하더라도 역시 효종을 차장자라 하지 않을 수 없다. 갑도 차장자라 하고 을도 차장자라 한다. 그런데 갑의 말은 차장자이니 삼년복이 마땅하다 하고 을의 말은 차장자이니 기년복이 마땅하다고 한다. 그러나 비록 기년이냐 삼 년이냐 하는 것은 서로 같지 않지만, 그가 차장자라는 사실은 결코 바꿀 수 없으며 양측이 모두 같이 시인하는 것이다. 따라서 복제(服制)에 있어서 양 설로 나뉘어 다툼이 분분하고 서로 배격하기가 끊이지 않는 것은 기이하다.[2]

1) 朴世堂, 『西溪集』, 권7, 「禮訟辨」.

> 차장자 또한 장자라 이름하니 높여서 삼년복을 해야 한다는 것도 하나의 설이요, 차장자이니 중자를 면하지 못하여 그것을 깎아 기년을 해야 한다는 것 역시 하나의 설이다. 고례(古禮)에 이미 바른 글로 전해진 것이 없어 소(疏)에 따라 차이가 있다. 그러므로 그대의 예에 따라 갑을 행할 수도 있고 을을 행할 수도 있으니 옳지 못할 바가 없다.[3]

그에 따르면 어느 법을 행하든 그것은 시중성(時中性)에 입각하여 하는 것인 만큼 절대적 예란 있을 수 없다. 이러한 입장은 예라는 형식이 사실 자체에 대해서는 영향을 미칠 수 없다는 사고에 기인한다. 같은 사고에서 그는 "선왕(효종)이 인조의 장자임이 어찌 그 빛을 더하는 것이겠으며, 선왕(효종)을 인조의 중자라 함이 어찌 또한 그 덕을 깎는 것이 되리요"[4]라고 한다. 이것은 상복을 몇 년 입느냐 하는 것이 결코 선왕의 실제 사실에 영향을 미치지 않음을 강조하는 것, 곧 '명분'이 '사실'을 좌우하지 않음을 지적하는 내용이다.

명분보다 사실을 중요시하는 입장은 박세당의 '군자소인관(君子小人觀)'에서도 명확히 드러난다. 당시 소인이니 군자니 하는 말은 당쟁에 이용되던 인간 평가의 기준이었다.[5] 유학의 가치관에서 볼 때 군자란 인간이 도달할 수 있는 이상적 인간상인 데 비해 소인은 극복해야 할 인간상을 지칭한다. 소인이라는 지칭은 치명적 인격모독이었다. 그런데 그는 남들의 평가에 개의치 않는다고 한다. 그것은 그가 군자 소인이라는 가치 자체를 부정하기 때문이 아니다. 그 역시 군자라 하면 기쁘고 소인이라 하면 불쾌할 것이다. 그러나 문제는 평

---

2) 상동.
3) 상동.
4) 상동.
5) 현상윤, 『조선유학사』, 192~193쪽.

가의 정확성이다. 그는 다음과 같이 말한다.

> 남들이 나에 대해 평가하는 것을 보니 사실에 부합되지 않는다는 것을 알았다. 즉 그것은 평가하는 사람이 평가되는 사람에 대해 어떤 감정을 가지고 있느냐에 따라 이루어진 것이다. 그러니 어찌 남들의 평가에 의존할 것인가. 무엇보다도 중요한 것은 나의 사람됨이지 남들의 평가가 아니다.[6)]

같은 맥락에서 박세당은 "말의 귀중한 점은 그 내용과 부합됨에 있을 뿐"[7)]이라고 강조하는 것이다. 그의 이러한 실질(實質)·내실(內實)을 추구하는 태도는 실리주의 정신과 일맥상통하는 것으로도 여겨질 수 있다.

홍대용은 그의 『의산문답(醫山問答)』에서 허자(虛子)와 실옹(實翁)을 통해, 내용 없는 명분·명칭·형식과 내용을 갖춘 실제·실질·실체를 대비시켜 실제가 명분을 넘어서는 방법으로 그의 실학을 이룩하려 하였다. 여기서 허자는 리기론에 입각하고 선험적 가치판단에 의해 이루어지는 형식적·명분적 세계관의 전형을 의미하며, 실옹은 경험적이고 실제적인 (과학적) 인식을 통해 이루어진 실질적 세계관을 대표한다.

최한기에 이르면 이 사고방식은 완전히 굳어지게 된다. 그는 "명(名)은 실(實)에서 생기므로 그 실이 있으면 그 명도 있게 되지만, 그 실이 없으면 그 명도 없게 된다"[8)]고 단언한다. 그 예로 "무릇 사물의 이름은 바꿀 수 있지만 그 실용(實用)은 바꿀 수 없다. … 이목(耳目)의 이름을 서로 바꾸어 이(耳)를 목(目)이라 하고 목을 이라

---

6) 朴世堂, 『西溪集』, 권8, 「效愛惡說」.
7) 앞의 책, 권7, 「答和叔序」.
8) 崔漢綺, 『推測錄』, 권5.

할 수는 있지만, 보고 듣는 실용에 이르면 그것은 바꿀 수 없다"[9]고 한다. 이는 내용이 있음으로써 이름이 있게 되는 것이지, 이름이 있음으로써 내용이 있게 되는 것이 아니라는 의미이다.

이런 사고방식이 바로 실념론(實念論)을 배척하는 유명론(唯名論)의 사고에 해당함은 말할 나위 없다. 따라서 '유명론적 각성'에 의해 성리학적 명분 위주의 사고를 타파하는 것이 실학의 근본사상 중의 한 부분이라고 하겠다.

9) 앞의 책, 권1.

3. 인식론적 측면

성리학자들의 인식론(認識論)은 대체로 오관(五官)의 외감(外感)보다 마음〔心〕이 본래 갖추고 있는 리기의 속성에 치중하여 사물의 이치를 파악하는 경향이 강하다. 성리학자들은 마음을 '리와 기의 합(合)'으로 간주하고서 인식의 문제를 그 본구적(本具的)인 리기의 속성에 의거하는 까닭에 오관의 기능을 매우 경시한다.

이에 비하여 실학자들의 인식론은 마음의 본구적 속성보다는 '오관에 의한 외감의 기능'을 강조하는 경향이 강하다. 그 좋은 예가 종래의 격치(格致)를 해석하는 데서 잘 나타난다. 격물(格物)·치지(致知)에 대하여 정주는 격(格)을 지(至)로, 물(物)을 사(事)로, 치(致)를 추극(推極)으로, 지(知)를 식(識)으로 이해하였다. 그리하여 격물을 "사물의 이치에 다 이르러 그 지극한 곳에 이르지 않음이 없음"이라 해석하고, 치지를 "나의 지식을 끝까지 미루어 아는 바가 다하지 않음이 없도록 함"이라 하였다.[10] 이 해석은 사물에는 각각의 리가 있음을 전제하고 마음으로부터 그 사물의 리를 알아낸다는 사고를 근거로 한다. 이때 사물의 리란 객관적 도덕규범과 자연법칙으로서, 실재(實在)하고 독존(獨存)하는 것이다. 그러므로 격물치지한 것이 완성에 이른 상태가 바로 '활연관통(豁然貫通)'의 경지로서, 모든 사물의 겉과 안, 자세한 것과 성긴 것에 모두 깨닫지(이르지) 않음이 없게 된 상태이다.[11] 이러한 정신적 완전성을 목적으로 하는 관념적 인식설을 성리학자들은 또한 마음에 지닌 (본구적) 리를 다하는 것이라 생각하였다.

---

10) 『大學章句大全』, 「經」 1장 주.

11) 상동.

그러나 실학자인 박세당은 격물을 “물(物)의 법칙을 구하여 그 물의 바른 법칙을 구하는 것”으로 이해하는데, 이러한 격물은 결국 사물의 지식을 얻게 하는 것으로 치지와 같다고 한다.[12] 또 격물의 결과인 물격(物格)은 올바른 법칙을 구하여 얻은 것이며, 지지(知至)는 나의 지식이 그 사물의 의심할 바 없이 당연한 점에까지 이른 것이라 한다.[13] 이러한 박세당의 인식설은 ‘물아이분관(物我二分觀)’에 근거하여 물을 독립적 실체로 놓고 그것의 바른 법칙을 구한다는 것이므로 좀더 경험적이고 과학적인 성격을 가진 인식 방법론이라 할 수 있다.

실학의 대가 정약용은 궁극적 인식작용의 근거로서 심(心)을 인정하면서도, 심의 인식작용을 가능하게 하기 위한 하나의 통로로서 이목(耳目)의 기능을 설정한다. 그는 주희가 대체(大體)를 심이라 하고 소체(小體)를 이목의 부류라 하는 것에 대해, 이목을 소체라고 말하는 것은 옳지 않다고 하였다.

> 이목(耳目)이란 물과 내가 서로 접할 때 그 문로(門路)가 되는 것이니, 귀는 소리를 들어 마음에 보내고 눈은 색을 받아서 마음에 들여보내니 이것이 이목의 직분이다.[14]

> 이목이 받아들인 것 중에 따를 것과 따르지 않을 것은 심이 사려로서 정할 뿐이다. … 진실로 생각함이 있으면 반드시 소(小)를 따르거나 대(大)를 어기는 누를 범하지 않을 것이며, 소를 기르거나 대를 해치거나 하지도 않을 것이다. 또 진실로 생각하지 않으면 그 마음을 빠뜨려서 따르고 어기어 올바름을 잃게 되니, 심의 사려할 수

12) 朴世堂, 『思辨錄』, 「大學思辨錄」, 경1장 주.
13) 상동.
14) 丁若鏞, 『與猶堂全書』, 2집, 권6, 29張 後.

있는 힘이란 어찌 다행이 아니겠는가?[15]

여기서 심은 사려(思慮)의 능력을 가진 것이다. 그는 인식작용의 근거를 심의 사려에서 찾으면서도 심의 사려가 있기 전의 감각경험의 통로로서 이목의 기능을 설정하고 있음이 주목할 만하다. 이것이 바로 성리학자들의 견해와 대비되는 점이다.

실학의 종결위치에 있던 최한기는 『신기통(神氣通)』에서 통(通)이라는 신기(神氣)와의 교류를 구체적 감각이나 지각에 의한 것으로 상정한다. 이때 그는 인체 및 인체가 지닌 감각 기관을 "신기가 통하는 기계"[16]로 간주한다. 즉 이목구비(耳目口鼻) 등을 모두 음색미향(音色味香)과 통하는 '통로'로 생각하는 것이다.

최한기에서는 구체적 감각을 통한 인식의 단계를 넘어, '추측(推測)'이라는 심의 능력으로 일어나는 인식작용이 설정되고 중요시된다. 그런데 심의 추측능력은 견문(見聞)·열력(閱歷)이 오래 쌓여 습염(習染)이 이루어져 생기는 것이다.[17] 그것은 또한 기(氣) 세계의 인과관계를 전제로 하여 이루어진다. "추(推)에는 반드시 인(因)이 있고, 측(測)에는 반드시 이(以)가 있다. '인'과 '이'가 없으면 이 '추'와 '측'은 없어지게 된다"[18]고 한다. 이는 일정한 견문과 열력, 거기에 이어지는 습염 등 경험과의 인과관계를 바탕으로 추측이 이루어진다는 사고이다. 이러한 최한기의 인식론에서 '경험론적(과학적) 인식론'으로 전환되고 있음이 더욱 뚜렷함을 확인하게 된다.

---

15) 상동.
16) 崔漢綺, 『神氣通序』.
17) 崔漢綺, 『推測錄』, 권1.
18) 상동.

4. 우주 · 자연관

성리학에서는 일종의 리의 보편적 실재성〔理一分殊〕을 믿거나, 천(天)을 의인화하여 우주 · 자연과 사람이 서로 합일〔天人合一〕할 수 있는 한 몸〔一體〕의 관계에 있다고 생각한다. 이것이 성리학의 이른바 '물아일체관(物我一體觀)'이다.

실학자들이 이를 인정하지 않음은 말할 나위 없다. 이러한 견해 차이는 실학자들이 물과 나를 이분시(二分視)하여 성리학자들의 우주 · 자연에 대한 관념과 근본적 차이를 보이는 데서 비롯된다. 예로 주희가 천지지심(天地之心)을 믿고 나의 마음과 천지지심이 같다고 생각하며, 또 나의 신체를 이루는 기와 천지를 이루는 기가 같다는 천인동질(天人同質)의 사고에 근거해서, 인간의 심과 기에 의한 '천인상감설(天人相感說)'을 주장하였다. 박세당은 이 견해를 부정한다.[19] 그 근거는 천지지심이 하나의 독립적 리로서 결코 인간의 심과 같지 않다는 사고에 있다.

박세당의 이런 견해는 사람과 사물을 이분시하는 태도에서 기인한다. 곧 유(類)가 다르면 성(性)이 다른 것이라는 견해를 전제로 그는 나름대로의 성에 대한 정의를 내린다. 그의 견해로 리는 개물(個物) · 개체(個體)를 초월한 일반자의 경우에 쓰이는 용어이고, 성은 오로지 인간의 경우에만 쓰이는 용어이다. 성이 궁극적으로 리라 하더라도, 그것은 심 속에서 리 자체로 있는 것이 아니라, 이미 인간의 밝음〔明〕이라 표현되는 인식기능으로 되어버린 것을 특징지어 의미한다.[20] 따라서 그의 성론(性論)은 성리학자들의 '나와 천리(天理)와의

---

19) 朴世堂, 『思辨錄』, 「中庸思辨錄」, 1장 주.

20) 앞의 책, 1장 · 3장 주.

합일'을 배척하는 이론적 배경이 된다. 단지 그는 "나의 기가 순(順)하면 천지의 기도 순하다는 말은 옳다"[21]고 하여, '기에 의한 자연과의 조화'의 가능성만을 인정할 따름이다. 이 사고는 나아가 자연에의 적응을 넘어서 자연의 도구화의 싹이 틀 가능성까지 내포되어 있다고도 판단된다.

정약용에 이르면 자연〔物〕과 인간의 구분은 단순히 기질지성(氣質之性)의 차이에 의거한 맹자(孟子)나 주기적(主氣的) 성리학자들의 구분에서 진일보한다. 정약용은 인간과 다른 자연물 사이에는 뚜렷한 구분점이 있다고 생각한다. 그는 인간이 스스로의 의욕에 따라 행위함에 비해, 금수(자연물)는 본능에 의해 필연적으로 그렇게 될 따름이라고 한다. 그는 선악의 행위를 논하는 자리에서 다음과 같이 적는다.

> 선악(문제)에서 인간은 다 자작(自作)하여 스스로 주장할 수 있다. 그러나 금수의 경우에는 자작할 수 있는 것이 아니라, 그렇게 되지 않을 수 없이 되어지는 것이다.[22]

그러면 인간이 금수와 다르게 선악을 선택적으로 행할 수 있는 기능은 어떻게 가능할까? 그것은 바로 인간의 타고난 '자주의 권능〔自主之權〕', 곧 '심의 권능'으로 인한 것이다. 이 심의 능력으로 인하여 인간과 자연물 사이의 차이는 분명해진다.

> 하늘은 인간에 대하여 자주의 기능을 (미리) 마련해 주어, 선하고자 하면 선을 실제로 행하고, 악하고자 하면 악을 실제로 행하게 하였다. 들떠서 안정되지 않을 때에도 그 권능은 자신에게 있는 것이

---

21) 앞의 책, 1장 주.

22) 丁若鏞, 『與猶堂全書』, 2집, 권2, 19張 前.

> 어서 금수에게 고정된 마음〔定心〕이 있는 것과는 같지 않다. 그러므로 선을 행하는 것이 실은 자신의 공(功)인가 하면 악을 행하는 것은 자신의 죄인 것이다. 이것이 바로 심의 기능이다.[23)]

이렇게 심의 자주적 권능이 있느냐 없느냐 하는 것이 곧 인간과 금수의 다른 점이다.

이상과 같이 실학자들은 '물아이분관'을 담지하면서 한 걸음 더 나아가 일종의 '물리적 자연관의 각성'에 이르게 된다. 그들은 우주·자연과 대립하면서 그것을 도구화하려는 의식까지 보인다.

이러한 경향은 특히 '오행(五行)'에 대한 비판의식에서 잘 나타난다. 원래 오행은 만물을 이루는 '다섯 요소'로서 넓은 의미의 기(氣)라고 생각되어 왔다. 하지만 실학자들은 오행에 대하여 요소의 관념을 사상해 버리고 '구체적 사물'로 환원하여 그 본래적 의미를 찾는 과정에서 자연을 도구화하는 의식까지 갖는다. 박지원은 다음과 같이 주장한다.

> 무릇 오행(五行)이란 하늘이 준 것이며, 땅이 함축한 것으로, 인간이 얻어 쓰는 것이다. … 쇠와 돌이 서로 치거나, 기름과 물이 서로 배척〔蕩〕하는 것도 불을 낼 수 있고, 번개로도 불이 나며, 황충(蝗虫)도 묻히면 불꽃이 되니, 불이 나무에서만 나오는 것이 아님이 분명하다. 그러므로 상생(相生)이란 서로 자모(子母)의 관계가 아니라, 상자(相資)하여 생기는 것이다.[24)]

박제가도 아래와 같이 주장한다.

---

23) 앞의 책, 권5, 34張 後.

24) 朴趾源, 『燕巖集』, 권1, 「洪範羽翼序」.

> 기자(箕子)의 홍범(洪範)에 이르길, "그 오행을 골진(汨陳)하였다"고 하였다. 오행이란 사람이 자질로 삼아 생하게 되고 날로 이용함에 빠뜨릴 수 없는 것이다. 그런 까닭에 수화금목토곡(水火金木土穀)을 육부(六府)라 한다. 오행의 골진이 곧 육부(六府)의 다스리지 못함〔不修〕이다. …
>
> 지금 천 리 되는 긴 강이 있으나, 물문〔閘〕으로써 곡식을 가는 곳이 하나도 없으니 수리(水利)가 행하여지지 않는 것이다. 석탄(石炭)의 강로(鋼鑪)를 만들지 못하여 영해(寧海)의 동주(銅鑄)를 녹이지 못하므로, 화(火)가 화의 구실을 못하고 쇠〔金〕가 쇠의 구실을 못한다. 통행하는 데 수레가 없고, 집 짓는 데 벽돌이 없으므로, 목공(木工)의 기술이 쇠퇴하고 미장이의 재주〔土德〕가 줄어들었다. 이것이 골상(汨喪)과 진폐(陳廢)의 길로 되어가는 것이다.[25]

이들의 오행인 수화목금토는 우주의 요소이기는커녕 사람들이 이용해야 할 다섯 가지 물체일 따름이다.

정약용의 견해도 마찬가지이다. 그는 오행을 구체적인 다섯 가지 사물로 보기 때문에 그것들은 "만물을 화생(化生)하는 원질(原質)이 될 수 없다"고[26] 확언한다.

이상에서 보듯이 오행 개념에서는 그 우주의 구성요소인 듯한 형이상학적 의미가 거의 없어졌다. 그것은 생활 가운데서 이용되는 다섯 가지의 구체적 물체 이상의 의미를 배제시킨 것이다. 우주·자연과 인간을 이분시하는 이러한 실학자들의 태도는 그것을 '물적 자연(物的 自然)'으로 독립시켜 그에 대한 경험적이고 과학적인 이해를 통해 '상대주의적 인식'을 가능하게 한다.

이익은 "자연의 재이(災異)가 한 나라의 조그만 일이나 한 가지 작

---

25) 朴齊家, 『北學議』, 外編, 「五行汨陳之義」.

26) 丁若鏞, 『與猶堂全書』, 2집, 권1, 3張 前.

은 일로써 바뀔 수 있는가?"[27] 라고 하여 물(物)로서의 우주・자연을 인사(人事)로부터 완전히 분리시킨다. 곧 실학에서 자연은 나름대로 '물리적 법칙'에 의해 움직여 나간다는 사고가 지배적으로 된다.

홍대용도 일식(日蝕)과 월식(月蝕)에 대한 과학적 인식을 가졌던 터라, 그 현상을 인간세계의 치란(治亂)과 무관하다는 뜻으로 다음과 같은 글을 남긴다.

> 음양(陰陽)에 얽매이고 리의(理義)에 빠져서 천도(天道)를 살피지 못한 것은 선유(先儒)의 잘못이다. 달이 해를 가리면 일식이요, 지구가 달을 가리면 월식이다. 경도(經度)와 위도(緯度)가 같아서 달・지구・해가 일직선상에 서로 가리어 일식이나 월식이 되는 것이다. 이것이 천도가 운행하는 상도(常度)인 것이다.[28]

이어서 그는 "이러한 달・지구・해의 상도는 지구상의 치란과 관계가 없다"[29] 고 명시한다. 이에 우주・자연에 대하여 인간사로부터 독립적 지위를 부여한다. 이러한 관계설정은 우주・자연에 대한 과학적 인식을 추구하게 하는 것이니, 이미 이익은 "지형은 둥글어 탄환과 같다"[30] 고 하였고, 지구의 크기와 하늘과의 거리까지 계산하고 있었다. 이것은 홍대용의 다음 언설에서 볼 수 있듯이 종래의 중국을 중심으로 하던 '화이적(華夷的) 세계관'을 변모시킨 사고이다.

> 중국은 서양과의 경도의 차이가 180도에 달하여, 중국인은 중국을 정계(正界)로 하고 서양을 도계(倒界)로 한다. (하지만) 서양인은

27) 李瀷, 『星湖僿說』, 「天地門」.
28) 洪大容, 『湛軒書』, 「醫山問答」.
29) 상동.
30) 李瀷, 『星湖僿說』, 「天地門」.

> 서양을 정계로 하고 중국을 도계로 한다. 실은 하늘을 이고 땅을 밟고서면 그에 따르는 계(界)가 다 그렇게 된다. 횡(橫)과 도(倒)를 가릴 것 없이 정계이기는 다 마찬가지다.31)

이와 같은 실학자들의 지식과 사고방식은 성리학자들이 리기론에 입각하여 우주와 자연에 대하여 내린 절대적·가치적 해석을 근거로 인간세계의 질서를 수립하여 온 것과는 전혀 다르다. 실학자들은 우주·자연을 물적 자연으로 독립시켜 경험적·과학적인 이해를 통한 상대주의적 인식을 시도한 만큼, 그 영향은 마침내 중화본위의 세계질서의식까지 변화시키기에 이르게 된다. 특히 '지구(地球)'에 대한(구형과 자전 및 공전) 새로운 지식의 획득·변화는 결국 "공자도 한국에 태어났더라면 한국의 역사〔春秋〕를 기술하였으리라"는 식의 민족주체성의 자각까지 불러일으키게 되었다. 아무튼 우주·자연관의 변이대목에서부터 실학이 지닌 근대적 특색이 여실히 드러나게 된다.

---

31) 洪大容, 『湛軒書』, 「醫山問答」.

5. 인간관

실학의 우주·자연관이 물아이분관으로 되어, 인간은 자연으로부터 독립적 존재로 설정될 수 있음을 이미 예측하였다. 이는 인간을 자연에 대한 '독존적(獨尊的) 존재'로 상정하였다는 뜻이 된다. 그 독존적 인간관은 특히 정약용이 우주의 기와 인간 혈기(血氣)의 기를 엄격히 구분하는 데서 잘 드러났다.

인간과 다른 자연물은 다 '리기의 합성(合成),' 곧 "사람의 몸이란 리기 두 가지로 이루어진 것"[32] 이라고 하는 데서는 그도 인간과 자연의 동질성을 전적으로 부정만 하지는 않는 것 같다. 그러나 인간과 자연과의 관계에 대한 견해에 있어서 그는 일반 성리학자들과 다르다. 일반 성리학자들이 리를 모든 현상의 소이연자(所以然者)로 주재(主宰) 능력을 가졌다고 생각하여 궁극에는 천명(天命)·태극(太極)과 동일시한 데 비해, 그는 리를 단순히 맥리(脈理)·치리(治理)·법리(法理)[33] 이상의 뜻으로 생각하지 않는다. 오히려 정주의 리일분수(理一分殊)를 그는 '불교의 만법귀일(萬法歸一)과 같은 것'[34] 이라고 하면서 리일분수설에 입각한 만유일체관(萬有一體觀)을 부정하였다.

그는 또한 기에 의한 물(物)과 인간과의 유대까지도 받아들이지 않는다. 이 사고는 기본적으로 그가 기 일반에 대해서 종래의 기일분수설자(氣一分殊說者)들과 견해를 달리하는 데서 비롯된다.

> 기(氣)로 물(物)이 됨을 밝혀야 하지만, 그것을 후세(성리학자들)의 리기설로 혼합하여 말해서는 절대로 아니 된다. 무릇 우리 인간

---

32) 丁若鏞, 『與猶堂全書』, 1집, 권22, 8張 後.
33) 앞의 책, 2집, 권6, 26張 前.
34) 앞의 책, 2집, 권6, 38張 前.

> 이 생양동각(生養動覺)하는 데는 오직 혈과 기 이물〔血氣二物〕이 있을 따름이다. 그 형질을 논한다면, 혈(血)이 조(粗)한 반면 기(氣)는 정(精)하고, 혈이 둔(鈍)한 반면 기는 예(銳)한 것이다. … 지(志)는 기의 수(帥)이며 기는 혈의 영(領)이다.[35]

정약용은 기를 의서(醫書)에서 말하는 혈기(血氣)에 가깝게 이해하기 때문에 그 기는 만물일원(萬物一源)의 기가 되기 어렵다. 이 점은 그가 인간의 '호연지기(浩然之氣)'가 천지 사이에 들어찬다는 것을 부인하는 데에서도 잘 드러난다.

그의 기에 대한 사고는 바로 "삼군을 통솔하는 장수를 빼앗을 수는 있어도 필부의 뜻〔志〕을 빼앗을 수는 없다"[36]는 글귀의 해석에서, 기 개념을 바탕으로 전개되는 '인간 의지의 자율성'에 대한 강조로 뚜렷이 나타난다. 맹자는 지(志)를 '기를 다스리는 것〔기의 수(帥)〕'이라고 풀이하면서 이러한 지에 의해 인간은 천지에 들어차는 호연지기를 가질 수 있다고 하였다.[37] 주희는 맹자의 사고를 따라 "지가 장수인데 비해 기는 졸도(卒徒)"라고까지 한다.[38] 그 지는 주희 등에서 기에 의한 물아일체 또는 천일합일을 실현시켜주는 원동력으로 이해된다. 그러나 정약용은 지를 심(心)·기(氣)·혈(血)의 관계에서 파악하여 "심이 발(發)하여 지(志)가 되는데 지는 이어 '기를 나오게〔驅氣〕' 하고 기는 '혈을 나오게〔驅血〕' 한다"[39]고 한다. 이 사고를 전제로 그는 지가 '기의 수(帥)'임은 물론, 기를 '혈의 영(領)'임을 인정한다. 그의 이해방식에서 호연지기는 지극히 굳센 기개 또는 기상 이상

35) 앞의 책, 2집, 권5, 17張 前.
36) 『論語』, 「子罕」.
37) 『孟子』, 「公孫丑上」.
38) 『孟子集註』, 「公孫丑上」.
39) 丁若鏞, 『與猶堂全書』, 2집, 권5, 17張 前.

의 것이 아니다. 이 대목에서 정약용이 인간을 인격적 주체로 파악하려는 노력을 강하게 표출한다는 판단이 나오게 된다.

물아이분관(物我二分觀)을 바탕으로 한 인간의 자율성의 확보는 인간 전체〔萬民〕로 확대함으로써 인성의 동등의식을 실학자들은 성리학자들에 비하여 훨씬 투철하게 주장한다. 이러한 의식의 기반은 아마도 정약용에서는 그 판단 기준을 궁극적인 천(天)에 두고 있는 데 기인하는 것이라 생각된다. 정약용은 인간 동등 의식에 바탕을 두고 공자가 말한 "가르침에는 유를 가리지 않는다〔有敎無類〕"든가 맹자의 "사람들은 모두가 요순(堯舜)이 될 수 있다"는 예문을 들어 만민의 교화에 차등이 없음을 주장한다.[40] 그는 진(秦)의 우민정치가 결국 나라를 망하게 한 사실까지 들어 불평등의 배제를 역설한다.[41]

성리학자들 또한 하나의 보편적 리가 만물에 공유한다는 리일분수의 사유를 전제로 인성의 동등을 언급하였다. 그러나 성리학자에게 인성 동등은 만유일체론의 관념적 사유에서 도출된 것인 데 비해, 실학자들의 그것은 구체적으로 불평등한 현실상황의 문제의식을 자각하여 실제적 계발의 가능성으로서의 자질〔才〕의 시각에서 생각하였던 것이다. 이 인간 '자질 시각의 인성동등'의 각성이 앞서 언급된 인격적 주체의식과 짝할 경우 자주적 민권 사상의 바탕이 됨은 더 말할 나위 없다.

실학자들은 애당초 인간의 본성에 대한 이해를 그 전 성리학자들과 달리 한다. 일반적으로 정주성리학에서는 인성을 본연의 성과 기질의 성으로 엄별하고 '본연의 성'만을 "성즉리"라는 전제하에 리로서 중요시한다. 그것은 맹자의 성선(性善)의 입장을 따른 나머지 본연의 성만이 선 또는 선의 원인이라고 생각하고 기질의 성은 악의 원인이

40) 앞의 책, 2집, 권10, 4張 前後.

41) 상동.

된다고 생각하였기 때문이다. 그러나 정약용은 “성(性) 자의 본뜻에 의거하여 말한다면 성이란 심의 기호(嗜好)이다”,[42] “성이란 기호 염오(厭惡)하는 데서 이름이 있게 된다”[43] 고 하여 성즉리의 사고를 부정하였다. 같은 맥락에서 그는 본연지성과 기질지성의 구분도 엄격히 하지 않는다.

> 생각건대 본연·기질의 설(說)은 곧 심체(心體)를 가리킨다. 은미(隱微)한 것을 밝혀내어 우리로 하여금 자신을 알 수 있게 해 준 공은 크다. 그러나… (심의) 대체(大體)·소체(小體)가 상수(相須)·상관(相關)·묘합(妙合)하여 떨어질 수 없다면, 본연의 성·기질의 성이라 명명했다고 하여 확연히 두 체〔二體〕를 분리시킴은 아마도 틀린 짓일 것이다. 하물며 성이란 육체(六體)의 전명(全名)이 아닌 것으로서 육체 중 그 호오(好惡)하는 리만 집어 별도로 이름한 것일 따름이니, 이것을 둘 또는 셋으로 지목할 수는 없다.[44]

더구나 그는 “신명(神明)과 형구(形軀)는 묘합하여 떨어질 수 없다. 그러므로 형구의 모든 욕구도 이 성(性)에서 발동한다. 이것이 이른바 인심이며 기질의 설이 나오게 되는 것이다”[45] 라고 한다. 이는 기질의 성이 본연의 성과 분리될 수 없으므로 기질의 성만을 악의 원인으로 천시할 수 없다는 뜻을 내포하기까지 한 내용이다. 기질의 성만을 악의 원인이라고 천시할 수 없기 때문에 실학자들은 정(情)의 욕구를 불순하고 위험한 것으로 여기지 않는다.

정약용이 기질의 성을 비교적 중시한 것과 마찬가지로 대부분의 실학자들은 오히려 ‘정(情)의 자연성·순수성’을 믿는다. 박세당은

42) 앞의 책, 권3, 2張 後.
43) 앞의 책, 권15, 10張 後.
44) 앞의 책, 권15, 11張 前後.
45) 앞의 책, 권15, 12張 前.

기질의 성을 긍정하는 입장에서, 시(詩) 삼백 편에 대한 공자의 '사무사(思無邪)'란 발언을 시 자체를 가리키는 의미로 이해한다. 주희가 이에 대하여 "무사(無邪)한 것을 생각하게 하는 교훈"으로 해석한 데 반해, 박세당은 시가 "정의 소발(所發)로서 수식과 허위가 없는 말"[46]이라는 뜻으로 이해하여 정감의 순수성으로 해석한다. 기질의 성에 대한 긍정은 허균(許筠)에서는 더욱 분명히 드러난다. 그는 "남녀의 정욕은 천(天)이 부여해 준 것이며, 분별의 윤기(倫紀)는 성인(聖人)의 가르침이다. 천이 성인보다 높으니 성인의 예교(禮敎)는 어길지언정 천부(天賦)의 본성은 위반할 수 없다"[47]고까지 주장하고 있다. 이러한 사고에서 실학자들은 대체적으로 성리학자들의 엄격한 금욕주의적 수양론을 따르지 않는다. 그들은 금욕주의적 수양론을 역설하는 성리학자들의 태도와 궤를 달리한다.

이러한 현상은 당시 '예(禮)를 절대시'함으로써 극단적으로 형식화된 '성리학의 명분론적 풍토'에 대한 반발로 이해될 수 있다. 성리학이 제시한 예의 실천을 통한 무생명적·가상적 완전인으로서의 이상인〔聖人〕의 상을 버리고, 생명 있는 욕구체(欲求體)로서의 구체적 '자연인의 상'을 실학자들은 이상으로 삼은 셈이다. 자연 앞에서 독존하는 자율적 인격주체로서 평등하게 욕구를 발휘하고 충족시켜 가는 자연인의 상이 실학의 인간상인 것이다.

46) 朴世堂, 『論語思辨錄』, 「述而」.

47) 安鼎福, 『順庵先生文集』, 권17.

6. 윤리 · 도덕관

정주성리학자들에게 도덕이나 예는 절대적, 불변적인 것이다. 그 이유는 중용의 "하늘이 명한 것을 성이라 하고, 성을 따르는 것을 도라 한다〔天命之謂性, 率性之謂道〕"는 말에 근거하여, '성즉리'를 전제로 한 유학의 도덕과 예의 실천을 '본성의 자연 발로'로 이루어진다고 생각하였기 때문이다. 그런 사고로 성리학에서 윤리 도덕은 억지나 인위로 제정되는 것이 아니라고 주장된다.

그러나 실학자들은 인성을 선험적으로 본구한 것이 아니라고 여기는 만큼, 윤리 도덕을 인성의 필연적 구현이라고 하지 않는다. 박세당은 도덕이 결코 마음에 본래적으로 갖추어져 있는 것이 아니라는 점에서 주희의 견해를 반대한다.

> 도(道)는 성(性)을 따름으로써 얻어지는 것이지, 처음 태어날 때부터 갖추어져 있는 것이 아니다.48)

> 만약 주자가 말한 대로 도가 천리(天理)의 본연이라면 마음이 도를 갖추고 있는 것을 성이라고 해야 마땅하지, 성을 따르는 것이 도라고 하는 것은 마땅하지 않다. 또 도가 성의 덕(德)이요 심(心)에 갖추어져 있다면 일용(日用)의 사이에 도를 따르는 것이라고 하고서야 옳지, 다시 성을 따르는 것을 말하는 것은 옳지 않다.49)

이것은 주희가 말한 대로 '도가 성(性)의 덕'이라고 한다면, "성을 따르는 것을 도라 한다"는 표현은 바뀌어야 한다는 뜻이다. 전체적으

---

48) 朴世堂, 『思辨錄』, 「中庸思辨錄」 제 1장 주.
49) 상동.

로 주희의 도는 선천적·선험적인 도를 의미하며, 또 그 도는 사물과 인간에 다 같이 적용되는 필연의 법칙이다. 그러나 박세당은 "사람은 도를 알 수 있지만, 물(物)은 도를 알 수 없다"[50]고 하여 인간의 도를 필연적 법칙으로 보지 않을 뿐 아니라, 솔성(率性)이라는 (실천으로서의) 도는 어디까지나 인간의 자발적 의지와 밀착되어 있는 것으로 생각한다.

정약용도 이미 살폈듯이 성을 기호라 하여 하나의 소질·경향 정도로 생각하였던 만큼, 윤리·도덕을 인성의 필연적 구현으로 보지 않는다. 그의 견해로 인의(仁義) 등의 성은 인간에게 본구되어 있지 않는 까닭에 도덕 행위가 그런 본성으로 되지 않는다. 그에 대한 증거로 다음의 예문을 제시한다.

> 고자(告子)는 "인성(人性)으로써 인의를 한다〔爲〕"고 하였고, 맹자는 "사람을 상하게 하고서도 인의를 하는〔爲〕 것이겠는가?"라고 하였다. 이 두 개의 '한다〔爲〕'는 글자가 가장 분명한 것이다. '인을 한다〔爲仁〕는 것은 인을 실행〔行仁〕한다는 것이며, '의를 한다〔爲義〕'는 것은 의를 실행〔行義〕한다는 것이다. 만약 인성 중에 본래 인의가 있었다〔本有仁義〕고 한다면 두 개의 할 위(爲) 자는 이해될 수 없는 것이다.[51]

정약용에서 인의(仁義)란 그에 해당하는 행위를 '의도하고 실천·실행'하는 노력과 행동 속에서 이루어진다. 인의라는 이름은 그에 해당하는 행위의 결과로 나온 것에 불과하다. 그의 견해로 윤리·도덕이란 결코 선험적·절대적인 것이 아니라 경험적·상대적인 것이다.

이 같은 사실은 실학자들에게서 윤리·도덕을 사물의 필연적 자연

50) 상동.

51) 丁若鏞, 『與猶堂全書』, 2집, 권6, 18張 前.

법칙과 구별하려는 의식의 흐름이 형성되고 있음을 드러내는 징조라 할 수 있다. 이들이 윤리·도덕을 필연적 법칙이 아닌 인위적·가변적·상대적인 것으로 보았다는 사실은 예나 도덕이 갖는 완결한 형식보다는 때에 맞추어 실천·궁행하는 실천적 노력을 더 중요시한 증거로 이해할 수 있다. 이것은 또한 성리학과 실학이 치중하는 측면이 윤리·도덕규범의 존재론적 근거와 그것에 대한 구체적 실천으로 각각 다르다고 이해될 수도 있다.

실천을 위한 존재론적 근거와 그 구체적 실천과정은 서로 떨어질 수 없지만, 어느 것에 치중하느냐 하는 것은 실제적으로 다른 양상을 띠게 된다. 만약 성리학자들처럼 도덕규범의 존재론적 근거에 치중할 경우라면, 그 결과는 가치에 대한 명분적 또는 선험적 성격을 강하게 부여하게 되어 실천감각이 둔해질 가능성이 많다. 이러한 폐단에 대한 각성이 실학자들로 하여금 실천적 과정을 강조하게 되었다고 여겨진다. 그뿐 아니라 이론적으로 이 두 가지가 상보적 관계를 갖는 듯이 보이지만, 그것을 도출하는 문제의식과 실제적 적용에 따라 두 가지는 큰 차이를 갖게 된다.

윤리·도덕규범의 인위적 실천을 강조하는 실학자들의 사고는 성리학자들의 명분 위주의 고식적 사고를 거부한다. 명분적 사고는 도덕규범에 적용될수록 도덕적 가치에 대한 무조건적 수긍을 강요하게 마련이다. 이 점에 입각할 때 실천을 통하여 인의(仁義)의 도덕을 수립하려는 정약용 같은 실학자의 사고는 검증을 통한 도덕규범의 변이의 여지를 두는 사고로 해석된다. 이것은 당시의 삼강오륜(三綱五倫)의 도덕규범이 단순한 도덕의식에 그치지 않고, 정치·사회에 대한 체제 의식이기도 하였다는 사실을 상기할 때 그 의미는 더욱 확대된다.

성리학자들의 사고가 명분론적 경향에 입각하여 당시의 체제 의식을 선험적으로 절대시하였음에 반하여, 실학자들의 사고는 당시 체제에 대한 의식 변화의 가능성을 보여 주는 경향이다. 물론 실학자들의 체제 의식이 반봉건이라는 근대적 사회사상을 갖는 데까지는 이르지 않았다. 하지만 실학자들이 그러한 사고경향을 가지고 있었다는 것은 기존 체제에 대한 운명적 수긍을 거부하는 개혁적 정치 사회관을 갖고 있었던 데서 분명히 확인할 수 있다.

7. 정치 · 사회관

정치 · 사회의 측면으로 볼 때 실학자들은 그 이전의 어느 유학자들 보다 위민(爲民) · 민본(民本)의 개혁을 두드러지게 강조하였다. 지금까지 실학에는 사회과학적 경세설(經世說)만 있는 듯이 여겨진 것도 바로 이 때문이다. 실학자들의 수많은 전제개혁설(田制改革說)과 방벌(放伐) 사상의 고취 · 노비 제도의 폐지 주장 등, 이 중 어느 하나도 민본 · 위민설 아닌 것이 없다. 이런 점에서 실학의 정치, 사회사상은 곧 '민본 · 위민 사상의 극치'라 일컬어져 온다.

극도로 고양된 민본 · 위민 사상을 낼 수 있는 실천적 동력은 실학자들이 가지는 '실질 중시(實質重視)의 태도와 무관하지 않을 것이다. 예(禮)의 명분적 사고를 중심으로 한 사회적 위계질서의 고정화와 그로 말미암은 세습적 계층(신분) 의식으로, 국가의 실질적 근간인 서민(백성)을 오직 도구화로 대하였던 것이 조선후기사회이다. 이러한 현실에서 서민을 국가의 근본으로 대하는 이론적 근거와 실질적 실천방안을 담은 것이 곧 실학자들이 제시한 정치 · 사회관의 개혁적 내용이다.

실학자들의 민본 · 위민 의식이, 경제 관계에서는 토지제도의 개혁으로, 사회관계에서는 노비제도의 철폐로 절실히 표출된다. 실학자들은 무엇보다도 당시 토지 사유화의 증가에 따른 폐해를 개선하기 위해 토지제도의 개혁을 강구하였다. 유형원의 개혁의 중 사상을 이루는 것도 바로 전제개혁이었다. 그는 "토지제도가 한 번 바로잡히면 만사가 바로 될 수 있다"[52]고 하여, 그 구체적 방안으로 토지의 국유화〔公田制〕를 통한 균등한 분배를 내세운다. 이익은 균전제(均田制)

52) 柳馨遠, 『磻溪隧錄』, 권1, 「田制」.

를, 박지원은 한전제(限田制)를 주장하고, 정약용에 이르러서는 여전제(閭田制) 주장까지 나왔다.

이 사실로 실학자들의 사상이 얼마나 '농민층의 이익'을 옹호하고 대변하려는 것이었는가를 알 수 있다. 이것은 또한 조선 건국 당시에 시행된 과전법(科田法)으로 농민층에까지 토지가 분배되지 못하여 대부분이 본질적으로 소작인의 상태로 남아 있을 수밖에 없던 상황과 비교할 때, 실학자들의 개혁안에 담겨 있는 민본·위민 의식이 얼마나 한층 강화되고 진전된 것인지가 잘 드러난다.

노비제도의 철폐를 주장하는 데서 실학자의 진보성은 더욱 부각된다. 고려초기부터 노비의 재생산을 위해 세습제도가 이루어졌다고 생각되는데, 유형원이 지적했듯이, 이들의 생활은 금수의 생활에 비유될 만하였다. 조선 초기에 매매되는 노비의 값은 말〔馬〕 한 필 값만도 못하였다.[53] 유형원이 "모든 제도가 바로잡히고 폐단이 없어지려면 노비제가 반드시 폐지되어야 할 것"[54]이라고 한 데서 알 수 있듯이, 노비들에게 인간적 동등성을 인정한 이들이 바로 실학자들이었다. 유형원은 노비제의 폐지를 위한 과도적 단계로서 엄격한 종모법(從母法)의 실시, 노비신분의 세습제 폐지 등을 주장했다. 이익도 "우리나라 노비의 법은 천하고금에 없는 것이다. 한 번 노비가 되면 백 대까지도 고통을 받는다"[55]고 하면서 신분세습을 반대하였다. 유수원 역시 그 시대 경직된 신분질서 의식을 타파하고 각자가 재능에 맞는 생산활동에 참여할 것을 주장하여 부국강병의 계책을 제시하였다.[56] 정약용은 평등의식에 입각하여 인재등용에 있어 신분제한의 철폐를 주장했다.[57]

---

53) 『太祖實錄』, 권14, 태조 7년 6월 戊戌條.

54) 柳馨遠, 『磻溪隨錄』, 권26, 續篇 下.

55) 李瀷, 『星湖僿說』, 「人事門」.

56) 柳壽垣, 『迂書』 참조.

실학자들의 이러한 만민평등사상은 만물과 인간의 관계에서, 인간에 대한 판단기준으로 행해지는 만물에 대한 평가를 거부하는 자세에서도 그 근거를 찾을 수 있다. 그것은 다음에 인용되는 박지원과 홍대용의 글에서 확실하게 드러난다.

> 인간과 만물이 고루 이 기(氣)를 받아 조금도 실(實)답지 않은 적이 없으니 이는 자연의 이치의 공평함이다. 만물 속에서 인간을 본다면 인간도 만물 중의 하나일 뿐이다.[58]

> 오륜오사(五倫五事)는 인간의 예의이고, 무리 지어 다니며 으르렁거리고 먹는 것은 금수의 예의이며, 빽빽이 자라나고 사방으로 가지를 뻗치는 것은 초목의 예이다. 인간의 입장에서 타물(物)을 보면 인간이 귀하고 타물이 천하며, 타물의 입장에서 인간을 보면 타물이 귀하고 인간이 천하지만, 하늘〔天〕에서 보면 인간과 타물은 다 같다.[59]

이들은 '가치평가의 상대성'을 인지하고, '하늘' 같은 높은 평가기준으로 판단하면 '인간과 만물이 서로 무차별(無差別)'한 것임을 깨닫고 있다. 이런 평가가 바로 '만민의 평등사상'과 일맥상통하는 사고임은 말할 나위 없다.

이상의 만민평등관에 입각한 민본·위민 정신은 정약용에 이르러 '주권재민사상'으로 고양된다. 임금이 있는 것은 백성의 이익을 위하여 백성에 의해 이루어진다는 사고가 그것이다. 정약용은 임금이 있게 된 경위를 다음과 같이 설명하고, 후세법의 폐해의 근원을 지적

---

57) 丁若鏞, 『與猶堂全書』, 1집, 권10, 4~5張.

58) 朴趾源, 『燕巖集』, 권2, 「答任亨五論原道書」.

59) 洪大容, 『湛軒書』, 內集, 補遺, 권4, 「醫山問答」.

한다.

> 태고(太古) 시대에는 백성만이 있었을 뿐이니 어찌 목민관(牧民官)이 있었을 것인가? 백성이 만족스럽게 집단으로 모여 살다가 어떤 사람이 이웃사람과 결판내지 못하는 일이 생겼다. 이에 공정한 말을 잘하는 한 노인한테 가서 바로잡으니 사방에서 모두 감복하여 그를 추대하여 이정(里正)이라고 존경했다. … 여러 주(州)에서 뛰어난 한 사람을 추대하여 국군(國君)이라 하고, 여러 국(國)에서 뛰어난 한 사람을 추대하여 방백(方伯)이라 하고, 사방의 백(伯) 중에서 뛰어난 한 사람을 마루로 삼아 황왕(皇王)이라 하였으니, 황왕의 근본은 이정에서 기인한 것이다. 이정은 백성의 소망에 따라 법을 제정하여 상관에 올리니 … 법이란 모두 백성을 편하게 하려는 것이다. 그러나 후세에서는 한 사람이 스스로 황왕이 되어 … 사사로이 법을 제정하여 지시하니 그 법은 모두 임금만을 위하고 백성을 천히 여기는 것이다.[60]

무릇 임금이란 백성을 위해 있고, 백성에 의해 추대되어야 한다. 그러기에 정약용은 "백성이 추대하지 않으면 윗사람이 될 수 없다"[61]고 단언한다. 따라서 만약 관리가 백성을 위하지 않고 사사로운 일에 마음을 쓴다면 백성들은 의논하여 그 목(牧)을 갈아치울 수 있다. 그는 이렇게 민본의식을 기반으로 한 '맹자의 방벌(放伐) 사상'을 새롭게 고취하였다.

> 그러므로 오가(五家)가 〔인장(鄰長)의 정치에〕 찬동하지 않으면 오가는 의논하여 인장을 바꾸고, 오린(五鄰)이 〔이정(里正)의 정치에〕 찬동하지 않으면 이십오가(二十五家)는 의논하여 이정을 바꾼다.

---

60) 丁若鏞, 『與猶堂全書』, 1집, 권9, 31~32張.

61) 앞의 책, 권11, 24張.

> 구후팔백(九侯八伯)이 〔천자(天子)의 정치에〕 찬동하지 않으면 그들이 의논하여 천자를 바꾼다.[62]

이 맹자의 방벌사상이 곧 그 시대의 '혁명사상'임은 물론이다. 이는 국민이 통치를 선출할 권리를 갖는 만큼 그 통치자가 국민을 위하지 않을 때 통치자를 혁명을 통하여 방기하고 변경할 권리 또한 국민에게 있음을 토로한 대목이다.

이와 같은 내용이 정치 사회관에 있어 실학에서 내세울 수 있는 핵심적인 위민·민본 사상이 아닌가 한다. 왜냐하면 사농공상(士農工商)·적서(嫡庶)·양천(良賤) 등의 계층 내지 신분의 타파는 인권신장을 꾀하는 대표적 사실이고, 방벌(放伐)사상의 고취는 민의에 의한 통치자의 교체 및 선정이란 점에서 민권의 신장을 꾀하는 대표적 사실이기 때문이다. 이로써 '민본· 위민사상의 극치'가 실학에 있음이 확인된다.

이상 인권 및 민권의 신장의식이 전술한 '인간의 주체적 인격'에 대한 각성과 그 '평등의식'의 산물임은 의심의 여지가 없다. 그 시기 박지원의 『양반전(兩班傳)』이라든가 허균의 『홍길동전(洪吉童傳)』은 결코 실학자들의 우연한 작품이 아닌 듯하다. 틀림없이 이것들은 특히 인간평등 의식을 기초로 '기존 봉건체제의 해체·붕괴'에 초점을 맞추고 저작된 작품이라 보지 않을 수 없다.

민권과 인권의 신장을 의도한 실학 속의 '위민·민본의식의 극대화 경향'은 다분히 개인의 자유·평등 의식을 기저로 하는 근대사상과 유사한 경향이라 하여 과언이 아니다. 실학의 철학은 마침내 '근대사상에 견줄 의식의 변화'까지 가져온 것이다.

---

62) 상동.

8. 맺음말

실학에 내포된 기본사고의 틀은 실제성 중시를 바탕으로 한 '인식론의 경험적·실증적 특성', '자연과 인간의 분리 대립', '인간의 자율의지 확보', '도덕 윤리의 가변성의 인식', '만민평등의식', '주권재민적 민권의식'으로 요약된다. 이것은 한마디로 '경험론적 사고에 기초한 근대철학'과 유사한 것이다. 이로써 실학은 근대지향 의식을 철학 차원에서까지 싹틔운 학문임이 확인된다.

실학의 기저에 흐르는 사고는 당면한 사회의 모순과 폐해를 개선하려는 입장에서 기성의 체계에 묵수하지 않고 그것을 부정·비판하는 사고였다. 하지만 실학자들의 개혁안이나 비판의식의 실질적 내용은 어디까지나 역사적인 산물이다. 따라서 그것을 고정화하여 절대시하여서는 곤란하다. 이 점은 실학자들 사이에 사고의 차이가 있어 심지어 성리학자들의 근본철학을 크게 벗어나지 못한 예외적 경우도 있는 사실에서 입증된다. 이제까지 살핀 실학의 철학은 어디까지나 그러한 예외적 사고를 제외한 채, 성리학에 대비되는 대표적 사고만을 일반화한 것임을 간과해서는 아니 된다. 본고의 요지는 어디까지나 성리학과 성리학적 풍토에 비판적이었던 몇몇 대표적 실학자들의 사고를 추출하여 일반화·체계화할 때 이런 특징으로 파악될 수 있다는 것이다.

실학의 철학이 역사적 예지로 안출되었음을 인정한다고 하더라도, 오늘의 입장에서는 이에 대한 평가가 결코 긍정 일변도일 수만은 없다. 우리의 낙후된 근대화·현대화를 위해서는 이것이 오늘에도 계승되고 더욱 개발되어야 마땅하겠지만, 근대화가 빚은 모순과 폐단의 시정을 위해서는 오히려 새로운 비판적 검토의 대상이 될 수도 있음은 더 말할 나위 없다.

* 이 논문은 『한국사상사학』, 1집, (한국사상사학회, 1987. 11)에 발표한 것임.

근대 유학에 관한 연구
— 성리학적 기설과 실학적 기설의 차이

1

여기서 '근대(近代)'란 조선 말기인 18·19세기를 가리킨다. 특히 19세기에 역점을 두고 사용한 용어이다. 이것은 단순히 한국유학사의 관점에서 필자가 임의로 사용한 것에 지나지 않는다.

근대의 유학에 대한 이제까지의 통념은 상당히 부정적인 것이었다. 그 이유는 단순하지 않겠지만, 유학이 망국(亡國)으로 통칭되는 역사의 단절을 가져왔다는 것이 가장 큰 이유가 아닌가 한다. 따라서 이 부정적 통념에는 역사의 단절에 대한 자학적 감정이 적지 않게 작용하였다.

이러한 부정적 통념은 냉철하고 신중한 재고를 요한다. 물론 감정의 차원을 넘어서 평가될 때라 해서, 근대 유학이 장점만 가진다고 주장될 수는 없다. 과거 동양적 봉건사회를 뒷받침한 사상이 바로 근대 유학이므로, 그것은 분명히 낡은 전근대적 사상으로서의 단점을 상당히 가지고 있다고 할 수 있다.

그렇다고 거기에 단점만 있을 뿐, 장점이 전혀 없다고 단정할 수도 없을 것이다. 무릇 어느 한 측면으로나 무의미·무가치하기만 한 사상은 있을 수 없기 때문이다. 더욱이 조선조의 유학은 당시 관학(官學)으로서의 통치이념이었다. 그러므로 전근대적 요소가 많을지라도, 한 시대를 이끌어 온 사상으로서 거기에 아무런 지혜가 없을 수 없다. 시대를 이끈 지혜로서 사상적 기능을 근대유학이 어떻게·얼마나 발휘하였는지 밝혀보려는 것이 본고의 목적이다.

돌이켜 보면, 당시는 천주교, 이양선(異樣船) 등 구미문물의 충격을 비롯하여, 열국과의 수교 개항에 이르는 격동기였다. 이러한 격동기를 맞아 통치이념의 위치에서 그 현실을 결코 외면할 수 없었던 사상이 바로 근대의 유학이다. 당시의 유학이야말로 충격적으로 급변하는 상황에서 어느 시대의 어느 사상 못지않게 시대적 갈등과 고민을 겪은 사상이라 보아야 한다. 그런 만큼 당시 그 유학계의 갈등과 고민의 실상에 대한 면밀한 검토는 충분히 가치 있는 일인 것이다. 오늘날까지도 유학이 우리 생활을 여러모로 제약하고 있음을 고려할 때 더욱 그렇다.

조선말기 유학의 유파로서 대표적인 학파는 성리학과 실학이 있다. 한 시대에 이와 같이 두 가지 유학사상이 있었다는 사실 자체가 유학계의 갈등을 의미한다고 볼 수 있다. 그렇다면 두 유학은 어떤 점에서 서로 다른 사조를 이루었을까? 두 유파를 구별케 하는 사상적 구분점은 무엇이겠는가? 이것은 아직도 우리 학계의 의문으로 남아 있는 문제다. 성리학과 실학의 사상적 구분점의 해명에서, 우리는 당시 유학이 발휘하는 시대적 기능의 근원적 실상을 볼 수 있겠고 그것이 오늘의 우리에게 주는 사상사적 교훈도 읽을 수 있을 것이다.

2

근대 유학계의 유파는 더 세분하면 세 파(派)라 할 수 있다. ① 정주계 성리학파(程朱系 性理學派), ② 육왕계 심학파(陸王系 心學派), ③ 실학파(實學派, 後期實學)가 그것이다.

그러나 이 중 육왕계 심학파는 학자의 수나 학문 업적, 즉 질(質)·양(量) 어느 모로 보나 미약하기 그지없는 것이다. 그 미약함이란 이 파에 대한 특별한 소개를 필요로 하지 않는 한, 그 존재를 일단 도외시하더라도 무방할 정도이다. 따라서 대체적 파악을 시도하는 경우, 당시 유학계의 유파는 정주계 성리학파(성리학파라 약칭하겠음)와 실학파로 되어 있었다고 할 수 있다. 서두에서 말한 그대로, 당시 유학계는 성리학과 실학이 유파적 판도를 대표한다.

그러나 이 두 파를 서로 이질적 유파로 대조시키는 데에는 문제가 없지 않다. 이 두 유파가 어느 모로나 대등하지는 않기 때문이다. 주지하는 대로, 성리학파는 여말(麗末)이래의 역사를 갖는 데다 특히 조선조 창업 이후 당시까지 통치이념의 위치에 있던 유학(儒學) 계열인 데 비하여, 실학파는 16세기 말 이후에 발흥한 일종의 재야적 입장의 유학 계열에 지나지 않는다. 두 유파의 형성 자체가 이 같이 수세기의 차이를 가질 뿐 아니라, 일종의 여야적(與野的) 성격을 지녔던 때문에, 두 유파의 수량적 실제적 세력은 서로 비교되지 않을 정도로 전자가 우세하였다. 실학은 역사가 짧은 데다 그 사상이 한 번도 정치적으로 구현될 기회를 갖지 못하였고, 그런 까닭에 19세기에 이르러서는 유파적 구조에 있어 급격히 쇠퇴해진 처지였다.

당시의 저명한 학자를 상기해 보더라도 이 점은 분명하다. 성리학계에는 임성주〔鹿門 任聖周, 1711~1788〕, 기정진〔蘆沙 奇正鎭, 1798~1879〕, 이항로〔華西 李恒老, 1792~1868〕, 이진상〔寒洲 李震相, 1818~

1885〕과 이들의 뒤를 잇는 김평묵〔重菴 金平默, 1819~1888〕, 유중교〔省齋 柳重敎, 1821~1893〕, 최익현〔勉菴 崔益鉉, 1833~1906〕 등 당대를 주름잡던 기라성 같은 학자들이 있었다. 하지만 실학계에는 겨우 홍대용(洪大容), 박지원(朴趾源), 정약용(丁若鏞), 김정희(金正喜), 이규경(李圭景), 최한기(崔漢綺) 정도에 지나지 않았다. 그러므로 실학은 유파의 규모나 크기로는 성리학의 그것에 비견되지 않았다. 다만 질(質)로서의 학문 내지 사상 내용의 차이가 서로 대조적이었던 점에서 일단 대비될 수 있을 따름이다.

성리학과 실학사상의 대조적 차이를 찾자면 무엇보다도 우선 이 두 파에서 당시 현실상황에 대하여 가지고 있던 '현실관'부터 살펴야 할 것이다. 이제 성리학과 실학에서 당시 현실상황을 어떻게 파악하였고, 또 어떻게 대응하려 하였는가 하는 실천사상으로서의 현실관부터 알아보기로 한다. 성리학자들의 현실관은 기정진, 이항로에게서 대표적으로 드러난다.

기정진은 「병인소(丙寅疏)」를 통하여, 당시 시무책(時務策)을 다음과 같이 지적한다.[1] 첫째, 외침(外侵)에 의한 민심의 동요를 막고 민심의 귀일(歸一)을 기하기 위하여 먼저 묘산(妙算; 조정의 대책)을 정할 것, 둘째, 사회〔辭會; 외인(外人)에 대한 답어(答語)〕를 선수(先修)하였다가 연해(沿海)의 관원들로 하여금 가지고 있도록 할 것, 셋째, 외침을 예상하여 (지세를 이용할 수 있도록) 지형〔水陸〕을 심찰(審察)하여 둘 것, 넷째, 군부(軍簿)와 병기(兵器)를 재정리하여 연병(練兵)을 기할 것, 다섯째, 천하에 불필요한 사람이 없듯이 이용하지 못할 방책은 없는 법이므로, 구언(求言)하여 이용할 방책을 널리 수집할 것, 여섯째, 기강확립에 의한 결인심(結人心)으로 요약될 내정(內政)의 개혁을 서둘러 외양(外攘)의 토대〔本〕를 이룩할 것 등이다.

---

1) 奇正鎭, 『蘆沙集』, 권3, 「丙寅疏」.

이 여섯 가지가 외침에 대한 기정진의 구상으로서, 당시 조정에서 채택하여 시행토록 추구해 마지않은 그의 상소문의 내용이다. 이로 보면 당시 위기의식을 자아내는 시대적 충격이 주로 외세의 침입이었던 만큼, 그의 현실에 대한 관심도 특히 대외에 관한 것이 전부임에 주목케 된다. 이것이 그의 현실관의 한 특징이다.

이항로의 경우에는 외세 대응책이 보다 더 구체적이고 더 심층적이다. 그는 우선 구미문화가 이질적인 것임에 유의한다. 다음 글이 그의 그러한 것이다.

> 서학(西學)의 모든 이론 전말을 살펴보니 그들은 태극이 만물의 근본 바탕임을 알지 못하고 도리어 형상으로 있는 것을 받들면서 그것이 천지를 만들어낸 것으로 안다. 간이(簡易)한 것을 좋아하고 이(利)를 기쁘게 생각하는 마음으로 인간의 윤리를 끊어버리고 예절을 떨쳐버리는 것이 모두 여기에 근본을 두는 것일 따름이다.[2)]

이를 요약하면, 천주(天主)라든가 재화(財貨)로 통하는 이(利)만 아는 반면, 태극의 리(理)와 그로부터 연유되는 인륜·예절을 모를 뿐만 아니라 파괴하는 것이 구미인이요 구미문화라는 뜻이다. 인륜을 멸절한다는 점에서 그는 서양인을 야만〔夷狄〕시함은 물론, 심지어 "금수보다도 나을 것이 없다"[3)] 고 극언한다. 이러한 근거에서 이항로는 구미인들이 천주교〔西學〕 등을 앞세워 접근하는 것을 문화의 파괴, 인(人)·물(物)의 약탈, 강토의 정복을 위한 야욕으로 파악한다. 그의 말을 빌리면,

> 양이(洋夷)가 우리나라에 몰래 들어와 사학(邪學)을 널리 펴는 것

2) 李恒老, 『華西集』, 권10, 「與朴善卿」.

3) 앞의 책, 附錄, 권2, 「語錄 金平默錄二」.

> 이 어찌 딴 목적이 있겠는가? 그것은 그렇게 함으로써 자기네 도당을 심어놓고 안팎으로 상응하여 우리의 허실을 살핀 다음, 군대를 몰고 쳐들어와 우리의 문화제도를 더럽히고 우리의 재산과 인(人)·물(物)을 빼앗음으로써 우리의 산천을 차지할 욕심을 채우려는 것이다.[4]

라고 한다. 이것이 그의 이른바 양화론(洋禍論)이다.

여기서 양화(洋禍)에 대처하기 위한 여러 가지 대응책이 마련된다. 이항로는 그 대응책으로서 '양학(洋學) 사학(邪學)의 금단'이라든가, '양물(洋物)의 근절'을 드는 동시에 '무비(武備)·대전(對戰)'을 역설한다.[5] 이 중 무비·대전이 가장 적극적인 대응책임은 물론이다. 그 예문이 다음 글이다.

> 양적(洋賊)과 싸워야 한다는 것은 우리나라 편에 선 사람들의 주장이고 서양과 화친함이 옳다는 것은 적의 편에 선 사람들의 주장이다.[6]

이 글에서 우리는 대원군의 척화비문(斥和碑文)을 연상케 될 것이다. 이것은 사실 문의(文意)에 있어 그것과 조금도 다르지 않다.

이와 같이 살피면, 기정진과 이항로의 대외 대응책은 '척사(斥邪)·위정(衛正)'인 점에서 서로 일치한다. 이들은 다 같이 성리학에 입각〔衛正〕하여 천주교〔西學〕를 배척〔斥邪〕하고, 개항(開港) 내지 통상(通商)을 반대하는 쇄국정책(鎖國政策)을 주장하면서 주전론(主戰論)을 펼쳤다. 쇄국과 주전을 역설함으로써 이들의 사고는 보수적이었

4) 앞의 책, 권3, 「辭同義禁疏」.

5) 앞의 책, 권3, 「辭同副承旨兼陳所懷疏」.

6) 상동.

다고 평가될 수 있다. 이들 사고의 보수성은 특히 이항로가 만동묘(萬東廟)의 원상복구를 통한 존화양이(尊華攘夷)를 고취하는 데서 더욱 두드러진다. 이 '척사 · 위정'의 정신은 김평묵(金平默), 유중교(柳重教), 최익현(崔益鉉) 등에 의해 그대로 계승되는 것이기도 하다.

3

실학파의 경우는 이와 매우 다르다. 중국 중심의 화이관(華夷觀)이 실학에서는 이미 18세기에 청을 통한 구미의 과학기술, 이른바 '북학(北學)'의 영향을 받으면서 탈각된다. 특히 홍대용(洪大容)의 사고가 그 좋은 예이다. 그는 지구의 구형설(球形說)과 자전설(自轉說)에 착안하여, 지구상에는 어느 특정 국가가 그 중심이 될 수 없다는 의미에서, 종래의 화이양이관(華夷洋夷觀)을 배격하였다.

> 가령 공자(孔子)가 바다 건너 구이(九夷)에 살았더라면, 하(夏)의 법속(法俗)으로 이(夷)의 법속을 변화시키고 역외(域外, 夷)에 주도(周道)를 일으켰을 것이다. 그랬더라면 내외(內外, 華夷)의 분별과 존양(尊攘)의 의리(義理) 또한 절로 역외의 『춘추(春秋)』를 있게 하였을 것이다.[7]

이것은 바로 어느 특정한 국가만이 지구의 중심으로 고정화될 수 없기 때문에, 반대로 어느 국가나 다 자기중심적인 관점의 설정이 가능함을 전제한 것이다. 따라서 이것은 종래의 화이관을 뒷받침한 중국 중심의 세계관을 벗어나 하루 속히 한국중심의 자주적 세계관이 정립되어야 할 것을 촉구한 내용이다.

정약용(丁若鏞)에 이르면, 실학의 지성은 기술문명의 가치에 대한 인식에까지 드높아짐을 본다.

> 그러므로 사람이 모일수록 그 기예(技藝)는 정(精)해지며, 시대가 지날수록 그 기예가 교묘해지는 것이다.[8]

---

7) 洪大容, 『湛軒書』, 內集, 권4, 「醫山問答」.

참으로 우수한 기술방법을 습득하여 힘써 행하면, 나라는 부유해지고 군대는 강해질 것이며, 백성의 생활이 윤택하여지고 건강도 증진될 것이다.[9]

이용후생(利用厚生)에 필수적인 백공기예(百工技藝)로 말하면, 최근에 나온 기예를 (외국·중국에) 가서 배워오지 않고서는 몽매함과 고루함을 타파하여 편리와 혜택을 가져올 수 없을 것이다.[10]

정약용에 의하면, 물량적 기술·과학은 날로 진보하는 것으로서, 부국강병·이민(利民)의 토대가 되므로 결코 경홀시할 것이 아니다. 기술·과학은 이용후생에 필수적인 만큼, 오히려 날로 새롭게 진보하는 그것을 습득하도록 힘써야 한다. 한마디로, 물량적 문명의 진보를 전제한 기술·과학의 중시론이 이 글의 요지이다.

최한기(崔漢綺)는 바로 이러한 문명 진보관 위에서 보다 적극적인 문호개방설을 편다. 다음 예문이 그것이다.

대개 옛날에 밝혀지지 않았던 것으로 후대에 와서 점차 밝혀지는 것이 있으니 역산(曆算)·물리(物理) 같은 것이 그렇고, 옛날에 이미 밝혀져 후대에 몽매함을 반성케 해주는 것이 있으니 상도(常道)·중도(中道)가 그것이다.[11]

우리가 자육(資育)하고 수용(須用)하는 것이 금일(今日)에 있지 왕고(往古)에 있지 않다. 고(古)를 버릴지언정 금(今)을 버릴 수는 없다.[12]

---

8) 丁若鏞, 『與猶堂全書』, 1집, 「技藝論」一.
9) 앞의 책, 「技藝論」二.
10) 앞의 책, 「技藝論」三.
11) 崔漢綺, 『推測錄』, 권6.

> 바다로 선박이 두루 오가고 서적이 서로 번역되고, 이목(耳目)으로 견문이 전달된다. 법제의 선용, 기기의 이용, 토산(土産)의 양호함이 참으로 우리보다 나은 것이 있다. 나라의 앞길을 위하여 진실로 취용(取用)함이 마땅할 것이다. … 필경 이김〔勝〕과 출(絀)함이 풍속(風俗)·예교(禮敎)에 있지 않다. 오직 실용(實用)에 힘쓰는 자에 이김이 있을 뿐이다. … 그러므로 서교(西敎)가 천(天)에 만연함을 걱정해야 하는 것이 아니라, 실용을 다하여 취용하지 못함을 걱정해야 한다.[13]

이것은 구미의 물산(物産)에 우리 것보다 나은 장점이 있음을 알아야 하며, 그 점을 알게 된다면 그것을 받아 실용(實用)해야 한다는 주장이다. 실용의 관점에서 문호를 개방하자는 것이고, 그런 만큼 그의 이 개방적 대서구관(對西歐觀)도 성리학자들 못지않게 주체적이다. 서학과 대비되는 중도(中道)·상도(常道)만은 보존되어야 할 것으로 보는 점도 그들과 마찬가지다. 진보관을 바탕으로 실용을 위한 문호개방을 역설하는 것만으로도, 그의 대외적 현실관은 단연 시대를 앞서가는 전진적 사고임에 틀림없다. 뒷날 개화파가 이들 실학파의 정신을 잇는 사실이 결코 우연이 아님을 알 수 있다.

이렇게 살피면, 성리학파의 현실관은 '위정·척사'의 구호 및 '쇄국'의 시책으로 드러나는 '국권수호적 보수'였던 데 비하여, 실학파의 현실관은 개항·동서교역의 구상으로 드러나는 '진보적 개혁'이었음이 분명하다.

---

12) 崔漢綺, 『人政』, 권11.

13) 崔漢綺, 『推測錄』, 권6.

4

두 학파 사이에 현실관의 차이가 있게 된 원인은 무엇일까? 그 원인은 근본적으로 성리학자들이 전통적 유교 윤리질서의 절대적 신념을 바탕으로 구미인〔경우에 따라서는 왜국인(倭國人)을 포함하여〕을 오랑캐 또는 금수시(禽獸視)한 데 비하여, 실학자들은 천주교 및 '북학'의 통로를 통한 구미문물과 구미인에 대한 상당한 이해〔知識〕가 있었던 때문이다. 그 점은 당시 성리학자들이 정주학으로서의 인물성동이론(人物性同異論)의 깊은 천착에 매몰되었던 데 비하여, 실학자들이 정주학적 성리설을 주체적으로 벗어나는 한편 정약용에서 보듯이 천주교의 영향도 상당히 받은 대조적 현상이 잘 입증한다.

그 밖에 필자의 생각으로는 보다 더 깊은 원인이 있을 수 있고, 그것을 이들 두 파의 철학〔形而上學的〕의 차이에서 찾을 수 있지 않을까 한다. 철학자의 경우 철학적 사고방식과 현실관은 대체로 표리일체(表裏一體)의 관계에 있는데, 위에서 살핀 학자들은 (성리학자이든 실학자이든) 언행일치(言行一致)·지행병진(知行竝進)을 표방하는 유학을 익힌 당대의 대표적 철학자들이기 때문이다.

이들 두 파의 철학(형이상학)은 물론 이들의 리기론이다. 따라서 이들에게 리기론적 사고방식의 차이가 있었다면, 그것은 결국 이들 현실관의 차이를 초래한 보다 근본적인 원인으로 간주될 수 있다. 우리는 이런 뜻에서 이제 이들의 리기론의 차이를 살펴야겠다.

리기론적 차이의 가장 대표적인 것은 리에 치중하거나 기에 치중하는 주리·주기의 차이라 할 수 있다. 주리·주기의 차이를 구별할 때 언제나 문제되는 것은 그 구별의 기준이 명시되지 않는 것이다. 그러나 따지고 보면 그 기준이 상정되기 어려운 것도 아니다. 필자의 생각으로는, 그것은 바로 리를 실재시하느냐 안 하느냐에 달렸다고 생각된다. 다시 말하여, 리를 기생성(氣生成)에 선행하는 그 (기생성의) 원인, 곧 '주재자(主宰者)'로서의 '소이연(所以然)'으로 생각할 경우는 리우위론인 주리의 사고에 속하며, 반대로 리를 항존하는 기의 작위에서 발견되는 '질서'·'조리'·'리법'에 불과한 것으로 생각할 경우에는 주기에 속하는 사고라 할 수 있다. 그러므로 논자는 이러한 주리·주기의 기준을 가지고 성리학파와 실학파의 리기론을 살피기로 한다.

먼저 성리학파의 리기론을 살피자. 성리학파의 리기론으로서 정통설로 간주되는 이항로의 리기론부터 보면, 그것은 얼핏 보아서는 주리·주기의 구분이 명확치 않다. 특히 그가 주희의 이론에 따라 리기를 확연한 '이물(二物, 決是二物)'[14]로 간주하는 견해가 그렇다. 더욱이 사단칠정의 해석에 있어,

> 퇴계의 분대(分對)와 율곡의 합간(合看)은 각기 발명함이 있다.[15]

고, 양 설에 다 일리 있음을 인정한다든지, 사단칠정을 인심도심(人心道心)에 분속시키는 이황(李滉)의 태도에 대하여 "종사미안(終似未安)"[16]이라 하면서 이이(李珥)의 태도를 지지하는 것에 이르면, 더욱 불분명해진다. 그의 모호성은 '인물성동이(人物性同異)'를 따지는 호락논변(湖洛論辯)에 대한 견해에서도 마찬가지이다. 그의 경향의 불투명으로 인하여 혹자는 그의 철학설을 '절충론'이라고도 한다.[17]

그러나 리기를 '결시이물(決是二物)'로 보는 주장부터가 리를 실재시하는 것이다. 여기에 벌써 그의 주리적 사고가 자리한 셈이다. 그

---

14) 李恒老, 『華西雅言』, 권1, 「理氣」.

15) 상동.

16) 상동.

17) 배종호, 『한국유학사』, 287쪽.

렇기 때문에 그는 실제로 '리기유선후(理氣有先後, 理先氣後)'이며, '리수기역(理帥氣役)'이라 한다. 그는 리기를 '주객(主客)'의 관계라 하면서,[18] 또 바꿔 말해 리가 '존(尊)'한 데 반하여 기는 '비(卑)'하며, 리가 명령하는 데 반하여 기는 명령을 받는 것이라 한다. 이른바 '명물이불명어물(命物而不命於物)'인 것이 리라는 사유를 그는 견지한다.[19] 이 같은 주장에서 이항로의 주리 경향은 더없이 분명해진다.

이진상(李震相)은 유치명〔定齋 柳致明, 1777~1861〕의 리활물설(理活物說)을 계승함으로써 한층 더 명확한 주리설을 편다. 그의 다음 성정설(性情說)이 그 한 증거이다.

> 성(性)이 발하여 정(情)이 되지만, 다만 일리(一理) 뿐이다. 비유하면 이것은 마치 주인이 나가면 객이 되지만 다만 한 사람일 뿐인 것과 같다. 진실로 성정의 실상을 탐구하면 리발(理發)만 있고 기발(氣發)은 없다.[20]

사람들은 성정을 구분하여 '미발지리(未發之理)'이니 '이발지정(已發之情)'이라 하지만, 정이 성의 발출에 지나지 않는 이상, 다 같이 하나의 리일 따름이라는 것이 그의 주장이다. 따라서 그로서는 정〔四端·七情〕을 놓고 리발이니 기발이니 하지만, 오직 리발이라 할 수 있을 뿐 기발이라고는 말할 수 없다. 그의 이러한 주장이 곧 '리발일도설(理發一途說)'로 표현된다. 물론 리발만 주장한다고 해서 이진상이 기를 완전히 간과하지는 않는다. 모든 기의 존재나 작용을 그는 일단 인정한다. 그러나 그러한 기는 리와 비교할 때, 리가 '본(本)'과 '주(主)'인 데 반하여 '말(末)'과 '자(資, 客)'의 관계에 있을 따름이어

---

18) 李恒老, 『華西雅言』, 권1, 「理氣」.

19) 상동.

20) 李震相, 『寒洲集』, 권37, 「四七源委說」.

서 오직 '리발'만을 말할 수 있다는 주장을 그는 낸다.

> 사단칠정의 실(實)이 다 리발이면 리는 과연 기 없이 스스로 발하는가? 왈(曰) 리와 기는 원래 서로 분리되지 않으므로, 비록 리발이라 해도 리가 사실은 기를 타고 발한다. 다만 리는 본이고 기는 말이며, 리가 주(主)이고 기가 자(資)이므로 기발을 혼합하여 말해서는 안 된다.[21]

'리본기말(理本氣末)'·'리주기자(理主氣資)'로 보는 주리적 편향의 강도로 해서, 그는 주기설을 아예 배척해 마지않아야 할 '이단설'이라 역설한다.

기정진에게서 주리설은 실로 극치에 이른다고 하여도 무방하다. 그의 리기론은 어느 누구의 것보다 리에 치중하는 것이다. 그것은 주리설이라 하기보다 유리설(唯理說)이라 함이 더 적절할 정도이다. 그 역시 리기를 '주복(主僕)'의 관계로 보아,

> 기의 발행(發行)이 실은 리에게서 명(命)을 받는 것이니, 명자(命者)는 주(主)가 되고 수명자(受命者)는 복(僕)이 된다.[22]

고 한다. 이 점은 이진상의 견해와 비슷하지만, 그에 있어 기는 거의 인정받지 못하는 점이 서로 다르다. 다음 글을 보자.

> 기를 리와 대거(對擧)하여 리기라 부르는 것은 어느 때 시작된 것인가? 나의 생각으로는 이는 반드시 성현의 말씀이 아니다. 어찌 이렇게 말할까? 리의 존(尊)은 대(對)가 없으니, 기가 어찌 이와 대우

---

21) 상동.
22) 奇正鎭, 『蘆沙集』, 권12, 「猥濫」.

(對偶) 할 수 있는가? 그 원활함이 대(對)가 없으니, 기는 또한 리중사(理中事)이고, 곧 이 리가 유행(流行)하는 수각(手脚)이다.[23]

이렇게 '기역리중사(氣亦理中事)'라 하면서, 기를 리와 대칭될 수 없는 것으로 보는 사고가 바로 그의 주리 사고다.

기를 리와 대칭될 수 없는 것으로 보는 만큼, 기정진은 그 기의 표현까지 바꾼다. 그는 '기(氣)'의 표현을 없애고 대신 그것을 '분(分)'으로 나타낸다. 그 분(分)도 그의 견해로는 '리일중세조리(理一中細條理)'이다.

리와 분(分)은 층절(層節)이 있을 수 없다. 분은 리의 대(對)가 아니다.[24]

기정진에서 기란 리일중(理一中)의 세조리(細條理)이므로, 리와 더불어 층절이나 대립을 이루지 못함을 이렇게 리와 분의 '층절없음'에 인하는 것으로 그는 설명한다.

이러한 전제를 앞세우므로, 기정진은 우주 전체에 대하여서도 하나의 리로 설명한다.

분수(分殊)라는 두 자는 곧 일(一)에 대한 것이지만, 리는 만수(萬殊)를 포함한다. 그러므로 일이라 하는 것이니, 실은 일물(一物)이라 하는 것과 같다.[25]

이것은 바로 정주로부터 말하여진 '리일분수' 이론의 구체적 설명

23) 상동.
24) 앞의 책, 권12, 「雜著・納涼私議」.
25) 상동.

이다. 인간을 포함한 모든 개체가 근본적으로 '태극'이라는 하나의 리로 말미암아 있게 된 이상, 비록 그 개체들이 현상적으로는 다양한 기로 존재한다고 하더라도 한 리의 분화(分化, 分殊)에 지나지 않는다는 내용이다. 따라서 개체의 측면에서 보면 각 개체는 '분화된 리'지만, 전체 또는 본원의 측면에서 보면 모든 것이 '하나의 리〔理一〕'이다. 이는 기정진의 경우 주리의 경향이 마침내 철저한 리일원론(理一元論)을 구축함을 의미한다. 그의 리기설이 이토록 유리론(唯理論)의 색채를 띠는 까닭에 사단칠정이라든가 인물성에 대한 종래의 주리적 이론마저 그에게서 또 다시 수정되었다.

이상과 같이 살피면,[26] 이제 조선말기(18~19세기) 성리학파의 리기설이 지닌 특징이 '주리'의 경향임은 절로 분명하여졌다. 기정진에 이르러 유리(唯理)로 편향된 정도의 주리 경향이 조선 말기 성리학파의 리기론이 지닌 특징이다. 이미 정주·이황이 이룩한 리기론의 경향이 주리였음을 상기하면, 이것은 조금도 이상할 것이 없는 현상이다. 오히려 당시 관학으로서의 성리설이 지녀야 할 당연한 특징이라 보아야 할 것이다.

---

26) 이 외의 리기설, 즉 주기설에 대한 고찰은 이 뒤에서 언급하겠다.

5

실학파의 리기론적 특징에 대해서는 이미 필자가 다른 자리에서 밝혔지만,[27] 본고의 편의상 되풀이하여 살피기로 한다. 특히 조선 말기의 실학자로서 리기설을 남긴 학자라면, 홍대용(洪大容), 박지원(朴趾源), 박제가(朴齊家), 정약용(丁若鏞), 최한기(崔漢綺) 정도이다.

홍대용부터 살피면, 그의 리기설의 영향(특징)은 비교적 쉽게 알아볼 수 있다.

> 무릇 리를 말하는 사람은 반드시 '형(形)'이 없이 리가 있다고 한다. 이미 없다면서도 있다는 것은 무엇인가? … 이른바 리란 기가 선하면 선이고 기가 악하면 또한 악이니, 이는 리의 주재함이 없이 기의 작위에 따를 뿐이다. 만일 리가 본래 선한 것이고, 악은 기질에 구애된 것으로서 그 (리의) 본체가 아니라고 한다면, 이 리는 이미 만화(萬化)의 근본일 것이다. (그렇다면) 어찌하여 기로 하여금 순선(純善)하게 하지 않고, 이 박탁(駁濁)·괴려(乖戾)한 기를 낳아 천하를 어지럽게 하는가? 이미 선의 근본이 되면서 또 악의 근본도 된다면 이는 (리가) 물(物)에 따라 변천하는 것으로서, 전혀 주재함이 없는 것이다.[28]

그에 의하면 기가 때때로 악의 현상을 낳는 것을 리가 막지 못함은 곧 리가 기에 의해 주재역할을 못함을 의미한다. 따라서 리는 기작용에 있어 그 배후의 원인으로서의 주재자라 할 수 없다. 이런 점에서

27) 윤사순, 「실학사상의 철학적 성격」, 『한국유학논구』(현암사, 1980).
28) 洪大容, 『湛軒集』, 內集, 권1, 「心性問」.

그 리가 '형상 없이 존재한다'는 것은 무의미하다. 홍대용은 이렇게 리의 실재성을 부정한다. 결국 그에 있어 리는 기작용에 따라 말해지는 기현상의 '조리' 또는 '질서'로서의 법칙에 지나지 않는다. 리의 실재성과 주재성이 부인된 채, 다만 기현상에 종속된 법칙성의 의미만을 리에 인정하는 점에서 그의 리기설은 '주기'에 속하는 것임이 분명하다.

박지원과 박제가의 리기설은 이들의 오행설에 의하여 그 경향이 포착될 수 있다. 다음의 글이 그것이다.

> 무릇 오행(五行)이란 하늘이 준 것이며, 땅이 함축한 것으로, 인간이 얻어 쓰는 것이다. … 쇠와 돌이 서로 치거나, 기름과 물이 서로 배척〔盪〕하는 것도 불을 낼 수 있고, 번개로도 불이 나며, 황충(蝗虫)도 묻히면 불꽃이 되니, 불이 나무에서만 나오는 것이 아님이 분명하다. 그러므로 상생(相生)이란 서로 자모(子母)의 관계가 아니라, 상자(相資)하여 생기는 것이다.29)

> 기자(箕子)의 홍범(洪範)에 이르길 "그 오행을 골진(汨陳)하였다"고 하였다. 오행이란 사람〔民〕이 자질로 삼아 생하게 되고 날로 이용함에 빠뜨릴 수 없는 것이다. 그런 까닭에 수화금목토곡(水火金木土穀)을 육부(六府)라 한다. 오행의 골진이 곧 육부의 다스리지 못함〔不修〕이다. …
>
> 지금 천 리되는 긴 강이 있으나, 물문〔閘〕으로써 곡식을 가는 곳이 하나도 없으니 수리(水利)가 행하여지지 않는 것이다. 석탄(石炭)의 강로(鋼鑪)를 만들지 못하여 영해(寧海)의 동주(銅鑄)를 녹이지 못하므로, 화(火)가 화의 구실을 못하고 쇠〔金〕가 쇠의 구실을 못한다. ……30)

---

29) 朴趾源, 『燕巖集』, 권2, 「答任亨五論原道書」.

30) 朴齊家, 『北學議』, 外編, 「五行汨陳之義」.

앞의 인용문이 박지원의 오행설이고, 뒤 인용문이 박제가의 오행설이다. 오행이 예로부터 만물을 이루는 다섯 가지 요소로서 넓은 의미의 '기'라고 생각되어온 것임은 물론이다. 이 두 학자가 오행설에 큰 관심을 쏟고 있는 사실 자체가 곧 기의 세계에 치중하는 이들의 '주기적 경향'을 드러내는 증거라 할 수 있다.

더욱이 이들은 다 같이 오행을 막연한 음양이나 고식적인 다섯 가지 요소로 받아들이길 거부한다. 이들이 거론하는 오행이란 구체적인 쇠붙이나 수차를 돌리는 강물이다. 생활 속에서 구체적으로 이용되는 사물이며 활용될 일용품으로 인식되는 것이 이들의 오행이다. 이런 점에서 박지원은 과거의 오행설로 논의되던 그 상생설을 비판하며, 박제가는 보다 더 적극적인 활용을 촉구하고 있다. 이들의 오행 개념에는 이제 우주 구성요소로서의 형이상학적 의미는 거의 소실되었다. 오행을 이들이 필수적인 생활용품으로 인식하는 이 점이야말로 이들의 학문정신이 얼마나 실제적이고 실용적이며 실증적인 동시에 어느 정도는 상식적이기도 한가 잘 알려주는 것이다. 오행의 기에 치중하는 이들의 주기 경향은 실상 고식적인 리기설의 한계를 넘어서는 '주기의 경향'이다.

정약용(丁若鏞)의 리기설이 지니고 있는 특징(경향)은 그의 성설(性說)에서 단적으로 드러난다.

> 성(性)이란 기호(嗜好)이다. 육체〔形軀〕의 기호가 있는가 하면, 심지(心知, 靈知)의 기호가 있는, 이것을 성이라 한다.[31]

> 기질(氣質)의 성은 인간과 사물이 (그것을) 동득(同得)하였음이 분명하지만 선유(先儒)들은 그것을 각수(各殊)라 하고, 도의(道義)의 성은 우리 인간만이 가지고 있음이 분명하지만 선유들은 그것을 동

31) 丁若鏞, 『與猶堂全書』, 1집, 권16, 「自撰墓誌銘」.

> 득이라 하는데, 이것이 나의 깊이 의심되는 점이다.[32]

성이 하나의 기호에 불과하다는 것은 바꿔 말해 그것을 하나의 '경향' 또는 '소질'로 생각하는 데 그치는 것이다. 이것은 리로서의 성이 지닌 실재성을 부정하는 견해다. 리의 실재성을 부정하는 여기에 그의 주기적 경향이 자리한다. 원래 주희나 이황 등의 주리설에 있어서는, 인의예지와 같은 도의의 성, 즉 '본연의 성'은 인물동득(人物同得)이고, 식색(食色) 등 육신으로 인하여 생기는 본능적 욕구인 '기질의 성'은 인물각수(人物各殊)라 하게 된다. 그들은 리의 실재성을 전제로 본연의 성을 인간과 사물에 공존·편재(遍在)하는 리로 보고, 기질의 성을 각 기질의 차이에 따라 달리 편재(偏在)하는 리로 보기 때문이다.

그러나 정약용은 리의 실재성을 부정하는 만큼, 오히려 본연〔道義〕의 성은 인간에만 있는 반면, 기질의 성은 인간과 사물에 다 있다고 한다. 그가 이렇게 주희 등의 성설을 뒤집어 반대로 주장하는 데서 그의 리기설이 지닌 주기의 경향이 확인된다.

최한기(崔漢綺)의 리기설처럼 그 경향이 선명한 경우도 흔치 않다. 그의 리기설은 주리·주기가 어떤 것인가에 대한 자각으로부터 출발하여, 그것에 대한 자신의 견해를 지극히 적나라하게 표명하기 때문이다.

> 촉중(燭中)에 조물(照物)의 리가 본래 있다는 것이 주리자(主理者)의 말이고, 화명(火明)이 곧 조물의 기라는 것이 주기자(主氣者)의 말인데, 주리는 허영(虛影)을 추측하는 것이고, 주기는 실천(실제사실)을 추측하는 것이다.[33]

---

32) 앞의 책, 2집, 권6, 「孟子要義」.

33) 崔漢綺, 『推測錄』, 권2.

> 리는 기의 조리이니, 기가 있으면 반드시 리도 있고 기가 없으면 반드시 리도 없다. … 리는 기보다 앞서지도 뒤지지도 않으니, 이것이 곧 천지유행(天地流行)의 리이다.[34]

> 진실로 기를 밝히면 리가 그 가운데 저절로 있지만, 먼저 리를 궁구하는 데 힘쓰면 기가 도리어 은폐하여 준칙을 삼을 것이 없게 된다.[35]

최한기는 리를 어디까지나 기 가운데 있는 기의 조리라 생각하는 만큼, 기를 떠난 다른 곳에서 리를 찾으려 하지 않는다. 그는 촉화의 예에서 보듯이, 주기의 태도로 사물을 고찰하는 것이 실제 사실〔實踐〕을 인식〔推測〕하는 길인 반면, 주리의 태도로 고찰하는 것은 한낱 허영(虛影)을 인식하는 길에 지나지 않는다고 한다. 리기에 있어 주기의 경향이 이보다 더 선명할 수 없다고 해도 과언이 아니다. 이런 점에서 그의 리기설은 간혹 유기설(唯氣說)이라 일컬어지기도 한다.

이같이 살피는 한,[36] 조선 말기 실학파의 리기설이 지닌 특징은 '주기'임에 틀림없다. 최한기에 이르러 그것은 유기라 지칭될 정도로 뚜렷하여진다. 원래 학계에 이미 보고되었지만, 실학의 출발이 '박학'·'실제성 추구' 정신의 강화 및 '고증'의 방법론적 전환을 지향하면서 성리학〔朱子學〕 극복의 시각에서 이루어진 것이고 보면,[37] 그 리기론의 경향이 정통적 성리학에서 지녔던 경향〔主理〕과 반대로 이루어질 것은 충분히 이해될 수 있는 일이다. 성리학파와 실학파의 리기론적 경향은 각각 '주리'·'주기'로 대비되는 셈이다. 주리·주기의 차이가 이들 두 파의 보다 근원적인 사고방식의 차이이다.

---

34) 상동.

35) 상동.

36) 실학 속의 주리설에 대한 언급은 뒤에서 하겠다.

37) 윤사순, 「실학적 경학관의 특색」, 『한국유학논구』(현암사, 1980).

6

주리・주기의 사고방식의 차이는 따지고 보면 이들 두 파의 현실관의 차이와 부합한다. 주리・주기의 사공방식의 차이는 곧 이들 두 파의 현실관인 '국권수호적 보수'와 '개방적 진보 개혁'의 차이와 서로 부합하는 것이다. 그 이유는 아래와 같다.

'리'의 기본 의미는 '소이연(所以然)'이니 '소당연(所當然)'으로 설명되듯이 모든 원리・원칙을 가리키는 반면, '기'는 모든 변화무쌍한 현상과 존재의 바탕〔質〕이 되는 재료를 의미한다. 리기의 의미는 다 사실과 가치의 양면으로 살펴질 수 있다. 특히 가치의 측면으로 볼 때, 리는 소당연이라 하듯이 '선(善)의 원리' 혹은 '선으로서의 의리(義理)'라는 의미를 가지며, 그러한 리가 실재시되는 경우에는 리 자체가 선이라 믿어지게 된다. 즉, 리는 추상적 보편자로서 모든 원리인 동시에 불변적 절대적 선 자체이기도 하다. 한편 기는 선하지도 않고 악하지도 않은 이른바 가치중립의 것이다.

이런 까닭에 리에 치중하는 주리의 사고는 보다 더 추상적 불변적인 가치의식에 투철하며, 기에 치중하는 주기의 사고는 보다 더 변화에 민감한 현실・실제지향의 가치개방적 경향을 가질 수 있다. 성리학파에서 공리공담의 성질로 보이는 추상적 형이상학을 가지면서도 보수적이나마 일정한 현실관을 견지할 수 있는 이론적 맥락이 여기에 있고, 실학파에서 경험적 철학을 배경으로 하여 문호개방을 통한 진보・개혁적 현실관을 가질 수 있는 원인이 여기에 있다. 특히 주리적 성리학파의 현실관이 주로 '척사・척화'라는 식의 보수적 국권수호의 양상으로 구체화된 까닭은 다른 데 있지 않다. 그것은 주리적 성리설이 조선조에서 어떤 위치에 있었던가를 상기하면 풀리는 것이다. 다시 말하지만 주리적 성리설은 조선조의 통치이념인 '관학' 중에서도 '정통'의 위치에 있었던 것이다. 따라서 18~19세기의 국가위기에 처하여 정통적 관학이 행사해야 할 역할, 즉 '소당연'은 '충(忠)'으로서의 국기재공고화(國基再鞏固化)였다. 이러한 '소당연'으로서의 '충'이 기 아닌 리에서 찾아지고 또 리에 의거할 수밖에 없는 이상, 그 현실·실천관은 국권수호의 자주의식 방향으로 구체화될 수밖에 없었다. 한말·한일합방 이후까지 김평묵(金平默), 유중교(柳重敎), 최익현(崔益鉉) 등이 특히 이항로(李恒老)의 사상을 이어 '위정척사' 운동을 철저히 행한 것은 결코 우연한 일이 아니다.

그리고 주리파의 현실관이 폐쇄·보수적 성질을 띠게 된 까닭도 같은 맥락에서 잡히는 것이다. 리가 추상적·보편적인 만큼, 그러한 리에 치중하는 사고방식은 자연히 추상적·고정적·절대적·일반적·형식적으로, 한마디로 하여 '명분적'으로 되게 마련이다. 주리의 사고가 이같이 명분적 경향을 가지는 데서 그 현실관 역시 보수성을 띠게 된다고 할 수 있다.

반면 실학은 성리학이 관학의 위치에 있었던 것과 달리 재야의 유학이었다. 재야의 성질로 해서 그것은 매우 자유로운 위치에 있었다. 종래의 모든 전통사상들에 대하여 자유로웠을 뿐 아니라 새로운 구미의 사상에 대하여서도 자유로웠던 것이 실학이다. 이런 위치가 실학으로 하여금 성리학과는 다른 사상들, 특히 천주교〔西學〕로 대표되는 구미사상 및 그 기술문명을 비교 검토할 수 있는 여유를 갖게 하였다. 이런 터에 실학자들은 실제로 북학을 매개로 구미 기술문명의 장점을 알게 되었다. 이것이 실학파의 사고를 개방적으로 만든 한 조건이다.

더욱이 실학은 성리학 극복의 의도에서 출발한 것이다. 그 성리학 극복의 의지가 '경세치용'·'이용후생'·'실사구시'의 구호로 나타났고, '박학'·'실제성 추구정신의 강화' 및 '고증'의 방법론적 전환으로 나타났음은 이미 지적한 그대로이다.[38] 이러한 구호와 방법론의 전환으로 인하여, 실학은 성리학보다 현실치중 및 실제성 추구의 경향이 한층 투철하다.

실학이 성리학 극복의 의지를 간직하였다는 것은 그만큼 성리학에 대한 비판의식을 갖추었음을 의미한다. 현실치중과 실제성 중시의 관점에서, 성리학 극복 내지 비판의식이 자리한 터전에서 성리학의 근본 사고방식인 주리설을 그대로 답습하지 않을 것임은 짐작키 어렵지 않다. 실학이 리기론적 사고에 있어 주리 아닌 주기로 흐를 소지가 여기서부터 발견된다.

기는 원래 현상적·구체적 존재의 질료를 의미하는 만큼, 그러한 기에 치중하는 사고방식은 자연히 추상적·고정적·절대적·일반적·형식적이기 보다 감각적·유동적·상대적·구체적·실리적으로 된다. 그 사고는 요컨대 '실제·경험적'으로 되게 마련이다. 주기의 사고가 이같이 실제·경험인 성향을 가진 까닭에 그 현실관은 보수성을 띠지 않고 진취성을 띠게 되었다.

---

38) 상동.

7

입론(立論)이 이렇게 흐르면, 우리는 여기서 하나의 의문을 갖게 될 것이다. 그것은 바로 성리학파에도 주리 아닌 주기설이 있고, 실학파에도 주기 아닌 주리설이 있음을 상기할 때 일어나는 의문이다. 즉 성리학파에 주기설이 있고 실학파에 주리설이 있다면, 본고에서 이제까지 전자에는 주리설만 있고 후자에는 주기설만 있는 듯이 일반화하여 각각 그 현실관과 대응·부합하는 것으로 이해한 고찰은 잘못된 것이 아니겠느냐는 의문이 야기된다. 물론 그렇다. 그러나 우리의 고찰은 성리학이나 실학을 막론하고 어디까지나 '대표적 철학으로서의 대체적 주류'를 따라 살핀 것이다. 대표적 리기설로서의 주류를 따라 살필 때 이러한 입론이 가능하다는 것이지, 결코 예외적 리기설조차 없다는 뜻에서 이와 같다는 것이 아니다.

우선 실학의 경우부터 보면, 16세기 말엽에서 19세기 말엽까지의 저명한 실학자들을 통틀어 살피더라도, 그들의 리기설은 주리보다 주기가 압도적으로 우세하다. 이것은 이미 필자가 다른 자리에서 밝혔지만,[39] 이수광, 박세당, 이익, 안정복, 홍대용, 박지원, 박제가, 정약용, 김정희, 최한기의 리기설을 다 열거하고 보더라도, 분명한 주리설의 이론을 남긴 경우는 겨우 이익·안정복에 불과하다. 그러나 그 두 경우마저 기정진의 유리적 주리설과 같이 극단적으로 리에 편향한 것이 아니라 그것들은 오히려 이익에서 보듯이 일련의 『질서(疾書)』를 통해 정주의 철학을 극복하려는 태도에서 형성된 (온건한) 주리가 아니면, 안정복의 「하학지남(下學指南)」의 저술로 드러나듯이 정주보다 더한 실제성·일상성 중시의 태도에서 형성된 주리에 지나

39) 필자의 전기 「실학사상의 주기적 성격」을 말함.

지 않는다.[40] 그러므로 실학파에 있어서는 역시 주기의 경향이 주류임에 틀림없고, 주류인 점에서 이것이 실학파 리기설의 경향을 대표한다고 볼 수 있다.

성리학파에도 물로 주리 아닌 주기설이 있다. 심지어 임성주(任聖周)의 경우와 같이 유기(唯氣)에 가까울 정도로 철저한 주기설까지 있다. 뿐만 아니라 관점에 따라 그 연원의 맥(脈)이 연면함을 지적할 수도 있다. 즉 18세기의 한원진(韓元震), 17세기의 송시열(宋時烈), 15세기의 서경덕(徐敬德)의 리기설까지 성리학의 주기설로 거론할 수 있을지 모른다. 그러나 본고와 같이 18~19세기로 한정하고 살피는 한, 당시 성리학설의 대부분은 주리의 경향을 띠었던 것이 사실이다. 그것이 지배적인 경향이었다. 당시 성리학의 주기설은 실상 임성주 형제와 임헌회(任憲晦) 정도에 그친다고 할 만큼 드물다. 우리가 살핀 이른바 '위정척사'를 역설한 주리파가 역시 한말까지 이어지는 당시 성리학의 주류파였다. 주리설이 압도적으로 많고 또 정통의 위치에 있었다는 점에서, 그것이 조선말기의 성리학의 대표적 경향으로 간주될 수 있다. 우리의 고찰은 이런 뜻에서 행하여진 것이다.

성리학과 실학의 리기론적 경향을 이렇게 대표적 주류에 따라 각기 주리와 주기로 살폈다 하더라도, 의문이 완전히 사라지는 것은 아니다. 한 가지 의문은 여전히 남는다. 그것은 바로 실학 속의 주리설에 비하여 '성리학 속의 주기설'이 차지하는 비중이 상당히 크기 때문에 일어나는 의문이다. 즉, 실학 속의 주리설은 별로 큰 연원도 갖지 않았고, 리에 편향하는 정도도 대단치 않아서 그것을 경시해도 무방하겠지만, 성리학 속의 주기설은 상당한 연원을 가지며 기에 편향하는 정도도 극심한 경우가 있으므로 결코 경시할 수 없지 않겠느냐는 것이다. 수(數) 아닌 질(質)의 문제로 보더라도, 성리학에도 극심한

---

40) 상동.

주기설이 있는 이상, 그 기설(氣說)이 실학의 그것과 어떻게 다른지 그 분별되는 특징을 제시하지 않은 채, 그대로 성리학의 범주에 넣어서는 아니 될 것이 아닌가하는 의문이다. 예컨대 임성주의 기설은 최한기의 기설 못지않게 기로 편향한 것인데, 그것이 만일 여전히 실학 아닌 성리학설로 간주되어야 한다면, 왜 그렇게 간주되어야 하는지 그 이유가 밝혀져야 하는 것이 문제이다. 이 문제야말로 실학과 성리학의 근본 사고방식으로서의 리기론적 차이를 묻는 물음이다. 이 물음에 대한 선명한 해답이 없이는 앞선 고찰은 수긍될 수 없다.

이 문제를 풀기 위해서는 먼저 성리학의 주리 사고와 실학의 주기 사고가 어떻게 다른지 살펴야겠고, 그다음 성리학의 주기 사고가 이 두 사고 중 어느 것과 같은가를 살펴야 할 것이다.

원래 성리학은 노불사상(老佛思想)의 약점을 극복하려는 의도에서 출발한 사상〔新儒學〕이다. 이 성리학에 비친 노불사상의 약점은 무엇보다도 '은둔(隱遁)'과 '출세간(出世間)'으로 표현되는 사회생활의 경시였다. 그러므로 그 약점의 극복은 자연히 종래 유학의 윤리·도덕의 강화로써 행하여지게 되었다. 유학 본래의 윤리·도덕을 더욱 강조함은 물론 그 합리화의 이론까지 마련하게 된 것이 성리학이다. 특히 유학 본래의 예설(禮說)을 계승하면서 그 예설의 근거를 형이상학적으로 밝히는 특징을 갖게 된 것이 성리학이다. 이 때문에 성리학은 유학 중에서도 '예학(禮學)'의 성향을 가장 많이 지니게 되었다. 성리학의 핵심적 형이상학인 리기를 보아도 그렇다. 그 자체는 물론 하나의 존재론이지만 그것이 이루어진 배경을 고려해 넣고 보면, 유학의 예 또는 윤리·도덕의 합리화를 꾀하는 목적과 관련된다. 성리학의 주리설은 바로 그 합리화를 리에 치중하여 진행하는 이론이라 할 수 있다.

주리설의 대표적 모델은 역시 주희와 이황의 이론이다. 이들은 다 같이 『중용(中庸)』의 "하늘이 명한 것이 성이고 성을 따르는 것이

도"[41]라고 한 것에 근거하여 예나 도덕을 본성의 발로라고 본다. 그리고 그 본성은 맹자 등이 말한 '인의예지신〔五常〕'인 동시에, 정이(程頤)가 '성즉리'라 한 '리' 이외의 것이 아니라 한다. 여기서 '사단은 곧 리의 발(發)'[42]이라는 그들의 해석이 나온다. 인간에게 본유(本有)된 리의 자연발로가 곧 예이고 도덕이라는 것이 이들의 생각이다. 이때 본유된 리는 또한 모든 사물에 각구(各具)된 '태극'이다. 이런 점에서 예의 합리화는 마침내 '리일분수'[43]의 이론까지 동원하기에 이른다. 필자가 앞서부터 주리설이 리의 실재성을 전제한다고 한 것도 이 때문이다. 이 철학에 있어 기는 오직 리에 의해 생성·소멸되는 것으로서 리의 일종의 현상적 현현을 돕는 도구에 불과하다. 이렇게 리실재시 사고를 전제로 예 사상에 철저한 까닭에, 주리적 성리학에는 명분적 사고가 매우 짙다.

그러나 실학의 주기설에서는 이렇게 생각지 않는다. 최한기에서 이미 보았듯이, 리는 기중(氣中)에 있는 것으로서 특히 기의 작위에서 발견되는 조리·질서에 불과하다.[44] 리는 기에 선행하는 것이 아니라 기로 인하여 인지될 뿐이다. 따라서 리의 실재성은 부인되고, 그런 까닭에 '리일분수'나 '성즉리' 역시 부인된다. 정약용에서 보듯이 성은 리가 아니라 한낱 '기호'에 불과하다고 생각된다.[45] 본구(本具)한 리로서 성이 부인되는 만큼, 예나 도덕도 인성의 자연발로로 간주되지 않는다. "인성 중에 인의(仁義)가 있어 인의의 도리로 드러나는 것이 아니라, 인(仁)한 행위, 의(義)로운 행위를 실행·실천함으로써

41) 『中庸』, 首章: "天命之謂性, 率性之謂道".

42) 주희에게서 '사단시리지발(四端是理之發)'의 견해가 나온 후 이황이 '사단리발이기수지(四端理發而氣隨之)'의 이론까지 내놓았다.

43) 앞의 기정진의 리기설에서 설명하였다.

44) 앞의 최한기의 리기설 참조.

45) 앞의 정약용의 리기설 참조.

인의의 이름이 있게 된다"[46]는 것이 정약용의 생각이다. 더욱이 그가 "선악의 문제에 있어 인간이 인간다운 것은 스스로 지어〔作〕 주장할 수 있는 데 있다"[47]고 함을 감안하면, 그에 있어 예나 도덕은 어디까지나 인위·상대적인 것이지 필연적·절대적인 것이 아니다. 허균(許筠)이 남녀의 정열을 '천(天)'에 비유하면서 인륜을 한낱 '성인의 가르침〔聖人之敎〕'에 비유한 것도[48] 같은 맥락에서 이해되는 예이다. 그것 역시 예나 도덕에 부여한 성리학적 절대성을 실학에서 부인함을 입증하는 예인 것이다. 여기에 홍대용·최한기 등이 "명(名)보다 실(實)이 앞서는 것임"[49]을 강력히 주장하는 일종의 유명론적(唯名論的) 자각이 있음을 더하여 판단하면, 실학적 주기의 세계는 일종의 경험론적 사유의 세계임을 알 수 있다. 경험론적 사유로써 실학은 리실재(理實在)를 전제한 성리학의 명분 위주의 주리적·관념적 사유를 벗어난 것이다.

성리학의 주기설은 어떠한가? 성리학파의 주기적 사고는 실학의 사고와 같지 않다. 그것은 실학보다 오히려 성리학의 주리 사고에 더 가까운 것을 볼 수 있다. 성리학 주기설의 연원에 대한 언급이 나왔으므로, 15세기 서경덕(徐敬德)의 주기설부터 살피자. 서경덕은 리를 기의 조리〔氣之宰〕로 봄으로써,[50] 리 실재시의 사고를 일단 배척하였고, 그런 점에서 그의 철학은 분명히 주기의 경향이다. 그러나 그의 철학은 현실문제에 대한 것은 고사하고 간단한 심성설조차 발견되지 않을 정도로 우주론의 범주를 벗어나지 못한 것이다. 그것은 상수학적(象數學的) 자연철학에 불과하다고 해야 정확할 정도로 노장

46) 丁若鏞, 『與猶堂全書』, 2집, 권5, 「孟子要義」.
47) 상동.
48) 安鼎福, 『橡軒隨筆』, 南漢朝, 「天文」.
49) 洪大容, 『醫山問答』 및 崔漢綺, 『推測錄』 참조.
50) 徐敬德, 『花潭集』, 권2, 「理氣說」.

적(老莊的) 색채조차 완전히 벗어나지 않았다. 일상적·사회적 실제성의 추구정신에 있어서는 성리학의 주리설이 가진 약점을 비판하기는커녕 그 주리파의 정도에도 미치지 못하는 초기단계의 성리학이다. 그러므로 그의 철학은 실학과 비교할 대상이 못된다.

16세기 이이(李珥), 17세기 송시열(宋時烈), 18세기 한원진(韓元震)의 리기설이 주기로 간주되는 것은 매우 한정적인 의미에 국한된 것임을 알아야 한다. 왜냐하면 이들의 근본입장은 한결같이 리를 기작위의 '주재자 또는 근원〔樞紐〕'으로 보면서 '리일분수'를 시인하는 주리의 경향이기 때문이다. 그 점은 이이가 이른바 '리통기국(理通氣局)'을 주장하며, 송시열과 한원진이 다 같이 그것을 계승하는 데서 잘 확인된다. 이들의 이론이 주기로 간주되는 경우는 대체로 심성설에 국한된 것으로서, 그것도 어디까지나 주리설에 대비될 때에 한정된다. 구체적으로 예시하면, 이이의 이론이 주기로 간주되는 경우는 대체로 사단칠정과 같은 심성설에서 '리발'을 인정치 않고 '기발'만 인정하는[51] 경우일 뿐이며, 송시열의 설이 그렇게 간주되는 것도 '심즉기'[52]의 주장을 중심으로 이이의 기발설을 계승한 경우이며, 한원진의 것은 성을 '심중기지리(心中氣之理)' 또는 '기중지리(氣中之理)'라고[53] 주장하는 것을 중심으로 한 경우에 지나지 않는다.

그런 데다 이들이 이런 심성설을 역설하게 된 근본의도도 주리설의 의도와 마찬가지임을 알아야 한다. 그 본의는 역시 예나 도덕적 행위의 필연적 자율가능 근거를 (심성에 입각하여) 주장하려는 것이다. 여기서 우리는 이들의 사고내용이 리기로 말하는 점에서는 주리설과 다르지만, 그 사고의 목적이나 방식(들)에 있어서는 서로 다를

51) 여기서 이이의 기발리승일도설(氣發理乘一途說)의 명칭이 나왔다. 윤사순, 「율곡사상의 실학적 성격」, 『한국유학논구』 참조.

52) 宋時烈, 『宋子大全』, 권15, 기타.

53) 韓元震, 『南塘集』, 권10.

것이 없음을 발견하게 된다.

이 점은 성리학파에서 주기설의 극치를 이루어 심지어 유기설(唯氣說)이라고까지 불리는 임성주(任聖周)의 경우에 매우 선명하게 확인된다. 임성주의 리기설을 단적으로 드러내는 명제는 다음과 같은 것들이다. 즉 '성즉기'·'기일분수'·'만리(萬理)는 만상(萬象)이고 오상은 오행이며 건순(建順)은 음양이고 태극은 원기(元氣)이다'라는 것이다.[54] 그런데 이것들은 더 말할 나위 없이 주리설에서 이미 말한 '성즉리'·'리일분수'·'태극은 리로서, 음양·오행·만상이 다 태극의 리로 말미암아 있게 된다'는 사고에서, 그 사고방식은 그대로 답습하면서 리의 용어만 기로 바꾼 것이다.

이렇게 보면 성리학의 주기설은 유학의 예·도덕의 합리화를 꾀하는 목표나 사고방식에 있어서는 주리설과 같으며, 서로 다른 것은 다만 리의 사고내용을 기로 바꾸어 이해하는 것뿐이다. 즉 주리설이 리기론의 사고를 보다 추상적 이상적으로 펼치는 데 비해, 이 주기설은 그것을 기에 입각하여 약간 구체적 경험적으로 펼치는 차이가 있을 따름이다. 따라서 성리학의 주기설은 실학의 주기설과 같은 것이 아님이 분명하다. 그것은 결코 성리학의 주리적 사고방식을 근원적으로 부정하면서 내용에 있어서도 경험론의 사고를 펼치는 실학에 가깝기보다 오히려 성리학의 주리설에 가까운 점이 많다. 성리학과 실학의 근원적 사고의 차이가 바로 여기에 있다. 그러므로 성리학과 실학의 리기론적 주조(主調)를 각각 주리와 주기로 파악하면서, 그것들을 서로 국권수호의 보수적 현실관과 개방적 진보·개혁의 현실관을 뒷받침하는 것으로 이해하는 견해가 성립한다.

54) 任聖周, 『鹿門集』, 권19, 「鹿門雜識」, 「納凉私議」, 기타.

8

조선 말기 유학은 성리학과 실학의 대조적 흐름을 보이는 유학이다. 그 대조적 양상은 한낱 표층적 현실관에 그치지 않고 리기론이라는 심층적 형이상학의 세계에서까지 찾아지는 것이었다. 한 시대의 유학 안에 이렇게 대조적인 사조가 잉태되었다는 사실은 곧 유학의 시대적 갈등이 그만큼 크고 심각하였음을 의미한다. 이것은 또한 곧 당시 유학의 기능으로 볼 수 있는 현상이다. 성리학에서 주리철학을 다지면서 그것을 발판으로 국권수호적 위정척사의 정신을 드높인 사실과 실학에서 주기철학을 펼치면서 그것에 뒷받침되어 동서문화의 교류를 진보적이고 혁신적인 각도에서 구상한 사실이 결코 무시되거나 경시되어서는 아니 될 것이다. 이로써 논자는 조선 말기 유학의 시대적 기능이 전혀 없었던 듯이 믿었던 종래의 이른바 완전 공백식 부정의 통념은 수정되어야 함을 깨닫게 된다.

이러한 인지는 물론 당시 유학에 아무런 약점도 없는 듯이 생각하는 평가와 다르다. 하나의 결과론이겠지만, 그 점은 역사의 암흑기라는 비극적 사실만으로도 입증된다. 거기에도 약점은 분명히 있다. 이를테면 성리학과 실학의 두 사조가 원활한 조화를 이루지 못한 것, 특히 실학적 사고가 당시 정치·사회적으로 충분히 구현되지 못한 것은 근대 유학의 한계임에 틀림없다. 이러한 한계성에 대한 인식은 곧 전통사상의 계승을 꾀하는 오늘의 한국인에게 당시 유학이 주는 역사적 교훈이기도 하다.

성리학과 실학의 실제적 조화를 생각할 때라 하여 그 양자의 구분에 대한 인식이 불필요할 수는 없다. 성리학의 주기사유와 실학의 주기사유의 경계가 본고에서 밝혀진 것은 이런 의미에서 하나의 지적 흥미를 돋우는 사실이다. 학계에서는 이제까지 성리학의 주기설과 실학의 주기설에 어떤 근본적 차이가 있는지 알지 못하였다. 즉 전자가 성리학의 주리설이 지닌 사고의 의도와 틀에 매여 단순한 경험적 사유를 전개할 뿐인 데 비하여, 후자는 그 사고의 의도와 틀에 구애됨이 없이 경험론적 사유를 전개한 것을 알지 못하였다. 이제까지 학계에서는 주기설이면 어느 경우나 다 같은 것으로 간주하여 왔다. 특히 임성주의 유기적 기설 같은 것은 그대로 실학의 기설과 같은 것으로 믿어왔다. 학계의 이러한 인식은 본고를 계기로 하여 시정되어야 마땅함을 지적해 두고자 한다.

찾아보기

(용 어)

ㄱ

ㄹ

ㅁ

ㅅ

ㅈ

ㅊ

ㅋ·ㅌ·ㅍ

ㅎ

찾아보기

(인 명)

ㄱ

ㄴ · ㄷ

ㅈ

ㅊ

ㅍ · ㅎ